国家卫生健康委员会职业健康司 编

职业健康
法律法规汇编
（2021年版）

图书在版编目（CIP）数据

职业健康法律法规汇编：2021年版/国家卫生健康委员会职业健康司编．--北京：中国人口出版社，2021.11

ISBN 978-7-5101-7918-1

Ⅰ.①职… Ⅱ.①国… Ⅲ.①职业病防治法-汇编-中国②职业安全卫生-劳动法-汇编-中国 Ⅳ.①D922.549②D922.509

中国版本图书馆CIP数据核字（2021）第179627号

职业健康法律法规汇编（2021年版）
ZHIYE JIANKANG FALÜ FAGUI HUIBIAN（2021NIANBAN）
国家卫生健康委员会职业健康司 编

责 任 编 辑	张宏文　杨秋奎
装 帧 设 计	刘海刚
责 任 印 制	林　鑫　王艳如
出 版 发 行	中国人口出版社
印　　　刷	天津中印联印务有限公司
开　　　本	710毫米×1000毫米　1/16
印　　　张	49
字　　　数	774千字
版　　　次	2021年11月第1版
印　　　次	2021年11月第1次印刷
书　　　号	ISBN 978-7-5101-7918-1
定　　　价	128.00元
网　　　址	www.rkcbs.com.cn
电 子 信 箱	rkcbs@126.com
总编室电话	（010）83519392
发行部电话	（010）83510481
传　　　真	（010）83538190
地　　　址	北京市西城区广安门南街80号中加大厦
邮 政 编 码	100054

版权所有　侵权必究　质量问题　随时退换

目 录

一、法律

中华人民共和国职业病防治法（2018年修订版）

（2001年10月27日第九届全国人民代表大会常务委员会第二十四次会议通过 2011年12月31日第一次修正 2016年7月2日第二次修正 2017年11月4日第三次修正 2018年12月29日第四次修正）………………………………………………………………… 3

中华人民共和国基本医疗卫生与健康促进法

（2019年12月28日第十三届全国人民代表大会常务委员会第十五次会议通过）………………………………………………………………… 22

二、行政法规

中华人民共和国尘肺病防治条例

（1987年12月3日国务院发布）………………………… 43

使用有毒物品作业场所劳动保护条例

（2002年5月12日国务院发布）………………………… 47

女职工劳动保护特别规定

（2012年4月28日国务院发布）………………………… 64

放射性同位素与射线装置安全和防护条例

（2005年9月14日中华人民共和国国务院令 第449号公布 2014年7月29日第一次修订 2019年3月2日第二次修订）………………………… 68

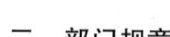

三、部门规章

放射诊疗管理规定
　　（2006 年 1 月 24 日中华人民共和国卫生部令　第 46 号
　　2016 年 1 月 19 日修改） ………………………………………… 85
放射工作人员职业健康管理办法
　　（2007 年 6 月 3 日中华人民共和国卫生部令　第 55 号） ……… 96
职业病危害项目申报办法
　　（2012 年 4 月 27 日国家安全生产监督管理总局令　第 48 号）…… 104
用人单位职业健康监护监督管理办法
　　（2012 年 4 月 27 日国家安全生产监督管理总局令　第 49 号）…… 107
煤矿作业场所职业病危害防治规定
　　（2015 年 4 月 1 日国家安全生产监督管理总局令　第 73 号）…… 113
建设项目职业病防护设施"三同时"监督管理办法
　　（2017 年 3 月 9 日国家安全生产监督管理总局令　第 90 号）…… 128
国家卫生健康委关于修改《职业健康检查管理办法》等 4 件部门规章的决定
　　（2019 年 2 月 28 日中华人民共和国国家卫生健康委员会令　第 2 号）
　　…………………………………………………………………… 141
职业卫生技术服务机构管理办法
　　（2020 年 12 月 31 日中华人民共和国国家卫生健康委员会令　第 4 号）
　　…………………………………………………………………… 146
工作场所职业卫生管理规定
　　（2020 年 12 月 31 日中华人民共和国国家卫生健康委员会令　第 5 号）
　　…………………………………………………………………… 158
职业病诊断与鉴定管理办法
　　（2020 年 1 月 4 日中华人民共和国国家卫生健康委员会令　第 6 号）
　　…………………………………………………………………… 171

四、重要文件

卫生部关于印发放射诊疗许可证发放管理程序的通知
　　（2006 年 12 月 18 日卫监督发〔2006〕479 号） ……………… 185

关于印发《放射卫生技术服务机构管理办法》等文件的通知
　　(2012 年 4 月 12 日卫监督发〔2012〕25 号) …………………… 200
国家安全监管总局关于印发职业卫生技术服务机构资质认可条件评审项目标准及认可工作程序的通知
　　(2012 年 7 月 1 日安监总安健〔2012〕88 号) …………………… 239
国家安全生产监督管理局等部门关于印发防暑降温措施管理办法的通知
　　(2012 年 6 月 29 日安监总安健〔2012〕89 号) …………………… 314
国家安全监管总局办公厅关于印发职业卫生技术服务机构丙级资质认可条件及技术评审项目和标准的通知
　　(2013 年 7 月 18 日安监总厅安健〔2013〕112 号) ……………… 319
国家卫生计生委等 4 部门关于印发《职业病分类和目录》的通知
　　(2013 年 12 月 23 日国卫疾控发〔2013〕48 号) ………………… 333
国家安全监管总局办公厅关于印发职业卫生档案管理规范的通知
　　(2013 年 12 月 31 日安监总厅安健〔2013〕171 号) …………… 339
国家安全监管总局办公厅关于印发职业卫生技术服务机构工作规范的通知
　　(2014 年 4 月 14 日安监总厅安健〔2014〕39 号) ………………… 342
国家安全监管总局办公厅关于印发用人单位职业病危害告知与警示标识管理规范的通知
　　(2014 年 11 月 13 日安监总厅安健〔2014〕111 号) …………… 350
国家安全监管总局办公厅关于印发用人单位职业病危害因素定期检测管理规范的通知
　　(2015 年 2 月 28 日安监总厅安健〔2015〕16 号) ………………… 361
国家卫生计生委关于下放放射防护器材和含放射性产品检测机构、医疗机构放射性危害评价（甲级）机构行政审批项目的公告
　　(2015 年 4 月 20 日　2015 年　第 3 号) …………………………… 366
国家卫生计生委关于印发化学品毒性鉴定管理规范的通知
　　(2015 年 6 月 9 日国卫疾控发〔2015〕69 号) …………………… 368
国家卫生计生委关于放射卫生技术服务机构（甲级）审批职责下放后加强监管工作的通知
　　(2015 年 7 月 16 日国卫监督发〔2015〕75 号) ………………… 375

国家安全监管总局办公厅关于印发《职业卫生技术服务档案管理规范》和《职业卫生技术服务机构实验室布局与管理规范》的通知

（2015年9月14日安监总厅安健〔2015〕93号） …… 378

国家卫生计生委等部门关于印发《职业病危害因素分类目录》的通知

（2015年11月17日国卫疾控发〔2015〕92号） …… 386

国家卫生计生委等10部门关于印发加强农民工尘肺病防治工作的意见的通知

（2016年1月8日国卫疾控发〔2016〕2号） …… 405

国家安全监管总局办公厅关于印发《职业卫生技术服务机构检测工作规范》的通知

（2016年2月6日安监总厅安健〔2016〕9号） …… 410

国家卫生计生委办公厅关于贯彻落实《职业病防治法》做好医疗机构放射性职业病危害监督管理工作的通知

（2016年9月9日国卫办监督发〔2016〕38号） …… 477

国务院办公厅关于印发国家职业病防治规划（2016—2020年）的通知

（2016年12月26日国办发〔2016〕100号） …… 480

国家安全监管总局办公厅关于推动水泥行业淘汰落后产能开展安全生产和职业健康执法专项行动的通知

（2017年4月21日安监总厅安健〔2017〕34号） …… 488

国家安全监管总局办公厅关于贯彻落实国务院审改办等九部门《关于取消25项中央指定地方实施行政审批中介服务等事项的通知》的通知

（2017年5月8日安监总厅安健〔2017〕44号） …… 494

国家安全监管总局办公厅关于在汽车制造和铅蓄电池生产行业开展尘毒危害专项治理工作的通知

（2017年5月18日安监总厅安健〔2017〕46号） …… 496

国家安全监管总局关于印发《职业病危害治理"十三五"规划》的通知

（2017年7月11日安监总安健〔2017〕82号） …… 537

国家安全监管总局办公厅关于修改用人单位劳动防护用品管理规范的通知

（2018年1月15日安监总厅安健〔2018〕3号） …… 545

国家卫生健康委员会公告

（2018年12月26日 2018年 第16号） …… 550

国家卫生健康委关于做好当前职业卫生技术服务机构资质管理工作的通知
  （2018年12月26日国卫职健发〔2018〕55号） ·················· 556
国家卫生健康委办公厅关于在矿山、冶金、化工等行业领域开展尘毒危害专
  项治理工作的通知
  （2019年4月28日国卫办职健函〔2019〕406号） ·················· 558
国家卫生健康委办公厅关于贯彻落实职业健康检查管理办法的通知
  （2019年5月23日国卫办职健函〔2019〕494号） ·················· 632
国家卫生健康委办公厅关于开展尘毒危害专项执法工作的通知
  （2019年6月10日国卫办监督函〔2019〕544号） ·················· 644
国家卫生健康委办公厅关于印发职业卫生监督协管服务技术规范的通知
  （2019年6月17日国卫办监督函〔2019〕567号） ·················· 651
国家卫生健康委员会公告
  （2019年7月3日 2019年 第3号） ·················· 656
健康中国行动（2019—2030年）（摘录）
  （2019年7月9日健康中国行动推进委员会） ·················· 660
国家卫生健康委等10部门关于印发尘肺病防治攻坚行动方案的通知
  （2019年7月11日国卫职健发〔2019〕46号） ·················· 666
国家卫生健康委员会公告
  （2019年12月17日 2019年 第7号） ·················· 674
国家卫生健康委关于印发全国职业病危害现状统计调查制度的函
  （2020年1月25日国卫职健函〔2020〕21号） ·················· 675
国家卫生健康委关于加强职业病防治技术支撑体系建设的指导意见
  （2020年4月6日国卫职健发〔2020〕5号） ·················· 706
国家卫生健康委办公厅关于公布建设项目职业病危害风险分类管理目录的通知
  （2021年3月12日国卫办职健发〔2021〕5号） ·················· 759

一、法　　律

中华人民共和国职业病防治法
（2018 年修订版）

（2001 年 10 月 27 日第九届全国人民代表大会常务委员会第二十四次会议通过　根据 2011 年 12 月 31 日第十一届全国人民代表大会常务委员会第二十四次会议《关于修改〈中华人民共和国职业病防治法〉的决定》第一次修正　根据 2016 年 7 月 2 日第十二届全国人民代表大会常务委员会第二十一次会议《关于修改〈中华人民共和国节约能源法〉等六部法律的决定》第二次修正　根据 2017 年 11 月 4 日第十二届全国人民代表大会常务委员会第三十次会议《关于修改〈中华人民共和国会计法〉等十一部法律的决定》第三次修正　根据 2018 年 12 月 29 日第十三届全国人民代表大会常务委员会第七次会议《关于修改〈中华人民共和国劳动法〉等七部法律的决定》第四次修正）

第一章　总　　则

第一条　为了预防、控制和消除职业病危害，防治职业病，保护劳动者健康及其相关权益，促进经济社会发展，根据宪法，制定本法。

第二条　本法适用于中华人民共和国领域内的职业病防治活动。

本法所称职业病，是指企业、事业单位和个体经济组织等用人单位的劳动者在职业活动中，因接触粉尘、放射性物质和其他有毒、有害因素而引起的疾病。

职业病的分类和目录由国务院卫生行政部门会同国务院劳动保障行政部

门制定、调整并公布。

第三条 职业病防治工作坚持预防为主、防治结合的方针，建立用人单位负责、行政机关监管、行业自律、职工参与和社会监督的机制，实行分类管理、综合治理。

第四条 劳动者依法享有职业卫生保护的权利。

用人单位应当为劳动者创造符合国家职业卫生标准和卫生要求的工作环境和条件，并采取措施保障劳动者获得职业卫生保护。

工会组织依法对职业病防治工作进行监督，维护劳动者的合法权益。用人单位制定或者修改有关职业病防治的规章制度，应当听取工会组织的意见。

第五条 用人单位应当建立、健全职业病防治责任制，加强对职业病防治的管理，提高职业病防治水平，对本单位产生的职业病危害承担责任。

第六条 用人单位的主要负责人对本单位的职业病防治工作全面负责。

第七条 用人单位必须依法参加工伤保险。

国务院和县级以上地方人民政府劳动保障行政部门应当加强对工伤保险的监督管理，确保劳动者依法享受工伤保险待遇。

第八条 国家鼓励和支持研制、开发、推广、应用有利于职业病防治和保护劳动者健康的新技术、新工艺、新设备、新材料，加强对职业病的机理和发生规律的基础研究，提高职业病防治科学技术水平；积极采用有效的职业病防治技术、工艺、设备、材料；限制使用或者淘汰职业病危害严重的技术、工艺、设备、材料。

国家鼓励和支持职业病医疗康复机构的建设。

第九条 国家实行职业卫生监督制度。

国务院卫生行政部门、劳动保障行政部门依照本法和国务院确定的职责，负责全国职业病防治的监督管理工作。国务院有关部门在各自的职责范围内负责职业病防治的有关监督管理工作。

县级以上地方人民政府卫生行政部门、劳动保障行政部门依据各自职责，负责本行政区域内职业病防治的监督管理工作。县级以上地方人民政府有关部门在各自的职责范围内负责职业病防治的有关监督管理工作。

县级以上人民政府卫生行政部门、劳动保障行政部门（以下统称职业卫生监督管理部门）应当加强沟通，密切配合，按照各自职责分工，依法行使职权，承担责任。

第十条　国务院和县级以上地方人民政府应当制定职业病防治规划，将其纳入国民经济和社会发展计划，并组织实施。

县级以上地方人民政府统一负责、领导、组织、协调本行政区域的职业病防治工作，建立健全职业病防治工作体制、机制，统一领导、指挥职业卫生突发事件应对工作；加强职业病防治能力建设和服务体系建设，完善、落实职业病防治工作责任制。

乡、民族乡、镇的人民政府应当认真执行本法，支持职业卫生监督管理部门依法履行职责。

第十一条　县级以上人民政府职业卫生监督管理部门应当加强对职业病防治的宣传教育，普及职业病防治的知识，增强用人单位的职业病防治观念，提高劳动者的职业健康意识、自我保护意识和行使职业卫生保护权利的能力。

第十二条　有关防治职业病的国家职业卫生标准，由国务院卫生行政部门组织制定并公布。

国务院卫生行政部门应当组织开展重点职业病监测和专项调查，对职业健康风险进行评估，为制定职业卫生标准和职业病防治政策提供科学依据。

县级以上地方人民政府卫生行政部门应当定期对本行政区域的职业病防治情况进行统计和调查分析。

第十三条　任何单位和个人有权对违反本法的行为进行检举和控告。有关部门收到相关的检举和控告后，应当及时处理。

对防治职业病成绩显著的单位和个人，给予奖励。

第二章　前期预防

第十四条　用人单位应当依照法律、法规要求，严格遵守国家职业卫生标准，落实职业病预防措施，从源头上控制和消除职业病危害。

第十五条　产生职业病危害的用人单位的设立除应当符合法律、行政法规规定的设立条件外，其工作场所还应当符合下列职业卫生要求：

（一）职业病危害因素的强度或者浓度符合国家职业卫生标准；

（二）有与职业病危害防护相适应的设施；

（三）生产布局合理，符合有害与无害作业分开的原则；

（四）有配套的更衣间、洗浴间、孕妇休息间等卫生设施；

（五）设备、工具、用具等设施符合保护劳动者生理、心理健康的要求；

（六）法律、行政法规和国务院卫生行政部门关于保护劳动者健康的其他要求。

第十六条 国家建立职业病危害项目申报制度。

用人单位工作场所存在职业病目录所列职业病的危害因素的，应当及时、如实向所在地卫生行政部门申报危害项目，接受监督。

职业病危害因素分类目录由国务院卫生行政部门制定、调整并公布。职业病危害项目申报的具体办法由国务院卫生行政部门制定。

第十七条 新建、扩建、改建建设项目和技术改造、技术引进项目（以下统称建设项目）可能产生职业病危害的，建设单位在可行性论证阶段应当进行职业病危害预评价。

医疗机构建设项目可能产生放射性职业病危害的，建设单位应当向卫生行政部门提交放射性职业病危害预评价报告。卫生行政部门应当自收到预评价报告之日起三十日内，作出审核决定并书面通知建设单位。未提交预评价报告或者预评价报告未经卫生行政部门审核同意的，不得开工建设。

职业病危害预评价报告应当对建设项目可能产生的职业病危害因素及其对工作场所和劳动者健康的影响作出评价，确定危害类别和职业病防护措施。

建设项目职业病危害分类管理办法由国务院卫生行政部门制定。

第十八条 建设项目的职业病防护设施所需费用应当纳入建设项目工程预算，并与主体工程同时设计，同时施工，同时投入生产和使用。

建设项目的职业病防护设施设计应当符合国家职业卫生标准和卫生要求；其中，医疗机构放射性职业病危害严重的建设项目的防护设施设计，应当经卫生行政部门审查同意后，方可施工。

建设项目在竣工验收前，建设单位应当进行职业病危害控制效果评价。

医疗机构可能产生放射性职业病危害的建设项目竣工验收时，其放射性职业病防护设施经卫生行政部门验收合格后，方可投入使用；其他建设项目的职业病防护设施应当由建设单位负责依法组织验收，验收合格后，方可投入生产和使用。卫生行政部门应当加强对建设单位组织的验收活动和验收结果的监督核查。

第十九条 国家对从事放射性、高毒、高危粉尘等作业实行特殊管理。具体管理办法由国务院制定。

第三章 劳动过程中的防护与管理

第二十条 用人单位应当采取下列职业病防治管理措施：

（一）设置或者指定职业卫生管理机构或者组织，配备专职或者兼职的职业卫生管理人员，负责本单位的职业病防治工作；

（二）制定职业病防治计划和实施方案；

（三）建立、健全职业卫生管理制度和操作规程；

（四）建立、健全职业卫生档案和劳动者健康监护档案；

（五）建立、健全工作场所职业病危害因素监测及评价制度；

（六）建立、健全职业病危害事故应急救援预案。

第二十一条 用人单位应当保障职业病防治所需的资金投入，不得挤占、挪用，并对因资金投入不足导致的后果承担责任。

第二十二条 用人单位必须采用有效的职业病防护设施，并为劳动者提供个人使用的职业病防护用品。

用人单位为劳动者个人提供的职业病防护用品必须符合防治职业病的要求；不符合要求的，不得使用。

第二十三条 用人单位应当优先采用有利于防治职业病和保护劳动者健康的新技术、新工艺、新设备、新材料，逐步替代职业病危害严重的技术、工艺、设备、材料。

第二十四条 产生职业病危害的用人单位，应当在醒目位置设置公告栏，公布有关职业病防治的规章制度、操作规程、职业病危害事故应急救援措施和工作场所职业病危害因素检测结果。

对产生严重职业病危害的作业岗位，应当在其醒目位置，设置警示标识和中文警示说明。警示说明应当载明产生职业病危害的种类、后果、预防以及应急救治措施等内容。

第二十五条 对可能发生急性职业损伤的有毒、有害工作场所，用人单位应当设置报警装置，配置现场急救用品、冲洗设备、应急撤离通道和必要的泄险区。

对放射工作场所和放射性同位素的运输、储存，用人单位必须配置防护设备和报警装置，保证接触放射线的工作人员佩戴个人剂量计。

对职业病防护设备、应急救援设施和个人使用的职业病防护用品，用人单位应当进行经常性的维护、检修，定期检测其性能和效果，确保其处于正常状态，不得擅自拆除或者停止使用。

第二十六条 用人单位应当实施由专人负责的职业病危害因素日常监测，并确保监测系统处于正常运行状态。

用人单位应当按照国务院卫生行政部门的规定，定期对工作场所进行职业病危害因素检测、评价。检测、评价结果存入用人单位职业卫生档案，定期向所在地卫生行政部门报告并向劳动者公布。

职业病危害因素检测、评价由依法设立的取得国务院卫生行政部门或者设区的市级以上地方人民政府卫生行政部门按照职责分工给予资质认可的职业卫生技术服务机构进行。职业卫生技术服务机构所作检测、评价应当客观、真实。

发现工作场所职业病危害因素不符合国家职业卫生标准和卫生要求时，用人单位应当立即采取相应治理措施，仍然达不到国家职业卫生标准和卫生要求的，必须停止存在职业病危害因素的作业；职业病危害因素经治理后，符合国家职业卫生标准和卫生要求的，方可重新作业。

第二十七条 职业卫生技术服务机构依法从事职业病危害因素检测、评价工作，接受卫生行政部门的监督检查。卫生行政部门应当依法履行监督职责。

第二十八条 向用人单位提供可能产生职业病危害的设备的，应当提供中文说明书，并在设备的醒目位置设置警示标识和中文警示说明。警示说明应当载明设备性能、可能产生的职业病危害、安全操作和维护注意事项、职业病防护以及应急救治措施等内容。

第二十九条 向用人单位提供可能产生职业病危害的化学品、放射性同位素和含有放射性物质的材料的，应当提供中文说明书。说明书应当载明产品特性、主要成分、存在的有害因素、可能产生的危害后果、安全使用注意事项、职业病防护以及应急救治措施等内容。产品包装应当有醒目的警示标识和中文警示说明。储存上述材料的场所应当在规定的部位设置危险物品标识或者放射性警示标识。

国内首次使用或者首次进口与职业病危害有关的化学材料，使用单位或者进口单位按照国家规定经国务院有关部门批准后，应当向国务院卫生行政部门报送该化学材料的毒性鉴定以及经有关部门登记注册或者批准进口的文件等资料。

进口放射性同位素、射线装置和含有放射性物质的物品的，按照国家有关规定办理。

第三十条 任何单位和个人不得生产、经营、进口和使用国家明令禁止使用的可能产生职业病危害的设备或者材料。

第三十一条 任何单位和个人不得将产生职业病危害的作业转移给不具备职业病防护条件的单位和个人。不具备职业病防护条件的单位和个人不得接受产生职业病危害的作业。

第三十二条 用人单位对采用的技术、工艺、设备、材料，应当知悉其产生的职业病危害，对有职业病危害的技术、工艺、设备、材料隐瞒其危害而采用的，对所造成的职业病危害后果承担责任。

第三十三条 用人单位与劳动者订立劳动合同（含聘用合同，下同）时，应当将工作过程中可能产生的职业病危害及其后果、职业病防护措施和待遇等如实告知劳动者，并在劳动合同中写明，不得隐瞒或者欺骗。

劳动者在已订立劳动合同期间因工作岗位或者工作内容变更，从事与所订立劳动合同中未告知的存在职业病危害的作业时，用人单位应当依照前款规定，向劳动者履行如实告知的义务，并协商变更原劳动合同相关条款。

用人单位违反前两款规定的，劳动者有权拒绝从事存在职业病危害的作业，用人单位不得因此解除与劳动者所订立的劳动合同。

第三十四条 用人单位的主要负责人和职业卫生管理人员应当接受职业卫生培训，遵守职业病防治法律、法规，依法组织本单位的职业病防治工作。

用人单位应当对劳动者进行上岗前的职业卫生培训和在岗期间的定期职

业卫生培训，普及职业卫生知识，督促劳动者遵守职业病防治法律、法规、规章和操作规程，指导劳动者正确使用职业病防护设备和个人使用的职业病防护用品。

劳动者应当学习和掌握相关的职业卫生知识，增强职业病防范意识，遵守职业病防治法律、法规、规章和操作规程，正确使用、维护职业病防护设备和个人使用的职业病防护用品，发现职业病危害事故隐患应当及时报告。

劳动者不履行前款规定义务的，用人单位应当对其进行教育。

第三十五条 对从事接触职业病危害的作业的劳动者，用人单位应当按照国务院卫生行政部门的规定组织上岗前、在岗期间和离岗时的职业健康检查，并将检查结果书面告知劳动者。职业健康检查费用由用人单位承担。

用人单位不得安排未经上岗前职业健康检查的劳动者从事接触职业病危害的作业；不得安排有职业禁忌的劳动者从事其所禁忌的作业；对在职业健康检查中发现有与所从事的职业相关的健康损害的劳动者，应当调离原工作岗位，并妥善安置；对未进行离岗前职业健康检查的劳动者不得解除或者终止与其订立的劳动合同。

职业健康检查应当由取得《医疗机构执业许可证》的医疗卫生机构承担。卫生行政部门应当加强对职业健康检查工作的规范管理，具体管理办法由国务院卫生行政部门制定。

第三十六条 用人单位应当为劳动者建立职业健康监护档案，并按照规定的期限妥善保存。

职业健康监护档案应当包括劳动者的职业史、职业病危害接触史、职业健康检查结果和职业病诊疗等有关个人健康资料。

劳动者离开用人单位时，有权索取本人职业健康监护档案复印件，用人单位应当如实、无偿提供，并在所提供的复印件上签章。

第三十七条 发生或者可能发生急性职业病危害事故时，用人单位应当立即采取应急救援和控制措施，并及时报告所在地卫生行政部门和有关部门。卫生行政部门接到报告后，应当及时会同有关部门组织调查处理；必要时，可以采取临时控制措施。卫生行政部门应当组织做好医疗救治工作。

对遭受或者可能遭受急性职业病危害的劳动者，用人单位应当及时组织救治、进行健康检查和医学观察，所需费用由用人单位承担。

第三十八条　用人单位不得安排未成年工从事接触职业病危害的作业；不得安排孕期、哺乳期的女职工从事对本人和胎儿、婴儿有危害的作业。

第三十九条　劳动者享有下列职业卫生保护权利：

（一）获得职业卫生教育、培训；

（二）获得职业健康检查、职业病诊疗、康复等职业病防治服务；

（三）了解工作场所产生或者可能产生的职业病危害因素、危害后果和应当采取的职业病防护措施；

（四）要求用人单位提供符合防治职业病要求的职业病防护设施和个人使用的职业病防护用品，改善工作条件；

（五）对违反职业病防治法律、法规以及危及生命健康的行为提出批评、检举和控告；

（六）拒绝违章指挥和强令进行没有职业病防护措施的作业；

（七）参与用人单位职业卫生工作的民主管理，对职业病防治工作提出意见和建议。

用人单位应当保障劳动者行使前款所列权利。因劳动者依法行使正当权利而降低其工资、福利等待遇或者解除、终止与其订立的劳动合同的，其行为无效。

第四十条　工会组织应当督促并协助用人单位开展职业卫生宣传教育和培训，有权对用人单位的职业病防治工作提出意见和建议，依法代表劳动者与用人单位签订劳动安全卫生专项集体合同，与用人单位就劳动者反映的有关职业病防治的问题进行协调并督促解决。

工会组织对用人单位违反职业病防治法律、法规，侵犯劳动者合法权益的行为，有权要求纠正；产生严重职业病危害时，有权要求采取防护措施，或者向政府有关部门建议采取强制性措施；发生职业病危害事故时，有权参与事故调查处理；发现危及劳动者生命健康的情形时，有权向用人单位建议组织劳动者撤离危险现场，用人单位应当立即作出处理。

第四十一条　用人单位按照职业病防治要求，用于预防和治理职业病危害、工作场所卫生检测、健康监护和职业卫生培训等费用，按照国家有关规定，在生产成本中据实列支。

第四十二条　职业卫生监督管理部门应当按照职责分工，加强对用人单位落实职业病防护管理措施情况的监督检查，依法行使职权，承担责任。

第四章　职业病诊断与职业病病人保障

第四十三条　职业病诊断应当由取得《医疗机构执业许可证》的医疗卫生机构承担。卫生行政部门应当加强对职业病诊断工作的规范管理，具体管理办法由国务院卫生行政部门制定。

承担职业病诊断的医疗卫生机构还应当具备下列条件：

（一）具有与开展职业病诊断相适应的医疗卫生技术人员；

（二）具有与开展职业病诊断相适应的仪器、设备；

（三）具有健全的职业病诊断质量管理制度。

承担职业病诊断的医疗卫生机构不得拒绝劳动者进行职业病诊断的要求。

第四十四条　劳动者可以在用人单位所在地、本人户籍所在地或者经常居住地依法承担职业病诊断的医疗卫生机构进行职业病诊断。

第四十五条　职业病诊断标准和职业病诊断、鉴定办法由国务院卫生行政部门制定。职业病伤残等级的鉴定办法由国务院劳动保障行政部门会同国务院卫生行政部门制定。

第四十六条　职业病诊断，应当综合分析下列因素：

（一）病人的职业史；

（二）职业病危害接触史和工作场所职业病危害因素情况；

（三）临床表现以及辅助检查结果等。

没有证据否定职业病危害因素与病人临床表现之间的必然联系的，应当诊断为职业病。

职业病诊断证明书应当由参与诊断的取得职业病诊断资格的执业医师签署，并经承担职业病诊断的医疗卫生机构审核盖章。

第四十七条　用人单位应当如实提供职业病诊断、鉴定所需的劳动者职业史和职业病危害接触史、工作场所职业病危害因素检测结果等资料；卫生行政部门应当监督检查和督促用人单位提供上述资料；劳动者和有关机构也应当提供与职业病诊断、鉴定有关的资料。

职业病诊断、鉴定机构需要了解工作场所职业病危害因素情况时，可以对工作场所进行现场调查，也可以向卫生行政部门提出，卫生行政部门应当在十日内组织现场调查。用人单位不得拒绝、阻挠。

第四十八条 职业病诊断、鉴定过程中，用人单位不提供工作场所职业病危害因素检测结果等资料的，诊断、鉴定机构应当结合劳动者的临床表现、辅助检查结果和劳动者的职业史、职业病危害接触史，并参考劳动者的自述、卫生行政部门提供的日常监督检查信息等，作出职业病诊断、鉴定结论。

劳动者对用人单位提供的工作场所职业病危害因素检测结果等资料有异议，或者因劳动者的用人单位解散、破产，无用人单位提供上述资料的，诊断、鉴定机构应当提请卫生行政部门进行调查，卫生行政部门应当自接到申请之日起三十日内对存在异议的资料或者工作场所职业病危害因素情况作出判定；有关部门应当配合。

第四十九条 职业病诊断、鉴定过程中，在确认劳动者职业史、职业病危害接触史时，当事人对劳动关系、工种、工作岗位或者在岗时间有争议的，可以向当地的劳动人事争议仲裁委员会申请仲裁；接到申请的劳动人事争议仲裁委员会应当受理，并在三十日内作出裁决。

当事人在仲裁过程中对自己提出的主张，有责任提供证据。劳动者无法提供由用人单位掌握管理的与仲裁主张有关的证据的，仲裁庭应当要求用人单位在指定期限内提供；用人单位在指定期限内不提供的，应当承担不利后果。

劳动者对仲裁裁决不服的，可以依法向人民法院提起诉讼。

用人单位对仲裁裁决不服的，可以在职业病诊断、鉴定程序结束之日起十五日内依法向人民法院提起诉讼；诉讼期间，劳动者的治疗费用按照职业病待遇规定的途径支付。

第五十条 用人单位和医疗卫生机构发现职业病病人或者疑似职业病病人时，应当及时向所在地卫生行政部门报告。确诊为职业病的，用人单位还应当向所在地劳动保障行政部门报告。接到报告的部门应当依法作出处理。

第五十一条 县级以上地方人民政府卫生行政部门负责本行政区域内的职业病统计报告的管理工作，并按照规定上报。

第五十二条 当事人对职业病诊断有异议的，可以向作出诊断的医疗卫生机构所在地地方人民政府卫生行政部门申请鉴定。

职业病诊断争议由设区的市级以上地方人民政府卫生行政部门根据当事人的申请，组织职业病诊断鉴定委员会进行鉴定。

当事人对设区的市级职业病诊断鉴定委员会的鉴定结论不服的，可以向省、自治区、直辖市人民政府卫生行政部门申请再鉴定。

第五十三条 职业病诊断鉴定委员会由相关专业的专家组成。

省、自治区、直辖市人民政府卫生行政部门应当设立相关的专家库，需要对职业病争议作出诊断鉴定时，由当事人或者当事人委托有关卫生行政部门从专家库中以随机抽取的方式确定参加诊断鉴定委员会的专家。

职业病诊断鉴定委员会应当按照国务院卫生行政部门颁布的职业病诊断标准和职业病诊断、鉴定办法进行职业病诊断鉴定，向当事人出具职业病诊断鉴定书。职业病诊断、鉴定费用由用人单位承担。

第五十四条 职业病诊断鉴定委员会组成人员应当遵守职业道德，客观、公正地进行诊断鉴定，并承担相应的责任。职业病诊断鉴定委员会组成人员不得私下接触当事人，不得收受当事人的财物或者其他好处，与当事人有利害关系的，应当回避。

人民法院受理有关案件需要进行职业病鉴定时，应当从省、自治区、直辖市人民政府卫生行政部门依法设立的相关的专家库中选取参加鉴定的专家。

第五十五条 医疗卫生机构发现疑似职业病病人时，应当告知劳动者本人并及时通知用人单位。

用人单位应当及时安排对疑似职业病病人进行诊断；在疑似职业病病人诊断或者医学观察期间，不得解除或者终止与其订立的劳动合同。

疑似职业病病人在诊断、医学观察期间的费用，由用人单位承担。

第五十六条 用人单位应当保障职业病病人依法享受国家规定的职业病待遇。

用人单位应当按照国家有关规定，安排职业病病人进行治疗、康复和定期检查。

用人单位对不适宜继续从事原工作的职业病病人，应当调离原岗位，并妥善安置。

用人单位对从事接触职业病危害的作业的劳动者，应当给予适当岗位津贴。

第五十七条　职业病病人的诊疗、康复费用，伤残以及丧失劳动能力的职业病病人的社会保障，按照国家有关工伤保险的规定执行。

第五十八条　职业病病人除依法享有工伤保险外，依照有关民事法律，尚有获得赔偿的权利的，有权向用人单位提出赔偿要求。

第五十九条　劳动者被诊断患有职业病，但用人单位没有依法参加工伤保险的，其医疗和生活保障由该用人单位承担。

第六十条　职业病病人变动工作单位，其依法享有的待遇不变。

用人单位在发生分立、合并、解散、破产等情形时，应当对从事接触职业病危害的作业的劳动者进行健康检查，并按照国家有关规定妥善安置职业病病人。

第六十一条　用人单位已经不存在或者无法确认劳动关系的职业病病人，可以向地方人民政府医疗保障、民政部门申请医疗救助和生活等方面的救助。

地方各级人民政府应当根据本地区的实际情况，采取其他措施，使前款规定的职业病病人获得医疗救治。

第五章　监督检查

第六十二条　县级以上人民政府职业卫生监督管理部门依照职业病防治法律、法规、国家职业卫生标准和卫生要求，依据职责划分，对职业病防治工作进行监督检查。

第六十三条　卫生行政部门履行监督检查职责时，有权采取下列措施：

（一）进入被检查单位和职业病危害现场，了解情况，调查取证；

（二）查阅或者复制与违反职业病防治法律、法规的行为有关的资料和采集样品；

（三）责令违反职业病防治法律、法规的单位和个人停止违法行为。

第六十四条　发生职业病危害事故或者有证据证明危害状态可能导致职业病危害事故发生时，卫生行政部门可以采取下列临时控制措施：

（一）责令暂停导致职业病危害事故的作业；

（二）封存造成职业病危害事故或者可能导致职业病危害事故发生的材料和设备；

（三）组织控制职业病危害事故现场。

在职业病危害事故或者危害状态得到有效控制后，卫生行政部门应当及时解除控制措施。

第六十五条 职业卫生监督执法人员依法执行职务时，应当出示监督执法证件。

职业卫生监督执法人员应当忠于职守，秉公执法，严格遵守执法规范；涉及用人单位的秘密的，应当为其保密。

第六十六条 职业卫生监督执法人员依法执行职务时，被检查单位应当接受检查并予以支持配合，不得拒绝和阻碍。

第六十七条 卫生行政部门及其职业卫生监督执法人员履行职责时，不得有下列行为：

（一）对不符合法定条件的，发给建设项目有关证明文件、资质证明文件或者予以批准；

（二）对已经取得有关证明文件的，不履行监督检查职责；

（三）发现用人单位存在职业病危害的，可能造成职业病危害事故，不及时依法采取控制措施；

（四）其他违反本法的行为。

第六十八条 职业卫生监督执法人员应当依法经过资格认定。

职业卫生监督管理部门应当加强队伍建设，提高职业卫生监督执法人员的政治、业务素质，依照本法和其他有关法律、法规的规定，建立、健全内部监督制度，对其工作人员执行法律、法规和遵守纪律的情况，进行监督检查。

第六章　法律责任

第六十九条 建设单位违反本法规定，有下列行为之一的，由卫生行政部门给予警告，责令限期改正；逾期不改正的，处十万元以上五十万元以下的罚款；情节严重的，责令停止产生职业病危害的作业，或者提请有关人民政府按照国务院规定的权限责令停建、关闭：

（一）未按照规定进行职业病危害预评价的；

（二）医疗机构可能产生放射性职业病危害的建设项目未按照规定提交放射性职业病危害预评价报告，或者放射性职业病危害预评价报告未经卫生行政部门审核同意，开工建设的；

（三）建设项目的职业病防护设施未按照规定与主体工程同时设计、同时施工、同时投入生产和使用的；

（四）建设项目的职业病防护设施设计不符合国家职业卫生标准和卫生要求，或者医疗机构放射性职业病危害严重的建设项目的防护设施设计未经卫生行政部门审查同意擅自施工的；

（五）未按照规定对职业病防护设施进行职业病危害控制效果评价的；

（六）建设项目竣工投入生产和使用前，职业病防护设施未按照规定验收合格的。

第七十条　违反本法规定，有下列行为之一的，由卫生行政部门给予警告，责令限期改正；逾期不改正的，处十万元以下的罚款：

（一）工作场所职业病危害因素检测、评价结果没有存档、上报、公布的；

（二）未采取本法第二十条规定的职业病防治管理措施的；

（三）未按照规定公布有关职业病防治的规章制度、操作规程、职业病危害事故应急救援措施的；

（四）未按照规定组织劳动者进行职业卫生培训，或者未对劳动者个人职业病防护采取指导、督促措施的；

（五）国内首次使用或者首次进口与职业病危害有关的化学材料，未按照规定报送毒性鉴定资料以及经有关部门登记注册或者批准进口的文件的。

第七十一条　用人单位违反本法规定，有下列行为之一的，由卫生行政部门责令限期改正，给予警告，可以并处五万元以上十万元以下的罚款：

（一）未按照规定及时、如实向卫生行政部门申报产生职业病危害的项目的；

（二）未实施由专人负责的职业病危害因素日常监测，或者监测系统不能正常监测的；

（三）订立或者变更劳动合同时，未告知劳动者职业病危害真实情况的；

（四）未按照规定组织职业健康检查、建立职业健康监护档案或者未将检查结果书面告知劳动者的；

（五）未依照本法规定在劳动者离开用人单位时提供职业健康监护档案复印件的。

第七十二条 用人单位违反本法规定，有下列行为之一的，由卫生行政部门给予警告，责令限期改正，逾期不改正的，处五万元以上二十万元以下的罚款；情节严重的，责令停止产生职业病危害的作业，或者提请有关人民政府按照国务院规定的权限责令关闭：

（一）工作场所职业病危害因素的强度或者浓度超过国家职业卫生标准的；

（二）未提供职业病防护设施和个人使用的职业病防护用品，或者提供的职业病防护设施和个人使用的职业病防护用品不符合国家职业卫生标准和卫生要求的；

（三）对职业病防护设备、应急救援设施和个人使用的职业病防护用品未按照规定进行维护、检修、检测，或者不能保持正常运行、使用状态的；

（四）未按照规定对工作场所职业病危害因素进行检测、评价的；

（五）工作场所职业病危害因素经治理仍然达不到国家职业卫生标准和卫生要求时，未停止存在职业病危害因素的作业的；

（六）未按照规定安排职业病病人、疑似职业病病人进行诊治的；

（七）发生或者可能发生急性职业病危害事故时，未立即采取应急救援和控制措施或者未按照规定及时报告的；

（八）未按照规定在产生严重职业病危害的作业岗位醒目位置设置警示标识和中文警示说明的；

（九）拒绝职业卫生监督管理部门监督检查的；

（十）隐瞒、伪造、篡改、毁损职业健康监护档案、工作场所职业病危害因素检测评价结果等相关资料，或者拒不提供职业病诊断、鉴定所需资料的；

（十一）未按照规定承担职业病诊断、鉴定费用和职业病病人的医疗、生活保障费用的。

第七十三条 向用人单位提供可能产生职业病危害的设备、材料，未按照规定提供中文说明书或者设置警示标识和中文警示说明的，由卫生行政部门责令限期改正，给予警告，并处五万元以上二十万元以下的罚款。

第七十四条 用人单位和医疗卫生机构未按照规定报告职业病、疑似职业病的，由有关主管部门依据职责分工责令限期改正，给予警告，可以并处一万元以下的罚款；弄虚作假的，并处二万元以上五万元以下的罚款；对直接负责的主管人员和其他直接责任人员，可以依法给予降级或者撤职的处分。

第七十五条 违反本法规定，有下列情形之一的，由卫生行政部门责令限期治理，并处五万元以上三十万元以下的罚款；情节严重的，责令停止产生职业病危害的作业，或者提请有关人民政府按照国务院规定的权限责令关闭：

（一）隐瞒技术、工艺、设备、材料所产生的职业病危害而采用的；

（二）隐瞒本单位职业卫生真实情况的；

（三）可能发生急性职业损伤的有毒、有害工作场所、放射工作场所或者放射性同位素的运输、储存不符合本法第二十五条规定的；

（四）使用国家明令禁止使用的可能产生职业病危害的设备或者材料的；

（五）将产生职业病危害的作业转移给没有职业病防护条件的单位和个人，或者没有职业病防护条件的单位和个人接受产生职业病危害的作业的；

（六）擅自拆除、停止使用职业病防护设备或者应急救援设施的；

（七）安排未经职业健康检查的劳动者、有职业禁忌的劳动者、未成年工或者孕期、哺乳期女职工从事接触职业病危害的作业或者禁忌作业的；

（八）违章指挥和强令劳动者进行没有职业病防护措施的作业的。

第七十六条 生产、经营或者进口国家明令禁止使用的可能产生职业病危害的设备或者材料的，依照有关法律、行政法规的规定给予处罚。

第七十七条 用人单位违反本法规定，已经对劳动者生命健康造成严重损害的，由卫生行政部门责令停止产生职业病危害的作业，或者提请有关人民政府按照国务院规定的权限责令关闭，并处十万元以上五十万元以下的罚款。

第七十八条 用人单位违反本法规定，造成重大职业病危害事故或者其他严重后果，构成犯罪的，对直接负责的主管人员和其他直接责任人员，依法追究刑事责任。

第七十九条 未取得职业卫生技术服务资质认可擅自从事职业卫生技术服务的，由卫生行政部门责令立即停止违法行为，没收违法所得；违法所得五千元以上的，并处违法所得二倍以上十倍以下的罚款；没有违法所得或者违法所得不足五千元的，并处五千元以上五万元以下的罚款；情节严重的，对直接负责的主管人员和其他直接责任人员，依法给予降级、撤职或者开除的处分。

第八十条 从事职业卫生技术服务的机构和承担职业病诊断的医疗卫生机构违反本法规定，有下列行为之一的，由卫生行政部门责令立即停止违法行为，给予警告，没收违法所得；违法所得五千元以上的，并处违法所得二倍以上五倍以下的罚款；没有违法所得或者违法所得不足五千元的，并处五千元以上二万元以下的罚款；情节严重的，由原认可或者登记机关取消其相应的资格；对直接负责的主管人员和其他直接责任人员，依法给予降级、撤职或者开除的处分；构成犯罪的，依法追究刑事责任：

（一）超出资质认可或者诊疗项目登记范围从事职业卫生技术服务或者职业病诊断的；

（二）不按照本法规定履行法定职责的；

（三）出具虚假证明文件的。

第八十一条 职业病诊断鉴定委员会组成人员收受职业病诊断争议当事人的财物或者其他好处的，给予警告，没收收受的财物，可以并处三千元以上五万元以下的罚款，取消其担任职业病诊断鉴定委员会组成人员的资格，并从省、自治区、直辖市人民政府卫生行政部门设立的专家库中予以除名。

第八十二条 卫生行政部门不按照规定报告职业病和职业病危害事故的，由上一级行政部门责令改正，通报批评，给予警告；虚报、瞒报的，对单位负责人、直接负责的主管人员和其他直接责任人员依法给予降级、撤职或者开除的处分。

第八十三条 县级以上地方人民政府在职业病防治工作中未依照本法履行职责，本行政区域出现重大职业病危害事故、造成严重社会影响的，依法对直接负责的主管人员和其他直接责任人员给予记大过直至开除的处分。

县级以上人民政府职业卫生监督管理部门不履行本法规定的职责，滥用职权、玩忽职守、徇私舞弊，依法对直接负责的主管人员和其他直接责任人员给予记大过或者降级的处分；造成职业病危害事故或者其他严重后果的，依法给予撤职或者开除的处分。

第八十四条 违反本法规定，构成犯罪的，依法追究刑事责任。

第七章 附 则

第八十五条 本法下列用语的含义：

职业病危害，是指对从事职业活动的劳动者可能导致职业病的各种危害。职业病危害因素包括职业活动中存在的各种有害的化学、物理、生物因素以及在作业过程中产生的其他职业有害因素。

职业禁忌，是指劳动者从事特定职业或者接触特定职业病危害因素时，比一般职业人群更易于遭受职业病危害和罹患职业病或者可能导致原有自身疾病病情加重，或者在从事作业过程中诱发可能导致对他人生命健康构成危险的疾病的个人特殊生理或者病理状态。

第八十六条 本法第二条规定的用人单位以外的单位，产生职业病危害的，其职业病防治活动可以参照本法执行。

劳务派遣用工单位应当履行本法规定的用人单位的义务。

中国人民解放军参照执行本法的办法，由国务院、中央军事委员会制定。

第八十七条 对医疗机构放射性职业病危害控制的监督管理，由卫生行政部门依照本法的规定实施。

第八十八条 本法自2002年5月1日起施行。

中华人民共和国基本医疗卫生与健康促进法

(2019年12月28日第十三届全国人民代表大会常务委员会第十五次会议通过)

第一章 总 则

第一条 为了发展医疗卫生与健康事业，保障公民享有基本医疗卫生服务，提高公民健康水平，推进健康中国建设，根据宪法，制定本法。

第二条 从事医疗卫生、健康促进及其监督管理活动，适用本法。

第三条 医疗卫生与健康事业应当坚持以人民为中心，为人民健康服务。医疗卫生事业应当坚持公益性原则。

第四条 国家和社会尊重、保护公民的健康权。

国家实施健康中国战略，普及健康生活，优化健康服务，完善健康保障，建设健康环境，发展健康产业，提升公民全生命周期健康水平。

国家建立健康教育制度，保障公民获得健康教育的权利，提高公民的健康素养。

第五条 公民依法享有从国家和社会获得基本医疗卫生服务的权利。

国家建立基本医疗卫生制度，建立健全医疗卫生服务体系，保护和实现公民获得基本医疗卫生服务的权利。

第六条 各级人民政府应当把人民健康放在优先发展的战略地位，将健康理念融入各项政策，坚持预防为主，完善健康促进工作体系，组织实施健康促进的规划和行动，推进全民健身，建立健康影响评估制度，将公民主要健康指标改善情况纳入政府目标责任考核。

全社会应当共同关心和支持医疗卫生与健康事业的发展。

第七条 国务院和地方各级人民政府领导医疗卫生与健康促进工作。

国务院卫生健康主管部门负责统筹协调全国医疗卫生与健康促进工作。国务院其他有关部门在各自职责范围内负责有关的医疗卫生与健康促进工作。

县级以上地方人民政府卫生健康主管部门负责统筹协调本行政区域医疗卫生与健康促进工作。县级以上地方人民政府其他有关部门在各自职责范围内负责有关的医疗卫生与健康促进工作。

第八条 国家加强医学基础科学研究，鼓励医学科学技术创新，支持临床医学发展，促进医学科技成果的转化和应用，推进医疗卫生与信息技术融合发展，推广医疗卫生适宜技术，提高医疗卫生服务质量。

国家发展医学教育，完善适应医疗卫生事业发展需要的医学教育体系，大力培养医疗卫生人才。

第九条 国家大力发展中医药事业，坚持中西医并重、传承与创新相结合，发挥中医药在医疗卫生与健康事业中的独特作用。

第十条 国家合理规划和配置医疗卫生资源，以基层为重点，采取多种措施优先支持县级以下医疗卫生机构发展，提高其医疗卫生服务能力。

第十一条 国家加大对医疗卫生与健康事业的财政投入，通过增加转移支付等方式重点扶持革命老区、民族地区、边疆地区和经济欠发达地区发展医疗卫生与健康事业。

第十二条 国家鼓励和支持公民、法人和其他组织通过依法举办机构和捐赠、资助等方式，参与医疗卫生与健康事业，满足公民多样化、差异化、个性化健康需求。

公民、法人和其他组织捐赠财产用于医疗卫生与健康事业的，依法享受税收优惠。

第十三条 对在医疗卫生与健康事业中做出突出贡献的组织和个人，按照国家规定给予表彰、奖励。

第十四条 国家鼓励和支持医疗卫生与健康促进领域的对外交流合作。

开展医疗卫生与健康促进对外交流合作活动，应当遵守法律、法规，维护国家主权、安全和社会公共利益。

第二章 基本医疗卫生服务

第十五条 基本医疗卫生服务，是指维护人体健康所必需、与经济社会发展水平相适应、公民可公平获得的，采用适宜药物、适宜技术、适宜设备提供的疾病预防、诊断、治疗、护理和康复等服务。

基本医疗卫生服务包括基本公共卫生服务和基本医疗服务。基本公共卫生服务由国家免费提供。

第十六条 国家采取措施，保障公民享有安全有效的基本公共卫生服务，控制影响健康的危险因素，提高疾病的预防控制水平。

国家基本公共卫生服务项目由国务院卫生健康主管部门会同国务院财政部门、中医药主管部门等共同确定。

省、自治区、直辖市人民政府可以在国家基本公共卫生服务项目基础上，补充确定本行政区域的基本公共卫生服务项目，并报国务院卫生健康主管部门备案。

第十七条 国务院和省、自治区、直辖市人民政府可以将针对重点地区、重点疾病和特定人群的服务内容纳入基本公共卫生服务项目并组织实施。

县级以上地方人民政府针对本行政区域重大疾病和主要健康危险因素，开展专项防控工作。

第十八条 县级以上人民政府通过举办专业公共卫生机构、基层医疗卫生机构和医院，或者从其他医疗卫生机构购买服务的方式提供基本公共卫生服务。

第十九条 国家建立健全突发事件卫生应急体系，制定和完善应急预案，组织开展突发事件的医疗救治、卫生学调查处置和心理援助等卫生应急工作，有效控制和消除危害。

第二十条 国家建立传染病防控制度，制定传染病防治规划并组织实施，加强传染病监测预警，坚持预防为主、防治结合，联防联控、群防群控、源头防控、综合治理，阻断传播途径，保护易感人群，降低传染病的危害。

任何组织和个人应当接受、配合医疗卫生机构为预防、控制、消除传染病危害依法采取的调查、检验、采集样本、隔离治疗、医学观察等措施。

第二十一条 国家实行预防接种制度，加强免疫规划工作。居民有依法接种免疫规划疫苗的权利和义务。政府向居民免费提供免疫规划疫苗。

第二十二条 国家建立慢性非传染性疾病防控与管理制度，对慢性非传染性疾病及其致病危险因素开展监测、调查和综合防控干预，及时发现高危人群，为患者和高危人群提供诊疗、早期干预、随访管理和健康教育等服务。

第二十三条 国家加强职业健康保护。县级以上人民政府应当制定职业病防治规划，建立健全职业健康工作机制，加强职业健康监督管理，提高职业病综合防治能力和水平。

用人单位应当控制职业病危害因素，采取工程技术、个体防护和健康管理等综合治理措施，改善工作环境和劳动条件。

第二十四条 国家发展妇幼保健事业，建立健全妇幼健康服务体系，为妇女、儿童提供保健及常见病防治服务，保障妇女、儿童健康。

国家采取措施，为公民提供婚前保健、孕产期保健等服务，促进生殖健康，预防出生缺陷。

第二十五条 国家发展老年人保健事业。国务院和省、自治区、直辖市人民政府应当将老年人健康管理和常见病预防等纳入基本公共卫生服务项目。

第二十六条 国家发展残疾预防和残疾人康复事业，完善残疾预防和残疾人康复及其保障体系，采取措施为残疾人提供基本康复服务。

县级以上人民政府应当优先开展残疾儿童康复工作，实行康复与教育相结合。

第二十七条 国家建立健全院前急救体系，为急危重症患者提供及时、规范、有效的急救服务。

卫生健康主管部门、红十字会等有关部门、组织应当积极开展急救培训，普及急救知识，鼓励医疗卫生人员、经过急救培训的人员积极参与公共场所急救服务。公共场所应当按照规定配备必要的急救设备、设施。

急救中心（站）不得以未付费为由拒绝或者拖延为急危重症患者提供急救服务。

第二十八条 国家发展精神卫生事业，建设完善精神卫生服务体系，维护和增进公民心理健康,预防、治疗精神障碍。

国家采取措施,加强心理健康服务体系和人才队伍建设,促进心理健康教育、心理评估、心理咨询与心理治疗服务的有效衔接,设立为公众提供公益服务的心理援助热线,加强未成年人、残疾人和老年人等重点人群心理健康服务。

第二十九条　基本医疗服务主要由政府举办的医疗卫生机构提供。鼓励社会力量举办的医疗卫生机构提供基本医疗服务。

第三十条　国家推进基本医疗服务实行分级诊疗制度,引导非急诊患者首先到基层医疗卫生机构就诊,实行首诊负责制和转诊审核责任制,逐步建立基层首诊、双向转诊、急慢分治、上下联动的机制,并与基本医疗保险制度相衔接。

县级以上地方人民政府根据本行政区域医疗卫生需求,整合区域内政府举办的医疗卫生资源,因地制宜建立医疗联合体等协同联动的医疗服务合作机制。鼓励社会力量举办的医疗卫生机构参与医疗服务合作机制。

第三十一条　国家推进基层医疗卫生机构实行家庭医生签约服务,建立家庭医生服务团队,与居民签订协议,根据居民健康状况和医疗需求提供基本医疗卫生服务。

第三十二条　公民接受医疗卫生服务,对病情、诊疗方案、医疗风险、医疗费用等事项依法享有知情同意的权利。

需要实施手术、特殊检查、特殊治疗的,医疗卫生人员应当及时向患者说明医疗风险、替代医疗方案等情况,并取得其同意;不能或者不宜向患者说明的,应当向患者的近亲属说明,并取得其同意。法律另有规定的,依照其规定。

开展药物、医疗器械临床试验和其他医学研究应当遵守医学伦理规范,依法通过伦理审查,取得知情同意。

第三十三条　公民接受医疗卫生服务,应当受到尊重。医疗卫生机构、医疗卫生人员应当关心爱护、平等对待患者,尊重患者人格尊严,保护患者隐私。

公民接受医疗卫生服务,应当遵守诊疗制度和医疗卫生服务秩序,尊重医疗卫生人员。

第三章　医疗卫生机构

第三十四条　国家建立健全由基层医疗卫生机构、医院、专业公共卫生机构等组成的城乡全覆盖、功能互补、连续协同的医疗卫生服务体系。

国家加强县级医院、乡镇卫生院、村卫生室、社区卫生服务中心（站）和专业公共卫生机构等的建设，建立健全农村医疗卫生服务网络和城市社区卫生服务网络。

第三十五条　基层医疗卫生机构主要提供预防、保健、健康教育、疾病管理，为居民建立健康档案，常见病、多发病的诊疗以及部分疾病的康复、护理，接收医院转诊患者，向医院转诊超出自身服务能力的患者等基本医疗卫生服务。

医院主要提供疾病诊治，特别是急危重症和疑难病症的诊疗，突发事件医疗处置和救援以及健康教育等医疗卫生服务，并开展医学教育、医疗卫生人员培训、医学科学研究和对基层医疗卫生机构的业务指导等工作。

专业公共卫生机构主要提供传染病、慢性非传染性疾病、职业病、地方病等疾病预防控制和健康教育、妇幼保健、精神卫生、院前急救、采供血、食品安全风险监测评估、出生缺陷防治等公共卫生服务。

第三十六条　各级各类医疗卫生机构应当分工合作，为公民提供预防、保健、治疗、护理、康复、安宁疗护等全方位全周期的医疗卫生服务。

各级人民政府采取措施支持医疗卫生机构与养老机构、儿童福利机构、社区组织建立协作机制，为老年人、孤残儿童提供安全、便捷的医疗和健康服务。

第三十七条　县级以上人民政府应当制定并落实医疗卫生服务体系规划，科学配置医疗卫生资源，举办医疗卫生机构，为公民获得基本医疗卫生服务提供保障。

政府举办医疗卫生机构，应当考虑本行政区域人口、经济社会发展状况、医疗卫生资源、健康危险因素、发病率、患病率以及紧急救治需求等情况。

第三十八条　举办医疗机构，应当具备下列条件，按照国家有关规定办理审批或者备案手续：

（一）有符合规定的名称、组织机构和场所；

（二）有与其开展的业务相适应的经费、设施、设备和医疗卫生人员；

（三）有相应的规章制度；

（四）能够独立承担民事责任；

（五）法律、行政法规规定的其他条件。

医疗机构依法取得执业许可证。禁止伪造、变造、买卖、出租、出借医疗机构执业许可证。

各级各类医疗卫生机构的具体条件和配置应当符合国务院卫生健康主管部门制定的医疗卫生机构标准。

第三十九条 国家对医疗卫生机构实行分类管理。

医疗卫生服务体系坚持以非营利性医疗卫生机构为主体、营利性医疗卫生机构为补充。政府举办非营利性医疗卫生机构，在基本医疗卫生事业中发挥主导作用，保障基本医疗卫生服务公平可及。

以政府资金、捐赠资产举办或者参与举办的医疗卫生机构不得设立为营利性医疗卫生机构。

医疗卫生机构不得对外出租、承包医疗科室。非营利性医疗卫生机构不得向出资人、举办者分配或者变相分配收益。

第四十条 政府举办的医疗卫生机构应当坚持公益性质，所有收支均纳入预算管理，按照医疗卫生服务体系规划合理设置并控制规模。

国家鼓励政府举办的医疗卫生机构与社会力量合作举办非营利性医疗卫生机构。

政府举办的医疗卫生机构不得与其他组织投资设立非独立法人资格的医疗卫生机构，不得与社会资本合作举办营利性医疗卫生机构。

第四十一条 国家采取多种措施，鼓励和引导社会力量依法举办医疗卫生机构，支持和规范社会力量举办的医疗卫生机构与政府举办的医疗卫生机构开展多种类型的医疗业务、学科建设、人才培养等合作。

社会力量举办的医疗卫生机构在基本医疗保险定点、重点专科建设、科研教学、等级评审、特定医疗技术准入、医疗卫生人员职称评定等方面享有与政府举办的医疗卫生机构同等的权利。

社会力量可以选择设立非营利性或者营利性医疗卫生机构。社会力量举办的非营利性医疗卫生机构按照规定享受与政府举办的医疗卫生机构同等的税收、财政补助、用地、用水、用电、用气、用热等政策，并依法接受监督管理。

第四十二条　国家以建成的医疗卫生机构为基础，合理规划与设置国家医学中心和国家、省级区域性医疗中心，诊治疑难重症，研究攻克重大医学难题，培养高层次医疗卫生人才。

第四十三条　医疗卫生机构应当遵守法律、法规、规章，建立健全内部质量管理和控制制度，对医疗卫生服务质量负责。

医疗卫生机构应当按照临床诊疗指南、临床技术操作规范和行业标准以及医学伦理规范等有关要求，合理进行检查、用药、诊疗，加强医疗卫生安全风险防范，优化服务流程，持续改进医疗卫生服务质量。

第四十四条　国家对医疗卫生技术的临床应用进行分类管理，对技术难度大、医疗风险高，服务能力、人员专业技术水平要求较高的医疗卫生技术实行严格管理。

医疗卫生机构开展医疗卫生技术临床应用，应当与其功能任务相适应，遵循科学、安全、规范、有效、经济的原则，并符合伦理。

第四十五条　国家建立权责清晰、管理科学、治理完善、运行高效、监督有力的现代医院管理制度。

医院应当制定章程，建立和完善法人治理结构，提高医疗卫生服务能力和运行效率。

第四十六条　医疗卫生机构执业场所是提供医疗卫生服务的公共场所，任何组织或者个人不得扰乱其秩序。

第四十七条　国家完善医疗风险分担机制，鼓励医疗机构参加医疗责任保险或者建立医疗风险基金，鼓励患者参加医疗意外保险。

第四十八条　国家鼓励医疗卫生机构不断改进预防、保健、诊断、治疗、护理和康复的技术、设备与服务，支持开发适合基层和边远地区应用的医疗卫生技术。

第四十九条　国家推进全民健康信息化，推动健康医疗大数据、人工智能等的应用发展，加快医疗卫生信息基础设施建设，制定健康医疗数据采集、存储、分析和应用的技术标准，运用信息技术促进优质医疗卫生资源的普及与共享。

县级以上人民政府及其有关部门应当采取措施，推进信息技术在医疗卫生领域和医学教育中的应用，支持探索发展医疗卫生服务新模式、新业态。

国家采取措施，推进医疗卫生机构建立健全医疗卫生信息交流和信息安全制度，应用信息技术开展远程医疗服务，构建线上线下一体化医疗服务模式。

第五十条　发生自然灾害、事故灾难、公共卫生事件和社会安全事件等严重威胁人民群众生命健康的突发事件时，医疗卫生机构、医疗卫生人员应当服从政府部门的调遣，参与卫生应急处置和医疗救治。对致病、致残、死亡的参与人员，按照规定给予工伤或者抚恤、烈士褒扬等相关待遇。

第四章　医疗卫生人员

第五十一条　医疗卫生人员应当弘扬敬佑生命、救死扶伤、甘于奉献、大爱无疆的崇高职业精神，遵守行业规范，恪守医德，努力提高专业水平和服务质量。

医疗卫生行业组织、医疗卫生机构、医学院校应当加强对医疗卫生人员的医德医风教育。

第五十二条　国家制定医疗卫生人员培养规划，建立适应行业特点和社会需求的医疗卫生人员培养机制和供需平衡机制，完善医学院校教育、毕业后教育和继续教育体系，建立健全住院医师、专科医师规范化培训制度，建立规模适宜、结构合理、分布均衡的医疗卫生队伍。

国家加强全科医生的培养和使用。全科医生主要提供常见病、多发病的诊疗和转诊、预防、保健、康复，以及慢性病管理、健康管理等服务。

第五十三条　国家对医师、护士等医疗卫生人员依法实行执业注册制度。医疗卫生人员应当依法取得相应的职业资格。

第五十四条　医疗卫生人员应当遵循医学科学规律，遵守有关临床诊疗技术规范和各项操作规范以及医学伦理规范，使用适宜技术和药物，合理诊疗,因病施治,不得对患者实施过度医疗。

医疗卫生人员不得利用职务之便索要、非法收受财物或者牟取其他不正当利益。

第五十五条 国家建立健全符合医疗卫生行业特点的人事、薪酬、奖励制度,体现医疗卫生人员职业特点和技术劳动价值。

对从事传染病防治、放射医学和精神卫生工作以及其他在特殊岗位工作的医疗卫生人员,应当按照国家规定给予适当的津贴。津贴标准应当定期调整。

第五十六条 国家建立医疗卫生人员定期到基层和艰苦边远地区从事医疗卫生工作制度。

国家采取定向免费培养、对口支援、退休返聘等措施,加强基层和艰苦边远地区医疗卫生队伍建设。

执业医师晋升为副高级技术职称的,应当有累计一年以上在县级以下或者对口支援的医疗卫生机构提供医疗卫生服务的经历。

对在基层和艰苦边远地区工作的医疗卫生人员,在薪酬津贴、职称评定、职业发展、教育培训和表彰奖励等方面实行优惠待遇。

国家加强乡村医疗卫生队伍建设,建立县乡村上下贯通的职业发展机制,完善对乡村医疗卫生人员的服务收入多渠道补助机制和养老政策。

第五十七条 全社会应当关心、尊重医疗卫生人员,维护良好安全的医疗卫生服务秩序,共同构建和谐医患关系。

医疗卫生人员的人身安全、人格尊严不受侵犯,其合法权益受法律保护。禁止任何组织或者个人威胁、危害医疗卫生人员人身安全,侵犯医疗卫生人员人格尊严。

国家采取措施,保障医疗卫生人员执业环境。

第五章　药品供应保障

第五十八条 国家完善药品供应保障制度,建立工作协调机制,保障药品的安全、有效、可及。

第五十九条 国家实施基本药物制度，遴选适当数量的基本药物品种，满足疾病防治基本用药需求。

国家公布基本药物目录，根据药品临床应用实践、药品标准变化、药品新上市情况等，对基本药物目录进行动态调整。

基本药物按照规定优先纳入基本医疗保险药品目录。

国家提高基本药物的供给能力，强化基本药物质量监管，确保基本药物公平可及、合理使用。

第六十条 国家建立健全以临床需求为导向的药品审评审批制度，支持临床急需药品、儿童用药品和防治罕见病、重大疾病等药品的研制、生产，满足疾病防治需求。

第六十一条 国家建立健全药品研制、生产、流通、使用全过程追溯制度，加强药品管理，保证药品质量。

第六十二条 国家建立健全药品价格监测体系，开展成本价格调查，加强药品价格监督检查，依法查处价格垄断、价格欺诈、不正当竞争等违法行为，维护药品价格秩序。

国家加强药品分类采购管理和指导。参加药品采购投标的投标人不得以低于成本的报价竞标，不得以欺诈、串通投标、滥用市场支配地位等方式竞标。

第六十三条 国家建立中央与地方两级医药储备，用于保障重大灾情、疫情及其他突发事件等应急需要。

第六十四条 国家建立健全药品供求监测体系，及时收集和汇总分析药品供求信息，定期公布药品生产、流通、使用等情况。

第六十五条 国家加强对医疗器械的管理，完善医疗器械的标准和规范，提高医疗器械的安全有效水平。

国务院卫生健康主管部门和省、自治区、直辖市人民政府卫生健康主管部门应当根据技术的先进性、适宜性和可及性，编制大型医用设备配置规划，促进区域内医用设备合理配置、充分共享。

第六十六条 国家加强中药的保护与发展，充分体现中药的特色和优势，发挥其在预防、保健、医疗、康复中的作用。

第六章　健康促进

第六十七条　各级人民政府应当加强健康教育工作及其专业人才培养，建立健康知识和技能核心信息发布制度，普及健康科学知识，向公众提供科学、准确的健康信息。

医疗卫生、教育、体育、宣传等机构、基层群众性自治组织和社会组织应当开展健康知识的宣传和普及。医疗卫生人员在提供医疗卫生服务时，应当对患者开展健康教育。新闻媒体应当开展健康知识的公益宣传。健康知识的宣传应当科学、准确。

第六十八条　国家将健康教育纳入国民教育体系。学校应当利用多种形式实施健康教育，普及健康知识、科学健身知识、急救知识和技能，提高学生主动防病的意识，培养学生良好的卫生习惯和健康的行为习惯，减少、改善学生近视、肥胖等不良健康状况。

学校应当按照规定开设体育与健康课程，组织学生开展广播体操、眼保健操、体能锻炼等活动。

学校按照规定配备校医，建立和完善卫生室、保健室等。

县级以上人民政府教育主管部门应当按照规定将学生体质健康水平纳入学校考核体系。

第六十九条　公民是自己健康的第一责任人，树立和践行对自己健康负责的健康管理理念，主动学习健康知识，提高健康素养，加强健康管理。倡导家庭成员相互关爱，形成符合自身和家庭特点的健康生活方式。

公民应当尊重他人的健康权利和利益，不得损害他人健康和社会公共利益。

第七十条　国家组织居民健康状况调查和统计，开展体质监测，对健康绩效进行评估，并根据评估结果制定、完善与健康相关的法律、法规、政策和规划。

第七十一条　国家建立疾病和健康危险因素监测、调查和风险评估制度。县级以上人民政府及其有关部门针对影响健康的主要问题，组织开展健康危险因素研究，制定综合防治措施。

国家加强影响健康的环境问题预防和治理，组织开展环境质量对健康影响的研究，采取措施预防和控制与环境问题有关的疾病。

第七十二条　国家大力开展爱国卫生运动，鼓励和支持开展爱国卫生月等群众性卫生与健康活动，依靠和动员群众控制和消除健康危险因素，改善环境卫生状况，建设健康城市、健康村镇、健康社区。

第七十三条　国家建立科学、严格的食品、饮用水安全监督管理制度，提高安全水平。

第七十四条　国家建立营养状况监测制度，实施经济欠发达地区、重点人群营养干预计划，开展未成年人和老年人营养改善行动，倡导健康饮食习惯，减少不健康饮食引起的疾病风险。

第七十五条　国家发展全民健身事业，完善覆盖城乡的全民健身公共服务体系，加强公共体育设施建设，组织开展和支持全民健身活动，加强全民健身指导服务，普及科学健身知识和方法。

国家鼓励单位的体育场地设施向公众开放。

第七十六条　国家制定并实施未成年人、妇女、老年人、残疾人等的健康工作计划，加强重点人群健康服务。

国家推动长期护理保障工作，鼓励发展长期护理保险。

第七十七条　国家完善公共场所卫生管理制度。县级以上人民政府卫生健康等主管部门应当加强对公共场所的卫生监督。公共场所卫生监督信息应当依法向社会公开。

公共场所经营单位应当建立健全并严格实施卫生管理制度，保证其经营活动持续符合国家对公共场所的卫生要求。

第七十八条　国家采取措施，减少吸烟对公民健康的危害。

公共场所控制吸烟，强化监督执法。

烟草制品包装应当印制带有说明吸烟危害的警示。

禁止向未成年人出售烟酒。

第七十九条　用人单位应当为职工创造有益于健康的环境和条件，严格执行劳动安全卫生等相关规定，积极组织职工开展健身活动，保护职工健康。

国家鼓励用人单位开展职工健康指导工作。

国家提倡用人单位为职工定期开展健康检查。法律、法规对健康检查有规定的，依照其规定。

第七章 资金保障

第八十条 各级人民政府应当切实履行发展医疗卫生与健康事业的职责，建立与经济社会发展、财政状况和健康指标相适应的医疗卫生与健康事业投入机制，将医疗卫生与健康促进经费纳入本级政府预算，按照规定主要用于保障基本医疗服务、公共卫生服务、基本医疗保障和政府举办的医疗卫生机构建设和运行发展。

第八十一条 县级以上人民政府通过预算、审计、监督执法、社会监督等方式，加强资金的监督管理。

第八十二条 基本医疗服务费用主要由基本医疗保险基金和个人支付。国家依法多渠道筹集基本医疗保险基金，逐步完善基本医疗保险可持续筹资和保障水平调整机制。

公民有依法参加基本医疗保险的权利和义务。用人单位和职工按照国家规定缴纳职工基本医疗保险费。城乡居民按照规定缴纳城乡居民基本医疗保险费。

第八十三条 国家建立以基本医疗保险为主体，商业健康保险、医疗救助、职工互助医疗和医疗慈善服务等为补充的、多层次的医疗保障体系。

国家鼓励发展商业健康保险，满足人民群众多样化健康保障需求。

国家完善医疗救助制度，保障符合条件的困难群众获得基本医疗服务。

第八十四条 国家建立健全基本医疗保险经办机构与协议定点医疗卫生机构之间的协商谈判机制，科学合理确定基本医疗保险基金支付标准和支付方式，引导医疗卫生机构合理诊疗，促进患者有序流动，提高基本医疗保险基金使用效益。

第八十五条 基本医疗保险基金支付范围由国务院医疗保障主管部门组织制定，并应当听取国务院卫生健康主管部门、中医药主管部门、药品监督管理部门、财政部门等的意见。

省、自治区、直辖市人民政府可以按照国家有关规定，补充确定本行政区域基本医疗保险基金支付的具体项目和标准，并报国务院医疗保障主管部门备案。

国务院医疗保障主管部门应当对纳入支付范围的基本医疗保险药品目录、诊疗项目、医疗服务设施标准等组织开展循证医学和经济性评价，并应当听取国务院卫生健康主管部门、中医药主管部门、药品监督管理部门、财政部门等有关方面的意见。评价结果应当作为调整基本医疗保险基金支付范围的依据。

第八章　监督管理

第八十六条　国家建立健全机构自治、行业自律、政府监管、社会监督相结合的医疗卫生综合监督管理体系。

县级以上人民政府卫生健康主管部门对医疗卫生行业实行属地化、全行业监督管理。

第八十七条　县级以上人民政府医疗保障主管部门应当提高医疗保障监管能力和水平，对纳入基本医疗保险基金支付范围的医疗服务行为和医疗费用加强监督管理，确保基本医疗保险基金合理使用、安全可控。

第八十八条　县级以上人民政府应当组织卫生健康、医疗保障、药品监督管理、发展改革、财政等部门建立沟通协商机制，加强制度衔接和工作配合，提高医疗卫生资源使用效率和保障水平。

第八十九条　县级以上人民政府应当定期向本级人民代表大会或者其常务委员会报告基本医疗卫生与健康促进工作，依法接受监督。

第九十条　县级以上人民政府有关部门未履行医疗卫生与健康促进工作相关职责的，本级人民政府或者上级人民政府有关部门应当对其主要负责人进行约谈。

地方人民政府未履行医疗卫生与健康促进工作相关职责的，上级人民政府应当对其主要负责人进行约谈。

被约谈的部门和地方人民政府应当立即采取措施，进行整改。

约谈情况和整改情况应当纳入有关部门和地方人民政府工作评议、考核记录。

第九十一条 县级以上地方人民政府卫生健康主管部门应当建立医疗卫生机构绩效评估制度，组织对医疗卫生机构的服务质量、医疗技术、药品和医用设备使用等情况进行评估。评估应当吸收行业组织和公众参与。评估结果应当以适当方式向社会公开，作为评价医疗卫生机构和卫生监管的重要依据。

第九十二条 国家保护公民个人健康信息，确保公民个人健康信息安全。任何组织或者个人不得非法收集、使用、加工、传输公民个人健康信息，不得非法买卖、提供或者公开公民个人健康信息。

第九十三条 县级以上人民政府卫生健康主管部门、医疗保障主管部门应当建立医疗卫生机构、人员等信用记录制度，纳入全国信用信息共享平台，按照国家规定实施联合惩戒。

第九十四条 县级以上地方人民政府卫生健康主管部门及其委托的卫生健康监督机构，依法开展本行政区域医疗卫生等行政执法工作。

第九十五条 县级以上人民政府卫生健康主管部门应当积极培育医疗卫生行业组织，发挥其在医疗卫生与健康促进工作中的作用，支持其参与行业管理规范、技术标准制定和医疗卫生评价、评估、评审等工作。

第九十六条 国家建立医疗纠纷预防和处理机制，妥善处理医疗纠纷，维护医疗秩序。

第九十七条 国家鼓励公民、法人和其他组织对医疗卫生与健康促进工作进行社会监督。

任何组织和个人对违反本法规定的行为，有权向县级以上人民政府卫生健康主管部门和其他有关部门投诉、举报。

第九章　法律责任

第九十八条 违反本法规定，地方各级人民政府、县级以上人民政府卫生健康主管部门和其他有关部门，滥用职权、玩忽职守、徇私舞弊的，对直接负责的主管人员和其他直接责任人员依法给予处分。

第九十九条 违反本法规定，未取得医疗机构执业许可证擅自执业的，由县级以上人民政府卫生健康主管部门责令停止执业活动，没收违法所得和药品、医疗器械，并处违法所得五倍以上二十倍以下的罚款，违法所得不足一万元的，按一万元计算。

违反本法规定，伪造、变造、买卖、出租、出借医疗机构执业许可证的，由县级以上人民政府卫生健康主管部门责令改正，没收违法所得，并处违法所得五倍以上十五倍以下的罚款，违法所得不足一万元的，按一万元计算；情节严重的，吊销医疗机构执业许可证。

第一百条 违反本法规定，有下列行为之一的，由县级以上人民政府卫生健康主管部门责令改正，没收违法所得，并处违法所得二倍以上十倍以下的罚款，违法所得不足一万元的，按一万元计算；对直接负责的主管人员和其他直接责任人员依法给予处分：

（一）政府举办的医疗卫生机构与其他组织投资设立非独立法人资格的医疗卫生机构；

（二）医疗卫生机构对外出租、承包医疗科室；

（三）非营利性医疗卫生机构向出资人、举办者分配或者变相分配收益。

第一百零一条 违反本法规定，医疗卫生机构等的医疗信息安全制度、保障措施不健全，导致医疗信息泄露，或者医疗质量管理和医疗技术管理制度、安全措施不健全的，由县级以上人民政府卫生健康等主管部门责令改正，给予警告，并处一万元以上五万元以下的罚款；情节严重的，可以责令停止相应执业活动，对直接负责的主管人员和其他直接责任人员依法追究法律责任。

第一百零二条 违反本法规定，医疗卫生人员有下列行为之一的，由县级以上人民政府卫生健康主管部门依照有关执业医师、护士管理和医疗纠纷预防处理等法律、行政法规的规定给予行政处罚：

（一）利用职务之便索要、非法收受财物或者牟取其他不正当利益；

（二）泄露公民个人健康信息；

（三）在开展医学研究或提供医疗卫生服务过程中未按照规定履行告知义务或者违反医学伦理规范。

前款规定的人员属于政府举办的医疗卫生机构中的人员的，依法给予处分。

第一百零三条 违反本法规定，参加药品采购投标的投标人以低于成本的报价竞标，或者以欺诈、串通投标、滥用市场支配地位等方式竞标的，由县级以上人民政府医疗保障主管部门责令改正，没收违法所得；中标的，中标无效，处中标项目金额千分之五以上千分之十以下的罚款，对法定代表人、主要负责人、直接负责的主管人员和其他责任人员处对单位罚款数额百分之五以上百分之十以下的罚款；情节严重的，取消其二年至五年内参加药品采购投标的资格并予以公告。

第一百零四条 违反本法规定，以欺诈、伪造证明材料或者其他手段骗取基本医疗保险待遇，或者基本医疗保险经办机构以及医疗机构、药品经营单位等以欺诈、伪造证明材料或者其他手段骗取基本医疗保险基金支出的，由县级以上人民政府医疗保障主管部门依照有关社会保险的法律、行政法规规定给予行政处罚。

第一百零五条 违反本法规定，扰乱医疗卫生机构执业场所秩序，威胁、危害医疗卫生人员人身安全，侵犯医疗卫生人员人格尊严，非法收集、使用、加工、传输公民个人健康信息，非法买卖、提供或者公开公民个人健康信息等，构成违反治安管理行为的，依法给予治安管理处罚。

第一百零六条 违反本法规定，构成犯罪的，依法追究刑事责任；造成人身、财产损害的，依法承担民事责任。

第十章　附　　则

第一百零七条 本法中下列用语的含义：

（一）主要健康指标，是指人均预期寿命、孕产妇死亡率、婴儿死亡率、五岁以下儿童死亡率等。

（二）医疗卫生机构，是指基层医疗卫生机构、医院和专业公共卫生机构等。

（三）基层医疗卫生机构，是指乡镇卫生院、社区卫生服务中心（站）、村卫生室、医务室、门诊部和诊所等。

（四）专业公共卫生机构，是指疾病预防控制中心、专科疾病防治机构、健康教育机构、急救中心（站）和血站等。

（五）医疗卫生人员，是指执业医师、执业助理医师、注册护士、药师（士）、检验技师（士）、影像技师（士）和乡村医生等卫生专业人员。

（六）基本药物，是指满足疾病防治基本用药需求，适应现阶段基本国情和保障能力，剂型适宜，价格合理，能够保障供应，可公平获得的药品。

第一百零八条　省、自治区、直辖市和设区的市、自治州可以结合实际，制定本地方发展医疗卫生与健康事业的具体办法。

第一百零九条　中国人民解放军和中国人民武装警察部队的医疗卫生与健康促进工作，由国务院和中央军事委员会依照本法制定管理办法。

第一百一十条　本法自 2020 年 6 月 1 日起施行。

二、行政法规

中华人民共和国尘肺病防治条例

(1987年12月3日国务院发布)

第一章 总 则

第一条 为保护职工健康,消除粉尘危害,防止发生尘肺病,促进生产发展,制定本条例。

第二条 本条例适用于所有有粉尘作业的企业、事业单位。

第三条 尘肺病系指在生产活动中吸入粉尘而发生的肺组织纤维化为主的疾病。

第四条 地方各级人民政府要加强对尘肺病防治工作的领导。在制定本地区国民经济和社会发展计划时,要统筹安排尘肺病防治工作。

第五条 企业、事业单位的主管部门应当根据国家卫生等有关标准,结合实际情况,制定所属企业的尘肺病防治规划,并督促其施行。

乡镇企业主管部门,必须指定专人负责乡镇企业尘肺病的防治工作,建立监督检查制度,并指导乡镇企业对尘肺病的防治工作。

第六条 企业、事业单位的负责人,对本单位的尘肺病防治工作负有直接责任,应采取有效措施使本单位的粉尘作业场所达到国家卫生标准。

第二章 防 尘

第七条 凡有粉尘作业的企业、事业单位应采取综合防尘措施和无尘或低尘的新技术、新工艺、新设备，使作业场所的粉尘浓度不超过国家卫生标准。

第八条 尘肺病诊断标准由卫生行政部门制定，粉尘浓度卫生标准由卫生行政部门会同劳动等有关部门联合制定。

第九条 防尘设施的鉴定和定型制度，由劳动部门会同卫生行政部门制定。任何企业、事业单位除特殊情况外，未经上级主管部门批准，不得停止运行或者拆除防尘设施。

第十条 防尘经费应当纳入基本建设和技术改造经费计划，专款专用，不得挪用。

第十一条 严禁任何企业、事业单位将粉尘作业转嫁、外包或以联营的形式给没有防尘设施的乡镇、街道企业或个体工商户。

中、小学校各类校办的实习工厂或车间，禁止从事有粉尘的作业。

第十二条 职工使用的防止粉尘危害的防护用品，必须符合国家的有关标准。企业、事业单位应当建立严格的管理制度，并教育职工按规定和要求使用。

对初次从事粉尘作业的职工，由其所在单位进行防尘知识教育和考核，考试合格后方可从事粉尘作业。

不满十八周岁的未成年人，禁止从事粉尘作业。

第十三条 新建、改建、扩建、续建有粉尘作业的工程项目，防尘设施必须与主体工程同时设计、同时施工、同时投产。设计任务书，必须经当地卫生行政部门、劳动部门和工会组织审查同意后，方可施工。竣工验收，应由当地卫生行政部门、劳动部门和工会组织参加，凡不符合要求的，不得投产。

第十四条 作业场所的粉尘浓度超过国家卫生标准，又未积极治理，严重影响职工安全健康时，职工有权拒绝操作。

第三章　监督和监测

第十五条 卫生行政部门、劳动部门和工会组织分工协作，互相配合，对企业、事业单位的尘肺病防治工作进行监督。

第十六条　卫生行政部门负责卫生标准的监测；劳动部门负责劳动卫生工程技术标准的监测。

工会组织负责组织职工群众对本单位的尘肺病防治工作进行监督，并教育职工遵守操作规程与防尘制度。

第十七条　凡有粉尘作业的企业、事业单位，必须定期测定作业场所的粉尘浓度。测尘结果必须向主管部门和当地卫生行政部门、劳动部门和工会组织报告，并定期向职工公布。

从事粉尘作业的单位必须建立测尘资料档案。

第十八条　卫生行政部门和劳动部门，要对从事粉尘作业的企业、事业单位的测尘机构加强业务指导，并对测尘人员加强业务指导和技术培训。

第四章　健康管理

第十九条　各企业、事业单位对新从事粉尘作业的职工，必须进行健康检查。对在职和离职的从事粉尘作业的职工，必须定期进行健康检查。检查的内容、期限和尘肺病诊断标准，按卫生行政部门有关职业病管理的规定执行。

第二十条　各企业、事业单位必须贯彻执行职业病报告制度，按期向当地卫生行政部门、劳动部门、工会组织和本单位的主管部门报告职工尘肺病发生和死亡情况。

第二十一条　各企业、事业单位对已确诊为尘肺病的职工，必须调离粉尘作业岗位，并给予治疗或疗养。尘肺病患者的社会保险待遇，按国家有关规定办理。

第五章　奖励和处罚

第二十二条　对在尘肺病防治工作中作出显著成绩的单位和个人，由其上级主管部门给予奖励。

第二十三条 凡违反本条例规定，有下列行为之一的，卫生行政部门和劳动部门，可视其情节轻重，给予警告、限期治理、罚款和停业整顿的处罚。但停业整顿的处罚，须经当地人民政府同意。

（一）作业场所粉尘浓度超过国家卫生标准，逾期不采取措施的；

（二）任意拆除防尘设施，致使粉尘危害严重的；

（三）挪用防尘措施经费的；

（四）工程设计和竣工验收未经卫生行政部门、劳动部门和工会组织审查同意，擅自施工、投产的；

（五）将粉尘作业转嫁、外包或以联营的形式给没有防尘设施的乡镇、街道企业或个体工商户的；

（六）不执行健康检查制度和测尘制度的；

（七）强令尘肺病患者继续从事粉尘作业的；

（八）假报测尘结果或尘肺病诊断结果的；

（九）安排未成年人从事粉尘作业的。

第二十四条 当事人对处罚不服的，可在接到处罚通知之日起 15 日内，向作出处理的部门的上级机关申请复议。但是，对停业整顿的决定应当立即执行。上级机关应当在接到申请之日起 30 日内作出答复。对答复不服的，可以在接到答复之日起 15 日内，向人民法院起诉。

第二十五条 企业、事业单位负责人和监督、监测人员玩忽职守，致使公共财产、国家和人民利益遭受损失，情节轻微的，由其主管部门给予行政处分；造成重大损失，构成犯罪的，由司法机关依法追究直接责任人员的刑事责任。

第六章 附 则

第二十六条 本条例由国务院卫生行政部门和劳动部门联合进行解释。

第二十七条 各省、自治区、直辖市人民政府应当结合当地实际情况，制定本条例的实施办法。

第二十八条 本条例自发布之日起施行。

使用有毒物品作业场所劳动保护条例

(2002年5月12日国务院发布)

第一章 总 则

第一条 为了保证作业场所安全使用有毒物品，预防、控制和消除职业中毒危害，保护劳动者的生命安全、身体健康及其相关权益，根据职业病防治法和其他有关法律、行政法规的规定，制定本条例。

第二条 作业场所使用有毒物品可能产生职业中毒危害的劳动保护，适用本条例。

第三条 按照有毒物品产生的职业中毒危害程度，有毒物品分为一般有毒物品和高毒物品。国家对作业场所使用高毒物品实行特殊管理。

一般有毒物品目录、高毒物品目录由国务院卫生行政部门会同有关部门依据国家标准制定、调整并公布。

第四条 从事使用有毒物品作业的用人单位（以下简称用人单位）应当使用符合国家标准的有毒物品，不得在作业场所使用国家明令禁止使用的有毒物品或者使用不符合国家标准的有毒物品。

用人单位应当尽可能使用无毒物品；需要使用有毒物品的，应当优先选择使用低毒物品。

第五条 用人单位应当依照本条例和其他有关法律、行政法规的规定，采取有效的防护措施，预防职业中毒事故的发生，依法参加工伤保险，保障劳动者的生命安全和身体健康。

第六条 国家鼓励研制、开发、推广、应用有利于预防、控制、消除职业中毒危害和保护劳动者健康的新技术、新工艺、新材料；限制使用或者淘汰有关职业中毒危害严重的技术、工艺、材料；加强对有关职业病的机理和发生规律的基础研究，提高有关职业病防治科学技术水平。

第七条 禁止使用童工。

用人单位不得安排未成年人和孕期、哺乳期的女职工从事使用有毒物品的作业。

第八条 工会组织应当督促并协助用人单位开展职业卫生宣传教育和培训，对用人单位的职业卫生工作提出意见和建议，与用人单位就劳动者反映的职业病防治问题进行协调并督促解决。

工会组织对用人单位违反法律、法规，侵犯劳动者合法权益的行为，有权要求纠正；产生严重职业中毒危害时，有权要求用人单位采取防护措施，或者向政府有关部门建议采取强制性措施；发生职业中毒事故时，有权参与事故调查处理；发现危及劳动者生命、健康的情形时，有权建议用人单位组织劳动者撤离危险现场，用人单位应当立即作出处理。

第九条 县级以上人民政府卫生行政部门及其他有关行政部门应当依据各自的职责，监督用人单位严格遵守本条例和其他有关法律、法规的规定，加强作业场所使用有毒物品的劳动保护，防止职业中毒事故发生，确保劳动者依法享有的权利。

第十条 各级人民政府应当加强对使用有毒物品作业场所职业卫生安全及相关劳动保护工作的领导，督促、支持卫生行政部门及其他有关行政部门依法履行监督检查职责，及时协调、解决有关重大问题；在发生职业中毒事故时，应当采取有效措施，控制事故危害的蔓延并消除事故危害，并妥善处理有关善后工作。

第二章 作业场所的预防措施

第十一条 用人单位的设立，应当符合有关法律、行政法规规定的设立条件，并依法办理有关手续，取得营业执照。

用人单位的使用有毒物品作业场所,除应当符合职业病防治法规定的职业卫生要求外,还必须符合下列要求:

(一)作业场所与生活场所分开,作业场所不得住人;

(二)有害作业与无害作业分开,高毒作业场所与其他作业场所隔离;

(三)设置有效的通风装置;可能突然泄漏大量有毒物品或者易造成急性中毒的作业场所,设置自动报警装置和事故通风设施;

(四)高毒作业场所设置应急撤离通道和必要的泄险区。

用人单位及其作业场所符合前两款规定的,由卫生行政部门发给职业卫生安全许可证,方可从事使用有毒物品的作业。

第十二条 使用有毒物品作业场所应当设置黄色区域警示线、警示标识和中文警示说明。警示说明应当载明产生职业中毒危害的种类、后果、预防以及应急救治措施等内容。

高毒作业场所应当设置红色区域警示线、警示标识和中文警示说明,并设置通讯报警设备。

第十三条 新建、扩建、改建的建设项目和技术改造、技术引进项目(以下统称建设项目),可能产生职业中毒危害的,应当依照职业病防治法的规定进行职业中毒危害预评价,并经卫生行政部门审核同意;可能产生职业中毒危害的建设项目的职业中毒危害防护设施应当与主体工程同时设计,同时施工,同时投入生产和使用;建设项目竣工,应当进行职业中毒危害控制效果评价,并经卫生行政部门验收合格。

存在高毒作业的建设项目的职业中毒危害防护设施设计,应当经卫生行政部门进行卫生审查;经审查,符合国家职业卫生标准和卫生要求的,方可施工。

第十四条 用人单位应当按照国务院卫生行政部门的规定,向卫生行政部门及时、如实申报存在职业中毒危害项目。

从事使用高毒物品作业的用人单位,在申报使用高毒物品作业项目时,应当向卫生行政部门提交下列有关资料:

(一)职业中毒危害控制效果评价报告;

(二)职业卫生管理制度和操作规程等材料;

(三)职业中毒事故应急救援预案。

从事使用高毒物品作业的用人单位变更所使用的高毒物品品种的，应当依照前款规定向原受理申报的卫生行政部门重新申报。

第十五条 用人单位变更名称、法定代表人或者负责人的，应当向原受理申报的卫生行政部门备案。

第十六条 从事使用高毒物品作业的用人单位，应当配备应急救援人员和必要的应急救援器材、设备，制定事故应急救援预案，并根据实际情况变化对应急救援预案适时进行修订，定期组织演练。事故应急救援预案和演练记录应当报当地卫生行政部门、安全生产监督管理部门和公安部门备案。

第三章 劳动过程的防护

第十七条 用人单位应当依照职业病防治法的有关规定，采取有效的职业卫生防护管理措施，加强劳动过程中的防护与管理。

从事使用高毒物品作业的用人单位，应当配备专职的或者兼职的职业卫生医师和护士；不具备配备专职的或者兼职的职业卫生医师和护士条件的，应当与依法取得资质认证的职业卫生技术服务机构签订合同，由其提供职业卫生服务。

第十八条 用人单位应当与劳动者订立劳动合同，将工作过程中可能产生的职业中毒危害及其后果、职业中毒危害防护措施和待遇等如实告知劳动者，并在劳动合同中写明，不得隐瞒或者欺骗。

劳动者在已订立劳动合同期间因工作岗位或者工作内容变更，从事劳动合同中未告知的存在职业中毒危害的作业时，用人单位应当依照前款规定，如实告知劳动者，并协商变更原劳动合同有关条款。

用人单位违反前两款规定的，劳动者有权拒绝从事存在职业中毒危害的作业，用人单位不得因此单方面解除或者终止与劳动者所订立的劳动合同。

第十九条 用人单位有关管理人员应当熟悉有关职业病防治的法律、法规以及确保劳动者安全使用有毒物品作业的知识。

用人单位应当对劳动者进行上岗前的职业卫生培训和在岗期间的定期职业卫生培训，普及有关职业卫生知识，督促劳动者遵守有关法律、法规和操作规程，指导劳动者正确使用职业中毒危害防护设备和个人使用的职业中毒危害防护用品。

劳动者经培训考核合格，方可上岗作业。

第二十条 用人单位应当确保职业中毒危害防护设备、应急救援设施、通讯报警装置处于正常适用状态，不得擅自拆除或者停止运行。

用人单位应当对前款所列设施进行经常性的维护、检修，定期检测其性能和效果，确保其处于良好运行状态。

职业中毒危害防护设备、应急救援设施和通讯报警装置处于不正常状态时，用人单位应当立即停止使用有毒物品作业；恢复正常状态后，方可重新作业。

第二十一条 用人单位应当为从事使用有毒物品作业的劳动者提供符合国家职业卫生标准的防护用品，并确保劳动者正确使用。

第二十二条 有毒物品必须附具说明书，如实载明产品特性、主要成分、存在的职业中毒危害因素、可能产生的危害后果、安全使用注意事项、职业中毒危害防护以及应急救治措施等内容；没有说明书或者说明书不符合要求的，不得向用人单位销售。

用人单位有权向生产、经营有毒物品的单位索取说明书。

第二十三条 有毒物品的包装应当符合国家标准，并以易于劳动者理解的方式加贴或者拴挂有毒物品安全标签。有毒物品的包装必须有醒目的警示标识和中文警示说明。

经营、使用有毒物品的单位，不得经营、使用没有安全标签、警示标识和中文警示说明的有毒物品。

第二十四条 用人单位维护、检修存在高毒物品的生产装置，必须事先制订维护、检修方案，明确职业中毒危害防护措施，确保维护、检修人员的生命安全和身体健康。

维护、检修存在高毒物品的生产装置，必须严格按照维护、检修方案和操作规程进行。维护、检修现场应当有专人监护，并设置警示标识。

第二十五条 需要进入存在高毒物品的设备、容器或者狭窄封闭场所作业时，用人单位应当事先采取下列措施：

（一）保持作业场所良好的通风状态，确保作业场所职业中毒危害因素浓度符合国家职业卫生标准；

（二）为劳动者配备符合国家职业卫生标准的防护用品；

（三）设置现场监护人员和现场救援设备。

未采取前款规定措施或者采取的措施不符合要求的，用人单位不得安排劳动者进入存在高毒物品的设备、容器或者狭窄封闭场所作业。

第二十六条　用人单位应当按照国务院卫生行政部门的规定，定期对使用有毒物品作业场所职业中毒危害因素进行检测、评价。检测、评价结果存入用人单位职业卫生档案，定期向所在地卫生行政部门报告并向劳动者公布。

从事使用高毒物品作业的用人单位应当至少每一个月对高毒作业场所进行一次职业中毒危害因素检测；至少每半年进行一次职业中毒危害控制效果评价。

高毒作业场所职业中毒危害因素不符合国家职业卫生标准和卫生要求时，用人单位必须立即停止高毒作业，并采取相应的治理措施；经治理，职业中毒危害因素符合国家职业卫生标准和卫生要求的，方可重新作业。

第二十七条　从事使用高毒物品作业的用人单位应当设置淋浴间和更衣室，并设置清洗、存放或者处理从事使用高毒物品作业劳动者的工作服、工作鞋帽等物品的专用间。

劳动者结束作业时，其使用的工作服、工作鞋帽等物品必须存放在高毒作业区域内，不得穿戴到非高毒作业区域。

第二十八条　用人单位应当按照规定对从事使用高毒物品作业的劳动者进行岗位轮换。

用人单位应当为从事使用高毒物品作业的劳动者提供岗位津贴。

第二十九条　用人单位转产、停产、停业或者解散、破产的，应当采取有效措施，妥善处理留存或者残留有毒物品的设备、包装物和容器。

第三十条　用人单位应当对本单位执行本条例规定的情况进行经常性的监督检查；发现问题，应当及时依照本条例规定的要求进行处理。

第四章　职业健康监护

第三十一条　用人单位应当组织从事使用有毒物品作业的劳动者进行上

岗前职业健康检查。

用人单位不得安排未经上岗前职业健康检查的劳动者从事使用有毒物品的作业，不得安排有职业禁忌的劳动者从事其所禁忌的作业。

第三十二条 用人单位应当对从事使用有毒物品作业的劳动者进行定期职业健康检查。

用人单位发现有职业禁忌或者有与所从事职业相关的健康损害的劳动者，应当将其及时调离原工作岗位，并妥善安置。

用人单位对需要复查和医学观察的劳动者，应当按照体检机构的要求安排其复查和医学观察。

第三十三条 用人单位应当对从事使用有毒物品作业的劳动者进行离岗时的职业健康检查；对离岗时未进行职业健康检查的劳动者，不得解除或者终止与其订立的劳动合同。

用人单位发生分立、合并、解散、破产等情形的，应当对从事使用有毒物品作业的劳动者进行健康检查，并按照国家有关规定妥善安置职业病病人。

第三十四条 用人单位对受到或者可能受到急性职业中毒危害的劳动者，应当及时组织进行健康检查和医学观察。

第三十五条 劳动者职业健康检查和医学观察的费用，由用人单位承担。

第三十六条 用人单位应当建立职业健康监护档案。

职业健康监护档案应当包括下列内容：

（一）劳动者的职业史和职业中毒危害接触史；

（二）相应作业场所职业中毒危害因素监测结果；

（三）职业健康检查结果及处理情况；

（四）职业病诊疗等劳动者健康资料。

第五章　劳动者的权利与义务

第三十七条 从事使用有毒物品作业的劳动者在存在威胁生命安全或者身体健康危险的情况下，有权通知用人单位并从使用有毒物品造成的危险现场撤离。

用人单位不得因劳动者依据前款规定行使权利,而取消或者减少劳动者在正常工作时享有的工资、福利待遇。

第三十八条　劳动者享有下列职业卫生保护权利：

（一）获得职业卫生教育、培训；

（二）获得职业健康检查、职业病诊疗、康复等职业病防治服务；

（三）了解工作场所产生或者可能产生的职业中毒危害因素、危害后果和应当采取的职业中毒危害防护措施；

（四）要求用人单位提供符合防治职业病要求的职业中毒危害防护设施和个人使用的职业中毒危害防护用品，改善工作条件；

（五）对违反职业病防治法律、法规，危及生命、健康的行为提出批评、检举和控告；

（六）拒绝违章指挥和强令进行没有职业中毒危害防护措施的作业；

（七）参与用人单位职业卫生工作的民主管理，对职业病防治工作提出意见和建议。

用人单位应当保障劳动者行使前款所列权利。禁止因劳动者依法行使正当权利而降低其工资、福利等待遇或者解除、终止与其订立的劳动合同。

第三十九条　劳动者有权在正式上岗前从用人单位获得下列资料：

（一）作业场所使用的有毒物品的特性、有害成分、预防措施、教育和培训资料；

（二）有毒物品的标签、标识及有关资料；

（三）有毒物品安全使用说明书；

（四）可能影响安全使用有毒物品的其他有关资料。

第四十条　劳动者有权查阅、复印其本人职业健康监护档案。

劳动者离开用人单位时，有权索取本人健康监护档案复印件；用人单位应当如实、无偿提供，并在所提供的复印件上签章。

第四十一条　用人单位按照国家规定参加工伤保险的，患职业病的劳动者有权按照国家有关工伤保险的规定，享受下列工伤保险待遇：

（一）医疗费：因患职业病进行诊疗所需费用，由工伤保险基金按照规定标准支付；

（二）住院伙食补助费：由用人单位按照当地因公出差伙食标准的一定比

例支付；

（三）康复费：由工伤保险基金按照规定标准支付；

（四）残疾用具费：因残疾需要配置辅助器具的，所需费用由工伤保险基金按照普及型辅助器具标准支付；

（五）停工留薪期待遇：原工资、福利待遇不变，由用人单位支付；

（六）生活护理补助费：经评残并确认需要生活护理的，生活护理补助费由工伤保险基金按照规定标准支付；

（七）一次性伤残补助金：经鉴定为十级至一级伤残的，按照伤残等级享受相当于6个月至24个月的本人工资的一次性伤残补助金，由工伤保险基金支付；

（八）伤残津贴：经鉴定为四级至一级伤残的，按照规定享受相当于本人工资75%至90%的伤残津贴，由工伤保险基金支付；

（九）死亡补助金：因职业中毒死亡的，由工伤保险基金按照不低于48个月的统筹地区上年度职工月平均工资的标准一次支付；

（十）丧葬补助金：因职业中毒死亡的，由工伤保险基金按照6个月的统筹地区上年度职工月平均工资的标准一次支付；

（十一）供养亲属抚恤金：因职业中毒死亡的，对由死者生前提供主要生活来源的亲属由工伤保险基金支付抚恤金；对其配偶每月按照统筹地区上年度职工月平均工资的40%发给，对其生前供养的直系亲属每人每月按照统筹地区上年度职工月平均工资的30%发给；

（十二）国家规定的其他工伤保险待遇。

本条例施行后，国家对工伤保险待遇的项目和标准作出调整时，从其规定。

第四十二条 用人单位未参加工伤保险的，其劳动者从事有毒物品作业患职业病的，用人单位应当按照国家有关工伤保险规定的项目和标准，保证劳动者享受工伤待遇。

第四十三条 用人单位无营业执照以及被依法吊销营业执照，其劳动者从事使用有毒物品作业患职业病的，应当按照国家有关工伤保险规定的项目和标准，给予劳动者一次性赔偿。

第四十四条 用人单位分立、合并的，承继单位应当承担由原用人单位对患职业病的劳动者承担的补偿责任。

用人单位解散、破产的，应当依法从其清算财产中优先支付患职业病的劳动者的补偿费用。

第四十五条 劳动者除依法享有工伤保险外，依照有关民事法律的规定，尚有获得赔偿的权利的，有权向用人单位提出赔偿要求。

第四十六条 劳动者应当学习和掌握相关职业卫生知识，遵守有关劳动保护的法律、法规和操作规程，正确使用和维护职业中毒危害防护设施及其用品；发现职业中毒事故隐患时，应当及时报告。

作业场所出现使用有毒物品产生的危险时，劳动者应当采取必要措施，按照规定正确使用防护设施，将危险加以消除或者减少到最低限度。

第六章 监督管理

第四十七条 县级以上人民政府卫生行政部门应当依照本条例的规定和国家有关职业卫生要求，依据职责划分，对作业场所使用有毒物品作业及职业中毒危害检测、评价活动进行监督检查。

卫生行政部门实施监督检查，不得收取费用，不得接受用人单位的财物或者其他利益。

第四十八条 卫生行政部门应当建立、健全监督制度，核查反映用人单位有关劳动保护的材料，履行监督责任。

用人单位应当向卫生行政部门如实、具体提供反映有关劳动保护的材料；必要时，卫生行政部门可以查阅或者要求用人单位报送有关材料。

第四十九条 卫生行政部门应当监督用人单位严格执行有关职业卫生规范。

卫生行政部门应当依照本条例的规定对使用有毒物品作业场所的职业卫生防护设备、设施的防护性能进行定期检验和不定期的抽查；发现职业卫生防护设备、设施存在隐患时，应当责令用人单位立即消除隐患；消除隐患期间，应当责令其停止作业。

第五十条 卫生行政部门应当采取措施，鼓励对用人单位的违法行为进行举报、投诉、检举和控告。

卫生行政部门对举报、投诉、检举和控告应当及时核实，依法作出处理，并将处理结果予以公布。

卫生行政部门对举报人、投诉人、检举人和控告人负有保密的义务。

第五十一条 卫生行政部门执法人员依法执行职务时，应当出示执法证件。

卫生行政部门执法人员应当忠于职守，秉公执法；涉及用人单位秘密的，应当为其保密。

第五十二条 卫生行政部门依法实施罚款的行政处罚，应当依照有关法律、行政法规的规定，实施罚款决定与罚款收缴分离；收缴的罚款以及依法没收的经营所得，必须全部上缴国库。

第五十三条 卫生行政部门履行监督检查职责时，有权采取下列措施：

（一）进入用人单位和使用有毒物品作业场所现场，了解情况，调查取证，进行抽样检查、检测、检验，进行实地检查；

（二）查阅或者复制与违反本条例行为有关的资料，采集样品；

（三）责令违反本条例规定的单位和个人停止违法行为。

第五十四条 发生职业中毒事故或者有证据证明职业中毒危害状态可能导致事故发生时，卫生行政部门有权采取下列临时控制措施：

（一）责令暂停导致职业中毒事故的作业；

（二）封存造成职业中毒事故或者可能导致事故发生的物品；

（三）组织控制职业中毒事故现场。

在职业中毒事故或者危害状态得到有效控制后，卫生行政部门应当及时解除控制措施。

第五十五条 卫生行政部门执法人员依法执行职务时，被检查单位应当接受检查并予以支持、配合，不得拒绝和阻碍。

第五十六条 卫生行政部门应当加强队伍建设，提高执法人员的政治、业务素质，依照本条例的规定，建立、健全内部监督制度，对执法人员执行法律、法规和遵守纪律的情况进行监督检查。

第七章 罚 则

第五十七条 卫生行政部门的工作人员有下列行为之一，导致职业中毒事故发生的，依照刑法关于滥用职权罪、玩忽职守罪或者其他罪的规定，依法追究刑事责任；造成职业中毒危害但尚未导致职业中毒事故发生，不够刑事处罚的，根据不同情节，依法给予降级、撤职或者开除的行政处分：

（一）对不符合本条例规定条件的涉及使用有毒物品作业事项，予以批准的；

（二）发现用人单位擅自从事使用有毒物品作业，不予取缔的；

（三）对依法取得批准的用人单位不履行监督检查职责，发现其不再具备本条例规定的条件而不撤销原批准或者发现违反本条例的其他行为不予查处的；

（四）发现用人单位存在职业中毒危害，可能造成职业中毒事故，不及时依法采取控制措施的。

第五十八条 用人单位违反本条例的规定，有下列情形之一的，由卫生行政部门给予警告，责令限期改正，处10万元以上50万元以下的罚款；逾期不改正的，提请有关人民政府按照国务院规定的权限责令停建、予以关闭；造成严重职业中毒危害或者导致职业中毒事故发生的，对负有责任的主管人员和其他直接责任人员依照刑法关于重大劳动安全事故罪或者其他罪的规定，依法追究刑事责任：

（一）可能产生职业中毒危害的建设项目，未依照职业病防治法的规定进行职业中毒危害预评价，或者预评价未经卫生行政部门审核同意，擅自开工的；

（二）职业卫生防护设施未与主体工程同时设计，同时施工，同时投入生产和使用的；

（三）建设项目竣工，未进行职业中毒危害控制效果评价，或者未经卫生行政部门验收或者验收不合格，擅自投入使用的；

（四）存在高毒作业的建设项目的防护设施设计未经卫生行政部门审查同

意,擅自施工的。

第五十九条　用人单位违反本条例的规定,有下列情形之一的,由卫生行政部门给予警告,责令限期改正,处5万元以上20万元以下的罚款;逾期不改正的,提请有关人民政府按照国务院规定的权限予以关闭;造成严重职业中毒危害或者导致职业中毒事故发生的,对负有责任的主管人员和其他直接责任人员依照刑法关于重大劳动安全事故罪或者其他罪的规定,依法追究刑事责任:

(一)使用有毒物品作业场所未按照规定设置警示标识和中文警示说明的;

(二)未对职业卫生防护设备、应急救援设施、通讯报警装置进行维护、检修和定期检测,导致上述设施处于不正常状态的;

(三)未依照本条例的规定进行职业中毒危害因素检测和职业中毒危害控制效果评价的;

(四)高毒作业场所未按照规定设置撤离通道和泄险区的;

(五)高毒作业场所未按照规定设置警示线的;

(六)未向从事使用有毒物品作业的劳动者提供符合国家职业卫生标准的防护用品,或者未保证劳动者正确使用的。

第六十条　用人单位违反本条例的规定,有下列情形之一的,由卫生行政部门给予警告,责令限期改正,处5万元以上30万元以下的罚款;逾期不改正的,提请有关人民政府按照国务院规定的权限予以关闭;造成严重职业中毒危害或者导致职业中毒事故发生的,对负有责任的主管人员和其他直接责任人员依照刑法关于重大责任事故罪、重大劳动安全事故罪或者其他罪的规定,依法追究刑事责任:

(一)使用有毒物品作业场所未设置有效通风装置的,或者可能突然泄漏大量有毒物品或者易造成急性中毒的作业场所未设置自动报警装置或者事故通风设施的;

(二)职业卫生防护设备、应急救援设施、通讯报警装置处于不正常状态而不停止作业,或者擅自拆除或者停止运行职业卫生防护设备、应急救援设施、通讯报警装置的。

第六十一条　从事使用高毒物品作业的用人单位违反本条例的规定,有下列行为之一的,由卫生行政部门给予警告,责令限期改正,处 5 万元以上 20 万元以下的罚款;逾期不改正的,提请有关人民政府按照国务院规定的权限予以关闭;造成严重职业中毒危害或者导致职业中毒事故发生的,对负有责任的主管人员和其他直接责任人员依照刑法关于重大责任事故罪或者其他罪的规定,依法追究刑事责任:

(一)作业场所职业中毒危害因素不符合国家职业卫生标准和卫生要求而不立即停止高毒作业并采取相应的治理措施的,或者职业中毒危害因素治理不符合国家职业卫生标准和卫生要求重新作业的;

(二)未依照本条例的规定维护、检修存在高毒物品的生产装置的;

(三)未采取本条例规定的措施,安排劳动者进入存在高毒物品的设备、容器或者狭窄封闭场所作业的。

第六十二条 在作业场所使用国家明令禁止使用的有毒物品或者使用不符合国家标准的有毒物品的,由卫生行政部门责令立即停止使用,处 5 万元以上 30 万元以下的罚款;情节严重的,责令停止使用有毒物品作业,或者提请有关人民政府按照国务院规定的权限予以关闭;造成严重职业中毒危害或者导致职业中毒事故发生的,对负有责任的主管人员和其他直接责任人员依照刑法关于危险物品肇事罪、重大责任事故罪或者其他罪的规定,依法追究刑事责任。

第六十三条 用人单位违反本条例的规定,有下列行为之一的,由卫生行政部门给予警告,责令限期改正;逾期不改正的,处 5 万元以上 30 万元以下的罚款;造成严重职业中毒危害或者导致职业中毒事故发生的,对负有责任的主管人员和其他直接责任人员依照刑法关于重大责任事故罪或者其他罪的规定,依法追究刑事责任:

(一)使用未经培训考核合格的劳动者从事高毒作业的;

(二)安排有职业禁忌的劳动者从事所禁忌的作业的;

(三)发现有职业禁忌或者有与所从事职业相关的健康损害的劳动者,未及时调离原工作岗位,并妥善安置的;

(四)安排未成年人或者孕期、哺乳期的女职工从事使用有毒物品作业的;

(五)使用童工的。

第六十四条　违反本条例的规定，未经许可，擅自从事使用有毒物品作业的，由工商行政管理部门、卫生行政部门依据各自职权予以取缔；造成职业中毒事故的，依照刑法关于危险物品肇事罪或者其他罪的规定，依法追究刑事责任；尚不够刑事处罚的，由卫生行政部门没收经营所得，并处经营所得3倍以上5倍以下的罚款；对劳动者造成人身伤害的，依法承担赔偿责任。

第六十五条　从事使用有毒物品作业的用人单位违反本条例的规定，在转产、停产、停业或者解散、破产时未采取有效措施，妥善处理留存或者残留高毒物品的设备、包装物和容器的，由卫生行政部门责令改正，处2万元以上10万元以下的罚款；触犯刑律的，对负有责任的主管人员和其他直接责任人员依照刑法关于重大环境污染事故罪、危险物品肇事罪或者其他罪的规定，依法追究刑事责任。

第六十六条　用人单位违反本条例的规定，有下列情形之一的，由卫生行政部门给予警告，责令限期改正，处5 000元以上2万元以下的罚款；逾期不改正的，责令停止使用有毒物品作业，或者提请有关人民政府按照国务院规定的权限予以关闭；造成严重职业中毒危害或者导致职业中毒事故发生的，对负有责任的主管人员和其他直接责任人员依照刑法关于重大劳动安全事故罪、危险物品肇事罪或者其他罪的规定，依法追究刑事责任：

（一）使用有毒物品作业场所未与生活场所分开或者在作业场所住人的；

（二）未将有害作业与无害作业分开的；

（三）高毒作业场所未与其他作业场所有效隔离的；

（四）从事高毒作业未按照规定配备应急救援设施或者制定事故应急救援预案的。

第六十七条　用人单位违反本条例的规定，有下列情形之一的，由卫生行政部门给予警告，责令限期改正，处2万元以上5万元以下的罚款；逾期不改正的，提请有关人民政府按照国务院规定的权限予以关闭：

（一）未按照规定向卫生行政部门申报高毒作业项目的；

（二）变更使用高毒物品品种，未按照规定向原受理申报的卫生行政部门重新申报，或者申报不及时、有虚假的。

第六十八条　用人单位违反本条例的规定，有下列行为之一的，由卫生行政部门给予警告，责令限期改正，处2万元以上5万元以下的罚款；逾期不改正的，责令停止使用有毒物品作业，或者提请有关人民政府按照国务院规定的权限予以关闭：

（一）未组织从事使用有毒物品作业的劳动者进行上岗前职业健康检查，安排未经上岗前职业健康检查的劳动者从事使用有毒物品作业的；

（二）未组织从事使用有毒物品作业的劳动者进行定期职业健康检查的；

（三）未组织从事使用有毒物品作业的劳动者进行离岗职业健康检查的；

（四）对未进行离岗职业健康检查的劳动者，解除或者终止与其订立的劳动合同的；

（五）发生分立、合并、解散、破产情形，未对从事使用有毒物品作业的劳动者进行健康检查，并按照国家有关规定妥善安置职业病病人的；

（六）对受到或者可能受到急性职业中毒危害的劳动者，未及时组织进行健康检查和医学观察的；

（七）未建立职业健康监护档案的；

（八）劳动者离开用人单位时，用人单位未如实、无偿提供职业健康监护档案的；

（九）未依照职业病防治法和本条例的规定将工作过程中可能产生的职业中毒危害及其后果、有关职业卫生防护措施和待遇等如实告知劳动者并在劳动合同中写明的；

（十）劳动者在存在威胁生命、健康危险的情况下，从危险现场中撤离，而被取消或者减少应当享有的待遇的。

第六十九条　用人单位违反本条例的规定，有下列行为之一的，由卫生行政部门给予警告，责令限期改正，处 5 000 元以上 2 万元以下的罚款；逾期不改正的，责令停止使用有毒物品作业，或者提请有关人民政府按照国务院规定的权限予以关闭：

（一）未按照规定配备或者聘请职业卫生医师和护士的；

（二）未为从事使用高毒物品作业的劳动者设置淋浴间、更衣室或者未设置清洗、存放和处理工作服、工作鞋帽等物品的专用间，或者不能正常使用的；

（三）未安排从事使用高毒物品作业一定年限的劳动者进行岗位轮换的。

第八章　附　　则

第七十条　涉及作业场所使用有毒物品可能产生职业中毒危害的劳动保护的有关事项，本条例未作规定的，依照职业病防治法和其他有关法律、行政法规的规定执行。

有毒物品的生产、经营、储存、运输、使用和废弃处置的安全管理，依照危险化学品安全管理条例执行。

第七十一条　本条例自公布之日起施行。

女职工劳动保护特别规定

(2012 年 4 月 28 日国务院发布)

第一条　为了减少和解决女职工在劳动中因生理特点造成的特殊困难，保护女职工健康，制定本规定。

第二条　中华人民共和国境内的国家机关、企业、事业单位、社会团体、个体经济组织以及其他社会组织等用人单位及其女职工，适用本规定。

第三条　用人单位应当加强女职工劳动保护，采取措施改善女职工劳动安全卫生条件，对女职工进行劳动安全卫生知识培训。

第四条　用人单位应当遵守女职工禁忌从事的劳动范围的规定。用人单位应当将本单位属于女职工禁忌从事的劳动范围的岗位书面告知女职工。

女职工禁忌从事的劳动范围由本规定附录列示。国务院安全生产监督管理部门会同国务院人力资源社会保障行政部门、国务院卫生行政部门根据经济社会发展情况，对女职工禁忌从事的劳动范围进行调整。

第五条　用人单位不得因女职工怀孕、生育、哺乳降低其工资、予以辞退、与其解除劳动或者聘用合同。

第六条　女职工在孕期不能适应原劳动的，用人单位应当根据医疗机构的证明，予以减轻劳动量或者安排其他能够适应的劳动。

对怀孕 7 个月以上的女职工，用人单位不得延长劳动时间或者安排夜班劳动，并应当在劳动时间内安排一定的休息时间。

怀孕女职工在劳动时间内进行产前检查，所需时间计入劳动时间。

第七条　女职工生育享受 98 天产假，其中产前可以休假 15 天；难产的，增加产假 15 天；生育多胞胎的，每多生育 1 个婴儿，增加产假 15 天。

女职工怀孕未满 4 个月流产的，享受 15 天产假；怀孕满 4 个月流产的，享受 42 天产假。

第八条 女职工产假期间的生育津贴，对已经参加生育保险的，按照用人单位上年度职工月平均工资的标准由生育保险基金支付；对未参加生育保险的，按照女职工产假前工资的标准由用人单位支付。

女职工生育或者流产的医疗费用，按照生育保险规定的项目和标准，对已经参加生育保险的，由生育保险基金支付；对未参加生育保险的，由用人单位支付。

第九条 对哺乳未满 1 周岁婴儿的女职工，用人单位不得延长劳动时间或者安排夜班劳动。

用人单位应当在每天的劳动时间内为哺乳期女职工安排 1 小时哺乳时间；女职工生育多胞胎的，每多哺乳 1 个婴儿每天增加 1 小时哺乳时间。

第十条 女职工比较多的用人单位应当根据女职工的需要，建立女职工卫生室、孕妇休息室、哺乳室等设施，妥善解决女职工在生理卫生、哺乳方面的困难。

第十一条 在劳动场所，用人单位应当预防和制止对女职工的性骚扰。

第十二条 县级以上人民政府人力资源社会保障行政部门、安全生产监督管理部门按照各自职责负责对用人单位遵守本规定的情况进行监督检查。

工会、妇女组织依法对用人单位遵守本规定的情况进行监督。

第十三条 用人单位违反本规定第六条第二款、第七条、第九条第一款规定的，由县级以上人民政府人力资源社会保障行政部门责令限期改正，按照受侵害女职工每人 1 000 元以上 5 000 元以下的标准计算，处以罚款。

用人单位违反本规定附录第一条、第二条规定的，由县级以上人民政府安全生产监督管理部门责令限期改正，按照受侵害女职工每人 1 000 元以上 5 000 元以下的标准计算，处以罚款。用人单位违反本规定附录第三条、第四条规定的，由县级以上人民政府安全生产监督管理部门责令限期治理，处 5 万元以上 30 万元以下的罚款；情节严重的，责令停止有关作业，或者提请有关人民政府按照国务院规定的权限责令关闭。

第十四条 用人单位违反本规定，侵害女职工合法权益的，女职工可以依法投诉、举报、申诉，依法向劳动人事争议调解仲裁机构申请调解仲裁，对仲裁裁决不服的，依法向人民法院提起诉讼。

第十五条 用人单位违反本规定，侵害女职工合法权益，造成女职工损害的，依法给予赔偿；用人单位及其直接负责的主管人员和其他直接责任人员构成犯罪的，依法追究刑事责任。

第十六条 本规定自公布之日起施行。1988年7月21日国务院发布的《女职工劳动保护规定》同时废止。

附录：

女职工禁忌从事的劳动范围

一、女职工禁忌从事的劳动范围：

（一）矿山井下作业；

（二）体力劳动强度分级标准中规定的第四级体力劳动强度的作业；

（三）每小时负重6次以上、每次负重超过20公斤的作业，或者间断负重、每次负重超过25公斤的作业。

二、女职工在经期禁忌从事的劳动范围：

（一）冷水作业分级标准中规定的第二级、第三级、第四级冷水作业；

（二）低温作业分级标准中规定的第二级、第三级、第四级低温作业；

（三）体力劳动强度分级标准中规定的第三级、第四级体力劳动强度的作业；

（四）高处作业分级标准中规定的第三级、第四级高处作业。

三、女职工在孕期禁忌从事的劳动范围：

（一）作业场所空气中铅及其化合物、汞及其化合物、苯、镉、铍、砷、氰化物、氮氧化物、一氧化碳、二硫化碳、氯、己内酰胺、氯丁二烯、氯乙烯、环氧乙烷、苯胺、甲醛等有毒物质浓度超过国家职业卫生标准的作业；

（二）从事抗癌药物、己烯雌酚生产，接触麻醉剂气体等的作业；

（三）非密封源放射性物质的操作，核事故与放射事故的应急处置；

（四）高处作业分级标准中规定的高处作业；

（五）冷水作业分级标准中规定的冷水作业；

（六）低温作业分级标准中规定的低温作业；

（七）高温作业分级标准中规定的第三级、第四级的作业；

（八）噪声作业分级标准中规定的第三级、第四级的作业；

（九）体力劳动强度分级标准中规定的第三级、第四级体力劳动强度的作业；

（十）在密闭空间、高压室作业或者潜水作业，伴有强烈震动的作业，或者需要频繁弯腰、攀高、下蹲的作业。

四、女职工在哺乳期禁忌从事的劳动范围：

（一）孕期禁忌从事的劳动范围的第一项、第三项、第九项；

（二）作业场所空气中锰、氟、溴、甲醇、有机磷化合物、有机氯化合物等有毒物质浓度超过国家职业卫生标准的作业。

放射性同位素与射线装置安全和防护条例

（2005年9月14日中华人民共和国国务院令 第449号公布 根据2014年7月29日《国务院关于修改部分行政法规的决定》第一次修订 根据2019年3月2日《国务院关于修改部分行政法规的决定》第二次修订）

第一章 总 则

第一条 为了加强对放射性同位素、射线装置安全和防护的监督管理，促进放射性同位素、射线装置的安全应用，保障人体健康，保护环境，制定本条例。

第二条 在中华人民共和国境内生产、销售、使用放射性同位素和射线装置，以及转让、进出口放射性同位素的，应当遵守本条例。

本条例所称放射性同位素包括放射源和非密封放射性物质。

第三条 国务院生态环境主管部门对全国放射性同位素、射线装置的安全和防护工作实施统一监督管理。

国务院公安、卫生等部门按照职责分工和本条例的规定，对有关放射性同位素、射线装置的安全和防护工作实施监督管理。

县级以上地方人民政府生态环境主管部门和其他有关部门，按照职责分工和本条例的规定，对本行政区域内放射性同位素、射线装置的安全和防护工作实施监督管理。

第四条 国家对放射源和射线装置实行分类管理。根据放射源、射线装置对人体健康和环境的潜在危害程度，从高到低将放射源分为Ⅰ类、Ⅱ类、

Ⅲ类、Ⅳ类、Ⅴ类，具体分类办法由国务院生态环境主管部门制定；将射线装置分为Ⅰ类、Ⅱ类、Ⅲ类，具体分类办法由国务院生态环境主管部门商国务院卫生主管部门制定。

第二章 许可和备案

第五条 生产、销售、使用放射性同位素和射线装置的单位，应当依照本章规定取得许可证。

第六条 除医疗使用Ⅰ类放射源、制备正电子发射计算机断层扫描用放射性药物自用的单位外，生产放射性同位素、销售和使用Ⅰ类放射源、销售和使用Ⅰ类射线装置的单位的许可证，由国务院生态环境主管部门审批颁发。

除国务院生态环境主管部门审批颁发的许可证外，其他单位的许可证，由省、自治区、直辖市人民政府生态环境主管部门审批颁发。

国务院生态环境主管部门向生产放射性同位素的单位颁发许可证前，应当将申请材料印送其行业主管部门征求意见。

生态环境主管部门应当将审批颁发许可证的情况通报同级公安部门、卫生主管部门。

第七条 生产、销售、使用放射性同位素和射线装置的单位申请领取许可证，应当具备下列条件：

（一）有与所从事的生产、销售、使用活动规模相适应的，具备相应专业知识和防护知识及健康条件的专业技术人员；

（二）有符合国家环境保护标准、职业卫生标准和安全防护要求的场所、设施和设备；

（三）有专门的安全和防护管理机构或者专职、兼职安全和防护管理人员，并配备必要的防护用品和监测仪器；

（四）有健全的安全和防护管理规章制度、辐射事故应急措施；

（五）产生放射性废气、废液、固体废物的，具有确保放射性废气、废液、固体废物达标排放的处理能力或者可行的处理方案。

第八条 生产、销售、使用放射性同位素和射线装置的单位，应当事先向有审批权的生态环境主管部门提出许可申请，并提交符合本条例第七条规定条件的证明材料。

使用放射性同位素和射线装置进行放射诊疗的医疗卫生机构，还应当获得放射源诊疗技术和医用辐射机构许可。

第九条 生态环境主管部门应当自受理申请之日起 20 个工作日内完成审查，符合条件的，颁发许可证，并予以公告；不符合条件的，书面通知申请单位并说明理由。

第十条 许可证包括下列主要内容：

（一）单位的名称、地址、法定代表人；

（二）所从事活动的种类和范围；

（三）有效期限；

（四）发证日期和证书编号。

第十一条 持证单位变更单位名称、地址、法定代表人的，应当自变更登记之日起 20 日内，向原发证机关申请办理许可证变更手续。

第十二条 有下列情形之一的，持证单位应当按照原申请程序，重新申请领取许可证：

（一）改变所从事活动的种类或者范围的；

（二）新建或者改建、扩建生产、销售、使用设施或者场所的。

第十三条 许可证有效期为 5 年。有效期届满，需要延续的，持证单位应当于许可证有效期届满 30 日前，向原发证机关提出延续申请。原发证机关应当自受理延续申请之日起，在许可证有效期届满前完成审查，符合条件的，予以延续；不符合条件的，书面通知申请单位并说明理由。

第十四条 持证单位部分终止或者全部终止生产、销售、使用放射性同位素和射线装置活动的，应当向原发证机关提出部分变更或者注销许可证申请，由原发证机关核查合格后，予以变更或者注销许可证。

第十五条 禁止无许可证或者不按照许可证规定的种类和范围从事放射性同位素和射线装置的生产、销售、使用活动。

禁止伪造、变造、转让许可证。

第十六条 国务院对外贸易主管部门会同国务院生态环境主管部门、海关总署和生产放射性同位素的单位的行业主管部门制定并公布限制进出口放射性同位素目录和禁止进出口放射性同位素目录。

进口列入限制进出口目录的放射性同位素，应当在国务院生态环境主管部门审查批准后，由国务院对外贸易主管部门依据国家对外贸易的有关规定签发进口许可证。进口限制进出口目录和禁止进出口目录之外的放射性同位素，依据国家对外贸易的有关规定办理进口手续。

第十七条　申请进口列入限制进出口目录的放射性同位素，应当符合下列要求：

（一）进口单位已经取得与所从事活动相符的许可证；

（二）进口单位具有进口放射性同位素使用期满后的处理方案，其中，进口Ⅰ类、Ⅱ类、Ⅲ类放射源的，应当具有原出口方负责回收的承诺文件；

（三）进口的放射源应当有明确标号和必要说明文件，其中，Ⅰ类、Ⅱ类、Ⅲ类放射源的标号应当刻制在放射源本体或者密封包壳体上，Ⅳ类、Ⅴ类放射源的标号应当记录在相应说明文件中；

（四）将进口的放射性同位素销售给其他单位使用的，还应当具有与使用单位签订的书面协议以及使用单位取得的许可证复印件。

第十八条　进口列入限制进出口目录的放射性同位素的单位，应当向国务院生态环境主管部门提出进口申请，并提交符合本条例第十七条规定要求的证明材料。

国务院生态环境主管部门应当自受理申请之日起10个工作日内完成审查，符合条件的，予以批准；不符合条件的，书面通知申请单位并说明理由。

海关验凭放射性同位素进口许可证办理有关进口手续。进口放射性同位素的包装材料依法需要实施检疫的，依照国家有关检疫法律、法规的规定执行。

对进口的放射源，国务院生态环境主管部门还应当同时确定与其标号相对应的放射源编码。

第十九条　申请转让放射性同位素，应当符合下列要求：

（一）转出、转入单位持有与所从事活动相符的许可证；

（二）转入单位具有放射性同位素使用期满后的处理方案；

（三）转让双方已经签订书面转让协议。

第二十条　转让放射性同位素，由转入单位向其所在地省、自治区、直辖市人民政府生态环境主管部门提出申请，并提交符合本条例第十九条规定要求的证明材料。

省、自治区、直辖市人民政府生态环境主管部门应当自受理申请之日起 15 个工作日内完成审查，符合条件的，予以批准；不符合条件的，书面通知申请单位并说明理由。

第二十一条　放射性同位素的转出、转入单位应当在转让活动完成之日起 20 日内，分别向其所在地省、自治区、直辖市人民政府生态环境主管部门备案。

第二十二条　生产放射性同位素的单位，应当建立放射性同位素产品台账，并按照国务院生态环境主管部门制定的编码规则，对生产的放射源统一编码。放射性同位素产品台账和放射源编码清单应当报国务院生态环境主管部门备案。

生产的放射源应当有明确标号和必要说明文件。其中，Ⅰ类、Ⅱ类、Ⅲ类放射源的标号应当刻制在放射源本体或者密封包壳体上，Ⅳ类、Ⅴ类放射源的标号应当记录在相应说明文件中。

国务院生态环境主管部门负责建立放射性同位素备案信息管理系统，与有关部门实行信息共享。

未列入产品台账的放射性同位素和未编码的放射源，不得出厂和销售。

第二十三条　持有放射源的单位将废旧放射源交回生产单位、返回原出口方或者送交放射性废物集中储存单位储存的，应当在该活动完成之日起 20 日内向其所在地省、自治区、直辖市人民政府生态环境主管部门备案。

第二十四条　本条例施行前生产和进口的放射性同位素，由放射性同位素持有单位在本条例施行之日起 6 个月内，到其所在地省、自治区、直辖市人民政府生态环境主管部门办理备案手续，省、自治区、直辖市人民政府生态环境主管部门应当对放射源进行统一编码。

第二十五条　使用放射性同位素的单位需要将放射性同位素转移到外省、自治区、直辖市使用的，应当持许可证复印件向使用地省、自治区、直辖市人民政府生态环境主管部门备案，并接受当地生态环境主管部门的监督管理。

第二十六条　出口列入限制进出口目录的放射性同位素，应当提供进口方可以合法持有放射性同位素的证明材料，并由国务院生态环境主管部门依照有关法律和我国缔结或者参加的国际条约、协定的规定，办理有关手续。

出口放射性同位素应当遵守国家对外贸易的有关规定。

第三章　安全和防护

第二十七条　生产、销售、使用放射性同位素和射线装置的单位，应当对本单位的放射性同位素、射线装置的安全和防护工作负责，并依法对其造成的放射性危害承担责任。

生产放射性同位素的单位的行业主管部门，应当加强对生产单位安全和防护工作的管理，并定期对其执行法律、法规和国家标准的情况进行监督检查。

第二十八条　生产、销售、使用放射性同位素和射线装置的单位，应当对直接从事生产、销售、使用活动的工作人员进行安全和防护知识教育培训，并进行考核；考核不合格的，不得上岗。

辐射安全关键岗位应当由注册核安全工程师担任。辐射安全关键岗位名录由国务院生态环境主管部门商国务院有关部门制定并公布。

第二十九条　生产、销售、使用放射性同位素和射线装置的单位，应当严格按照国家关于个人剂量监测和健康管理的规定，对直接从事生产、销售、使用活动的工作人员进行个人剂量监测和职业健康检查，建立个人剂量档案和职业健康监护档案。

第三十条　生产、销售、使用放射性同位素和射线装置的单位，应当对本单位的放射性同位素、射线装置的安全和防护状况进行年度评估。发现安全隐患的，应当立即进行整改。

第三十一条　生产、销售、使用放射性同位素和射线装置的单位需要终止的，应当事先对本单位的放射性同位素和放射性废物进行清理登记，作出妥善处理，不得留有安全隐患。生产、销售、使用放射性同位素和射线装置的单位发生变更的，由变更后的单位承担处理责任。变更前当事人对此另有约定的，从其约定；但是，约定中不得免除当事人的处理义务。

在本条例施行前已经终止的生产、销售、使用放射性同位素和射线装置的单位，其未安全处理的废旧放射源和放射性废物，由所在地省、自治区、直辖市人民政府生态环境主管部门提出处理方案，及时进行处理。所需经费由省级以上人民政府承担。

第三十二条 生产、进口放射源的单位销售Ⅰ类、Ⅱ类、Ⅲ类放射源给其他单位使用的，应当与使用放射源的单位签订废旧放射源返回协议；使用放射源的单位应当按照废旧放射源返回协议规定将废旧放射源交回生产单位或者返回原出口方。确实无法交回生产单位或者返回原出口方的，送交有相应资质的放射性废物集中贮存单位贮存。

使用放射源的单位应当按照国务院生态环境主管部门的规定，将Ⅳ类、Ⅴ类废旧放射源进行包装整备后送交有相应资质的放射性废物集中储存单位储存。

第三十三条 使用Ⅰ类、Ⅱ类、Ⅲ类放射源的场所和生产放射性同位素的场所，以及终结运行后产生放射性污染的射线装置，应当依法实施退役。

第三十四条 生产、销售、使用、储存放射性同位素和射线装置的场所，应当按照国家有关规定设置明显的放射性标志，其入口处应当按照国家有关安全和防护标准的要求，设置安全和防护设施以及必要的防护安全联锁、报警装置或者工作信号。射线装置的生产调试和使用场所，应当具有防止误操作、防止工作人员和公众受到意外照射的安全措施。

放射性同位素的包装容器、含放射性同位素的设备和射线装置，应当设置明显的放射性标识和中文警示说明；放射源上能够设置放射性标识的，应当一并设置。运输放射性同位素和含放射源的射线装置的工具，应当按照国家有关规定设置明显的放射性标志或者显示危险信号。

第三十五条 放射性同位素应当单独存放，不得与易燃、易爆、腐蚀性物品等一起存放，并指定专人负责保管。储存、领取、使用、归还放射性同位素时，应当进行登记、检查，做到账物相符。对放射性同位素储存场所应当采取防火、防水、防盗、防丢失、防破坏、防射线泄漏的安全措施。

对放射源还应当根据其潜在危害的大小，建立相应的多层防护和安全措施，并对可移动的放射源定期进行盘存，确保其处于指定位置，具有可靠的安全保障。

第三十六条 在室外、野外使用放射性同位素和射线装置的，应当按照国家安全和防护标准的要求划出安全防护区域，设置明显的放射性标志，必要时设专人警戒。

在野外进行放射性同位素示踪试验的，应当经省级以上人民政府生态环境主管部门商同级有关部门批准方可进行。

第三十七条 辐射防护器材、含放射性同位素的设备和射线装置，以及含有放射性物质的产品和伴有产生X射线的电器产品，应当符合辐射防护要求。不合格的产品不得出厂和销售。

第三十八条 使用放射性同位素和射线装置进行放射诊疗的医疗卫生机构，应当依据国务院卫生主管部门有关规定和国家标准，制定与本单位从事的诊疗项目相适应的质量保证方案，遵守质量保证监测规范，按照医疗照射正当化和辐射防护最优化的原则，避免一切不必要的照射，并事先告知患者和受检者辐射对健康的潜在影响。

第三十九条 金属冶炼厂回收冶炼废旧金属时，应当采取必要的监测措施，防止放射性物质熔入产品中。监测中发现问题的，应当及时通知所在地设区的市级以上人民政府生态环境主管部门。

第四章　辐射事故应急处理

第四十条 根据辐射事故的性质、严重程度、可控性和影响范围等因素，从重到轻将辐射事故分为特别重大辐射事故、重大辐射事故、较大辐射事故和一般辐射事故四个等级。

特别重大辐射事故，是指Ⅰ类、Ⅱ类放射源丢失、被盗、失控造成大范围严重辐射污染后果，或者放射性同位素和射线装置失控导致3人以上（含3人）急性死亡。

重大辐射事故，是指Ⅰ类、Ⅱ类放射源丢失、被盗、失控，或者放射性同位素和射线装置失控导致2人以下（含2人）急性死亡或者10人以上（含10人）急性重度放射病、局部器官残疾。

较大辐射事故，是指Ⅲ类放射源丢失、被盗、失控，或者放射性同位素和射线装置失控导致9人以下（含9人）急性重度放射病、局部器官残疾。

一般辐射事故，是指Ⅳ类、Ⅴ类放射源丢失、被盗、失控，或者放射性同位素和射线装置失控导致人员受到超过年剂量限值的照射。

第四十一条 县级以上人民政府生态环境主管部门应当会同同级公安、卫生、财政等部门编制辐射事故应急预案，报本级人民政府批准。辐射事故应急预案应当包括下列内容：

（一）应急机构和职责分工；

（二）应急人员的组织、培训以及应急和救助的装备、资金、物资准备；

（三）辐射事故分级与应急响应措施；

（四）辐射事故调查、报告和处理程序。

生产、销售、使用放射性同位素和射线装置的单位，应当根据可能发生的辐射事故的风险，制定本单位的应急方案，做好应急准备。

第四十二条 发生辐射事故时，生产、销售、使用放射性同位素和射线装置的单位应当立即启动本单位的应急方案，采取应急措施，并立即向当地生态环境主管部门、公安部门、卫生主管部门报告。

生态环境主管部门、公安部门、卫生主管部门接到辐射事故报告后，应当立即派人赶赴现场，进行现场调查，采取有效措施，控制并消除事故影响，同时将辐射事故信息报告本级人民政府和上级人民政府生态环境主管部门、公安部门、卫生主管部门。

县级以上地方人民政府及其有关部门接到辐射事故报告后，应当按照事故分级报告的规定及时将辐射事故信息报告上级人民政府及其有关部门。发生特别重大辐射事故和重大辐射事故后，事故发生地省、自治区、直辖市人民政府和国务院有关部门应当在4小时内报告国务院；特殊情况下，事故发生地人民政府及其有关部门可以直接向国务院报告，并同时报告上级人民政府及其有关部门。

禁止缓报、瞒报、谎报或者漏报辐射事故。

第四十三条 在发生辐射事故或者有证据证明辐射事故可能发生时，县级以上人民政府生态环境主管部门有权采取下列临时控制措施：

（一）责令停止导致或者可能导致辐射事故的作业；

（二）组织控制事故现场。

第四十四条 辐射事故发生后，有关县级以上人民政府应当按照辐射事故的等级，启动并组织实施相应的应急预案。

县级以上人民政府生态环境主管部门、公安部门、卫生主管部门，按照职责分工做好相应的辐射事故应急工作：

（一）生态环境主管部门负责辐射事故的应急响应、调查处理和定性定级工作，协助公安部门监控追缴丢失、被盗的放射源；

（二）公安部门负责丢失、被盗放射源的立案侦查和追缴；

（三）卫生主管部门负责辐射事故的医疗应急。

生态环境主管部门、公安部门、卫生主管部门应当及时相互通报辐射事故应急响应、调查处理、定性定级、立案侦查和医疗应急情况。国务院指定的部门根据生态环境主管部门确定的辐射事故的性质和级别，负责有关国际信息通报工作。

第四十五条　发生辐射事故的单位应当立即将可能受到辐射伤害的人员送至当地卫生主管部门指定的医院或者有条件救治辐射损伤病人的医院，进行检查和治疗，或者请求医院立即派人赶赴事故现场，采取救治措施。

第五章　监督检查

第四十六条　县级以上人民政府生态环境主管部门和其他有关部门应当按照各自职责对生产、销售、使用放射性同位素和射线装置的单位进行监督检查。

被检查单位应当予以配合，如实反映情况，提供必要的资料，不得拒绝和阻碍。

第四十七条　县级以上人民政府生态环境主管部门应当配备辐射防护安全监督员。辐射防护安全监督员由从事辐射防护工作，具有辐射防护安全知识并经省级以上人民政府生态环境主管部门认可的专业人员担任。辐射防护安全监督员应当定期接受专业知识培训和考核。

第四十八条　县级以上人民政府生态环境主管部门在监督检查中发现生产、销售、使用放射性同位素和射线装置的单位有不符合原发证条件的情形的，应当责令其限期整改。

监督检查人员依法进行监督检查时，应当出示证件，并为被检查单位保守技术秘密和业务秘密。

第四十九条　任何单位和个人对违反本条例的行为，有权向生态环境主管部门和其他有关部门检举；对生态环境主管部门和其他有关部门未依法履行监督管理职责的行为，有权向本级人民政府、上级人民政府有关部门检举。接到举报的有关人民政府、生态环境主管部门和其他有关部门对有关举报应当及时核实、处理。

第六章　法律责任

第五十条　违反本条例规定，县级以上人民政府生态环境主管部门有下列行为之一的，对直接负责的主管人员和其他直接责任人员，依法给予行政处分；构成犯罪的，依法追究刑事责任：

（一）向不符合本条例规定条件的单位颁发许可证或者批准不符合本条例规定条件的单位进口、转让放射性同位素的；

（二）发现未依法取得许可证的单位擅自生产、销售、使用放射性同位素和射线装置，不予查处或者接到举报后不依法处理的；

（三）发现未经依法批准擅自进口、转让放射性同位素，不予查处或者接到举报后不依法处理的；

（四）对依法取得许可证的单位不履行监督管理职责或者发现违反本条例规定的行为不予查处的；

（五）在放射性同位素、射线装置安全和防护监督管理工作中有其他渎职行为的。

第五十一条　违反本条例规定，县级以上人民政府生态环境主管部门和其他有关部门有下列行为之一的，对直接负责的主管人员和其他直接责任人员，依法给予行政处分；构成犯罪的，依法追究刑事责任：

（一）缓报、瞒报、谎报或者漏报辐射事故的；

（二）未按照规定编制辐射事故应急预案或者不依法履行辐射事故应急职责的。

第五十二条　违反本条例规定，生产、销售、使用放射性同位素和射线装置的单位有下列行为之一的，由县级以上人民政府生态环境主管部门责令停止违法行为，限期改正；逾期不改正的，责令停产停业或者由原发证机关吊销许可证；有违法所得的，没收违法所得；违法所得 10 万元以上的，并处违法所得 1 倍以上 5 倍以下的罚款；没有违法所得或者违法所得不足 10 万元的，并处 1 万元以上 10 万元以下的罚款：

（一）无许可证从事放射性同位素和射线装置生产、销售、使用活动的；

（二）未按照许可证的规定从事放射性同位素和射线装置生产、销售、使用活动的；

（三）改变所从事活动的种类或者范围以及新建、改建或者扩建生产、销售、使用设施或者场所，未按照规定重新申请领取许可证的；

（四）许可证有效期届满，需要延续而未按照规定办理延续手续的；

（五）未经批准，擅自进口或者转让放射性同位素的。

第五十三条 违反本条例规定，生产、销售、使用放射性同位素和射线装置的单位变更单位名称、地址、法定代表人，未依法办理许可证变更手续的，由县级以上人民政府生态环境主管部门责令限期改正，给予警告；逾期不改正的，由原发证机关暂扣或者吊销许可证。

第五十四条 违反本条例规定，生产、销售、使用放射性同位素和射线装置的单位部分终止或者全部终止生产、销售、使用活动，未按照规定办理许可证变更或者注销手续的，由县级以上人民政府生态环境主管部门责令停止违法行为，限期改正；逾期不改正的，处 1 万元以上 10 万元以下的罚款；造成辐射事故，构成犯罪的，依法追究刑事责任。

第五十五条 违反本条例规定，伪造、变造、转让许可证的，由县级以上人民政府生态环境主管部门收缴伪造、变造的许可证或者由原发证机关吊销许可证，并处 5 万元以上 10 万元以下的罚款；构成犯罪的，依法追究刑事责任。

违反本条例规定，伪造、变造、转让放射性同位素进口和转让批准文件的，由县级以上人民政府生态环境主管部门收缴伪造、变造的批准文件或者由原批准机关撤销批准文件，并处 5 万元以上 10 万元以下的罚款；情节严重的，可以由原发证机关吊销许可证；构成犯罪的，依法追究刑事责任。

第五十六条 违反本条例规定，生产、销售、使用放射性同位素的单位有下列行为之一的，由县级以上人民政府生态环境主管部门责令限期改正，给予警告；逾期不改正的，由原发证机关暂扣或者吊销许可证：

（一）转入、转出放射性同位素未按照规定备案的；

（二）将放射性同位素转移到外省、自治区、直辖市使用，未按照规定备案的；

（三）将废旧放射源交回生产单位、返回原出口方或者送交放射性废物集中储存单位储存，未按照规定备案的。

第五十七条　违反本条例规定，生产、销售、使用放射性同位素和射线装置的单位有下列行为之一的，由县级以上人民政府生态环境主管部门责令停止违法行为，限期改正；逾期不改正的，处1万元以上10万元以下的罚款：

（一）在室外、野外使用放射性同位素和射线装置，未按照国家有关安全和防护标准的要求划出安全防护区域和设置明显的放射性标志的；

（二）未经批准擅自在野外进行放射性同位素示踪试验的。

第五十八条　违反本条例规定，生产放射性同位素的单位有下列行为之一的，由县级以上人民政府生态环境主管部门责令限期改正，给予警告；逾期不改正的，依法收缴其未备案的放射性同位素和未编码的放射源，处5万元以上10万元以下的罚款，并可以由原发证机关暂扣或者吊销许可证：

（一）未建立放射性同位素产品台账的；

（二）未按照国务院生态环境主管部门制定的编码规则，对生产的放射源进行统一编码的；

（三）未将放射性同位素产品台账和放射源编码清单报国务院生态环境主管部门备案的；

（四）出厂或者销售未列入产品台账的放射性同位素和未编码的放射源的。

第五十九条　违反本条例规定，生产、销售、使用放射性同位素和射线装置的单位有下列行为之一的，由县级以上人民政府生态环境主管部门责令停止违法行为，限期改正；逾期不改正的，由原发证机关指定有处理能力的单位代为处理或者实施退役，费用由生产、销售、使用放射性同位素和射线装置的单位承担，并处1万元以上10万元以下的罚款：

（一）未按照规定对废旧放射源进行处理的；

（二）未按照规定对使用Ⅰ类、Ⅱ类、Ⅲ类放射源的场所和生产放射性同位素的场所，以及终结运行后产生放射性污染的射线装置实施退役的。

第六十条 违反本条例规定，生产、销售、使用放射性同位素和射线装置的单位有下列行为之一的，由县级以上人民政府生态环境主管部门责令停止违法行为，限期改正；逾期不改正的，责令停产停业，并处2万元以上20万元以下的罚款；构成犯罪的，依法追究刑事责任：

（一）未按照规定对本单位的放射性同位素、射线装置安全和防护状况进行评估或者发现安全隐患不及时整改的；

（二）生产、销售、使用、储存放射性同位素和射线装置的场所未按照规定设置安全和防护设施以及放射性标志的。

第六十一条 违反本条例规定，造成辐射事故的，由原发证机关责令限期改正，并处5万元以上20万元以下的罚款；情节严重的，由原发证机关吊销许可证；构成违反治安管理行为的，由公安机关依法予以治安处罚；构成犯罪的，依法追究刑事责任。

因辐射事故造成他人损害的，依法承担民事责任。

第六十二条 生产、销售、使用放射性同位素和射线装置的单位被责令限期整改，逾期不整改或者经整改仍不符合原发证条件的，由原发证机关暂扣或者吊销许可证。

第六十三条 违反本条例规定，被依法吊销许可证的单位或者伪造、变造许可证的单位，5年内不得申请领取许可证。

第六十四条 县级以上地方人民政府生态环境主管部门的行政处罚权限的划分，由省、自治区、直辖市人民政府确定。

第七章 附　　则

第六十五条 军用放射性同位素、射线装置安全和防护的监督管理，依照《中华人民共和国放射性污染防治法》第六十条的规定执行。

第六十六条 劳动者在职业活动中接触放射性同位素和射线装置造成的职业病的防治，依照《中华人民共和国职业病防治法》和国务院有关规定执行。

第六十七条 放射性同位素的运输，放射性同位素和射线装置生产、销售、使用过程中产生的放射性废物的处置，依照国务院有关规定执行。

第六十八条 本条例中下列用语的含义：

放射性同位素，是指某种发生放射性衰变的元素中具有相同原子序数但质量不同的核素。

放射源，是指除研究堆和动力堆核燃料循环范畴的材料以外，永久密封在容器中或者有严密包层并呈固态的放射性材料。

射线装置，是指 X 线机、加速器、中子发生器以及含放射源的装置。

非密封放射性物质，是指非永久密封在包壳里或者紧密地固结在覆盖层里的放射性物质。

转让，是指除进出口、回收活动之外，放射性同位素所有权或者使用权在不同持有者之间的转移。

伴有产生 X 射线的电器产品，是指不以产生 X 射线为目的，但在生产或者使用过程中产生 X 射线的电器产品。

辐射事故，是指放射源丢失、被盗、失控，或者放射性同位素和射线装置失控导致人员受到意外的异常照射。

第六十九条 本条例自 2005 年 12 月 1 日起施行。1989 年 10 月 24 日国务院发布的《放射性同位素与射线装置放射防护条例》同时废止。

三、部门规章

放射诊疗管理规定

（2006年1月24日中华人民共和国卫生部令 第46号 2016年1月19日 根据《国家卫生计生委关于修改〈外国医师来华短期行医暂行管理办法〉等8件部门规章的决定》修改）

第一章 总 则

第一条 为加强放射诊疗工作的管理，保证医疗质量和医疗安全，保障放射诊疗工作人员、患者和公众的健康权益，依据《中华人民共和国职业病防治法》《放射性同位素与射线装置安全和防护条例》《医疗机构管理条例》等法律、行政法规的规定，制定本规定。

第二条 本规定适用于开展放射诊疗工作的医疗机构。

本规定所称放射诊疗工作，是指使用放射性同位素、射线装置进行临床医学诊断、治疗和健康检查的活动。

第三条 卫生部负责全国放射诊疗工作的监督管理。

县级以上地方人民政府卫生行政部门负责本行政区域内放射诊疗工作的监督管理。

第四条 放射诊疗工作按照诊疗风险和技术难易程度分为四类管理：

（一）放射治疗；

（二）核医学；

（三）介入放射学；

（四）X射线影像诊断。

医疗机构开展放射诊疗工作，应当具备与其开展的放射诊疗工作相适应的条件，经所在地县级以上地方卫生行政部门的放射诊疗技术和医用辐射机构许可（以下简称放射诊疗许可）。

第五条 医疗机构应当采取有效措施，保证放射防护、安全与放射诊疗质量符合有关规定、标准和规范的要求。

第二章 执业条件

第六条 医疗机构开展放射诊疗工作，应当具备以下基本条件：

（一）具有经核准登记的医学影像科诊疗科目；

（二）具有符合国家相关标准和规定的放射诊疗场所和配套设施；

（三）具有质量控制与安全防护专（兼）职管理人员和管理制度，并配备必要的防护用品和监测仪器；

（四）产生放射性废气、废液、固体废物的，具有确保放射性废气、废液、固体废物达标排放的处理能力或者可行的处理方案；

（五）具有放射事件应急处理预案。

第七条 医疗机构开展不同类别放射诊疗工作，应当分别具有下列人员：

（一）开展放射治疗工作的，应当具有：

1. 中级以上专业技术职务任职资格的放射肿瘤医师；
2. 病理学、医学影像学专业技术人员；
3. 大学本科以上学历或中级以上专业技术职务任职资格的医学物理人员；
4. 放射治疗技师和维修人员。

（二）开展核医学工作的，应当具有：

1. 中级以上专业技术职务任职资格的核医学医师；
2. 病理学、医学影像学专业技术人员；
3. 大学本科以上学历或中级以上专业技术职务任职资格的技术人员或核医学技师。

（三）开展介入放射学工作的，应当具有：

1. 大学本科以上学历或中级以上专业技术职务任职资格的放射影像医师；

2. 放射影像技师；

3. 相关内、外科的专业技术人员。

（四）开展 X 射线影像诊断工作的，应当具有专业的放射影像医师。

第八条　医疗机构开展不同类别放射诊疗工作，应当分别具有下列设备：

（一）开展放射治疗工作的，至少有一台远距离放射治疗装置，并具有模拟定位设备和相应的治疗计划系统等设备；

（二）开展核医学工作的，具有核医学设备及其他相关设备；

（三）开展介入放射学工作的，具有带影像增强器的医用诊断 X 射线机、数字减影装置等设备；

（四）开展 X 射线影像诊断工作的，有医用诊断 X 射线机或 CT 机等设备。

第九条　医疗机构应当按照下列要求配备并使用安全防护装置、辐射检测仪器和个人防护用品：

（一）放射治疗场所应当按照相应标准设置多重安全联锁系统、剂量监测系统、影像监控、对讲装置和固定式剂量监测报警装置；配备放疗剂量仪、剂量扫描装置和个人剂量报警仪；

（二）开展核医学工作的，设有专门的放射性同位素分装、注射、储存场所，放射性废物屏蔽设备和存放场所；配备活度计、放射性表面污染监测仪；

（三）介入放射学与其他 X 射线影像诊断工作场所应当配备工作人员防护用品和受检者个人防护用品。

第十条　医疗机构应当对下列设备和场所设置醒目的警示标志：

（一）装有放射性同位素和放射性废物的设备、容器，设有电离辐射标志；

（二）放射性同位素和放射性废物储存场所，设有电离辐射警告标志及必要的文字说明；

（三）放射诊疗工作场所的入口处，设有电离辐射警告标志；

（四）放射诊疗工作场所应当按照有关标准的要求分为控制区、监督区，在控制区进出口及其他适当位置，设有电离辐射警告标志和工作指示灯。

第三章　放射诊疗的设置与批准

第十一条　医疗机构设置放射诊疗项目，应当按照其开展的放射诊疗工作的类别，分别向相应的卫生行政部门提出建设项目卫生审查、竣工验收和设置放射诊疗项目申请：

（一）开展放射治疗、核医学工作的，向省级卫生行政部门申请办理；

（二）开展介入放射学工作的，向设区的市级卫生行政部门申请办理；

（三）开展 X 射线影像诊断工作的，向县级卫生行政部门申请办理。

同时开展不同类别放射诊疗工作的，向具有高类别审批权的卫生行政部门申请办理。

第十二条　新建、扩建、改建放射诊疗建设项目，医疗机构应当在建设项目施工前向相应的卫生行政部门提交职业病危害放射防护预评价报告，申请进行建设项目卫生审查。立体定向放射治疗、质子治疗、重离子治疗、带回旋加速器的正电子发射断层扫描诊断等放射诊疗建设项目，还应当提交卫生部指定的放射卫生技术机构出具的预评价报告技术审查意见。

卫生行政部门应当自收到预评价报告之日起三十日内，作出审核决定。经审核符合国家相关卫生标准和要求的，方可施工。

第十三条　医疗机构在放射诊疗建设项目竣工验收前，应当进行职业病危害控制效果评价；并向相应的卫生行政部门提交下列资料，申请进行卫生验收：

（一）建设项目竣工卫生验收申请；

（二）建设项目卫生审查资料；

（三）职业病危害控制效果放射防护评价报告；

（四）放射诊疗建设项目验收报告。

立体定向放射治疗、质子治疗、重离子治疗、带回旋加速器的正电子发射断层扫描诊断等放射诊疗建设项目，应当提交卫生部指定的放射卫生技术机构出具的职业病危害控制效果评价报告技术审查意见和设备性能检测报告。

第十四条　医疗机构在开展放射诊疗工作前，应当提交下列资料，向相应的卫生行政部门提出放射诊疗许可申请：

（一）放射诊疗许可申请表；

（二）《医疗机构执业许可证》或《设置医疗机构批准书》（复印件）；

（三）放射诊疗专业技术人员的任职资格证书（复印件）；

（四）放射诊疗设备清单；

（五）放射诊疗建设项目竣工验收合格证明文件。

第十五条 卫生行政部门对符合受理条件的申请应当即时受理；不符合要求的，应当在五日内一次性告知申请人需要补正的资料或者不予受理的理由。

卫生行政部门应当自受理之日起二十日内作出审查决定，对合格的予以批准，发给《放射诊疗许可证》；不予批准的，应当书面说明理由。

《放射诊疗许可证》的格式由卫生部统一规定（见附件）。

第十六条 医疗机构取得《放射诊疗许可证》后，到核发《医疗机构执业许可证》的卫生行政执业登记部门办理相应诊疗科目登记手续。执业登记部门应根据许可情况，将医学影像科核准到二级诊疗科目。

未取得《放射诊疗许可证》或未进行诊疗科目登记的，不得开展放射诊疗工作。

第十七条 《放射诊疗许可证》与《医疗机构执业许可证》同时校验，申请校验时应当提交本周期有关放射诊疗设备性能与辐射工作场所的检测报告、放射诊疗工作人员健康监护资料和工作开展情况报告。

医疗机构变更放射诊疗项目的，应当向放射诊疗许可批准机关提出许可变更申请，并提交变更许可项目名称、放射防护评价报告等资料；同时向卫生行政执业登记部门提出诊疗科目变更申请，提交变更登记项目及变更理由等资料。

卫生行政部门应当自收到变更申请之日起二十日内作出审查决定。未经批准不得变更。

第十八条 有下列情况之一的，由原批准部门注销放射诊疗许可，并登记存档，予以公告：

（一）医疗机构申请注销的；

（二）逾期不申请校验或者擅自变更放射诊疗科目的；

（三）校验或者办理变更时不符合相关要求，且逾期不改进或者改进后仍不符合要求的；

（四）歇业或者停止诊疗科目连续一年以上的；

（五）被卫生行政部门吊销《医疗机构执业许可证》的。

第四章　安全防护与质量保证

第十九条　医疗机构应当配备专（兼）职的管理人员，负责放射诊疗工作的质量保证和安全防护。其主要职责是：

（一）组织制定并落实放射诊疗和放射防护管理制度；

（二）定期组织对放射诊疗工作场所、设备和人员进行放射防护检测、监测和检查；

（三）组织本机构放射诊疗工作人员接受专业技术、放射防护知识及有关规定的培训和健康检查；

（四）制定放射事件应急预案并组织演练；

（五）记录本机构发生的放射事件并及时报告卫生行政部门。

第二十条　医疗机构的放射诊疗设备和检测仪表，应当符合下列要求：

（一）新安装、维修或更换重要部件后的设备，应当经省级以上卫生行政部门资质认证的检测机构对其进行检测，合格后方可启用；

（二）定期进行稳定性检测、校正和维护保养，由省级以上卫生行政部门资质认证的检测机构每年至少进行一次状态检测；

（三）按照国家有关规定检验或者校准用于放射防护和质量控制的检测仪表；

（四）放射诊疗设备及其相关设备的技术指标和安全、防护性能，应当符合有关标准与要求。

不合格或国家有关部门规定淘汰的放射诊疗设备不得购置、使用、转让和出租。

第二十一条　医疗机构应当定期对放射诊疗工作场所、放射性同位素储存场所和防护设施进行放射防护检测，保证辐射水平符合有关规定或者标准。

放射性同位素不得与易燃、易爆、腐蚀性物品同库储存；储存场所应当采取有效的防泄漏等措施，并安装必要的报警装置。

放射性同位素储存场所应当有专人负责，有完善的存入、领取、归还登记和检查的制度，做到交接严格，检查及时，账目清楚，账物相符，记录资料完整。

第二十二条 放射诊疗工作人员应当按照有关规定配戴个人剂量计。

第二十三条 医疗机构应当按照有关规定和标准，对放射诊疗工作人员进行上岗前、在岗期间和离岗时的健康检查，定期进行专业及防护知识培训，并分别建立个人剂量、职业健康管理和教育培训档案。

第二十四条 医疗机构应当制定与本单位从事的放射诊疗项目相适应的质量保证方案，遵守质量保证监测规范。

第二十五条 放射诊疗工作人员对患者和受检者进行医疗照射时，应当遵守医疗照射正当化和放射防护最优化的原则，有明确的医疗目的，严格控制受照剂量；对邻近照射野的敏感器官和组织进行屏蔽防护，并事先告知患者和受检者辐射对健康的影响。

第二十六条 医疗机构在实施放射诊断检查前应当对不同检查方法进行利弊分析，在保证诊断效果的前提下，优先采用对人体健康影响较小的诊断技术。

实施检查应当遵守下列规定：

（一）严格执行检查资料的登记、保存、提取和借阅制度，不得因资料管理、受检者转诊等原因使受检者接受不必要的重复照射；

（二）不得将核素显像检查和X射线胸部检查列入对婴幼儿及少年儿童体检的常规检查项目；

（三）对育龄妇女腹部或骨盆进行核素显像检查或X射线检查前，应问明是否怀孕；非特殊需要，对受孕后八至十五周的育龄妇女，不得进行下腹部放射影像检查；

（四）应当尽量以胸部X射线摄影代替胸部荧光透视检查；

（五）实施放射性药物给药和X射线照射操作时，应当禁止非受检者进入操作现场；因患者病情需要其他人员陪检时，应当对陪检者采取防护措施。

第二十七条 医疗机构使用放射影像技术进行健康普查的，应当经过充分论证，制定周密的普查方案，采取严格的质量控制措施。

第二十八条 开展放射治疗的医疗机构，在对患者实施放射治疗前，应当进行影像学、病理学及其他相关检查，严格掌握放射治疗的适应证。对确需进行放射治疗的，应当制定科学的治疗计划，并按照下列要求实施：

（一）对体外远距离放射治疗，放射诊疗工作人员在进入治疗室前，应首先检查操作控制台的源位显示，确认放射线束或放射源处于关闭位时，方可进入；

（二）对近距离放射治疗，放射诊疗工作人员应当使用专用工具拿取放射源，不得徒手操作；对接受敷贴治疗的患者采取安全护理，防止放射源被患者带走或丢失；

（三）在实施永久性籽粒插植治疗时，放射诊疗工作人员应随时清点所使用的放射性籽粒，防止在操作过程中遗失；放射性籽粒植入后，必须进行医学影像学检查，确认植入部位和放射性籽粒的数量；

（四）治疗过程中，治疗现场至少应有2名放射诊疗工作人员，并密切注视治疗装置的显示及病人情况，及时解决治疗中出现的问题；严禁其他无关人员进入治疗场所；

（五）放射诊疗工作人员应当严格按照放射治疗操作规范、规程实施照射，不得擅自修改治疗计划；

（六）放射诊疗工作人员应当验证治疗计划的执行情况，发现偏离计划现象时，应当及时采取补救措施并向本科室负责人或者本机构负责医疗质量控制的部门报告。

第二十九条 开展核医学诊疗的医疗机构，应当遵守相应的操作规范、规程，防止放射性同位素污染人体、设备、工作场所和环境；按照有关标准的规定对接受体内放射性药物诊治的患者进行控制，避免其他患者和公众受到超过允许水平的照射。

第三十条 核医学诊疗产生的放射性固体废物、废液及患者的放射性排出物应当单独收集，与其他废物、废液分开存放，按照国家有关规定处理。

第三十一条 医疗机构应当制定防范和处置放射事件的应急预案；发生放射事件后应当立即采取有效应急救援和控制措施，防止事件的扩大和蔓延。

第三十二条 医疗机构发生下列放射事件情形之一的，应当及时进行调查处理，如实记录，并按照有关规定及时报告卫生行政部门和有关部门：

（一）诊断放射性药物实际用量偏离处方剂量50%以上的；

（二）放射治疗实际照射剂量偏离处方剂量25%以上的；

（三）人员误照或误用放射性药物的；

（四）放射性同位素丢失、被盗和污染的；

（五）设备故障或人为失误引起的其他放射事件。

第五章　监督管理

第三十三条　医疗机构应当加强对本机构放射诊疗工作的管理，定期检查放射诊疗管理法律、法规、规章等制度的落实情况，保证放射诊疗的医疗质量和医疗安全。

第三十四条　县级以上地方人民政府卫生行政部门应当定期对本行政区域内开展放射诊疗活动的医疗机构进行监督检查。检查内容包括：

（一）执行法律、法规、规章、标准和规范等情况；

（二）放射诊疗规章制度和工作人员岗位责任制等制度的落实情况；

（三）健康监护制度和防护措施的落实情况；

（四）放射事件调查处理和报告情况。

第三十五条　卫生行政部门的执法人员依法进行监督检查时，应当出示证件；被检查的单位应当予以配合，如实反映情况，提供必要的资料，不得拒绝、阻碍、隐瞒。

第三十六条　卫生行政部门的执法人员或者卫生行政部门授权实施检查、检测的机构及其工作人员依法检查时，应当保守被检查单位的技术秘密和业务秘密。

第三十七条　卫生行政部门应当加强监督执法队伍建设，提高执法人员的业务素质和执法水平，建立健全对执法人员的监督管理制度。

第六章　法律责任

第三十八条　医疗机构有下列情形之一的，由县级以上卫生行政部门给予警告、责令限期改正，并可以根据情节处以 3 000 元以下的罚款；情节严重的，吊销其《医疗机构执业许可证》。

（一）未取得放射诊疗许可从事放射诊疗工作的；

（二）未办理诊疗科目登记或者未按照规定进行校验的；

（三）未经批准擅自变更放射诊疗项目或者超出批准范围从事放射诊疗工作的。

第三十九条　医疗机构使用不具备相应资质的人员从事放射诊疗工作的，由县级以上卫生行政部门责令限期改正，并可以处以 5 000 元以下的罚款；情节严重的，吊销其《医疗机构执业许可证》。

第四十条　医疗机构违反建设项目卫生审查、竣工验收有关规定的，按照《中华人民共和国职业病防治法》的规定进行处罚。

第四十一条　医疗机构违反本规定，有下列行为之一的，由县级以上卫生行政部门给予警告，责令限期改正；并可处 1 万元以下的罚款：

（一）购置、使用不合格或国家有关部门规定淘汰的放射诊疗设备的；

（二）未按照规定使用安全防护装置和个人防护用品的；

（三）未按照规定对放射诊疗设备、工作场所及防护设施进行检测和检查的；

（四）未按照规定对放射诊疗工作人员进行个人剂量监测、健康检查、建立个人剂量和健康档案的；

（五）发生放射事件并造成人员健康严重损害的；

（六）发生放射事件未立即采取应急救援和控制措施或者未按照规定及时报告的；

（七）违反本规定的其他情形。

第四十二条　卫生行政部门及其工作人员违反本规定，对不符合条件的医疗机构发放《放射诊疗许可证》的，或者不履行法定职责，造成放射事故的，对直接负责的主管人员和其他直接责任人员，依法给予行政处分；情节严重，构成犯罪的，依法追究刑事责任。

第七章 附 则

第四十三条 本规定中下列用语的含义：

放射治疗：是指利用电离辐射的生物效应治疗肿瘤等疾病的技术。

核医学：是指利用放射性同位素诊断或治疗疾病或进行医学研究的技术。

介入放射学：是指在医学影像系统监视引导下，经皮针穿刺或引入导管做抽吸注射、引流或对管腔、血管等做成型、灌注、栓塞等，以诊断与治疗疾病的技术。

X射线影像诊断：是指利用X射线的穿透等性质取得人体内器官与组织的影像信息以诊断疾病的技术。

第四十四条 已开展放射诊疗项目的医疗机构应当于2006年9月1日前按照本办法规定，向卫生行政部门申请放射诊疗技术和医用辐射机构许可，并重新核定医学影像科诊疗科目。

第四十五条 本规定由卫生部负责解释。

第四十六条 本规定自2006年3月1日起施行。2001年10月23日发布的《放射工作卫生防护管理办法》同时废止。

附件：略

放射工作人员职业健康管理办法

(2007年6月3日中华人民共和国卫生部令 第55号)

第一章 总 则

第一条 为了保障放射工作人员的职业健康与安全,根据《中华人民共和国职业病防治法》(以下简称《职业病防治法》)和《放射性同位素与射线装置安全和防护条例》,制定本办法。

第二条 中华人民共和国境内的放射工作单位及其放射工作人员,应当遵守本办法。

本办法所称放射工作单位,是指开展下列活动的企业、事业单位和个体经济组织:

(一)放射性同位素(非密封放射性物质和放射源)的生产、使用、运输、储存和废弃处理;

(二)射线装置的生产、使用和维修;

(三)核燃料循环中的铀矿开采、铀矿水冶、铀的浓缩和转化、燃料制造、反应堆运行、燃料后处理和核燃料循环中的研究活动;

(四)放射性同位素、射线装置和放射工作场所的辐射监测;

(五)卫生部规定的与电离辐射有关的其他活动。

本办法所称放射工作人员,是指在放射工作单位从事放射职业活动中受到电离辐射照射的人员。

第三条 卫生部主管全国放射工作人员职业健康的监督管理工作。

县级以上地方人民政府卫生行政部门负责本行政区域内放射工作人员职业健康的监督管理。

第四条 放射工作单位应当采取有效措施，使本单位放射工作人员职业健康的管理符合本办法和有关标准及规范的要求。

第二章 从业条件与培训

第五条 放射工作人员应当具备下列基本条件：

（一）年满18周岁；

（二）经职业健康检查，符合放射工作人员的职业健康要求；

（三）放射防护和有关法律知识培训考核合格；

（四）遵守放射防护法规和规章制度，接受职业健康监护和个人剂量监测管理；

（五）持有《放射工作人员证》。

第六条 放射工作人员上岗前，放射工作单位负责向所在地县级以上地方人民政府卫生行政部门为其申请办理《放射工作人员证》。

开展放射诊疗工作的医疗机构，向为其发放《放射诊疗许可证》的卫生行政部门申请办理《放射工作人员证》。

开展本办法第二条第二款第（三）项所列活动以及非医用加速器运行、辐照加工、射线探伤和油田测井等活动的放射工作单位，向所在地省级卫生行政部门申请办理《放射工作人员证》。

其他放射工作单位办理《放射工作人员证》的规定，由所在地省级卫生行政部门结合本地区实际情况确定。

《放射工作人员证》的格式由卫生部统一制定。

第七条 放射工作人员上岗前应当接受放射防护和有关法律知识培训，考核合格方可参加相应的工作。培训时间不少于4天。

第八条 放射工作单位应当定期组织本单位的放射工作人员接受放射防护和有关法律知识培训。放射工作人员两次培训的时间间隔不超过2年，每次培训时间不少于2天。

第九条　放射工作单位应当建立并按照规定的期限妥善保存培训档案。培训档案应当包括每次培训的课程名称、培训时间、考试或考核成绩等资料。

第十条　放射防护及有关法律知识培训应当由符合省级卫生行政部门规定条件的单位承担，培训单位可会同放射工作单位共同制定培训计划，并按照培训计划和有关规范或标准实施和考核。

放射工作单位应当将每次培训的情况及时记录在《放射工作人员证》中。

第三章　个人剂量监测管理

第十一条　放射工作单位应当按照本办法和国家有关标准、规范的要求，安排本单位的放射工作人员接受个人剂量监测，并遵守下列规定：

（一）外照射个人剂量监测周期一般为30天，最长不应超过90天；内照射个人剂量监测周期按照有关标准执行；

（二）建立并终生保存个人剂量监测档案；

（三）允许放射工作人员查阅、复印本人的个人剂量监测档案。

第十二条　个人剂量监测档案应当包括：

（一）常规监测的方法和结果等相关资料；

（二）应急或者事故中受到照射的剂量和调查报告等相关资料。

放射工作单位应当将个人剂量监测结果及时记录在《放射工作人员证》中。

第十三条　放射工作人员进入放射工作场所，应当遵守下列规定：

（一）正确佩戴个人剂量计；

（二）操作结束离开非密封放射性物质工作场所时，按要求进行个人体表、衣物及防护用品的放射性表面污染监测，发现污染要及时处理，做好记录并存档；

（三）进入辐照装置、工业探伤、放射治疗等强辐射工作场所时，除佩戴常规个人剂量计外，还应当携带报警式剂量计。

第十四条　个人剂量监测工作应当由具备资质的个人剂量监测技术服务机构承担。个人剂量监测技术服务机构的资质审定由中国疾病预防控制中心协助卫生部组织实施。

个人剂量监测技术服务机构的资质审定按照《职业病防治法》《职业卫生技术服务机构管理办法》和卫生部有关规定执行。

第十五条　个人剂量监测技术服务机构应当严格按照国家职业卫生标准、技术规范开展监测工作，参加质量控制和技术培训。

个人剂量监测报告应当在每个监测周期结束后 1 个月内送达放射工作单位，同时报告当地卫生行政部门。

第十六条　县级以上地方卫生行政部门按规定时间和格式，将本行政区域内的放射工作人员个人剂量监测数据逐级上报到卫生部。

第十七条　中国疾病预防控制中心协助卫生部拟定个人剂量监测技术服务机构的资质审定程序和标准，组织实施全国个人剂量监测的质量控制和技术培训，汇总分析全国个人剂量监测数据。

第四章　职业健康管理

第十八条　放射工作人员上岗前，应当进行上岗前的职业健康检查，符合放射工作人员健康标准的，方可参加相应的放射工作。

放射工作单位不得安排未经职业健康检查或者不符合放射工作人员职业健康标准的人员从事放射工作。

第十九条　放射工作单位应当组织上岗后的放射工作人员定期进行职业健康检查，两次检查的时间间隔不应超过 2 年，必要时可增加临时性检查。

第二十条　放射工作人员脱离放射工作岗位时，放射工作单位应当对其进行离岗前的职业健康检查。

第二十一条　对参加应急处理或者受到事故照射的放射工作人员，放射工作单位应当及时组织健康检查或者医疗救治，按照国家有关标准进行医学随访观察。

第二十二条　从事放射工作人员职业健康检查的医疗机构（以下简称职业健康检查机构）应当经省级卫生行政部门批准。

第二十三条　职业健康检查机构应当自体检工作结束之日起 1 个月内，

将职业健康检查报告送达放射工作单位。

职业健康检查机构出具的职业健康检查报告应当客观、真实，并对职业健康检查报告负责。

第二十四条　职业健康检查机构发现有可能因放射性因素导致健康损害的，应当通知放射工作单位，并及时告知放射工作人员本人。

职业健康检查机构发现疑似职业性放射性疾病病人应当通知放射工作人员及其所在放射工作单位，并按规定向放射工作单位所在地卫生行政部门报告。

第二十五条　放射工作单位应当在收到职业健康检查报告的7日内，如实告知放射工作人员，并将检查结论记录在《放射工作人员证》中。

放射工作单位对职业健康检查中发现不宜继续从事放射工作的人员，应当及时调离放射工作岗位，并妥善安置；对需要复查和医学随访观察的放射工作人员，应当及时予以安排。

第二十六条　放射工作单位不得安排怀孕的妇女参与应急处理和有可能造成职业性内照射的工作。哺乳期妇女在其哺乳期间应避免接受职业性内照射。

第二十七条　放射工作单位应当为放射工作人员建立并终生保存职业健康监护档案。职业健康监护档案应包括以下内容：

（一）职业史、既往病史和职业照射接触史；

（二）历次职业健康检查结果及评价处理意见；

（三）职业性放射性疾病诊疗、医学随访观察等健康资料。

第二十八条　放射工作人员有权查阅、复印本人的职业健康监护档案。放射工作单位应当如实、无偿提供。

第二十九条　放射工作人员职业健康检查、职业性放射性疾病的诊断、鉴定、医疗救治和医学随访观察的费用，由其所在单位承担。

第三十条　职业性放射性疾病的诊断鉴定工作按照《职业病诊断与鉴定管理办法》和国家有关标准执行。

第三十一条　放射工作人员的保健津贴按照国家有关规定执行。

第三十二条　在国家统一规定的休假外，放射工作人员每年可以享受保健休假2～4周。享受寒、暑假的放射工作人员不再享受保健休假。从事放射工作满 20 年的在岗放射工作人员，可以由所在单位利用休假时间安排健康疗养。

第五章　监督检查

第三十三条　县级以上地方人民政府卫生行政部门应当定期对本行政区域内放射工作单位的放射工作人员职业健康管理进行监督检查。检查内容包括：

（一）有关法规和标准执行情况；

（二）放射防护措施落实情况；

（三）人员培训、职业健康检查、个人剂量监测及其档案管理情况；

（四）《放射工作人员证》持证及相关信息记录情况；

（五）放射工作人员其他职业健康权益保障情况。

第三十四条　卫生行政执法人员依法进行监督检查时，应当出示证件。被检查的单位应当予以配合，如实反映情况，提供必要的资料，不得拒绝、阻碍、隐瞒。

第三十五条　卫生行政执法人员依法检查时，应当保守被检查单位的技术秘密和业务秘密。

第三十六条　卫生行政部门接到对违反本办法行为的举报后应当及时核实、处理。

第六章　法律责任

第三十七条　放射工作单位违反本办法，有下列行为之一的，按照《职业病防治法》第六十三条处罚：

（一）未按照规定组织放射工作人员培训的；

（二）未建立个人剂量监测档案的；

（三）拒绝放射工作人员查阅、复印其个人剂量监测档案和职业健康监护档案的。

第三十八条 放射工作单位违反本办法，未按照规定组织职业健康检查、未建立职业健康监护档案或者未将检查结果如实告知劳动者的，按照《职业病防治法》第六十四条处罚。

第三十九条 放射工作单位违反本办法，未给从事放射工作的人员办理《放射工作人员证》的，由卫生行政部门责令限期改正，给予警告，并可处3万元以下的罚款。

第四十条 放射工作单位违反本办法，有下列行为之一的，按照《职业病防治法》第六十五条处罚：

（一）未按照规定进行个人剂量监测的；

（二）个人剂量监测或者职业健康检查发现异常，未采取相应措施的。

第四十一条 放射工作单位违反本办法，有下列行为之一的，按照《职业病防治法》第六十八条处罚：

（一）安排未经职业健康检查的劳动者从事放射工作的；

（二）安排未满18周岁的人员从事放射工作的；

（三）安排怀孕的妇女参加应急处理或者有可能造成内照射的工作的，或者安排哺乳期的妇女接受职业性内照射的；

（四）安排不符合职业健康标准要求的人员从事放射工作的；

（五）对因职业健康原因调离放射工作岗位的放射工作人员、疑似职业性放射性疾病的病人未做安排的。

第四十二条 技术服务机构未取得资质擅自从事个人剂量监测技术服务的，或者医疗机构未经批准擅自从事放射工作人员职业健康检查的，按照《职业病防治法》第七十二条处罚。

第四十三条 开展个人剂量监测的职业卫生技术服务机构和承担放射工作人员职业健康检查的医疗机构违反本办法，有下列行为之一的，按照《职业病防治法》第七十三条处罚：

（一）超出资质范围从事个人剂量监测技术服务的，或者超出批准范围从事放射工作人员职业健康检查的；

（二）未按《职业病防治法》和本办法规定履行法定职责的；

（三）出具虚假证明文件的。

第四十四条 卫生行政部门及其工作人员违反本办法，不履行法定职责，造成严重后果的，对直接负责的主管人员和其他直接责任人员，依法给予行政处分；情节严重，构成犯罪的，依法追究刑事责任。

第七章 附 则

第四十五条 放射工作人员职业健康检查项目及职业健康检查表由卫生部制定。

第四十六条 本办法自2007年11月1日起施行。1997年6月5日卫生部发布的《放射工作人员健康管理规定》同时废止。

职业病危害项目申报办法

(2012年4月27日国家安全生产监督管理总局令 第48号)

第一条 为了规范职业病危害项目的申报工作,加强对用人单位职业卫生工作的监督管理,根据《中华人民共和国职业病防治法》,制定本办法。

第二条 用人单位(煤矿除外)工作场所存在职业病目录所列职业病的危害因素的,应当及时、如实向所在地安全生产监督管理部门申报危害项目,并接受安全生产监督管理部门的监督管理。

煤矿职业病危害项目申报办法另行规定。

第三条 本办法所称职业病危害项目,是指存在职业病危害因素的项目。

职业病危害因素按照《职业病危害因素分类目录》确定。

第四条 职业病危害项目申报工作实行属地分级管理的原则。

中央企业、省属企业及其所属用人单位的职业病危害项目,向其所在地设区的市级人民政府安全生产监督管理部门申报。

前款规定以外的其他用人单位的职业病危害项目,向其所在地县级人民政府安全生产监督管理部门申报。

第五条 用人单位申报职业病危害项目时,应当提交《职业病危害项目申报表》和下列文件、资料:

(一)用人单位的基本情况;

(二)工作场所职业病危害因素种类、分布情况以及接触人数;

(三)法律、法规和规章规定的其他文件、资料。

第六条 职业病危害项目申报同时采取电子数据和纸质文本两种方式。

用人单位应当首先通过"职业病危害项目申报系统"进行电子数据申报,同时将《职业病危害项目申报表》加盖公章并由本单位主要负责人签字后,按照本办法第四条和第五条的规定，连同有关文件、资料一并上报所在地设区的市级、县级安全生产监督管理部门。

受理申报的安全生产监督管理部门应当自收到申报文件、资料之日起5个工作日内，出具《职业病危害项目申报回执》。

第七条 职业病危害项目申报不得收取任何费用。

第八条 用人单位有下列情形之一的，应当按照本条规定向原申报机关申报变更职业病危害项目内容：

（一）进行新建、改建、扩建、技术改造或者技术引进建设项目的，自建设项目竣工验收之日起30日内进行申报；

（二）因技术、工艺、设备或者材料等发生变化导致原申报的职业病危害因素及其相关内容发生重大变化的，自发生变化之日起15日内进行申报；

（三）用人单位工作场所、名称、法定代表人或者主要负责人发生变化的，自发生变化之日起15日内进行申报；

（四）经过职业病危害因素检测、评价，发现原申报内容发生变化的，自收到有关检测、评价结果之日起15日内进行申报。

第九条 用人单位终止生产经营活动的，应当自生产经营活动终止之日起15日内向原申报机关报告并办理注销手续。

第十条 受理申报的安全生产监督管理部门应当建立职业病危害项目管理档案。职业病危害项目管理档案应当包括辖区内存在职业病危害因素的用人单位数量、职业病危害因素种类、行业及地区分布、接触人数等内容。

第十一条 安全生产监督管理部门应当依法对用人单位职业病危害项目申报情况进行抽查，并对职业病危害项目实施监督检查。

第十二条 安全生产监督管理部门及其工作人员应当保守用人单位商业秘密和技术秘密。违反有关保密义务的，应当承担相应的法律责任。

第十三条 安全生产监督管理部门应当建立健全举报制度，依法受理和查处有关用人单位违反本办法行为的举报。

任何单位和个人均有权向安全生产监督管理部门举报用人单位违反本办法的行为。

第十四条 用人单位未按照本办法规定及时、如实地申报职业病危害项目的，责令限期改正，给予警告，可以并处5万元以上10万元以下的罚款。

第十五条　用人单位有关事项发生重大变化，未按照本办法的规定申报变更职业病危害项目内容的，责令限期改正，可以并处5 000元以上3万元以下的罚款。

第十六条　《职业病危害项目申报表》《职业病危害项目申报回执》的式样由国家安全生产监督管理总局规定。

第十七条　本办法自2012年6月1日起施行。国家安全生产监督管理总局2009年9月8日公布的《作业场所职业危害申报管理办法》同时废止。

用人单位职业健康监护监督管理办法

(2012年4月27日国家安全生产监督管理总局令 第49号)

第一章 总 则

第一条 为了规范用人单位职业健康监护工作,加强职业健康监护的监督管理,保护劳动者健康及其相关权益,根据《中华人民共和国职业病防治法》,制定本办法。

第二条 用人单位从事接触职业病危害作业的劳动者(以下简称劳动者)的职业健康监护和安全生产监督管理部门对其实施监督管理,适用本办法。

第三条 本办法所称职业健康监护,是指劳动者上岗前、在岗期间、离岗时、应急的职业健康检查和职业健康监护档案管理。

第四条 用人单位应当建立、健全劳动者职业健康监护制度,依法落实职业健康监护工作。

第五条 用人单位应当接受安全生产监督管理部门依法对其职业健康监护工作的监督检查,并提供有关文件和资料。

第六条 对用人单位违反本办法的行为,任何单位和个人均有权向安全生产监督管理部门举报或者报告。

第二章 用人单位的职责

第七条 用人单位是职业健康监护工作的责任主体,其主要负责人对本单位职业健康监护工作全面负责。

用人单位应当依照本办法以及《职业健康监护技术规范》（GBZ 188）、《放射工作人员职业健康监护技术规范》（GBZ 235）等国家职业卫生标准的要求，制定、落实本单位职业健康检查年度计划，并保证所需要的专项经费。

第八条　用人单位应当组织劳动者进行职业健康检查，并承担职业健康检查费用。

劳动者接受职业健康检查应当视同正常出勤。

第九条　用人单位应当选择由省级以上人民政府卫生行政部门批准的医疗卫生机构承担职业健康检查工作，并确保参加职业健康检查的劳动者身份的真实性。

第十条　用人单位在委托职业健康检查机构对从事接触职业病危害作业的劳动者进行职业健康检查时，应当如实提供下列文件、资料：

（一）用人单位的基本情况；

（二）工作场所职业病危害因素种类及其接触人员名册；

（三）职业病危害因素定期检测、评价结果。

第十一条　用人单位应当对下列劳动者进行上岗前的职业健康检查：

（一）拟从事接触职业病危害作业的新录用劳动者，包括转岗到该作业岗位的劳动者；

（二）拟从事有特殊健康要求作业的劳动者。

第十二条　用人单位不得安排未经上岗前职业健康检查的劳动者从事接触职业病危害的作业，不得安排有职业禁忌的劳动者从事其所禁忌的作业。

用人单位不得安排未成年工从事接触职业病危害的作业，不得安排孕期、哺乳期的女职工从事对本人和胎儿、婴儿有危害的作业。

第十三条　用人单位应当根据劳动者所接触的职业病危害因素，定期安排劳动者进行在岗期间的职业健康检查。

对在岗期间的职业健康检查，用人单位应当按照《职业健康监护技术规范》（GBZ 188）等国家职业卫生标准的规定和要求，确定接触职业病危害的劳动者的检查项目和检查周期。需要复查的，应当根据复查要求增加相应的检查项目。

第十四条　出现下列情况之一的，用人单位应当立即组织有关劳动者进行应急职业健康检查：

（一）接触职业病危害因素的劳动者在作业过程中出现与所接触职业病危害因素相关的不适症状的；

（二）劳动者受到急性职业中毒危害或者出现职业中毒症状的。

第十五条 对准备脱离所从事的职业病危害作业或者岗位的劳动者，用人单位应当在劳动者离岗前 30 日内组织劳动者进行离岗时的职业健康检查。劳动者离岗前 90 日内的在岗期间的职业健康检查可以视为离岗时的职业健康检查。

用人单位对未进行离岗时职业健康检查的劳动者，不得解除或者终止与其订立的劳动合同。

第十六条 用人单位应当及时将职业健康检查结果及职业健康检查机构的建议以书面形式如实告知劳动者。

第十七条 用人单位应当根据职业健康检查报告，采取下列措施：

（一）对有职业禁忌的劳动者，调离或者暂时脱离原工作岗位；

（二）对健康损害可能与所从事的职业相关的劳动者，进行妥善安置；

（三）对需要复查的劳动者，按照职业健康检查机构要求的时间安排复查和医学观察；

（四）对疑似职业病病人，按照职业健康检查机构的建议安排其进行医学观察或者职业病诊断；

（五）对存在职业病危害的岗位，立即改善劳动条件，完善职业病防护设施，为劳动者配备符合国家标准的职业病危害防护用品。

第十八条 职业健康监护中出现新发生职业病（职业中毒）或者两例以上疑似职业病（职业中毒）的，用人单位应当及时向所在地安全生产监督管理部门报告。

第十九条 用人单位应当为劳动者个人建立职业健康监护档案，并按照有关规定妥善保存。职业健康监护档案包括下列内容：

（一）劳动者姓名、性别、年龄、籍贯、婚姻、文化程度、嗜好等情况；

（二）劳动者职业史、既往病史和职业病危害接触史；

（三）历次职业健康检查结果及处理情况；

（四）职业病诊疗资料；

（五）需要存入职业健康监护档案的其他有关资料。

第二十条 安全生产行政执法人员、劳动者或者其近亲属、劳动者委托的代理人有权查阅、复印劳动者的职业健康监护档案。

劳动者离开用人单位时，有权索取本人职业健康监护档案复印件，用人单位应当如实、无偿提供，并在所提供的复印件上签章。

第二十一条 用人单位发生分立、合并、解散、破产等情形时，应当对劳动者进行职业健康检查，并依照国家有关规定妥善安置职业病病人；其职业健康监护档案应当依照国家有关规定实施移交保管。

第三章 监督管理

第二十二条 安全生产监督管理部门应当依法对用人单位落实有关职业健康监护的法律、法规、规章和标准的情况进行监督检查，重点监督检查下列内容：

（一）职业健康监护制度建立情况；

（二）职业健康监护计划制定和专项经费落实情况；

（三）如实提供职业健康检查所需资料情况；

（四）劳动者上岗前、在岗期间、离岗时、应急职业健康检查情况；

（五）对职业健康检查结果及建议，向劳动者履行告知义务情况；

（六）针对职业健康检查报告采取措施情况；

（七）报告职业病、疑似职业病情况；

（八）劳动者职业健康监护档案建立及管理情况；

（九）为离开用人单位的劳动者如实、无偿提供本人职业健康监护档案复印件情况；

（十）依法应当监督检查的其他情况。

第二十三条 安全生产监督管理部门应当加强行政执法人员职业健康知识培训，提高行政执法人员的业务素质。

第二十四条 安全生产行政执法人员依法履行监督检查职责时，应当出示有效的执法证件。

安全生产行政执法人员应当忠于职守，秉公执法，严格遵守执法规范；涉及被检查单位技术秘密、业务秘密以及个人隐私的，应当为其保密。

第二十五条　安全生产监督管理部门履行监督检查职责时，有权进入被检查单位，查阅、复制被检查单位有关职业健康监护的文件、资料。

第四章　法律责任

第二十六条　用人单位有下列行为之一的，给予警告，责令限期改正，可以并处3万元以下的罚款：

（一）未建立或者落实职业健康监护制度的；

（二）未按照规定制定职业健康监护计划和落实专项经费的；

（三）弄虚作假，指使他人冒名顶替参加职业健康检查的；

（四）未如实提供职业健康检查所需要的文件、资料的；

（五）未根据职业健康检查情况采取相应措施的；

（六）不承担职业健康检查费用的。

第二十七条　用人单位有下列行为之一的，责令限期改正，给予警告，可以并处5万元以上10万元以下的罚款：

（一）未按照规定组织职业健康检查、建立职业健康监护档案或者未将检查结果如实告知劳动者的；

（二）未按照规定在劳动者离开用人单位时提供职业健康监护档案复印件的。

第二十八条　用人单位有下列情形之一的，给予警告，责令限期改正，逾期不改正的，处5万元以上20万元以下的罚款；情节严重的，责令停止产生职业病危害的作业，或者提请有关人民政府按照国务院规定的权限责令关闭：

（一）未按照规定安排职业病病人、疑似职业病病人进行诊治的；

（二）隐瞒、伪造、篡改、损毁职业健康监护档案等相关资料，或者拒不提供职业病诊断、鉴定所需资料的。

第二十九条　用人单位有下列情形之一的，责令限期治理，并处5万元以上 30 万元以下的罚款；情节严重的，责令停止产生职业病危害的作业，或者提请有关人民政府按照国务院规定的权限责令关闭：

（一）安排未经职业健康检查的劳动者从事接触职业病危害的作业的；

（二）安排未成年工从事接触职业病危害的作业的；

（三）安排孕期、哺乳期女职工从事对本人和胎儿、婴儿有危害的作业的；

（四）安排有职业禁忌的劳动者从事所禁忌的作业的。

第三十条　用人单位违反本办法规定，未报告职业病、疑似职业病的，由安全生产监督管理部门责令限期改正，给予警告，可以并处 1 万元以下的罚款；弄虚作假的，并处 2 万元以上 5 万元以下的罚款。

第五章　附　　则

第三十一条　煤矿安全监察机构依照本办法负责煤矿劳动者职业健康监护的监察工作。

第三十二条　本办法自 2012 年 6 月 1 日起施行。

煤矿作业场所职业病危害防治规定

(2015年4月1日国家安全生产监督管理总局令 第73号)

第一章 总 则

第一条 为加强煤矿作业场所职业病危害的防治工作,强化煤矿企业职业病危害防治主体责任,预防、控制职业病危害,保护煤矿劳动者健康,依据《中华人民共和国职业病防治法》《中华人民共和国安全生产法》《煤矿安全监察条例》等法律、行政法规,制定本规定。

第二条 本规定适用于中华人民共和国领域内各类煤矿及其所属为煤矿服务的矿井建设施工、洗煤厂、选煤厂等存在职业病危害的作业场所职业病危害预防和治理活动。

第三条 本规定所称煤矿作业场所职业病危害(以下简称职业病危害),是指由粉尘、噪声、热害、有毒有害物质等因素导致煤矿劳动者职业病的危害。

第四条 煤矿是本企业职业病危害防治的责任主体。

职业病危害防治坚持以人为本、预防为主、综合治理的方针,按照源头治理、科学防治、严格管理、依法监督的要求开展工作。

第二章 职业病危害防治管理

第五条 煤矿主要负责人(法定代表人、实际控制人,下同)是本单位职业病危害防治工作的第一责任人，对本单位职业病危害防治工作全面负责。

第六条 煤矿应当建立健全职业病危害防治领导机构，制定职业病危害防治规划，明确职责分工和落实工作经费，加强职业病危害防治工作。

第七条 煤矿应当设置或者指定职业病危害防治的管理机构，配备专职职业卫生管理人员，负责职业病危害防治日常管理工作。

第八条 煤矿应当制定职业病危害防治年度计划和实施方案，并建立健全下列制度：

（一）职业病危害防治责任制度；

（二）职业病危害警示与告知制度；

（三）职业病危害项目申报制度；

（四）职业病防治宣传、教育和培训制度；

（五）职业病防护设施管理制度；

（六）职业病个体防护用品管理制度；

（七）职业病危害日常监测及检测、评价管理制度；

（八）建设项目职业病防护设施与主体工程同时设计、同时施工、同时投入生产和使用（以下简称建设项目职业卫生"三同时"）的制度；

（九）劳动者职业健康监护及其档案管理制度；

（十）职业病诊断、鉴定及报告制度；

（十一）职业病危害防治经费保障及使用管理制度；

（十二）职业卫生档案管理制度；

（十三）职业病危害事故应急管理制度；

（十四）法律、法规、规章规定的其他职业病危害防治制度。

第九条 煤矿应当配备专职或者兼职的职业病危害因素监测人员，装备相应的监测仪器设备。监测人员应当经培训合格；未经培训合格的，不得上岗作业。

第十条 煤矿应当以矿井为单位开展职业病危害因素日常监测，并委托具有资质的职业卫生技术服务机构，每年进行一次作业场所职业病危害因素检测，每3年进行1次职业病危害现状评价。根据监测、检测、评价结果，落实整改措施，同时将日常监测、检测、评价、落实整改情况存入本单位职业卫生档案。检测、评价结果向所在地安全生产监督管理部门和驻地煤矿安全监察机构报告，并向劳动者公布。

第十一条 煤矿不得使用国家明令禁止使用的可能产生职业病危害的技术、工艺、设备和材料，限制使用或者淘汰职业病危害严重的技术、工艺、设备和材料。

第十二条 煤矿应当优化生产布局和工艺流程，使有害作业和无害作业分开，减少接触职业病危害的人数和接触时间。

第十三条 煤矿应当按照《煤矿职业安全卫生个体防护用品配备标准》（AQ 1051）规定，为接触职业病危害的劳动者提供符合标准的个体防护用品，并指导和督促其正确使用。

第十四条 煤矿应当履行职业病危害告知义务，与劳动者订立或者变更劳动合同时，应当将作业过程中可能产生的职业病危害及其后果、防护措施和相关待遇等如实告知劳动者，并在劳动合同中载明，不得隐瞒或者欺骗。

第十五条 煤矿应当在醒目位置设置公告栏，公布有关职业病危害防治的规章制度、操作规程和作业场所职业病危害因素检测结果；对产生严重职业病危害的作业岗位，应当在醒目位置设置警示标识和中文警示说明。

第十六条 煤矿主要负责人、职业卫生管理人员应当具备煤矿职业卫生知识和管理能力，接受职业病危害防治培训。培训内容应当包括职业卫生相关法律、法规、规章和标准，职业病危害预防和控制的基本知识，职业卫生管理相关知识等内容。

煤矿应当对劳动者进行上岗前、在岗期间的定期职业病危害防治知识培训，督促劳动者遵守职业病防治法律、法规、规章、标准和操作规程，指导劳动者正确使用职业病防护设备和个体防护用品。上岗前培训时间不少于4学时，在岗期间的定期培训时间每年不少于2学时。

第十七条 煤矿应当建立健全企业职业卫生档案。企业职业卫生档案应当包括下列内容：

（一）职业病防治责任制文件；

（二）职业卫生管理规章制度；

（三）作业场所职业病危害因素种类清单、岗位分布以及作业人员接触情况等资料；

（四）职业病防护设施、应急救援设施基本信息及其配置、使用、维护、

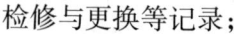

检修与更换等记录；

（五）作业场所职业病危害因素检测、评价报告与记录；

（六）职业病个体防护用品配备、发放、维护与更换等记录；

（七）煤矿企业主要负责人、职业卫生管理人员和劳动者的职业卫生培训资料；

（八）职业病危害事故报告与应急处置记录；

（九）劳动者职业健康检查结果汇总资料，存在职业禁忌证、职业健康损害或者职业病的劳动者处理和安置情况记录；

（十）建设项目职业卫生"三同时"有关技术资料；

（十一）职业病危害项目申报情况记录；

（十二）其他有关职业卫生管理的资料或者文件。

第十八条 煤矿应当保障职业病危害防治专项经费，经费在财政部、国家安全监管总局《关于印发〈企业安全生产费用提取和使用管理办法〉的通知》（财企〔2012〕16号）第十七条"（十）其他与安全生产直接相关的支出"中列支。

第十九条 煤矿发生职业病危害事故，应当及时向所在地安全生产监督管理部门和驻地煤矿安全监察机构报告，同时积极采取有效措施，减少或者消除职业病危害因素，防止事故扩大。对遭受或者可能遭受急性职业病危害的劳动者，应当及时组织救治，并承担所需费用。

煤矿不得迟报、漏报、谎报或者瞒报煤矿职业病危害事故。

第三章 建设项目职业病防护设施"三同时"管理

第二十条 煤矿建设项目职业病防护设施必须与主体工程同时设计、同时施工、同时投入生产和使用。职业病防护设施所需费用应当纳入建设项目工程预算。

第二十一条 煤矿建设项目在可行性论证阶段，建设单位应当委托具有资质的职业卫生技术服务机构进行职业病危害预评价，编制预评价报告。

第二十二条 煤矿建设项目在初步设计阶段，应当委托具有资质的设计单位编制职业病防护设施设计专篇。

第二十三条 煤矿建设项目完工后，在试运行期内，应当委托具有资质的职业卫生技术服务机构进行职业病危害控制效果评价，编制控制效果评价报告。

第四章 职业病危害项目申报

第二十四条 煤矿在申领、换发煤矿安全生产许可证时，应当如实向驻地煤矿安全监察机构申报职业病危害项目，同时抄报所在地安全生产监督管理部门。

第二十五条 煤矿申报职业病危害项目时，应当提交下列文件、资料：

（一）煤矿的基本情况；

（二）煤矿职业病危害防治领导机构、管理机构情况；

（三）煤矿建立职业病危害防治制度情况；

（四）职业病危害因素名称、监测人员及仪器设备配备情况；

（五）职业病防护设施及个体防护用品配备情况；

（六）煤矿主要负责人、职业卫生管理人员及劳动者职业卫生培训情况证明材料；

（七）劳动者职业健康检查结果汇总资料，存在职业禁忌症、职业健康损害或者职业病的劳动者处理和安置情况记录；

（八）职业病危害警示标识设置与告知情况；

（九）煤矿职业卫生档案管理情况；

（十）法律、法规和规章规定的其他资料。

第二十六条 安全生产监督管理部门和煤矿安全监察机构及其工作人员应当对煤矿企业职业病危害项目申报材料中涉及的商业和技术等秘密保密。违反有关保密义务的，应当承担相应的法律责任。

第五章 职业健康监护

第二十七条 对接触职业病危害的劳动者,煤矿应当按照国家有关规定组织上岗前、在岗期间和离岗时的职业健康检查,并将检查结果书面告知劳动者。职业健康检查费用由煤矿承担。职业健康检查由省级以上人民政府卫生行政部门批准的医疗卫生机构承担。

第二十八条 煤矿不得安排未经上岗前职业健康检查的人员从事接触职业病危害的作业;不得安排有职业禁忌的人员从事其所禁忌的作业;不得安排未成年工从事接触职业病危害的作业;不得安排孕期、哺乳期的女职工从事对本人和胎儿、婴儿有危害的作业。

第二十九条 劳动者接受职业健康检查应当视同正常出勤,煤矿企业不得以常规健康检查代替职业健康检查。接触职业病危害作业的劳动者的职业健康检查周期按照表1执行。

表1 接触职业病危害作业的劳动者的职业健康检查周期

接触有害物质	体检对象	检查周期
煤尘(以煤尘为主)	在岗人员	2年1次
	观察对象、Ⅰ期煤工尘肺患者	每年1次
岩尘(以岩尘为主)	在岗人员、观察对象、Ⅰ期矽肺患者	
噪声	在岗人员	
高温	在岗人员	
化学毒物	在岗人员	根据所接触的化学毒物确定检查周期
接触粉尘危害作业退休人员的职业健康检查周期按照有关规定执行		

第三十条 煤矿不得以劳动者上岗前职业健康检查代替在岗期间定期的职业健康检查,也不得以劳动者在岗期间职业健康检查代替离岗时职业健康检查,但最后一次在岗期间的职业健康检查在离岗前的90日内的,可以视为

离岗时检查。对未进行离岗前职业健康检查的劳动者，煤矿不得解除或者终止与其订立的劳动合同。

第三十一条　煤矿应当根据职业健康检查报告，采取下列措施：

（一）对有职业禁忌的劳动者，调离或者暂时脱离原工作岗位；

（二）对健康损害可能与所从事的职业相关的劳动者，进行妥善安置；

（三）对需要复查的劳动者，按照职业健康检查机构要求的时间安排复查和医学观察；

（四）对疑似职业病病人，按照职业健康检查机构的建议安排其进行医学观察或者职业病诊断；

（五）对存在职业病危害的岗位，改善劳动条件，完善职业病防护设施。

第三十二条　煤矿应当为劳动者个人建立职业健康监护档案，并按照有关规定的期限妥善保存。

职业健康监护档案应当包括劳动者个人基本情况、劳动者职业史和职业病危害接触史，历次职业健康检查结果及处理情况，职业病诊疗等资料。

劳动者离开煤矿时，有权索取本人职业健康监护档案复印件，煤矿必须如实、无偿提供，并在所提供的复印件上签章。

第三十三条　劳动者健康出现损害需要进行职业病诊断、鉴定的，煤矿企业应当如实提供职业病诊断、鉴定所需的劳动者职业史和职业病危害接触史、作业场所职业病危害因素检测结果等资料。

第六章　粉尘危害防治

第三十四条　煤矿应当在正常生产情况下对作业场所的粉尘浓度进行监测。粉尘浓度应当符合表2的要求；不符合要求的，应当采取有效措施。

表2 煤矿作业场所粉尘浓度要求

粉尘种类	游离 SiO_2 含量（%）	时间加权平均容许浓度（mg/m^3）	
		总粉尘	呼吸性粉尘
煤尘	<10	4	2.5
矽尘	10~50	1	0.7
	50~80	0.7	0.3
	>80	0.5	0.2
水泥尘	<10	4	1.5

第三十五条 煤矿进行粉尘监测时，其监测点的选择和布置应当符合表3的要求。

表3 煤矿作业场所测尘点的选择和布置要求

类别	生产工艺	测尘点布置
采煤工作面	司机操作采煤机、打眼、人工落煤及攉煤	工人作业地点
	多工序同时作业	回风巷距工作面 10~15m 处
掘进工作面	司机操作掘进机、打眼、装岩（煤）、锚喷支护	工人作业地点
	多工序同时作业（爆破作业除外）	距掘进头 10~15m 回风侧
其他场所	翻罐笼作业、巷道维修、转载点	工人作业地点
露天煤矿	穿孔机作业、挖掘机作业	下风侧 3~5m 处
	司机操作穿孔机、司机操作挖掘机、汽车运输	操作室内
地面作业场所	地面煤仓、储煤场、输送机运输等处生产作业	作业人员活动范围内

第三十六条 粉尘监测采用定点或者个体方法进行，推广实时在线监测系统。粉尘监测应当符合下列要求：

（一）总粉尘浓度，煤矿井下每月测定 2 次或者采用实时在线监测，地面及露天煤矿每月测定 1 次或者采用实时在线监测；

（二）呼吸性粉尘浓度每月测定 1 次；

（三）粉尘分散度每 6 个月监测 1 次；

（四）粉尘中游离 SiO_2 含量，每 6 个月测定 1 次，在变更工作面时也应当测定 1 次。

第三十七条　煤矿应当使用粉尘采样器、直读式粉尘浓度测定仪等仪器设备进行粉尘浓度的测定。井工煤矿的采煤工作面回风巷、掘进工作面回风侧应当设置粉尘浓度传感器，并接入安全监测监控系统。

第三十八条　井工煤矿必须建立防尘洒水系统。永久性防尘水池容量不得小于 200 m^3，且储水量不得小于井下连续 2 h 的用水量，备用水池储水量不得小于永久性防尘水池的 50%。

防尘管路应当敷设到所有能产生粉尘和沉积粉尘的地点，没有防尘供水管路的采掘工作面不得生产。静压供水管路管径应当满足矿井防尘用水量的要求，强度应当满足静压水压力的要求。

防尘用水水质悬浮物的含量不得超过 30 mg/L，粒径不大于 0.3 mm，水的 pH 值应当在 6～9 范围内，水的碳酸盐硬度不超过 3 mmol/L。使用降尘剂时，降尘剂应当无毒、无腐蚀、不污染环境。

第三十九条　井工煤矿掘进井巷和硐室时，必须采用湿式钻眼，使用水炮泥，爆破前后冲洗井壁巷帮，爆破过程中采用高压喷雾（喷雾压力不低于 8 MPa）或者压气喷雾降尘、装岩（煤）洒水和净化风流等综合防尘措施。

第四十条　井工煤矿在煤、岩层中钻孔，应当采取湿式作业。煤（岩）与瓦斯突出煤层或者软煤层中难以采取湿式钻孔时，可以采取干式钻孔，但必须采取除尘器捕尘、除尘，除尘器的呼吸性粉尘除尘效率不得低于 90%。

第四十一条　井工煤矿炮采工作面应当采取湿式钻眼，使用水炮泥，爆破前后应当冲洗煤壁，爆破时应当采用高压喷雾（喷雾压力不低于 8 MPa）或者压气喷雾降尘，出煤时应当洒水降尘。

第四十二条　井工煤矿采煤机作业时，必须使用内、外喷雾装置。内喷雾压力不得低于 2 MPa，外喷雾压力不得低于 4 MPa。内喷雾装置不能正常使用时，外喷雾压力不得低于 8 MPa，否则采煤机必须停机。液压支架必须安装自动喷雾降尘装置，实现降柱、移架同步喷雾。破碎机必须安装防尘罩，并加装喷雾装置或者除尘器。放顶煤采煤工作面的放煤口，必须安装高压喷雾装置（喷雾压力不低于 8 MPa）或者采取压气喷雾降尘。

第四十三条　井工煤矿掘进机作业时，应当使用内、外喷雾装置和控尘装置、除尘器等构成的综合防尘系统。掘进机内喷雾压力不得低于 2 MPa，外喷雾压力不得低于 4 MPa。内喷雾装置不能正常使用时，外喷雾压力不得低于 8 MPa；除尘器的呼吸性粉尘除尘效率不得低于 90%。

第四十四条 井工煤矿的采煤工作面回风巷、掘进工作面回风侧应当分别安设至少 2 道自动控制风流净化水幕。

第四十五条 煤矿井下煤仓放煤口、溜煤眼放煤口以及地面带式输送机走廊必须安设喷雾装置或者除尘器，作业时进行喷雾降尘或者用除尘器除尘。煤仓放煤口、溜煤眼放煤口采用喷雾降尘时，喷雾压力不得低于 8 MPa。

第四十六条 井工煤矿的所有煤层必须进行煤层注水可注性测试。对于可注水煤层必须进行煤层注水。煤层注水过程中应当对注水流量、注水量及压力等参数进行监测和控制，单孔注水总量应当使该钻孔预湿煤体的平均水分含量增量不得低于 1.5%，封孔深度应当保证注水过程中煤壁及钻孔不漏水、不跑水。在厚煤层分层开采时，在确保安全前提下，应当采取在上一分层的采空区内灌水，对下一分层的煤体进行湿润。

第四十七条 井工煤矿打锚杆眼应当实施湿式钻孔，喷射混凝土时应当采用潮喷或者湿喷工艺，喷射机、喷浆点应当配备捕尘、除尘装置，距离锚喷作业点下风向 100 m 内，应当设置 2 道以上自动控制风流净化水幕。

第四十八条 井工煤矿转载点应当采用自动喷雾降尘（喷雾压力应当大于 0.7 MPa）或者密闭尘源除尘器抽尘净化等措施。转载点落差超过 0.5 m，必须安装溜槽或者导向板。装煤点下风侧 20 m 内，必须设置一道自动控制风流净化水幕。运输巷道内应当设置自动控制风流净化水幕。

第四十九条 露天煤矿粉尘防治应当符合下列要求：

（一）设置有专门稳定可靠供水水源的加水站（池），加水能力满足洒水降尘所需的最大供给量。

（二）采取湿式钻孔；不能实现湿式钻孔时，设置有效的孔口捕尘装置。

（三）破碎作业时，密闭作业区域并采用喷雾降尘或者除尘器除尘。

（四）加强对穿孔机、挖掘机、汽车等司机操作室的防护。

（五）挖掘机装车前，对煤（岩）洒水，卸煤（岩）时喷雾降尘。

（六）对运输路面经常清理浮尘、洒水，加强维护，保持路面平整。

第五十条 洗选煤厂原煤准备（给煤、破碎、筛分、转载）过程中宜密闭尘源，并采取喷雾降尘或者除尘器除尘。

第五十一条　储煤场厂区应当定期洒水抑尘，储煤场四周应当设抑尘网，装卸煤炭应当喷雾降尘或者洒水车降尘，煤炭外运时应当采取密闭措施。

第七章　噪声危害防治

第五十二条　煤矿作业场所噪声危害依照下列标准判定：

（一）劳动者每天连续接触噪声时间达到或者超过 8 h 的，噪声声级限值为 85 dB(A)；

（二）劳动者每天接触噪声时间不足 8 h 的，可以根据实际接触噪声的时间，按照接触噪声时间减半、噪声声级限值增加 3 dB(A) 的原则确定其声级限值。

第五十三条　煤矿应当配备 2 台以上噪声测定仪器，并对作业场所噪声每 6 个月监测 1 次。

第五十四条　煤矿作业场所噪声的监测地点主要包括：

（一）井工煤矿的主要通风机、提升机、空气压缩机、局部通风机、采煤机、掘进机、风动凿岩机、风钻、乳化液泵、水泵等地点；

（二）露天煤矿的挖掘机、穿孔机、矿用汽车、输送机、排土机和爆破作业等地点；

（三）选煤厂破碎机、筛分机、空压机等地点。

煤矿进行监测时，应当在每个监测地点选择 3 个测点，监测结果以 3 个监测点的平均值为准。

第五十五条　煤矿应当优先选用低噪声设备，通过隔声、消声、吸声、减振、减少接触时间、佩戴防护耳塞（罩）等措施降低噪声危害。

第八章　热害防治

第五十六条　井工煤矿采掘工作面的空气温度不得超过 26 ℃，机电设备硐室的空气温度不得超过 30 ℃。当空气温度超过上述要求时，煤矿必须缩短超温地点工作人员的工作时间，并给予劳动者高温保健待遇。采掘工作面的空气温度超过 30 ℃、机电设备硐室的空气温度超过 34 ℃时，必须停止作业。

第五十七条 井工煤矿采掘工作面和机电设备硐室应当设置温度传感器。

第五十八条 井工煤矿应当采取通风降温、采用分区式开拓方式缩短入风线路长度等措施，降低工作面的温度；当采用上述措施仍然无法达到作业环境标准温度的，应当采用制冷等降温措施。

第五十九条 井工煤矿地面辅助生产系统和露天煤矿应当合理安排劳动者工作时间，减少高温时段室外作业。

第九章　职业中毒防治

第六十条 煤矿作业场所主要化学毒物浓度不得超过表 4 的要求。

表 4　煤矿主要化学毒物最高允许浓度

化学毒物名称	最高允许浓度（%）
CO	0.002 4
H_2S	0.000 66
NO（换算成 NO_2）	0.000 25
SO_2	0.000 5

第六十一条 煤矿进行化学毒物监测时，应当选择有代表性的作业地点，其中包括空气中有害物质浓度最高、作业人员接触时间最长的作业地点。采样应当在正常生产状态下进行。

第六十二条 煤矿应当对 NO（换算成 NO_2）、CO、SO_2 每 3 个月至少监测 1 次，对 H_2S 每月至少监测 1 次。煤层有自燃倾向的，应当根据需要随时监测。

第六十三条 煤矿作业场所应当加强通风降低有害气体的浓度，在采用通风措施无法达到表 4 的规定时，应当采用净化、化学吸收等措施降低有害气体的浓度。

第十章　法律责任

第六十四条　煤矿违反本规定，有下列行为之一的，给予警告，责令限期改正；逾期不改正的，处 10 万元以下的罚款：

（一）作业场所职业病危害因素检测、评价结果没有存档、上报、公布的；

（二）未设置职业病防治管理机构或者配备专职职业卫生管理人员的；

（三）未制定职业病防治计划或者实施方案的；

（四）未建立健全职业病危害防治制度的；

（五）未建立健全企业职业卫生档案或者劳动者职业健康监护档案的；

（六）未公布有关职业病防治的规章制度、操作规程、职业病危害事故应急救援措施的；

（七）未组织劳动者进行职业卫生培训，或者未对劳动者个人职业病防护采取指导、督促措施的。

第六十五条　煤矿违反本规定，有下列行为之一的，给予警告，可以并处 5 万元以上 10 万元以下的罚款：

（一）未如实申报产生职业病危害的项目的；

（二）未实施由专人负责的职业病危害因素日常监测，或者监测系统不能正常监测的；

（三）订立或者变更劳动合同时，未告知劳动者职业病危害真实情况的；

（四）未组织职业健康检查、建立职业健康监护档案，或者未将检查结果书面告知劳动者的；

（五）未在劳动者离开煤矿企业时提供职业健康监护档案复印件的。

第六十六条　煤矿违反本规定，有下列行为之一的，责令限期改正，逾期不改正的，处 5 万元以上 20 万元以下的罚款；情节严重的，责令停止产生职业病危害的作业，或者提请有关人民政府按照国务院规定的权限责令关闭：

（一）作业场所职业病危害因素的强度或者浓度超过本规定要求的；

（二）未提供职业病防护设施和个人使用的职业病防护用品，或者提供的职业病防护设施和个人使用的职业病防护用品不符合本规定要求的；

（三）未对作业场所职业病危害因素进行检测、评价的；

（四）作业场所职业病危害因素经治理仍然达不到本规定要求时，未停止存在职业病危害因素的作业的；

（五）发生或者可能发生急性职业病危害事故时，未立即采取应急救援和控制措施，或者未按照规定及时报告的；

（六）未按照规定在产生严重职业病危害的作业岗位醒目位置设置警示标识和中文警示说明的。

第六十七条　煤矿违反本规定，有下列情形之一的，责令限期治理，并处 5 万元以上 30 万元以下的罚款；情节严重的，责令停止产生职业病危害的作业，或者暂扣、吊销煤矿安全生产许可证：

（一）隐瞒本单位职业卫生真实情况的；

（二）使用国家明令禁止使用的可能产生职业病危害的设备或者材料的；

（三）安排未经职业健康检查的劳动者、有职业禁忌的劳动者、未成年工或者孕期、哺乳期女职工从事接触职业病危害的作业或者禁忌作业的。

第六十八条　煤矿违反本规定，有下列行为之一的，给予警告，责令限期改正，逾期不改正的，处 3 万元以下的罚款：

（一）未投入职业病防治经费的；

（二）未建立职业病防治领导机构的；

（三）煤矿企业主要负责人、职业卫生管理人员和职业病危害因素监测人员未接受职业卫生培训的。

第六十九条　煤矿违反本规定，造成重大职业病危害事故或者其他严重后果，构成犯罪的，对直接负责的主管人员和其他直接责任人员，依法追究刑事责任。

第七十条　煤矿违反本规定的其他违法行为，依照《中华人民共和国职业病防治法》和其他行政法规、规章的规定给予行政处罚。

第七十一条　本规定设定的行政处罚，由煤矿安全监察机构实施。

第十一章 附 则

第七十二条 本规定中未涉及的其他职业病危害因素,按照国家有关规定执行。

第七十三条 本规定自2015年4月1日起施行。

建设项目职业病防护设施"三同时"监督管理办法

(2017年3月9日国家安全生产监督管理总局令 第90号)

第一章 总 则

第一条 为了预防、控制和消除建设项目可能产生的职业病危害,加强和规范建设项目职业病防护设施建设的监督管理,根据《中华人民共和国职业病防治法》,制定本办法。

第二条 安全生产监督管理部门职责范围内、可能产生职业病危害的新建、改建、扩建和技术改造、技术引进建设项目(以下统称建设项目)职业病防护设施建设及其监督管理,适用本办法。

本办法所称的可能产生职业病危害的建设项目,是指存在或者产生职业病危害因素分类目录所列职业病危害因素的建设项目。

本办法所称的职业病防护设施,是指消除或者降低工作场所的职业病危害因素的浓度或者强度,预防和减少职业病危害因素对劳动者健康的损害或者影响,保护劳动者健康的设备、设施、装置、构(建)筑物等的总称。

第三条 负责本办法第二条规定建设项目投资、管理的单位(以下简称建设单位)是建设项目职业病防护设施建设的责任主体。

建设项目职业病防护设施必须与主体工程同时设计、同时施工、同时投入生产和使用(以下统称建设项目职业病防护设施"三同时")。建设单位应当优先采用有利于保护劳动者健康的新技术、新工艺、新设备和新材料,职业病防护设施所需费用应当纳入建设项目工程预算。

第四条 建设单位对可能产生职业病危害的建设项目，应当依照本办法进行职业病危害预评价、职业病防护设施设计、职业病危害控制效果评价及相应的评审，组织职业病防护设施验收，建立健全建设项目职业卫生管理制度与档案。

建设项目职业病防护设施"三同时"工作可以与安全设施"三同时"工作一并进行。建设单位可以将建设项目职业病危害预评价和安全预评价、职业病防护设施设计和安全设施设计、职业病危害控制效果评价和安全验收评价合并出具报告或者设计，并对职业病防护设施与安全设施一并组织验收。

第五条 国家安全生产监督管理总局在国务院规定的职责范围内对全国建设项目职业病防护设施"三同时"实施监督管理。

县级以上地方各级人民政府安全生产监督管理部门依法在本级人民政府规定的职责范围内对本行政区域内的建设项目职业病防护设施"三同时"实施分类分级监督管理，具体办法由省级安全生产监督管理部门制定，并报国家安全生产监督管理总局备案。

跨两个及两个以上行政区域的建设项目职业病防护设施"三同时"由其共同的上一级人民政府安全生产监督管理部门实施监督管理。

上一级人民政府安全生产监督管理部门根据工作需要，可以将其负责的建设项目职业病防护设施"三同时"监督管理工作委托下一级人民政府安全生产监督管理部门实施；接受委托的安全生产监督管理部门不得再委托。

第六条 国家根据建设项目可能产生职业病危害的风险程度，将建设项目分为职业病危害一般、较重和严重3个类别，并对职业病危害严重建设项目实施重点监督检查。

建设项目职业病危害分类管理目录由国家安全生产监督管理总局制定并公布。省级安全生产监督管理部门可以根据本地区实际情况，对建设项目职业病危害分类管理目录作出补充规定，但不得低于国家安全生产监督管理总局规定的管理层级。

第七条 安全生产监督管理部门应当建立职业卫生专家库（以下简称专家库），并根据需要聘请专家库专家参与建设项目职业病防护设施"三同时"的监督检查工作。

专家库专家应当熟悉职业病危害防治有关法律、法规、规章、标准，具有较高的专业技术水平、实践经验和有关业务背景及良好的职业道德，按照客观、公正的原则，对所参与的工作提出技术意见，并对该意见负责。

专家库专家实行回避制度，参加监督检查的专家库专家不得参与该建设项目职业病防护设施"三同时"的评审及验收等相应工作，不得与该建设项目建设单位、评价单位、设计单位、施工单位或者监理单位等相关单位存在直接利害关系。

第八条　除国家保密的建设项目外，产生职业病危害的建设单位应当通过公告栏、网站等方式及时公布建设项目职业病危害预评价、职业病防护设施设计、职业病危害控制效果评价的承担单位、评价结论、评审时间及评审意见，以及职业病防护设施验收时间、验收方案和验收意见等信息，供本单位劳动者和安全生产监督管理部门查询。

第二章　职业病危害预评价

第九条　对可能产生职业病危害的建设项目，建设单位应当在建设项目可行性论证阶段进行职业病危害预评价，编制预评价报告。

第十条　建设项目职业病危害预评价报告应当符合职业病防治有关法律、法规、规章和标准的要求，并包括下列主要内容：

（一）建设项目概况，主要包括项目名称、建设地点、建设内容、工作制度、岗位设置及人员数量等；

（二）建设项目可能产生的职业病危害因素及其对工作场所、劳动者健康影响与危害程度的分析与评价；

（三）对建设项目拟采取的职业病防护设施和防护措施进行分析、评价，并提出对策与建议；

（四）评价结论，明确建设项目的职业病危害风险类别及拟采取的职业病防护设施和防护措施是否符合职业病防治有关法律、法规、规章和标准的要求。

第十一条　建设单位进行职业病危害预评价时，对建设项目可能产生的职业病危害因素及其对工作场所、劳动者健康影响与危害程度的分析与评价，可以运用工程分析、类比调查等方法。其中，类比调查数据应当采用获得资质认可的职业卫生技术服务机构出具的、与建设项目规模和工艺类似的用人单位职业病危害因素检测结果。

第十二条　职业病危害预评价报告编制完成后，属于职业病危害一般或者较重的建设项目，其建设单位主要负责人或其指定的负责人应当组织具有职业卫生相关专业背景的中级及中级以上专业技术职称人员或者具有职业卫生相关专业背景的注册安全工程师（以下统称职业卫生专业技术人员）对职业病危害预评价报告进行评审，并形成是否符合职业病防治有关法律、法规、规章和标准要求的评审意见；属于职业病危害严重的建设项目，其建设单位主要负责人或其指定的负责人应当组织外单位职业卫生专业技术人员参加评审工作，并形成评审意见。

建设单位应当按照评审意见对职业病危害预评价报告进行修改完善，并对最终的职业病危害预评价报告的真实性、客观性和合规性负责。职业病危害预评价工作过程应当形成书面报告备查。书面报告的具体格式由国家安全生产监督管理总局另行制定。

第十三条　建设项目职业病危害预评价报告有下列情形之一的，建设单位不得通过评审：

（一）对建设项目可能产生的职业病危害因素识别不全，未对工作场所职业病危害对劳动者健康影响与危害程度进行分析与评价的，或者评价不符合要求的；

（二）未对建设项目拟采取的职业病防护设施和防护措施进行分析、评价，对存在的问题未提出对策措施的；

（三）建设项目职业病危害风险分析与评价不正确的；

（四）评价结论和对策措施不正确的；

（五）不符合职业病防治有关法律、法规、规章和标准规定的其他情形的。

第十四条　建设项目职业病危害预评价报告通过评审后，建设项目的生产规模、工艺等发生变更导致职业病危害风险发生重大变化的，建设单位应当对变更内容重新进行职业病危害预评价和评审。

第三章 职业病防护设施设计

第十五条 存在职业病危害的建设项目，建设单位应当在施工前按照职业病防治有关法律、法规、规章和标准的要求，进行职业病防护设施设计。

第十六条 建设项目职业病防护设施设计应当包括下列内容：

（一）设计依据；

（二）建设项目概况及工程分析；

（三）职业病危害因素分析及危害程度预测；

（四）拟采取的职业病防护设施和应急救援设施的名称、规格、型号、数量、分布，并对防控性能进行分析；

（五）辅助用室及卫生设施的设置情况；

（六）对预评价报告中拟采取的职业病防护设施、防护措施及对策措施采纳情况的说明；

（七）职业病防护设施和应急救援设施投资预算明细表；

（八）职业病防护设施和应急救援设施可以达到的预期效果及评价。

第十七条 职业病防护设施设计完成后，属于职业病危害一般或者较重的建设项目，其建设单位主要负责人或其指定的负责人应当组织职业卫生专业技术人员对职业病防护设施设计进行评审，并形成是否符合职业病防治有关法律、法规、规章和标准要求的评审意见；属于职业病危害严重的建设项目，其建设单位主要负责人或其指定的负责人应当组织外单位职业卫生专业技术人员参加评审工作，并形成评审意见。

建设单位应当按照评审意见对职业病防护设施设计进行修改完善，并对最终的职业病防护设施设计的真实性、客观性和合规性负责。职业病防护设施设计工作过程应当形成书面报告备查。书面报告的具体格式由国家安全生产监督管理总局另行制定。

第十八条 建设项目职业病防护设施设计有下列情形之一的，建设单位不得通过评审和开工建设：

（一）未对建设项目主要职业病危害进行防护设施设计或者设计内容不全的；

（二）职业病防护设施设计未按照评审意见进行修改完善的；

（三）未采纳职业病危害预评价报告中的对策措施，且未作充分论证说明的；

（四）未对职业病防护设施和应急救援设施的预期效果进行评价的；

（五）不符合职业病防治有关法律、法规、规章和标准规定的其他情形的。

第十九条　建设单位应当按照评审通过的设计和有关规定组织职业病防护设施的采购和施工。

第二十条　建设项目职业病防护设施设计在完成评审后，建设项目的生产规模、工艺等发生变更导致职业病危害风险发生重大变化的，建设单位应当对变更的内容重新进行职业病防护设施设计和评审。

第四章　职业病危害控制效果评价与防护设施验收

第二十一条　建设项目职业病防护设施建设期间，建设单位应当对其进行经常性的检查，对发现的问题及时进行整改。

第二十二条　建设项目投入生产或者使用前，建设单位应当依照职业病防治有关法律、法规、规章和标准要求，采取下列职业病危害防治管理措施：

（一）设置或者指定职业卫生管理机构，配备专职或者兼职的职业卫生管理人员。

（二）制定职业病防治计划和实施方案。

（三）建立、健全职业卫生管理制度和操作规程。

（四）建立、健全职业卫生档案和劳动者健康监护档案。

（五）实施由专人负责的职业病危害因素日常监测，并确保监测系统处于正常运行状态。

（六）对工作场所进行职业病危害因素检测、评价。

（七）建设单位的主要负责人和职业卫生管理人员应当接受职业卫生培训，并组织劳动者进行上岗前的职业卫生培训。

（八）按照规定组织从事接触职业病危害作业的劳动者进行上岗前职业健康检查，并将检查结果书面告知劳动者。

（九）在醒目位置设置公告栏，公布有关职业病危害防治的规章制度、操作规程、职业病危害事故应急救援措施和工作场所职业病危害因素检测结果。对产生严重职业病危害的作业岗位，应当在其醒目位置，设置警示标识和中文警示说明。

（十）为劳动者个人提供符合要求的职业病防护用品。

（十一）建立、健全职业病危害事故应急救援预案。

（十二）职业病防治有关法律、法规、规章和标准要求的其他管理措施。

第二十三条 建设项目完工后，需要进行试运行的，其配套建设的职业病防护设施必须与主体工程同时投入试运行。

试运行时间应当不少于30日，最长不得超过180日，国家有关部门另有规定或者特殊要求的行业除外。

第二十四条 建设项目在竣工验收前或者试运行期间，建设单位应当进行职业病危害控制效果评价，编制评价报告。建设项目职业病危害控制效果评价报告应当符合职业病防治有关法律、法规、规章和标准的要求，包括下列主要内容：

（一）建设项目概况；

（二）职业病防护设施设计执行情况分析、评价；

（三）职业病防护设施检测和运行情况分析、评价；

（四）工作场所职业病危害因素检测分析、评价；

（五）工作场所职业病危害因素日常监测情况分析、评价；

（六）职业病危害因素对劳动者健康危害程度分析、评价；

（七）职业病危害防治管理措施分析、评价；

（八）职业健康监护状况分析、评价；

（九）职业病危害事故应急救援和控制措施分析、评价；

（十）正常生产后建设项目职业病防治效果预期分析、评价；

（十一）职业病危害防护补充措施及建议；

（十二）评价结论，明确建设项目的职业病危害风险类别，以及采取控制效果评价报告所提对策建议后，职业病防护设施和防护措施是否符合职业病防治有关法律、法规、规章和标准的要求。

第二十五条 建设单位在职业病防护设施验收前，应当编制验收方案。验收方案应当包括下列内容：

（一）建设项目概况和风险类别，以及职业病危害预评价、职业病防护设施设计执行情况；

（二）参与验收的人员及其工作内容、责任；

（三）验收工作时间安排、程序等。

建设单位应当在职业病防护设施验收前 20 日将验收方案向管辖该建设项目的安全生产监督管理部门进行书面报告。

第二十六条 属于职业病危害一般或者较重的建设项目，其建设单位主要负责人或其指定的负责人应当组织职业卫生专业技术人员对职业病危害控制效果评价报告进行评审以及对职业病防护设施进行验收，并形成是否符合职业病防治有关法律、法规、规章和标准要求的评审意见和验收意见。属于职业病危害严重的建设项目，其建设单位主要负责人或其指定的负责人应当组织外单位职业卫生专业技术人员参加评审和验收工作，并形成评审和验收意见。

建设单位应当按照评审与验收意见对职业病危害控制效果评价报告和职业病防护设施进行整改完善，并对最终的职业病危害控制效果评价报告和职业病防护设施验收结果的真实性、合规性和有效性负责。

建设单位应当将职业病危害控制效果评价和职业病防护设施验收工作过程形成书面报告备查，其中职业病危害严重的建设项目应当在验收完成之日起 20 日内向管辖该建设项目的安全生产监督管理部门提交书面报告。书面报告的具体格式由国家安全生产监督管理总局另行制定。

第二十七条 有下列情形之一的，建设项目职业病危害控制效果评价报告不得通过评审、职业病防护设施不得通过验收：

（一）评价报告内容不符合本办法第二十四条要求的；

（二）评价报告未按照评审意见整改的；

（三）未按照建设项目职业病防护设施设计组织施工，且未充分论证说明的；

（四）职业病危害防治管理措施不符合本办法第二十二条要求的；

（五）职业病防护设施未按照验收意见整改的；

（六）不符合职业病防治有关法律、法规、规章和标准规定的其他情形的。

第二十八条　分期建设、分期投入生产或者使用的建设项目，其配套的职业病防护设施应当分期与建设项目同步进行验收。

第二十九条　建设项目职业病防护设施未按照规定验收合格的，不得投入生产或者使用。

第五章　监督检查

第三十条　安全生产监督管理部门应当在职责范围内按照分类分级监管的原则，将建设单位开展建设项目职业病防护设施"三同时"情况的监督检查纳入安全生产年度监督检查计划，并按照监督检查计划与安全设施"三同时"实施一体化监督检查，对发现的违法行为应当依法予以处理；对违法行为情节严重的，应当按照规定纳入安全生产不良记录"黑名单"管理。

第三十一条　安全生产监督管理部门应当依法对建设单位开展建设项目职业病危害预评价情况进行监督检查，重点监督检查下列事项：

（一）是否进行建设项目职业病危害预评价；

（二）是否对建设项目可能产生的职业病危害因素及其对工作场所、劳动者健康影响与危害程度进行分析、评价；

（三）是否对建设项目拟采取的职业病防护设施和防护措施进行评价，是否提出对策与建议；

（四）是否明确建设项目职业病危害风险类别；

（五）主要负责人或其指定的负责人是否组织职业卫生专业技术人员对职业病危害预评价报告进行评审，职业病危害预评价报告是否按照评审意见进行修改完善；

（六）职业病危害预评价工作过程是否形成书面报告备查；

（七）是否按照本办法规定公布建设项目职业病危害预评价情况；

（八）依法应当监督检查的其他事项。

第三十二条 安全生产监督管理部门应当依法对建设单位开展建设项目职业病防护设施设计情况进行监督检查，重点监督检查下列事项：

（一）是否进行职业病防护设施设计；

（二）是否采纳职业病危害预评价报告中的对策与建议，如未采纳是否进行充分论证说明；

（三）是否明确职业病防护设施和应急救援设施的名称、规格、型号、数量、分布，并对防控性能进行分析；

（四）是否明确辅助用室及卫生设施的设置情况；

（五）是否明确职业病防护设施和应急救援设施投资预算；

（六）主要负责人或其指定的负责人是否组织职业卫生专业技术人员对职业病防护设施设计进行评审，职业病防护设施设计是否按照评审意见进行修改完善；

（七）职业病防护设施设计工作过程是否形成书面报告备查；

（八）是否按照本办法规定公布建设项目职业病防护设施设计情况；

（九）依法应当监督检查的其他事项。

第三十三条 安全生产监督管理部门应当依法对建设单位开展建设项目职业病危害控制效果评价及职业病防护设施验收情况进行监督检查，重点监督检查下列事项：

（一）是否进行职业病危害控制效果评价及职业病防护设施验收；

（二）职业病危害防治管理措施是否齐全；

（三）主要负责人或其指定的负责人是否组织职业卫生专业技术人员对建设项目职业病危害控制效果评价报告进行评审和对职业病防护设施进行验收，是否按照评审意见和验收意见对职业病危害控制效果评价报告和职业病防护设施进行整改完善；

（四）建设项目职业病危害控制效果评价及职业病防护设施验收工作过程是否形成书面报告备查；

（五）建设项目职业病防护设施验收方案、职业病危害严重建设项目职业病危害控制效果评价与职业病防护设施验收工作报告是否按照规定向安全生产监督管理部门进行报告；

（六）是否按照本办法规定公布建设项目职业病危害控制效果评价和职业

病防护设施验收情况；

（七）依法应当监督检查的其他事项。

第三十四条　安全生产监督管理部门应当按照下列规定对建设单位组织的验收活动和验收结果进行监督核查，并纳入安全生产年度监督检查计划：

（一）对职业病危害严重建设项目的职业病防护设施的验收方案和验收工作报告，全部进行监督核查；

（二）对职业病危害较重和一般的建设项目职业病防护设施的验收方案和验收工作报告，按照国家安全生产监督管理总局规定的"双随机"方式实施抽查。

第三十五条　安全生产监督管理部门应当加强监督检查人员建设项目职业病防护设施"三同时"知识的培训，提高业务素质。

第三十六条　安全生产监督管理部门及其工作人员不得有下列行为：

（一）强制要求建设单位接受指定的机构、职业卫生专业技术人员开展建设项目职业病防护设施"三同时"有关工作；

（二）以任何理由或者方式向建设单位和有关机构收取或者变相收取费用；

（三）向建设单位摊派财物、推销产品；

（四）在建设单位和有关机构报销任何费用。

第三十七条　任何单位或者个人发现建设单位、安全生产监督管理部门及其工作人员、有关机构和人员违反职业病防治有关法律、法规、标准和本办法规定的行为，均有权向安全生产监督管理部门或者有关部门举报。

受理举报的安全生产监督管理部门应当为举报人保密，并依法对举报内容进行核查和处理。

第三十八条　上级安全生产监督管理部门应当加强对下级安全生产监督管理部门建设项目职业病防护设施"三同时"监督执法工作的检查、指导。

地方各级安全生产监督管理部门应当定期汇总分析有关监督执法情况，并按照要求逐级上报。

第六章 法律责任

第三十九条 建设单位有下列行为之一的，由安全生产监督管理部门给予警告，责令限期改正；逾期不改正的，处10万元以上50万元以下的罚款；情节严重的，责令停止产生职业病危害的作业，或者提请有关人民政府按照国务院规定的权限责令停建、关闭：

（一）未按照本办法规定进行职业病危害预评价的；

（二）建设项目的职业病防护设施未按照规定与主体工程同时设计、同时施工、同时投入生产和使用的；

（三）建设项目的职业病防护设施设计不符合国家职业卫生标准和卫生要求的；

（四）未按照本办法规定对职业病防护设施进行职业病危害控制效果评价的；

（五）建设项目竣工投入生产和使用前，职业病防护设施未按照本办法规定验收合格的。

第四十条 建设单位有下列行为之一的，由安全生产监督管理部门给予警告，责令限期改正；逾期不改正的，处5 000元以上3万元以下的罚款：

（一）未按照本办法规定，对职业病危害预评价报告、职业病防护设施设计、职业病危害控制效果评价报告进行评审或者组织职业病防护设施验收的；

（二）职业病危害预评价、职业病防护设施设计、职业病危害控制效果评价或者职业病防护设施验收工作过程未形成书面报告备查的；

（三）建设项目的生产规模、工艺等发生变更导致职业病危害风险发生重大变化的，建设单位对变更内容未重新进行职业病危害预评价和评审，或者未重新进行职业病防护设施设计和评审的；

（四）需要试运行的职业病防护设施未与主体工程同时试运行的；

（五）建设单位未按照本办法第八条规定公布有关信息的。

第四十一条 建设单位在职业病危害预评价报告、职业病防护设施设计、职业病危害控制效果评价报告编制、评审以及职业病防护设施验收等过程中弄虚作假的，由安全生产监督管理部门责令限期改正，给予警告，可以并处 5 000 元以上 3 万元以下的罚款。

第四十二条 建设单位未按照规定及时、如实报告建设项目职业病防护设施验收方案，或者职业病危害严重建设项目未提交职业病危害控制效果评价与职业病防护设施验收的书面报告的，由安全生产监督管理部门责令限期改正，给予警告，可以并处 5 000 元以上 3 万元以下的罚款。

第四十三条 参与建设项目职业病防护设施"三同时"监督检查工作的专家库专家违反职业道德或者行为规范，降低标准、弄虚作假、牟取私利，作出显失公正或者虚假意见的，由安全生产监督管理部门将其从专家库除名，终身不得再担任专家库专家。职业卫生专业技术人员在建设项目职业病防护设施"三同时"评审、验收等活动中涉嫌犯罪的，移送司法机关依法追究刑事责任。

第四十四条 违反本办法规定的其他行为，依照《中华人民共和国职业病防治法》有关规定给予处理。

第七章 附 则

第四十五条 煤矿建设项目职业病防护设施"三同时"的监督检查工作按照新修订发布的《煤矿和煤层气地面开采建设项目安全设施监察规定》执行，煤矿安全监察机构按照规定履行国家监察职责。

第四十六条 本办法自 2017 年 5 月 1 日起施行。国家安全生产监督管理总局 2012 年 4 月 27 日公布的《建设项目职业卫生"三同时"监督管理暂行办法》同时废止。

国家卫生健康委关于修改《职业健康检查管理办法》等4件部门规章的决定

（2019年2月28日中华人民共和国国家卫生健康委员会令 第2号）

为贯彻新修订的《职业病防治法》《母婴保健法》，落实《国务院关于修改部分行政法规的决定》的有关要求，结合卫生健康管理需要，做好相关规章清理工作，我委决定对以下部门规章的部分条款予以修改。

一、《职业健康检查管理办法》

（一）将该办法中的"国家卫生计生委"统一修改为："国家卫生健康委"，将"卫生计生行政部门"统一修改为："卫生健康主管部门"。

（二）将第四条修改为："医疗卫生机构开展职业健康检查，应当在开展之日起15个工作日内向省级卫生健康主管部门备案。备案的具体办法由省级卫生健康主管部门依据本办法制定，并向社会公布。

"省级卫生健康主管部门应当及时向社会公布备案的医疗卫生机构名单、地址、检查类别和项目等相关信息，并告知核发其《医疗机构执业许可证》的卫生健康主管部门。核发其《医疗机构执业许可证》的卫生健康主管部门应当在该机构的《医疗机构执业许可证》副本备注栏注明检查类别和项目等信息。"

（三）将第五条第一款第三项修改为："具有与备案开展的职业健康检查类别和项目相适应的执业医师、护士等医疗卫生技术人员"；将第五项修改为："具有与备案开展的职业健康检查类别和项目相适应的仪器、设备，具有相应职业卫生生物监测能力；开展外出职业健康检查，应当具有相应的职业健康检查仪器、设备、专用车辆等条件";增加一项作为第七项:"具有与职业健康检查信息报告相应的条件"。

将第五条第二款修改为:"医疗卫生机构进行职业健康检查备案时,应当提交证明其符合以上条件的有关资料"。

(四)在第五条后增加一条:"开展职业健康检查工作的医疗卫生机构对备案的职业健康检查信息的真实性、准确性、合法性承担全部法律责任。

"当备案信息发生变化时,职业健康检查机构应当自信息发生变化之日起10个工作日内提交变更信息。"

(五)将第六条第一项修改为:"在备案开展的职业健康检查类别和项目范围内,依法开展职业健康检查工作,并出具职业健康检查报告";将第二项修改为:"履行疑似职业病的告知和报告义务";在第二项后增加一项作为第三项:"报告职业健康检查信息"。

(六)在第八条后增加一条:"省级卫生健康主管部门应当指定机构负责本辖区内职业健康检查机构的质量控制管理工作,组织开展实验室间比对和职业健康检查质量考核。

"职业健康检查质量控制规范由中国疾病预防控制中心制定。"

(七)将第九条第二款修改为:"以上每类中包含不同检查项目。职业健康检查机构应当在备案的检查类别和项目范围内开展相应的职业健康检查"。

(八)将第十四条修改为:"职业健康检查机构可以在执业登记机关管辖区域内或者省级卫生健康主管部门指定区域内开展外出职业健康检查。外出职业健康检查进行医学影像学检查和实验室检测,必须保证检查质量并满足放射防护和生物安全的管理要求"。

(九)删除第十六条中的"和安全生产监督管理部门"。

(十)将第十九条第二项修改为:"按照备案的类别和项目开展职业健康检查工作的情况";将第五项修改为:"职业健康检查结果、疑似职业病的报告与告知以及职业健康检查信息报告情况"。

(十一)删除第二十三条。

(十二)将第二十四条修改为:"职业健康检查机构有下列行为之一的,由县级以上地方卫生健康主管部门责令改正,给予警告,可以并处3万元以下罚款:

"（一）未按规定备案开展职业健康检查的；

"（二）未按规定告知疑似职业病的；

"（三）出具虚假证明文件的。"

（十三）将第二十五条修改为："职业健康检查机构未按照规定报告疑似职业病的，由县级以上地方卫生健康主管部门依据《职业病防治法》第七十四条的规定进行处理。"

（十四）将第二十六条修改为："职业健康检查机构有下列行为之一的，由县级以上地方卫生健康主管部门给予警告，责令限期改正；逾期不改的，处以三万元以下罚款：

"（一）未指定主检医师或者指定的主检医师未取得职业病诊断资格的；

"（二）未按要求建立职业健康检查档案的；

"（三）未履行职业健康检查信息报告义务的；

"（四）未按照相关职业健康监护技术规范规定开展工作的；

"（五）违反本办法其他有关规定的。"

（十五）在第二十六条后增加一条："职业健康检查机构未按规定参加实验室比对或者职业健康检查质量考核工作，或者参加质量考核不合格未按要求整改仍开展职业健康检查工作的，由县级以上地方卫生健康主管部门给予警告，责令限期改正；逾期不改的，处以三万元以下罚款。"

（十六）删除第二十七条。

二、《母婴保健专项技术服务许可及人员资格管理办法》

（一）将该办法中的"卫生部"统一修改为："国家卫生健康委"，将"卫生行政部门"统一修改为："卫生健康主管部门"。

（二）将第三条修改为："施行结扎手术、终止妊娠手术的机构和人员的审批，由县级卫生健康主管部门负责；开展婚前医学检查的机构和人员的审批，由设区的市级以上卫生健康主管部门负责；开展遗传病诊断、产前诊断以及涉外婚前医学检查的机构和人员的审批，由省级卫生健康主管部门负责。"

（三）将第五条第一款第二项修改为："有关医师的《母婴保健技术考核合格证书》或者加注母婴保健技术考核合格及技术类别的《医师执业证书》"。

删除第五条第二款。

（四）将第六条中的"应当在60日内"修改为："应当在45日内"。

（五）将第七条修改为："《母婴保健技术服务执业许可证》每3年校验1次，校验由原登记机关办理。"

（六）将第十条修改为："凡从事《中华人民共和国母婴保健法》规定的婚前医学检查、遗传病诊断、产前诊断、施行结扎手术和终止妊娠手术的人员，必须符合《母婴保健专项技术服务基本标准》的有关规定，经考核合格，取得《母婴保健技术考核合格证书》或者在《医师执业证书》上加注母婴保健技术考核合格及技术类别。"

（七）将第十三条中的"经考核合格，取得《母婴保健技术考核合格证书》的卫生技术人员"修改为："经考核合格，具备母婴保健技术服务相应资格的卫生技术人员"。

（八）将第十四条中的"《母婴保健技术服务执业许可证》和《母婴保健技术考核合格证书》《家庭接生员技术合格证书》应当妥善保管"修改为："《母婴保健技术服务执业许可证》和《母婴保健技术考核合格证书》应当妥善保管"。

（九）将第十五条中的"《母婴保健技术服务执业许可证》和《母婴保健技术考核合格证书》《家庭接生员技术合格证书》遗失后"修改为："《母婴保健技术服务执业许可证》和《母婴保健技术考核合格证书》遗失后"。

（十）删除第十七条。

（十一）将第十八条修改为："《母婴保健技术服务执业许可证》和《母婴保健技术考核合格证书》由国家卫生健康委统一印制。"

三、《产前诊断技术管理办法》

（一）将该办法中的"卫生部"统一修改为："国家卫生健康委"，将"卫生行政部门"统一修改为："卫生健康主管部门"。

（二）将第八条第四项修改为："经省级卫生健康主管部门考核合格，取得从事产前诊断的《母婴保健技术考核合格证书》或者《医师执业证书》中加注母婴保健技术（产前诊断类）考核合格的。"

（三）将第三十一条中的"对未取得产前诊断类母婴保健技术考核合格证书的个人，擅自从事产前诊断或超越许可范围的"修改为："对未取得《母婴保健技术考核合格证书》或者《医师执业证书》中未加注母婴保健技术（产前诊断类）考核合格的个人，擅自从事产前诊断或者超范围执业的"。

四、《医疗机构临床用血管理办法》

将第二十四条修改为："医疗机构应当将无偿献血纳入健康教育内容，积极主动向患者、家属及社会广泛宣传，鼓励健康适龄公民自愿参加无偿献血，提升群众对无偿献血的知晓度和参与度。"

此外，相关部门规章的条文顺序根据本决定作相应的调整。

本决定自公布之日起施行。

职业卫生技术服务机构管理办法

(2020年12月31日中华人民共和国国家卫生健康委员会令 第4号)

第一章 总 则

第一条 为了加强对职业卫生技术服务机构的监督管理，规范职业卫生技术服务行为，根据《中华人民共和国职业病防治法》，制定本办法。

第二条 在中华人民共和国境内申请职业卫生技术服务机构资质，从事职业卫生检测、评价技术服务以及卫生健康主管部门实施职业卫生技术服务机构资质认可与监督管理，适用本办法。

第三条 本办法所称职业卫生技术服务机构，是指为用人单位提供职业病危害因素检测、职业病危害现状评价、职业病防护设备设施与防护用品的效果评价等技术服务的机构。

第四条 国家对职业卫生技术服务机构实行资质认可制度。职业卫生技术服务机构应当依照本办法取得职业卫生技术服务机构资质；未取得职业卫生技术服务机构资质的，不得从事职业卫生检测、评价技术服务。

第五条 职业卫生技术服务机构的资质等级分为甲级和乙级两个等级。

甲级资质由国家卫生健康委认可及颁发证书。

乙级资质由省、自治区、直辖市卫生健康主管部门认可及颁发证书。

国家卫生健康委和省、自治区、直辖市卫生健康主管部门统称资质认可机关。

第六条 取得甲级资质的职业卫生技术服务机构，可以根据认可的业务范围在全国从事职业卫生技术服务活动。

取得乙级资质的职业卫生技术服务机构，可以根据认可的业务范围在其所在的省、自治区、直辖市从事职业卫生技术服务活动。

下列用人单位的职业卫生技术服务，必须由取得甲级资质的职业卫生技术服务机构承担：

（一）核设施的用人单位；

（二）生产经营的装置（设施）跨省、自治区、直辖市的用人单位。

第七条 国家卫生健康委负责指导全国职业卫生技术服务机构的监督管理工作。

县级以上地方卫生健康主管部门负责本行政区域内职业卫生技术服务机构的监督管理工作。

第八条 国家鼓励职业卫生技术服务行业加强自律，规范执业行为，维护行业秩序。

第二章　资质认可

第九条 申请职业卫生技术服务机构资质的申请人，应当具备下列条件：

（一）能够独立承担民事责任。

（二）有固定工作场所，实验室、档案室等场所的面积与所申请资质、业务范围相适应。

（三）具有符合要求的实验室，具备与所申请资质、业务范围相适应的仪器设备。

（四）有健全的内部管理制度和质量保证体系。

（五）具有满足学历、专业、技术职称等要求的专业技术人员。申请甲级资质的，专业技术人员不少于三十名；申请乙级资质的，专业技术人员不少于十五名。

（六）有专职技术负责人和质量控制负责人。申请甲级资质的，专职技术负责人具有高级专业技术职称和五年以上职业卫生相关工作经验；申请乙级资质的，专职技术负责人具有高级专业技术职称和三年以上职业卫生相关工作经验，或者中级专业技术职称和八年以上职业卫生相关工作经验。质量控制负责人具有高级专业技术职称和三年以上相关工作经验，或者中级专业技术职称和五年以上相关工作经验。

（七）具有与所申请资质、业务范围相适应的检测、评价能力。申请甲级资质的，机构主要负责人和关键岗位负责人应当具有从事职业卫生技术服务工作五年以上工作经历。

（八）截至申请之日五年内无严重违法失信记录。

（九）正常运行并可以供公众查询信息的网站。

（十）法律、行政法规规定的其他条件。

第十条 申请人应当组织专业技术人员接受专业培训，确保专业技术人员熟悉职业病防治法律、法规和标准规范，并具备与其从事的职业卫生技术服务相适应的专业能力。

对专业技术人员的培训，申请人可以自行开展或者委托有条件的培训机构开展。专业技术人员的培训计划、培训记录（包括书面及影像资料）等应当归档备查。

第十一条 申请人应当提交下列材料：

（一）法定代表人或者主要负责人签署的申请表；

（二）法定代表人或者主要负责人签署的知悉承担职业卫生技术服务的法律责任、义务、权利和风险的承诺书；

（三）营业执照或者其他法人资格证明；

（四）工作场所产权证明或者租赁合同；

（五）专业技术人员、专职技术负责人、质量控制负责人的名单及其技术职称证书、劳动关系证明；

（六）仪器设备清单、工作场所布局与面积示意图；

（七）在申请职业卫生技术服务业务范围内，能够证明具有相应业务能力的其他材料。

申请人对申请材料的真实性负责。

第十二条 申请职业卫生技术服务机构资质，按照下列程序办理：

（一）申请人按照本办法第五条的规定向相应资质认可机关提出申请，并提交本办法第十一条第一款规定的材料。

（二）资质认可机关应当自收到申请材料之日起五个工作日内作出是否受理的决定。对材料齐全，符合规定形式的，应当予以受理，并出具书面受理文书；对材料不齐全或者不符合规定形式的，应当当场或者在五个工作日内一次性告知申请人需要补正的全部内容；决定不予受理的，应当向申请人书面说明理由。

（三）资质认可机关应当自受理资质申请之日起二十个工作日内，依据职业卫生技术服务机构资质认可技术评审准则，组织对申请人进行技术评审，并根据技术评审结论作出资质认可决定。决定认可的，应当自作出决定之日起十个工作日内向申请人颁发资质证书；决定不予认可的，应当向申请人书面说明理由。二十个工作日内不能作出认可决定的，经资质认可机关负责人批准，可以延长十个工作日，并应当将延长期限的理由告知申请人。

第十三条 国家卫生健康委制定职业卫生技术服务机构资质认可有关文书样式和内容、职业卫生技术服务机构资质认可技术评审准则以及资质证书的样式，并向社会公布。

第十四条 资质认可机关应当建立技术评审专家库（以下简称专家库）及其管理制度。

技术评审专家应当熟悉职业病防治法律、法规和标准规范，具有相关专业高级技术职称，连续五年以上职业卫生工作经验，良好的职业道德。

技术评审专家应当依据技术评审准则开展工作，出具评审意见，并对评审意见负责。

技术评审专家不得从事与本人有利害关系的技术评审活动。

第十五条 国家卫生健康委制定并公开职业卫生技术服务机构专业技术人员考核评估大纲，建立题库。

第十六条 资质认可机关应当从专家库中随机抽取相关专业的三至七名专家（应为单数）组成专家组，对申请人进行技术评审。

技术评审包括申请材料的技术审查和现场技术考核。申请材料的技术审查结论分为"通过""不通过"。技术审查结论为"通过"的，继续开展现场技术考核；技术审查结论为"不通过"的，不开展现场技术考核。

现场技术考核应当包括下列内容：

（一）核查现场有关设备、设施、仪器、仪表等；

（二）依据考核评估大纲和题库，考核评估专职技术负责人、质量控制负责人及有关专业技术人员专业知识和实际操作能力；

（三）抽查原始工作记录、影像资料、报告、总结、档案等资料；

（四）进行必要的盲样检测。

现场技术考核的时间一般不超过十个工作日。现场技术考核结论分为"通过""不通过"。

第十七条　职业卫生技术服务机构资质证书有效期为五年。资质证书有效期届满需要延续的，职业卫生技术服务机构应当在有效期届满三个月前向原资质认可机关提出申请。经审核合格的，予以批准延续；不合格的，不予批准延续，并向申请人书面说明理由。

第十八条　职业卫生技术服务机构取得资质一年以上，需要增加业务范围的，应当向原资质认可机关提出申请。资质认可机关应当按照本办法的规定进行认可。

第十九条　职业卫生技术服务机构变更名称、法定代表人或者主要负责人、注册地址、实验室地址的，应当向原资质认可机关申请办理变更手续。

职业卫生技术服务机构分立、合并的，应当申请办理资质认可变更手续或者重新申请职业卫生技术服务机构资质认可。

第二十条　职业卫生技术服务机构资质证书遗失的，应当自证书遗失之日起三十日内向原资质认可机关书面申请补发。

第二十一条　职业卫生技术服务机构不得涂改、倒卖、出租、出借职业卫生技术服务机构资质证书，或者以其他形式非法转让职业卫生技术服务机构资质证书。

第二十二条　资质认可机关对取得资质的职业卫生技术服务机构应当及时向社会公布，接受社会监督。

第三章　技术服务

第二十三条　职业卫生技术服务机构应当建立、健全职业卫生技术服务责任制。主要负责人对本机构的职业卫生技术服务工作全面负责。专职技负责人和质量控制负责人应当按照法律、法规和标准规范的规定，加强职业卫生技术服务的全过程管理。报告审核人、授权签字人、技术服务项目负责人及参与人员按照职责分工参与技术服务，在技术报告及原始记录上签字，并承担相应责任。未达到技术评审考核评估要求的专业技术人员，职业卫生技术服务机构不得安排其参与职业卫生技术服务。

职业卫生技术服务机构应当组织专业技术人员每年接受不少于八学时的继续教育培训。

第二十四条 职业卫生技术服务机构应当按照法律法规和《工作场所空气中有害物质监测的采样规范》（GBZ 159）、《电离辐射防护与辐射源安全基本标准》（GB 18871）、《工业企业设计卫生标准》（GBZ 1）、《工作场所有害因素职业接触限值》（GBZ 2.1、GBZ 2.2）等标准规范的要求，开展现场调查、职业病危害因素识别、现场采样、现场检测、样品管理、实验室分析、数据处理及应用、危害程度评价、防护措施及其效果评价、技术报告编制等职业卫生技术服务活动，如实记录技术服务原始信息，确保相关数据信息可溯源，科学、客观、真实地反映技术服务事项，并对出具的职业卫生技术报告承担法律责任。

第二十五条 职业卫生技术服务机构应当依法独立开展职业卫生技术服务活动。因检测项目限制或者样品保存时限有特殊要求而无法自行检测的，可以委托具备相应检测能力的职业卫生技术服务机构进行样品测定。样品现场采集和检测结果分析及应用等工作不得委托其他机构实施。

第二十六条 职业卫生技术服务机构应当公开办事制度和程序，方便服务对象，并采取措施保证服务质量。

第二十七条 职业卫生技术服务机构应当在认可的范围内开展技术服务工作，并接受技术服务所在地卫生健康主管部门的监督管理，按照规定及时报送职业卫生技术服务内容、时间、参与人员等相关信息。

职业卫生技术服务信息报送管理规定由国家卫生健康委统一制定，并向社会公布。

第二十八条 职业卫生技术服务机构开展技术服务时，应当以书面形式与用人单位明确技术服务内容、范围以及双方的责任。

用人单位提出的技术服务内容、范围及要求违反法律、法规和标准规范规定的，职业卫生技术服务机构应当予以拒绝。

第二十九条　职业卫生技术服务机构及其工作人员在从事职业卫生技术服务活动中，不得有下列行为：

（一）超出资质认可范围从事技术服务活动；

（二）出具虚假或者失实的职业卫生技术报告；

（三）转包职业卫生技术服务项目；

（四）擅自更改、简化职业卫生技术服务程序和相关内容；

（五）法律、法规规定的其他违法行为。

第三十条　职业卫生技术服务机构不得使用非本机构专业技术人员从事职业卫生技术服务活动。

职业卫生技术服务机构专业技术人员不得有下列行为：

（一）在职业卫生技术报告或者有关原始记录上代替他人签字；

（二）未参与相应职业卫生技术服务事项而在技术报告或者有关原始记录上签字；

（三）其他违反法律、法规和标准规范的行为。

第三十一条　职业卫生技术服务机构应当建立职业卫生技术服务档案，并长期妥善保管。职业卫生技术服务档案包括职业卫生技术服务过程控制记录、现场勘查记录、相关原始记录、影像资料、技术报告及相关证明材料。

职业卫生技术服务机构应当为专业技术人员提供必要的个体防护用品。

职业卫生技术服务机构应当自出具职业卫生技术报告之日起二十个工作日内，在本单位网站上公开技术报告相关信息（涉及国家秘密、商业秘密、技术秘密及个人隐私的信息和法律、法规规定可不予公开的除外），公开的时间不少于五年。公开的信息应包括以下内容：

（一）用人单位名称、地址及联系人；

（二）技术服务项目组人员名单；

（三）现场调查、现场采样、现场检测的专业技术人员名单、时间，用人单位陪同人；

（四）证明现场调查、现场采样、现场检测的图像影像。

第四章　监督管理

第三十二条　资质认可机关应当对其认可的职业卫生技术服务机构在资质认可有效期内至少进行一次评估检查，重点检查资质条件保持和符合情况。

评估检查可以通过能力验证、现场核查等方式开展。

第三十三条　县级以上地方卫生健康主管部门应当按照有关"双随机、一公开"的规定，加强对本行政区域内从业的职业卫生技术服务机构事中事后监管。

第三十四条　县级以上地方卫生健康主管部门对职业卫生技术服务机构的监督检查，主要包括下列内容：

（一）是否以书面形式与用人单位明确技术服务内容、范围以及双方的责任；

（二）是否按照标准规范要求开展现场调查、职业病危害因素识别、现场采样、现场检测、样品管理、实验室分析、数据处理及应用、危害程度评价、防护措施及其效果评价、技术报告编制等职业卫生技术服务活动；

（三）技术服务内部审核、原始信息记录等是否规范；

（四）职业卫生技术服务档案是否完整；

（五）技术服务过程是否存在弄虚作假等违法违规情况；

（六）是否按照规定向技术服务所在地卫生健康主管部门报送职业卫生技术服务相关信息；

（七）是否按照规定在网上公开职业卫生技术报告相关信息；

（八）依法应当监督检查的其他内容。

县级以上地方卫生健康主管部门在对用人单位职业病防治工作进行监督检查过程中，应当加强对有关职业卫生技术服务机构提供的职业卫生技术服务进行延伸检查。

第三十五条　县级以上卫生健康主管部门应当建立职业卫生技术服务机构信息管理系统，建立职业卫生技术服务机构及其从业人员信用档案，记录违法失信行为并依法向社会公开，依据职业卫生技术服务机构信用状况，实行分类监管。

第三十六条 职业卫生技术服务机构有下列情形之一的，资质认可机关应当注销其资质：

（一）资质认可有效期届满未延续的；

（二）依法终止的；

（三）资质认可依法被撤销、撤回，或者资质证书依法被吊销的；

（四）法律、法规规定的应当注销资质认可的其他情形。

第三十七条 卫生健康主管部门及其工作人员不得有下列行为：

（一）要求用人单位接受指定的职业卫生技术服务机构进行职业卫生技术服务；

（二）变相设立法律、法规规定以外的行政许可；

（三）限制本行政区域外职业卫生技术服务机构到本地区开展职业卫生技术服务；

（四）干预职业卫生技术服务机构开展正常活动；

（五）向职业卫生技术服务机构收取或者变相收取费用；

（六）向职业卫生技术服务机构摊派财物、推销产品；

（七）在职业卫生技术服务机构报销任何费用；

（八）对不具备资质条件的申请人予以资质认可。

第三十八条 任何单位或者个人发现职业卫生技术服务机构及其从业人员、卫生健康主管部门及其工作人员、技术评审专家违反有关职业病防治的法律、法规和本办法规定的行为，有权向县级以上卫生健康主管部门或者其他有关部门举报。

卫生健康主管部门应当为举报人保密，并依法进行核查和处理。

第五章 法律责任

第三十九条 县级以上卫生健康主管部门工作人员不履行本办法规定的职责，徇私舞弊、滥用职权、弄虚作假、玩忽职守，依法给予相应处分。

技术评审专家在职业卫生技术服务机构技术评审工作中徇私舞弊、弄虚作假、玩忽职守的，撤销其技术评审专家资格，终身不得再进入专家库。

第四十条 申请人隐瞒有关情况或者提供虚假材料申请职业卫生技术服务机构资质认可的，资质认可机关不予受理或者不予认可，并给予警告；申请人自资质认可机关作出不予受理或者不予认可决定之日起一年内不得再次申请职业卫生技术服务机构资质。

职业卫生技术服务机构以欺骗、贿赂等不正当手段取得职业卫生技术服务机构资质认可的，资质认可机关应当撤销其资质认可，并给予警告；申请人自资质认可机关撤销其资质认可之日起三年内不得再次申请职业卫生技术服务机构资质。

第四十一条 未取得职业卫生技术服务资质认可擅自从事职业卫生检测、评价技术服务的，由县级以上地方卫生健康主管部门责令立即停止违法行为，没收违法所得；违法所得五千元以上的，并处违法所得二倍以上十倍以下的罚款；没有违法所得或者违法所得不足五千元的，并处五千元以上五万元以下的罚款；情节严重的，对直接负责的主管人员和其他直接责任人员，依法给予降级、撤职或者开除的处分。

第四十二条 职业卫生技术服务机构有下列行为之一的，由县级以上地方卫生健康主管部门责令立即停止违法行为，给予警告，没收违法所得；违法所得五千元以上的，并处违法所得二倍以上五倍以下的罚款；没有违法所得或者违法所得不足五千元的，并处五千元以上二万元以下的罚款；情节严重的，由原资质认可机关取消其资质认可；对直接负责的主管人员和其他责任人员，依法给予降级、撤职或者开除的处分；构成犯罪的，依法追究刑事责任：

（一）超出资质认可范围从事职业卫生技术服务的；

（二）未按照《职业病防治法》的规定履行法定职责的；

（三）出具虚假证明文件的。

第四十三条 职业卫生技术服务机构有下列行为之一的，由县级以上地方卫生健康主管部门责令改正，给予警告，并处一万元以上三万元以下罚款；构成犯罪的，依法追究刑事责任：

（一）涂改、倒卖、出租、出借职业卫生技术服务机构资质证书，或者以其他形式非法转让职业卫生技术服务机构资质证书的；

（二）未按规定向技术服务所在地卫生健康主管部门报送职业卫生技术服

务相关信息的；

（三）未按规定在网上公开职业卫生技术报告相关信息的；

（四）其他违反本办法规定的行为。

第四十四条　职业卫生技术服务机构有下列情形之一的，由县级以上地方卫生健康主管部门责令改正，给予警告，可以并处三万元以下罚款：

（一）未按标准规范开展职业卫生技术服务，或者擅自更改、简化服务程序和相关内容；

（二）未按规定实施委托检测的；

（三）转包职业卫生技术服务项目的；

（四）未按规定以书面形式与用人单位明确技术服务内容、范围以及双方责任的；

（五）使用非本机构专业技术人员从事职业卫生技术服务活动的；

（六）安排未达到技术评审考核评估要求的专业技术人员参与职业卫生技术服务的。

第四十五条　职业卫生技术服务机构专业技术人员有下列情形之一的，由县级以上地方卫生健康主管部门责令改正，给予警告，并处一万元以下罚款：

（一）在职业卫生技术报告或者有关原始记录上代替他人签字的；

（二）未参与相应职业卫生技术服务事项而在技术报告或者有关原始记录上签字的；

（三）其他违反本办法规定的行为。

第四十六条　已经取得资质认可的职业卫生技术服务机构，不再符合规定的资质条件的，由原资质认可机关责令其改正，通报批评；情节严重的，依法撤销其资质认可。

第四十七条　本办法所规定的行政处罚，除规定由原资质认可机关实施的以外，由技术服务所在地的县级以上地方卫生健康主管部门决定。

第六章　附　　则

第四十八条　本办法下列用语的含义：

专业技术人员，是指在职业卫生技术服务机构或者拟申请职业卫生技术服务机构资质的单位中专职从事职业卫生技术服务工作的人员。

核设施，是指核动力厂（核电厂、核热电厂、核供汽供热厂等）和其他反应堆（研究堆、实验堆、临界装置等），核燃料生产、加工、储存和后处理设施，放射性废物的处理和处置设施等。

第四十九条 个人剂量监测、放射防护器材和含放射性产品检测、医疗机构放射性危害评价等技术服务机构的管理另行规定。

第五十条 本办法施行前已经取得职业卫生技术服务机构资质的，资质继续有效，其中资质在2021年1月31日之前到期的，有效期延至2021年4月30日。

甲级、乙级资质有效期满后，需要继续从事职业卫生技术服务的，按照本办法的规定申请资质认可延续；丙级资质有效期满后，需要继续从事职业卫生技术服务的，按照规定换领乙级资质证书。

第五十一条 本办法自2021年2月1日起施行。原国家安全生产监督管理总局2012年4月27日公布、2015年5月29日修改的《职业卫生技术服务机构监督管理暂行办法》同时废止。

工作场所职业卫生管理规定

(2020年12月31日中华人民共和国国家卫生健康委员会令 第5号)

第一章 总 则

第一条 为了加强职业卫生管理工作，强化用人单位职业病防治的主体责任，预防、控制职业病危害，保障劳动者健康和相关权益，根据《中华人民共和国职业病防治法》等法律、行政法规，制定本规定。

第二条 用人单位的职业病防治和卫生健康主管部门对其实施监督管理，适用本规定。

第三条 用人单位应当加强职业病防治工作，为劳动者提供符合法律、法规、规章、国家职业卫生标准和卫生要求的工作环境和条件，并采取有效措施保障劳动者的职业健康。

第四条 用人单位是职业病防治的责任主体，并对本单位产生的职业病危害承担责任。

用人单位的主要负责人对本单位的职业病防治工作全面负责。

第五条 国家卫生健康委依照《中华人民共和国职业病防治法》和国务院规定的职责，负责全国用人单位职业卫生的监督管理工作。

县级以上地方卫生健康主管部门依照《中华人民共和国职业病防治法》和本级人民政府规定的职责，负责本行政区域内用人单位职业卫生的监督管理工作。

第六条 为职业病防治提供技术服务的职业卫生技术服务机构，应当依照国家有关职业卫生技术服务机构管理的相关法律法规及标准、规范的要求，为用人单位提供技术服务。

第七条　任何单位和个人均有权向卫生健康主管部门举报用人单位违反本规定的行为和职业病危害事故。

第二章　用人单位的职责

第八条　职业病危害严重的用人单位，应当设置或者指定职业卫生管理机构或者组织，配备专职职业卫生管理人员。

其他存在职业病危害的用人单位，劳动者超过一百人的，应当设置或者指定职业卫生管理机构或者组织，配备专职职业卫生管理人员；劳动者在一百人以下的，应当配备专职或者兼职的职业卫生管理人员，负责本单位的职业病防治工作。

第九条　用人单位的主要负责人和职业卫生管理人员应当具备与本单位所从事的生产经营活动相适应的职业卫生知识和管理能力，并接受职业卫生培训。

对用人单位主要负责人、职业卫生管理人员的职业卫生培训，应当包括下列主要内容：

（一）职业卫生相关法律、法规、规章和国家职业卫生标准；

（二）职业病危害预防和控制的基本知识；

（三）职业卫生管理相关知识；

（四）国家卫生健康委规定的其他内容。

第十条　用人单位应当对劳动者进行上岗前的职业卫生培训和在岗期间的定期职业卫生培训，普及职业卫生知识，督促劳动者遵守职业病防治的法律、法规、规章、国家职业卫生标准和操作规程。

用人单位应当对职业病危害严重的岗位的劳动者，进行专门的职业卫生培训，经培训合格后方可上岗作业。

因变更工艺、技术、设备、材料，或者岗位调整导致劳动者接触的职业病危害因素发生变化的，用人单位应当重新对劳动者进行上岗前的职业卫生培训。

第十一条　存在职业病危害的用人单位应当制定职业病危害防治计划和实施方案，建立、健全下列职业卫生管理制度和操作规程：

（一）职业病危害防治责任制度；

（二）职业病危害警示与告知制度；

（三）职业病危害项目申报制度；

（四）职业病防治宣传教育培训制度；

（五）职业病防护设施维护检修制度；

（六）职业病防护用品管理制度；

（七）职业病危害监测及评价管理制度；

（八）建设项目职业病防护设施"三同时"管理制度；

（九）劳动者职业健康监护及其档案管理制度；

（十）职业病危害事故处置与报告制度；

（十一）职业病危害应急救援与管理制度；

（十二）岗位职业卫生操作规程；

（十三）法律、法规、规章规定的其他职业病防治制度。

第十二条　产生职业病危害的用人单位的工作场所应当符合下列基本要求：

（一）生产布局合理，有害作业与无害作业分开；

（二）工作场所与生活场所分开，工作场所不得住人；

（三）有与职业病防治工作相适应的有效防护设施；

（四）职业病危害因素的强度或者浓度符合国家职业卫生标准；

（五）有配套的更衣间、洗浴间、孕妇休息间等卫生设施；

（六）设备、工具、用具等设施符合保护劳动者生理、心理健康的要求；

（七）法律、法规、规章和国家职业卫生标准的其他规定。

第十三条　用人单位工作场所存在职业病目录所列职业病的危害因素的，应当按照《职业病危害项目申报办法》的规定，及时、如实向所在地卫生健康主管部门申报职业病危害项目，并接受卫生健康主管部门的监督检查。

第十四条　新建、改建、扩建的工程建设项目和技术改造、技术引进项目（以下统称建设项目）可能产生职业病危害的，建设单位应当按照国家有关建设项目职业病防护设施"三同时"监督管理的规定，进行职业病危害预评价、职业病防护设施设计、职业病危害控制效果评价及相应的评审，组织职业病防护设施验收。

第十五条 产生职业病危害的用人单位，应当在醒目位置设置公告栏，公布有关职业病防治的规章制度、操作规程、职业病危害事故应急救援措施和工作场所职业病危害因素检测结果。

存在或者产生职业病危害的工作场所、作业岗位、设备、设施，应当按照《工作场所职业病危害警示标识》（GBZ 158）的规定，在醒目位置设置图形、警示线、警示语句等警示标识和中文警示说明。警示说明应当载明产生职业病危害的种类、后果、预防和应急处置措施等内容。

存在或者产生高毒物品的作业岗位，应当按照《高毒物品作业岗位职业病危害告知规范》（GBZ/T 203）的规定，在醒目位置设置高毒物品告知卡，告知卡应当载明高毒物品的名称、理化特性、健康危害、防护措施及应急处理等告知内容与警示标识。

第十六条 用人单位应当为劳动者提供符合国家职业卫生标准的职业病防护用品，并督促、指导劳动者按照使用规则正确佩戴、使用，不得发放钱物替代发放职业病防护用品。

用人单位应当对职业病防护用品进行经常性的维护、保养，确保防护用品有效，不得使用不符合国家职业卫生标准或者已经失效的职业病防护用品。

第十七条 在可能发生急性职业损伤的有毒、有害工作场所，用人单位应当设置报警装置，配置现场急救用品、冲洗设备、应急撤离通道和必要的泄险区。

现场急救用品、冲洗设备等应当设在可能发生急性职业损伤的工作场所或者临近地点，并在醒目位置设置清晰的标识。

在可能突然泄漏或者逸出大量有害物质的密闭或者半密闭工作场所，除遵守本条第一款、第二款规定外，用人单位还应当安装事故通风装置以及与事故排风系统相连锁的泄漏报警装置。

生产、销售、使用、储存放射性同位素和射线装置的场所，应当按照国家有关规定设置明显的放射性标志，其入口处应当按照国家有关安全和防护标准的要求，设置安全和防护设施以及必要的防护安全联锁、报警装置或者工作信号。放射性装置的生产调试和使用场所，应当具有防止误操作、防止工作人员受到意外照射的安全措施。用人单位必须配备与辐射类型和辐射水平相适应的防护用品和监测仪器，包括个人剂量测量报警、固定式和便携式辐射监测、表面污染监测、流出物监测等设备，并保证可能接触放射线的工作人员佩戴个人剂量计。

第十八条　用人单位应当对职业病防护设备、应急救援设施进行经常性的维护、检修和保养，定期检测其性能和效果，确保其处于正常状态，不得擅自拆除或者停止使用。

第十九条　存在职业病危害的用人单位，应当实施由专人负责的工作场所职业病危害因素日常监测，确保监测系统处于正常工作状态。

第二十条　职业病危害严重的用人单位，应当委托具有相应资质的职业卫生技术服务机构，每年至少进行一次职业病危害因素检测，每三年至少进行一次职业病危害现状评价。

职业病危害一般的用人单位，应当委托具有相应资质的职业卫生技术服务机构，每三年至少进行一次职业病危害因素检测。

检测、评价结果应当存入本单位职业卫生档案，并向卫生健康主管部门报告和劳动者公布。

第二十一条　存在职业病危害的用人单位发生职业病危害事故或者国家卫生健康委规定的其他情形的，应当及时委托具有相应资质的职业卫生技术服务机构进行职业病危害现状评价。

用人单位应当落实职业病危害现状评价报告中提出的建议和措施，并将职业病危害现状评价结果及整改情况存入本单位职业卫生档案。

第二十二条　用人单位在日常的职业病危害监测或者定期检测、现状评价过程中，发现工作场所职业病危害因素不符合国家职业卫生标准和卫生要求时，应当立即采取相应治理措施，确保其符合职业卫生环境和条件的要求；仍然达不到国家职业卫生标准和卫生要求的，必须停止存在职业病危害因素的作业；职业病危害因素经治理后，符合国家职业卫生标准和卫生要求的，方可重新作业。

第二十三条　向用人单位提供可能产生职业病危害的设备的，应当提供中文说明书，并在设备的醒目位置设置警示标识和中文警示说明。警示说明应当载明设备性能、可能产生的职业病危害、安全操作和维护注意事项、职业病防护措施等内容。

用人单位应当检查前款规定的事项，不得使用不符合要求的设备。

第二十四条 向用人单位提供可能产生职业病危害的化学品、放射性同位素和含有放射性物质的材料的，应当提供中文说明书。说明书应当载明产品特性、主要成分、存在的有害因素、可能产生的危害后果、安全使用注意事项、职业病防护和应急救治措施等内容。产品包装应当有醒目的警示标识和中文警示说明。储存上述材料的场所应当在规定的部位设置危险物品标识或者放射性警示标识。

用人单位应当检查前款规定的事项，不得使用不符合要求的材料。

第二十五条 任何用人单位不得使用国家明令禁止使用的可能产生职业病危害的设备或者材料。

第二十六条 任何单位和个人不得将产生职业病危害的作业转移给不具备职业病防护条件的单位和个人。不具备职业病防护条件的单位和个人不得接受产生职业病危害的作业。

第二十七条 用人单位应当优先采用有利于防治职业病危害和保护劳动者健康的新技术、新工艺、新材料、新设备，逐步替代产生职业病危害的技术、工艺、材料、设备。

第二十八条 用人单位对采用的技术、工艺、材料、设备，应当知悉其可能产生的职业病危害，并采取相应的防护措施。对有职业病危害的技术、工艺、设备、材料，故意隐瞒其危害而采用的，用人单位对其所造成的职业病危害后果承担责任。

第二十九条 用人单位与劳动者订立劳动合同时，应当将工作过程中可能产生的职业病危害及其后果、职业病防护措施和待遇等如实告知劳动者，并在劳动合同中写明，不得隐瞒或者欺骗。

劳动者在履行劳动合同期间因工作岗位或者工作内容变更，从事与所订立劳动合同中未告知的存在职业病危害的作业时，用人单位应当依照前款规定，向劳动者履行如实告知的义务，并协商变更原劳动合同相关条款。

用人单位违反本条规定的，劳动者有权拒绝从事存在职业病危害的作业，用人单位不得因此解除与劳动者所订立的劳动合同。

第三十条 对从事接触职业病危害因素作业的劳动者，用人单位应当按照《用人单位职业健康监护监督管理办法》《放射工作人员职业健康管理办法》《职业健康监护技术规范》（GBZ 188）、《放射工作人员职业健康监护技术规范》（GBZ 235）等有关规定组织上岗前、在岗期间、离岗时的职业健康检查，并将检查结果书面如实告知劳动者。

职业健康检查费用由用人单位承担。

第三十一条 用人单位应当按照《用人单位职业健康监护监督管理办法》的规定，为劳动者建立职业健康监护档案，并按照规定的期限妥善保存。

职业健康监护档案应当包括劳动者的职业史、职业病危害接触史、职业健康检查结果、处理结果和职业病诊疗等有关个人健康资料。

劳动者离开用人单位时，有权索取本人职业健康监护档案复印件，用人单位应当如实、无偿提供，并在所提供的复印件上签章。

第三十二条 劳动者健康出现损害需要进行职业病诊断、鉴定的，用人单位应当如实提供职业病诊断、鉴定所需的劳动者职业史和职业病危害接触史、工作场所职业病危害因素检测结果和放射工作人员个人剂量监测结果等资料。

第三十三条 用人单位不得安排未成年工从事接触职业病危害的作业，不得安排有职业禁忌的劳动者从事其所禁忌的作业，不得安排孕期、哺乳期女职工从事对本人和胎儿、婴儿有危害的作业。

第三十四条 用人单位应当建立健全下列职业卫生档案资料：

（一）职业病防治责任制文件；

（二）职业卫生管理规章制度、操作规程；

（三）工作场所职业病危害因素种类清单、岗位分布以及作业人员接触情况等资料；

（四）职业病防护设施、应急救援设施基本信息，以及其配置、使用、维护、检修与更换等记录；

（五）工作场所职业病危害因素检测、评价报告与记录；

（六）职业病防护用品配备、发放、维护与更换等记录；

（七）主要负责人、职业卫生管理人员和职业病危害严重工作岗位的劳动者等相关人员职业卫生培训资料；

（八）职业病危害事故报告与应急处置记录；

（九）劳动者职业健康检查结果汇总资料，存在职业禁忌证、职业健康损害或者职业病的劳动者处理和安置情况记录；

（十）建设项目职业病防护设施"三同时"有关资料；

（十一）职业病危害项目申报等有关回执或者批复文件；

（十二）其他有关职业卫生管理的资料或者文件。

第三十五条 用人单位发生职业病危害事故，应当及时向所在地卫生健康主管部门和有关部门报告，并采取有效措施，减少或者消除职业病危害因素，防止事故扩大。对遭受或者可能遭受急性职业病危害的劳动者，用人单位应当及时组织救治、进行健康检查和医学观察，并承担所需费用。

用人单位不得故意破坏事故现场、毁灭有关证据，不得迟报、漏报、谎报或者瞒报职业病危害事故。

第三十六条 用人单位发现职业病病人或者疑似职业病病人时，应当按照国家规定及时向所在地卫生健康主管部门和有关部门报告。

第三十七条 用人单位在卫生健康主管部门行政执法人员依法履行监督检查职责时，应当予以配合，不得拒绝、阻挠。

第三章　监督管理

第三十八条 卫生健康主管部门应当依法对用人单位执行有关职业病防治的法律、法规、规章和国家职业卫生标准的情况进行监督检查，重点监督检查下列内容：

（一）设置或者指定职业卫生管理机构或者组织，配备专职或者兼职的职业卫生管理人员情况；

（二）职业卫生管理制度和操作规程的建立、落实及公布情况；

（三）主要负责人、职业卫生管理人员和职业病危害严重的工作岗位的劳动者职业卫生培训情况；

（四）建设项目职业病防护设施"三同时"制度落实情况；

（五）工作场所职业病危害项目申报情况；

（六）工作场所职业病危害因素监测、检测、评价及结果报告和公布情况；

（七）职业病防护设施、应急救援设施的配置、维护、保养情况，以及职业病防护用品的发放、管理及劳动者佩戴使用情况；

（八）职业病危害因素及危害后果警示、告知情况；

（九）劳动者职业健康监护、放射工作人员个人剂量监测情况；

（十）职业病危害事故报告情况；

（十一）提供劳动者健康损害与职业史、职业病危害接触关系等相关资料的情况；

（十二）依法应当监督检查的其他情况。

第三十九条　卫生健康主管部门应当建立健全职业卫生监督检查制度，加强行政执法人员职业卫生知识的培训，提高行政执法人员的业务素质。

第四十条　卫生健康主管部门应当加强建设项目职业病防护设施"三同时"的监督管理，建立健全相关资料的档案管理制度。

第四十一条　卫生健康主管部门应当加强职业卫生技术服务机构的资质认可管理和技术服务工作的监督检查，督促职业卫生技术服务机构公平、公正、客观、科学地开展职业卫生技术服务。

第四十二条　卫生健康主管部门应当建立健全职业病危害防治信息统计分析制度，加强对用人单位职业病危害因素检测、评价结果、劳动者职业健康监护信息以及职业卫生监督检查信息等资料的统计、汇总和分析。

第四十三条　卫生健康主管部门应当按照有关规定，支持、配合有关部门和机构开展职业病的诊断、鉴定工作。

第四十四条　卫生健康主管部门行政执法人员依法履行监督检查职责时，应当出示有效的执法证件。

行政执法人员应当忠于职守，秉公执法，严格遵守执法规范；涉及被检查单位的技术秘密、业务秘密以及个人隐私的，应当为其保密。

第四十五条　卫生健康主管部门履行监督检查职责时，有权采取下列措施：

（一）进入被检查单位及工作场所，进行职业病危害检测，了解情况，调查取证；

（二）查阅、复制被检查单位有关职业病危害防治的文件、资料，采集有关样品；

（三）责令违反职业病防治法律、法规的单位和个人停止违法行为；

（四）责令暂停导致职业病危害事故的作业，封存造成职业病危害事故或者可能导致职业病危害事故发生的材料和设备；

（五）组织控制职业病危害事故现场。

在职业病危害事故或者危害状态得到有效控制后，卫生健康主管部门应当及时解除前款第四项、第五项规定的控制措施。

第四十六条　发生职业病危害事故，卫生健康主管部门应当依照国家有关规定报告事故和组织事故的调查处理。

第四章　法律责任

第四十七条　用人单位有下列情形之一的，责令限期改正，给予警告，可以并处五千元以上二万元以下的罚款：

（一）未按照规定实行有害作业与无害作业分开、工作场所与生活场所分开的；

（二）用人单位的主要负责人、职业卫生管理人员未接受职业卫生培训的；

（三）其他违反本规定的行为。

第四十八条　用人单位有下列情形之一的，责令限期改正，给予警告；逾期未改正的，处十万元以下的罚款：

（一）未按照规定制定职业病防治计划和实施方案的；

（二）未按照规定设置或者指定职业卫生管理机构或者组织，或者未配备专职或者兼职的职业卫生管理人员的；

（三）未按照规定建立、健全职业卫生管理制度和操作规程的；

（四）未按照规定建立、健全职业卫生档案和劳动者健康监护档案的；

（五）未建立、健全工作场所职业病危害因素监测及评价制度的；

（六）未按照规定公布有关职业病防治的规章制度、操作规程、职业病危害事故应急救援措施的；

（七）未按照规定组织劳动者进行职业卫生培训，或者未对劳动者个体防护采取有效的指导、督促措施的；

（八）工作场所职业病危害因素检测、评价结果未按照规定存档、上报和公布的。

第四十九条　用人单位有下列情形之一的，责令限期改正，给予警告，可以并处五万元以上十万元以下的罚款：

（一）未按照规定及时、如实申报产生职业病危害的项目的；

（二）未实施由专人负责职业病危害因素日常监测，或者监测系统不能正常监测的；

（三）订立或者变更劳动合同时，未告知劳动者职业病危害真实情况的；

（四）未按照规定组织劳动者进行职业健康检查、建立职业健康监护档案或者未将检查结果书面告知劳动者的；

（五）未按照规定在劳动者离开用人单位时提供职业健康监护档案复印件的。

第五十条　用人单位有下列情形之一的，责令限期改正，给予警告；逾期未改正的，处五万元以上二十万元以下的罚款；情节严重的，责令停止产生职业病危害的作业，或者提请有关人民政府按照国务院规定的权限责令关闭：

（一）工作场所职业病危害因素的强度或者浓度超过国家职业卫生标准的；

（二）未提供职业病防护设施和劳动者使用的职业病防护用品，或者提供的职业病防护设施和劳动者使用的职业病防护用品不符合国家职业卫生标准和卫生要求的；

（三）未按照规定对职业病防护设备、应急救援设施和劳动者职业病防护用品进行维护、检修、检测，或者不能保持正常运行、使用状态的；

（四）未按照规定对工作场所职业病危害因素进行检测、现状评价的；

（五）工作场所职业病危害因素经治理仍然达不到国家职业卫生标准和卫生要求时，未停止存在职业病危害因素的作业的；

（六）发生或者可能发生急性职业病危害事故，未立即采取应急救援和控制措施或者未按照规定及时报告的；

（七）未按照规定在产生严重职业病危害的作业岗位醒目位置设置警示标识和中文警示说明的；

（八）拒绝卫生健康主管部门监督检查的；

（九）隐瞒、伪造、篡改、毁损职业健康监护档案、工作场所职业病危害因素检测评价结果等相关资料，或者不提供职业病诊断、鉴定所需要资料的；

（十）未按照规定承担职业病诊断、鉴定费用和职业病病人的医疗、生活保障费用的。

第五十一条　用人单位有下列情形之一的，依法责令限期改正，并处五万元以上三十万元以下的罚款；情节严重的，责令停止产生职业病危害的作业，或者提请有关人民政府按照国务院规定的权限责令关闭：

（一）隐瞒技术、工艺、设备、材料所产生的职业病危害而采用的；

（二）隐瞒本单位职业卫生真实情况的；

（三）可能发生急性职业损伤的有毒、有害工作场所或者放射工作场所不符合法律有关规定的；

（四）使用国家明令禁止使用的可能产生职业病危害的设备或者材料的；

（五）将产生职业病危害的作业转移给没有职业病防护条件的单位和个人，或者没有职业病防护条件的单位和个人接受产生职业病危害的作业的；

（六）擅自拆除、停止使用职业病防护设备或者应急救援设施的；

（七）安排未经职业健康检查的劳动者、有职业禁忌的劳动者、未成年工或者孕期、哺乳期女职工从事接触产生职业病危害的作业或者禁忌作业的；

（八）违章指挥和强令劳动者进行没有职业病防护措施的作业的。

第五十二条　用人单位违反《中华人民共和国职业病防治法》的规定，已经对劳动者生命健康造成严重损害的，责令停止产生职业病危害的作业，或者提请有关人民政府按照国务院规定的权限责令关闭，并处十万元以上五十万元以下的罚款。

造成重大职业病危害事故或者其他严重后果，构成犯罪的，对直接负责的主管人员和其他直接责任人员，依法追究刑事责任。

第五十三条　向用人单位提供可能产生职业病危害的设备或者材料，未按照规定提供中文说明书或者设置警示标识和中文警示说明的，责令限期改正，给予警告，并处五万元以上二十万元以下的罚款。

第五十四条 用人单位未按照规定报告职业病、疑似职业病的,责令限期改正,给予警告,可以并处一万元以下的罚款;弄虚作假的,并处二万元以上五万元以下的罚款。

第五十五条 卫生健康主管部门及其行政执法人员未按照规定报告职业病危害事故的,依照有关规定给予处理;构成犯罪的,依法追究刑事责任。

第五十六条 本规定所规定的行政处罚,由县级以上地方卫生健康主管部门决定。法律、行政法规和国务院有关规定对行政处罚决定机关另有规定的,依照其规定。

第五章　附　　则

第五十七条 本规定下列用语的含义:

工作场所,是指劳动者进行职业活动的所有地点,包括建设单位施工场所。

职业病危害严重的用人单位,是指建设项目职业病危害风险分类管理目录中所列职业病危害严重行业的用人单位。建设项目职业病危害风险分类管理目录由国家卫生健康委公布。各省级卫生健康主管部门可以根据本地区实际情况,对分类管理目录作出补充规定。

建设项目职业病防护设施"三同时",是指建设项目的职业病防护设施与主体工程同时设计、同时施工、同时投入生产和使用。

第五十八条 本规定未规定的其他有关职业病防治事项,依照《中华人民共和国职业病防治法》和其他有关法律、法规、规章的规定执行。

第五十九条 医疗机构放射卫生管理按照放射诊疗管理相关规定执行。

第六十条 本规定自2021年2月1日起施行。原国家安全生产监督管理总局2012年4月27日公布的《工作场所职业卫生监督管理规定》同时废止。

职业病诊断与鉴定管理办法

(2020年1月4日中华人民共和国国家卫生健康委员会令 第6号)

第一章 总 则

第一条 为了规范职业病诊断与鉴定工作，加强职业病诊断与鉴定管理，根据《中华人民共和国职业病防治法》（以下简称《职业病防治法》），制定本办法。

第二条 职业病诊断与鉴定工作应当按照《职业病防治法》、本办法的有关规定及《职业病分类和目录》、国家职业病诊断标准进行，遵循科学、公正、及时、便捷的原则。

第三条 国家卫生健康委负责全国范围内职业病诊断与鉴定的监督管理工作，县级以上地方卫生健康主管部门依据职责负责本行政区域内职业病诊断与鉴定的监督管理工作。

省、自治区、直辖市卫生健康主管部门（以下简称省级卫生健康主管部门）应当结合本行政区域职业病防治工作实际和医疗卫生服务体系规划，充分利用现有医疗卫生资源，实现职业病诊断机构区域覆盖。

第四条 各地要加强职业病诊断机构能力建设，提供必要的保障条件，配备相关的人员、设备和工作经费，以满足职业病诊断工作的需要。

第五条 各地要加强职业病诊断与鉴定信息化建设，建立健全劳动者接触职业病危害、开展职业健康检查、进行职业病诊断与鉴定等全过程的信息化系统，不断提高职业病诊断与鉴定信息报告的准确性、及时性和有效性。

第六条 用人单位应当依法履行职业病诊断、鉴定的相关义务：

（一）及时安排职业病病人、疑似职业病病人进行诊治；

（二）如实提供职业病诊断、鉴定所需的资料；

（三）承担职业病诊断、鉴定的费用和疑似职业病病人在诊断、医学观察期间的费用；

（四）报告职业病和疑似职业病；

（五）《职业病防治法》规定的其他相关义务。

第二章 诊断机构

第七条 医疗卫生机构开展职业病诊断工作，应当在开展之日起十五个工作日内向省级卫生健康主管部门备案。

省级卫生健康主管部门应当自收到完整备案材料之日起十五个工作日内向社会公布备案的医疗卫生机构名单、地址、诊断项目（《职业病分类和目录》中的职业病类别和病种）等相关信息。

第八条 医疗卫生机构开展职业病诊断工作应当具备下列条件：

（一）持有《医疗机构执业许可证》；

（二）具有相应的诊疗科目及与备案开展的诊断项目相适应的职业病诊断医师及相关医疗卫生技术人员；

（三）具有与备案开展的诊断项目相适应的场所和仪器、设备；

（四）具有健全的职业病诊断质量管理制度。

第九条 医疗卫生机构进行职业病诊断备案时，应当提交以下证明其符合本办法第八条规定条件的有关资料：

（一）《医疗机构执业许可证》原件、副本及复印件；

（二）职业病诊断医师资格等相关资料；

（三）相关的仪器设备清单；

（四）负责职业病信息报告人员名单；

（五）职业病诊断质量管理制度等相关资料。

第十条 职业病诊断机构对备案信息的真实性、准确性、合法性负责。

当备案信息发生变化时，应当自信息发生变化之日起十个工作日内向省级卫生健康主管部门提交变更信息。

第十一条 设区的市没有医疗卫生机构备案开展职业病诊断的，省级卫生健康主管部门应当根据职业病诊断工作的需要，指定符合本办法第八条规定条件的医疗卫生机构承担职业病诊断工作。

第十二条 职业病诊断机构的职责是：

（一）在备案的诊断项目范围内开展职业病诊断；

（二）及时向所在地卫生健康主管部门报告职业病；

（三）按照卫生健康主管部门要求报告职业病诊断工作情况；

（四）承担《职业病防治法》中规定的其他职责。

第十三条 职业病诊断机构依法独立行使诊断权，并对其作出的职业病诊断结论负责。

第十四条 职业病诊断机构应当建立和健全职业病诊断管理制度，加强职业病诊断医师等有关医疗卫生人员技术培训和政策、法律培训，并采取措施改善职业病诊断工作条件，提高职业病诊断服务质量和水平。

第十五条 职业病诊断机构应当公开职业病诊断程序和诊断项目范围，方便劳动者进行职业病诊断。

职业病诊断机构及其相关工作人员应当尊重、关心、爱护劳动者，保护劳动者的隐私。

第十六条 从事职业病诊断的医师应当具备下列条件，并取得省级卫生健康主管部门颁发的职业病诊断资格证书：

（一）具有医师执业证书；

（二）具有中级以上卫生专业技术职务任职资格；

（三）熟悉职业病防治法律法规和职业病诊断标准；

（四）从事职业病诊断、鉴定相关工作三年以上；

（五）按规定参加职业病诊断医师相应专业的培训，并考核合格。

省级卫生健康主管部门应当依据本办法的规定和国家卫生健康委制定的职业病诊断医师培训大纲，制定本行政区域职业病诊断医师培训考核办法并组织实施。

第十七条 职业病诊断医师应当依法在职业病诊断机构备案的诊断项目

范围内从事职业病诊断工作，不得从事超出其职业病诊断资格范围的职业病诊断工作；职业病诊断医师应当按照有关规定参加职业卫生、放射卫生、职业医学等领域的继续医学教育。

第十八条　省级卫生健康主管部门应当加强本行政区域内职业病诊断机构的质量控制管理工作，组织开展职业病诊断机构质量控制评估。

职业病诊断质量控制规范和医疗卫生机构职业病报告规范另行制定。

第三章　诊　　断

第十九条　劳动者可以在用人单位所在地、本人户籍所在地或者经常居住地的职业病诊断机构进行职业病诊断。

第二十条　职业病诊断应当按照《职业病防治法》、本办法的有关规定及《职业病分类和目录》、国家职业病诊断标准，依据劳动者的职业史、职业病危害接触史和工作场所职业病危害因素情况、临床表现以及辅助检查结果等，进行综合分析。材料齐全的情况下，职业病诊断机构应当在收齐材料之日起三十日内作出诊断结论。

没有证据否定职业病危害因素与病人临床表现之间的必然联系的，应当诊断为职业病。

第二十一条　职业病诊断需要以下资料：

（一）劳动者职业史和职业病危害接触史（包括在岗时间、工种、岗位、接触的职业病危害因素名称等）；

（二）劳动者职业健康检查结果；

（三）工作场所职业病危害因素检测结果；

（四）职业性放射性疾病诊断还需要个人剂量监测档案等资料。

第二十二条　劳动者依法要求进行职业病诊断的，职业病诊断机构不得拒绝劳动者进行职业病诊断的要求，并告知劳动者职业病诊断的程序和所需材料。劳动者应当填写《职业病诊断就诊登记表》，并提供本人掌握的职业病诊断有关资料。

第二十三条　职业病诊断机构进行职业病诊断时，应当书面通知劳动者所在的用人单位提供本办法第二十一条规定的职业病诊断资料，用人单位应当在接到通知后的十日内如实提供。

第二十四条 用人单位未在规定时间内提供职业病诊断所需要资料的，职业病诊断机构可以依法提请卫生健康主管部门督促用人单位提供。

第二十五条 劳动者对用人单位提供的工作场所职业病危害因素检测结果等资料有异议，或者因劳动者的用人单位解散、破产，无用人单位提供上述资料的，职业病诊断机构应当依法提请用人单位所在地卫生健康主管部门进行调查。

卫生健康主管部门应当自接到申请之日起三十日内对存在异议的资料或者工作场所职业病危害因素情况作出判定。

职业病诊断机构在卫生健康主管部门作出调查结论或者判定前应当中止职业病诊断。

第二十六条 职业病诊断机构需要了解工作场所职业病危害因素情况时，可以对工作场所进行现场调查，也可以依法提请卫生健康主管部门组织现场调查。卫生健康主管部门应当在接到申请之日起三十日内完成现场调查。

第二十七条 在确认劳动者职业史、职业病危害接触史时，当事人对劳动关系、工种、工作岗位或者在岗时间有争议的，职业病诊断机构应当告知当事人依法向用人单位所在地的劳动人事争议仲裁委员会申请仲裁。

第二十八条 经卫生健康主管部门督促，用人单位仍不提供工作场所职业病危害因素检测结果、职业健康监护档案等资料或者提供资料不全的，职业病诊断机构应当结合劳动者的临床表现、辅助检查结果和劳动者的职业史、职业病危害接触史，并参考劳动者自述或工友旁证资料、卫生健康等有关部门提供的日常监督检查信息等，作出职业病诊断结论。对于作出无职业病诊断结论的病人，可依据病人的临床表现以及辅助检查结果，作出疾病的诊断，提出相关医学意见或者建议。

第二十九条 职业病诊断机构可以根据诊断需要，聘请其他单位职业病诊断医师参加诊断。必要时，可以邀请相关专业专家提供咨询意见。

第三十条 职业病诊断机构作出职业病诊断结论后，应当出具职业病诊断证明书。职业病诊断证明书应当由参与诊断的取得职业病诊断资格的执业医师签署。

职业病诊断机构应当对职业病诊断医师签署的职业病诊断证明书进行审

核，确认诊断的依据与结论符合有关法律法规、标准的要求，并在职业病诊断证明书上盖章。

职业病诊断证明书的书写应当符合相关标准的要求。

职业病诊断证明书一式五份，劳动者一份，用人单位所在地县级卫生健康主管部门一份，用人单位两份，诊断机构存档一份。

职业病诊断证明书应当于出具之日起十五日内由职业病诊断机构送达劳动者、用人单位及用人单位所在地县级卫生健康主管部门。

第三十一条　职业病诊断机构应当建立职业病诊断档案并永久保存，档案应当包括：

（一）职业病诊断证明书；

（二）职业病诊断记录；

（三）用人单位、劳动者和相关部门、机构提交的有关资料；

（四）临床检查与实验室检验等资料。

职业病诊断机构拟不再开展职业病诊断工作的，应当在拟停止开展职业病诊断工作的十五个工作日之前告知省级卫生健康主管部门和所在地县级卫生健康主管部门，妥善处理职业病诊断档案。

第三十二条　职业病诊断机构发现职业病病人或者疑似职业病病人时，应当及时向所在地县级卫生健康主管部门报告。职业病诊断机构应当在作出职业病诊断之日起十五日内通过职业病及健康危害因素监测信息系统进行信息报告，并确保报告信息的完整、真实和准确。

确诊为职业病的，职业病诊断机构可以根据需要，向卫生健康主管部门、用人单位提出专业建议；告知职业病病人依法享有的职业健康权益。

第三十三条　未承担职业病诊断工作的医疗卫生机构，在诊疗活动中发现劳动者的健康损害可能与其所从事的职业有关时，应及时告知劳动者到职业病诊断机构进行职业病诊断。

第四章　鉴　　定

第三十四条　当事人对职业病诊断机构作出的职业病诊断有异议的，可以在接到职业病诊断证明书之日起三十日内，向作出诊断的职业病诊断机构所在地设区的市级卫生健康主管部门申请鉴定。

职业病诊断争议由设区的市级以上地方卫生健康主管部门根据当事人的申请组织职业病诊断鉴定委员会进行鉴定。

第三十五条 职业病鉴定实行两级鉴定制，设区的市级职业病诊断鉴定委员会负责职业病诊断争议的首次鉴定。

当事人对设区的市级职业病鉴定结论不服的，可以在接到诊断鉴定书之日起十五日内，向原鉴定组织所在地省级卫生健康主管部门申请再鉴定，省级鉴定为最终鉴定。

第三十六条 设区的市级以上地方卫生健康主管部门可以指定办事机构，具体承担职业病诊断鉴定的组织和日常性工作。职业病鉴定办事机构的职责是：

（一）接受当事人申请；

（二）组织当事人或者接受当事人委托抽取职业病诊断鉴定专家；

（三）组织职业病诊断鉴定会议，负责会议记录、职业病诊断鉴定相关文书的收发及其他事务性工作；

（四）建立并管理职业病诊断鉴定档案；

（五）报告职业病诊断鉴定相关信息；

（六）承担卫生健康主管部门委托的有关职业病诊断鉴定的工作。

职业病诊断机构不能作为职业病鉴定办事机构。

第三十七条 设区的市级以上地方卫生健康主管部门应当向社会公布本行政区域内依法承担职业病诊断鉴定工作的办事机构的名称、工作时间、地点、联系人、联系电话和鉴定工作程序。

第三十八条 省级卫生健康主管部门应当设立职业病诊断鉴定专家库（以下简称专家库），并根据实际工作需要及时调整其成员。专家库可以按照专业类别进行分组。

第三十九条 专家库应当以取得职业病诊断资格的不同专业类别的医师为主要成员，吸收临床相关学科、职业卫生、放射卫生、法律等相关专业的专家组成。专家应当具备下列条件：

（一）具有良好的业务素质和职业道德；

（二）具有相关专业的高级专业技术职务任职资格；

（三）熟悉职业病防治法律法规和职业病诊断标准；

（四）身体健康，能够胜任职业病诊断鉴定工作。

第四十条 参加职业病诊断鉴定的专家，应当由当事人或者由其委托的职业病鉴定办事机构从专家库中按照专业类别以随机抽取的方式确定。抽取的专家组成职业病诊断鉴定委员会（以下简称鉴定委员会）。

经当事人同意，职业病鉴定办事机构可以根据鉴定需要聘请本省、自治区、直辖市以外的相关专业专家作为鉴定委员会成员，并有表决权。

第四十一条 鉴定委员会人数为五人以上单数，其中相关专业职业病诊断医师应当为本次鉴定专家人数的半数以上。疑难病例应当增加鉴定委员会人数，充分听取意见。鉴定委员会设主任委员一名，由鉴定委员会成员推举产生。

职业病诊断鉴定会议由鉴定委员会主任委员主持。

第四十二条 参加职业病诊断鉴定的专家有下列情形之一的，应当回避：

（一）是职业病诊断鉴定当事人或者当事人近亲属的；

（二）已参加当事人职业病诊断或者首次鉴定的；

（三）与职业病诊断鉴定当事人有利害关系的；

（四）与职业病诊断鉴定当事人有其他关系，可能影响鉴定公正的。

第四十三条 当事人申请职业病诊断鉴定时，应当提供以下资料：

（一）职业病诊断鉴定申请书；

（二）职业病诊断证明书；

（三）申请省级鉴定的还应当提交市级职业病诊断鉴定书。

第四十四条 职业病鉴定办事机构应当自收到申请资料之日起五个工作日内完成资料审核，对资料齐全的发给受理通知书；资料不全的，应当当场或者在五个工作日内一次性告知当事人补充。资料补充齐全的，应当受理申请并组织鉴定。

职业病鉴定办事机构收到当事人鉴定申请之后，根据需要可以向原职业病诊断机构或者组织首次鉴定的办事机构调阅有关的诊断、鉴定资料。原职业病诊断机构或者组织首次鉴定的办事机构应当在接到通知之日起十日内提交。

职业病鉴定办事机构应当在受理鉴定申请之日起四十日内组织鉴定、形成鉴定结论，并出具职业病诊断鉴定书。

第四十五条 根据职业病诊断鉴定工作需要，职业病鉴定办事机构可以向有关单位调取与职业病诊断、鉴定有关的资料，有关单位应当如实、及时提供。

鉴定委员会应当听取当事人的陈述和申辩，必要时可以组织进行医学检查，医学检查应当在三十日内完成。

需要了解被鉴定人的工作场所职业病危害因素情况时，职业病鉴定办事机构根据鉴定委员会的意见可以组织对工作场所进行现场调查，或者依法提请卫生健康主管部门组织现场调查。现场调查应当在三十日内完成。

医学检查和现场调查时间不计算在职业病鉴定规定的期限内。

职业病诊断鉴定应当遵循客观、公正的原则，鉴定委员会进行职业病诊断鉴定时，可以邀请有关单位人员旁听职业病诊断鉴定会议。所有参与职业病诊断鉴定的人员应当依法保护当事人的个人隐私、商业秘密。

第四十六条 鉴定委员会应当认真审阅鉴定资料，依照有关规定和职业病诊断标准，经充分合议后，根据专业知识独立进行鉴定。在事实清楚的基础上，进行综合分析，作出鉴定结论，并制作职业病诊断鉴定书。

鉴定结论应当经鉴定委员会半数以上成员通过。

第四十七条 职业病诊断鉴定书应当包括以下内容：

（一）劳动者、用人单位的基本信息及鉴定事由；

（二）鉴定结论及其依据，鉴定为职业病的，应当注明职业病名称、程度（期别）；

（三）鉴定时间。

诊断鉴定书加盖职业病鉴定委员会印章。

首次鉴定的职业病诊断鉴定书一式五份，劳动者、用人单位、用人单位所在地市级卫生健康主管部门、原诊断机构各一份，职业病鉴定办事机构存档一份；省级鉴定的职业病诊断鉴定书一式六份，劳动者、用人单位、用人单位所在地省级卫生健康主管部门、原诊断机构、首次职业病鉴定办事机构各一份，省级职业病鉴定办事机构存档一份。

职业病诊断鉴定书的格式由国家卫生健康委员会统一规定。

第四十八条　职业病鉴定办事机构出具职业病诊断鉴定书后，应当于出具之日起十日内送达当事人，并在出具职业病诊断鉴定书后的十日内将职业病诊断鉴定书等有关信息告知原职业病诊断机构或者首次职业病鉴定办事机构，并通过职业病及健康危害因素监测信息系统报告职业病鉴定相关信息。

第四十九条　职业病鉴定结论与职业病诊断结论或者首次职业病鉴定结论不一致的，职业病鉴定办事机构应当在出具职业病诊断鉴定书后十日内向相关卫生健康主管部门报告。

第五十条　职业病鉴定办事机构应当如实记录职业病诊断鉴定过程，内容应当包括：

（一）鉴定委员会的专家组成；

（二）鉴定时间；

（三）鉴定所用资料；

（四）鉴定专家的发言及其鉴定意见；

（五）表决情况；

（六）经鉴定专家签字的鉴定结论。

有当事人陈述和申辩的，应当如实记录。

鉴定结束后，鉴定记录应当随同职业病诊断鉴定书一并由职业病鉴定办事机构存档，永久保存。

第五章　监督管理

第五十一条　县级以上地方卫生健康主管部门应当定期对职业病诊断机构进行监督检查，检查内容包括：

（一）法律法规、标准的执行情况；

（二）规章制度建立情况；

（三）备案的职业病诊断信息真实性情况；

（四）按照备案的诊断项目开展职业病诊断工作情况；

（五）开展职业病诊断质量控制、参加质量控制评估及整改情况；

（六）人员、岗位职责落实和培训情况；

（七）职业病报告情况。

第五十二条　设区的市级以上地方卫生健康主管部门应当加强对职业病鉴定办事机构的监督管理，对职业病鉴定工作程序、制度落实情况及职业病报告等相关工作情况进行监督检查。

第五十三条　县级以上地方卫生健康主管部门监督检查时，有权查阅或者复制有关资料，职业病诊断机构应当予以配合。

第六章　法律责任

第五十四条　医疗卫生机构未按照规定备案开展职业病诊断的，由县级以上地方卫生健康主管部门责令改正，给予警告，可以并处三万元以下罚款。

第五十五条　职业病诊断机构有下列行为之一的，其作出的职业病诊断无效，由县级以上地方卫生健康主管部门按照《职业病防治法》第八十条的规定进行处理：

（一）超出诊疗项目登记范围从事职业病诊断的；

（二）不按照《职业病防治法》规定履行法定职责的；

（三）出具虚假证明文件的。

第五十六条　职业病诊断机构未按照规定报告职业病、疑似职业病的，由县级以上地方卫生健康主管部门按照《职业病防治法》第七十四条的规定进行处理。

第五十七条　职业病诊断机构违反本办法规定，有下列情形之一的，由县级以上地方卫生健康主管部门责令限期改正；逾期不改的，给予警告，并可以根据情节轻重处以三万元以下罚款：

（一）未建立职业病诊断管理制度的；

（二）未按照规定向劳动者公开职业病诊断程序的；

（三）泄露劳动者涉及个人隐私的有关信息、资料的；

（四）未按照规定参加质量控制评估，或者质量控制评估不合格且未按要求整改的；

（五）拒不配合卫生健康主管部门监督检查的。

第五十八条 职业病诊断鉴定委员会组成人员收受职业病诊断争议当事人的财物或者其他好处的，由省级卫生健康主管部门按照《职业病防治法》第八十一条的规定进行处理。

第五十九条 县级以上地方卫生健康主管部门及其工作人员未依法履行职责，按照《职业病防治法》第八十三条第二款规定进行处理。

第六十条 用人单位有下列行为之一的，由县级以上地方卫生健康主管部门按照《职业病防治法》第七十二条规定进行处理：

（一）未按照规定安排职业病病人、疑似职业病病人进行诊治的；

（二）拒不提供职业病诊断、鉴定所需资料的；

（三）未按照规定承担职业病诊断、鉴定费用。

第六十一条 用人单位未按照规定报告职业病、疑似职业病的，由县级以上地方卫生健康主管部门按照《职业病防治法》第七十四条规定进行处理。

第七章 附 则

第六十二条 本办法所称"证据"，包括疾病的证据、接触职业病危害因素的证据，以及用于判定疾病与接触职业病危害因素之间因果关系的证据。

第六十三条 本办法自公布之日起施行。原卫生部2013年2月19日公布的《职业病诊断与鉴定管理办法》同时废止。

八、重要文件

卫生部关于印发放射诊疗许可证发放管理程序的通知

(2006年12月18日卫监督发〔2006〕479号)

各省、自治区、直辖市卫生厅局,新疆生产建设兵团卫生局,卫生部卫生监督中心、中国疾病预防控制中心:

为实施《放射诊疗管理规定》,指导和规范各地的放射诊疗许可工作,根据《卫生行政许可管理办法》和有关法律、法规、规章的规定,我部制定了《放射诊疗许可证发放管理程序》,现印发给你们,并提出以下要求:

一、请省级卫生行政部门结合本地区实际情况,参照本程序制定本地区的许可证发放的具体程序并提出要求,认真组织实施。要广泛开展宣传贯彻活动和技术培训,确保放射诊疗许可证发放工作顺利开展。

二、放射诊疗许可证发放工作要严格依据相应法律、法规、标准、规范和程序进行,对于在发放许可证工作中发现的违法、违纪行为,要依法纠正和查处。

三、要充分发挥社会监督作用,按照规范程序及时向社会通报本辖区的放射诊疗许可情况。

四、我部将适时组织对部分省市的放射诊疗许可证发放工作进行抽查,抽查结果将通过卫生部通报形式向社会公布。

附件:放射诊疗许可证发放管理程序

附件

放射诊疗许可证发放管理程序

第一章 总 则

第一条 为实施《放射诊疗管理规定》，规范放射诊疗许可证发放工作，根据《卫生行政许可管理办法》和有关法律、法规、规章的规定，制定本程序。

第二条 县级以上地方人民政府卫生行政部门遵照本程序，负责办理《放射诊疗许可证》的相关事宜，依法履行对放射诊疗工作的监督管理职责。

第三条 省级卫生行政部门可以根据本程序的规定，结合本地区实际情况，制定本行政区域内放射诊疗许可工作的具体实施程序。

第四条 卫生行政部门发放《放射诊疗许可证》，应当遵循公开、公平、公正、便民的原则，公布受理机构名称、地点、受理和批准条件、受理时间和审批期限等事项。

第五条 医疗机构开展放射诊疗工作，应当按照本程序向地方卫生行政部门提出申请，取得《放射诊疗许可证》并办理相应诊疗科目登记后，方可从事许可范围内的放射诊疗工作。

第二章 申请与受理

第六条 医疗机构申请放射诊疗许可，应当向地方卫生行政部门提交申请材料。

申请材料主要包括：

（一）放射诊疗许可申请表（附录1）；

（二）《医疗机构执业许可证》（复印件）或《设置医疗机构批准书》（复印件）；

（三）放射诊疗工作人员专业技术职务任职资格证书（复印件）；

（四）放射诊疗设备清单。

其中（一）和（四）需同时提交电子版。

需提供的其他材料：

（一）属于配置许可管理的放射诊疗设备，尚需提交大型医用设备配置许可证明文件（复印件）；

（二）《放射工作卫生许可证》或《辐射安全许可证》（复印件）；

（三）本年度放射诊疗设备防护性能检测报告（复印件）；

（四）如果是《放射诊疗管理规定》实施后的新建、改建、扩建项目，需要提交放射诊疗建设项目竣工验收合格证明文件（复印件）。

第七条 医疗机构按照所开展的放射诊疗工作类别向所在地卫生行政部门提出许可申请：

（一）使用 X 射线 CT 机、CR、DR、普通 X 射线机或牙科、乳腺 X 射线机等开展 X 射线影像诊断工作的医疗机构，向县级卫生行政部门提出申请。

（二）开展（一）所列放射诊断工作，同时开展介入放射诊疗工作的医疗机构，向设区的市级地方卫生行政部门提出申请。

（三）开展（一）、（二）所列放射诊疗工作，同时使用 γ 刀、X 刀、医用加速器、质子治疗装置、中子治疗装置、重离子治疗装置、钴－60 机、后装治疗机、深部 X 射线机、敷贴治疗源、PET、SPECT、γ 相机、γ 骨密度仪、籽粒插植治疗源或放射性药物等开展放射治疗或核医学工作的医疗机构，向省级卫生行政部门提出申请。

第八条 申请材料应当真实、完整，原件应加盖申请机构公章。

对符合受理要求的，地方卫生行政部门应当在 5 个工作日内受理并向申请机构出具申请受理通知书。

不符合受理要求的，地方卫生行政部门应当在 5 个工作日内向申请机构出具申请不予受理通知书。不予受理通知书应写明不予受理的理由。

第三章 审查与批准

第九条 地方卫生行政部门应当对医疗机构提出的放射诊疗许可申请进行资料审查，必要时，可以进行现场审核。

第十条 现场审核工作应当有 2 名以上工作人员。审核人员的组成应当满足审核所需法律知识和专业技术能力的需要。审核人员应当严格遵守有关

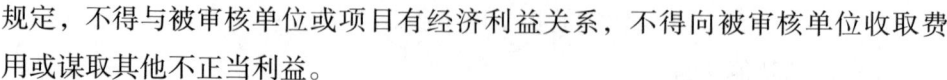

规定，不得与被审核单位或项目有经济利益关系，不得向被审核单位收取费用或谋取其他不正当利益。

第十一条 现场审核人员应当对医疗机构申请材料所列的内容进行核实，填写《放射诊疗许可现场审核表》（附录2），出具现场审核意见，给出"建议批准""建议整改"或"建议不批准"的结论。

第十二条 地方卫生行政部门自受理之日起，在20个工作日内作出审查决定。

第十三条 审核结论为"建议批准"的，由地方卫生行政部门履行审批程序，并发放《放射诊疗许可证》。

第十四条 申请机构持《放射诊疗许可证》到核发《医疗机构执业许可证》的卫生行政部门申请相应的放射诊疗科目登记。办理登记的程序按照《医疗机构管理条例实施细则》的规定执行。

第十五条 审核结论为"建议整改"的，地方卫生行政部门应向申请机构发出《整改通知书》。

申请机构应在收到《整改通知书》之日起3个月内，按照要求进行整改，并向地方卫生行政部门提交整改报告。整改期不计算在许可期限内。逾期未按照要求完成整改的，应当向卫生行政部门书面说明理由。

第十六条 地方卫生行政部门在接到整改报告之日起20个工作日内完成复核工作，并提出复核意见。

第十七条 审核或复核结论为"建议不批准"的，地方卫生行政部门审核并作出不予许可的决定，向申请机构发出《不予行政许可决定书》，决定书中应说明不予许可的理由。

第四章 校验、变更和注销

第十八条 医疗机构《放射诊疗许可证》的校验与《医疗机构执业许可证》校验一并进行，并由核发《医疗机构执业许可证》的卫生行政部门负责具体校验事宜。医疗机构应当提交下列材料：

（一）《放射诊疗许可证》正、副本；

（二）放射诊疗设备、人员清单及变动情况；

（三）放射工作人员个人剂量监测、健康检查和教育培训情况；

（四）放射防护与质量控制管理与检测情况及检测报告；

（五）放射事件发生与处理情况。

校验部门自接到申请之日起30个工作日内，对申报材料进行审查，必要时可请有关专业技术人员或专业技术管理部门提出评价意见，符合要求的，予以校验；不符合要求的，提出整改意见，要求医疗机构限期整改。

第十九条　医疗机构变更放射诊疗场所、诊疗设备或诊疗项目的，应当按照本程序第六条至第八条的要求向有变更项目审批权的卫生行政部门申请办理变更手续，提交申请材料并在申请材料中注明变更内容。

第二十条　地方卫生行政部门按照本程序第九条至第十七条的规定办理放射诊疗许可变更手续。

第二十一条　医疗机构有下列情形之一的，由原许可的地方卫生行政部门注销放射诊疗许可，并予以公告：

（一）医疗机构申请注销的；

（二）逾期不申请校验或者擅自变更放射诊疗科目的；

（三）校验或者办理变更时不符合相关要求，且逾期不改进或者改进后仍不符合要求的；

（四）歇业或者停止放射诊疗科目连续一年以上的；

（五）被依法吊销《医疗机构执业许可证》、大型医疗设备配置许可的。

第五章　监督管理

第二十二条　医疗机构取得《放射诊疗许可证》后，应当悬挂在明显位置，接受监督；严禁伪造、涂改、转让、出借或倒卖。

第二十三条　医疗机构遗失《放射诊疗许可证》，应当及时在发证机关所在地的主要报刊上刊登遗失公告，并在公告30日后的一个月内向原发证部门申请补办。

第二十四条　县级以上地方卫生行政部门应当建立健全《放射诊疗许可证》发放监督管理制度。

第二十五条　检查中发现或接到举报并经核实有下列情形之一的，作出放射诊疗许可决定的卫生行政部门或者其上级卫生行政部门应当撤销《放射诊疗许可证》：

（一）医疗机构以欺骗、贿赂等不正当手段取得《放射诊疗许可证》的；

（二）卫生行政部门工作人员滥用职权，玩忽职守，给不符合条件的申请机构发放《放射诊疗许可证》的；

（三）卫生行政部门工作人员超越法定职权发放《放射诊疗许可证》的；

（四）依法可以撤销的其他情形。

第二十六条 县级以上地方卫生行政部门应当建立放射诊疗许可信息管理制度，相互通报《放射诊疗许可证》发放、注销等许可管理情况，定期公告本辖区取得和注销《放射诊疗许可证》的医疗机构名录。

第二十七条 本程序自发布之日起实施。

附录1

申请编号

（地区简称）（年度）第　　号

放射诊疗许可申请表

（样式）

申请项目：_____

医疗机构（盖章）：_____

申请日期：_____

中华人民共和国卫生部制

填表说明

1. 医疗机构应当在申请表封面加盖医疗机构公章。

2. 医疗机构基本情况及申请许可内容由医疗机构填写。

3. 表中"负责人",法人医疗机构是指法定代表人姓名;非法人的医疗机构,则填写主要负责人姓名。

4. 凡文字后有 □ 者,应当选择与申请内容相符的方框中打√ 。

5. 射线装置的"主要参数"是指 X 射线机的电流(mA)和电压(kV)、加速器线束能量等主要性能参数。

6. 非密封型放射性同位素工作场所级别按照有关标准确定,工作场所级别后括号内填写该级别工作场所个数。

7. "最大等效年操作量""最大等效日操作量"应当按照有关标准计算得出。

8. 对于籽粒插植治疗,在密封型放射源同位素一栏中填写年最大使用量。

放射诊疗许可申请表

医疗机构名称			负责人	
地　　址			邮编	
联系人		电话	传真	
机构总人数			放射工作人员数	
申请许可项目	放射治疗□ 立体定向（X刀）治疗□ 立体定向（γ刀）治疗□ 医用加速器治疗□ 质子治疗□ 中子治疗□ 其他放射治疗项目□		钴-60机治疗□ 后装治疗□ 深部X射线机治疗□ 敷贴治疗□ 重离子治疗□	
	核医学□ PET影像诊断□ CT-PET影像诊断□ SPECT影像诊断□ γ相机影像诊断□		γ骨密度测量□ 籽粒插植治疗□ 放射性药物治疗□ 其他核医学诊疗项目□	
	介入放射学□ DSA介入放射诊疗□		其他影像设备介入放射诊疗□	
	X射线影像诊断□ X射线CT影像诊断□ CR影像诊断□ DR影像诊断□ 其他X射线影像诊断□		乳腺X射线影像诊断□ 普通X射线机影像诊断□ 牙科X射线影像诊断□	
提交资料	《医疗机构执业许可证》或《设置医疗机构批准书》 大型医用设备配置许可证明文件 《放射工作卫生许可证》或《辐射安全许可证》 放射诊疗专业技术人员一览表及其任职资格证书 放射诊疗设备、放射防护与质量控制设备清单 放射诊疗设备放射防护性能检测报告 放射诊疗建设项目竣工验收合格证明文件			□ □ □ □ □ □ □

续表

	装置名称	型号	生产厂家	设备编号	主要参数	所在场所
射线装置						

	核素名称	用途	物理状态	最大等效年操作量（Bq）	最大等效日操作量（Bq）	操作场所
非密封型放射性同位素						
	工作场所级别（个数）	甲级 □（　）		乙级 □（　）		丙级 □（　）

	核素名称	活度（Bq）	活度测量日期	生产厂家	所在场所
密封型放射性同位素					

	编号	装置名称	型号	生产厂家	放射源 核素名称	放射源 活度（Bq）	放射源 活度测量日期	所在场所
含密封源装置								

续表

审查机构意见	经办人（签章）　　　　　审查机构（盖章） 　　　　　　　　　　　　　　年　月　日
卫生行政部门审批意见	经办人（签章）　　　　　卫生行政部门（盖章） 　　　　　　　　　　　　　　年　月　日
发放许可证日期及编号	日期：　　　年　月　日 编号：（　　）卫放证字（　　）第　　号

附录 2

放射诊疗许可现场审核表

医疗机构名称				负责人				
联系人			电话		手机			
审核项目	序号	审核内容	审核意见				备注	
			符合	基本符合	不符合	不适用		
一 基本条件	1*	有符合国家相关标准和规定的放射诊疗场所						
	2	有质量控制与安全防护专（兼）职管理人员						
	3	制定了质量控制与安全防护管理制度						
	4*	工作人员接受防护知识培训并取得放射工作人员证						
	5*	为工作人员建立了个人剂量、职业健康监护档案						
	6	有放射事件应急处理预案						
二 放射治疗	2.1 人员	7	有中级以上专业技术职务任职资格的放射肿瘤医师					
		8	有病理学、医学影像学专业技术人员						
		9	有大学本科以上学历或中级以上专业技术职务任职资格的医学物理人员						
		10	有放射治疗技师和维修人员						
	2.2 设备和防护用品	11*	至少有一台远距离放射治疗装置，并具有模拟定位设备和相应的治疗计划系统等设备						
		12	放射治疗场所应当按照相应标准设置多重安全联锁系统、剂量监测系统、影像监控、对讲装置和固定式剂量监测报警装置；配备放疗剂量仪、剂量扫描装置和个人剂量报警仪						

续表

审核项目		序号	审核内容	审核意见				备注
				符合	基本符合	不符合	不适用	
二 放射治疗	2.3 警示标志	13	含源放疗设备表面设有电离辐射标志					
		14	放射诊疗工作场所的入口处,设有电离辐射警告标志和工作指示灯					
	2.4 安全防护与质量保证	15*	有放射治疗设备放射防护性能报告					
		16	放射防护和质量控制的检测仪表有校准证书					
		17	有工作场所和防护设施检测报告					
		18*	工作人员应当按照有关规定佩戴个人剂量计					
		19*	有放射治疗质量保证方案					
三 核医学	3.1 人员	20	有中级以上专业技术职务任职资格的核医学医师					
		21	有病理学、医学影像学专业技术人员					
		22	有大学本科以上学历或中级以上专业技术职务任职资格的技术人员或核医学技师					
	3.2 设备和防护用品	23*	具有核医学设备及其他相关设备					
		24	设有专门的放射性同位素分装、注射、储存场所,放射性废物屏蔽设备和存放场所;配备活度计、放射性表面污染监测仪					
	3.3 警示标志	25	装有放射性同位素和放射性废物的设备、容器,设有电离辐射标志					
		26	放射性同位素和放射性废物储存场所,设有电离辐射警告标志及必要的文字说明					

续表

审核项目		序号	审核内容	审核意见				备注
				符合	基本符合	不符合	不适用	
三 核医学	3.3 警示标志	27	工作场所的入口处，设有电离辐射警告标志和工作指示灯					
	3.4 安全防护与质量保证	28	有核医学设备放射防护性能报告					
		29	放射防护和质量控制的检测仪表校准证书					
		30*	有工作场所和防护设施检测报告					
		31*	工作人员应当按照有关规定佩戴个人剂量计					
		32	有核医学诊疗质量保证方案					
四 介入放射学	4.1 人员	33	有大学本科以上学历或中级以上专业技术职务任职资格的放射影像医师					
		34	有放射影像技师					
		35	有相关内、外科的专业技术人员					
	4.2 设备和防护用品	36*	具有带影像增强器的医用诊断X射线机、数字减影装置等设备					
		37*	有工作人员防护用品和受检者个人防护用品					
	4.3 警示标志	38	工作场所的入口处，设有电离辐射警告标志和工作指示灯					
	4.4 安全防护与质量保证	39	有介入放射学设备放射防护性能报告					
		40*	有工作场所和防护设施检测报告					
		41*	工作人员应当按照有关规定佩戴个人剂量计					
		42	有介入放射学诊疗质量保证方案					

续表

审核项目		序号	审核内容	审核意见				备注
				符合	基本符合	不符合	不适用	
五、X射线影像诊断	5.1 人员	43	有专业的放射影像医师					
	5.2 设备和防护用品	44*	有医用诊断X射线机或CT机等设备					
		45*	有工作人员防护用品和受检者个人防护用品					
	5.3 警示标志	46	工作场所的入口处，设有电离辐射警告标志和工作指示灯					
	5.4 安全防护与质量保证	47*	有影像设备放射防护性能报告					
		48	有工作场所和防护设施检测报告					
		49	工作人员应当按照有关规定佩戴个人剂量计					
		50	有X射线影像诊断质量保证方案					
合计								

被审核医疗机构陪检人员签字：

现场审核结论：

审核人员签章

年　月　日

注：序号中带"＊"的项目为"关键项"，其他为"一般项"，"不适用"项不列入审核统计。

审核标准

审核结论	关键项	一般项
建议批准	全部符合或基本符合	不符合项不超过一般项总数的15%
建议整改	有不符合项，但不超过2项	不符合项不超过一般项总数的30%
建议不批准	不符合项超过2项	不符合项超过一般项总数的30%

关于印发《放射卫生技术服务机构管理办法》等文件的通知

(2012年4月12日卫监督发〔2012〕25号)

各省、自治区、直辖市卫生厅局，新疆生产建设兵团卫生局，中国疾病预防控制中心、卫生部卫生监督中心：

现将我部制定的《放射卫生技术服务机构管理办法》《放射诊疗建设项目卫生审查管理规定》《放射卫生专家库管理办法》印发给你们，请遵照执行。

各级卫生行政部门要按照法律法规的要求和职责分工，切实加强领导，做好放射卫生技术服务机构的监督管理、医疗机构放射诊疗建设项目卫生审查和放射卫生技术评审专家管理工作。

卫生部负责放射诊疗建设项目职业病危害放射防护评价（甲级）、放射防护器材和含放射性产品检测放射卫生技术服务机构的资质审定工作。指定卫生部卫生监督中心负责受理、资料审查、现场考核、评审意见汇总上报工作；中国疾病预防控制中心负责技术审查和技术考核工作。

省级卫生行政部门负责放射诊疗建设项目职业病危害放射防护评价（乙级）、放射卫生防护检测和个人剂量监测放射卫生技术服务机构的资质审定工作。

二〇一二年四月十二日

放射卫生技术服务机构管理办法

第一章 总 则

第一条 为了规范放射卫生技术服务行为，加强对放射卫生技术服务机构的管理，根据《中华人民共和国职业病防治法》（以下简称《职业病防治法》）和《关于职业卫生监管部门职责分工的通知》（中央编办发〔2010〕104号），制定本办法。

第二条 本办法所称的放射卫生技术服务机构是指为医疗机构提供放射诊疗建设项目职业病危害放射防护评价、放射卫生防护检测，提供放射防护器材和含放射性产品检测、个人剂量监测等技术服务的机构。

第三条 从事放射卫生技术服务的机构，必须取得卫生部或者省级卫生行政部门颁发的《放射卫生技术服务机构资质证书》。

第四条 卫生部负责全国放射卫生技术服务机构的监督管理工作。

县级以上地方卫生行政部门负责辖区内放射卫生技术服务机构的监督管理工作。

第五条 放射卫生技术服务机构的设置应当遵循合理配置原则。

第二章 申请与受理

第六条 申请从事放射卫生技术服务的机构应当具备以下基本条件：

（一）具有法人资格或法人授权资格；

（二）有固定的办公场所和从事相应放射卫生技术服务的工作场所及工作条件；

（三）能独立开展相应的技术服务工作；

（四）岗位设置合理，职责明确；

（五）有完善的质量管理控制体系。

第七条 放射卫生技术服务机构的人员配置应当具备以下条件：

（一）基本条件

1. 应当有与其申请技术服务项目相适应的管理、技术和质量控制人员。

2. 专业技术人员应当掌握相关法律、法规、标准和本单位质量管理体系文件。

3. 专业技术负责人应当掌握本专业业务，专业技术人员的专业与申请的技术服务项目相一致。

4. 专业技术人员必须经正规系统培训并考核合格。

（二）具体条件

1. 申请放射诊疗建设项目职业病危害放射防护评价甲级资质的，放射卫生专业技术负责人应当具有高级技术职称，从事相关专业工作 5 年以上，是本单位职工且未在其他放射卫生技术服务机构中任职。放射卫生专业技术人员中，高级技术职称人员不少于 3 人，中级以上技术职称的人数不少于总数的 60%，技术人员总数不少于 10 人。

2. 申请放射防护器材和含放射性产品检测资质的，放射卫生专业技术负责人应当具有高级专业技术职称，从事相关专业工作 5 年以上，是本单位职工且未在其他放射卫生技术服务机构中任职。放射卫生专业技术人员中，高级技术职称人员不少于 2 人，中级以上技术职称的人数不少于总数的 40%，技术人员总数不少于 7 人。

3. 申请放射诊疗建设项目职业病危害放射防护评价乙级资质的，放射卫生专业技术负责人应当具有高级专业技术职称，从事相关专业工作 5 年以上，是本单位职工且未在其他放射卫生技术服务机构中任职。放射卫生专业技术人员中，中级以上技术职称人数不少于 3 人，技术人员总数不少于 5 人。

4. 申请放射卫生防护检测资质的，放射卫生专业技术负责人应当具有中级以上专业技术职称，从事相关专业工作 3 年以上，是本单位职工且未在其他放射卫生技术服务机构中任职。放射卫生专业技术人员中，中级以上技术职称人数不少于 2 人，技术人员总数不少于 5 人。

5. 申请个人剂量监测资质的，放射卫生专业技术负责人应当具有中级以上专业技术职称，从事相关专业工作 3 年以上，是本单位职工且未在其他放射卫生技术服务机构中任职。放射卫生技术人员总数不少于 3 人。

省级卫生行政部门在其批准权限内可根据实际情况细化具体条件。

第八条 放射卫生技术服务机构具备的仪器设备应当满足申报项目检测工作的需要。不同检测项目应当配备的仪器设备见附件1。

第九条 放射卫生技术服务机构的实验室应当符合以下要求：

（一）检测实验室具有良好的内务管理，整洁有序。检测仪器放置合理，便于操作，并配有必要的防污染、防火、防盗、控制进入等安全设备及相关措施。

（二）有质量管理体系文件，并严格按照文件开展质量控制工作。

（三）放射性物质检测场所，应当符合放射卫生有关法规、规章和标准的要求。有使用放射性标准源或标准物质控制检测质量的措施。有参与实验室间检测能力验证活动的记录。

（四）检测方法采用国家、行业或地方规定的方法或标准。应有检测方法细则、仪器操作规程、样品管理程序和数据处理规则等作业指导文件。

（五）为检验样品建立唯一识别系统和状态标识。编制有关样品采集、接收、流转、保存和安全处置的书面程序。

（六）放射性样品应当与其他样品分开存放，专人保管。废弃的放射性样品和其他放射性废物应当按照有关规定处理。处理非密封型放射性同位素的实验室应当有通风设备，地面、实验台应便于去除放射性污染。

（七）原始记录和检测报告应当按照各自的要求，包含有足够的信息，并且按照有关规定书写、更改、审核、签章、分发和保存。

第十条 卫生部负责下列放射卫生技术服务机构的资质审定：

（一）放射诊疗建设项目职业病危害放射防护评价（甲级）；

（二）放射防护器材和含放射性产品检测。

第十一条 省级卫生行政部门负责下列放射卫生技术服务机构的资质审定：

（一）放射诊疗建设项目职业病危害放射防护评价（乙级）；

（二）放射卫生防护检测；

（三）个人剂量监测。

第十二条 申请从事放射卫生技术服务的机构应当向卫生行政部门提交以下材料：

（一）放射卫生技术服务机构资质审定申请表；

（二）法人资格证明材料（复印件）；

（三）申请单位简介；

（四）质量管理手册和程序文件目录；

（五）专业技术人员情况一览表；

（六）专业技术人员的专业技术职称证书和培训考核证明（复印件）；

（七）相关仪器设备清单；

（八）工作场所使用证明（房屋产权证明复印件或租赁合同复印件）；

（九）计量认证合格证书（复印件）。

放射卫生技术服务机构资质审定申请表、专业技术人员情况一览表与相关仪器设备清单等放射卫生技术服务机构资质审定申请材料的样式见附件2。

第十三条　卫生行政部门自接受申请之日起5日内作出是否受理的决定。

对符合受理要求的，卫生行政部门出具"行政许可申请受理通知书"。受理通知书一式二份，一份交申请单位，一份存档备查。

对不符合受理要求的，卫生行政部门出具"行政许可申请不予受理决定书"。不予受理决定书一式二份，一份交申请单位，一份存档备查。

申请材料不齐全或不符合法定形式的，卫生行政部门出具"申请材料补正通知书"，一次性告知申请单位需要补正的全部内容。"申请材料补正通知书"一式二份，一份交申请单位，一份存档备查。

第三章　技术评审

第十四条　卫生行政部门受理申请后，组织技术评审专家组进行技术评审。

卫生部组织的技术评审专家组由国家级放射卫生技术评审专家库中抽取的5或7名专家组成，省级卫生行政部门组织的技术评审专家组由省级或国家级放射卫生技术评审专家库中抽取的3或5名专家组成。技术评审专家组的专业组成应当能够满足技术评审的需要。

第十五条　卫生行政部门应当指定1名技术评审专家组成员担任组长，负责主持技术评审工作，在技术上对技术评审工作负总责。技术评审专家组应当按照技术评审要求（附件3）、技术评审项目和判定标准（附件4）开展评审工作。

评审结论分为"建议通过""建议整改后通过""建议整改后现场复核"和"建议不通过"。

技术评审专家组应当在技术评审结束后 5 日内将技术评审报告提交卫生行政部门。

第十六条 技术评审结论为"建议整改后通过"和"建议整改后现场复核"的，申请单位应当自接到整改意见通知书（附件 5）之日起 3 个月内，按照整改意见进行整改，并向卫生行政部门提交整改报告。

第十七条 卫生行政部门在接到整改报告之日起 20 日内完成资料复核或现场复核。资料复核和现场复核由原技术评审专家组成员完成，并作出复核结论。

第十八条 申请单位在评审过程中存在弄虚作假和其他违纪违法行为的，卫生行政部门不予核发资质证书。

第四章 审核和批准

第十九条 卫生行政部门应当自收到技术评审专家组技术评审报告之日起 20 日内，作出是否批准的决定。

对符合条件的，应当作出准予行政许可的书面决定。

对不符合条件的，应当作出不予行政许可的书面决定，并说明理由。

第二十条 申请单位凭受理通知书、申请单位介绍信和领取人身份证件领取资质证书。

第五章 变更与延续

第二十一条 放射卫生技术服务机构名称、法定代表人（负责人）或机构地址（路名、路牌）发生改变的，可以向原发证机关提出变更申请，并提交下列材料：

（一）放射卫生技术服务机构资质变更申请表（附件6）；

（二）公安或工商部门出具的变更情况证明材料，或者单位主管（上级）部门出具的任命决定等证明文件（复印件）；

（三）放射卫生技术服务机构资质证书原件。

放射卫生技术服务机构变更其他核准项目的，需重新申请资质审定。

第二十二条 放射卫生技术服务机构资质证书有效期为 4 年，在有效期届满 30 日前的 3 个月内向原发证机关提出延续申请。延续申请需提交下列材料：

（一）放射卫生技术服务机构资质延续申请表（附件 7）；

（二）法人资格证明材料（复印件）；

（三）放射卫生技术服务机构资质证书原件；

（四）取得放射卫生技术服务机构资质证书 4 年以来开展放射卫生技术服务工作的总结报告；

（五）质量管理手册和程序文件目录；

（六）专业技术人员情况一览表；

（七）相关仪器设备清单；

（八）计量认证合格证书（复印件）。

第二十三条 卫生行政部门受理变更、延续申请后，应当在 20 日内进行审查。对符合条件的，作出准予变更、延续的决定，换发的放射卫生技术服务机构资质证书沿用原证号。

第二十四条 遗失放射卫生技术服务机构资质证书的，应当向原发证机关提出补发申请，并提供登载遗失声明的省级以上报刊。补发的放射卫生技术服务机构资质证书沿用原证号，批准日期为准予补发日期，在该日期后打印"补发"字样，有效期限不变。

第六章 监督管理

第二十五条 开展个人剂量监测工作的技术服务机构，应当向省级卫生行政部门报送监测结果。

第二十六条 放射卫生技术服务机构可以跨地域开展相应工作，但应当向服务单位所在地省级卫生行政部门备案，并接受其监督检查。跨地域开展个人剂量监测服务的，监测结果报服务单位所在地省级卫生行政部门。

第二十七条 放射卫生技术服务机构资质证书（附件 8）不得涂改、出租、出借、倒卖或者以其他任何形式非法转让。

第二十八条 放射卫生技术服务机构在年度内未开展技术服务工作的，年检不予通过。

第二十九条 放射卫生技术服务机构违反本办法有关规定的，由县级以上卫生行政部门按照国家有关法律法规及相关规定处理。

第七章 附 则

第三十条 放射诊疗建设项目职业病危害放射防护评价资质（甲级、乙级）中包含放射卫生防护检测项目和（或）个人剂量监测项目的，不必再单独申请放射卫生防护检测资质和（或）个人剂量监测资质。

第三十一条 本办法由卫生部负责解释。

第三十二条 本办法自发布之日起施行。

附件：1. 放射卫生技术服务机构仪器设备条件
　　　2. 放射卫生技术服务机构资质审定申请表（样式）
　　　3. 技术评审要求
　　　4. 技术评审项目和判定标准
　　　5. 整改意见通知书（样式）
　　　6. 放射卫生技术服务机构资质变更申请表
　　　7. 放射卫生技术服务机构资质延续申请表
　　　8. 放射卫生技术服务机构资质证书（样式）

附件 1

放射卫生技术服务机构仪器设备条件

项目名称		仪器设备
放射诊疗设备性能检测	诊断 X 射线机设备性能检测（不包括 CT 机、DSA、乳腺摄影）*	X 射线剂量仪 数字式 X 射线曝光时间测量仪 千伏（kVp）测量仪 性能检测模体/工具
	CR、DR 性能检测*	X 射线剂量仪 数字式 X 射线曝光时间测量仪 千伏（kVp）测量仪 性能检测模体
	X 射线 CT 机设备性能检测*	CT 剂量仪/专用电离室 性能检测模体 头部剂量模体 体部剂量模体
	X 射线数字减影装置设备性能检测（DSA）*	X 射线剂量仪 数字式 X 射线曝光时间测量仪 千伏（kVp）测量仪 DSA 性能检测模体 X 射线质控检测工具
	乳腺摄影机设备性能检测*	乳腺摄影剂量仪 数字式乳腺 X 射线曝光时间测量仪 乳腺 X 射线 kVp 测量仪 乳腺摄影性能检测模体
	钴-60 治疗机、后装治疗机等设备性能检测*	放疗剂量仪/电离室 标准充水模体 热释光测量装置
	医用加速器设备性能检测*	放疗剂量仪/电离室 扫描水箱（甲级应具备三维扫描水箱） 其他相关检测设备
	γ 刀与 X 刀设备性能检测*	放疗剂量仪 灵敏体积小于 0.1 cm³ 的电离室 专用模体 低感光度胶片 胶片扫描仪和专用分析软件
	核医学设备（SPECT、PET、γ 照相机）性能检测*	SPECT 性能测试模体 PET 性能测试模体

续表

	项目名称	仪器设备
放射诊疗场所检测	放射诊疗工作场所放射防护检测（不包括核医学工作场所）*	X、γ射线测量仪 环境 X、γ剂量率仪 中子剂量仪
	核医学工作场所放射防护检测*	X、γ射线测量仪 环境 X、γ剂量率仪 α、β 表面污染监测仪 空气取样装置 低本底 α、β 测量仪
个人剂量监测	X、γ、β 外照射个人剂量监测*	热释光剂量仪或其他测读装置 热释光剂量计或其他剂量计元件 退火装置或其他测读附属装置 数据处理计算机系统 剂量计元件照射系统（可共享）
	中子个人剂量监测	中子个人剂量监测元件（径迹片） 显微镜或其他测读装置 水浴锅及其他蚀刻装置 数据处理计算机系统 或者具有： 热释光剂量仪 中子个人剂量监测用热释光剂量计 退火装置 数据处理计算机系统
	内照射个人剂量监测	体外测量谱仪（可共享） 低本底 α、β 测量仪 低本底 α 能谱仪（可共享） 低本底液闪测量仪（可共享） 样品灰化等处理装置 内照射监测必需的其他仪器

续表

项目名称		仪器设备
放射防护器材和含放射性产品检测	放射防护器材检测	专用 X 射线机 X 射线剂量仪 标准铅片 分光光度计 铅玻璃检测箱 测厚仪 硬度计 拉力计
	含放射性产品检测	空气取样装置 低本底 α、β 测量仪 γ 能谱仪 环境 X、γ 剂量率仪 灰化装置 固体径迹探测元件 元件测读装置 氡测量仪

注：

（1）项目名称后带 * 者为重点检测项目；

（2）申请放射诊疗建设项目职业病危害放射防护评价甲级资质的，应具备 80% 以上重点检测项目的设备条件，并且必须具备开展 γ 刀、X 刀与 PET（含 PET－CT）检测的设备条件；

（3）申请放射诊疗建设项目职业病危害放射防护评价乙级资质的，省级卫生行政部门可根据实际情况规定仪器设备条件。

附件2

放射卫生技术服务机构资质审定申请表
（样式）

申请机构名称：_____

（公章）

法定代表人：_____

填表日期：_____年_____月_____日

中华人民共和国卫生部制

填表说明

1. 本申请表由申请放射卫生技术服务资质的机构填写后报卫生行政部门。
2. 填写时，文字要简练，不得涂改，空格处以"无"字填写，并用 A4 纸打印。
3. 单位名称、地址等项目要填写全称。
4. "单位性质"一栏填写"国有""集体""民营""个体"等。
5. 申请资料一式二份，并提供电子版 1 份。
6. 所有申请资料应逐页加盖申请单位公章（可以是骑缝章）。

放射卫生技术服务机构资质审定申请表

申请机构名称			单位性质		
申请机构地址			电话		传真	
邮政编码		电子邮箱			
法定代表人			职务		
联系人			职务		电话	
放射卫生技术服务范围及资质等级	（一）放射诊疗建设项目职业病危害放射防护评价（　） 1. 甲级资质□ 2. 乙级资质□ （二）放射防护器材和含放射性产品检测（　） 1. 放射防护器材检测□ 2. 含放射性产品检测□ （三）放射卫生防护检测（　） （四）个人剂量监测（　） 备注：在（　）或□中打勾				
资料清单	（一）法人资格证明材料（复印件）； （二）申请单位简介； （三）质量管理手册和程序文件目录； （四）专业技术人员情况一览表； （五）专业技术人员的专业技术职称证书和培训考核合格证明（复印件）； （六）相关仪器设备清单； （七）工作场地使用证明（房屋产权房产证明复印件或租赁合同复印件）； （八）计量认证合格证书（复印件）。				
申请机构法定代表人： （签章） 　年　　月　　日			申请机构： （公章） 　年　　月　　日		

专业技术人员情况一览表

序号	姓名	性别	出生年月	职称/职务	从事专业	专业工作年限

相关仪器设备清单

序号	仪器设备名称	型号	计量检定（校准）有效期	生产厂家	用途	数量	状态

附件3

技术评审要求

一、程序和要求

（一）考核样品的交接。技术评审专家组到达申请单位后，及时与申请单位进行考核样品的交接工作，办理交接手续。

（二）召开现场考核会议。参加会议人员包括技术评审专家组成员、卫生行政部门工作人员和申请单位负责人及相关人员。会议由技术评审专家组组长主持，会议程序及内容如下：

1. 介绍技术评审专家组成员和分工；
2. 宣布现场考核日程安排和应遵循的原则；
3. 申请单位介绍基本情况和资质审定准备工作情况。

（三）书面考试。参加书面考试的人员包括管理人员、评价人员、检测人员，参加考试人数不应少于以上人员总数的80%。考试方式为开卷考试，考试时间为120分钟。

（四）口试。由技术评审专家组从参加书面考试的专业技术人员中抽取2名专业技术人员参加口试。

（五）模拟评价。申请单位提交模拟评价报告不少于2份。

（六）检测能力考核。申请单位应组织检验检测人员独立完成样品的检测，并在48小时内提交检测报告。

（七）资料审查。由技术评审专家组按照分工分别对以下资料进行审查，并对审查情况进行记录：

1. 申请单位的法人资格，专业技术人员聘用资格证明；
2. 放射卫生质量管理体系文件；
3. 原始记录及检测（监测）报告；
4. 模拟评价报告书；
5. 教育培训证明文件或记录；
6. 应审查的其他资料。

（八）实验室考核内容。

1. 仪器设备种类、数量、运行状态；

2. 仪器设备计量检定、放置、标识、使用记录；

3. 实验室环境及警示标识设置；

4. 样品保管；

5. 人员操作技能；

6. 技术评审专家组认为需要考核的其他内容。

（九）召开技术评审会议。参加会议的人员包括技术评审专家组成员和卫生行政部门工作人员。会议由技术评审专家组组长主持，会议程序及内容如下：

1. 技术评审专家组成员分别报告书面考试、资料审查、实验室考核、样品分析等结果，提出评估意见；

2. 填写现场考核表，见附件4表1、表2；

3. 按照审定标准作出评审结论并起草技术评审报告。

评审结论分为"建议通过""建议整改后通过""建议整改后现场复核"和"建议不通过"。

（十）召开现场考核反馈意见会议。参加会议的人员包括技术评审专家组成员、卫生行政部门工作人员和申请单位负责人及相关人员。会议由技术评审专家组组长主持，会议程序及内容如下：

1. 技术评审专家组组长宣读拟定的技术评审报告；

2. 技术评审专家指出存在的问题，提出整改建议；

3. 申请单位负责人发言。

二、结果判定

（一）每小项的技术评审结果为符合、基本符合、不符合、不适用；

（二）带"＊"号项为关键项，不带"＊"号项为一般项；

（三）结果判定标准见技术评审项目和判定标准（附件4表3及说明）。

附件 4

技术评审项目和判定标准

表 1 技术评审项目和内容（评价资质）

评审项目	序号	评审内容	符合	基本符合	不符合	不适用
组织机构及办公场所	1	＊法定代表人资格或法定代表人授权资格证明材料				
	2	独立开展相应的技术服务工作				
	3	＊固定的办公和实验场所				
	4	相应的技术服务设施及环境				
	5	评价、检测（检验）部门				
	6	质量管理部门				
	7	仪器设备管理				
	8	后勤保障部门				
	9	负责人任命文件				
	10	技术负责人岗位职责				
	11	质量负责人、部门负责人、档案管理人、校核人岗位职责				
	12	质量监督员岗位职责				
	13	评价、检测（检验）人员岗位职责				
	14	授权签发人岗位职责				
人员	15	有与其申请项目相适应的专业技术人员和管理人员				
	16	专业技术人员具有开展所申请的技术服务项目的专业知识和能力				
	17	＊甲级：技术负责人必须具有相关专业高级技术职称，并从事相关专业工作 5 年以上				
		＊乙级：技术负责人必须具有相关专业高级技术职称，并从事相关专业工作 5 年以上				
	18	技术负责人不得外聘，有上岗资质				
	19	技术负责人职称证书、相关工作经历证明材料、在职证明				

续表

评审项目	序号	评审内容	符合	基本符合	不符合	不适用
人员	20	*甲级：具有中级以上技术职称的专业人员不得少于专业技术人员总数的60%				
		*乙级：具有中级以上技术职称的专业人员不得少于3人				
	21	甲级：具有高级技术职称者不得少于3人				
		乙级：具有高级技术职称者不得少于1人				
	22	*甲级：总人数不得少于10人				
		*乙级：总人数不得少于5人				
	23	*专业技术人员培训、考核证明材料				
	24	专业技术人员现场考试人员比例达80%				
	25	*现场考试人员合格率达90%				
	26	管理人员口试成绩合格				
	27	专业技术人员口试成绩合格				
仪器设备	28	*应具有开展项目需要的仪器设备（见附件1）；共享仪器提供合作协议或合同书				
	29	仪器设备操作规程				
	30	有固定的仪器放置场所				
	31	仪器设备的种类、数量、性能、量程、精度能满足工作需要，并能良好运行				
	32	*用于计量的检测仪器设备应按要求在投入使用前经过检定、校准或校验，并贴有相应的状态标志。对于自校的仪器设备，应有自行编制的校验方法并进行定期校验				
	33	主要仪器设备应建有档案，收集有购置、验收、检定校准、使用和维修等有关资料。进口仪器设备说明的使用方法部分应当有中文译文				

续表

评审项目	序号	评审内容	符合	基本符合	不符合	不适用
检测工作	34	检测方法应当采用国家、行业或地方规定的方法或标准。应备有检测方法细则、仪器操作规程、样品管理程序和数据处理规则等作业指导文件				
	35	具备申报材料中提供的项目检测能力				
	36	应为检验样品建立唯一识别系统和状态标识管理。应编制有关样品采集、接收、流转、保存和安全处置的书面程序				
	37	原始记录和检测报告规范,应采用法定计量单位。应按规定书写、更改、审核、签章、分发或保存				
	38	积极采取包括使用放射性标准源、有证标准物质在内的各种质量控制措施。有参与技术比对等能力验证活动的证明或记录				
	39	*考核样品检测结果在规定误差范围内				
	40	检测操作规范、熟练				
工作场所	41	工作场所符合放射卫生有关法规、规章和标准的要求,并制定有放射防护管理制度				
	42	放射性样品应与其他样品分开存放,专人保管。处理非密封放射性同位素的实验室应当有通风设备,地面、实验台应便于去除放射性污染				
	43	检测实验室应当有良好的内务管理,以保证实验室整洁有序。检测仪器放置合理,便于操作。并配有必要的防污染、防火、控制进入等安全措施				
	44	凡是检测方法或检测仪器有要求的,应按要求对检测场所的温度、湿度和放射性本底等环境条件进行有效、准确的测量并记录				

续表

评审项目	序号	评审内容	符合	基本符合	不符合	不适用
建设项目评价能力	45	完成模拟预评价报告书与控制效果评价报告书各1份				
	46	*评价报告书中源项分析、防护措施等部分，要求分析全面、准确，防护措施符合放射防护原则				
	47	评价报告书的委托协议书或合同				
	48	控制效果评价报告书的检测原始记录				
	49	评价报告书编制过程管理证明文件				
	50	评价报告书格式与内容应符合有关规定的要求				
质量管理	51	*质量管理手册				
	52	程序性文件				
	53	操作规程、作业指导书				
	54	记录表格、报告				
	55	文件受控制度				
	56	技术负责人任命文件				
	57	授权签字人任命文件				
	58	设置有专职质量监督员和专职质量监督员的任命文件				
	59	*质量控制记录				
	60	投诉记录				

表2 技术评审项目和内容（检测/监测资质）

评审项目	序号	评审内容		符合	基本符合	不符合	不适用
组织机构及办公场所	1	*法定代表人资格或法定代表人授权资格证明材料					
	2	独立开展相应的技术服务工作					
	3	*固定的办公和实验场所					
	4	相应的技术服务设施及环境					
	5	评价、检测（检验）部门					
	6	质量管理部门					
	7	仪器设备管理					
	8	后勤保障部门					
	9	负责人任命文件					
	10	技术负责人岗位职责					
	11	质量负责人、部门负责人、档案管理人、校核人岗位职责					
	12	质量监督员岗位职责					
	13	评价、检测（检验）人员岗位职责					
	14	授权签发人岗位职责					
人员	15	有与其申请项目相适应的专业技术人员和管理人员					
	16	专业技术人员具有开展所申请的技术服务项目的专业知识和能力					
	17	技术负责人不得外聘，有上岗资质					
	18	技术负责人职称证书、相关工作经历证明材料、在职证明					
	19	放射防护器材和含放射性产品检测	*专业技术负责人必须具有高级专业技术职称，并从事相关专业工作5年以上。放射卫生专业技术人员中，高级技术职称人员不少于2人，中级以上技术职称人数不少于总人数的40%，人员总数不少于7人				

续表

评审项目	序号	评审内容		符合	基本符合	不符合	不适用
人员	19	放射卫生防护检测	*专业技术负责人必须具有中级以上专业技术职称，从事相关专业工作3年以上。放射卫生专业技术人员中，中级以上技术职称人数不得少于2人，人员总数不少于5人				
		个人剂量监测	*专业技术负责人应当具有中级以上专业技术职称，从事相关专业工作3年以上。相关专业技术人员中，中级技术职称人数不少于1人，人员总数不少于3人				
	20	*专业技术人员培训、考核证明材料					
	21	现场考试人员比例达80%					
	22	*现场考试人员合格率达90%					
	23	专业技术人员口试成绩合格					
仪器设备	24	*应具有开展项目需要的仪器设备（见附件1）；共享仪器提供合作协议或合同书					
	25	仪器设备操作规程					
	26	有固定的仪器放置场所					
	27	仪器设备的种类、数量、性能、量程、精度应能满足工作的需要，并能良好运行					
	28	*用于计量的检测仪器设备应按要求在投入使用前经过检定、校准或校验，并贴有相应的状态标志。对于自校的仪器设备，应有自行编制的校验方法并进行定期校验					
	29	主要仪器设备应建有档案，收集有购置、验收、检定校准、使用和维修等有关资料。进口仪器设备说明的使用方法部分应当有中文译文					

续表

评审项目	序号	评审内容	符合	基本符合	不符合	不适用
检测工作	30	检测方法应当采用国家、行业或地方规定的方法或标准。应备有检测方法细则、仪器操作规程、样品管理程序和数据处理规则等作业指导文件				
	31	具备申报材料中提供的项目检测能力				
	32	应为检验样品建立唯一识别系统和状态标识管理。应编制有关样品采集、接收、流转、保存和安全处置的书面程序				
	33	原始记录和检测报告规范，采用法定计量单位。按规定书写、更改、审核、签章、分发或保存				
	34	积极采取包括使用放射性标准源、有证标准物质在内的各种质量控制措施。有参与技术比对等能力验证活动的证明或记录				
	35	*考核样品检测结果在规定误差范围内				
	36	检测操作规范、熟练				
工作场所	37	工作场所符合放射卫生有关法规、规章和标准的要求，并制定有放射防护管理制度				
	38	放射性样品应与其他样品分开存放，专人保管。处理开放型放射性同位素的实验室应当有通风设备，地面、实验台应便于去除放射性污染				
	39	检测实验室应当有良好的内务管理，以保证实验室整洁有序。检测仪器放置合理，便于操作。并配有必要的防污染、防火、控制进入等安全措施				
	40	凡是检测方法或检测仪器有要求的，应按要求对检测场所的温度、湿度和放射性本底等环境条件进行有效、准确的测量并记录				

续表

评审项目	序号	评审内容	符合	基本符合	不符合	不适用
质量管理	41	＊质量管理手册				
	42	程序性文件				
	43	操作规程、作业指导书				
	44	文件受控制度				
	45	记录表格、报告				
	46	技术负责人任命文件				
	47	授权签字人任命文件				
	48	设置有专（兼）职质量监督员的任命文件				
	49	＊质量控制记录				
	50	投诉记录				

表3　评价资质判定标准

关键项	一般项	评价结论
无不符合项	不符合项数＜3	建议通过
无不符合项	3≤不符合项数＜5	建议整改后通过
无不符合项	5≤不符合项数＜6	建议整改后现场复核
无不符合项	不符合项数≥6	建议不通过
不符合项数≤2	不符合项数≤3	建议整改后现场复核
不符合项数≤2	不符合项数＞3	建议不通过
不符合项数＞2		建议不通过

注：
（1）3项基本符合项按1项不符合项计算；
（2）评价资质以外的其他评审结果判定可参考本标准并根据项数变化作相应调整。

附件5

整改意见通知书（样式）

编号：_____

整改意见通知书

_____：

  你单位受理编号为_____的放射卫生技术服务机构资质申请，已经卫生行政部门审核。请你单位在接到本通知书之日起3个月内，按照下述整改意见完成整改，并提交整改报告，逾期不整改的，本机关将终止审批。

  具体整改意见如下：

卫生行政部门（专用章）

年　月　日

附件6

放射卫生技术服务机构资质变更申请表

申请机构名称				单位性质	
申请机构地址			电话	邮政编码	
法定代表人			职务		
专业科室名称		负责人		电话	
工作联系人			联系电话		
传真			电子邮箱		
原资质证书编号					
资质项目及等级					
证书有效期限	年　月　日至　年　月　日				
提交资料	□公安或工商部门出具的变更情况的证明材料； □单位主管（上级）部门出具的证明文件即任命决定（复印件）； □放射卫生技术服务机构资质证书原件				
发生变更情况： 1. 法定代表人变更　□ 2. 机构名称变更　□ 3. 机构地名变更　□			申请变更内容： 1. 原机构法定代表人： 　变更后法定代表人： 2. 原机构名称： 　变更后机构名称： 3. 原单位地址： 　变更后单位地址：		
申请机构法定代表人：　　　　（签章） 　　　　年　月　日			申请机构：　　　　（公章） 　　　　年　月　日		

附件 7

放射卫生技术服务机构资质延续申请表

申请机构名称				单位性质	
申请机构地址			电话		邮政编码
法定代表人			职务		
专业科室名称		负责人		电话	
工作联系人			联系电话		
传真			电子邮箱		
原资质证书编号					
资质项目及等级					
证书有效期限		年 月 日至 年 月 日			
提交资料	□法人资格证明材料（复印件）； □放射卫生技术服务机构资质证书原件； □取得放射卫生技术服务机构资质证书 4 年以来开展放射卫生技术服务工作的总结报告； □质量管理手册和程序文件目录； □专业技术人员情况一览表； □相关仪器设备清单； □计量认证合格证书（复印件）； □省级以上卫生行政部门规定的其他资料				

申请机构法定代表人：　　　　（签章） 年　月　日	申请机构：　　　　　　（公章） 年　月　日

附件8

放射卫生技术服务机构资质证书（样式）

放射卫生技术服务机构资质证书

（　）放卫技字（　）第　号

单位名称：
法定代表人（负责人）：
地　　址：
技术服务范围：
有效期限：

发证机关（公章）
年　月　日

（批准的具体技术服务项目见副本）

放射卫生技术服务机构资质证书

（副　本）

中华人民共和国卫生部制

填写说明

一、本证由发证机关填写。

二、正本及副本第 3 页由发证机关盖章。

三、正本及副本第 3 页登录的"（ ）放卫技字（ ）第　号"，其中第一个"（ ）"填发证机关省份简称，如"京""冀"等；卫生部发证，填"国"。其中第二个"（ ）"填发证年份，如"2012"。

四、正本及副本第 3 页登录的"技术服务范围"包括放射诊疗建设项目职业病危害放射防护评价（甲/乙级）、放射防护器材和含放射性产品检测、放射卫生防护检测（包括应用质量性能检测）、个人剂量监测。

五、副本第 4、第 5、第 6、第 7 页根据实际许可情况，在"是/否"栏填"是"或"否"。

六、副本第 4 页根据实际许可情况，在"备注"栏填限制的项目。

使用说明

一、本证未经发证机关盖章无效。

二、本证禁止伪造、涂改、转让及出租。

三、正本公开悬挂，副本存放备查。

四、持证单位变更许可项目与范围的，应向原发证机关提出申请。

五、本证应妥善保管，防止丢失、损坏。因故丢失、损坏的，应当及时在所在地省级报刊上刊登遗失公告，持遗失公告到原发证机关报失并申请补发。

放射卫生技术服务机构资质证书

（ ）放卫技字（ ）第 号

单位名称：

法定代表人（负责人）：

地　　址：

技术服务范围：

有效期限：

发证机关（公章）

年　　月　　日

技术服务范围（一）

技术服务范围	项目	是/否	备注
放射诊疗建设项目职业病危害放射防护评价	放射诊断		
	介入放射学		
	放射治疗		
	核医学		

技术服务范围（二）

技术服务范围	项目	是/否	备注
放射卫生防护检测	普通 X 射线机		不包括 CR、DR、CT、DSA、乳腺摄影、X 射线治疗机
	CR、DR		
	CT		
	DSA		
	乳腺摄影机		
	X 射线治疗机		
	γ 后装治疗机		
	中子后装机		
	钴-60 远距离治疗机		
	医用电子加速器		
	立体定向放射治疗装置		
	γ 照相机		
	SPECT/SPECT-CT		
	PET/PET-CT		
	射线装置工作场所		
	密封源工作场所		
	非密封源工作场所		

技术服务范围（三）

技术服务范围	项目		是/否	备注
个人剂量监测	外照射	X、γ射线		
		β射线		
		中子射线		
	内照射			

技术服务范围（四）

技术服务范围	项目	是/否	备注
放射防护器材、含放射性产品检测	放射防护器材		
	含放射性产品		

放射诊疗建设项目卫生审查管理规定

第一条 为进一步规范放射诊疗建设项目卫生审查管理工作，根据《中华人民共和国职业病防治法》《放射性同位素与射线装置安全和防护条例》和《放射诊疗管理规定》等法律、法规和规章，制定本规定。

第二条 本规定适用于放射诊疗建设项目的职业病危害放射防护评价审核、放射防护设施竣工验收等卫生审查活动。

第三条 县级以上地方卫生行政部门负责本辖区放射诊疗建设项目的卫生审查。

省级卫生行政部门负责放射治疗、核医学建设项目的卫生审查。

地市级卫生行政部门负责介入放射学建设项目的卫生审查。

县区级卫生行政部门负责 X 射线影像诊断建设项目的卫生审查。

同一医疗机构有不同类别放射诊疗建设项目的卫生审查由具有高类别审批权限的卫生行政部门负责。

省级卫生行政部门可以根据本地区实际情况，调整审批权限。

第四条 放射诊疗建设项目按照可能产生的放射性危害程度与诊疗风险分为危害严重和危害一般两类。

危害严重类的放射诊疗建设项目包括立体定向放射治疗装置（γ刀、X刀等）、医用加速器、质子治疗装置、重离子治疗装置、钴－60治疗机、中子治疗装置与后装治疗机等放射治疗设施，正电子发射计算机断层显像装置（PET）与单光子发射计算机断层显像装置（SPECT）及使用放射性药物进行治疗的核医学设施。其他放射诊疗建设项目为危害一般类。

第五条 建设单位应当在可行性论证阶段和竣工验收前分别委托具备相应资质的放射卫生技术服务机构编制放射诊疗建设项目职业病危害放射防护预评价报告和职业病危害控制效果放射防护评价报告。

立体定向放射治疗装置、质子治疗装置、重离子治疗装置、中子治疗装置、正电子发射计算机断层显像装置（PET）等建设项目的放射防护评价，应由取得甲级评价资质的放射卫生技术服务机构承担。

第六条 放射诊疗建设项目职业病危害放射防护评价报告分为评价报告书和评价报告表。对放射性危害严重类的建设项目，应编制评价报告书。对放射性危害一般类的建设项目，应编制评价报告表。同时具有不同放射性危害类别的建设项目，应当按照危害较为严重的类别编制评价报告书。

第七条 建设单位应当在放射诊疗建设项目施工前向卫生行政部门申请建设项目职业病危害放射防护预评价审核，并提交下列资料：

（一）放射诊疗建设项目职业病危害放射防护预评价审核申请表；

（二）放射诊疗建设项目职业病危害放射防护预评价报告；

（三）委托申报的，应提供委托申报证明；

（四）省级卫生行政部门规定的其他资料。

第八条 危害严重类的放射诊疗建设项目职业病危害放射防护预评价报告在申请卫生行政部门审核前，应当由承担评价的放射卫生技术服务机构组织 5 名以上专家进行评审，其中从放射卫生技术评审专家库中抽取的专家应不少于专家总数的 3/5。

立体定向放射治疗装置、质子治疗装置、重离子治疗装置、中子治疗装置和正电子发射计算机断层显像装置（PET）等项目预评价报告的评审，从国家级放射卫生技术评审专家库抽取的专家应不少于专家总数的 2/5。

危害一般类的放射诊疗建设项目职业病危害放射防护预评价报告是否需要专家审查由省级卫生行政部门确定。

评审专家的组成、专家评审意见、评审意见处理情况及专家组复核意见等内容应作为预评价报告的附件。

第九条 卫生行政部门应当自受理之日起 20 日内完成对预评价的审核。审核同意的，予以批复；审核不同意的，应当书面通知建设单位并说明理由。

第十条 放射诊疗建设项目竣工后，建设单位应向审核建设项目职业病危害放射防护预评价的卫生行政部门申请竣工验收，并提交下列资料：

（一）放射诊疗建设项目职业病放射防护设施竣工验收申请表；

（二）放射诊疗建设项目职业病危害控制效果放射防护评价报告；

（三）放射诊疗建设项目职业病危害预评价审核同意证明材料（复印件）；

（四）委托申报的，应提供委托申报证明；

（五）省级卫生行政部门规定的其他资料。

第十一条　卫生行政部门受理竣工验收申请后，对危害一般类的建设项目，应当按卫生行政许可的时限进行职业病放射防护设施竣工验收；对危害严重类的建设项目，应当按卫生行政许可的时限组织专家对控制效果评价报告进行评审，并进行职业病放射防护设施竣工验收。

危害一般类的放射诊疗建设项目职业病危害放射防护控制效果评价报告是否需要专家评审由省级卫生行政部门确定。

第十二条　竣工验收合格的放射诊疗建设项目，卫生行政部门应当在竣工验收后 20 日内出具验收合格证明文件；需要整改的，建设单位应提交整改报告，卫生行政部门组织复核，确认符合要求后，出具验收合格证明文件；竣工验收不合格的，卫生行政部门应书面通知建设单位并说明理由。

第十三条　预评价审核和竣工验收的申请材料应当符合下列要求：

（一）申请内容完整、真实、准确，不得涂改；

（二）使用 A4 规格纸张打印；

（三）申请材料一式两份并加盖申请单位公章；

（四）委托申报证明应载明委托事项、受委托单位名称、受委托人姓名和委托日期，并加盖委托单位公章。

放射卫生技术评审专家库管理办法

第一条 为了加强对放射卫生技术评审专家库的管理，保证放射卫生技术评审活动的公平、公正，制定本办法。

第二条 卫生部和省级卫生行政部门分别设立国家级放射卫生技术评审专家库和省级放射卫生技术评审专家库。

第三条 放射卫生技术评审专家库成员由放射防护、放射卫生检测、放射诊疗与核事故医学应急和放射卫生监督管理等放射卫生相关专业领域的专家组成。

第四条 国家级放射卫生技术评审专家库专家应当具备以下条件：

（一）坚持原则、客观公正，具有良好的专业素质、科学态度和职业道德；

（二）具有相关专业高级技术职务任职资格，从事放射卫生相关专业10年以上；

（三）熟悉放射卫生相关的法律法规、规范与技术标准；

（四）健康状况良好，能够胜任工作。

省级放射卫生技术评审专家库专家的条件由省级卫生行政部门参照上述条件自行制定。

第五条 国家级放射卫生技术评审专家库专家的人选可由专家所在单位或省级卫生行政部门推荐，也可由卫生部直接提名。卫生部进行遴选，征求被推荐人和被提名人本人及所在单位同意，对符合要求的，决定入选国家级放射卫生技术评审专家库，并予以公布。专家库实行动态管理。

省级放射卫生技术评审专家库专家入选程序由省级卫生行政部门制定。

第六条 专家库专家的主要职责是：

（一）参加放射诊疗建设项目职业病危害放射防护评价的卫生审查活动；

（二）参加放射卫生技术服务机构资质审定工作；

（三）为卫生行政部门的放射卫生监督提供技术支持；

（四）承担卫生行政部门指定的其他工作。

第七条 专家库专家应当遵守以下规定：

（一）按照国家有关法律法规、标准与规范开展工作，独立、客观地提出意见；

（二）认真履行职责，廉洁自律；

（三）遵守相关保密规定；

（四）不得参与有碍公正性的活动；

（五）不得以专家库专家的名义进行商业活动；

（六）主动申请回避与自身有利害关系的放射卫生技术评审活动。

第八条 专家库专家有下列情况之一的，卫生行政部门可取消其放射卫生技术评审专家库专家资格，并视情节通报专家所在单位：

（一）违反本办法第七条规定的；

（二）无故不参加相关工作 2 次以上的；

（三）因工作失误造成严重不良后果的。

第九条 本办法由卫生部负责解释。

国家安全监管总局关于印发职业卫生技术服务机构资质认可条件评审项目标准及认可工作程序的通知

(2012年7月1日安监总安健〔2012〕88号)

各省、自治区、直辖市及新疆生产建设兵团安全生产监督管理局，各省级煤矿安全监察局：

根据《职业病防治法》《职业卫生技术服务机构监督管理暂行办法》（国家安全监管总局令第50号）的规定，为规范有序地做好职业卫生技术服务机构资质认可工作，国家安全监管总局制定了职业卫生技术服务机构资质认可条件（甲级和乙级）、职业卫生技术服务机构资质认可技术评审项目和判定标准（甲级和乙级）、职业卫生技术服务机构甲级资质认可工作程序、职业卫生技术服务机构业务范围划分表。现印发给你们，请遵照执行。

附件：1. 职业卫生技术服务机构甲级资质认可条件
   2. 职业卫生技术服务机构甲级资质认可技术评审项目和判定标准
   3. 职业卫生技术服务机构乙级资质认可条件
   4. 职业卫生技术服务机构乙级资质认可技术评审项目和判定标准
   5. 职业卫生技术服务机构甲级资质认可工作程序
   6. 职业卫生技术服务机构业务范围划分表

国家安全监管总局
二〇一二年七月一日

附件1

职业卫生技术服务机构甲级资质认可条件

一、机构条件

（一）具有独立法人资格；部门、岗位设置合理，职责明确。

（二）注册资金800万元以上，固定资产700万元以上。

（三）有固定的从事职业卫生技术服务所需的工作场所。工作场所面积不少于700平方米，其中，职业卫生检测实验室使用面积不少于300平方米，档案室使用面积不少于40平方米。

（四）有健全的内部管理制度和质量保证体系，取得省级及以上人民政府计量行政部门颁发的计量认证证书。

二、人员要求

（一）熟悉相关法律、法规、标准和规范以及本单位质量管理体系文件。

（二）专职技术负责人和质量控制负责人应当熟悉本专业业务，不得外聘，具有相关专业高级技术职称，从事相关专业工作5年以上，并经培训合格。

（三）申请第一类业务范围的，应当具有不少于25名经培训合格的专职技术人员，专职技术人员的构成应当满足下列条件：

1. 高级技术职称的专业技术人员不少于5名，中级以上技术职称或相关专业大学本科以上学历的专业技术人员不少于专业技术人员总数的40%。

2. 具有2年以上职业卫生检测工作经历的检测人员不少于10名，且高级技术职称的专业技术人员不少于2名。

3. 具有2年以上职业卫生评价工作经历的评价人员不少于10名，且高级技术职称的专业技术人员不少于2名。

4. 职业卫生工程技术人员不少于3名（其中通风相关专业人员不少于1名），且高级技术职称的专业技术人员不少于1名。

5. 具有2年以上工作经历的公共卫生专业人员不少于3名，且高级技术职称的专业技术人员不少于1名。

6. 具有满足所申请业务范围专业要求的工程技术人员，且每项专业不少于1名。

（四）申请第二类业务范围的，应当具有不少于10名经培训合格的放射防护检测与评价专职技术人员，且专职技术人员的构成应当满足下列条件：

1. 高级技术职称的专业技术人员不少于 5 名，中级以上技术职称或相关专业大学本科以上学历的专业技术人员不少于专业技术人员总数的 40%。

2. 具有 2 年以上相关专业工作经历的放射卫生相关专业技术人员不少于 5 名。

3. 具有 2 年以上职业卫生工程技术工作经验的人员不少于 1 名。

4. 具有满足所申请业务范围专业要求的工程技术人员，且每项专业不少于 1 名。

三、实验室及仪器设备配置要求

（一）具有所申请的技术服务项目所必需的仪器设备（见附录 1 和附录 3）。

（二）仪器设备的种类、数量、性能、量程、精度应当满足工作的需要，且运行良好。

（三）仪器设备应当定期进行计量检定或校准，并贴有相应状态标识。无计量检定规程的仪器设备，应当有相应校验方法并进行定期校验。仪器设备应当有完整的操作规程。

（四）标准物质、标准溶液及化学试剂的配制标识与使用记录应当符合要求。

（五）检测实验室应当布局合理，有健全的管理制度。检测仪器放置合理，便于操作。实验室应当配有必要的防污染、防火、控制进入等安全措施。

（六）凡是检测方法或检测仪器有要求的，应当按要求对检测场所的温度、湿度和放射性本底等环境条件进行有效、准确的测量并记录。

（七）应当为检测样品建立唯一识别系统和状态标识。应当编制有关样品采集、接收、流转、保存和安全处置的书面程序。

（八）放射性检测场所，应当符合放射卫生有关法规、规章和标准的要求。有使用放射性标准源或标准物质控制检测质量的措施。

放射性样品应当与其他样品分开存放，专人保管。操作非密封放射性同位素的实验室应当有通风设备，地面、实验台应当便于去除放射性污染。废弃的放射性样品和其他放射性废物应当按有关规定处理。

四、职业病危害因素检测能力

（一）具备与申报项目相关的检测方法和技能，能够独立开展职业病危害因素检测工作，并解决工作过程中发生的技术问题。

（二）具有所申请技术服务项目所必需的职业病危害因素检测能力（见附录2和附录4），其中，化学因素重点检测项目不少于42项，物理因素重点检测项目不少于8项；放射卫生重点检测项目不少于12项。

（三）职业病危害因素检测应当采用国家、行业或地方规定的方法或标准，采用非标方法，应当进行方法比对或验证，编写操作规程（作业指导书），并经技术负责人审批。

（四）样品检测的原始记录和检测报告应当按照各自规定要求书写、打印、审核、签章、发送和保存。

（五）独立完成盲样考核，且考核合格。

（六）原始记录应当规范、清晰、完整、可溯源，并按规定的时间保存。

（七）应当具备一定的职业病危害因素检测工作基础，申报的每个检测项目应当完成至少2份检测报告（或模拟检测报告）。

五、建设项目职业病危害评价能力

（一）评价报告的编制规范、内容全面、结论正确，评价过程管理符合要求，原始记录规范、清晰、准确、完整、可溯源，并按规定的时间保存。

（二）应当具备一定范围的职业病危害评价能力。申请第一类业务范围的，应当具有不少于3项业务范围的评价能力；申请第二类业务范围的，应当具备全部3项业务范围的评价能力。

（三）应当具备一定的职业病危害评价工作基础。申请的每项业务范围应当至少独立完成建设项目职业病危害预评价和控制效果评价报告（或模拟评价报告）各1份。

六、其他要求

（一）职业卫生技术服务机构应当编制职业卫生技术服务质量管理体系文件（包括质量管理手册、程序文件、作业指导书、记录表格），并严格进行质量控制。

（二）应当有与其开展职业卫生技术服务相适应的经费保障措施。

（三）为专业技术人员提供必需的劳动防护用品，并根据所申请的业务范围对专业技术人员进行安全培训。

附录 1

实验室检验及现场检测设备目录（甲级）

序号	设备名称	数量/台（件）
一	采样设备	
1	5～30 L/min 采样器（包括防爆）	10（5）
2	1～5 L/min 采样器（包括防爆）	20（10）
3	0～1 L/min 采样器（包括防爆）	20（10）
4	各种空气样品收集器（大型气泡吸收管、小型气泡吸收管、多孔玻板吸收管、冲击式吸收管等）	15（每种）
5	压力计	2
6	温、湿度计	2
7	流量计	2
二	现场检测设备	
8	热球式风速仪	2
9	辐射热计	2
10	通风干湿球温度计	2
11	黑球、湿球温度计	2
12	个体噪声剂量计（包括防爆）	10（4）
13	倍频程声级计（包括防爆）	2（1）
14	手传振动测定仪	1
15	照度计	2
16	电磁场测定仪（含高频、超高频、工频及微波等频段）	1
17	紫外线测定仪	1
18	烟尘浓度测试仪	2
19	不分光红外线分析仪	1
20	皮托管	2
三	实验室检测设备	
21	分析天平（1/1 000）	1
22	分析天平（1/10 000）	1

续表

序号	设备名称	数量/台（件）
23	分析天平（1/100 000）	1
24	去湿机	1
25	普通冰箱	3
26	低温冰箱（-20℃）	1
27	样品消化装置	1
28	样品混匀装置	1
29	磁力搅拌器	1
30	超声波清洗器	1
31	恒温水浴箱	1
32	离心机	1
33	高温炉	1
34	干燥箱	1
35	红外线干燥箱	1
36	白金坩埚	5
37	普通坩埚	5
38	玛瑙研钵	1
39	生物显微镜	1
40	相差显微镜	1
41	分散度测定器	1
42	酸度计	1
43	分光光度计	1
44	原子吸收分光光度计	1
45	原子荧光分光光度计	1
46	高效液相色谱仪	1
47	离子色谱仪	1
48	气相色谱-质谱联用仪	1
49	气相色谱仪（FID、ECD、NPD、FPD或PFPD）	2

附录2

职业病危害因素检测项目（甲级）

序号		检测项目	条件要求
一		化学有害因素	
（一）		金属类	
	1	锑及其化合物	☆
	2	钡及其化合物	★
	3	铍及其化合物	☆
	4	铋及其化合物	☆
	5	镉及其化合物	★
	6	钙及其化合物	☆
	7	铬及其化合物	★
	8	钴及其化合物	☆
	9	铜及其化合物	★
	10	铅及其化合物	★
	11	锂及其化合物	☆
	12	镁及其化合物	☆
	13	锰及其化合物	★
	14	汞及其化合物	★
	15	钼及其化合物	★
	16	镍及其化合物	★
	17	钾及其化合物	★
	18	钠及其化合物	★
	19	锶及其化合物	☆
	20	钽及其化合物	☆
	21	铊及其化合物	★
	22	锡及其化合物	★
	23	钨及其化合物	☆
	24	钒及其化合物	☆

续表

序号	检测项目	条件要求
25	锌及其化合物	★
26	锆及其化合物	☆
27	铟及其化合物	☆
28	钇及其化合物	☆
(二)	非金属类	
29	硼及其化合物	☆
30	无机含碳化合物	★
31	无机含氮化合物	★
32	无机含磷化合物	★
33	砷及其化合物	★
34	氧化物	★
35	硫化物	★
36	硒及其化合物	☆
37	碲及其化合物	☆
38	氟及其化合物	★
39	氯及其化合物	★
40	碘及其化合物	☆
(三)	有机类	
41	烷烃类化合物	★
42	烯烃类化合物	☆
43	混合烃类化合物	★
44	脂环烃类化合物	★
45	芳香烃类化合物	★
46	多苯类化合物	☆
47	多环芳烃类化合物	★
48	卤代烷烃类化合物	★
49	卤代不饱和烃类化合物	★
50	卤代芳香烃类化合物	★
51	醇类化合物	★

续表

序号	检测项目	条件要求
52	硫醇类化合物	★
53	烷氧基乙醇类化合物	★
54	酚类化合物	★
55	脂肪族醚类化合物	☆
56	苯基醚类化合物	☆
57	醇醚类化合物	☆
58	脂肪族醛类化合物	★
59	脂肪族酮类化合物	★
60	酯环酮和芳香族酮类化合物	☆
61	醌类化合物	☆
62	环氧化合物	★
63	羧酸类化合物	★
64	酸酐类化合物	☆
65	酰基卤类化合物	★
66	酰胺类化合物	★
67	饱和脂肪族酯类化合物	★
68	不饱和脂肪族酯类化合物	☆
69	卤代脂肪族酯类化合物	★
70	芳香族酯类化合物	★
71	异氰酸酯类化合物	★
72	腈类化合物	★
73	脂肪族胺类化合物	☆
74	乙醇胺类化合物	☆
75	肼类化合物	★
76	芳香族胺类化合物	★
77	硝基烷烃类化合物	☆
78	芳香族硝基化合物	★
79	杂环化合物	☆
80	有机物定性	☆

续表

序号	检测项目	条件要求
（四）	农药类	
81	有机磷农药	★
82	有机氯农药	★
83	有机氮农药	★
（五）	其他化合物	
84	药物类化合物	☆
85	炸药类化合物	☆
86	生物类化合物	☆
（六）	粉尘类	
87	总粉尘	★
88	呼吸性粉尘	★
89	粉尘中游离二氧化硅	★
90	粉尘分散度	★
91	石棉纤维	★
二	物理有害因素	
92	高温	★
93	高气压	☆
94	低气压	☆
95	手传振动	★
96	噪声	★
97	照度	★
98	紫外辐射	★
99	高频电磁场	★
100	超高频辐射	★
101	微波辐射	★
102	工频电场	★
103	激光辐射	☆
104	通风（风速、风量、风压）	☆

注：★为重点检测项目；☆为一般检测项目。

附录3

放射卫生防护检测仪器设备目录（甲级）

序号	设备名称	数量/台（件）
1	X、γ射线测量仪	2
2	环境X、γ剂量率仪	2
3	α、β表面污染监测仪	2
4	中子测量装置	1
5	高剂量率测量仪	1
6	氡测量仪	1
7	空气采样装置	1
8	灰化装置	1
9	γ能谱仪	1
10	热释光或光致发光测量装置	1
11	*固体径迹探测系统	1
12	*低本底α、β测量仪	1
13	*低本底α能谱仪	1
14	*低本底液闪测量仪	1

注：带*号者允许与其他单位共享。

附录4

放射卫生防护检测项目（甲级）

类别	检测项目		备注	条件要求
	序号	名称		
非医用辐射设备及场所检测	1	工业射线探伤放射防护检测	X、γ和中子等射线探伤	★
	2	人体、行李包、车辆、集装箱等射线安全检查系统放射防护检测		★
	3	非医用加速器放射防护检测（不包括中、高能加速器）		★
	4	含密封源仪表放射防护检测		★
	5	密封放射源及密封γ放射源容器放射防护检测		★
	6	非密封放射性物质放射防护检测		★
	7	中子工作场所放射防护检测		★
	8	X射线衍射仪和荧光分析仪工作场所放射防护检测		★
	9	其他放射工作场所放射防护检测		★
核设施与辐照装置等大型设施工作场所辐射防护	10	核电站放射防护检测		★
	11	核燃料循环工作场所放射防护检测	包括铀矿开采、铀矿水冶、铀的浓缩和转化、燃料制造、反应堆、燃料后处理、核燃料循环研究等工作场所	★
	12	大型辐照装置放射防护检测		★
	13	中、高能加速器放射防护检测	大于等于50 MeV	★
工作场所放射性核素分析	14	γ放射性核素分析		★
	15	α放射性核素分析		☆
	16	β放射性核素分析		☆
	17	总α放射性分析		☆
	18	总β放射性分析		☆
	19	氡及其子体检测		★
	20	放射性气溶胶检测		☆

注：★为重点检测项目；☆为一般检测项目。

附件2

职业卫生技术服务机构甲级资质认可技术评审项目和判定标准

一、第一类业务范围的技术评审项目和判定标准

1. 技术评审项目

考核项目		考核内容		考核结果
		序号	具体内容	
1. 组织机构	法人资格	1	★具有独立法人资格	
	注册资金和固定资产	2	★注册资金800万元以上，固定资产700万元以上	
	计量认证	3	★取得省级及以上人民政府计量行政部门颁发的计量认证证书	
	部门设置	4	*质量管理部门	
		5	*评价部门	
		6	*检测检验部门	
		7	部门负责人任命文件	
	岗位设置、职责	8	*技术负责人（评价、检测）	
		9	*质量控制负责人	
		10	质量监督员、设备管理员、内审员、样品管理员、档案管理员	
		11	评价人员、检测人员	
		12	授权签发人	
	经费保障	13	台账及经费保障措施	
	依法执业	14	★没有违法行为记录	

续表

考核项目		考核内容		考核结果
		序号	具体内容	
2. 人员	技术负责人（评价、检测）	15	★技术负责人具有与所申报业务相适应的高级专业技术职称和5年以上工作经验，且不得外聘	
		16	经培训合格	
	专业技术人员	17	★经培训合格的专职技术人员（包括评价、检测人员）不少于25名，专业技术人员不得同时在两个以上（含两个）职业卫生技术服务机构从业	
		18	高级技术职称的专业人员不少于5名	
		19	中级以上技术职称或相关专业大学本科以上学历的专业人员不少于专业技术人员总数的40%	
		20	*具有2年以上检测工作经历的检测人员不少于10名，且高级技术职称不少于2名	
		21	*具有2年以上评价工作经历的评价人员不少于10名，且高级技术职称不少于2名	
		22	*职业卫生工程技术人员不少于3名（其中通风相关专业人员不少于1名），且高级技术职称不少于1名	
		23	*具有2年以上工作经历的公共卫生专业人员不少于3名，且高级技术职称不少于1名	
		24	*具有满足所申请业务范围专业要求的工程技术人员，且每项专业不少于1名	
		25	专业技术人员年度培训计划和培训记录	
	现场笔试考核	26	技术负责人（评价、检测）、质量控制负责人必须参加考试，并考试合格	
		27	评价人员参加考试人数不少于8人	
		28	检测人员参加考试人数不少于8人	
		29	*现场考试人员合格率达到90%	

续表

考核项目		考核内容		考核结果
		序号	具体内容	
3. 工作场所及实验室	工作场所	30	★有与所从事的评价、检测（检验）、质量管理等工作相适应的工作场所，工作场所面积不少于700平方米	
		31	职业卫生检测实验室使用面积不少于300平方米	
		32	有独立的档案室，档案室使用面积不少于40平方米	
	实验室要求	33	检测实验室应布局合理，整洁有序，有健全的管理制度	
		34	检测工作场所的水、电、气布局符合安全卫生要求，实验室具备有效的防尘防毒设施及相应的警示标识	
		35	实验室应配有必要的防污染、防火、控制进入等安全措施	
		36	凡是检测方法或检测仪器有要求的，应按要求对检测场所的温度、湿度和放射性本底等环境条件进行有效、准确的测量并记录	
4. 仪器设备	仪器设备配备	37	*具有附件1附录1所规定的实验室检验及现场检测设备，仪器设备应有购置凭证，停用设备不计入有效设备	
		38	仪器设备的种类、数量、性能、量程、精度应满足工作需要，并运行良好	
	计量检定	39	*仪器设备应定期进行计量检定或校准，并贴有相应状态标识	
		40	无计量检定规程的仪器设备，应有相应校验方法并进行定期校验	
		41	检定周期内应进行运行核查	
	仪器设备管理	42	*仪器设备应有完整的操作规程	
		43	主要仪器设备应建有档案，有验收、检定校准、使用和维修等有关资料。进口仪器设备说明书的使用方法部分应当有中文译文	
		44	仪器设备应有固定的放置场所，放置合理，便于操作	
		45	精密仪器和加热设备隔离放置	

续表

考核项目		考核内容		考核结果
		序号	具体内容	
5. 职业病危害因素检测能力	检测方法	46	*职业病危害因素检测应采用国家、行业或地方规定的方法或标准,采用非标方法,应当进行方法比对或验证,编写操作规程(作业指导书),并经技术负责人审批	
	检测样品及耗材管理	47	*应当为检测样品建立唯一识别系统和状态标识	
		48	应当编制有关样品采集、接收、流转、保存和安全处置的书面程序	
		49	标准物质、标准溶液及化学试剂的配制标识与使用记录应符合有关要求	
	检测能力	50	*申报的检测项目应通过计量认证	
		51	*化学因素重点检测项目应不少于42项(附件1附录2)	
		52	*物理因素重点检测项目应不少于8项(附件1附录2)	
		53	申报的每个检测项目应当完成至少2份检测报告(或模拟检测报告)	
	作业指导书及运行	54	建立规范的物理因素检测作业指导书,并有效运行	
		55	建立规范的化学有害因素(化学物质、粉尘)检测作业指导书,并有效运行	
	检测报告及原始记录(抽查20份检测报告与原始记录档案)	56	原始记录应按照要求书写、审核、签字	
		57	*现场采样和检测记录信息规范、清晰、完整	
		58	*原始记录具有可溯源性	
		59	原始记录数据处理规范	
		60	*检测报告应按照要求打印、审核、签章、发送	
		61	检测报告检测方法与判定依据正确	
		62	检测报告内容完整、规范	
		63	检测报告及原始记录应完整归档,并按要求保存	
	实际操作能力考核(参加考核人员不少于4名)	64	*现场采样、检测操作规范、熟练	
		65	实验室分析操作规范、熟练	
		66	现场采样、检测、实验室分析记录规范、完整	
	盲样考核	67	★盲样检测结果全部符合要求(现场考核6个盲样,有机化合物2个、非金属化合物1个、金属样品2个和农药样品1个)	

续表

考核项目		考核内容		考核结果
		序号	具体内容	
6. 建设项目职业病危害评价能力	评价能力	68	*应当具有不少于3项业务范围的评价能力	
		69	*申请的每个业务范围应至少独立完成建设项目职业病危害预评价和控制效果评价报告（或模拟评价报告）各1份	
	评价报告（抽查建设项目职业病危害评价报告4份）	70	评价目的、依据、范围、方法正确，评价内容完整	
		71	工程分析全面、到位	
		72	*职业病危害因素识别与分析全面、准确	
		73	危害程度评价和健康影响评价科学、准确	
		74	*职业病危害防护设施评价准确	
		75	职业卫生管理措施建议有效可行、具有针对性	
		76	评价结论完整、准确	
	评价过程管理	77	评价工作委托文件	
		78	合同评审记录	
		79	评价方案的制定与审核	
		80	现场调查与实施	
		81	评价资料的收集与分析	
		82	评价报告应按照要求打印、审核、签章和发送	
		83	评价报告及原始资料应完整归档，并按要求保存	
		84	*评价相关原始资料应准确、完整、可溯源	
	模拟评价	85	*编制现场模拟评价报告的工程分析、职业病危害因素识别与分析、职业病危害防护措施评价等部分，要求分析全面、准确，防护措施符合法律、法规、标准	
	职业卫生工程考试（参加考试人员不少于2名）	86	职业卫生工程口试合格	
		87	职业卫生工程测试操作熟练、规范	

续表

考核项目		考核内容		考核结果
		序号	具体内容	
7. 质量管理体系	质量管理体系文件	88	*质量管理手册完整、规范、操作性强	
		89	*程序性文件完整、规范、操作性强	
		90	*作业指导书完整、规范、操作性强	
		91	记录表格完整、规范、操作性强	
	文件控制	92	文件受控制度建立健全	
		93	*文件控制措施落实到位	
	质量管理体系运行情况	94	内部审核全面、有效	
		95	管理评审应有效开展	
		96	纠正和预防措施可行、落实有效	
	监督记录	97	校核人记录	
		98	*监督员监督记录	
		99	投诉处理记录	

注：有★为否决项，有＊为关键项，其他为一般项。考核结果分为符合、基本符合、不符合。

2. 判定标准

技术评审项目共99项，其中否决项8项，关键项34项，一般项57项。

判定标准如下：

评审结论	否决项	关键项	一般项
通过	全部符合	全部符合	无不符合项或基本符合项数≤5项
整改后通过	全部符合	无不符合项或基本符合项数≤2项	不符合项数≤2项或5项＜基本符合项数≤8项
整改后复审	全部符合	不符合项数≤2项或基本符合项数≤5项	不符合项数≤5项或8项＜基本符合项数≤10项
不通过	不符合项数≥1项	不符合项数＞2项或基本符合项数＞5项	不符合项数＞5项或基本符合项数＞10项

二、第二类业务范围的评审项目和判定标准
1. 技术评审项目

考核项目		考核内容		考核结果
		序号	具体内容	
1. 组织机构	法人资格	1	★具有独立法人资格	
	注册资金和固定资产	2	★注册资金800万元以上，固定资产700万元以上	
	计量认证	3	★取得省级及以上人民政府计量行政部门颁发的计量认证证书	
	部门设置	4	*质量管理部门	
		5	*评价、检测（检验）部门	
		6	部门负责人任命文件	
	岗位设置、职责	7	*技术负责人	
		8	*质量控制负责人	
		9	质量监督员、设备管理员、内审员、样品管理员、档案管理员	
		10	评价人员、检测人员	
		11	授权签发人	
	经费保障	12	台账及经费保障措施	
	依法执业	13	★没有违法行为记录	

续表

考核项目		考核内容		考核结果
		序号	具体内容	
2. 人员	技术负责人	14	★技术负责人具有与所申报业务相适应的高级专业技术职称和 5 年以上工作经验,且不得外聘	
		15	经培训合格	
	专业技术人员	16	高级技术职称的专业人员不少于 5 名	
		17	*中级以上技术职称或相关专业大学本科以上学历的专业人员不少于专业技术人员总数的 40%	
		18	具有 2 年以上职业卫生工程技术工作经验的人员不少于 1 名	
		19	具有 2 年以上相关专业工作经历的放射卫生相关专业人员不少于 5 名	
		20	★经培训合格的放射防护检测与评价专职技术人员不少于 10 名	
		21	*具有满足所申请业务范围专业要求的工程技术人员,且每项专业不少于 1 名	
		22	专业技术人员年度培训计划和培训记录	
	现场考核	23	*参加现场笔试的专业技术人员比例不低于 80%	
		24	*现场笔试人员合格率达到 90%	
		25	管理人员口试成绩合格	
		26	专业技术人员口试成绩合格	

续表

考核项目		考核内容		考核结果
		序号	具体内容	
3. 工作场所及实验室	工作场所	27	★有与所从事的评价、检测（检验）、质量管理等工作相适应的工作场所，工作场所面积不少于700平方米	
		28	有独立的档案室，档案室使用面积不少于40平方米	
	实验室要求	29	工作场所符合放射卫生有关法规、规章和标准的要求，并制定有放射防护管理制度	
		30	废弃的放射性样品和其他放射性废物应当按有关规定处理	
		31	放射性样品应与其他样品分开存放，专人保管	
		32	*操作非密封放射性同位素的实验室应当有通风设备，地面、实验台应便于去除放射性污染	
		33	检测实验室应当有良好的内务管理，以保证实验室整洁有序	
		34	实验室应配有必要的防污染、防火、控制进入等安全措施	
		35	凡是检测方法或检测仪器有要求的，应按要求对检测场所的温度、湿度和放射本底等环境条件进行有效、准确的测量并记录	
4. 仪器设备	仪器设备配备	36	*具有开展项目需要的仪器设备（附件1附录3），仪器设备应有购置凭证，共享仪器应提供合作协议或合同书。停用设备不计入有效设备	
		37	仪器设备的种类、数量、性能、量程、精度应满足工作的需要，并运行良好	
	计量检定	38	*仪器设备应定期进行计量检定或校准，并贴有相应状态标识。无计量检定规程的仪器设备，应有相应校验方法并进行定期校验	
	仪器设备管理	39	主要仪器设备应建有档案，有验收、检定校准、使用和维修等有关资料。进口仪器设备说明书的使用方法部分应当有中文译文	
		40	仪器设备应有完整的操作规程	
		41	仪器设备应有固定的放置场所，放置合理，便于操作	
	个体防护措施	42	为专业技术人员提供必需的劳动防护用品	

续表

考核项目		考核内容		考核结果
		序号	具体内容	
5. 职业病危害因素检测能力	检测方法	43	应采用国家、行业或地方规定的方法或标准，采用非标方法，应当进行方法比对或验证，编写操作规程（作业指导书），并经技术负责人审批	
	检测样品管理	44	应为检测样品建立唯一识别系统和状态标识管理	
		45	应编制有关样品采集、接收、流转、保存和安全处置的书面程序	
	检测能力	46	*申报的检测项目应通过计量认证	
		47	放射卫生防护重点检测项目不少于 12 项（附件 1 附录 4）	
		48	申报的每个检测项目应当完成至少 2 份检测报告（或模拟检测报告）	
	检测报告和原始记录（抽查 15 份检测报告和原始记录档案）	49	原始记录和检测报告规范，应采用法定计量单位	
		50	应按规定书写、更改、审核、签章、分发或保存	
		51	数据处理规范	
		52	*原始记录可溯源	
	质量控制措施	53	积极采取包括使用放射性标准源、有证标准物质在内的各种质量控制措施	
	实际操作能力考核（参加考核人员不少于 4 名）	54	*检测操作规范、熟练	
	盲样考核	55	*考核样品检测结果合格	

续表

考核项目		考核内容		考核结果
		序号	具体内容	
6. 建设项目职业病危害评价能力	评价能力	56	*应具备全部业务范围的评价能力	
		57	*申请的每个业务范围应至少独立完成建设项目职业病危害放射防护预评价和控制效果评价报告（或模拟评价报告）各1份	
	评价报告（抽查建设项目职业病危害放射防护评价报告4份）	58	评价报告书格式与内容应符合有关规定的要求	
		59	*抽查建设项目放射防护评价报告书的专家审查意见	
		60	评价工作的委托文件	
		61	评价方案的制定与审核	
		62	现场调查与实施	
		63	评价报告应按照要求打印、审核、签章和发送	
		64	评价报告及原始资料应完整归档，并按要求保存	
		65	控制效果评价报告书的检测原始记录	
	模拟评价	66	*编制现场模拟评价报告的源项分析、放射防护措施评价两部分，要求分析全面、准确，防护措施符合放射防护原则	
7. 质量管理体系	质量管理体系文件	67	*质量管理手册完整、规范、操作性强	
		68	*程序性文件完整、规范、操作性强	
		69	*作业指导书完整、规范、操作性强	
		70	记录表格完整、规范、操作性强	
	文件控制	71	文件受控制度建立健全	
		72	*文件控制措施落实到位	
	质量管理体系运行情况	73	内部审核全面、有效	
		74	管理评审应有效开展	
		75	纠正和预防措施可行、落实有效	
	监督记录	76	校核人记录	
		77	*监督员监督记录	
		78	投诉处理记录	

注：有★为否决项，有*为关键项，其他为一般项。考核结果分为符合、基本符合、不符合。

2. 判定标准

技术评审项目共 78 项，其中否决项 7 项，关键项 24 项，一般项 47 项。判定标准如下：

评审结论	否决项	关键项	一般项
通过	全部符合	全部符合	无不符合项或 基本符合项数≤5 项
整改后通过	全部符合	无不符合项或 基本符合项数≤2 项	不符合项数≤2 项或 5 项＜基本符合项数≤8 项
整改后复审	全部符合	不符合项数≤2 项或 基本符合项数≤5 项	不符合项数≤5 项或 8 项＜基本符合项数≤10 项
不通过	不符合项数≥1 项	不符合项数＞2 项或 基本符合项数＞5 项	不符合项数＞5 项或 基本符合项数＞10 项

附件 3

职业卫生技术服务机构乙级资质认可条件

一、机构条件

（一）具有独立法人资格；部门、岗位设置合理，职责明确。

（二）注册资金 500 万元以上，固定资产 400 万元以上。

（三）有固定的从事职业卫生技术服务所需的工作场所。工作场所面积不少于 400 平方米，其中，职业卫生检测实验室使用面积不少于 200 平方米，档案室使用面积不少于 30 平方米。

（四）有健全的内部管理制度和质量保证体系；取得省级及以上人民政府计量行政部门颁发的计量认证证书。

二、人员要求

（一）熟悉相关法律、法规、标准和规范以及本单位质量管理体系文件。

（二）专职技术负责人和质量控制负责人应当熟悉本专业业务，不得外聘，具有相关专业高级技术职称，从事相关专业工作 3 年以上，并经培训合格。

（三）申请第一类业务范围的，应当具有不少于 20 名经培训合格的专职技术人员，专职技术人员的构成应当满足下列条件：

1. 高级技术职称的专业技术人员不少于 4 名；中级以上技术职称或相关专业大学本科以上学历的专业技术人员不少于专业技术人员总数的 40%。

2. 具有 2 年以上职业卫生检测工作经历的检测人员不少于 8 名，且高级技术职称的专业技术人员不少于 1 名。

3. 具有 2 年以上职业卫生评价工作经历的评价人员不少于 8 名，且高级技术职称的专业技术人员不少于 2 名。

4. 职业卫生工程技术人员不少于 2 名（其中通风相关专业人员不少于 1 名），且中级以上技术职称的专业技术人员不少于 1 名。

5. 具有 2 年以上工作经历的公共卫生专业人员不少于 2 名，且中级以上技术职称的专业技术人员不少于 1 名。

6. 具有满足所申请业务范围专业要求的工程技术人员，且每项专业不少于 1 名。

（四）申请第二类业务范围的，应当具有不少于 8 名经培训合格的放射防护检测与评价专职技术人员。专职技术人员的构成应当满足下列条件：

1. 高级技术职称的专业技术人员不少于 1 名；中级以上技术职称或相关专业大学本科以上学历的专业技术人员不少于专业技术人员总数的 40％。

2. 具有 2 年以上相关专业工作经历的放射卫生相关专业人员不少于 2 名。

3. 具有满足所申请业务范围专业要求的工程技术人员，且每项专业不少于 1 名。

三、实验室及仪器设备配置要求

（一）具有所申请的技术服务项目所必需的仪器设备（见附录 1 和附录 3）。

（二）仪器设备的种类、数量、性能、量程、精度应当满足工作的需要，且运行良好。

（三）仪器设备应当定期进行计量检定，并贴有检定或校验标识。无计量检定规程的仪器设备，应当有自行编制的校验和检验方法并进行定期校验。仪器设备应当有完整的操作规程。

（四）标准物质、标准溶液及化学试剂的配制标识与使用记录应当符合要求。

（五）检测实验室应当布局合理，有健全的管理制度。检测仪器放置合理，便于操作。实验室应当配有必要的防污染、防火、控制进入等安全措施。

（六）凡是检测方法或检测仪器有要求的，应当按要求对检测场所的温度、湿度和放射性本底等环境条件进行有效、准确的测量并记录。

（七）应当为检测样品建立唯一识别系统和状态标识。应当编制有关样品采集、接收、流转、保存和安全处置的书面程序。

（八）放射性检测场所，应当符合放射卫生有关法规、规章和标准的要求。有使用放射性标准源或有证标准物质控制检测质量的措施。有参与实验室间检测能力验证活动的记录。

放射性样品应当与其他样品分开存放，专人保管。废弃的放射性样品和其他放射性废物应当按有关规定处理。处理开放型放射性同位素的实验室应当有通风设备，地面、实验台应当便于去除放射性污染。

四、职业病危害因素检测能力

（一）具备与申报项目相关的检测与评价的方法和技能，能够独立开展职业病危害因素检测与评价工作,并解决工作过程中发生的技术问题。

(二)具有所申请技术服务项目所必需的职业病危害因素检测能力(见附录2和附录4),其中,化学因素重点检测项目不少于32项,物理因素重点检测项目不少于6项;放射卫生重点检测项目不少于6项。

(三)职业病危害因素检测应当采用国际、国家、行业或地方规定的方法或标准,采用非标方法,应当进行方法比对或验证,编写操作规程(作业指导书),并经技术负责人审批。

(四)样品检测的原始记录和检测报告应当按照各自规定要求书写、打印、审核、签章、发送和保存。

(五)独立完成盲样考核,且考核合格。

(六)原始记录应当规范、清晰、完整、可溯源,并按规定的时间保存。

(七)应当具备一定的职业病危害因素检测工作基础,申报的每个检测项目应当完成至少2份检测报告(或检测记录)。

五、建设项目职业病危害评价能力

(一)评价报告书写规范、内容全面、结论正确;评价过程管理符合要求;原始记录准确、完整、可溯源。

(二)应当具备一定范围的职业病危害评价能力。申请第一类业务范围的,应当具有不少于2项业务范围的评价能力。申请第二类业务范围的,应当具有核技术工业应用一项业务范围的评价能力。

(三)应当具备一定的职业病危害评价工作基础。申请的每个业务范围应当至少独立完成建设项目职业病危害预评价和控制效果评价报告(或模拟评价报告)各1份。

六、其他要求

(一)职业卫生技术服务机构应当编制职业卫生技术服务质量管理体系文件(包括质量管理手册、程序文件、作业指导书、记录表格),并严格进行质量控制。

(二)应当有与其开展职业卫生技术服务相适应的经费保障措施。

(三)为专业技术人员提供必需的劳动防护用品,并根据所申请的业务范围对专业技术人员进行安全培训。

附录1

实验室检验及现场检测设备目录（乙级）

序号	设备名称	数量/台（件）
一	采样设备	
1	5~30 L/min 采样器（包括防爆）	10（5）
2	1~5 L/min 采样器（包括防爆）	10（5）
3	0~1 L/min 采样器（包括防爆）	10（5）
4	各种空气样品收集器（大型气泡吸收管、小型气泡吸收管、多孔玻板吸收管、冲击式吸收管等）	15（每种）
5	压力计	2
6	温、湿度计	2
7	流量计	2
二	现场检测设备	
8	热球式风速仪	2
9	辐射热计	2
10	通风干湿球温度计	2
11	黑球、湿球温度计	2
12	个体噪声剂量计（包括防爆）	5（2）
13	倍频程声级计（包括防爆）	2（1）
14	手传振动测定仪	1
15	照度计	1
16	电磁场测定仪（含高频、超高频及微波等频段）	1
17	紫外线测定仪	1
18	烟尘浓度测试仪	1
19	不分光红外线分析仪	1
20	皮托管	1
三	实验室检测设备	
21	分析天平（1/1 000）	1
22	分析天平（1/10 000）	1

续表

序号	设备名称	数量/台（件）
23	分析天平（1/100 000）	1
24	去湿机	1
25	普通冰箱	2
26	低温冰箱（-20℃）	1
27	样品消化装置	1
28	样品混匀装置	1
29	磁力搅拌器	1
30	超声波清洗器	1
31	恒温水浴箱	1
32	离心机	—
33	高温炉	1
34	干燥箱	1
35	红外线干燥箱	1
36	白金坩埚	5
37	普通坩埚	5
38	玛瑙研钵	1
39	生物显微镜	—
40	相差显微镜	1
41	分散度测定器	—
42	酸度计	1
43	分光光度计	1
44	原子吸收分光光度计	1
45	原子荧光分光光度计	1
46	高效液相色谱仪	—
47	离子色谱仪	—
48	气相色谱-质谱联用仪	—
49	气相色谱仪（FID、ECD、NPD、FPD或PFPD）	1

注："—"为不作要求。

附录 2

职业病危害因素检测项目（乙级）

序号	检测项目	条件要求
一	化学有害因素	
（一）	金属类	
1	锑及其化合物	☆
2	钡及其化合物	★
3	铍及其化合物	☆
4	铋及其化合物	☆
5	镉及其化合物	★
6	钙及其化合物	☆
7	铬及其化合物	★
8	钴及其化合物	☆
9	铜及其化合物	★
10	铅及其化合物	★
11	锂及其化合物	☆
12	镁及其化合物	☆
13	锰及其化合物	★
14	汞及其化合物	★
15	钼及其化合物	★
16	镍及其化合物	★
17	钾及其化合物	★
18	钠及其化合物	★
19	锶及其化合物	☆
20	钽及其化合物	☆

续表

序号	检测项目	条件要求
21	铊及其化合物	★
22	锡及其化合物	★
23	钨及其化合物	☆
24	钒及其化合物	☆
25	锌及其化合物	★
26	锆及其化合物	☆
27	铟及其化合物	☆
28	钇及其化合物	☆
(二)	非金属类	
29	硼及其化合物	☆
30	无机含碳化合物	★
31	无机含氮化合物	★
32	无机含磷化合物	★
33	砷及其化合物	★
34	氧化物	★
35	硫化物	★
36	硒及其化合物	☆
37	碲及其化合物	☆
38	氟及其化合物	★
39	氯及其化合物	★
40	碘及其化合物	☆
(三)	有机类	
41	烷烃类化合物	★
42	烯烃类化合物	☆

续表

序号	检测项目	条件要求
43	混合烃类化合物	★
44	脂环烃类化合物	★
45	芳香烃类化合物	★
46	多苯类化合物	☆
47	多环芳烃类化合物	★
48	卤代烷烃类化合物	★
49	卤代不饱和烃类化合物	★
50	卤代芳香烃类化合物	★
51	醇类化合物	★
52	硫醇类化合物	★
53	烷氧基乙醇类化合物	★
54	酚类化合物	★
55	脂肪族醚类化合物	☆
56	苯基醚类化合物	☆
57	醇醚类化合物	☆
58	脂肪族醛类化合物	★
59	脂肪族酮类化合物	★
60	酯环酮和芳香族酮类化合物	☆
61	醌类化合物	☆
62	环氧化合物	★
63	羧酸类化合物	★
64	酸酐类化合物	☆
65	酰基卤类化合物	★

续表

序号	检测项目	条件要求
66	酰胺类化合物	★
67	饱和脂肪族酯类化合物	★
68	不饱和脂肪族酯类化合物	☆
69	卤代脂肪族酯类化合物	★
70	芳香族酯类化合物	★
71	异氰酸酯类化合物	★
72	腈类化合物	★
73	脂肪族胺类化合物	☆
74	乙醇胺类化合物	☆
75	肼类化合物	★
76	芳香族胺类化合物	★
77	硝基烷烃类化合物	☆
78	芳香族硝基化合物	★
79	杂环化合物	☆
80	有机物定性	☆
(四)	农药类	
81	有机磷农药	★
82	有机氯农药	★
83	有机氮农药	★
(五)	其他化合物	
84	药物类化合物	☆
85	炸药类化合物	☆
86	生物类化合物	☆

续表

序号	检测项目	条件要求
（六）	粉尘类	
87	总粉尘	★
88	呼吸性粉尘	★
89	粉尘中游离二氧化硅	★
90	粉尘分散度	★
91	石棉纤维	★
二	物理有害因素	
92	高温	★
93	高气压	☆
94	低气压	☆
95	手传振动	★
96	噪声	★
97	照度	★
98	紫外辐射	★
99	高频电磁场	★
100	超高频辐射	★
101	微波辐射	★
102	工频电场	★
103	激光辐射	☆
104	通风（风速、风量、风压）	☆

注：★为重点检测项目；☆为一般检测项目。

附录 3

放射卫生防护检测仪器设备目录（乙级）

序号	设备名称	数量/台（件）
1	X、γ射线测量仪	1
2	环境X、γ剂量率仪	1
3	α、β表面污染监测仪	1
4	中子测量装置	1
5	高剂量率测量仪	1
6	氡测量仪	1
7	空气采样装置	1
8	灰化装置	1
9	＊γ能谱仪	1
10	热释光或光致发光测量装置	1

注：带＊号者允许与其他单位共享。

附录4

放射卫生防护检测项目（乙级）

类别	检测项目		备注	条件要求
	序号	名称		
非医用辐射设备及场所检测	1	工业射线探伤放射防护检测	X、γ和中子等射线探伤	★
	2	人体、行李包、车辆、集装箱等射线安全检查系统放射防护检测		★
	3	非医用加速器放射防护检测（不包括中、高能加速器）		★
	4	含密封源仪表放射防护检测		★
	5	密封放射源及密封γ放射源容器放射防护检测		★
	6	非密封放射性物质放射防护检测		★
	7	中子工作场所放射防护检测		★
	8	X射线衍射仪和荧光分析仪工作场所放射防护检测		★
	9	其他放射工作场所放射防护检测		★
工作场所放射性核素分析	10	γ放射性核素分析		☆
	11	α放射性核素分析		☆
	12	β放射性核素分析		☆
	13	总α放射性分析		☆
	14	总β放射性分析		☆
	15	氡及其子体检测		☆
	16	放射性气溶胶检测		☆

注：★为重点检测项目；☆为一般检测项目。

附件 4

职业卫生技术服务机构乙级资质认可技术评审项目和判定标准

一、第一类业务范围的技术评审项目和判定标准

1. 技术评审项目

考核项目		考核内容		考核结果
		序号	具体内容	
1. 组织机构	法人资格	1	★具有独立法人资格	
	注册资金和固定资产	2	★注册资金500万元以上，固定资产400万元以上	
	计量认证	3	★取得省级及以上人民政府计量行政部门颁发的计量认证证书	
	部门设置	4	*质量管理部门	
		5	*评价部门	
		6	*检测检验部门	
		7	部门负责人任命文件	
	岗位设置、职责	8	*技术负责人（评价、检测）	
		9	*质量控制负责人	
		10	质量监督员、设备管理员、内审员、样品管理员、档案管理员	
		11	评价人员、检测人员	
		12	授权签发人	
	经费保障	13	台账及经费保障措施	
	依法执业	14	★没有违法行为记录	

续表

考核项目		考核内容		考核结果
		序号	具体内容	
2. 人员	技术负责人（评价、检测）	15	★技术负责人具有与所申报业务相适应的高级专业技术职称和3年以上工作经验，且不得外聘	
		16	经培训合格	
	专业技术人员	17	★经培训合格的专职技术人员（包括评价、检测人员）不少于20名，专业技术人员不得同时在两个以上（含两个）职业卫生技术服务机构从业	
		18	高级技术职称的专业人员不少于4名	
		19	中级以上技术职称或相关专业大学本科以上学历的专业人员不少于专业技术人员总数的40%	
		20	*具有2年以上检测工作经历的检测人员不少于8名，且高级技术职称不少于1名	
		21	*具有2年以上评价工作经历的评价人员不少于8名，且高级技术职称不少于2名	
		22	*职业卫生工程技术人员不少于2名（其中通风相关专业人员不少于1名），且中级以上技术职称不少于1名	
		23	*具有2年以上工作经历的公共卫生专业人员不少于2名，且中级以上技术职称不少于1名	
		24	*具有满足所申请业务范围专业要求的工程技术人员，且每项专业不少于1名	
		25	专业技术人员年度培训计划和培训记录	
	现场笔试考核	26	技术负责人（评价、检测）、质量控制负责人必须参加考试，并考试合格	
		27	评价人员参加考试人数不少于6人	
		28	检测人员参加考试人数不少于6人	
		29	*现场考试人员合格率达到90%	

续表

考核项目		考核内容		考核结果
		序号	具体内容	
3. 工作场所及实验室	工作场所	30	★有与所从事的评价、检测（检验）、质量管理等工作相适应的工作场所，工作场所面积不少于 400 平方米	
		31	职业卫生检测实验室使用面积不少于 200 平方米	
		32	有独立的档案室，档案室使用面积不少于 30 平方米	
	实验室要求	33	检测实验室应布局合理，整洁有序，有健全的管理制度	
		34	检测工作场所的水、电、气布局符合安全卫生要求，实验室具备有效的防尘防毒设施及相应的警示标识	
		35	实验室应配有必要的防污染、防火、控制进入等安全措施	
		36	凡是检测方法或检测仪器有要求的，应按要求对检测场所的温度、湿度和放射性本底等环境条件进行有效、准确的测量并记录	
4. 仪器设备	仪器设备配备	37	*具有附件 3 附录 1 所规定的实验室检验及现场检测设备，仪器设备应有购置凭证，停用设备不计入有效设备	
		38	仪器设备的种类、数量、性能、量程、精度应满足工作需要，并运行良好	
	计量检定	39	*仪器设备应定期进行计量检定或校准，并贴有相应状态标识	
		40	无计量检定规程的仪器设备，应有相应校验方法并进行定期校验	
		41	检定周期内应进行运行核查	
	仪器设备管理	42	*仪器设备应有完整的操作规程	
		43	主要仪器设备应建有档案，有验收、检定校准、使用和维修等有关资料。进口仪器设备说明书的使用方法部分应当有中文译文	
		44	仪器设备应有固定的放置场所，放置合理，便于操作	
		45	精密仪器和加热设备隔离放置	

续表

考核项目		考核内容		考核结果
		序号	具体内容	
5. 职业病危害因素检测能力	检测方法	46	*职业病危害因素检测应采用国家、行业或地方规定的方法或标准,采用非标方法,应当进行方法比对或验证,编写操作规程（作业指导书）,并经技术负责人审批	
	检测样品及耗材管理	47	*应当为检测样品建立唯一识别系统和状态标识	
		48	应当编制有关样品采集、接收、流转、保存和安全处置的书面程序	
		49	标准物质、标准溶液及化学试剂的配制标识与使用记录应符合有关要求	
	检测能力	50	*申报的检测项目应通过计量认证	
		51	*化学因素重点检测项目应不少于32项（附件3附录2）	
		52	*物理因素重点检测项目应不少于6项（附件3附录2）	
		53	申报的每个检测项目应当完成至少2份检测报告（或模拟检测报告）	
	作业指导书及运行	54	建立规范的物理因素检测作业指导书,并有效运行	
		55	建立规范的化学有害因素（化学物质、粉尘）检测作业指导书,并有效运行	
	检测报告及原始记录（抽查15份检测报告及原始记录档案）	56	原始记录应按照要求书写、审核、签字	
		57	*现场采样和检测记录信息规范、清晰、完整	
		58	*原始记录具有可溯源性	
		59	原始记录数据处理规范	
		60	*检测报告应按照要求打印、审核、签章、发送	
		61	检测报告检测方法与判定依据正确	
		62	检测报告内容完整、规范	
		63	检测报告及原始记录应完整归档,并按要求保存	
	实际操作能力考核（参加考核人员不少于4名）	64	*现场采样、检测操作规范、熟练	
		65	实验室分析操作规范、熟练	
		66	现场采样、检测、实验室分析记录规范、完整	
	盲样考核	67	★盲样检测结果全部符合要求（现场考核5个盲样,有机化合物2个、非金属化合物1个、金属样品2个）	

续表

考核项目		考核内容		考核结果
		序号	具体内容	
6. 建设项目职业病危害评价能力	评价能力	68	*应当具有不少于2项业务范围的评价能力	
		69	*申请的每个业务范围应至少完成建设项目职业病危害预评价和控制效果评价报告（或模拟评价报告）各1份	
	评价报告（抽查建设项目职业病危害评价报告或模拟评价报告4份）	70	评价目的、依据、范围、方法正确，评价内容完整	
		71	工程分析全面、到位	
		72	*职业病危害因素识别与分析全面、准确	
		73	危害程度评价和健康影响评价科学、准确	
		74	*职业病危害防护设施评价准确	
		75	职业卫生管理措施建议有效可行、具有针对性	
		76	评价结论完整、准确	
	评价过程管理	77	评价工作委托文件	
		78	合同评审记录	
		79	评价方案的制定与审核	
		80	现场调查与实施	
		81	评价资料的收集与分析	
		82	评价报告应按照要求打印、审核、签章和发送	
		83	评价报告及原始资料应完整归档，并按要求保存	
		84	*评价相关原始资料应准确、完整、可溯源	
	模拟评价	85	*编制现场模拟评价报告的工程分析、职业病危害因素识别与分析、职业病危害防护措施评价等部分，要求分析全面、准确，防护措施符合法律、法规、标准	
	职业卫生工程考试（参加考试人员不少于1名）	86	职业卫生工程口试合格	
		87	职业卫生工程测试操作熟练、规范	

续表

考核项目		考核内容		考核结果
		序号	具体内容	
7. 质量管理体系	质量管理体系文件	88	*质量管理手册完整、规范、操作性强	
		89	*程序性文件完整、规范、操作性强	
		90	*作业指导书完整、规范、操作性强	
		91	记录表格完整、规范、操作性强	
	文件控制	92	文件受控制度建立健全	
		93	*文件控制措施落实到位	
	质量管理体系运行情况	94	内部审核全面、有效	
		95	管理评审应有效开展	
		96	纠正和预防措施可行、落实有效	
	监督记录	97	校核人记录	
		98	*监督员监督记录	
		99	投诉处理记录	

注：有★为否决项，有*为关键项，其他为一般项。考核结果分为符合、基本符合、不符合。

2. 判定标准

技术评审项目共99项，其中否决项8项，关键项34项，一般项57项。

判定标准如下：

评审结论	否决项	关键项	一般项
通过	全部符合	全部符合	无不符合项或基本符合项数≤5项
整改后通过	全部符合	无不符合项或基本符合项数≤2项	不符合项数≤2项或5项<基本符合项数≤8项
整改后复审	全部符合	不符合项数≤2项或基本符合项数≤5项	不符合项数≤5项或8项<基本符合项数≤10项
不通过	不符合项数≥1项	不符合项数>2项或基本符合项数>5项	不符合项数>5项或基本符合项数>10项

二、第二类业务范围的评审项目和判定标准

1. 技术评审项目

考核项目		考核内容		考核结果
		序号	具体内容	
1. 组织机构	法人资格	1	★具有独立法人资格	
	注册资金和固定资产	2	★注册资金500万元以上，固定资产400万元以上	
	计量认证	3	★取得省级及以上人民政府计量行政部门颁发的计量认证证书	
	部门设置	4	*质量管理部门	
		5	*评价、检测（检验）部门	
		6	部门负责人任命文件	
	岗位设置、职责	7	*技术负责人	
		8	*质量控制负责人	
		9	质量监督员、设备管理员、内审员、样品管理员、档案管理员	
		10	评价人员、检测人员	
		11	授权签发人	
	经费保障	12	台账及经费保障措施	
	依法执业	13	★没有违法行为记录	

续表

考核项目		考核内容		考核结果
		序号	具体内容	
2. 人员	技术负责人	14	★技术负责人具有与所申报业务相适应的高级专业技术职称和3年以上工作经验，且不得外聘	
		15	经培训合格	
	专业技术人员	16	高级技术职称的专业人员不少于1名	
		17	*中级以上技术职称或相关专业大学本科以上学历的专业人员不少于专业技术人员总数的40%	
		18	具有2年以上相关专业工作经历的放射卫生相关专业人员不少于2名	
		19	★经培训合格的放射防护检测与评价专职技术人员不少于8名	
		20	*具有满足所申请业务范围专业要求的工程技术人员，且每项专业不少于1名	
		21	专业技术人员年度培训计划和培训记录	
	现场笔试考核	22	*参加现场笔试的专业技术人员比例不低于80%	
		23	*现场笔试人员合格率达到90%	
		24	管理人员口试成绩合格	
		25	专业技术人员口试成绩合格	

续表

考核项目		考核内容		考核结果
		序号	具体内容	
3. 工作场所及实验室	工作场所	26	★有与所从事的评价、检测（检验）、质量管理等工作相适应的工作场所，工作场所面积不少于400平方米	
		27	有独立的档案室，档案室使用面积不少于30平方米	
	实验室要求	28	工作场所符合放射卫生有关法规、规章和标准的要求，并制定有放射防护管理制度	
		29	废弃的放射性样品和其他放射性废物应当按有关规定处理	
		30	放射性样品应与其他样品分开存放，专人保管	
		31	*操作非密封放射性同位素的实验室应当有通风设备，地面、实验台应便于去除放射性污染	
		32	检测实验室应当有良好的内务管理，以保证实验室整洁有序	
		33	实验室应配有必要的防污染、防火、控制进入等安全措施	
		34	凡是检测方法或检测仪器有要求的，应按要求对检测场所的温度、湿度和放射性本底等环境条件进行有效、准确的测量并记录	
4. 仪器设备	仪器设备配备	35	*具有开展项目需要的仪器设备（附件3附录3），仪器设备应有购置凭证，共享仪器应提供合作协议或合同书。停用设备不计入有效设备	
		36	仪器设备的种类、数量、性能、量程、精度应满足工作的需要，并运行良好	
	计量检定	37	*仪器设备应定期进行计量检定或校准，并贴有相应状态标识。无计量检定规程的仪器设备，应有相应校验方法并进行定期校验	
	仪器设备管理	38	主要仪器设备应建有档案，有验收、检定校准、使用和维修等有关资料。进口仪器设备说明书的使用方法部分应当有中文译文	
		39	仪器设备应有完整的操作规程	
		40	仪器设备应有固定的放置场所，放置合理，便于操作	
	个体防护措施	41	为专业技术人员提供必需的劳动防护用品	

续表

考核项目		序号	考核内容 具体内容	考核结果
5. 职业病危害因素检测能力	检测方法	42	应采用国家、行业或地方规定的方法或标准，采用非标方法，应当进行方法比对或验证，编写操作规程（作业指导书），并经技术负责人审批	
	检测样品管理	43	应为检测样品建立唯一识别系统和状态标识管理	
		44	应编制有关样品采集、接收、流转、保存和安全处置的书面程序	
	检测能力	45	*申报的检测项目应通过计量认证	
		46	放射卫生重点检测项目不少于6项（附件3附录4）	
		47	申报的每个检测项目应当完成至少2份检测报告（或模拟检测报告）	
	检测报告及原始记录（抽查10份检测报告及原始记录档案）	48	原始记录和检测报告规范，应采用法定计量单位	
		49	应按规定书写、更改、审核、签章、分发或保存	
		50	数据处理规范	
		51	*原始记录可溯源	
	质量控制措施	52	积极采取包括使用放射性标准源、有证标准物质在内的各种质量控制措施	
	实际操作能力考核（参加考核人员不少于3名）	53	*检测操作规范、熟练	
	盲样考核	54	*考核样品检测结果合格	

续表

考核项目		考核内容		考核结果
		序号	具体内容	
6. 建设项目职业病危害评价能力	评价能力	55	*具备核技术工业应用一项业务范围的评价能力	
		56	*申请的每个业务范围应至少完成建设项目职业病危害放射防护预评价和控制效果评价报告（或模拟评价报告）各1份	
	评价报告（抽查建设项目职业病危害放射防护评价报告或模拟评价报告4份）	57	评价报告书格式与内容应符合有关规定的要求	
		58	*抽查建设项目放射防护评价报告书的专家审查意见	
		59	评价工作的委托文件	
		60	评价方案的制定与审核	
		61	现场调查与实施	
		62	评价报告应按照要求打印、审核、签章和发送	
		63	评价报告及原始资料应完整归档，并按要求保存	
		64	控制效果评价报告书的检测原始记录	
	模拟评价	65	*编制现场模拟评价报告的源项分析、放射防护措施评价两部分，要求分析全面、准确，防护措施符合放射防护原则	

续表

考核项目		考核内容		考核结果
		序号	具体内容	
7. 质量管理体系	质量管理体系文件	66	*质量管理手册完整、规范、操作性强	
		67	*程序性文件完整、规范、操作性强	
		68	*作业指导书完整、规范、操作性强	
		69	记录表格完整、规范、操作性强	
	文件控制	70	文件受控制度建立健全	
		71	*文件控制措施落实到位	
	质量管理体系运行情况	72	内部审核全面、有效	
		73	管理评审应有效开展	
		74	纠正和预防措施可行、落实有效	
	监督记录	75	校核人记录	
		76	*监督员监督记录	
		77	投诉处理记录	

注：有★为否决项，有*为关键项，其他为一般项。考核结果分为符合、基本符合、不符合。

2. 判定标准

技术评审项目共77项，其中否决项7项，关键项24项，一般项46项。判定标准如下：

评审结论	否决项	关键项	一般项
通过	全部符合	全部符合	无不符合项或基本符合项数≤5项
整改后通过	全部符合	无不符合项或基本符合项数≤2项	不符合项数≤2项或5项＜基本符合项数≤8项
整改后复审	全部符合	不符合项数≤2项或基本符合项数≤5项	不符合项数≤5项或8项＜基本符合项数≤10项
不通过	不符合项数≥1项	不符合项数＞2项或基本符合项数＞5项	不符合项数＞5项或基本符合项数＞10项

附件 5

职业卫生技术服务机构甲级资质认可工作程序

一、申请与受理

第一条 国家安全生产监督管理总局（以下简称总局）负责职业卫生技术服务机构甲级资质的认可，具体工作由总局职业安全健康监督管理司（以下简称总局资质认可机关）承担。

第二条 申请单位申请职业卫生技术服务机构甲级资质时，应当提交下列文件、资料（以下简称申请材料），报所在地省级安全生产监督管理部门（以下简称省级安全监管部门）初审：

（一）职业卫生技术服务机构资质申请表（附录1）；

（二）申请单位简介；

（三）法人资格证明或者名称预先核准通知书；

（四）注册资金和固定资产的验资证明；

（五）工作场所产权证明或者租赁合同；

（六）机构资质证明材料；

（七）职业卫生技术服务机构质量管理体系文件；

（八）专职技术人员、专职技术负责人、质量控制负责人的名单及其培训合格证书、技术职称证书、工作经历证明；

（九）拟开展的职业卫生技术服务项目及资质等级；

（十）在申请职业卫生技术服务业务范围内，能够证明具有相应业务能力的文件、资料；

（十一）近年从事职业卫生技术服务相关工作的总结报告；

（十二）法律、法规规定的其他文件、资料。

职业卫生技术服务机构资质申请表可以从总局政府网站下载，申请单位所提交的申请材料要符合有关基本要求（附录2）。

第三条 申请单位对提交的申请材料的真实性负责。申报的各项内容应当完整、清楚、不得涂改，复印件、影印件应当清晰并与原件一致。所有申请材料应当一式二份，加盖申请单位公章。

第四条 省级安全监管部门应当自收到申请材料之日起 5 个工作日内对

其进行初审并决定是否受理。决定受理的，自受理申请之日起20个工作日内完成审核工作，并出具审核意见（附录3）；决定不予受理的，向申请单位书面说明理由。

第五条 申请单位将省级安全监管部门出具的审核意见和申请材料报总局资质认可机关。总局资质认可机关应当自收到申请材料之日起5个工作日内对其进行审查。

对符合要求的，总局资质认可机关出具《职业卫生技术服务机构资质申请技术评审通知书》（附录4）。通知书一式三份，一份交申请单位，一份归档备查，一份连同申请材料交总局资质认可机关委托的技术评审单位。

不符合要求的，总局资质认可机关应当向申请单位出具《职业卫生技术服务机构资质申请不予技术评审通知书》（附录5），通知书应当写明不予技术评审的原因。通知书一式二份，一份交申请单位，一份归档备查。

二、技术评审

第六条 技术评审包括申请材料技术审查和现场技术考核，技术评审应当在60个工作日内完成。

第七条 技术评审单位在收到总局资质认可机关移交的申请材料后，对其进行技术审查，并作出申请材料技术审查结论。技术审查合格的，组织现场技术考核；技术审查不合格的，将申请材料退回总局资质认可机关。

第八条 现场技术考核时间为3天。技术评审单位应当及时与申请单位联系，确定现场技术考核日期，制定现场技术考核计划，备齐现场技术考核所需的考核盲样、考核试题、有关资料和表格，采取严格的保密措施，并于现场考核前交接给专家组。

第九条 现场技术考核专家组成员从国家职业卫生专家库中抽取。专家组应当满足现场技术考核工作的需要，由检测、评价、质量管理、卫生工程等方面的专家组成。专家对所承担的工作任务负责。专家组组长由总局资质认可机关确定，并对现场技术考核的技术工作负总责。

第十条 技术评审单位应当提前将现场技术考核时间、专家组及有关人员名单告知申请单位。

总局资质认可机关根据工作需要派员对现场技术考核工作进行监督。

技术评审单位安排工作人员协助专家组做好现场技术考核，并负责现场技术考核的协调、联络、记录等工作。

第十一条 现场技术考核前应当组织召开全体专家组成员参加的预备会，会议内容包括：

（一）宣布现场考核专家组成员名单和专家组组长；

（二）介绍申请单位基本情况，宣布申请材料技术审查结论；

（三）提出现场考核工作的公正、客观、保密等要求，专家组全体成员签署保密和公正性声明；

（四）介绍现场考核的目的、范围、依据及考核原则和判定标准，并介绍本次考核的计划和日程表；

（五）确定专家组成员分工，明确专家组成员职责；

（六）听取专家组成员有关工作建议，解答专家组成员提出的疑问。

第十二条 专家组应当依据职业卫生技术服务机构甲级资质认可条件和标准，按照现场技术考核计划，对申请单位进行现场技术考核。

第十三条 现场技术考核程序和内容如下：

（一）交接模拟评价试题、考核盲样。专家组到达考核现场后，与申请单位进行考核盲样和职业病危害评价模拟试题的交接，办理交接手续。

（二）召开首次会议。参加会议人员包括专家组成员、技术评审单位工作人员和申请单位负责人及相关人员。会议由专家组组长主持，会议程序及内容如下：

1. 宣布专家组组长和专家组成员名单，对现场技术考核提出要求；

2. 申请单位介绍本单位参会人员；

3. 专家组组长介绍现场考核的目的、依据、范围、方法等，介绍现场考核分工、日程安排，宣读保密和公正性申明；

4. 申请单位负责人宣读签署的承诺书；

5. 申请单位汇报职业卫生技术服务工作情况；

6. 确定申请单位的现场考核配合人员；

7. 确定考核意见反馈时间和末次会议时间、地点。

（三）考核专业技术能力。

1. 书面考试。参加书面考试的人员包括管理人员、评价人员、检测人员，参加考试人数不少于以上人员总数的80%。考试方式为闭卷考试，考试时间为 120 分钟，满分为 100 分，60 分以上（含 60 分）者为合格。

2. 模拟评价。申请单位应当组织评价人员完成模拟评价，并在 48 小时内向专家组提交模拟评价报告。

3. 职业卫生工程口试与实际操作能力考核。专家组对职业卫生工程技术人员进行口试，并对其进行实际操作能力的考核。

4. 盲样考核。申请单位应当独立完成样品的检测，并在 48 小时内向专家组提交检测报告。

5. 检测人员操作技能考核。按照专家组指定的考核题目，申请单位检测人员独立完成现场采样、检测和实验室分析。

（四）审查资料。专家组按照分工对以下资料进行审查：

1. 申请单位的法人资格；

2. 相关部门设置和负责人任命文件；

3. 专业技术人员、技术负责人、质量控制负责人的名单、聘用证明、培训合格证书、技术职称证书、工作经历证明等材料；

4. 职业卫生技术服务质量管理体系文件及运行情况；

5. 仪器设备的购置凭证；

6. 检测原始记录及检测报告；

7. 职业病危害评价报告书及原始记录；

8. 教育培训证明文件或记录；

9. 应当审查的其他有关资料。

（五）审查实验室等工作场所。主要内容包括：

1. 仪器设备种类、数量、运行状态；

2. 仪器设备计量检定、放置、标识、使用记录；

3. 实验室等工作场所的面积、布局、环境及警示标识设置；

4. 标准溶液及化学试剂的配制标识与使用记录；

5. 样品管理；

6. 需要审查的其他有关内容。

（六）召开专家组会议。参加会议的人员包括专家组成员和技术评审单位工作人员。会议由专家组组长主持，会议程序及内容如下：

1. 现场考核专家按照考核工作分工分别报告考核情况，提出考核意见；

2. 编制现场技术考核报告；

3. 作出现场技术考核结论。

现场技术考核结论分为"通过""整改后通过""整改后复审""不通过"。其中，对"整改后通过"和"整改后复审"的，下达资质认可现场技术考核整改通知单。

（七）反馈考核意见。专家组就现场技术考核情况与申请单位负责人进行沟通，反馈考核意见。

（八）召开末次会议。参加会议的人员包括专家组成员、技术评审单位工作人员和申请单位负责人及相关人员。会议由专家组组长主持，会议程序及内容如下：

1. 专家组组长通报现场技术考核工作总体情况；

2. 专家组组长宣读现场技术考核结论；

3. 申请单位负责人发言。

第十四条 现场技术考核结论为"整改后通过"和"整改后复审"的，申请单位应当在接到整改通知之日后，按照专家组的时间要求完成整改，并将整改报告提交技术评审单位。技术评审单位在接到申请单位的整改报告后，组织专家组完成资料复核或现场复审，并由专家组提出复核或复审意见。

第十五条 专家组应当在结束现场技术考核后，将考核原始记录、现场技术考核报告（整改复核或复审意见）及有关资料移交技术评审单位。

三、报批和批准

第十六条 技术评审单位根据申请材料技术审查和现场技术考核的情况，提出职业卫生技术服务机构甲级资质认可技术评审结论并编制完成技术评审报告，技术评审报告加盖公章后报总局资质认可机关。

技术评审结论分为"建议批准"和"建议不批准"。

第十七条 总局资质认可机关自接到技术评审单位上报的技术评审报告等资料之日起15个工作日内，经过综合审查并报总局领导同志审定后，作出是否批准的决定。

第十八条 决定予以认可的，应当自作出决定之日起10个工作日内向申请单位颁发资质证书，申请单位凭《职业卫生技术服务机构资质申请技术评审通知书》、申请单位介绍信、领取人身份证到总局资质认可机关领取《职业卫生技术服务机构资质证书》；决定不予认可的，由总局资质认可机关向申请单位下达《职业卫生技术服务机构资质认可不予批准通知书》。

第十九条 总局资质认可机关对获得《职业卫生技术服务机构资质证书》的单位在总局政府网站上进行公告，接受社会监督。

四、资质变更和延续

第二十条 职业卫生技术服务机构取得资质1年以上，需要增加业务范围的，应当填写《职业卫生技术服务机构业务范围变更申请表》（附录6），并向总局资质认可机关提出申请。总局资质认可机关依照本程序对申请增加业务范围的单位组织开展技术评审。

第二十一条 职业卫生技术服务机构出现下列情况时，应当向总局资质认可机关申请办理资质变更手续：

（一）单位名称变更的；

（二）注册地址变更的；

（三）法定代表人变更的；

（四）机构分立、合并需要办理变更手续的。

第二十二条 职业卫生技术服务机构申请资质变更时，应当填写《职业卫生技术服务机构资质变更申请表》（附录7），并提交《职业卫生技术服务机构资质证书》原件，当地机构编制部门或工商管理部门、税务机关的证明文件，单位主管（上级）部门出具的证明文件（复印件），以及总局资质认可机关要求的其他证明文件、资料。

第二十三条 职业卫生技术服务机构办理资质变更手续期间，应当暂停相关技术服务工作。

第二十四条 《职业卫生技术服务机构资质证书》有效期届满前3个月，职业卫生技术服务机构应当向总局资质认可机关申请资质延续，填写《职业卫生技术服务机构资质延续申请表》（附录8），并提交有关申请材料。总局资质认可机关依照本程序对申请单位组织开展资质延续的认可工作，对合格的换发证书，不合格的取消资质。逾期未申请延续的，其《职业卫生技术服务机构资质证书》过期作废。

五、其他

第二十五条 申请单位申请的业务范围包含煤炭采选业的，还应当报所在地省级煤矿安全监察局初审合格,再报总局资质认可机关进行资质认可,国家煤矿安全监察局有关司依照职责进行审查。

第二十六条 职业卫生技术服务机构乙级、丙级机构资质认可工作程序参照本程序执行。

附录1

安职技申字（　）第　号

职业卫生技术服务机构资质申请表

申请单位：　　　　　　　（公章）

法定代表人：

填表日期：

国家安全生产监督管理总局制

填写说明

1. 本申请表由申请职业卫生技术服务机构资质的机构填写后报安全生产监督管理部门。

2. 文字要简练，不得涂改，空格处以"无"字填写，并用 A4 纸打印（中文使用宋体小 4 号字，英文使用 12 号字）。

3. 单位名称、注册地址等项目要填写全称，勿用简称。

4. "单位性质"一栏填写国有、集体、私营、中外合资、中外合作、外商独资。

5. "申请资质等级"一栏填写"甲级""乙级"或"丙级"。

6. 呈报申请表时，须提交下列材料：

（1）申请单位简介；

（2）法人资格证明或者名称预先核准通知书；

（3）注册资金和固定资产的验资证明；

（4）工作场所产权证明或者租赁合同；

（5）机构资质证明材料；

（6）职业卫生技术服务机构质量管理体系文件；

（7）专职技术人员、专职技术负责人、质量控制负责人的名单及其培训合格证书、技术职称证书、工作经历证明；

（8）拟开展的职业卫生技术服务项目及资质等级；

（9）在申请职业卫生技术服务业务范围内，能够证明具有相应业务能力的文件、资料；

（10）近年从事职业卫生技术服务相关工作的总结报告；

（11）法律、法规规定的其他文件、资料。

7. 本申请表一式二份。

申请单位名称			
注册地址			
单位性质			
法定代表人		成立日期	
注册资金	万元	固定资产	万元
联系人		职　务	
联系电话		传　真	
通迅地址		邮政编码	
申请资质等级			
申请技术服务业务范围			
申请材料	□1. 申请单位简介； □2. 法人资格证明或者名称预先核准通知书； □3. 注册资金和固定资产的验资证明； □4. 工作场所产权证明或者租赁合同； □5. 机构资质证明材料； □6. 职业卫生技术服务机构质量管理体系文件； □7. 专职技术人员、专职技术负责人、质量控制负责人的名单及其培训合格证书、技术职称证书、工作经历证明； □8. 拟开展的职业卫生技术服务项目及资质等级； □9. 在申请职业卫生技术服务业务范围内，能够证明具有相应业务能力的文件、资料； □10. 近年从事职业卫生技术服务相关工作的总结报告		

申请单位法定代表人： （签字） 年　月　日	申请单位： （公章） 年　月　日

附录 2

申请材料基本要求

申请材料应当符合以下基本要求：

1. 申请单位简介

内容包括申请单位的设立时间、机构类型、注册资本、组织结构、人员概况（人员总数、职称情况、学历情况）、工作场所概况（办公面积、实验室面积、档案室面积等）、主要业务内容等。

2. 法人资格证明材料（复印件）

申请单位应当提交"企业法人营业执照（或事业单位法人证书）""组织机构代码证""税务登记证"，或者名称预先核准通知书的复印件。

3. 注册资金和固定资产的验资证明（复印件）

申请单位应当提交注册资金和固定资产的验资证明。

4. 工作场所产权证明或者租赁合同

申请单位应当提交工作场所产权证明或者租赁合同的复印件。

5. 机构资质证明材料

申请单位应当提交已获得的职业卫生技术服务机构资质证书正、副本复印件。

6. 职业卫生技术服务质量管理体系文件

申请单位应当提交现行职业卫生技术服务质量（管理）手册、程序文件、作业指导书的封面和目录。

7. 专业技术人员材料

（1）专职技术人员名单，包括姓名、性别、出生年月、学历、所学专业、职务/职称、岗位、工作年限、培训合格证书编号等，见下表：

序号	姓名	性别	出生年月	学历	所学专业	职务/职称	岗位	工作年限	培训合格证书编号

注："岗位"包括检测技术负责人、评价技术负责人、质量控制负责人、评价、检测、质量控制、卫生工程人员等；"工作年限"指从事本专业或本岗位的时间。

（2）技术负责人、质量控制负责人的技术职称证书、工作经历证明；

（3）专业技术人员的培训合格证书（复印件）。

8. 拟开展的职业卫生技术服务项目及资质等级

在《职业卫生技术服务机构资质申请表》中相应栏目中填写。

9. 证明具有相应业务能力的文件、资料

指有关实验室资质和业务能力的证明文件：

（1）甲级资质要求的职业病危害因素检测能力对比表；

（2）计量认证证书及证书附表（复印件）；

（3）近年参加实验室室间比对和盲样考核的情况及结果汇总表；

（4）相关仪器设备清单，仪器设备信息见下表：

序号	仪器设备名称	型号	生产厂家	购买日期	精密度或不确定度	用途	数量	最近检定日期	检定周期	状态

（5）工作场所平面布局图，包括评价、检测、档案室等所需的工作场所的布局和面积说明。

10. 职业卫生技术服务总结报告

包括以下内容：

（1）近年来开展职业卫生检测、评价技术服务的总体情况，存在的问题；

（2）职业卫生技术服务质量管理体系运行情况（包括内审、管理评审、质量控制等）；

（3）近年建设项目职业病危害评价项目清单；

（4）近年职业病危害因素或放射卫生防护检测与评价项目清单。

11. 凡要求提交材料为复印件的，均应当在复印件上写明"与原件一致"，并加盖单位公章；资质申请表和上述提交材料均应当使用 A4 规格纸张印制，并按照先后顺序装订成册，刻录成电子光盘，一并提交。

附录 3

安全生产监督管理部门审核意见

申请单位名称			
单位性质			
申请技术服务业务范围			
申请资质等级			
序号	审查内容	审查结果	备注
1	提交的申请材料是否符合要求	□是 □否	
2	是否具有独立法人资格	□是 □否	
3	注册资金、固定资产是否满足条件	□是 □否	
4	是否已取得职业卫生技术服务机构资质	□是 □否	
5	工作场所面积是否符合要求	□是 □否	
6	经培训合格的专职技术人员的数量是否满足要求	□是 □否	
7	是否有专职技术负责人和质量控制负责人，技术负责人的技术职称和工作经验是否符合要求	□是 □否	
8	是否通过实验室计量认证	□是 □否	
9	是否有违法行为记录	□是 □否	
审核意见：			

审查部门（盖章）
年　月　日

附录4

职业卫生技术服务机构资质申请技术评审通知书

编号：_____

_____：

经审查，你单位____年____月____日提交的职业卫生技术服务机构资质申请材料符合有关要求，将组织技术评审。

总局资质认可机关
年　月　日

附录 5

职业卫生技术服务机构资质申请不予技术评审通知书

编号：_____

_____：

经审查，你单位____ 年____月____日申报的职业卫生技术服务机构资质申请资料不符合要求，不予组织技术评审。

具体意见如下：

总局资质认可机关
年　月　日

附录6

编号：_____

职业卫生技术服务机构业务范围变更申请表

申请单位：　　　　　（公章）

法定代表人：

填表日期：

国家安全生产监督管理总局制

国家安全监管总局关于印发职业卫生技术服务机构资质认可条件评审项目标准及认可工作程序的通知 ◎

填写说明

1. 本申请表由申请职业卫生技术服务机构业务范围变更的机构填写后报安全生产监督管理部门。

2. 文字要简练，不得涂改，空格处以"无"字填写，并用A4纸打印（中文使用宋体小4号字，英文使用12号字）。

3. 单位名称、注册地址等项目要填写全称，勿用简称。

4. "单位性质"一栏填写国有、集体、个体、中外合资、中外合作、外商独资。

5. 呈报申请表时，须提交下列材料：

（1）《职业卫生技术服务机构资质证书》正副本影印件；

（2）专职技术人员名单及其培训合格证书、毕业证书、工作经历证明；

（3）在申请职业卫生技术服务业务范围内，能够证明具有相应业务能力的文件、资料；

（4）申请增加业务范围所涉及的行业领域的建设项目职业病危害模拟评价报告。

6. 本申请表一式二份。

单位名称			
单位性质			
注册地址			
法定代表人		联系人	
联系电话		传　真	
通迅地址		邮政编码	
资质证书编号			
申请增加业务范围			

提交材料：
　□1.《职业卫生技术服务机构资质证书》正副本影印件；
　□2. 专职技术人员名单及其培训合格证书、毕业证书、工作经历证明；
　□3. 在申请职业卫生技术服务业务范围内，能够证明具有相应业务能力的文件、资料；
　□4. 申请增加业务范围所涉及的行业领域的建设项目职业病危害模拟评价报告

申请单位法定代表人：	申请单位：
（签字）	（公章）
年　月　日	年　月　日

附录7

编号：_____

职业卫生技术服务机构资质变更申请表

申请单位： （公章）

法定代表人：

填表日期：

国家安全生产监督管理总局制

填写说明

1. 文字要简练,不得涂改,空格处以"无"字填写,并用 A4 纸打印。
2. 单位名称、注册地址等项目要填写全称,勿用简称。
3. "单位性质"一栏填写国有、集体、私营、中外合资、中外合作、外商独资等。
4. 呈报申请表时,须同时提交下列材料:
(1)《职业卫生技术服务机构资质证书》原件;
(2) 当地机构编制部门或工商管理部门、税务机关的证明文件;
(3) 单位主管(上级)部门出具的证明文件(复印件)。
5. 本申请表一式二份。

单位名称			
单位性质			
注册地址			
法定代表人		联系人	
联系电话		传 真	
通讯地址		邮政编码	
资质证书编号			
变更日期		年 月 日	

变更事项	项目	变更前	变更后
	单位名称		
	注册地址		
	法定代表人		
	其他事项		

申请单位法定代表人:	申请单位:
(签字)	(公章)
年 月 日	年 月 日

附录 8

编号：_____

职业卫生技术服务机构资质延续申请表

申请单位：　　　　（公章）

法定代表人：

填表日期：

国家安全生产监督管理总局制

填写说明

1. 本申请表由申请职业卫生技术服务资质延续的机构填写后报安全生产监督管理部门。

2. 文字要简练，不得涂改，空格处以"无"字填写，并用 A4 纸打印。

3. 单位名称、注册地址等项目要填写全称，勿用简称。

4. "单位性质"一栏填写国有、集体、私营、中外合资、中外合作、外商独资等。

5. 呈报申请表时，须同时提交下列材料：

（1）《职业卫生技术服务机构资质证书》正、副本影印件；

（2）申请单位简介；

（3）法人资格证明材料（复印件）；

（4）现行职业卫生技术服务质量管理文件；

（5）专职技术人员、专职技术负责人、质量控制负责人的名单及其培训合格证书、技术职称证书、工作经历证明；

（6）证明具有相应业务能力的文件、资料；

（7）职业卫生技术服务总结报告。

6. 本申请表一式二份。

单位名称			
单位性质			
注册地址			
法定代表人		联系人	
联系电话		传　真	
通讯地址		邮政编码	
资质证书编号			
资质等级		有效期至	年　月　日

提交资料：
　□ 1.《职业卫生技术服务机构资质证书》正、副本影印件；
　□ 2. 申请单位简介；
　□ 3. 法人资格证明材料（复印件）；
　□ 4. 现行职业卫生技术服务质量管理文件；
　□ 5. 专职技术人员、专职技术负责人、质量控制负责人的名单及其培训合格证书、技术职称证书、工作经历证明；
　□ 6. 证明具有相应业务能力的文件、资料；
　□ 7. 职业卫生技术服务总结报告；
　□ 8. 其他＿＿＿＿＿＿＿＿＿＿＿＿＿＿＿＿＿＿

申请单位法定代表人：	申请单位：
（签字）	（公章）
年　月　日	年　月　日

附件6

职业卫生技术服务机构业务范围划分表

（2012年版）

第一类：

业务范围	具体业务领域	工程技术人员专业要求	备注
煤炭采选业	• 烟煤和无烟煤的开采洗选 • 褐煤的开采洗选 • 其他煤炭采选	• 地矿类专业	甲级、乙级可选；丙级不可选
石油和天然气开采业	• 天然原油和天然气开采 • 其他石油和天然气开采	• 石油工程类专业	甲级、乙级可选；丙级不可选
金属、非金属矿采选业和工程建筑业	• 铁矿、锰矿、铬矿及其他黑色金属矿采选业 • 常用有色金属、贵金属、稀有稀土金属矿采选业 • 土砂石、化学矿、采盐、石棉及其他非金属矿采选业、石英砂开采及加工 • 其他采矿业 • 房屋工程建筑业 • 土木工程建筑业	• 地矿类专业 • 土建类专业	甲级、乙级、丙级可选
冶金、建材	• 黑色金属冶炼及压延加工业 • 有色金属冶炼及压延加工业 • 金属制品业 • 非金属矿物制品业，包括水泥、石灰和石膏的制造，水泥及石膏制品制造，砖瓦、石材及其他建筑材料制造，玻璃及玻璃制品制造，陶瓷制品制造，耐火材料制品制造，石墨及其他非金属矿物制品制造 • 其他冶金、建材相关业务	• 材料类专业	甲级、乙级、丙级可选

续表

业务范围	具体业务领域	工程技术人员专业要求	备注
化工、石化及医药	• 石油加工、炼焦 • 化学原料及化学制品制造业，包括基础化学原料、肥料、农药、涂料、油墨、颜料及类似产品、合成材料、专用化学产品（含烟花爆竹、民用爆破器材）日用化学产品等生产加工与制造 • 医药制造业 • 化学纤维制造业 • 橡胶制品业 • 塑料制品业 • 废弃资源和废旧材料回收加工业 • 其他化工、石化及医药相关业务	• 化工与制药类专业	甲级、乙级、丙级可选
轻工、纺织、烟草加工制造业	• 农副食品加工业、食品制造业、饮料制造业 • 烟草制品业 • 纺织业，纺织服装、鞋、帽制造业，皮革、毛皮、羽毛（绒）及其制品业 • 木材加工及木、竹、藤、棕、草制品业 • 家具制造业 • 造纸及纸制品业 • 印刷业 • 文教体育用品制造业、玩具制造 • 工艺美术品制造、日用杂品制造、煤制品制造 • 其他相关业务	• 轻工纺织食品类专业	甲级、乙级、丙级可选

续表

业务范围	具体业务领域	工程技术人员专业要求	备注
机械、设备、电器制造业	• 通用设备制造业，包括锅炉及原动机制造，金属加工机械制造，起重运输设备制造，泵、阀门、压缩机及类似机械制造，轴承、齿轮、传动和驱动部件的制造，烘炉、熔炉及电炉制造，风机、衡器、包装设备等通用设备制造，通用零部件制造及机械修理，金属铸、锻加工 • 专用设备制造业，包括矿山、冶金、建筑专用设备制造，化工、木材、非金属加工专用设备制造，食品、饮料、烟草及饲料生产专用设备制造，印刷、制药、日化生产专用设备制造，纺织、服装和皮革工业专用设备制造，电子和电工机械专用设备制造，农、林、牧、渔专用机械制造，医疗仪器设备及器械制造，环保、社会公共安全及其他专用设备制造 • 交通运输设备制造业，包括铁路运输设备制造，汽车制造，摩托车制造，自行车制造，船舶及浮动装置制造，航空航天器制造，交通器材及其他交通运输设备制造 • 电气机械及器材制造业，包括电机制造，输配电及控制设备制造，电线、电缆、光缆及电工器材制造，电池制造，家用电力器具制造，非电力家用器具制造，照明器具制造，其他电气机械及器材制造 • 通信设备、计算机及其他电子设备制造业，包括通信设备制造，雷达及配套设备制造，广播电视设备制造，电子计算机制造，电子器件制造，电子元件制造，家用视听设备制造及其他电子设备制造 • 仪器仪表及文化、办公用机械制造业，包括通用仪器仪表制造，专用仪器仪表制造，钟表与计时仪器制造，光学仪器及眼镜制造，文化、办公用机械制造，其他仪器仪表的制造及修理 • 其他相关业务	• 机械类专业 • 电气信息类专业	甲级、乙级、丙级可选

续表

业务范围	具体业务领域	工程技术人员专业要求	备注
电力、燃气及水的生产和供应业	• 电力、热力的生产和供应业 • 燃气生产和供应业 • 水的生产和供应业（含污水处理及其再生利用） • 其他相关业务	能源动力类专业	甲级、乙级、丙级可选
运输、仓储、科研、农林、公共服务业	• 农、林、牧、渔业 • 建筑安装业 • 交通运输、仓储和邮政业（含管道运输、港口码头） • 信息传输、计算机服务和软件业 • 科学研究、技术服务业 • 水利、环境和公共设施管理业（含垃圾处理） • 居民服务、修理和其他服务业	土建类、水利类、环境与安全类、交通运输类、航空航天类、武器类、农业工程类或林业工程类专业	甲级、乙级、丙级可选

第二类：

业务范围	具体业务领域	工程技术人员专业要求	备注
核电站、大型辐照装置和中、高能加速器	• 核电站 • 大型辐照装置 • 中、高能加速器（大于等于 50 MeV）	• 核工程与核技术 • 核物理 • 放射医学	甲级必选；乙级不可选；丙级不可选
核燃料循环	• 铀矿开采 • 铀矿水冶 • 铀的浓缩和转化 • 燃料制造 • 反应堆运行 • 燃料后处理 • 核燃料循环研究 • 其他	• 核工程与核技术 • 核物理 • 放射医学	甲级必选；乙级不可选；丙级不可选

续表

业务范围	具体业务领域	工程技术人员专业要求	备注
核技术工业应用	• 工业辐照（大型辐照装置除外） • 工业探伤 • 发光涂料工业 • 放射性同位素生产 • 测井 • 加速器运行（大于等于50 MeV的中、高能加速器除外） • 人体、行李包、车辆、集装箱等射线安全检查系统 • 其他	• 核物理 • 放射医学	甲级必选； 乙级必选； 丙级不可选

其他类：可根据实际工作需要，双方协商确定，开展职业卫生技术服务活动。

注：

1. 职业卫生技术服务机构资质证书业务范围按本表对照和认定。

2. 甲级机构申请第一类的，至少应申请3项业务范围；申请第二类的，应申请全部3项业务范围。

3. 乙级机构申请第一类（不含煤炭采选业）的，至少应申请2项业务范围，申请第二类的，只能申请核技术工业应用一项业务范围。乙级机构申请业务范围为第一类中煤炭采选业的，应当报所在地煤矿安全监察分局初审合格后，报省级煤矿安全监察局进行资质认可。

4. 丙级机构只可申请第一类（不含煤炭采选业、石油和天然气开采业）中的业务范围，且不得多于2项。

5. 本表所列专业参考教育部1998年至2004年公布的全国普通高等学校工科类本科专业目录一级学科名称进行编制。工程技术人员的专业能力可通过普通高等学校学历证书、中级以上专业技术职称或学术专著、科研论文、科技发明、科技进步奖等从业经历证明材料认定。

国家安全生产监督管理局等部门关于印发防暑降温措施管理办法的通知

(2012年6月29日安监总安健〔2012〕89号)

各省、自治区、直辖市及新疆生产建设兵团安全生产监督管理局、卫生厅（局）、人力资源社会保障厅（局）、总工会，各省级煤矿安全监察局：

近年来，由于夏季高温天气导致从事户外作业的劳动者中暑甚至死亡的事件时有发生，给劳动者身体健康和生命安全造成了严重损害，成为社会各界共同关注的重要问题。为了加强高温作业、高温天气作业劳动保护工作，维护劳动者健康及其相关权益，国家安全监管总局、卫生部、人力资源社会保障部、全国总工会对《防暑降温措施暂行办法》(〈60〉卫防钱字第207号)进行了修订，制定了《防暑降温措施管理办法》，现印发给你们，请认真遵照执行。

国家安全生产监督管理总局
卫生部
人力资源和社会保障部
中华全国总工会
二〇一二年六月二十九日

防暑降温措施管理办法

第一条 为了加强高温作业、高温天气作业劳动保护工作,维护劳动者健康及其相关权益,根据《中华人民共和国职业病防治法》《中华人民共和国安全生产法》《中华人民共和国劳动法》《中华人民共和国工会法》等有关法律、行政法规的规定,制定本办法。

第二条 本办法适用于存在高温作业及在高温天气期间安排劳动者作业的企业、事业单位和个体经济组织等用人单位。

第三条 高温作业是指有高气温,或有强烈的热辐射,或伴有高气湿(相对湿度≥80%RH)相结合的异常作业条件、湿球黑球温度指数(WBGT指数)超过规定限值的作业。

高温天气是指地市级以上气象主管部门所属气象台站向公众发布的日最高气温35 ℃以上的天气。

高温天气作业是指用人单位在高温天气期间安排劳动者在高温自然气象环境下进行的作业。

工作场所高温作业WBGT指数测量依照《工作场所物理因素测量 第7部分:高温》(GBZ/T 189.7)执行;高温作业职业接触限值依照《工作场所有害因素职业接触限值 第2部分:物理因素》(GBZ 2.2)执行;高温作业分级依照《工作场所职业病危害作业分级 第3部分:高温》(GBZ/T 229.3)执行。

第四条 国务院安全生产监督管理部门、卫生行政部门、人力资源社会保障行政部门依照相关法律、行政法规和国务院确定的职责,负责全国高温作业、高温天气作业劳动保护的监督管理工作。

县级以上地方人民政府安全生产监督管理部门、卫生行政部门、人力资源社会保障行政部门依据法律、行政法规和各自职责,负责本行政区域内高温作业、高温天气作业劳动保护的监督管理工作。

第五条 用人单位应当建立、健全防暑降温工作制度,采取有效措施,加强高温作业、高温天气作业劳动保护工作,确保劳动者身体健康和生命安全。

用人单位的主要负责人对本单位的防暑降温工作全面负责。

第六条 用人单位应当根据国家有关规定，合理布局生产现场，改进生产工艺和操作流程，采用良好的隔热、通风、降温措施，保证工作场所符合国家职业卫生标准要求。

第七条 用人单位应当落实以下高温作业劳动保护措施：

（一）优先采用有利于控制高温的新技术、新工艺、新材料、新设备，从源头上降低或者消除高温危害。对于生产过程中不能完全消除的高温危害，应当采取综合控制措施，使其符合国家职业卫生标准要求。

（二）存在高温职业病危害的建设项目，应当保证其设计符合国家职业卫生相关标准和卫生要求，高温防护设施应当与主体工程同时设计，同时施工，同时投入生产和使用。

（三）存在高温职业病危害的用人单位，应当实施由专人负责的高温日常监测，并按照有关规定进行职业病危害因素检测、评价。

（四）用人单位应当依照有关规定对从事接触高温危害作业劳动者组织上岗前、在岗期间和离岗时的职业健康检查，将检查结果存入职业健康监护档案并书面告知劳动者。职业健康检查费用由用人单位承担。

（五）用人单位不得安排怀孕女职工和未成年工从事《工作场所职业病危害作业分级　第3部分：高温》（GBZ/T 229.3）中第三级以上的高温工作场所作业。

第八条 在高温天气期间，用人单位应当按照下列规定，根据生产特点和具体条件，采取合理安排工作时间、轮换作业、适当增加高温工作环境下劳动者的休息时间和减轻劳动强度、减少高温时段室外作业等措施：

（一）用人单位应当根据地市级以上气象主管部门所属气象台当日发布的预报气温，调整作业时间，但因人身财产安全和公众利益需要紧急处理的除外：

1. 日最高气温达到40℃以上，应当停止当日室外露天作业；

2. 日最高气温达到37℃以上、40℃以下时，用人单位全天安排劳动者室外露天作业时间累计不得超过6小时，连续作业时间不得超过国家规定，且在气温最高时段3小时内不得安排室外露天作业；

3. 日最高气温达到35℃以上、37℃以下时，用人单位应当采取换班轮休等方式，缩短劳动者连续作业时间，并且不得安排室外露天作业劳动者加班。

（二）在高温天气来临之前，用人单位应当对高温天气作业的劳动者进行健康检查，对患有心、肺、脑血管性疾病、肺结核、中枢神经系统疾病及其他身体状况不适合高温作业环境的劳动者，应当调整作业岗位。职业健康检查费用由用人单位承担。

（三）用人单位不得安排怀孕女职工和未成年工在35 ℃以上的高温天气期间从事室外露天作业及温度在33 ℃以上的工作场所作业。

（四）因高温天气停止工作、缩短工作时间的，用人单位不得扣除或降低劳动者工资。

第九条 用人单位应当向劳动者提供符合要求的个人防护用品，并督促和指导劳动者正确使用。

第十条 用人单位应当对劳动者进行上岗前职业卫生培训和在岗期间的定期职业卫生培训，普及高温防护、中暑急救等职业卫生知识。

第十一条 用人单位应当为高温作业、高温天气作业的劳动者供给足够的、符合卫生标准的防暑降温饮料及必需的药品。

不得以发放钱物替代提供防暑降温饮料。防暑降温饮料不得充抵高温津贴。

第十二条 用人单位应当在高温工作环境设立休息场所。休息场所应当设有座椅，保持通风良好或者配有空调等防暑降温设施。

第十三条 用人单位应当制定高温中暑应急预案，定期进行应急救援的演习，并根据从事高温作业和高温天气作业的劳动者数量及作业条件等情况，配备应急救援人员和足量的急救药品。

第十四条 劳动者出现中暑症状时，用人单位应当立即采取救助措施，使其迅速脱离高温环境，到通风阴凉处休息，供给防暑降温饮料，并采取必要的对症处理措施；病情严重者，用人单位应当及时送医疗卫生机构治疗。

第十五条 劳动者应当服从用人单位合理调整高温天气作息时间或者对有关工作地点、工作岗位的调整安排。

第十六条 工会组织代表劳动者就高温作业和高温天气劳动保护事项与用人单位进行平等协商，签订集体合同或者高温作业和高温天气劳动保护专项集体合同。

第十七条　劳动者从事高温作业的,依法享受岗位津贴。

用人单位安排劳动者在35℃以上高温天气从事室外露天作业以及不能采取有效措施将工作场所温度降低到33℃以下的,应当向劳动者发放高温津贴,并纳入工资总额。高温津贴标准由省级人力资源社会保障行政部门会同有关部门制定,并根据社会经济发展状况适时调整。

第十八条　承担职业性中暑诊断的医疗卫生机构,应当经省级人民政府卫生行政部门批准。

第十九条　劳动者因高温作业或者高温天气作业引起中暑,经诊断为职业病的,享受工伤保险待遇。

第二十条　工会组织依法对用人单位的高温作业、高温天气劳动保护措施实行监督。发现违法行为,工会组织有权向用人单位提出,用人单位应当及时改正。用人单位拒不改正的,工会组织应当提请有关部门依法处理,并对处理结果进行监督。

第二十一条　用人单位违反职业病防治与安全生产法律、行政法规,危害劳动者身体健康的,由县级以上人民政府相关部门依据各自职责责令用人单位整改或者停止作业;情节严重的,按照国家有关法律法规追究用人单位及其负责人的相应责任;构成犯罪的,依法追究刑事责任。

用人单位违反国家劳动保障法律、行政法规有关工作时间、工资津贴规定,侵害劳动者劳动保障权益的,由县级以上人力资源社会保障行政部门依法责令改正。

第二十二条　各省级人民政府安全生产监督管理部门、卫生行政部门、人力资源社会保障行政部门和工会组织可以根据本办法,制定实施细则。

第二十三条　本办法由国家安全生产监督管理总局会同卫生部、人力资源和社会保障部、全国总工会负责解释。

第二十四条　本办法所称"以上"摄氏度(℃)含本数,"以下"摄氏度(℃)不含本数。

第二十五条　本办法自发布之日起施行。1960年7月1日卫生部、劳动部、全国总工会联合公布的《防暑降温措施暂行办法》同时废止。

国家安全监管总局办公厅关于印发职业卫生技术服务机构丙级资质认可条件及技术评审项目和标准的通知

(2013年7月18日安监总厅安健〔2013〕112号)

各省、自治区、直辖市及新疆生产建设兵团安全生产监督管理局：

根据《职业病防治法》及《职业卫生技术服务机构监督管理暂行办法》（国家安全监管总局令第50号）等规定，为规范有序地做好职业卫生技术服务机构丙级资质（以下简称丙级资质）认可工作，国家安全监管总局制定了丙级资质认可条件、技术评审项目和判定标准，现印发给你们，并就有关事项通知如下：

一、明确职责，科学合理规划丙级机构布局

丙级资质认可工作由各省级安全监管部门统一组织，设区的市级安全监管部门（以下简称地市级安全监管部门）负责具体实施。各省级安全监管部门要按照"先规划，后发展"的原则，在深入调查研究的基础上，制定丙级机构发展规划，坚持做到"三个结合"：一是要与现有职业卫生技术服务机构布局相结合，现有机构（包括甲级、乙级及检测资质机构，下同）分布数量较多的地市，要严格控制丙级机构的发展数量，现有机构数量在5家以上（含5家）的地市，新发展丙级机构数量不超过1家；现有机构数量较少的地市，可优先发展丙级机构。二是要与职业卫生技术服务机构资质证书换发工作相结合，未完成换证工作的省份暂不开展丙级资质认可，鼓励已换证但未达到新标准要求的职业卫生技术服务机构申请丙级资质，原职业卫生检测机构和原职业卫生评价乙级机构自愿放弃乙级资质、申请丙级资质的，可不列入规划控制指标范围内。三是要与本地区的职业病危害特征、主要行业分布和实际工作需要相结合，因地、因时制宜地做好丙级机构的规划布局。

请各省级安全监管部门在本地区丙级资质认可工作实施前，将丙级机构发展规划（包括编制依据、规划机构总数、各地市规划机构具体分布数等信息）报送国家安全监管总局（职业健康司）。国家安全监管总局根据报送的发展规划，预先将空白资质证书发放至各省级安全监管部门。

二、健全规章制度，认真组织推进

各省级安全监管部门要组织地市级安全监管部门认真学习掌握《职业病防治法》《职业卫生技术服务机构监督管理暂行办法》及有关文件规定和丙级资质认可条件、技术评审项目和判定标准，并准确运用到丙级资质认可工作中。各省级安全监管部门要根据本地区实际情况，在实施丙级资质认可前研究制定并印发丙级资质机构应具备的基本检测项目目录。地市级安全监管部门在职业卫生监管职责调整后，要按照依法行政的要求，严格落实行政审批责任，参照甲级和乙级资质认可工作程序，制定丙级资质认可工作程序及配套的实施意见，建立和完善有关规章制度，把丙级资质认可及监督管理工作纳入法制化、制度化、规范化的轨道。尚未调整职业卫生监管职责的省级、地市级安全监管部门，应提前研究丙级资质认可有关事项，做好制度建设等有关准备工作。

三、严格标准，稳步开展丙级资质认可

职业卫生监管职责已经调整、丙级机构发展规划已经核定、资质认可相关规章制度已经建立的地市级安全监管部门，要根据职业卫生技术服务机构资质认可有关法律法规要求，规范程序，严格条件和标准，稳步开展丙级资质认可工作。丙级机构的业务范围按照《国家安全监管总局关于印发职业卫生技术服务机构资质认可条件评审项目标准及认可工作程序的通知》（安监总安健〔2012〕88号）的有关要求核定。丙级资质认可后，要监督有关机构严格按照批准的业务范围开展建设项目职业病危害评价、用人单位职业病危害现状评价工作，并依据计量认证证书批准的检测项目开展工作场所职业病危害因素检测活动。

四、优化备案、登记程序，保障丙级资质认可工作顺利开展

各省级安全监管部门要对丙级资质机构实行事前规划、事后备案制度，

国家安全监管总局办公厅关于印发职业卫生技术服务机构丙级资质认可条件及技术评审项目和标准的通知

本着"优化程序、提高效率"的原则,制定丙级机构审批备案程序,落实备案管理有关要求。国家安全监管总局对丙级机构实行年度统一登记制度,省级安全监管部门要于每年12月10日前以省(区、市)为单位一次性向国家安全监管总局(职业健康司)提交丙级机构登记报告和《丙级职业卫生技术服务机构汇总表》(安监总厅安健〔2012〕86号文件附件2)。同时,各省级安全监管部门要根据资质认可工作的需要,适时组织职业卫生技术服务机构专业技术人员的培训工作。

附件:1. 职业卫生技术服务机构丙级资质认可条件
   2. 职业卫生技术服务机构丙级资质认可技术评审项目和判定标准

国家安全监管总局办公厅
2013年7月18日

附件 1

职业卫生技术服务机构丙级资质认可条件

一、机构条件

（一）具有法人资格；部门、岗位设置合理，职责明确。

（二）注册资金 300 万元以上，固定资产 200 万元以上。

（三）有固定的从事职业卫生技术服务所需的工作场所。工作场所面积不少于 200 平方米，其中，职业卫生检测实验室使用面积不少于 100 平方米，档案室使用面积不少于 20 平方米。

（四）有健全的内部管理制度和质量保证体系；取得省级及以上人民政府计量行政部门颁发的计量认证证书。

二、人员要求

（一）熟悉相关法律、法规、标准和规范以及本单位质量管理体系文件。

（二）专职技术负责人和质量控制负责人应当熟悉本专业业务，具有相关专业中级以上技术职称，从事相关专业工作 1 年以上，并经培训合格，且不得外聘。

（三）应当具有不少于 10 名经培训合格的职业卫生评价与检测专职技术人员，专职技术人员的构成应当满足下列条件：

1. 中级以上技术职称或相关专业大学本科以上学历的专业技术人员不少于专业技术人员总数的 40%。

2. 检测人员不少于 4 名，且中级以上技术职称或相关专业大学本科以上学历的专业技术人员不少于 1 名。

3. 评价人员不少于 4 名，且中级以上技术职称或相关专业大学本科以上学历的专业技术人员不少于 1 名。

4. 职业卫生工程技术人员不少于 1 名。

5. 公共卫生专业人员不少于 1 名。

6. 具有满足所申请业务范围专业要求的工程技术人员，且每项专业不少于 1 名。

三、实验室及仪器设备配置要求

（一）具有附录所要求的基本仪器设备，并具备申报的检测项目所必需的仪器设备。

（二）仪器设备的种类、数量、性能、量程、精度应当满足工作的需要，且运行良好。

（三）仪器设备应当定期进行计量检定或校准，并贴有相应状态标识。无计量检定规程的仪器设备，应当有相应校验方法并进行定期校验。仪器设备应当有完整的操作规程。

（四）标准物质、标准溶液及化学试剂的配制标识与使用记录应当符合要求。

（五）检测实验室应当布局合理，有健全的管理制度。检测仪器放置合理，便于操作。实验室应当配有必要的防污染、防火、控制进入等安全措施。

（六）凡是检测方法或检测仪器有要求的，应当按要求对检测场所的温度、湿度和放射性本底等环境条件进行有效、准确的测量并记录。

（七）应当为检测样品建立唯一识别系统和状态标识。应当编制有关样品采集、接收、流转、保存和安全处置的书面程序。

四、职业病危害因素检测能力

（一）具备与申报项目相关的检测方法和技能，能够独立开展职业病危害因素检测工作，并解决工作过程中发生的技术问题。

（二）具备与所申报业务范围相应的基本检测能力，具体检测项目要求由省级安全生产监督管理部门规定，所有申报的检测项目应通过计量认证。

（三）职业病危害因素检测应当采用国家、行业或地方规定的方法或标准，采用非标方法，应当进行方法比对或验证，编写操作规程（作业指导书），并经技术负责人审批。

（四）样品检测的原始记录和检测报告应当按照各自规定要求书写、打印、审核、签章、发送和保存。

（五）独立完成盲样考核，且考核合格。

（六）原始记录应当规范、清晰、完整、可溯源，并按规定的时间保存。

（七）申报的每个检测项目应当完成至少1份模拟检测报告。

五、建设项目职业病危害评价能力

（一）评价报告编制规范、内容全面、结论正确；评价过程管理符合要求；原始记录准确、完整、可溯源。

（二）申请的每项业务范围应当至少独立完成建设项目职业病危害预评价和控制效果评价模拟评价报告各1份。

六、其他要求

（一）职业卫生技术服务机构应当编制职业卫生技术服务质量管理体系文件（包括质量管理手册、程序文件、作业指导书、记录表格），并严格进行质量控制。

（二）应当有与其开展职业卫生技术服务相适应的经费保障措施。

（三）为专业技术人员提供必需的劳动防护用品，并根据所申请的业务范围对专业技术人员进行安全培训。

附录

实验室检验及现场检测设备目录（丙级）

序号	设备名称	数量/台（件）
一	采样设备	
1	5～30 L/min 采样器	6
2	1～5 L/min 采样器	6
3	0～1 L/min 采样器	6
4	各种空气样品收集器（大型气泡吸收管、小型气泡吸收管、多孔玻板吸收管、冲击式吸收管等）	8（每种）
5	压力计	1
6	温、湿度计	1
7	流量计	1
二	现场检测设备	
8	风速计	1
9	辐射热计	—
10	通风干湿球温度计	—
11	黑球、湿球温度计	—
12	个体噪声剂量计	2
13	积分声级计	1
14	手传振动测定仪	—
15	照度计	—
16	电磁场测定仪（含高频、超高频、工频及微波等频段）	—
17	紫外线测定仪	—
18	烟尘浓度测试仪	—
19	不分光红外线分析仪	—
20	皮托管及压力计	1
三	实验室检测设备	
21	分析天平（1/1 000）	1
22	分析天平（1/10 000）	1

续表

序号	设备名称	数量/台（件）
23	分析天平（1/100 000）	1
24	去湿机	1
25	普通冰箱	2
26	低温冰箱（-20 ℃）	—
27	样品消化装置	—
28	样品混匀装置	—
29	磁力搅拌器	—
30	超声波清洗器	—
31	恒温水浴箱	—
32	离心机	—
33	高温炉	—
34	干燥箱	—
35	红外线干燥箱	—
36	白金坩埚	—
37	普通坩埚	5
38	玛瑙研钵	—
39	生物显微镜	—
40	相差显微镜	—
41	分散度测定器	—
42	酸度计	—
43	分光光度计	1
44	原子吸收分光光度计	1
45	原子荧光分光光度计	—
46	高效液相色谱仪	—
47	离子色谱仪	—
48	气相色谱-质谱联用仪	—
49	气相色谱仪	1

注：标"—"的设备可根据工作需要自愿配备。

附件 2

职业卫生技术服务机构丙级资质认可技术评审项目和判定标准

一、技术评审项目

考核项目		考核内容		考核结果
		序号	具体内容	
1. 组织机构	法人资格	1	★具有法人资格	
	注册资金和固定资产	2	★注册资金300万元以上，固定资产200万元以上	
	计量认证	3	★取得省级及以上人民政府计量行政部门颁发的计量认证证书	
	部门设置	4	质量管理部门	
		5	*评价部门	
		6	*检测检验部门	
	岗位设置、职责	7	*技术负责人、质量控制负责人	
		8	质量监督员、设备管理员、内审员、样品管理员、档案管理员	
		9	评价人员、检测人员	
		10	授权签发人	
	经费保障	11	台账及经费保障措施	
	依法执业	12	★没有违法行为记录	

续表

考核项目		考核内容		考核结果
		序号	具体内容	
2. 人员	技术负责人	13	★技术负责人具有与所申报业务相适应的中级以上专业技术职称和1年以上工作经验，且不得外聘	
		14	经培训合格	
	专业技术人员	15	★经培训合格的职业卫生评价与检测专职技术人员不少于10名，专业技术人员不得同时在两个以上（含两个）职业卫生技术服务机构从业	
		16	中级以上技术职称或相关专业大学本科以上学历的专业人员不少于专业技术人员总数的40%	
		17	*检测人员不少于4名，且中级以上技术职称或相关专业大学本科以上学历的不少于1名	
		18	*评价人员不少于4名，且中级以上技术职称或相关专业大学本科以上学历的不少于1名	
		19	*职业卫生工程技术人员不少于1名	
		20	*公共卫生专业人员不少于1名	
		21	*具有满足所申请业务范围专业要求的工程技术人员，且每项专业不少于1名	
		22	专业技术人员年度培训计划和培训记录	
	现场笔试考核	23	技术负责人、质量控制负责人必须参加考试，并考试合格	
		24	评价人员参加考试人数不少于3人	
		25	检测人员参加考试人数不少于3人	
		26	*现场考试人员合格率达到90%	

续表

考核项目		考核内容		考核结果
		序号	具体内容	
3. 工作场所及实验室	工作场所	27	★有与所从事的评价、检测（检验）、质量管理等工作相适应的工作场所，工作场所面积不少于 200 平方米	
		28	职业卫生检测实验室使用面积不少于 100 平方米	
		29	有独立的档案室，档案室使用面积不少于 20 平方米	
	实验室要求	30	检测实验室应布局合理，整洁有序，有健全的管理制度	
		31	检测工作场所的水、电、气布局符合安全卫生要求，实验室具备有效的防尘防毒设施及相应的警示标识	
		32	实验室应配有必要的防污染、防火、控制进入等安全措施	
		33	凡是检测方法或检测仪器有要求的，应按要求对检测场所的温度、湿度和放射性本底等环境条件进行有效、准确的测量并记录	
4. 仪器设备	仪器设备配备	34	＊具有附件 1 附录所要求的基本仪器设备，并具备申报的检测项目所必需的仪器设备。仪器设备应有购置凭证，停用设备不计入有效设备	
		35	仪器设备的种类、数量、性能、量程、精度应满足工作需要，并运行良好	
	计量检定	36	＊仪器设备应定期进行计量检定或校准，并贴有相应状态标识	
		37	无计量检定规程的仪器设备，应有相应校验方法并进行定期校验	
		38	检定周期内应进行运行核查	
	仪器设备管理	39	＊仪器设备应有完整的操作规程	
		40	主要仪器设备应建有档案，有验收、检定校准、使用和维修等有关资料。进口仪器设备说明书的使用方法部分应当有中文译文	
		41	仪器设备应有固定的放置场所，放置合理，便于操作	
		42	精密仪器和加热设备隔离放置	

续表

考核项目		考核内容		考核结果
		序号	具体内容	
5. 职业病危害因素检测能力	检测方法	43	*职业病危害因素检测应采用国家、行业或地方规定的方法或标准，采用非标方法，应当进行方法比对或验证，编写操作规程（作业指导书），并经技术负责人审批	
	检测样品及耗材管理	44	*应当为检测样品建立唯一识别系统和状态标识	
		45	应当编制有关样品采集、接收、流转、保存和安全处置的书面程序	
		46	标准物质、标准溶液及化学试剂的配制标识与使用记录应符合有关要求	
	检测能力	47	*应具备与所申报业务范围相应的基本检测能力	
		48	*申报的检测项目应通过计量认证	
		49	申报的每个检测项目应当完成至少1份模拟检测报告	
	检测报告及原始记录（抽查5份检测报告与原始记录档案）	50	原始记录应按照要求书写、审核、签字	
		51	*现场采样和检测记录信息规范、清晰、完整	
		52	*原始记录具有可溯源性	
		53	原始记录数据处理规范	
		54	*检测报告应按照要求打印、审核、签章、发送	
		55	检测报告检测方法与判定依据正确，内容完整、规范	
		56	检测报告及原始记录应完整归档，并按要求保存	
	实际操作能力考核（参加考核人员不少于2名）	57	*现场采样、检测操作规范、熟练，记录规范、完整	
		58	实验室分析操作规范、熟练，记录规范、完整	
	盲样考核	59	★盲样检测结果全部符合要求（现场考核3个盲样，根据申报的检测项目具体确定）	

续表

考核项目		考核内容		考核结果
		序号	具体内容	
6. 建设项目职业病危害评价能力	评价能力	60	*申请的每个业务范围应至少独立完成建设项目职业病危害预评价和控制效果评价模拟评价报告各1份	
	评价报告（抽查建设项目职业病危害评价模拟评价报告2份）	61	评价目的、依据、范围、方法正确，评价内容完整	
		62	工程分析全面、到位	
		63	*职业病危害因素识别与分析全面、准确	
		64	危害程度评价和健康影响评价科学、准确	
		65	职业病危害防护设施评价准确	
		66	职业卫生管理措施建议有效可行、具有针对性	
		67	评价结论完整、准确	
	评价过程管理	68	评价工作委托文件	
		69	合同评审记录	
		70	评价方案的制定与审核	
		71	现场调查与实施	
		72	*评价相关原始资料应准确、完整、可溯源	
		73	评价报告应按照要求打印、审核、签章和发送	
		74	评价报告及原始资料应完整归档，并按要求保存	
	模拟评价	75	*编制现场模拟评价报告的工程分析、职业病危害因素识别与分析、职业病危害防护措施评价等部分，要求分析全面、准确，防护措施符合法律、法规、标准	
	职业卫生工程考试	76	职业卫生工程测试操作熟练、规范	

续表

考核项目		考核内容		考核结果
		序号	具体内容	
7. 质量管理体系	质量管理体系文件	77	*质量管理手册完整、规范、操作性强	
		78	*程序性文件完整、规范、操作性强	
		79	*作业指导书完整、规范、操作性强	
		80	记录表格完整、规范、操作性强	
	文件控制	81	文件受控制度建立健全	
		82	*文件控制措施落实到位	
	质量管理体系运行情况	83	内部审核全面、有效	
		84	管理评审应有效开展	
		85	纠正和预防措施可行、落实有效	
	监督记录	86	校核人记录	
		87	*监督员监督记录	
		88	投诉处理记录	

注：有★为否决项，有*为关键项，其他为一般项。考核结果分为符合、基本符合、不符合。

二、判定标准

技术评审项目共 88 项，其中否决项 8 项，关键项 29 项，一般项 51 项。

判定标准如下：

评审结论	否决项	关键项	一般项
通过	全部符合	全部符合	无不符合项或基本符合项数≤6项
整改后通过	全部符合	无不符合项或基本符合项数≤3项	不符合项数≤3项或6项<基本符合项数≤10项
整改后复审	全部符合	不符合项数≤3项或基本符合项数≤6项	不符合项数≤6项或10项<基本符合项数≤12项
不通过	不符合项数≥1项	不符合项数>3项或基本符合项数>6项	不符合项数>6项或基本符合项数>12项

国家卫生计生委等 4 部门关于印发《职业病分类和目录》的通知

(2013 年 12 月 23 日国卫疾控发〔2013〕48 号)

各省、自治区、直辖市卫生计生委(卫生厅局)、安全生产监督管理局、人力资源社会保障厅(局)、总工会,新疆生产建设兵团卫生局、安全生产监督管理局、人力资源社会保障局、工会,中国疾病预防控制中心:

  根据《中华人民共和国职业病防治法》有关规定,国家卫生计生委、安全监管总局、人力资源社会保障部和全国总工会联合组织对职业病的分类和目录进行了调整。现将《职业病分类和目录》印发给你们,从即日起施行。2002 年 4 月 18 日原卫生部和原劳动保障部联合印发的《职业病目录》同时废止。

国家卫生计生委
人力资源社会保障部
安全监管总局
全国总工会
2013 年 12 月 23 日

职业病分类和目录

一、职业性尘肺病及其他呼吸系统疾病

（一）尘肺病

1. 矽肺

2. 煤工尘肺

3. 石墨尘肺

4. 碳黑尘肺

5. 石棉肺

6. 滑石尘肺

7. 水泥尘肺

8. 云母尘肺

9. 陶工尘肺

10. 铝尘肺

11. 电焊工尘肺

12. 铸工尘肺

13. 根据《尘肺病诊断标准》和《尘肺病理诊断标准》可以诊断的其他尘肺病

（二）其他呼吸系统疾病

1. 过敏性肺炎

2. 棉尘病

3. 哮喘

4. 金属及其化合物粉尘肺沉着病（锡、铁、锑、钡及其化合物等）

5. 刺激性化学物所致慢性阻塞性肺疾病

6. 硬金属肺病

二、职业性皮肤病

1. 接触性皮炎

2. 光接触性皮炎

3. 电光性皮炎

4. 黑变病

5. 痤疮

6. 溃疡

7. 化学性皮肤灼伤

8. 白斑

9. 根据《职业性皮肤病的诊断总则》可以诊断的其他职业性皮肤病

三、职业性眼病

1. 化学性眼部灼伤

2. 电光性眼炎

3. 白内障（含放射性白内障、三硝基甲苯白内障）

四、职业性耳鼻喉口腔疾病

1. 噪声聋

2. 铬鼻病

3. 牙酸蚀病

4. 爆震聋

五、职业性化学中毒

1. 铅及其化合物中毒（不包括四乙基铅）

2. 汞及其化合物中毒

3. 锰及其化合物中毒

4. 镉及其化合物中毒

5. 铍病

6. 铊及其化合物中毒

7. 钡及其化合物中毒

8. 钒及其化合物中毒

9. 磷及其化合物中毒

10. 砷及其化合物中毒

11. 铀及其化合物中毒

12. 砷化氢中毒

13. 氯气中毒

14. 二氧化硫中毒

15. 光气中毒

16. 氨中毒

17. 偏二甲基肼中毒

18. 氮氧化合物中毒

19. 一氧化碳中毒

20. 二硫化碳中毒

21. 硫化氢中毒

22. 磷化氢、磷化锌、磷化铝中毒

23. 氟及其无机化合物中毒

24. 氰及腈类化合物中毒

25. 四乙基铅中毒

26. 有机锡中毒

27. 羰基镍中毒

28. 苯中毒

29. 甲苯中毒

30. 二甲苯中毒

31. 正己烷中毒

32. 汽油中毒

33. 一甲胺中毒

34. 有机氟聚合物单体及其热裂解物中毒

35. 二氯乙烷中毒

36. 四氯化碳中毒

37. 氯乙烯中毒

38. 三氯乙烯中毒

39. 氯丙烯中毒

40. 氯丁二烯中毒

41. 苯的氨基及硝基化合物（不包括三硝基甲苯）中毒

42. 三硝基甲苯中毒

43. 甲醇中毒

44. 酚中毒

45. 五氯酚（钠）中毒

46. 甲醛中毒

47. 硫酸二甲酯中毒

48. 丙烯酰胺中毒

49. 二甲基甲酰胺中毒

50. 有机磷中毒

51. 氨基甲酸酯类中毒

52. 杀虫脒中毒

53. 溴甲烷中毒

54. 拟除虫菊酯类中毒

55. 铟及其化合物中毒

56. 溴丙烷中毒

57. 碘甲烷中毒

58. 氯乙酸中毒

59. 环氧乙烷中毒

60. 上述条目未提及的与职业有害因素接触之间存在直接因果联系的其他化学中毒

六、物理因素所致职业病

1. 中暑

2. 减压病

3. 高原病

4. 航空病

5. 手臂振动病

6. 激光所致眼（角膜、晶状体、视网膜）损伤

7. 冻伤

七、职业性放射性疾病

1. 外照射急性放射病

2. 外照射亚急性放射病

3. 外照射慢性放射病

4. 内照射放射病

5. 放射性皮肤疾病

6. 放射性肿瘤（含矿工高氡暴露所致肺癌）

7. 放射性骨损伤

8. 放射性甲状腺疾病

9. 放射性性腺疾病

10. 放射复合伤

11. 根据《职业性放射性疾病诊断标准（总则)》可以诊断的其他放射性损伤

八、职业性传染病

1. 炭疽

2. 森林脑炎

3. 布鲁氏菌病

4. 艾滋病（限于医疗卫生人员及人民警察）

5. 莱姆病

九、职业性肿瘤

1. 石棉所致肺癌、间皮瘤

2. 联苯胺所致膀胱癌

3. 苯所致白血病

4. 氯甲醚、双氯甲醚所致肺癌

5. 砷及其化合物所致肺癌、皮肤癌

6. 氯乙烯所致肝血管肉瘤

7. 焦炉逸散物所致肺癌

8. 六价铬化合物所致肺癌

9. 毛沸石所致肺癌、胸膜间皮瘤

10. 煤焦油、煤焦油沥青、石油沥青所致皮肤癌

11. β-萘胺所致膀胱癌

十、其他职业病

1. 金属烟热

2. 滑囊炎（限于井下工人）

3. 股静脉血栓综合征、股动脉闭塞症或淋巴管闭塞症（限于刮研作业人员）

国家安全监管总局办公厅关于印发职业卫生档案管理规范的通知

(2013年12月31日安监总厅安健〔2013〕171号)

各省、自治区、直辖市及新疆生产建设兵团安全生产监督管理局：

根据《中华人民共和国职业病防治法》《工作场所职业卫生监督管理规定》（国家安全监管总局令第47号）、《用人单位职业健康监护监督管理办法》（国家安全监管总局令第49号）的要求，为加强用人单位职业卫生管理，保证职业卫生档案完整、准确和有效利用，推进用人单位职业病防治主体责任的落实，我局研究制定了《职业卫生档案管理规范》，现印发给你们，请认真抓好贯彻落实。

国家安全监管总局办公厅
2013年12月31日

职业卫生档案管理规范

为提高用人单位（煤矿除外）的职业卫生管理水平，规范职业卫生档案管理，根据《中华人民共和国职业病防治法》《工作场所职业卫生监督管理规定》（国家安全监管总局令第47号）、《用人单位职业健康监护监督管理办法》（国家安全监管总局令第49号）的要求，制定本规范。

一、用人单位职业卫生档案，是指用人单位在职业病危害防治和职业卫生管理活动中形成的，能够准确、完整反映本单位职业卫生工作全过程的文字、图纸、照片、报表、音像资料、电子文档等文件材料。

二、用人单位应建立健全职业卫生档案，包括以下主要内容：

（一）建设项目职业卫生"三同时"档案（见附件1）；

（二）职业卫生管理档案（见附件2）；

（三）职业卫生宣传培训档案（见附件3）；

（四）职业病危害因素监测与检测评价档案（见附件4）；

（五）用人单位职业健康监护管理档案（见附件5）；

（六）劳动者个人职业健康监护档案（见附件6）；

（七）法律、行政法规、规章要求的其他资料文件。

三、用人单位可根据工作实际对职业卫生档案的样表作适当调整，但主要内容不能删减。涉及项目及人员较多的，可参照样表予以补充。

四、职业卫生档案中某项档案材料较多或者与其他档案交叉的，可在档案中注明其保存地点。

五、用人单位应设立档案室或指定专门的区域存放职业卫生档案，并指定专门机构和专（兼）职人员负责管理。

六、用人单位应做好职业卫生档案的归档工作，按年度或建设项目进行案卷归档，及时编号登记，入库保管。

七、用人单位要严格职业卫生档案的日常管理，防止出现遗失。

八、职业卫生监管部门查阅或者复制职业卫生档案材料时，用人单位必须如实提供。

九、劳动者离开用人单位时，有权索取本人职业健康监护档案复印件，用人单位应如实、无偿提供，并在所提供的复印件上签章。

十、劳动者在申请职业病诊断、鉴定时，用人单位应如实提供职业病诊断、鉴定所需的劳动者职业病危害接触史、工作场所职业病危害因素检测结果等资料。

十一、本规范印发前用人单位已建立职业卫生档案的，应当按本规范要求进行完善，分类归档。

十二、用人单位发生分立、合并、解散、破产等情形的，职业卫生档案应按照国家档案管理的有关规定移交保管。

十三、各地区可以根据工作实际，对本规范的要求进行适当调整。

十四、职业卫生档案管理的其他规定，按照国家现行的法律、行政法规、规章的要求执行。

附件：略

国家安全监管总局办公厅关于印发职业卫生技术服务机构工作规范的通知

（2014年4月14日安监总厅安健〔2014〕39号）

各省、自治区、直辖市及新疆生产建设兵团安全生产监督管理局，各省级煤矿安全监察局：

为规范职业卫生技术服务机构从业行为，提高服务水平，保证服务质量，根据《中华人民共和国职业病防治法》《职业卫生技术服务机构监督管理暂行办法》（国家安全监管总局令第50号）等规定，国家安全监管总局研究制定了《职业卫生技术服务机构工作规范》，现印发给你们，请认真贯彻落实。

国家安全监管总局办公厅
2014年4月14日

职业卫生技术服务机构工作规范

第一条 为规范职业卫生技术服务机构（以下简称技术服务机构）从业行为，提高职业卫生技术服务工作水平和质量，根据《中华人民共和国职业病防治法》《职业卫生技术服务机构监督管理暂行办法》（国家安全监管总局令第50号）等规定，制定本规范。

第二条 技术服务机构及其专业技术人员应当遵守以下行为准则：

（一）坚持遵纪守法，认真贯彻落实国家职业卫生法律法规，依法开展职业卫生技术服务，并自觉接受安全监管部门的监督管理；

（二）坚持社会效益第一，强化社会责任，做好职业卫生技术支撑，保障劳动者的健康权益；

（三）坚持诚实守信原则，确保技术结论科学、客观、真实，对出具的职业卫生技术报告承担法律责任；

（四）坚持优质服务理念，强化服务意识，加强自身建设，不断提高职业卫生技术服务能力和水平；

（五）坚持公平竞争的市场规则，自觉维护行业形象和信誉，落实行业自律的要求；

（六）坚持廉洁从业，恪守职业道德，承担保密义务，自觉抵制不正之风。

第三条 专业技术人员应经培训考核合格后方可从事职业卫生技术服务工作。开展采样、检测活动时，每个检测项目应由2名以上专业技术人员（检验人和复核人）完成。职业病危害评价项目组中应包含相应行业工程技术人员、卫生工程人员、公共卫生人员和检测人员（必要时）；项目负责人应具备中级以上专业技术职称，并具有3年以上职业卫生相关工作经验。

第四条 技术服务机构应积极主动开展职业卫生技术服务活动，确保每年取得一定数量的评价、检测服务业绩，不断提高技术服务能力和水平。

第五条 技术服务机构应建立评价报告信息网上公开制度，评价报告经安全生产监督管理部门备案或审核通过后15日内将有关信息在网上公开，自觉接受社会监督（涉及国家秘密、商业秘密、技术秘密及个人隐私的信息和法律、法规规定可不予公开的除外）。网上公开信息应包括以下内容：

（一）建设单位（用人单位）名称、地理位置及联系人；

（二）项目名称及简介；

（三）现场调查、采样、检测的专业技术人员名单、时间，建设单位（用人单位）陪同人；

（四）建设项目（用人单位）存在的职业病危害因素及检测结果；

（五）评价结论与建议；

（六）技术审查专家组评审意见。

第六条 技术服务机构应依法独立完成职业卫生评价、检测等技术服务事项;由于计量认证范围限制或样品保存时限有特殊要求等原因无法自行检测的,可以委托当地具有乙级及以上资质的职业卫生技术服务机构进行检测。委托检测应征得被服务单位书面同意,委托双方应签订委托检测协议书,明确双方承担的法律责任,甲级机构委托检测样品数量不得超过样品总数的30%,乙级、丙级机构委托检测数量不得超过样品总数的20%。

第七条 技术服务机构应建立健全职业卫生技术服务质量管理体系,体系文件应覆盖检测、评价的主要作业活动,满足有效控制职业卫生技术服务质量的要求,并有可操作性。

技术服务机构应建立健全职业卫生技术服务责任制,明确和落实主要负责人、技术负责人、质量控制负责人等人员的责任。

第八条 技术服务机构应做好职业卫生技术服务资质的维护和管理,不断加强组织机构、专业技术人员、工作场所及实验室、仪器设备、职业病危害因素检测和职业病危害评价能力的建设与提高。

第九条 技术服务机构在开展职业卫生技术服务工作时,应与被服务单位签定技术服务合同(或协议),约束各方行为并承担相应责任。

签订技术服务合同前,技术服务机构应组织开展合同评审,合同评审记录应按要求归档保存。合同评审主要内容包括:

(一)被服务单位的要求是否符合国家有关政策、法律及标准要求;

(二)本机构是否具有承担此项技术服务的能力,其资质条件、人员专业能力、仪器设备及环境条件、检测方法及标准物质、技术服务期限等是否满足检测、评价要求;

(三)技术服务报价是否符合有关收费规定或标准。

第十条 技术服务机构应按要求向被服务单位提供以下证明材料:

(一)职业卫生技术服务机构资质证书影印件;

(二)所有参与本项目技术服务的技术人员情况,包括姓名、专业背景、资格证书和在本项目中所承担的工作内容等。

第十一条 建立资料收集与审核管理制度,对收集的资料进行分析确认,确保被服务单位提供的技术资料真实有效。

第十二条 开展技术服务时,应按要求做好职业卫生调查和工作日写实。

在正常生产情况下，按照工种（岗位）对从事职业病危害作业人员整个工作日内的各种活动及其时间消耗连续观察、如实记录，并进行整理和分析。现场调查应满足：

（一）现场调查内容和过程依据相关标准规范要求实施；

（二）使用受控的记录表格实时记录，记录信息应全面、完整、填写规范，并经被服务单位陪同人员签字确认；

（三）现场调查人员应包括相关行业工程技术人员；

（四）在被服务单位显著标志物位置前拍照（摄影）留证并归档保存。

第十三条 通过职业卫生调查、工程分析、资料分析、检测检验等方法，对建设项目（用人单位）生产工艺过程、生产环境、劳动过程中可能存在的职业病危害因素的种类、来源、分布及其影响人员进行全面、客观、准确的识别，职业病危害因素应包含：

（一）列入《职业病危害因素分类目录》的；

（二）国家（或国外）已颁布职业接触限值的；

（三）国家已颁布相关职业卫生检测标准方法的；

（四）其他可能危害劳动者身体健康的。

第十四条 开展职业病危害因素检测前，应明确检测任务的目的、性质、内容、方法、质量和经费要求等，评估能力和资源能否满足检测需要，拟订现场采样和检测计划。现场采样和检测计划应包括检测类别、检测范围、检测项目、采样方式、检测方法、检测时间、检测地点、采样对象、采样数量、仪器设备等内容。

第十五条 现场采样除按《工作场所空气中有害物质监测的采样规范》（GBZ 159）要求实施外，还应满足以下要求：

（一）职业接触限值为时间加权平均容许浓度的有害物质的采样，应优先采用个体长时间采样（采样介质为液体的除外）；采用定点、短时间采样方法采样的，应在有害物质不同浓度的时段分别进行采样，不得将在同一时段平行采集的样品记录为不同时段的采集样品；

（二）对于成分不明的粉尘或含游离二氧化硅的粉尘，应进行游离二氧化硅含量测定，确定粉尘性质；

（三）对成分不明的有机物应进行成分分析，确定毒理性质；

（四）如实记录现场采样时的工况条件；

（五）原始记录不得随意涂改，需要对某个数据更正时，应按要求进行划改；

（六）现场采样原始记录应实时填写，并经被检测单位陪同人签字确认。原始记录需要誊写的，原件不得销毁，须与誊写件一并保存；

（七）现场采样应绘制采样点设置示意图，并经采样人、复核人及被检测单位负责人签字确认；

（八）在现场采样点进行拍照或摄影留证。

第十六条　应为检测样品建立唯一识别系统和状态标识，样品运输、接收和流转、保存应符合规定。

（一）样品运输过程中应保证样品性质稳定，避免污染、损失和丢失。

（二）样品接收、流转各环节均应受控；样品交接记录、样品标签及包装应完整。样品有异常或处于损坏状态，应如实记录，采取相关处理措施，必要时重新采样。

（三）对于不稳定的样品，应采取必要的措施妥善保存，样品应在有效保存期限内完成测定。

第十七条　职业病危害因素检测除按《工作场所空气有毒物质测定》（GBZ/T 160）《工作场所物理因素测量》（GBZ/T 189）《工作场所空气中粉尘测定》（GBZ/T 192）等标准实施外，还应满足以下要求：

（一）检测方法选用准确；

（二）实验环境、仪器设备及环境条件满足检测要求；

（三）标准物质、标准溶液及化学试剂、试验用水等应满足检测方法要求，使用、配制、标识和记录应符合标准和规范要求；

（四）检测过程中的各种记录信息应全面、清晰、完整，按照要求书写、审核、签字；

（五）应按要求对检测数据进行处理，数据转换过程应有记录，不得随意剔除有关数据，人为干预检测结果。当出现可疑数据需舍弃时，应分析原因并说明理由。

第十八条　除应严格执行检测方法标准中规定的质量控制措施外，应建立和实施充分的内部质量控制计划，采取空白分析、重复检测、比对、加标、控制样品分析、质量控制图编制应用等方法，确保并证明检测过程受控以及检测结果准确可靠；并应尽可能参加实验室间比对或能力验证等外部质量控制措施以验证其能力。

第十九条 职业病危害评价除按照有关法律法规、标准实施外，还应满足以下要求：

（一）对未作检测或未作评价的职业病危害因素，应说明理由，并将其可能对劳动者产生的健康影响告知用人单位。

（二）对于标注致癌性标识、（敏）标识、（皮）标识的化学物质，应重点提示用人单位采取工程控制措施和个体防护措施以有效地减少或消除接触，尽可能保持最低接触水平。

（三）所有进入作业场所的劳动者［包括劳务派遣用工、外协（外包）用工］均应纳入评价范围。

（四）开展建设项目职业病危害控制效果评价和用人单位职业病危害现状评价时，检测工作必须由本机构完成。需要委托检测的，应按照本办法第六条执行。

（五）开展建设项目职业病危害控制效果评价、用人单位职业病危害现状评价时，应按有关规范要求对职业病防护设施进行检测，评价其防护效果。

第二十条 除满足本办法第十一条、第十二条的规定外，技术服务机构还应通过下列（不限于）措施对评价过程进行质量控制：

（一）在对所收集资料进行研读与初步现场调查的基础上，按规范要求编制评价方案并对其进行技术审核。评价方案应经项目负责人、技术负责人（或指定审核人）审核并签字。

（二）按照有关法律、法规和标准及作业指导书的要求编制评价报告。报告内容应全面完整、用语规范、表述简洁，报告格式应统一规范，报告有关资料性附件应翔实、准确。

（三）应制定评价报告审核程序文件，明确报告审核的职责与分工、程序与内容，并按要求组织有关人员对评价报告实施审核。

评价报告审核实行分级审核制度，至少包括非项目组成员审核、技术审核（由技术负责人或指定审核人实施）和出版前校核。必要时，质量监督员应对评价报告实施质量监督审核。

评价报告审核所使用的记录表格应当受控，审核记录应按要求填写、签字及确认，所有审核记录和修改痕迹应保留。

（四）评价报告应有唯一性标识，并按要求打印和签发。

（五）评价报告及原始资料应完整归档，并按要求保存。

（六）委托单位对评价报告持有异议的，技术服务机构应认真了解委托单位申述的理由，做好记录，及时对评价报告进行分析和复查，并做好分析和复查记录。

第二十一条 应按照合同期限要求开展职业卫生技术服务活动，并出具技术报告。

（一）职业病危害因素检测报告（评价检测除外）除列出检测结果外，应按照职业接触限值要求汇总检测结果，并给出是否符合职业接触限值要求的结论，分析超标主要原因，提出整改措施建议。检测报告内容应完整、规范、信息全面，至少包含以下信息：

1. 标题（例如"××××检测报告"或"××××检测与分析报告"）；

2. 受检机构的名称和地址，进行检测的地点；

3. 检测报告应有唯一性标识（如系列号）和每一页上的标识，以确保能识别该页是属于检测报告的一部分，以及表明检测报告结束的清晰标识（检测报告硬拷贝应有页码和总页数）；

4. 所用标准或方法的标识；

5. 检测类别；

6. 检测样品的描述、状态和唯一性标识；

7. 采样日期、样品接收日期和检测日期；

8. 检测使用的主要仪器设备的名称及唯一性标识；

9. 检测结果和建议，结果应采用法定计量单位；

10. 检测人员、复/校核人员、授权签字人的签名或等效的标识；

11. 必要时，结果仅与被检测样品有关的声明；

12. 未经检测机构书面批准，不得复制（全文复制除外）检测报告的声明。

（二）职业病危害评价报告的章节、内容组成以及报告书格式应符合有关规定的要求。

第二十二条 建立健全职业卫生技术服务档案，技术服务档案应依法定期限进行保存。技术服务档案应至少包括以下内容：

（一）技术服务委托文件（合同、协议或委托书）；

（二）合同评审记录；

（三）评价、检测的方案、计划及审核记录；

（四）相关原始记录（现场调查记录、采样记录、实验室分析记录及原始谱图等）；

（五）技术服务过程影像资料；

（六）技术服务所需的技术资料（设计文件、类比检测资料等）；

（七）技术报告及审核记录；

（八）其他与职业卫生技术服务相关的记录、资料。

第二十三条 对技术服务过程中发现的问题，技术服务机构应积极帮助被服务单位做好整改工作，指导被服务单位落实各项整改措施。

国家安全监管总局办公厅
关于印发用人单位职业病危害告知与警示标识管理规范的通知

（2014年11月13日安监总厅安健〔2014〕111号）

各省、自治区、直辖市及新疆生产建设兵团安全生产监督管理局：

为指导和规范用人单位做好职业病危害告知与警示标识管理工作，依照《中华人民共和国职业病防治法》《工作场所职业卫生监督管理规定》（国家安全监管总局令第47号）等法律规章，国家安全监管总局制定了《用人单位职业病危害告知与警示标识管理规范》（以下简称《规范》），现印发给你们，请认真贯彻落实。

职业病危害告知与警示标识管理工作是职业卫生管理的一项基础性工作，对提高劳动者的自我防护意识、提升用人单位职业病防治水平具有重要作用。各地区要高度重视，认真安排部署，做好《规范》的宣传和落实工作。

各单位要通过多种方式组织用人单位学习《规范》，指导用人单位对职业病危害告知与警示标识管理工作进行一次全面自查，并按照《规范》要求完善职业病危害告知内容及档案材料，设置和维护好警示标识，保障劳动者的职业健康。

要把贯彻落实《规范》要求作为职业卫生监督执法的重要内容，指导用人单位落实职业病危害告知与警示标识管理各项要求，对拒不整改或整改不到位的用人单位，依法予以惩处，确保按期完成《国家职业病防治规划

（2009—2015 年）》确定的 2015 年职业病危害告知率和警示标识设置率达到 90% 以上的目标。

国家安全监管总局办公厅
2014 年 11 月 13 日

用人单位职业病危害告知与警示标识管理规范

第一章 总 则

第一条 为规范用人单位职业病危害告知与警示标识管理工作，预防和控制职业病危害，保障劳动者职业健康，根据《中华人民共和国职业病防治法》《工作场所职业卫生监督管理规定》（国家安全监管总局令第 47 号）以及《工作场所职业病危害警示标识》（GBZ 158）、《高毒物品作业岗位职业病危害告知规范》（GBZ/T 203）等法律、规章和标准，制定本规范。

第二条 职业病危害告知是指用人单位通过与劳动者签订劳动合同、公告、培训等方式，使劳动者知晓工作场所产生或存在的职业病危害因素、防护措施、对健康的影响以及健康检查结果等的行为。职业病危害警示标识是指在工作场所中设置的可以提醒劳动者对职业病危害产生警觉并采取相应防护措施的图形标识、警示线、警示语句和文字说明以及组合使用的标识等。

本规范所指的劳动者包括用人单位的合同制、聘用制、劳务派遣等性质的劳动者。

第三条 用人单位应当依法开展工作场所职业病危害因素检测评价，识别分析工作过程中可能产生或存在的职业病危害因素。

第四条 用人单位应将工作场所可能产生的职业病危害如实告知劳动者，在醒目位置设置职业病防治公告栏，并在可能产生严重职业病危害的作业岗位以及产生职业病危害的设备、材料、储存场所等设置警示标识。

第五条 用人单位应当依法开展职业卫生培训，使劳动者了解警示标识的含义，并针对警示的职业病危害因素采取有效的防护措施。

第二章 职业病危害告知

第六条 产生职业病危害的用人单位应将工作过程中可能接触的职业病危害因素的种类、危害程度、危害后果、提供的职业病防护设施、个人使用的职业病防护用品、职业健康检查和相关待遇等如实告知劳动者，不得隐瞒或者欺骗。

第七条 用人单位与劳动者订立劳动合同（含聘用合同，下同）时，应当在劳动合同中写明工作过程可能产生的职业病危害及其后果、职业病危害防护措施和待遇（岗位津贴、工伤保险等）等内容。同时，以书面形式告知劳务派遣人员。

格式合同文本内容不完善的，应以合同附件形式签署职业病危害告知书（示例见附件1）。

第八条 劳动者在履行劳动合同期间因工作岗位或者工作内容变更，从事与所订立劳动合同中未告知的存在职业病危害的作业时，用人单位应当依照本规范第七条的规定，向劳动者履行如实告知的义务，并协商变更原劳动合同相关条款。

第九条 用人单位应对劳动者进行上岗前的职业卫生培训和在岗期间的定期职业卫生培训，使劳动者知悉工作场所存在的职业病危害，掌握有关职业病防治的规章制度、操作规程、应急救援措施、职业病防护设施和个人防护用品的正确使用维护方法及相关警示标识的含义，并经书面和实际操作考试合格后方可上岗作业。

第十条 产生职业病危害的用人单位应当设置公告栏，公布本单位职业病防治的规章制度等内容。

设置在办公区域的公告栏，主要公布本单位的职业卫生管理制度和操作规程等；设置在工作场所的公告栏，主要公布存在的职业病危害因素及岗位、健康危害、接触限值、应急救援措施，以及工作场所职业病危害因素检测结果、检测日期、检测机构名称等。

第十一条 用人单位要按照规定组织从事接触职业病危害作业的劳动者进行上岗前、在岗期间和离岗时的职业健康检查，并将检查结果书面告知劳动者本人。用人单位书面告知文件要留档备查。

第三章　职业病危害警示标识

第十二条　用人单位应在产生或存在职业病危害因素的工作场所、作业岗位、设备、材料（产品）包装、储存场所设置相应的警示标识。

第十三条　产生职业病危害的工作场所，应当在工作场所入口处及产生职业病危害的作业岗位或设备附近的醒目位置设置警示标识：

（一）产生粉尘的工作场所设置"注意防尘""戴防尘口罩""注意通风"等警示标识，对皮肤有刺激性或经皮肤吸收的粉尘工作场所还应设置"穿防护服""戴防护手套""戴防护眼镜"，产生含有有毒物质的混合性粉（烟）尘的工作场所应设置"戴防尘毒口罩"等警示标识；

（二）放射工作场所设置"当心电离辐射"等警示标识，在开放性同位素工作场所设置"当心裂变物质"等警示标识；

（三）有毒物品工作场所设置"禁止入内""当心中毒""当心有毒气体""必须洗手""穿防护服""戴防毒面具""戴防护手套""戴防护眼镜""注意通风"等警示标识，并标明"紧急出口""救援电话"等警示标识；

（四）能引起职业性灼伤或腐蚀的化学品工作场所，设置"当心腐蚀""腐蚀性""遇湿具有腐蚀性""当心灼伤""穿防护服""戴防护手套""穿防护鞋""戴防护眼镜""戴防毒口罩"等警示标识；

（五）产生噪声的工作场所设置"噪声有害""戴护耳器"等警示标识；

（六）高温工作场所设置"当心中暑""注意高温""注意通风"等警示标识；

（七）能引起电光性眼炎的工作场所设置"当心弧光""戴防护镜"等警示标识；

（八）生物因素所致职业病的工作场所设置"当心感染"等警示标识；

（九）存在低温作业的工作场所设置"注意低温""当心冻伤"等警示标识；

（十）密闭空间作业场所出入口设置"密闭空间作业危险""进入需许可"等警示标识；

（十一）产生手传振动的工作场所设置"振动有害""使用设备时必须戴防振手套"等警示标识；

(十二)能引起其他职业病危害的工作场所设置"注意××危害"等警示标识。

第十四条 生产、使用有毒物品工作场所应当设置黄色区域警示线。生产、使用高毒、剧毒物品工作场所应当设置红色区域警示线。警示线设在生产、使用有毒物品的车间周围外缘不少于 30 cm 处,警示线宽度不少于 10 cm。

第十五条 开放性放射工作场所监督区设置黄色区域警示线,控制区设置红色区域警示线;室外、野外放射工作场所及室外、野外放射性同位素及其储存场所应设置相应警示线。

第十六条 对产生严重职业病危害的作业岗位,除按本规范第十三条的要求设置警示标识外,还应当在其醒目位置设置职业病危害告知卡(以下简称告知卡,示例见附件2)。

告知卡应当标明职业病危害因素名称、理化特性、健康危害、接触限值、防护措施、应急处理及急救电话、职业病危害因素检测结果及检测时间等。

符合以下条件之一,即为产生严重职业病危害的作业岗位:

1. 存在矽尘或石棉粉尘的作业岗位;

2. 存在"致癌""致畸"等有害物质或者可能导致急性职业性中毒的作业岗位;

3. 放射性危害作业岗位。

第十七条 使用可能产生职业病危害的化学品、放射性同位素和含有放射性物质的材料的,必须在使用岗位设置醒目的警示标识和中文警示说明(示例见附件3),警示说明应当载明产品特性、主要成分、存在的有害因素、可能产生的危害后果、安全使用注意事项、职业病防护以及应急救治措施等内容。

第十八条 储存可能产生职业病危害的化学品、放射性同位素和含有放射性物质材料的场所,应当在入口处和存放处设置"当心中毒""当心电离辐射""非工作人员禁止入内"等警示标识。

第十九条 使用可能产生职业病危害的设备的,除按本规范第十三条的要求设置警示标识外,还应当在设备醒目位置设置中文警示说明。警示说明应当载明设备性能、可能产生的职业病危害、安全操作和维护注意事项、职业病防护以及应急救治措施等内容。

第二十条 为用人单位提供可能产生职业病危害的设备或可能产生职业病危害的化学品、放射性同位素和含有放射性物质的材料的，应当依法在设备或者材料的包装上设置警示标识和中文警示说明。

第二十一条 高毒、剧毒物品工作场所应急撤离通道设置"紧急出口"等警示标识，泄险区启用时应设置"禁止入内""禁止停留"等警示标识。

第二十二条 维护和检修装置时产生或可能产生职业病危害的，应在工作区域设置相应的职业病危害警示标识。

第四章 公告栏与警示标识的设置

第二十三条 公告栏应设置在用人单位办公区域、工作场所入口处等方便劳动者观看的醒目位置。告知卡应设置在产生或存在严重职业病危害的作业岗位附近的醒目位置。

第二十四条 公告栏和告知卡应使用坚固材料制成，尺寸大小应满足内容需要，高度应适合劳动者阅读，内容应字迹清楚、颜色醒目。

第二十五条 用人单位多处场所都涉及同一职业病危害因素的，应在各工作场所入口处均设置相应的警示标识。

第二十六条 工作场所内存在多个产生相同职业病危害因素的作业岗位的，临近的作业岗位可以共用警示标识、中文警示说明和告知卡。

第二十七条 警示标识（不包括警示线）采用坚固耐用、不易变形变质、阻燃的材料制作。有触电危险的工作场所使用绝缘材料。可能产生职业病危害的设备及化学品、放射性同位素和含放射性物质的材料（产品）包装上，可直接粘贴、印刷或者喷涂警示标识。

第二十八条 警示标识设置的位置应具有良好的照明条件。井下警示标识应用反光材料制作。

第二十九条 公告栏、告知卡和警示标识不应设在门窗或可移动的物体上，其前面不得放置妨碍认读的障碍物。

第三十条 多个警示标识在一起设置时，应按禁止、警告、指令、提示类型的顺序，先左后右、先上后下排列。

第三十一条 警示标识的规格要求等按照《工作场所职业病危害警示标识》（GBZ 158）执行。

第五章　公告栏与警示标识的维护更换

第三十二条　公告栏中公告内容发生变动后应及时更新，职业病危害因素检测结果应在收到检测报告之日起 7 日内更新。

生产工艺发生变更时，应在工艺变更完成后 7 日内补充完善相应的公告内容与警示标识。

第三十三条　告知卡和警示标识应至少每半年检查一次，发现有破损、变形、变色、图形符号脱落、亮度老化等影响使用的问题时应及时修整或更换。

第三十四条　用人单位应按照《国家安全监管总局办公厅关于印发职业卫生档案管理规范的通知》（安监总厅安健〔2013〕171 号）的要求，完善职业病危害告知与警示标识档案材料，并将其存放于本单位的职业卫生档案。

第六章　附　　则

第三十五条　用人单位违反本规范的行为，应当依据《中华人民共和国职业病防治法》《工作场所职业卫生监督管理规定》等法律、法规及规章的规定予以处罚。

第三十六条　本规范未规定的其他有关事项，依照《中华人民共和国职业病防治法》和其他有关法律、法规、规章及职业卫生标准的规定执行。

附件：1. 职业病危害告知书示例
　　　2. 职业病危害告知卡示例
　　　3. 中文警示说明示例

附件1

职业病危害告知书示例

根据《职业病防治法》第三十四条的规定，用人单位（甲方）在与劳动者（乙方）订立劳动合同时应告知工作过程中可能产生的职业病危害及其后果、职业病防护措施和待遇等内容：

（一）所在工作岗位、可能产生的职业病危害、后果及职业病防护措施：

所在部门及岗位名称	职业病危害因素	职业禁忌证	可能导致的职业病危害	职业病防护措施
例：铸造车间铸造工	粉尘	活动性肺结核病 慢性阻塞性肺病 慢性间质性肺病 伴肺功能损害的疾病	尘肺	除尘装置 防尘口罩

（二）甲方应依照《职业病防治法》及《职业健康监护技术规范》（GBZ 188）的要求，做好乙方上岗前、在岗期间、离岗时的职业健康检查和应急检查。一旦发生职业病，甲方必须按照国家有关法律、法规的要求，为乙方如实提供职业病诊断、鉴定所需的劳动者职业史和职业病危害接触史、工作场所职业病危害因素检测结果等资料及相应待遇。

（三）乙方应自觉遵守甲方的职业卫生管理制度和操作规程，正确使用维护职业病防护设施和个人职业病防护用品，积极参加职业卫生知识培训，按要求参加上岗前、在岗期间和离岗时的职业健康检查。若被检查出职业禁忌证或发现与所从事的职业相关的健康损害的，必须服从甲方为保护乙方职业健康而调离原岗位并妥善安置的工作安排。

（四）当乙方工作岗位或者工作内容发生变更，从事告知书中未告知的存在职业病危害的作业时，甲方应与其协商变更告知书相关内容，重新签订职业病危害告知书。

（五）甲方未履行职业病危害告知义务，乙方有权拒绝从事存在职业病危害的作业，甲方不得因此解除与乙方所订立的劳动合同。

（六）职业病危害告知书作为甲方与乙方签订劳动合同的附件，具有同等的法律效力。

甲方（签章） 　　　　　　　　乙方（签字）

　年　月　日 　　　　　　　　　　年　月　日

附件2

职业病危害告知卡示例

	工作场所存在苯，对人体有损害，请注意防护	
苯（皮） Benzene（skin）	理化特性	健康危害
	具有特殊芳香气味的无色油状液体，相对分子质量78，易燃、易挥发。不溶于水，可与乙醚、乙醇、丙酮、汽油和二硫化碳等有机溶剂混溶；遇氧化剂或卤素剧烈反应；苯蒸气与空气形成爆炸性混合物，遇明火、高热极易燃烧爆炸	可经皮肤、呼吸道进入人体。主要损害神经和造血系统。短时间大量接触可引起头晕、头痛、恶心、呕吐、嗜睡、步态不稳，重者发生抽搐、昏迷。长期过量接触可引起白细胞减少、再生障碍性贫血、白血病
	应急处理	
	抢救人员穿戴防护用具；立即将患者移至空气新鲜处，去除污染衣物；注意保暖、安静；皮肤污染时用肥皂水清洗，溅入眼内时用流动清水或生理盐水冲洗，各至少20分钟；呼吸困难时给与吸氧，必要时用合适的呼吸器进行人工呼吸；立即与医疗急救单位联系抢救	
	防护措施	
	禁止明火、火花，高热，使用防爆电器和照明设备。工作场所禁止饮食、吸烟	
	必须戴防毒面具　注意通风　必须戴防护手套　必须戴防护眼镜　必须穿防护服	
标准限值：×××	检测数据：×××	检测日期：××××年×月×日
急救电话：120	消防电话：119	职业卫生咨询电话：××××××××

附件3

中文警示说明示例

甲醛	
分子式：HCHO　　分子量 30.03	
理化特性	常温为无色、有刺激性气味的气体，沸点：－19.5 ℃，能溶于水、醇、醚，水溶液称福尔马林，杀菌能力极强。15℃以下易聚合，置空气中氧化为甲酸
可能产生的危害后果	低浓度甲醛蒸气对眼、上呼吸道黏膜有强烈刺激作用，高浓度甲醛蒸气对中枢神经系统有毒性作用，可引起中毒性肺水肿
	主要症状：眼痛流泪、喉痒及胸闷、咳嗽、呼吸困难、口腔糜烂、上腹痛、吐血、眩晕、恐慌不安、步态不稳甚至昏迷。皮肤接触可引起皮炎，有红斑、丘疹、瘙痒、组织坏死等
职业病危害防护措施	1. 使用甲醛设备应密闭，不能密闭的应加强通风排毒
	2. 注意个人防护，穿戴防护用品
	3. 严格遵守安全操作规程
应急救治措施	1. 撤离现场，移至新鲜空气处，吸氧
	2. 皮肤黏膜损伤，立即用2%的碳酸氢钠（$NaHCO_3$）溶液或大量清水冲洗
	3. 立即与医疗急救单位联系抢救

国家安全监管总局办公厅关于印发用人单位职业病危害因素定期检测管理规范的通知

(2015年2月28日安监总厅安健〔2015〕16号)

各省、自治区、直辖市及新疆生产建设兵团安全生产监督管理局,有关中央企业：

为进一步加强和规范用人单位职业病危害因素定期检测工作,依据《中华人民共和国职业病防治法》和《工作场所职业卫生监督管理规定》（国家安全监管总局令第47号）,国家安全监管总局研究制定了《用人单位职业病危害因素定期检测管理规范》（以下简称《规范》）,现印发给你们,请认真贯彻执行。

一、充分认识做好职业病危害因素定期检测工作的重要意义。职业病危害因素定期检测是用人单位必须履行的法定义务。开展职业病危害因素定期检测,有利于用人单位及时掌握其工作场所职业病危害因素的种类及危害程度,采取有针对性的防控措施保护劳动者职业健康。各级安全监管部门和相关用人单位要高度重视职业病危害因素定期检测工作,采取行之有效的举措,切实抓好《规范》的贯彻落实。

二、认真组织用人单位学习和落实《规范》。各级安全监管部门要把宣传好《规范》作为当前一项重点工作,有计划、有步骤地组织辖区所有存在职业病危害的用人单位认真学习《规范》内容,把握其核心要求。同时要组织辖区内职业病危害严重行业领域的用人单位对照《规范》要求,全面自查职业病危害因素定期检测工作,查找出的问题要认真整改。

三、加强对《规范》落实情况的监督检查。各级安全监管部门要在用人单位自查基础上，结合目前正在开展的用人单位职业卫生基础建设活动组织一次专项检查，督促用人单位落实《规范》各项要求，确保实现《国家职业病防治规划（2009—2015年）》提出的工作场所职业病危害因素监测率达到70%以上的规划目标。国家安全监管总局将适时组织对《规范》落实情况进行检查。

四、严厉查处职业卫生技术服务机构违法违规行为。各地区在对用人单位监督检查过程中，发现职业卫生技术服务机构未按照本《规范》和有关采样检测要求进行采样检测，或出具虚假检测报告的，要依法予以查处；情节严重的，由资质认可机关依法取消其资质。

安全监管总局办公厅
2015年2月28日

国家安全监管总局办公厅关于印发用人单位职业病危害因素定期检测管理规范的通知 ◎

用人单位职业病危害因素定期检测管理规范

第一条 为了加强和规范用人单位职业病危害因素定期检测工作，及时有效地预防、控制和消除职业病危害，保护劳动者职业健康权益，依据《中华人民共和国职业病防治法》（以下简称《职业病防治法》）和《工作场所职业卫生监督管理规定》（国家安全监管总局令第47号），制定本规范。

第二条 产生职业病危害的用人单位对其工作场所进行职业病危害因素定期检测及其管理，适用本规范。

第三条 职业病危害因素定期检测是指用人单位定期委托具备资质的职业卫生技术服务机构对其产生职业病危害的工作场所进行的检测。

本规范所指职业病危害因素是指《职业病危害因素分类目录》中所列危害因素以及国家职业卫生标准中有职业接触限值及检测方法的危害因素。

第四条 用人单位应当建立职业病危害因素定期检测制度，每年至少委托具备资质的职业卫生技术服务机构对其存在职业病危害因素的工作场所进行一次全面检测。法律法规另有规定的，按其规定执行。

第五条 用人单位应当将职业病危害因素定期检测工作纳入年度职业病防治计划和实施方案，明确责任部门或责任人，所需检测费用纳入年度经费预算予以保障。

第六条 用人单位应当建立职业病危害因素定期检测档案，并纳入其职业卫生档案体系。

第七条 用人单位在与职业卫生技术服务机构签订定期检测合同前，应当对职业卫生技术服务机构的资质、计量认证范围等事项进行核对，并将相关资质证书复印存档。

定期检测范围应当包含用人单位产生职业病危害的全部工作场所，用人单位不得要求职业卫生技术服务机构仅对部分职业病危害因素或部分工作场所进行指定检测。

第八条 用人单位与职业卫生技术服务机构签订委托协议后，应将其生产工艺流程、产生职业病危害的原辅材料和设备、职业病防护设施、劳动工作制度等与检测有关的情况告知职业卫生技术服务机构。

用人单位应当在确保正常生产的状况下，配合职业卫生技术服务机构做好采样前的现场调查和工作日写实工作，并由陪同人员在技术服务机构现场记录表上签字确认。

第九条 职业卫生技术服务机构对用人单位工作场所进行现场调查后，结合用人单位提供的相关材料，制定现场采样和检测计划，用人单位主要负责人按照国家有关采样规范确认无误后，应当在现场采样和检测计划上签字。

第十条 职业卫生技术服务机构在进行现场采样检测时，用人单位应当保证生产过程处于正常状态，不得故意减少生产负荷或停产、停机。用人单位因故需要停产、停机或减负运行的，应当及时通知技术服务机构变更现场采样和检测计划。

用人单位应当对技术服务机构现场采样检测过程进行拍照或摄像留证。

第十一条 采样检测结束时，用人单位陪同人员应当对现场采样检测记录进行确认并签字。

第十二条 用人单位与职业卫生技术服务机构应当互相监督，保证采样检测符合以下要求：

（一）采用定点采样时，选择空气中有害物质浓度最高、劳动者接触时间最长的工作地点采样；采用个体采样时，选择接触有害物质浓度最高和接触时间最长的劳动者采样；

（二）空气中有害物质浓度随季节发生变化的工作场所，选择空气中有害物质浓度最高的时节为重点采样时段；同时风速、风向、温度、湿度等气象条件应满足采样要求；

（三）在工作周内，应当将有害物质浓度最高的工作日选择为重点采样日；在工作日内，应当将有害物质浓度最高的时段选择为重点采样时段；

（四）高温测量时，对于常年从事接触高温作业的，测量夏季最热月份湿球黑球温度；不定期接触高温作业的，测量工期内最热月份湿球黑球温度；从事室外作业的，测量夏季最热月份晴天有太阳辐射时湿球黑球温度。

第十三条 用人单位在委托职业卫生技术服务机构进行定期检测过程中不得有下列行为：

（一）委托不具备相应资质的职业卫生技术服务机构检测；

（二）隐瞒生产所使用的原辅材料成分及用量、生产工艺与布局等有关情况；

（三）要求职业卫生技术服务机构在异常气象条件、减少生产负荷、开工时间不足等不能反映真实结果的状态下进行采样检测；

（四）要求职业卫生技术服务机构更改采样检测数据；

（五）要求职业卫生技术服务机构对指定地点或指定职业病危害因素进行采样检测；

（六）以拒付少付检测费用等不正当手段干扰职业卫生技术服务机构正常采样检测工作；

（七）妨碍正常采样检测工作，影响检测结果真实性的其他行为。

第十四条　用人单位应当要求职业卫生技术服务机构及时提供定期检测报告，定期检测报告经用人单位主要负责人审阅签字后归档。

在收到定期检测报告后一个月之内，用人单位应当将定期检测结果向所在地安全生产监督管理部门报告。

第十五条　定期检测结果中职业病危害因素浓度或强度超过职业接触限值的，职业卫生技术服务机构应提出相应整改建议。用人单位应结合本单位的实际情况，制定切实有效的整改方案，立即进行整改。整改落实情况应有明确的记录并存入职业卫生档案备查。

第十六条　用人单位应当及时在工作场所公告栏向劳动者公布定期检测结果和相应的防护措施。

第十七条　安全生产监管部门应当加强对用人单位职业病危害因素定期检测工作的监督检查。发现用人单位违反本规范的，依据《职业病防治法》《工作场所职业卫生监督管理规定》等法律、法规及规章的规定予以处罚。

第十八条　本规范未规定的其他有关事项，依照《职业病防治法》和其他有关法律、法规、规章及职业卫生标准的规定执行。

国家卫生计生委关于下放放射防护器材和含放射性产品检测机构、医疗机构放射性危害评价（甲级）机构行政审批项目的公告

（2015年4月20日 2015年 第3号）

根据《国务院关于取消和调整一批行政审批项目等事项的决定》（国发〔2015〕11号）要求，将放射防护器材和含放射性产品检测机构、医疗机构放射性危害评价（甲级）机构的审批职责由国家卫生计生委下放至省级人民政府卫生计生行政部门。为做好衔接工作，现就有关事宜公告如下：

一、自公告发布之日起，我委不再受理放射防护器材和含放射性产品检测机构、医疗机构放射性危害评价（甲级）机构的许可申请。

二、对公告发布之日前受理但尚未完成行政许可程序的放射防护器材和含放射性产品检测机构、医疗机构放射性危害评价（甲级）机构的许可申请，由我委政务大厅于公告发布之日起20个工作日之内将申报资料和技术审查结论移交给申请机构所在地的省级人民政府卫生计生行政部门，由省级人民政府卫生计生行政部门继续完成行政许可程序。

国家卫生计生委政务大厅地址：北京市西城区西直门外南路1号二号楼北裙楼

邮编：100044

国家卫生计生委关于下放放射防护器材和含放射性产品检测机构、医疗机构放射性危害评价（甲级）机构行政审批项目的公告

联系电话：010-68791407、68791409

特此公告。

国家卫生计生委
2015年4月20日

国家卫生计生委关于印发化学品毒性鉴定管理规范的通知

(2015年6月9日国卫疾控发〔2015〕69号)

各省、自治区、直辖市卫生计生委,新疆生产建设兵团卫生局,中国疾病预防控制中心:

为进一步规范化学品毒性鉴定工作,预防和控制化学品毒性危害,保障公民健康,依据《危险化学品安全管理条例》和国家有关法律法规,我委对《化学品毒性鉴定管理规范》(卫法监发〔2000〕420号)进行了修订(可从我委网站下载)。现印发给你们,请遵照执行。

附件:化学品毒性鉴定管理规范

国家卫生计生委
2015年6月9日

化学品毒性鉴定管理规范

第一章 总 则

第一条 为规范化学品毒性鉴定工作，预防、控制化学品毒性危害，保护人体健康，依据《危险化学品安全管理条例》和国家有关法律法规，制定本规范。

第二条 本规范所称的化学品，是指工业用和民用的合成或天然提取的化学物，包括化工原料、中间体、产品等单质和聚合物，及不同单质化学品经物理混匀获得的化学混合物及其相关产品。食品添加剂、化妆品及药品等法律法规已有规定的除外。

第三条 开展化学品毒性鉴定工作应当遵循科学严谨、公平公正的原则，并符合有关法律法规、标准和规范的要求。

第四条 凡从事化学品毒性鉴定的医疗卫生、科研和教学等机构必须遵守本规范。

第五条 国家卫生计生委负责全国化学品毒性鉴定的监督管理，省级卫生计生行政部门负责辖区内化学品毒性鉴定日常监督管理工作。

第六条 中国疾病预防控制中心负责化学品毒性鉴定机构（以下简称鉴定机构）的质量控制和技术管理。

第七条 各地卫生计生行政部门应当根据化学品毒性鉴定工作实际需要，加强鉴定机构能力建设，提供必要的保障条件，配备相关的人员、设备和工作经费，以满足化学品毒性鉴定工作的需要。

第二章 鉴定机构

第八条 鉴定机构应当具备以下条件：

（一）具有能够开展化学品毒性鉴定的毒理实验室。实验室技术负责人应当具有高级专业技术职务任职资格，并从事相关专业工作5年以上。

（二）具有与其开展化学品毒性鉴定检验项目条件相适应的检验技术、管理和质量控制人员。

（三）具有与其开展化学品毒性鉴定相适应的场所、环境条件、仪器和设备。

（四）动物实验环境设施必须取得省级实验动物使用许可证；实验动物饲养、管理人员及动物实验人员必须取得实验动物主管部门核发的实验动物从业人员岗位证书。

（五）建立质量控制体系并有效运行。

第九条 鉴定机构的职责是：

（一）按照有关法律法规、标准和规范开展化学品毒性鉴定工作，出具化学品毒性鉴定报告，并对出具的化学品毒性鉴定报告承担法律责任。

（二）按照有关规定参加质量考核。

（三）按年度向省级卫生计生行政部门上报工作开展情况，并向中国疾病预防控制中心报送鉴定信息，包括化学品名称、检测项目、应用的方法、一般毒性和特殊毒性鉴定结果等信息。

（四）鉴定机构对化学品毒性鉴定质量实行机构主要负责人负责制，建立健全鉴定质量控制体系。

（五）鉴定机构及其工作人员对鉴定工作中涉及鉴定送检样品的技术和商业秘密负有保密义务。

（六）鉴定机构应当向社会公开本机构开展化学品毒性鉴定的项目范围。

（七）承担卫生计生行政部门交办的与化学品毒性鉴定相关的其他工作。

第十条 中国疾病预防控制中心履行下列职责：

（一）负责全国鉴定机构质量考核和技术指导。

（二）组织对从事化学品毒性鉴定技术人员的培训。

（三）组织起草化学品毒性鉴定的标准和规范。

（四）承担化学品毒性鉴定技术信息收集，毒性鉴定新技术、新方法研究，以及毒性鉴定工作相关的国际交流。

第十一条 鉴定机构在毒性鉴定工作中不得弄虚作假，出具虚假报告，以及从事其所开展化学品毒性鉴定项目范围以外的毒性鉴定。

第三章 毒性鉴定

第十二条 化学品毒性鉴定的委托方或送检方，应当保证送检样品和资料的真实性,并与鉴定机构签订委托合同。

第十三条 鉴定机构应当根据委托项目,依据化学品毒性鉴定相关标准和规范对送检样品进行毒性鉴定,并出具毒性鉴定报告。

第十四条 凡委托进行化学品毒性鉴定的委托方或送检方,应当提交送检样品和以下资料:

(一)化学品毒性鉴定书面申请,包括申请毒性鉴定项目名称。

(二)主要成分,包括名称、含量、理化性质、用途。

(三)化学品杂质的名称、成分及含量。

(四)与委托检测项目相关的已有毒性测试资料。

(五)理化检测方法。

(六)化学品安全使用说明书,包括接触方式、卫生安全使用注意事项及急救防治措施等。

(七)鉴定需要的其他有关资料。

第十五条 鉴定机构出具的化学品毒性鉴定报告及相关材料应当符合下列要求:

(一)内容完整、数据可靠、结果准确、用语规范、文字清晰。

(二)化学品毒性鉴定报告应当由鉴定检验员、质量检查员、鉴定负责人签字,鉴定机构法定代表人签发并盖公章。

(三)化学品毒性鉴定报告及相关资料由鉴定机构存档。

第十六条 委托方对化学品毒性鉴定结果有异议的,可在收到化学品毒性鉴定报告之日起三十个工作日内,向出具化学品毒性鉴定报告的鉴定机构申请重新鉴定。

第十七条 化学品毒性鉴定报告应当包括以下内容:

(一)样品信息:

1. 通用名,采用国际标准化组织(ISO)的命名

2. 化学名,采用国际纯化学和应用化学联合会(IUPAC)的命名

3. 商品名

4. 化学文摘社(CAS)登记号

5. 生产厂(公司)批号及样品有效期

6. 分子式

7. 结构式

8. 纯度及所含主要杂质

9. 组分

10. 相关理化参数

（二）鉴定方法：

包括鉴定方法的依据、实验动物及生物材料、所用仪器设备、主要试剂、操作步骤及计算统计方法等。

（三）毒理学资料及毒性鉴定结果。

第十八条 化学品毒性鉴定试验程序：

（一）化学品毒性鉴定试验项目的选择应当根据化学品的理化特性，特别是对化学结构与活性关系的初步判断，及其使用范围、生产或使用过程、人体接触情况和现有文献资料，按照相关试验方法进行系统的或补充的毒性试验。在毒性试验过程中，根据各阶段毒性试验结果，有针对性地选择和取舍进一步试验的项目，以完善对该化学品所作出的毒理学评价资料的科学性和可靠性。

（二）化学品毒性鉴定一般应当经过四个阶段试验。

1. 第一阶段：

（1）急性经口毒性试验

（2）急性经皮毒性试验

（3）急性吸入毒性试验

（4）急性眼刺激性/腐蚀性试验

（5）急性皮肤刺激性/腐蚀性试验

（6）皮肤致敏试验

2. 第二阶段：

（1）鼠伤寒沙门氏菌回复突变试验

（2）体外哺乳动物细胞染色体畸变试验

（3）体外哺乳动物细胞基因突变试验

（4）体内哺乳动物骨髓嗜多染红细胞微核试验

（5）体内哺乳动物骨髓细胞染色体畸变试验

（6）哺乳动物精原细胞/初级精母细胞染色体畸变试验

（7）啮齿类动物显性致死试验

（8）亚急性经口毒性试验

（9）亚急性经皮毒性试验

（10）亚急性吸入毒性试验

3. 第三阶段：

（1）亚慢性经口毒性试验

（2）亚慢性经皮毒性试验

（3）亚慢性吸入毒性试验

（4）致畸试验

（5）两代繁殖毒性试验

（6）迟发性神经毒性试验

4. 第四阶段：

（1）慢性经口毒性试验

（2）慢性经皮毒性试验

（3）慢性吸入毒性试验

（4）致癌试验

（5）慢性毒性/致癌性联合试验

（6）毒物代谢动力学试验

（7）有条件时对人群接触资料进行调查

以上未提及的其他试验可作为相应阶段的扩展试验。

第四章　质量考核

第十九条　凡是开展化学品毒性鉴定的机构必须参加质量考核，向中国疾病预防控制中心提交化学品毒性鉴定机构质量考核申请及相关资料，并对所提交资料的真实性负责。首次参加质量考核的申请单位，应当提供全部资料。再次参加考核的申请单位，应当提供变更或补充资料。申请资料不完整的，由中国疾病预防控制中心通知申请单位进行补充。

第二十条　质量考核分为现场评估和盲样考核。

（一）现场评估包括组织机构、人员、仪器设备、工作场所、已开展的试验范围及项目、工作规范、质量管理、抽查实验原始记录及实验报告、实验室技术人员及负责人的专业知识和操作技能考核等内容。

（二）中国疾病预防控制中心负责发放考核盲样。盲样考核根据鉴定机构检测范围确定，从化学品毒性鉴定的四个阶段中，挑选或随机抽取有代表性的试验技术项目进行。

第二十一条　申请单位接收盲样后，应当在规定时间内将盲样考核报告上报中国疾病预防控制中心。

第二十二条　质量考核合格的鉴定机构名单由中国疾病预防控制中心向社会公布。

第二十三条　鉴定机构的质量考核每两年开展一次。

第五章　监督管理

第二十四条　省级卫生计生行政部门应当加强对本辖区鉴定机构的监督管理，对其进行定期抽查。

第二十五条　监督检查主要内容包括：

（一）相关法律法规、标准及规范的执行情况。

（二）化学品毒性鉴定试验工作程序。

（三）化学品毒性鉴定质量控制情况。

（四）化学品毒性鉴定报告情况。

（五）化学品毒性鉴定档案管理情况等。

第二十六条　省级卫生计生行政部门监督检查时，有权查阅或复制有关资料，鉴定机构应当予以配合。

第二十七条　鉴定机构违反本规定的，省级卫生计生行政部门可视情节对其进行批评、责令限期改正、或通报批评。

第六章　附　　则

本规范自公布之日起施行，2000年11月27日原卫生部公布的《化学品毒性鉴定管理规范》（卫法监发〔2000〕420号）同时废止。

国家卫生计生委关于放射卫生技术服务机构（甲级）审批职责下放后加强监管工作的通知

（2015年7月16日国卫监督发〔2015〕75号）

各省、自治区、直辖市卫生计生委，新疆生产建设兵团卫生局，疾控中心、监督中心：

根据《国务院关于取消和调整一批行政审批项目等事项的决定》（国发〔2015〕11号）要求，我委将放射防护器材和含放射性产品检测机构、医疗机构放射性危害评价（甲级）机构［以下简称放射卫生技术服务机构（甲级）］的审批职责下放至省级卫生计生行政部门。为做好审批职责下放后的各项工作，切实加强放射卫生技术服务机构事中事后监管，现将有关工作要求通知如下：

一、高度重视，加强监管工作领导

放射卫生技术服务机构（甲级）行政审批由国家卫生计生委下放到省级卫生计生行政部门，是落实国务院关于深化行政审批制度改革，进一步转变职能、简政放权的要求，也是进一步强化属地监管职责，促进地方更好履职的需要。省级卫生计生行政部门要高度重视，根据职能转变工作要求，进一步厘清思路，明确监管职责，做到不越位、不缺位。要深入分析当前放射卫生技术服务机构监管工作中存在的问题，创新管理机制，抓紧完善工作制度，增强服务意识，扎实推进放射卫生技术服务机构监管工作，做到标准明确、程序严密、运作透明、制约有效、权责分明。

二、依法履职，规范审批工作

（一）省级卫生计生行政部门要按照我委 2015 年第 3 号公告的要求，做好放射卫生技术服务机构（甲级）行政审批职能下放后的工作衔接。对我委政务大厅移交的尚未完成行政审批程序的放射卫生技术服务机构（甲级）资质申请依法抓紧办理，确保平稳过渡。

（二）公告发布之日起，申请放射卫生技术服务机构（甲级）资质的单位以及已获得放射卫生技术服务机构（甲级）资质申请延续许可有效期、变更许可事项以及补发资质证书的单位，应当向申请单位所在地的省级卫生计生行政部门提出申请，原资质证书在有效期内的可继续使用。省级卫生计生行政部门收到申请后，应当按照《行政许可法》《职业病防治法》以及原卫生部《关于印发〈放射卫生技术服务机构管理办法〉等文件的通知》（卫监督发〔2012〕25 号）有关规定做好技术审查，严格把好审批关。

（三）省级卫生计生行政部门要进一步加强行政审批政务信息公开，及时对外公布放射卫生技术服务机构（甲级）审批的法律法规规定及工作程序，及时将本辖区取得资质的放射卫生技术服务机构名录上网公布并更新，提高许可工作的透明性和公正性，主动接受社会监督。各地要进一步加强对从事放射卫生技术服务机构行政审批人员的法律法规、标准、专业知识和技能培训，不断提升人员的政策水平、职业道德和业务素质，确保放射卫生技术服务机构行政审批工作顺利开展。

三、放管结合，加强监督检查

省级卫生计生行政部门要统筹考虑本地区放射卫生技术服务机构设置规划，保障基层医疗卫生机构放射卫生相关检测需求，要督促辖区内放射卫生技术服务机构采取切实有效的措施方便服务对象，提升放射卫生技术服务质量。

各地要结合本次职责调整要求以及我委 2015 年 1 月部署开展的放射卫生技术服务机构专项整治工作，加强对本辖区放射卫生技术服务机构以及在本辖区开展相应工作的外省放射卫生技术服务机构的监督检查，并定期开展抽查。重点对是否取得放射卫生技术服务机构资质并在批准的资质范围内开展技术服务工作，是否存在出具虚假证明文件行为，是否按规定报送相关信息、履行法定职责等进行监督检查，对发现的违法违规行为要坚决查处到位。

各地在执行中发现的有关问题,请及时函告我委监督局。

联系人:国家卫生计生委监督局　韩娟娟

电　话:010-68792823

国家卫生计生委
2015 年 7 月 16 日

国家安全监管总局办公厅关于印发《职业卫生技术服务档案管理规范》和《职业卫生技术服务机构实验室布局与管理规范》的通知

(2015年9月14日安监总厅安健〔2015〕93号)

各省、自治区、直辖市及新疆生产建设兵团安全生产监督管理局,各省级煤矿安全监察局:

为进一步规范职业卫生技术服务机构档案管理及实验室的布局与管理,保证职业卫生技术服务工作的质量,根据《中华人民共和国职业病防治法》及《职业卫生技术服务机构监督管理暂行办法》(国家安全监管总局令第50号)等有关规定,国家安全监管总局研究制定了《职业卫生技术服务档案管理规范》和《职业卫生技术服务机构实验室布局与管理规范》。现印发给你们,请认真执行。

安全监管总局办公厅
2015年9月14日

国家安全监管总局办公厅关于印发《职业卫生技术服务档案管理规范》和《职业卫生技术服务机构实验室布局与管理规范》的通知

职业卫生技术服务档案管理规范

第一条 为进一步规范职业卫生技术服务档案管理，发挥职业卫生技术服务档案在职业卫生监管部门有效履职和保护劳动者职业健康权益方面的支撑作用，根据《中华人民共和国职业病防治法》及《职业卫生技术服务机构监督管理暂行办法》（国家安全监管总局令第 50 号）等有关规定，制定本规范。

第二条 职业卫生技术服务档案是指职业卫生技术服务机构在技术服务及日常管理过程中形成的具有保存价值的各种文字、图表、声像资料等，主要包括基础档案、评价档案、检测档案三大类。

第三条 基础档案应至少包括以下内容：

（一）法人证书影印件；

（二）职业卫生技术服务机构资质证书影印件；

（三）计量认证证书影印件及附表复印件；

（四）质量手册、程序文件、作业指导书、记录表格；

（五）质量管理体系运行过程中形成的文件和记录（含职业卫生技术服务专业技术人员培训计划和记录）；

（六）职业卫生技术服务专业技术人员基本信息汇总表（含人员签字）；

（七）职业卫生技术服务专业技术人员培训合格证原件或影印件；

（八）职业卫生技术服务专业技术人员学历证书、技术职称证书影印件；

（九）职业卫生技术服务专业技术人员法定劳动关系证明材料（包括劳动合同，基本养老保险、失业保险、基本医疗保险和工伤保险有效证明或住房公积金有效缴存证明）；

（十）仪器设备基本信息汇总表（类别、仪器编号、名称、规格型号、量程、精度、购置时间、生产厂家、检定或校准证书有效期和证书编号）；

（十一）仪器设备购置凭证复印件；

（十二）其他与职业卫生技术服务相关的基础档案。

第四条 评价档案应至少包括以下内容：

（一）评价服务合同；

（二）合同评审记录；

（三）评价方案及审核记录；

（四）现场调查记录、工作日写实等相关原始记录；

（五）技术服务过程影像资料；

（六）评价所需的技术资料（设计文件、检测资料等）；

（七）评价报告及审核记录；

（八）其他与评价相关的记录、资料。

第五条 检测档案应至少包括以下内容：

（一）检测服务合同；

（二）合同评审记录；

（三）现场调查记录、工作日写实等相关原始记录；

（四）检测方案及审核记录；

（五）现场采样记录、现场检测记录、样品接收流转保存记录、实验室分析记录、原始谱图及计算过程记录等相关原始记录；

（六）技术服务过程影像资料；

（七）检测所需的技术资料；

（八）检测报告及审核记录；

（九）其他与检测相关的记录、资料。

第六条 职业卫生技术服务机构应有专用档案室，满足防盗、防火、防晒、防虫、防尘、防潮等要求，并有控制进入的安全措施。

第七条 档案室应配备必要的设施，包括档案柜、档案盒、门禁、消防报警设备、温度和湿度控制设施及必要的桌椅等相关设备设施。

第八条 职业卫生技术服务机构应设置专（兼）职的档案管理员。档案管理员负责档案室及档案日常管理工作。职业卫生技术服务专业技术人员超过 50 人的，一般应设置专职档案管理岗位。

第九条 基础档案归档材料以年度为单位，由相关管理部门收集齐全并进行整理，在每年 6 月份之前完成归档。

评价档案、检测档案归档材料，以技术服务项目为单位，由项目组收集齐全并进行整理，在出具技术服务报告后的 20 个工作日之内应完成归档。

国家安全监管总局办公厅关于印发《职业卫生技术服务档案管理规范》和《职业卫生技术服务机构实验室布局与管理规范》的通知 ◎

档案形成部门（或负责收集整理的部门，下同）对归档材料的真实性、完整性、可识别性等负责。

第十条 档案管理员与档案形成部门应对相关归档材料进行核对，核对无误后办理归档手续。

第十一条 评价档案、检测档案经核对无误后，由档案管理员按档案内容形成时间先后顺序排列，并按"第几页共几页"的格式统一编写页码，建立索引和目录。

第十二条 编码后的评价档案、检测档案应装订成册，资料较多的可分册装订。

第十三条 评价和检测档案的档案盒面或盒脊应注明年度、项目名称、项目编号、类型（预评价、控制效果评价、现状评价、定期检测、评价检测、监督检测和事故性检测等）、保管期限等信息。

第十四条 职业卫生技术服务机构应建立健全档案管理制度，查阅、借阅、复印档案，应办理相关手续，并做好登记。

第十五条 职业卫生技术服务档案的保存时间不得少于国家规定的有关档案保管期限。

第十六条 职业卫生技术服务机构应建立档案鉴定和销毁制度，档案达到保存期限后经鉴定可以销毁的，按程序进行销毁。销毁档案前，销毁人员应认真清点核对，在销毁清册上签章。

第十七条 职业卫生技术服务机构是档案管理的责任主体，并对本单位的职业卫生档案损坏、散失、失密等承担全部责任。

职业卫生技术服务机构发生解散、破产等情形的，应及时报告资质认可机关，提出处置意见并妥善处置相关档案。

第十八条 涉及保密内容的职业卫生技术服务档案应按照国家有关保密法律法规的规定和要求执行。

第十九条 职业卫生技术服务档案实行电子化管理的，应按照国家法律法规和标准规范的要求，采取有效的档案管理措施，保证档案的真实性、完整性、安全性和可溯源性。

职业卫生技术服务机构实验室布局与管理规范

第一条 为进一步规范职业卫生技术服务机构实验室的布局与管理，保证职业卫生检测工作的质量，依据《中华人民共和国职业病防治法》及《职业卫生技术服务机构监督管理暂行办法》（国家安全监管总局令第 50 号）等有关规定，制定本规范。

第二条 本规范所指的实验室是指职业卫生技术服务机构对工作场所职业病危害因素，按规定的程序实施技术操作，以确定其浓度或强度的实验室。

第三条 实验室的选址、建筑设计、采暖、通风、空调、电气、给排水、室内环境应满足职业卫生检测工作的需要，并符合国家有关安全、卫生的要求。

第四条 实验室各类用房宜集中布置，做到功能分区明确、布局合理、互不干扰。

根据职业卫生检测工作的需要，实验室一般应设置天平室、色谱室、光谱室、高温室、理化室、样品前处理室等专用实验用房，以及样品室、试剂室、洗涤室、气瓶间、现场仪器室等辅助用房。

第五条 天平室的设置应满足以下要求：

（一）远离振源，防止气流和磁场干扰。实验室设在临街建筑物上的，天平室应设置在背向街道一侧。天平室应设置面积不小于 6 m^2 的缓冲间，天平操作间与缓冲间之间采用密封的玻璃隔断墙分隔，宜采用推拉门，并与天平室的门错位布置。天平室外窗应为双层密闭窗并设置窗帘。

（二）天平室墙体、地面应平整光滑，不积尘、不起灰。室内应干燥明亮，光线均匀柔和，避免阳光直射在天平上。

（三）天平台台面和台座应做隔振处理。天平台沿墙布置时，应与墙脱开，台面宜采用平整、光洁、有足够刚度的台板，不得采用木制工作台。放置高精度天平的天平台应设独立基座（不宜设在地下室楼板上面）。

（四）应设置室内环境条件控制设施，备有温湿度计，保持称量环境温度、湿度相对恒定。

（五）天平室应设置除静电设备。

第六条 色谱室的设置应满足以下要求：

（一）色谱室应保证分析测定所要求的温度、湿度条件；

（二）气相色谱仪采用氢气发生器作为气源的，应做好设备的维护管理；使用高压钢瓶作为气源的，气瓶布置应符合相关要求，确保安全使用；

（三）色谱室应保证通风良好，气相色谱仪上方应设置局部排风系统，将尾气排至室外；

（四）液相色谱仪与气相色谱仪应分室放置，避免相互干扰。

第七条 光谱室的设置应满足以下要求：

（一）应远离样品前处理室，防止酸、碱、腐蚀性气体等对仪器的损害；

（二）原子吸收分光光度计、原子荧光分光光度计应设局部排风，排风罩宜为耐火、耐腐蚀材质，罩口控制风速为 $0.5\sim1.0\ m/s$。

第八条 样品前处理室的设置应满足以下要求：

（一）有机样品和无机样品前处理应分开。

（二）墙体地面应平整光滑、耐腐蚀，易于冲洗清扫。实验台、试剂柜等应耐酸碱腐蚀。

（三）样品前处理室应通风良好，设置独立通风橱，样品消化处理应设置耐酸碱腐蚀的通风橱。

第九条 实验室测定分析中的滴定分析、标准溶液及试剂配制、常规化学分析等应在单独设置的理化室进行。理化室的设置应满足以下要求：

（一）设中央实验台或靠墙布置实验台，中央实验台不宜与外窗平行布置，靠墙布置的实验台端部与走道墙之间的净距不宜小于 $1\ 200\ mm$；

（二）实验台上方应设置局部排风系统；

（三）实验过程中使用的提取溶剂与其他检测项目相同时，需单独设立分析室进行专项测定或处理，避免相互干扰；

（四）理化室内不得长时间放置药品和试剂，需临时放置的，应设置具有通风功能的药品柜，药品和试剂应按要求分类存放，需冷藏的试剂应放置在冷藏设施内。

第十条 实验室可单独设置洗涤室用于洗刷器皿。洗刷室的设置应满足以下要求：

（一）应确保光线充足，通风良好；

（二）墙体、地面应防水、防滑、耐腐蚀，地面应设置地漏。

第十一条 马弗炉、干燥箱等高温仪器设备应布置在单独设置的高温室内。高温设备应放置在耐高温工作台上，高温设备之间应保持一定间距。

高温室内严禁储存和使用易燃易爆物品及有机化学品，并保持室内通风良好。

第十二条 现场采样和测量仪器设备应统一存放在现场仪器室内。现场仪器室应保持通风干燥，仪器设备应分类存放，摆放整齐，并设置必要的充电设施，满足使用、维护和保养需要。

第十三条 实验室使用高压气瓶作为气源的，气瓶的存放和使用应满足以下要求：

（一）气瓶应分类妥善保管，远离火源、热源，避免阳光直射及强烈振动；

（二）气瓶应直立放置并有明显标记，摆放整齐，并设有栏杆或支架进行固定；

（三）严格按照有关安全使用规定正确使用气瓶。

第十四条 试剂室的设置应满足以下要求：

（一）试剂柜应选用耐腐蚀材料，并安装排风系统。

（二）试剂应分类存放，禁忌试剂不得混存。液体试剂和固体试剂应分柜存放，腐蚀性物品应包装严密，酸、碱试剂应分开存放，氧化剂与还原剂应分开存放，光敏试剂应避光保存，易燃易爆试剂应专柜存放。

（三）剧毒物品（含易制毒试剂）的存放应依照公安部门有关规定，设置联网防盗报警、监控、通风换气等装置，安装防盗门、防盗窗、双锁保险柜等，并依法向当地公安机关申请备案。

第十五条 实验区域应有控制进入的措施，入口处应有限制无关人员进入的标识。色谱室、光谱室、高温室、理化室、样品前处理室、样品室、试剂室、气瓶间等实验用房的醒目位置应设置警示标识。

第十六条 实验室产生的废液、固体废物应设置收集容器，分类收集、分开存储、定点存放，并指定专人负责管理，委托具有相应资质的单位处置，并有相关处置记录。

第十七条 实验室的应急管理应满足以下要求：

（一）制定应急预案，明确组织机构及职责、预防与管理、应急程序、后期处置等相关内容；

（二）凡经常使用强酸、强碱、有化学品烧伤危险的实验室应设置洗眼器，在实验用房出口就近处或在 10 s 内可以快步到达的实验室公共区域设置应急喷淋器，并保证应急冲洗设施能够有效使用；

（三）配备应急药品箱，药品箱内应配备止血带、绷带、创可贴、医用酒精、脱脂棉签、剪刀、镊子等应急用品，且种类、数量满足相关标准要求；

（四）应设置紧急疏散通道及标识，在室内及走廊上安装应急灯，安全出口不宜少于两个。

第十八条 实验室应保持清洁，定期清扫。实验室内物品应摆放整齐、有序，严禁在实验室内堆放杂物，不得在实验室内用餐。

第十九条 实验室应符合《检测实验室安全》（GB/T 27476）的要求，并制定安全管理制度，每个实验用房应明确专人负责安全卫生管理。

第二十条 职业卫生技术服务机构应为现场采样和实验室分析人员配备必要的个体防护用品，并定期更换，保证防护用品的有效性。

国家卫生计生委等部门关于印发《职业病危害因素分类目录》的通知

(2015年11月17日国卫疾控发〔2015〕92号)

各省、自治区、直辖市卫生计生委、安全生产监督管理局、人力资源社会保障厅（局）、总工会，新疆生产建设兵团卫生局、安全生产监督管理局、人力资源社会保障局、工会，中国疾病预防控制中心：

为贯彻落实《职业病防治法》，切实保障劳动者健康权益，根据职业病防治工作需要，国家卫生计生委、安全监管总局、人力资源社会保障部和全国总工会联合组织对职业病危害因素分类目录进行了修订。现将《职业病危害因素分类目录》印发给你们（可从国家卫生计生委网站下载），从即日起施行。2002年3月11日原卫生部印发的《职业病危害因素分类目录》同时废止。

附件：职业病危害因素分类目录

国家卫生计生委　人力资源社会保障部
安全监管总局　全国总工会
2015年11月17日

附件

职业病危害因素分类目录

一、粉尘

序号	名　　称	CAS 号
1	矽尘（游离 SiO_2 含量≥10%）	14808-60-7
2	煤尘	
3	石墨粉尘	7782-42-5
4	炭黑粉尘	1333-86-4
5	石棉粉尘	1332-21-4
6	滑石粉尘	14807-96-6
7	水泥粉尘	
8	云母粉尘	12001-26-2
9	陶土粉尘	
10	铝尘	7429-90-5
11	电焊烟尘	
12	铸造粉尘	
13	白炭黑粉尘	112926-00-8
14	白云石粉尘	
15	玻璃钢粉尘	
16	玻璃棉粉尘	65997-17-3
17	茶尘	
18	大理石粉尘	1317-65-3
19	二氧化钛粉尘	13463-67-7
20	沸石粉尘	
21	谷物粉尘（游离 SiO_2 含量<10%）	
22	硅灰石粉尘	13983-17-0
23	硅藻土粉尘（游离 SiO_2 含量<10%）	61790-53-2
24	活性炭粉尘	64365-11-3
25	聚丙烯粉尘	9003-07-0

续表

序号	名　　称	CAS 号
26	聚丙烯腈纤维粉尘	
27	聚氯乙烯粉尘	9002-86-2
28	聚乙烯粉尘	9002-88-4
29	矿渣棉粉尘	
30	麻尘（亚麻、黄麻和苎麻）（游离 SiO_2 含量<10%）	
31	棉尘	
32	木粉尘	
33	膨润土粉尘	1302-78-9
34	皮毛粉尘	
35	桑蚕丝尘	
36	砂轮磨尘	
37	石膏粉尘（硫酸钙）	10101-41-4
38	石灰石粉尘	1317-65-3
39	碳化硅粉尘	409-21-2
40	碳纤维粉尘	
41	稀土粉尘（游离 SiO_2 含量<10%）	
42	烟草尘	
43	岩棉粉尘	
44	萤石混合性粉尘	
45	珍珠岩粉尘	93763-70-3
46	蛭石粉尘	
47	重晶石粉尘（硫酸钡）	7727-43-7
48	锡及其化合物粉尘	7440-31-5（锡）
49	铁及其化合物粉尘	7439-89-6（铁）
50	锑及其化合物粉尘	7440-36-0（锑）
51	硬质合金粉尘	
52	以上未提及的可导致职业病的其他粉尘	

二、化学因素

序号	名　　称	CAS 号
1	铅及其化合物（不包括四乙基铅）	7439－92－1（铅）
2	汞及其化合物	7439－97－6（汞）
3	锰及其化合物	7439－96－5（锰）
4	镉及其化合物	7440－43－9（镉）
5	铍及其化合物	7440－41－7（铍）
6	铊及其化合物	7440－28－0（铊）
7	钡及其化合物	7440－39－3（钡）
8	钒及其化合物	7440－62－6（钒）
9	磷及其化合物（磷化氢、磷化锌、磷化铝、有机磷单列）	7723－14－0（磷）
10	砷及其化合物（砷化氢单列）	7440－38－2（砷）
11	铀及其化合物	7440－61－1（铀）
12	砷化氢	7784－42－1
13	氯气	7782－50－5
14	二氧化硫	7446－9－5
15	光气（碳酰氯）	75－44－5
16	氨	7664－41－7
17	偏二甲基肼（1，1－二甲基肼）	57－14－7
18	氮氧化合物	
19	一氧化碳	630－08－0
20	二硫化碳	75－15－0
21	硫化氢	7783－6－4
22	磷化氢、磷化锌、磷化铝	7803－51－2、1314－84－7、20859－73－8
23	氟及其无机化合物	7782－41－4（氟）
24	氰及其腈类化合物	460－19－5（氰）
25	四乙基铅	78－00－2
26	有机锡	

续表

序号	名　称	CAS 号
27	羰基镍	13463-39-3
28	苯	71-43-2
29	甲苯	108-88-3
30	二甲苯	1330-20-7
31	正己烷	110-54-3
32	汽油	
33	一甲胺	74-89-5
34	有机氟聚合物单体及其热裂解物	
35	二氯乙烷	1300-21-6
36	四氯化碳	56-23-5
37	氯乙烯	1975-1-4
38	三氯乙烯	1979-1-6
39	氯丙烯	107-05-1
40	氯丁二烯	126-99-8
41	苯的氨基及硝基化合物（不含三硝基甲苯）	
42	三硝基甲苯	118-96-7
43	甲醇	67-56-1
44	酚	108-95-2
45	五氯酚及其钠盐	87-86-5（五氯酚）
46	甲醛	50-00-0
47	硫酸二甲酯	77-78-1
48	丙烯酰胺	1979-6-1
49	二甲基甲酰胺	1968-12-2
50	有机磷	
51	氨基甲酸酯类	
52	杀虫脒	19750-95-9
53	溴甲烷	74-83-9
54	拟除虫菊酯	

续表

序号	名　称	CAS 号
55	铟及其化合物	7440-74-6（铟）
56	溴丙烷（1-溴丙烷；2-溴丙烷）	106-94-5；75-26-3
57	碘甲烷	74-88-4
58	氯乙酸	1979-11-8
59	环氧乙烷	75-21-8
60	氨基磺酸铵	7773-06-0
61	氯化铵烟	12125-02-9（氯化铵）
62	氯磺酸	7790-94-5
63	氢氧化铵	1336-21-6
64	碳酸铵	506-87-6
65	α-氯乙酰苯	532-27-4
66	对特丁基甲苯	98-51-1
67	二乙烯基苯	1321-74-0
68	过氧化苯甲酰	94-36-0
69	乙苯	100-41-4
70	碲化铋	1304-82-1
71	铂化物	
72	1,3-丁二烯	106-99-0
73	苯乙烯	100-42-5
74	丁烯	25167-67-3
75	二聚环戊二烯	77-73-6
76	邻氯苯乙烯（氯乙烯苯）	2039-87-4
77	乙炔	74-86-2
78	1,1-二甲基-4,4'-联吡啶鎓盐二氯化物（百草枯）	1910-42-5
79	2-N-二丁氨基乙醇	102-81-8
80	2-二乙氨基乙醇	100-37-8
81	乙醇胺（氨基乙醇）	141-43-5

续表

序号	名　称	CAS 号
82	异丙醇胺（1-氨基-2-二丙醇）	78-96-6
83	1,3-二氯-2-丙醇	96-23-1
84	苯乙醇	60-12-18
85	丙醇	71-23-8
86	丙烯醇	107-18-6
87	丁醇	71-36-3
88	环己醇	108-93-0
89	己二醇	107-41-5
90	糠醇	98-00-0
91	氯乙醇	107-07-3
92	乙二醇	107-21-1
93	异丙醇	67-63-0
94	正戊醇	71-41-0
95	重氮甲烷	334-88-3
96	多氯萘	70776-03-3
97	蒽	120-12-7
98	六氯萘	1335-87-1
99	氯萘	90-13-1
100	萘	91-20-3
101	萘烷	91-17-8
102	硝基萘	86-57-7
103	蒽醌及其染料	84-65-1（蒽醌）
104	二苯胍	102-06-7
105	对苯二胺	106-50-3
106	对溴苯胺	106-40-1
107	卤化水杨酰苯胺（N-水杨酰苯胺）	
108	硝基萘胺	776-34-1
109	对苯二甲酸二甲酯	120-61-6

续表

序号	名　称	CAS 号
110	邻苯二甲酸二丁酯	84-74-2
111	邻苯二甲酸二甲酯	131-11-3
112	磷酸二丁基苯酯	2528-36-1
113	磷酸三邻甲苯酯	78-30-8
114	三甲苯磷酸酯	1330-78-5
115	1，2，3-苯三酚（焦棓酚）	87-66-1
116	4，6-二硝基邻苯甲酚	534-52-1
117	N，N-二甲基-3-氨基苯酚	99-07-0
118	对氨基酚	123-30-8
119	多氯酚	
120	二甲苯酚	108-68-9
121	二氯酚	120-83-2
122	二硝基苯酚	51-28-5
123	甲酚	1319-77-3
124	甲基氨基酚	55-55-0
125	间苯二酚	108-46-3
126	邻仲丁基苯酚	89-72-5
127	萘酚	1321-67-1
128	氢醌（对苯二酚）	123-31-9
129	三硝基酚（苦味酸）	88-89-1
130	氰氨化钙	156-62-7
131	碳酸钙	471-34-1
132	氧化钙	1305-78-8
133	锆及其化合物	7440-67-7（锆）
134	铬及其化合物	7440-47-3（铬）
135	钴及其氧化物	7440-48-4
136	二甲基二氯硅烷	75-78-5
137	三氯氢硅	10025-78-2

续表

序号	名　　称	CAS 号
138	四氯化硅	10026-04-7
139	环氧丙烷	75-56-9
140	环氧氯丙烷	106-89-8
141	柴油	
142	焦炉逸散物	
143	煤焦油	8007-45-2
144	煤焦油沥青	65996-93-2
145	木馏油（焦油）	8001-58-9
146	石蜡烟	
147	石油沥青	8052-42-4
148	苯肼	100-63-0
149	甲基肼	60-34-4
150	肼	302-01-2
151	聚氯乙烯热解物	7647-01-0
152	锂及其化合物	7439-93-2（锂）
153	联苯胺（4,4'-二氨基联苯）	92-87-5
154	3,3-二甲基联苯胺	119-93-7
155	多氯联苯	1336-36-3
156	多溴联苯	59536-65-1
157	联苯	92-52-4
158	氯联苯（54%氯）	11097-69-1
159	甲硫醇	74-93-1
160	乙硫醇	75-08-1
161	正丁基硫醇	109-79-5
162	二甲基亚砜	67-68-5
163	二氯化砜（磺酰氯）	7791-25-5
164	过硫酸盐（过硫酸钾、过硫酸钠、过硫酸铵等）	
165	硫酸及三氧化硫	7664-93-9

续表

序号	名称	CAS 号
166	六氟化硫	2551-62-4
167	亚硫酸钠	7757-83-7
168	2-溴乙氧基苯	589-10-6
169	苄基氯	100-44-7
170	苄基溴（溴甲苯）	100-39-0
171	多氯苯	
172	二氯苯	106-46-7
173	氯苯	108-90-7
174	溴苯	108-86-1
175	1,1-二氯乙烯	75-35-4
176	1,2-二氯乙烯（顺式）	540-59-0
177	1,3-二氯丙烯	542-75-6
178	二氯乙炔	7572-29-4
179	六氯丁二烯	87-68-3
180	六氯环戊二烯	77-47-4
181	四氯乙烯	127-18-4
182	1,1,1-三氯乙烷	71-55-6
183	1,2,3-三氯丙烷	96-18-4
184	1,2-二氯丙烷	78-87-5
185	1,3-二氯丙烷	142-28-9
186	二氯二氟甲烷	75-71-8
187	二氯甲烷	75-09-2
188	二溴氯丙烷	96-12-8
189	六氯乙烷	67-72-1
190	氯仿（三氯甲烷）	67-66-3
191	氯甲烷	74-87-3
192	氯乙烷	75-00-3
193	氯乙酰氯	79-40-9

续表

序号	名　　称	CAS 号
194	三氯一氟甲烷	75－69－4
195	四氯乙烷	79－34－5
196	四溴化碳	558－13－4
197	五氟氯乙烷	76－15－3
198	溴乙烷	74－96－4
199	铝酸钠	1302－42－7
200	二氧化氯	10049－04－4
201	氯化氢及盐酸	7647－01－0
202	氯酸钾	3811－04－9
203	氯酸钠	7775－09－9
204	三氟化氯	7790－91－2
205	氯甲醚	107－30－2
206	苯基醚（二苯醚）	101－84－8
207	二丙二醇甲醚	34590－94－8
208	二氯乙醚	111－44－4
209	二缩水甘油醚	
210	邻茴香胺	90－04－0
211	双氯甲醚	542－88－1
212	乙醚	60－29－7
213	正丁基缩水甘油醚	2426－08－6
214	钼酸	13462－95－8
215	钼酸铵	13106－76－8
216	钼酸钠	7631－95－0
217	三氧化钼	1313－27－5
218	氢氧化钠	1310－73－2
219	碳酸钠（纯碱）	3313－92－6
220	镍及其化合物（羰基镍单列）	
221	癸硼烷	17702－41－9

续表

序号	名 称	CAS 号
222	硼烷	
223	三氟化硼	7637-07-2
224	三氯化硼	10294-34-5
225	乙硼烷	19287-45-7
226	2-氯苯基羟胺	10468-16-3
227	3-氯苯基羟胺	10468-17-4
228	4-氯苯基羟胺	823-86-9
229	苯基羟胺（苯胲）	100-65-2
230	巴豆醛（丁烯醛）	4170-30-3
231	丙酮醛（甲基乙二醛）	78-98-8
232	丙烯醛	107-02-8
233	丁醛	123-72-8
234	糠醛	98-01-1
235	氯乙醛	107-20-0
236	羟基香茅醛	107-75-5
237	三氯乙醛	75-87-6
238	乙醛	75-07-0
239	氢氧化铯	21351-79-1
240	氯化苄烷胺（洁尔灭）	8001-54-5
241	双-（二甲基硫代氨基甲酰基）二硫化物（秋兰姆、福美双）	137-26-8
242	α-萘硫脲（安妥）	86-88-4
243	3-（1-丙酮基苄基）-4-羟基香豆素（杀鼠灵）	81-81-2
244	酚醛树脂	9003-35-4
245	环氧树脂	38891-59-7
246	脲醛树脂	25104-55-6
247	三聚氰胺甲醛树脂	9003-08-1
248	1,2,4-苯三酸酐	552-30-7

续表

序号	名　　称	CAS 号
249	邻苯二甲酸酐	85-44-9
250	马来酸酐	108-31-6
251	乙酸酐	108-24-7
252	丙酸	79-09-4
253	对苯二甲酸	100-21-0
254	氟乙酸钠	62-74-8
255	甲基丙烯酸	79-41-4
256	甲酸	64-18-6
257	羟基乙酸	79-14-1
258	巯基乙酸	68-11-1
259	三甲基己二酸	3937-59-5
260	三氯乙酸	76-03-9
261	乙酸	64-19-7
262	正香草酸（高香草酸）	306-08-1
263	四氯化钛	7550-45-0
264	钽及其化合物	7440-25-7（钽）
265	锑及其化合物	7440-36-0（锑）
266	五羰基铁	13463-40-6
267	2-己酮	591-78-6
268	3,5,5-三甲基-2-环己烯-1-酮（异佛尔酮）	78-59-1
269	丙酮	67-64-1
270	丁酮	78-93-3
271	二乙基甲酮	96-22-0
272	二异丁基甲酮	108-83-8
273	环己酮	108-94-1
274	环戊酮	120-92-3
275	六氟丙酮	684-16-2

续表

序号	名　　称	CAS 号
276	氯丙酮	78-95-5
277	双丙酮醇	123-42-2
278	乙基另戊基甲酮（5-甲基-3-庚酮）	541-85-5
279	乙基戊基甲酮	106-68-3
280	乙烯酮	463-51-4
281	异亚丙基丙酮	141-79-7
282	铜及其化合物	
283	丙烷	74-98-6
284	环己烷	110-82-7
285	甲烷	74-82-8
286	壬烷	111-84-2
287	辛烷	111-65-9
288	正庚烷	142-82-5
289	正戊烷	109-66-0
290	2-乙氧基乙醇	110-80-5
291	甲氧基乙醇	109-86-4
292	围涎树碱	
293	二硫化硒	56093-45-9
294	硒化氢	7783-07-5
295	钨及其不溶性化合物	7440-33-7（钨）
296	硒及其化合物（六氟化硒、硒化氢单列）	7782-49-2（硒）
297	二氧化锡	1332-29-2
298	N,N-二甲基乙酰胺	127-19-5
299	N-3,4二氯苯基丙酰胺（敌稗）	709-98-8
300	氟乙酰胺	640-19-7
301	己内酰胺	105-60-2
302	环四次甲基四硝胺（奥克托今）	2691-41-0
303	环三次甲基三硝铵（黑索今）	121-82-4

续表

序号	名　　称	CAS 号
304	硝化甘油	55-63-0
305	氯化锌烟	7646-85-7（氯化锌）
306	氧化锌	1314-13-2
307	氢溴酸（溴化氢）	10035-10-6
308	臭氧	10028-15-6
309	过氧化氢	7722-84-1
310	钾盐镁矾	
311	丙烯基芥子油	
312	多次甲基多苯基异氰酸酯	57029-46-6
313	二苯基甲烷二异氰酸酯	101-68-8
314	甲苯-2,4-二异氰酸酯（TDI）	584-84-9
315	六亚甲基二异氰酸酯（HDI）（1,6-己二异氰酸酯）	822-06-0
316	萘二异氰酸酯	3173-72-6
317	异佛尔酮二异氰酸酯	4098-71-9
318	异氰酸甲酯	624-83-9
319	氧化银	20667-12-3
320	甲氧氯	72-43-5
321	2-氨基吡啶	504-29-0
322	N-乙基吗啉	100-74-3
323	吖啶	260-94-6
324	苯绕蒽酮	82-05-3
325	吡啶	110-86-1
326	二噁烷	123-91-1
327	呋喃	110-00-9
328	吗啉	110-91-8
329	四氢呋喃	109-99-9
330	茚	95-13-6

续表

序号	名　　称	CAS 号
331	四氢化锗	7782-65-2
332	二乙烯二胺（哌嗪）	110-85-0
333	1,6-己二胺	124-09-4
334	二甲胺	124-40-3
335	二乙烯三胺	111-40-0
336	二异丙胺基氯乙烷	96-79-7
337	环己胺	108-91-8
338	氯乙基胺	689-98-5
339	三乙烯四胺	112-24-3
340	烯丙胺	107-11-9
341	乙胺	75-04-7
342	乙二胺	107-15-3
343	异丙胺	75-31-0
344	正丁胺	109-73-9
345	1,1-二氯-1-硝基乙烷	594-72-9
346	硝基丙烷	25322-01-4
347	三氯硝基甲烷（氯化苦）	76-06-2
348	硝基甲烷	75-52-5
349	硝基乙烷	79-24-3
350	1,3-二甲基丁基乙酸酯（乙酸仲己酯）	108-84-9
351	2-甲氧基乙基乙酸酯	110-49-6
352	2-乙氧基乙基乙酸酯	111-15-9
353	n-乳酸正丁酯	138-22-7
354	丙烯酸甲酯	96-33-3
355	丙烯酸正丁酯	141-32-2
356	甲基丙烯酸甲酯（异丁烯酸甲酯）	80-62-6
357	甲基丙烯酸缩水甘油酯	106-91-2
358	甲酸丁酯	592-84-7

续表

序号	名　　称	CAS 号
359	甲酸甲酯	107-31-3
360	甲酸乙酯	109-94-4
361	氯甲酸甲酯	79-22-1
362	氯甲酸三氯甲酯（双光气）	503-38-8
363	三氟甲基次氟酸酯	
364	亚硝酸乙酯	109-95-5
365	乙二醇二硝酸酯	628-96-6
366	乙基硫代磺酸乙酯	682-91-7
367	乙酸苄酯	140-11-4
368	乙酸丙酯	109-60-4
369	乙酸丁酯	123-86-4
370	乙酸甲酯	79-20-9
371	乙酸戊酯	628-63-7
372	乙酸乙烯酯	108-05-4
373	乙酸乙酯	141-78-6
374	乙酸异丙酯	108-21-4
375	以上未提及的可导致职业病的其他化学因素	

三、物理因素

序号	名　　称
1	噪声
2	高温
3	低气压
4	高气压
5	高原低氧
6	振动
7	激光
8	低温

续表

序号	名　　称
9	微波
10	紫外线
11	红外线
12	工频电磁场
13	高频电磁场
14	超高频电磁场
15	以上未提及的可导致职业病的其他物理因素

四、放射性因素

序号	名　　称	备　　注
1	密封放射源产生的电离辐射	主要产生γ、中子等射线
2	非密封放射性物质	可产生α、β、γ射线或中子
3	X射线装置（含CT机）产生的电离辐射	X射线
4	加速器产生的电离辐射	可产生电子射线、X射线、质子、重离子、中子以及感生放射性等
5	中子发生器产生的电离辐射	主要是中子、γ射线等
6	氡及其短寿命子体	限于矿工高氡暴露
7	铀及其化合物	
8	以上未提及的可导致职业病的其他放射性因素	

五、生物因素

序号	名　　称	备　　注
1	艾滋病病毒	限于医疗卫生人员及人民警察
2	布鲁氏菌	
3	伯氏疏螺旋体	
4	森林脑炎病毒	
5	炭疽芽孢杆菌	
6	以上未提及的可导致职业病的其他生物因素	

六、其他因素

序号	名称	备注
1	金属烟	
2	井下不良作业条件	限于井下工人
3	刮研作业	限于手工刮研作业人员

国家卫生计生委等 10 部门关于印发加强农民工尘肺病防治工作的意见的通知

(2016 年 1 月 8 日国卫疾控发〔2016〕2 号)

各省、自治区、直辖市卫生计生委、发展改革委、科技厅（委、局）、工业和信息化主管部门、民政厅（局）、财政厅（局）、人力资源社会保障厅（局）、国资委、安全生产监督管理局、总工会，新疆生产建设兵团卫生局、发展改革委、科技局、工业和信息化主管部门、民政局、财务局、人力资源社会保障局、国资委、安全生产监督管理局、工会：

为贯彻落实《职业病防治法》，切实保障劳动者健康权益，根据农民工尘肺病防治工作需要，国家卫生计生委、国家发展改革委、科技部、工业和信息化部、民政部、财政部、人力资源社会保障部、国务院国资委、安全监管总局和全国总工会联合制定了《关于加强农民工尘肺病防治工作的意见》。经国务院同意，现印发给你们，请认真贯彻落实。

国家卫生计生委　国家发展改革委
科技部　工业和信息化部
民政部　财政部
人力资源社会保障部　国务院国资委
安全监管总局　全国总工会
2016 年 1 月 8 日

关于加强农民工尘肺病防治工作的意见

农民工已成为我国产业工人的主体,截至 2014 年底,我国农民工人数达 2.74 亿,是推动国家现代化建设的重要力量,为经济社会发展作出了巨大贡献。党中央、国务院高度重视农民工的职业健康。近年来,我国先后公布了《职业病防治法》等一系列法律法规、规划和职业卫生标准,监管力度逐步加大,职业病防治能力和服务体系持续加强,诊断服务的可及性和诊断水平不断提高。但是,由于一些用人单位不履行防治主体责任,健康监护不到位,加上部分农民工缺乏职业防护和维权意识,农民工罹患尘肺病的势头并没有得到有效控制,病后得不到及时诊断、救治和赔偿的问题也没有得到有效解决。为进一步深入贯彻党的十八大和十八届三中、四中、五中全会精神,落实《国务院关于进一步做好为农民工服务工作的意见》(国发〔2014〕40 号)有关要求,预防、控制和消除尘肺病危害,切实保护农民工职业健康和相关权益,提出以下意见:

一、着力加强农民工尘肺病源头治理

用人单位要建立健全粉尘防治规章制度和责任制,落实粉尘防治主体责任。要建立健全粉尘防治管理机构,配备专职管理人员,负责粉尘防治日常管理工作。严格执行建设项目防尘设施"三同时",确保新建设项目粉尘防护设施齐全有效。按照要求开展工作场所粉尘日常监测和定期检测,加强防尘设施设备维护管理,配备合格有效的个人粉尘防护用品。强化职业病危害告知和职业卫生宣教培训,提高农民工的粉尘防范能力和自我防护意识。各地要抓住国家经济转型和产业结构调整契机,强化新技术、新工艺、新设备和新材料的推广应用,淘汰粉尘危害严重的落后产能,主动关闭粉尘危害严重、不具备防治条件的小矿山、小水泥、小冶金、小陶瓷、小石材加工等企业。各级安全监管部门要会同能源等行业管理部门,深入开展矿山开采、建材生产等粉尘危害严重行业领域的专项治理。加大对用人单位粉尘防治工作的监督检查力度,依法查处违法违规行为,对工艺落后、粉尘危害严重且整改无望的企业,要提请地方政府依法予以关闭。要建立粉尘危害企业黑名单制度,对违法违规企业坚决予以曝光。加大尘肺病事件的查处力度，对出现群体性尘肺病的用人单位，依法从严从重查处并追究相关责任人的责任。

二、大力推进农民工职业健康检查工作

用人单位要为农民工建立个人职业健康监护档案，依法对农民工进行上岗前、在岗期间和离岗时职业健康检查，书面告知检查结果，并为离开本单位的农民工提供档案复印件。不得安排未经上岗前职业健康检查或有职业禁忌的农民工从事粉尘作业，在岗期间职业健康检查发现有职业健康禁忌的，应当调离有健康损害的工作岗位。对疑似尘肺病农民工应当及时安排进行诊断，离岗前未进行职业健康检查的农民工不得与其解除或终止劳动合同。地方各级卫生计生行政部门要根据工作需要，统一规划、科学布局、合理设置职业健康检查机构。职业健康检查机构要优化检查流程，加强质量控制，为用人单位和农民工提供方便高效的服务，并可根据需要，在登记机关管辖区域范围内开展外出职业健康检查。发现疑似尘肺病和职业禁忌的应当及时书面告知农民工和用人单位，并将疑似尘肺病报告用人单位所在地的卫生计生行政部门和安全监管部门。

三、认真做好尘肺病诊断鉴定和医疗救治工作

劳动者有粉尘接触史且临床表现以及辅助检查结果符合尘肺病特征的，医疗机构应当及时作出尘肺病相关临床诊断。符合职业性尘肺病相关诊断标准的，职业病诊断机构应当加强有关部门协调，提高效率，尽快作出职业性尘肺病诊断。没有证据否定职业病危害因素与病人临床表现之间的必然联系的，应当诊断为职业性尘肺病。各级卫生计生、人力资源社会保障、安全监管等部门和工会组织要针对当前农民工尘肺病诊断过程中存在的实际问题，研究制订具体办法，简化诊断程序，缩短诊断时间，切实解决农民工尘肺病诊断的实际困难。对诊断有争议的，按照有关规定进行鉴定。要按照"方便治疗、疗效可靠、价格合理、服务周到"的原则，优化尘肺病定点医疗机构设置。有关科技行政部门要将尘肺病防治技术和产品的研发列入有关科研计划，组织产学研医等方面的优势力量，加大科研攻关力度。各级人力资源社会保障和卫生计生行政部门要及时按规定将疗效可靠的尘肺病治疗药品列入各类基本医疗保险药品目录。各级卫生计生行政部门要加强医务人员培训，规范尘肺病救治工作，提高尘肺病治疗技术水平。

四、有效保障符合条件的尘肺病农民工工伤保险待遇

要大力推进《劳动合同法》和《工伤保险条例》的贯彻落实，规范用人单位劳动用工管理，督促其依法与农民工签订劳动合同，按时足额为农民工缴纳工伤保险费。对于不依法签订劳动合同、不按规定缴纳工伤保险费的，各级人力资源社会保障行政部门要及时查处。各级人力资源社会保障行政部门要按规定及时进行工伤认定和劳动能力鉴定，依法落实其各项工伤保险待遇。未参保尘肺病农民工，由用人单位依法支付其各项工伤保险待遇。用人单位不支付的，工伤保险基金按规定先行支付，并由社会保险经办机构依法向用人单位追偿。

五、切实解决特困尘肺病农民工医疗和生活问题

未参加工伤保险，且用人单位已经不存在或无法确认劳动关系的尘肺病病人，参加基本医疗保险的，按规定享受基本医疗保险相应待遇，并可向地方人民政府民政部门申请医疗救助和生活等方面的救助。各地要落实大病保险和医疗救助制度，及时将符合条件的尘肺病农民工纳入大病保险和城乡医疗救助体系。上述保障制度仍不能解决医疗救治问题的，要采取多种措施，使其获得医疗救治。各级民政部门要将符合条件的尘肺病农民工纳入最低生活保障、临时救助等社会救助范围。对尘肺病农民工遭受突发性、紧迫性、临时性基本生活困难的，应当按规定给予临时救助。各地要出台优惠政策，鼓励企业、社会团体和个人弘扬中华民族"扶危济困"的传统美德，为尘肺病农民工献爱心、送温暖，逐步形成政府救助与社会关爱相结合的工作格局，共同解决尘肺病农民工的生活困难。

六、全力维护尘肺病农民工职业健康权益

各级工会组织要加强基层组织建设，努力把农民工组织到工会中，依法对农民工尘肺病防治工作进行监督。通过政府与工会联席会议、协调劳动关系三方机制、集体协商、职代会等途径，反映农民工尘肺病防治诉求，推动解决农民工尘肺病防治突出问题。加强平等协商和签订劳动安全卫生专项集体合同工作，督促用人单位保障农民工职业卫生保护权利，对用人单位尘肺病防治工作提出意见和建议。在农民工相对聚集的行业企业，深入开展群众性职业危害隐患排查活动。

七、全面强化政府落实责任

各地要高度重视农民工尘肺病防治工作,将其纳入本地国民经济和社会发展计划以及职业病防治规划,纳入本地健康城市的创建工作,加强领导协调,研究落实解决农民工尘肺病防治的重大问题,加强尘肺病防治能力建设,保证尘肺病防治工作的经费。各级卫生计生、安全监管、发展改革、科技、工业和信息化、民政、财政、人力资源社会保障、国资、能源等有关部门和工会组织按照职责分工,密切配合,落实防治监管、医疗服务、经费保障等责任,确保各项防治措施落实到位。

国家安全监管总局办公厅关于印发《职业卫生技术服务机构检测工作规范》的通知

(2016年2月6日安监总厅安健〔2016〕9号)

各省、自治区、直辖市及新疆生产建设兵团安全生产监督管理局,各省级煤矿安全监察局:

为规范职业卫生技术服务机构检测工作,保证检测活动客观公正、检测数据真实准确,根据《中华人民共和国职业病防治法》及《职业卫生技术服务机构监督管理暂行办法》(国家安全监管总局令第50号)等有关规定,国家安全监管总局研究制定了《职业卫生技术服务机构检测工作规范》。现印发给你们,请认真遵照执行。

安全监管总局办公厅
2016年2月6日

国家安全监管总局办公厅关于印发《职业卫生技术服务机构检测工作规范》的通知 ◎

职业卫生技术服务机构检测工作规范

第一条 为规范职业卫生技术服务机构检测工作,保证检测活动客观公正、检测数据真实准确,根据《中华人民共和国职业病防治法》及《职业卫生技术服务机构监督管理暂行办法》(国家安全监管总局令第50号)等有关规定,制定本规范。

第二条 本规范所称检测,是指职业卫生技术服务机构(以下简称技术服务机构)为用人单位进行的职业病危害因素定期检测,为建设项目职业病危害评价和用人单位职业病危害现状评价进行的检测。

第三条 技术服务机构应当加强专业技术人员管理,建立专业技术人员签名识别档案及其管理制度,定期组织业务培训,保证其业务能力满足职业卫生技术服务需要。

第四条 职业卫生检测工作应当按照国家职业卫生法律法规、标准规范要求的程序和内容开展(检测工作流程见附件1),不得更改、简化程序和相关内容。

第五条 技术服务机构从事检测活动前,应当与用人单位(或委托单位)签订技术服务合同(或协议),明确检测类别、检测范围、收费标准或合同价格、完成时间及双方的权利和义务等内容。

签订技术服务合同(或协议)前,技术服务机构应当根据检测工作的来源、性质、范围和内容等,结合自身资质条件和技术能力,按要求组织开展合同评审。

第六条 技术服务机构应当依法独立开展职业卫生检测工作,因计量认证范围限制或样品保存时限有特殊要求等原因需委托其他技术服务机构进行检测的,委托检测样品数量应当满足《职业卫生技术服务机构工作规范》(安监总厅安健〔2014〕39号,以下简称《工作规范》)的要求,且委托检测项目种类数不得超过检测项目种类总数的30%。

第七条 技术服务机构应当按照程序和以下要求开展现场调查(包括工作日写实):

（一）现场调查应当覆盖检测范围内全部工作场所。

（二）现场调查应当至少包括以下内容：

1. 用人单位基本情况，包括单位名称、地址、劳动定员、岗位划分、工作班制。

2. 生产过程中使用的原辅材料，生产的产品、副产品和中间产物等的种类、数量、纯度、杂质及其理化性质。

3. 生产工艺和设备，包括设备类型、数量及其布局；主要工艺参数，生产方式，生产状态。

4. 各岗位（工种）作业人员的工作状况，包括作业人数、工作地点及停留时间、工作内容和工作方式；接触职业病危害的程度、频度及持续时间。

5. 工作场所空气中有害物质的产生和扩散规律、存在状态、估计浓度。

6. 工作场所卫生状况和环境条件、职业病防护设施及运行情况、个人防护用品及使用情况。

（三）现场调查应当至少由2名专业技术人员完成，且应当包括相关行业工程技术人员。

（四）现场调查应当在正常生产情况下进行，且现场调查的时间应至少覆盖1个工作日。

（五）现场调查应当实时记录（现场调查记录表参照附件2），并经用人单位陪同人员签字确认。

（六）在用人单位显著标志物位置前拍照（摄影）留证并归档保存。

（七）根据实际情况，可在现场调查时开展预采样，预采样不能代替现场采样。

第八条 技术服务机构应当在现场调查的基础上，制定现场采样和检测计划。按照《工作场所空气中有害物质监测的采样规范》（GBZ 159）、《工作场所物理因素测量》（GBZ/T 189）和《工作场所空气中粉尘测定》（GBZ/T 192）等标准要求，确定有代表性的采样点和采样对象、采样数量、采样时段，根据职业病危害因素的职业接触限值类型确定采样方法，绘制现场采样点设置示意图。

现场采样和检测计划应当至少包括用人单位名称、检测类别、检测任务编号、检测项目名称（职业病危害因素名称）、岗位（工种）、采样点或采样对象、采样方式（个体采样或定点采样）、采样时段、采样时间、样品数量、采样日期、仪器设备、空气收集器、采样流量、样品保存期限和保存条件、编制人、审核人、批准人、编制日期等信息（现场采样和检测计划表参照附件3）。

现场采样和检测计划应当经技术服务机构技术负责人批准。

第九条 技术服务机构在开展现场采样前，应当根据现场采样和检测计划做好以下准备工作：

（一）下达现场采样任务，做好任务分工。

（二）准备好符合采样要求的仪器设备，检查其性能规格（包括防爆性能）、电池电量、计量检定或校准有效期等情况，按要求领用仪器设备并做好记录。

（三）做好仪器设备的充电、流量校准等工作。校准流量时，必须串联与采样相同的空气收集器，并做好记录。

（四）准备好现场采样所需的空气收集器、相关滤料和试剂，确保其质量完好、数量充足。

（五）备齐现场采样记录表格。

（六）为现场采样人员配备适宜的个人防护用品。

第十条 技术服务机构应当按照以下要求开展现场采样（包括利用便携式仪器设备对危害因素进行现场测量）：

（一）按照 GBZ 159、GBZ/T 189、GBZ/T 192 及《工作规范》等标准规范的要求，在正常生产状况下进行现场采样。

（二）每个采样点现场采样应当由至少2名以上专业技术人员完成。采样人员应当遵守用人单位工作场所安全卫生要求，正确佩戴个人防护用品。采样前应当观察和了解工作场所卫生状况和环境条件，核实确认采样点、采样对象、采样时段、检测项目等信息。

（三）现场采样应当选定有代表性的采样对象或采样点、采样时段，应当包括职业病危害因素浓度（强度）最高的工作日和时段、接触职业病危害因素浓度（强度）最高和接触时间最长的劳动者。采样点和采样对象的数量必须满足标准要求。

（四）有害物质样品的采集应当优先采用个体采样方式。职业接触限值为时间加权平均容许浓度的有害物质的采样，应优先采用长时间采样，采样时间尽可能覆盖整个工作班；采用定点短时间方式采样的，应当在有害物质浓度不同时段分别进行采样，且同一采样点至少采集 3 个不同时段的样品。作业人员在不同工作地点工作或移动工作时，应当根据工作情况在每个工作地点或移动范围内分别设置采样点。

职业接触限值为最高容许浓度、短时间接触容许浓度或超限倍数的有害物质的采样，应当选择接触有害物质浓度最高的作业人员或有害物质浓度最高的工作地点，在有害物质浓度最高的时段进行采样，不得随机选取采样对象或采样点。当现场浓度波动情况难以确定时，应当在 1 个工作班内不同时段进行多次采样。

（五）化学因素现场采样的频次应当满足 GBZ 159 要求，物理因素现场应当至少测量 1 个工作日。

（六）现场环境条件应当满足采样条件及仪器设备使用要求。采样时，应当观察仪器设备的运行状态，保持流量稳定，在空气收集器的采集容量饱和前及时更换收集器。采样时，不得在采样点处理样品（如打开滤膜夹或倒出吸收液），防止样品污染。

（七）采样时，应当按要求采集空白对照样品，同一检测项目同一批次样品至少采集 3 个空白对照样品。

（八）采集样品应有唯一性标识。

（九）现场采样记录应当实时填写，并经用人单位陪同人逐页签字确认。记录信息应当至少包括检测任务编号、样品名称、样品编号、采样点或采样对象、采样设备名称及编号、生产状况、职业病防护设施运行情况、个人防护用品使用情况、采样起止时间、采样流量、环境气象条件参数（温度、湿度、气压）、采样人、陪同人等相关信息（现场采样记录表和现场测量记录表参照附件 4 和附件 5）。

（十）除涉及国家秘密、商业秘密、技术秘密及特殊要求的项目外，技术服务机构应当对现场采样情况进行拍照（摄影）留证。因故不能拍照（摄影）留证的，需用人单位书面确认。

第十一条 样品运输应当保证样品性质稳定，避免污染、损失和丢失。对于不稳定的样品，应采取必要措施妥善保存。

空白对照样品应当独立包装，与采集样品一并放置、运输、储存。

第十二条 技术服务机构应当加强样品接收、流转管理，保证各环节受控。样品接收人员检查并确认样品标签、包装完整后，填写样品交接记录。样品有异常或处于损坏状态，应如实记录，采取相关处理措施，必要时应重新采样。

样品交接记录至少应当包括检测任务编号、样品名称、样品编号、样品状态、样品数量、样品保存条件、交接日期、交接时刻、交接人员等信息。

第十三条 技术服务机构应当根据检测方法的要求，对采集样品、空白对照样品进行预处理。样品应在检测方法要求的有效保存期限内完成预处理和测定。

第十四条 技术服务机构应当按照以下要求进行样品测定：

（一）按照实验室资质认定批准的检测方法进行样品测定。

（二）仪器设备性能应当满足检测方法的要求，且通过计量检定或校准，并在有效期内。

（三）实验室环境条件应当满足仪器设备使用和检测方法要求。对环境条件有特殊要求的天平室、理化分析室、热解吸室等，应当按要求对环境条件进行控制并实时记录相关参数。

（四）按照操作规程进行仪器设备操作，记录仪器使用时状态、使用日期、样品名称、样品编号、使用人等信息。

（五）标准物质及化学试剂、试验用水等应当满足检测方法要求，并保证其质量。标准物质及化学试剂使用、配制应当实时记录，记录应当完整、清晰，记录内容应当至少包括标准物质或化学试剂的名称、批号、生产单位、配制时的环境条件、配制浓度、配制方法、配制日期、配制人等信息。标准溶液优先采用国家认可的标准物质进行配制，低浓度的标准溶液宜当日配制和使用。

（六）按照检测方法的要求配制相应的标准系列，制作标准曲线；标准系列应现用现制，不得使用过期的标准曲线进行分析。对同一天分析的不同检测任务的样品，使用相同标准曲线时，应当有可溯源的标准曲线使用记录。

（七）在样品测定前，应进行质控样品测定，测定结果满足质控要求后，方可进行样品测定。样品测定过程中，应根据仪器设备的稳定性，同一检测项目每分析 10~30 个样品应进行质控样品分析，检查分析条件的变动。质控样品测定结果应在质控标准值范围内，或在质控图控制线范围内。质控样品可直接外购或单独配制。如无质控样品，可采用加标回收率进行质量控制，加标回收率应保证在 75%~105%。

（八）根据样品、空白对照样品的实验室分析结果和采样体积计算待测物浓度。

（九）对保存时限有要求需进行现场测定的样品，应按实验室资质认定的检测方法进行测定，使用的便携式仪器应在计量检定有效期内，仪器设备的技术指标应满足检测方法的要求。现场测定应在对样品无污染的场所进行，环境条件应满足仪器设备使用要求和检测方法要求，并做好记录。

（十）实验室分析（包括现场测定）记录应当至少包括检测任务编号、检测项目、样品编号、检测依据、检测参数、检测日期、环境条件参数（温度、湿度、气压）、样品处理、仪器设备（名称、型号及编号）、仪器设备条件参数、标准物质、标准曲线、质控样品、检测结果等信息（实验室分析记录表参照附件6）。

第十五条 检测结果处理应当满足以下要求：

（一）应当按照标准规范进行数值转换，并记录转换过程。

（二）应当采用法定计量单位，按照标准规范进行数值修约。

（三）检测结果按照以下原则表示：

1. 职业接触限值为整数的，检测结果原则上应保留到小数点后 1 位；职业接触限值为非整数的，检测结果应比职业接触限值数值小数点后多保留 1 位。

2. 当样品未检出时，检测结果表示为小于最低检出浓度，最低检出浓度至少保留 1 位有效数字。

3. 当空白对照样品未检出时，检测结果表示为未检出。

（四）不得随意剔除有关数据，人为干预检测结果。当出现可疑数据需舍弃时，应分析原因并说明理由。

第十六条 检测工作中的各种原始记录应当使用受控的记录表格，及时、如实记录。记录信息应当全面、清晰、完整，按要求书写、复核、签字。记录画改应当规范，采用杠改方式，并由画改人签字或盖章。

第十七条 技术服务机构应当按照以下要求向用人单位（或委托单位）出具检测报告（检测报告样式见附件7）：

（一）检测报告应有唯一性标识，页码和总页数标识，表明检测报告结束的标识。

（二）检测报告应当有资质认定标识，技术服务机构公章或检测专用章，并加盖骑缝章。

（三）检测报告应注明检测类别。分次完成的定期检测项目，应当注明当次检测范围。

（四）检测报告内容应当完整、规范、信息全面，至少包括用人单位名称和地址、技术服务机构名称、检测任务编号、采样点或采样对象、采样日期、采样时间、采样方式、仪器设备名称及编号、检测依据、检测日期、检测结果、审核人、授权签字人等信息。

（五）定期检测报告除列出检测结果外，应按照职业接触限值要求汇总检测结果，并给出是否符合职业接触限值要求的结论，分析超标主要原因，提出整改措施建议。

第十八条 技术服务机构应当通过以下措施加强检测工作全过程的质量管理和控制：

（一）建立质量管理体系，体系文件应涵盖检测工作的全部程序和内容，满足检测工作的质量要求，具有可操作性。

（二）仪器设备应当按要求进行计量检定或校准，定期实施期间核查，并做好维护、保养。

（三）制定和实施内部质量控制计划，通过空白对照、比对、样品复测、加标、质控样品分析等方法加强内部质量控制。

（四）定期参加实验室间比对、能力验证等外部质量控制活动。

（五）制定人员培训、监督检查、仪器设备计量检定或校准、仪器设备维护保养、期间核查、内审、管理评审、质量控制等年度计划，并严格实施。

（六）检测工作各环节原始记录和检测报告均应按要求进行审核，并有质量监督记录。审核人需经授权并具有中级以上技术职称。

第十九条 检测工作结束后，应将检测过程中产生的资料按要求归档保存，保证检测过程可溯源。检测档案应当至少包括以下内容：

（一）技术服务合同（或协议）。

（二）合同评审记录。

（三）现场调查、工作日写实等相关原始记录。

（四）现场采样和检测计划及审核记录。

（五）现场采样记录、现场测量记录、样品接收流转保存记录、实验室分析记录、原始谱图及计算过程记录等相关原始记录。

（六）技术服务过程影像资料。

（七）检测所需的技术资料。

（八）检测报告及审核记录。

（九）其他与检测相关的记录、资料。

附件1～7：《职业卫生技术服务机构检测工作规范》

国家安全监管总局办公厅关于印发《职业卫生技术服务机构检测工作规范》的通知 ◎

附件1

检测工作流程

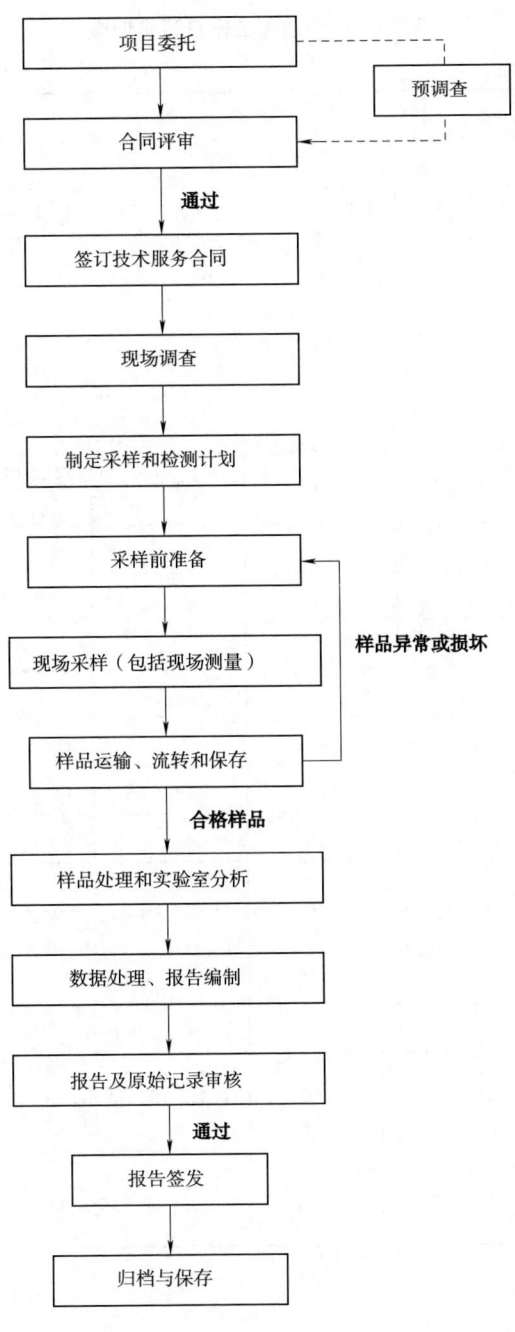

附件2

现场调查记录表

表2-1 劳动者工作日写实调查

第　页/共　页

用人单位			检测任务编号		
车间/工作场所					
岗位（工种）		岗位总人数		最大班人数	
工作制度		写实人数		姓名		工龄	
工作场所及工作内容描述					

工作时间	工作地点	工作内容	耗费工时	接触职业病危害因素	备注
____~____					
____~____					
____~____					
____~____					
____~____					
____~____					
____~____					
____~____					
____~____					
____~____					
____~____					
____~____					

调查人：　　　　　　　　陪同人：　　　　　　　　调查日期：　　年　月　日

表2-2 劳动者作业情况调查

检测任务编号：　　　　　　　　　　　　　　　　　　　　　　　第　页/共　页

岗位	人数		工作内容、过程和工作方式、作业地点	接触职业病危害因素	接触时间（小时/日或周）	职业病防护设施	个人防护用品
（工种）	总数	数/班					

用人单位：　　　　　　　车间名称：　　　　　　　工作制度：

调查人：　　　　　　　陪同人：　　　　　　　调查日期：　年　月　日

表2-3 设备设施及测点布局情况调查

检测任务编号：　　　　　　　　　　　　　　　　　　　　　　　第　页/共　页

用人单位：　　　　　　　　　　　　　　　　车间名称：

设备名称	数量		型号	场所布局、设备布局、测点布置图：	测点标注及编号：
	总数	运行			

调查人：　　　　　　　陪同人：　　　　　　　调查日期：　年　月　日

表 2-4 物料及工艺情况调查

检测任务编号：   第   页/共   页

用人单位：				车间名称：
物料名称	用量	主要成分	使用岗位（或场所）	生产工艺情况描述：

调查人：   陪同人：   调查日期：   年   月   日

附件3

现场采样和检测计划

用人单位：　　　　　　　　采样日期：　年　月　日　　　　　　　　　　　　第　页/共　页
检测类别：　　　　　　　　检测任务编号：

岗位（工种）	采样点/对象	检测项目	样品数量（点数×样品数×天数）	采样方式	采样时机/时段	采样流量（L/min）	空气收集器	采样设备	样品保存期限和保存条件	备注

编制人：　　　　　　　　　审核人：　　　　　　　　　批准人：
　年　月　日　　　　　　　　　年　月　日　　　　　　　　年　月　日

附件4

现场采样记录表

表4-1 工作场所空气中有害物质定点采样记录

检测任务编号：　　　　　　　　　　　　　　　　　　　　　　　　气压：___kPa　第　页/共　页

用人单位		检测类别	□评价　□定期　□其他
仪器名称、型号		校准仪器名称、编号	
检测项目		采样方法	□活性碳管　□硅胶管　□吸收液　□滤膜　□其他
采样依据			

膜/管号	样品编号	仪器编号	采样点	生产状况、职业病防护设施运行情况及个人防护用品使用情况	采样流量（L/min）		采样时间		温度（℃）	备注
					采样前	采样后	开始	结束		
							：	：		
							：	：		
							：	：		
							：	：		

采样人：　　　　　　　　　　年　月　日　　　　　陪同人：　　　　　　　　　　年　月　日

检测任务编号：

表4-2 工作场所空气中有害物质个体采样记录

气压： kPa 第 页/共 页

用人单位			
仪器名称、型号		检测类别	□评价 □定期 □其他
检测项目		校准仪器名称、编号	
检测依据		采样方法	□活性碳管 □硅胶管 □吸收液 □滤膜 □其他

现场编号	样品编号	仪器编号	采样对象（车间名称及岗位/工种）	佩戴人姓名	生产状况、职业病防护设施运行情况及个人防护用品使用情况	采样流量（L/min）		采样时间		温度（℃）	备注
						采样前	采样后	开始	结束		
							:	:	:		
							:	:	:		
							:	:	:		
							:	:	:		
							:	:	:		

采样人： 陪同人： 年 月 日

附件5

现场测量记录表

表5-1 噪声测量记录

用人单位：　　　　　　　　　　　　　　　　　　　　　　　　检测任务编号：
仪器名称/型号/编号：
声校准器型号/编号：　　测量依据：
温度：_____ ℃　　相对湿度：_____ %RH
校准值：_____ dB（A）

测量编号	测量位置	生产状况、个人防护用品使用情况	测量时间	接触时间（小时/日）	测量结果 [dB（A）]			$L_{Aeq,T}$ [dB（A）]	$L_{EX,8h}$ [dB（A）]
					第1次	第2次	第3次		
			:						
			:						
			:						
			:						
			:						
			:						
备注	$L_{Aeq,Te}$：时间段 Te 内等效声级；$L_{EX,8h} = L_{Aeq,Te} + 10\lg\dfrac{T_e}{T_0}$								

测量人：　　　　　　　　复核人：　　　　　　　　陪同人：　　　　　　　　　年　月　日

第　页/共　页

表5-2 脉冲噪声测量记录

用人单位：　　　　　　　　　　　　　　　　　　　　检测任务编号：
仪器名称/型号/编号：
声校准器型号/编号：　　　测量依据：
温度：＿＿℃　　相对湿度：＿＿%RH
校准值：＿＿dB（A）　　　　　　　　　　　　　　　　第　页/共　页

测量编号	测量时间	测量位置	生产状况、个人防护用品使用情况	测量结果				备注
				脉冲峰值[dB（A）]	脉冲次数（次/分钟）	接触时间（小时/日）	接触总次数	
	：							
	：							
	：							
	：							
	：							
	：							
备注								

测量人：　　　　　　复核人：　　　　　　陪同人：　　　　　　年　月　日

表5-3 个体噪声测量记录

用人单位：_____　　　　　　　　　温度：_____℃
相对湿度：_____%RH　　　　　　　仪器名称/型号：_____
低阈值：_____dB（A）　　　　　　　校准值：_____dB（A）
测量依据：
检测任务编号：
声校准器型号/编号：

第　页/共　页

测量编号	测量仪器编号	车间名称及岗位（工种）	佩戴人姓名	生产状况、个人防护用品使用情况	接触时间（小时/日）	测量时段 开始	测量时段 结束	测量时间（h）	$L_{Aeq,T}$ [dB（A）]	$L_{EX,8h}$ [dB（A）]
						:	:			
						:	:			
						:	:			
						:	:			
						:	:			
						:	:			
						:	:			
						:	:			
备注										

测量人：　　　　　　　复核人：　　　　　　　陪同人：　　　　　　　年　月　日

表 5-4 噪声倍频程测量记录

用人单位：　　　　　　　　　　　　　　　　检测任务编号：
仪器名称/型号/编号：
声校准器型号/编号：
测量依据：
测量值：　　　dB（A）
温度：　　　℃　　　相对湿度：　　　%RH
校准值：　　　dB（A）
第　　页/共　　页

测量编号	测量时间	测量位置	生产状况、个人防护用品使用情况	频段	1/1 (1/3) 倍频程测量值 [dB (A)]	备注
	:					
	:					
	:					
	:					
	:					
	:					
	:					

备注：

测量人：　　　　　　复核人：　　　　　　陪同人：　　　　　　年　月　日

表 5-5 高温（热源稳定）测量记录

用人单位：
仪器名称/型号/编号：　　　　　　　　　测量依据：　　　　　　　　　检测任务编号：　　　　　　　　第　页/共　页
测量温度：___℃　室外温度：___℃　相对湿度：___% RH

测量编号	测量时间	测量位置	WBGT指数（℃）	WBGT指数平均值（℃）	接触时间 t（min）	$\overline{WBGT}$（℃）	备注
	：		$WBGT_头$				
			$WBGT_腹$				
			$WBGT_踝$				
	：		$WBGT_头$				
			$WBGT_腹$				
			$WBGT_踝$				
	：		$WBGT_头$				
			$WBGT_腹$				
			$WBGT_踝$				
	：		$WBGT_头$				
			$WBGT_腹$				
			$WBGT_踝$				
	：		$WBGT_头$				
			$WBGT_腹$				
			$WBGT_踝$				

备注：
1. WBGT指数平均值（℃）：$WBGT = \dfrac{WBGT_头 + 2 \cdot WBGT_腹 + WBGT_踝}{4}$

2. 时间加权平均 WBGT 指数：$\overline{WBGT} = \dfrac{WBGT_1 \cdot t_1 + WBGT_2 \cdot t_2 + \cdots + WBGT_n \cdot t_n}{t_1 + t_2 + \cdots + t_n}$

测量人：　　　　　　　复核人：　　　　　　　陪同人：　　　　　　　年　月　日

表 5-6 高温（热源不稳定）测量记录

用人单位：
仪器名称/型号/编号：
测量依据：
室外温度：___ ℃　　相对湿度：___ %RH　　检测任务编号：___　　第　页/共　页

测量编号	测量时间	测量位置	WBGT 指数（℃）	WBGT 指数平均值（℃）	接触时间 t（min）	$\overline{WBGT}$（℃）	备注
	：		$WBGT_头$				
			$WBGT_腹$				
			$WBGT_踝$				
	：		$WBGT_头$				
			$WBGT_腹$				
			$WBGT_踝$				
	：		$WBGT_头$				
			$WBGT_腹$				
			$WBGT_踝$				
	：		$WBGT_头$				
			$WBGT_腹$				
			$WBGT_踝$				

备注：
1. WBGT 指数平均值（℃）：$WBGT = \dfrac{WBGT_头 + 2 \cdot WBGT_腹 + WBGT_踝}{4}$

2. 时间加权平均 WBGT 指数：$\overline{WBGT} = \dfrac{WBGT_1 \cdot t_1 + WBGT_2 \cdot t_2 + \cdots + WBGT_n \cdot t_n}{t_1 + t_2 + \cdots + t_n}$

测量人：　　　　复核人：　　　　陪同人：　　　　年　月　日

表 5-7 手传振动测量记录

用人单位：
车间名称： 检测任务编号：
仪器名称/型号/编号： 测量依据：

第　页/共　页

测量编号	姓名	工作内容	使用工具及型号	检测位置（被测仪器·振动工件）	持续时间（h）	测量结果（a_i）（m/s²）			4h等能量频率计权振动加速度 a_{hw}（4）（m/s²）
						X	Y	Z	

注：$a_{hw}(4) = \sqrt{\dfrac{\sum t_i}{4}} \cdot \sqrt{\dfrac{\sum (a_i^2 t_i)}{\sum t_i}}$，其中 a_i 为检测值的最大值

测量人：　　　复核人：　　　陪同人：　　　年　月　日

表 5-8 超高频辐射测量记录

用人单位：　　　　　　　　　　　　　　　　　　　　　　　　检测任务编号：
仪器名称/型号/编号/探头号：　　　　　　　　　　　　　　　　第　页/共　页
测量依据：
温度：　　℃　　相对湿度：　　%RH

测量编号	测量时间	测量位置	设备名称及频率范围	接触时间	生产状况、个人防护用品使用情况	脉冲波／连续波	测量结果（　）					
							头		胸		腹		局部
							测量值	修正结果	测量值	修正结果	测量值	修正结果	测量值	修正结果
	:													
	:													
	:													
	:													
	:													
	:													
	:													

备注：修正结果＝测量值×修正系数

测量人：　　　　　　　　　　复核人：　　　　　　　　　　陪同人：　　　　　　　　　　年　月　日

表 5-9 高频电磁场测量记录

用人单位：　　　　　　　　　　　　　　　　　　检测任务编号：
仪器名称/型号/编号/探头号：　　　　　　　　　　相对湿度：＿＿＿％RH
测量依据：　　　　　　　　温度：＿＿＿℃　　　　　　　　　　　　第　　页/共　　页

测量编号	测量时间	设备名称及频率范围	接触时间	生产状况、个人防护用品使用情况	检测部位	类型	测量结果					
							测量值1	修正结果	测量值2	修正结果	测量值3	修正结果
	:					磁场强度（A/m）						
						电场强度（V/m）						
	:					磁场强度（A/m）						
						电场强度（V/m）						
	:					磁场强度（A/m）						
						电场强度（V/m）						
	:					磁场强度（A/m）						
						电场强度（V/m）						
备注	修正结果＝测量值×修正系数											

测量人：　　　　　　　　　　复核人：　　　　　　　　陪同人：　　　　　　　　　　年　　月　　日

表 5-10　工频电场测量记录

用人单位：　　　　　　　　　　　　　　　　　　　　　　　检测任务编号：
仪器名称/型号/编号/探头号：
测量依据：
温度：_____ ℃　　相对湿度：_____ %RH　　　　　　　第　　页/共　　页

测量编号	测量时间	测量位置	设备名称、型号	接触时间	生产状况、个人防护用品使用情况	测量结果（　）					
						测量值1	修正结果	测量值2	修正结果	测量值3	修正结果
	：										
	：										
	：										
	：										
	：										
	：										
	：										
	：										
	：										
	：										

备注：修正结果＝测量值×修正系数

测量人：　　　　　　　　　　复核人：　　　　　　　　　　陪同人：　　　　　　　　　　年　月　日

表 5-11 微波辐射测量记录

用人单位：
仪器名称/型号/编号/探头号：　　　　　　　　　　　　　　　　　　　　　　　测量依据：　　　　　　　　　检测任务编号：
温度：＿＿＿℃　　相对湿度：＿＿＿%RH　　测量结果（＿＿＿W/cm²）

测量编号	测量时间	测量位置	设备名称及频率范围	接触时间	生产状况、个人防护用品使用情况	脉冲	连续	头		胸		腹		局部	
								测量值	修正结果	测量值	修正结果	测量值	修正结果	测量值	修正结果
	：														
	：														
	：														
	：														
	：														
	：														
	：														
	：														

备注　修正结果＝测量值×修正系数

测量人：　　　　　　　　　　复核人：　　　　　　　　　　陪同人：　　　　　　　　　　年　月　日

第　页/共　页

表 5-12 紫外辐射测量记录

用人单位：
仪器名称/型号/编号：
测量依据：
温度：____℃　相对湿度：____%RH
检测任务编号：
辐照度（μW/cm²）
第　页/共　页

测量编号	测量时间	测量位置/人员	波段(nm)	生产状况	接触时间	眼部 测量值	眼部 修正结果	眼部 有效辐照度 E_{eff}	面部 测量值	面部 修正结果	面部 有效辐照度 E_{eff}	肢体 测量值	肢体 修正结果	肢体 有效辐照度 E_{eff}	其他（　） 测量值	其他（　） 修正结果	其他（　） 有效辐照度 E_{eff}	个人防护用品使用情况
			A365															
		罩（内、外）	B297		：													
			C254															
			A365															
		罩（内、外）	B297		：													
			C254															

备注：修正结果＝测量值×修正系数；$E_{\mathit{eff}}=0.00011E_A+0.64E_B+0.5E_C$

测量人：　　　　　　　　复核人：　　　　　　　　陪同人：　　　　　　　　年　月　日

表 5-13 照度测量记录

用人单位：
仪器名称/型号/编号/量程：
相对湿度：___ %RH

测量依据：
测量时间：

检测任务编号：
温度：___ ℃

第　页/共　页

测量编号	测量位置	测量结果（lx）												E_{av}	E_{min}/E_{av}
		测量值1	修正结果	测量值2	修正结果	测量值3	修正结果	测量值4	修正结果	测量值5	修正结果	测量值6	修正结果		

备注　修正结果 = 测量值 × 修正系数

测量人：　　　　复核人：　　　　陪同人：　　　　年　月　日

附件6

实验室分析记录表

表6-1 分光光度法原始记录（1）

检测任务编号： 第 页/共 页

曲线名称	标准曲线		制作日期				
制作地点			温度	℃	相对湿度		%RH
制作依据			检测方法				
仪器型号及编号			状态		比色皿尺寸	cm	波长 nm
标准储备液	mg/mL						
标准使用液	μg/mL						
标准曲线制作							
标准曲线表							
标准序号	0	1	2	3	4	5	6	7
标准溶液（mL）								
含量（μg）								
吸光度（A）								
减空白吸光值								
标准曲线结果	相关系数 γ =			a =		b =		
标准曲线方程								

检测人： 年 月 日 复核人： 年 月 日

表6-1 分光光度法原始记录（2）

检测任务编号：　　　　　　　　　　　　　　　　　　　　　　　　第　页/共　页

\multicolumn{2}{c}{标准曲线制作、测定样品所需溶液的配制记录}
一、吸收液	
二、其他溶液	
三、标准溶液	

检测人：　　　年　月　日　　　复核人：　　　年　月　日

表6-1 分光光度法原始记录（3）

检测任务编号：　　　　　　　　　　　　　　　　　　　　　　　第　页/共　页

样品名称		空气收集器		用人单位		
送检日期			检测日期		检测项目	
样品处理						

样品测定表（标准曲线见原始记录项目编号　　　　）

样品编号	采样体积（L）	测样					备注
		样总量（mL）	检测用量（mL）	吸光度（A）	相对含量（μg）	结果（mg/m³）	

质量控制样品的制备：

质量控制样品测定结论：

采样体积： （1）采样体积 = 采样流量 × 采样时间 （2）$V_0 = V_T \cdot 293/(273+T) \cdot P/101.3$ 注：当 $T<5\,℃$ 或 $T>35\,℃$，$P<98.8\,kPa$ 或 $P>103.4\,kPa$ 时，使用公式（2）计算采样体积	相对含量计算公式	检测结果计算公式	相对含量计算修正值
		mg/m³ =［稀释倍数 × （相对含量 − 空白）］/ 采样体积	

备注	

检测人：　　　　　　年　月　日　　　　复核人：　　　　　　年　月　日

表6-2 目视比色法原始记录（1）

检测任务编号：　　　　　　　　　　　　　　　　　　　　　　　　　　　第　页/共　页

色阶名称		制作日期	
制作地点			
温度	℃	相对湿度	%RH
制作依据		检测方法	
标准储备液	mg/mL		
标准使用液	μg/mL		
标准曲线制作			

标准色阶表									
标准序号	0	1	2	3	4	5	6	7	
标准溶液（mL）									
含量（μg）									

检测人：　　　　年　月　日　　　复核人：　　　　年　月　日

表6-2 目视比色法原始记录（2）

检测任务编号：　　　　　　　　　　　　　　　　　　　　　　第　页/共　页

\multicolumn{2}{c}{标准色阶制作、测定样品所需溶液的配制记录}
一、吸收液	
二、其他溶液	
三、标准溶液	

检测人：　　　年　月　日　　复核人：　　　年　月　日

表6-2 目视比色法原始记录（3）

检测任务编号：   第　页/共　页

样品名称		空气收集器		用人单位		
送检日期			检测日期		检测项目	
样品处理						

样品测定表（标准色阶见原始记录项目编号　　　　）

样品编号	采样体积 (L)	测　样				备　注
		样总量 (mL)	检测用量 (mL)	相对色阶含量（μg）	结果 (mg/m³)	

采样体积： (1) 采样体积＝采样流量×采样时间 (2) $V_0 = V_T \cdot 293/(273+T) \cdot P/101.3$ 注：当 $T<5℃$ 或 $T>35℃$，$P<98.8\,kPa$ 或 $P>103.4\,kPa$ 时，使用公式（2）计算采样体积	检测结果计算公式 mg/m³＝（稀释倍数×相对色阶含量）/采样体积

备注	

检测人：　　　　　年　月　日　　　复核人：　　　　　年　月　日

表6-3　电化学法原始记录（1）

检测任务编号：　　　　　　　　　　　　　　　　　　　　　　　　　　　　　第　页/共　页

曲线名称		制作日期	
制作地点			
温度		℃　相对湿度	％RH
制作依据		检测方法	
仪器型号及编号		状态	
标准储备液	mg/mL		
标准使用液	μg/mL		
标准曲线制作			

标准曲线表								
标准序号	0	1	2	3	4	5	6	7
标准溶液（mL）								
含量（μg）								
$\lg C$								
电位值（mV）								

检测人：　　　　　年　月　日　　　复核人：　　　　　年　月　日

表6-3 电化学法原始记录(2)

检测任务编号：　　　　　　　　　　　　　　　　　　　　　　第　页/共　页

	标准曲线制作、测定样品所需溶液的配制记录
一、吸收液	
二、其他溶液	
三、标准溶液	

检测人：　　　　年　月　日　　复核人：　　　　年　月　日

表6-3 电化学法原始记录（3）

检测任务编号：　　　　　　　　　　　　　　　　　　　　　　第　页/共　页

样品名称		空气收集器		用人单位	
送检日期			检测日期		检测项目

样品处理：

样品测定表（标准曲线见原始记录项目编号　　　）

样品编号	采样体积（L）	稀释倍数 k	电位值（mV）	lg$C$	相对含量（μg）	计算结果（mg/m³）	备注

质量控制样品的制备：

质量控制样品测定结论：

采样体积：
(1) 采样体积 = 采样流量 × 采样时间
(2) $V_0 = V_T \cdot 293/(273+T) \cdot P/101.3$
注：当 $T<5\ ℃$ 或 $T>35\ ℃$，$P<98.8\ kPa$ 或 $P>103.4\ kPa$ 时，使用公式(2)计算采样体积

相对含量 $= 10^{\lg C}$

$S_{斜率} = (E_1 - E_2)/(\lg C_1 - \lg C_2)$

$\lg C_{待} = [(E_{待} - E_{标})/S_{斜}] + \lg C$

计算结果（mg/m³）$= (C × 稀释倍数)/V_0$

备注：

检测人：　　　年　月　日　　　复核人：　　　年　月　日

表6-4 色谱原始记录（1）

检测任务编号：　　　　　　　　　　　　　　　　　　　　　第　页/共　页

用人单位				样品名称	
检测项目					
检测依据		送检日期		检测日期	
实验室环境条件	气压＿＿＿＿kPa　温度＿＿＿＿＿＿℃　相对湿度＿＿＿＿＿％RH				
实验用仪器	＿＿＿＿＿＿色谱仪　型号：＿＿＿＿＿　编号：＿＿＿＿＿＿				
色谱条件	色谱柱名称：＿＿＿＿＿　柱长：＿＿＿m　内径：＿＿＿mm 膜厚：＿＿＿μm　检测器：＿＿＿＿＿＿＿＿＿＿＿＿＿＿＿				
	气相色谱		液相/离子色谱		
	柱温：＿＿＿＿＿＿＿＿＿＿＿＿＿℃ 汽化室温度：＿＿＿＿＿＿＿＿℃ 检测器温度：＿＿＿＿＿＿＿＿℃ 载气流速：＿＿＿＿＿＿mL/min 分流比：＿＿＿＿＿＿＿		流动相：＿＿＿＿＿＿＿＿ 流量：＿＿＿＿＿＿＿＿＿ 柱头压：＿＿＿＿＿＿＿＿		
色谱图参数	化合物名称	保留时间	化合物名称	保留时间	
样品预处理					

检测人：　　　年　月　日　　　　　复核人：　　　年　月　日

表6－4　色谱原始记录（2）

检测任务编号：　　　　　　　　　　　　　　　　　　　　　　　　　　　第　页/共　页

曲线名称	标准曲线					
标物名称：_____　　标物编号：____　　标物批号：____　　生产厂家：_____							
溶剂/解吸液名称：_____　　批号：_____　　生产厂家：_____							
电子天平：_____　　型号：_____　　编号：_____							
标准储备液（气）配制： 　　取_____色标物____μL，称重后质量_____g于_____mL（容量瓶□/注射器□）中，用_____定容至_____mL，标准储备液（气）浓度为_____μg/mL。 外购标准储备液（气）浓度为_____μg/mL							
标准应用液（气）配制： 　　取标准储备（液□气□）体积_____，于_____mL（容量瓶□/注射器□）中，用_____定容至_____mL，其浓度为_____μg/mL							
标准曲线制作（定容体积：　　mL）							
管号		0	1	2	3	4	5
取应用液（气）体积							
浓度μg/mL							
峰面积□/ 峰高□	1							
	2							
	3							
	平均值							
标准曲线方程		Y =		X			
相关系数				检出限		μg/mL	

检测人：　　　　　　年　月　日　　　　复核人：　　　　　　年　月　日

表6-4 色谱原始记录（3）

检测任务编号：　　　　　　　　　　　　　　　　　　　　　　　第　　页/共　　页

检测项目	

质量控制样品的制备：

质量控制样品测定结论：

<table>
<tr><td colspan="6" align="center">样品测定结果（标准曲线见检测任务编号　　　　）</td></tr>
<tr><td rowspan="2">样品编号</td><td rowspan="2">采样体积
（L）</td><td rowspan="2">稀释体积数
（mL）</td><td colspan="3" align="center">结果</td><td rowspan="2">备注</td></tr>
<tr><td>峰面积□/
峰高□</td><td>测量浓度 c
（μg/mL）</td><td>检测结果
（mg/m³）</td></tr>
<tr><td></td><td></td><td></td><td></td><td></td><td></td><td></td></tr>
<tr><td></td><td></td><td></td><td></td><td></td><td></td><td></td></tr>
<tr><td></td><td></td><td></td><td></td><td></td><td></td><td></td></tr>
<tr><td></td><td></td><td></td><td></td><td></td><td></td><td></td></tr>
<tr><td></td><td></td><td></td><td></td><td></td><td></td><td></td></tr>
<tr><td></td><td></td><td></td><td></td><td></td><td></td><td></td></tr>
<tr><td></td><td></td><td></td><td></td><td></td><td></td><td></td></tr>
<tr><td></td><td></td><td></td><td></td><td></td><td></td><td></td></tr>
<tr><td>计算公式</td><td colspan="2" align="center">$C = \dfrac{c - c_{空}}{V_0 D} \times V$</td><td colspan="4">采样体积：
（1）采样体积 = 采样流量 × 采样时间
（2）$V_0 = V_T \cdot 293/(273+T) \cdot P/101.3$
注：当 $T < 5\ ℃$ 或 $T > 35\ ℃$，$P < 98.8\ kPa$ 或 $P > 103.4\ kPa$ 时，使用公式（2）计算采样体积</td></tr>
</table>

解吸效率制作见解吸效率原始记录表（编号：　　　　　　）

解吸效率 $D = _____$ %

采集　　　　L空气样品，本方法的最低检出浓度为 ＿＿＿＿＿＿＿＿　mg/m³

检测人：　　　　　　　年　月　日　　　复核人：　　　　　　　年　月　日

表6-5 气质联用定性分析原始记录（1）

检测任务编号：　　　　　　　　　　　　　　　　　　　　　　　第　页/共　页

用人单位		样品名称	
检测项目			
送检日期		检测日期	
实验室环境条件	气压：____kPa　温度：____℃　湿度：____%RH			
实验用仪器	_____质谱仪　型号：_____　编号：_____			
质谱条件	色谱柱名称：____　柱长：___m 内径：___mm 膜厚：___μm 检测器：_____ 质谱 柱温：_____℃　扫描方式：_____ 汽化室温度：_____℃　离子源温度：_____℃ 检测室温度：_____℃　溶剂切除时间：_____min 载气流速：_____mL/min　扫描范围：_____m/z 分流比：_____			
质谱图参数	化合物名称	保留时间	化合物名称	保留时间
样品预处理				

检测人：　　　年　月　日　　　　复核人：　　　年　月　日

表6-5 气质联用定性分析原始记录(2)

检测任务编号：　　　　　　　　　　　　　　　　　　　　　第　页/共　页

样品编号	保留时间 (min)	定性结果	与标准谱库 匹配度	相对百分含量 (%)	备注

检测人：　　　　年　月　日　　复核人：　　　年　月　日

表6-6 火焰原子吸收光谱分析原始记录（1）

检测任务编号： 第　页/共　页

样品名称		空气收集器		用人单位	
送检日期		检测日期		检测项目	
检测依据		检测方法			
检测地点		室温	℃	湿度	%
仪器名称型号及编号				仪器状态	
波长	nm	狭缝	nm	灯电流　　　mA	负高压　　　V
试剂名称	批号（浓度）		生产厂家		
试剂配制：					

检测人：　　　　年　月　日　　复核人：　　　　年　月　日

表 6-6 火焰原子吸收光谱分析原始记录（2）

检测任务编号：　　　　　　　　　　　　　　　　　　　　　　　　第　页/共　页

标准使用液配制：							
标准曲线系列							
管号	1	2	3	4	5	6	7
应用液加入量（mL）							
定容量（mL）							
标准液浓度（μg/mL）							
吸光度（A）							
相关系数	$r=$				标准曲线方程	$A=$	C
标准曲线绘制							
样品处理与测定							
质量控制							

样品编号	采样体积 V_0（L）	样品溶液体积 V（mL）	稀释倍数 k	吸光度值（A）	测出量 c（μg/mL）	检测结果 C（mg/m³）	备注

计算公式	$C = \dfrac{(C - C_0)V}{V_0} k$ C_0：样品空白	采样体积： （1）采样体积 = 采样流量 × 采样时间 （2）$V_0 = V_T \times 293 / (273 + T) \times P / 101.3$ 注：当 $T < 5\,℃$ 或 $T > 35\,℃$，$P < 98.8\,kPa$ 或 $P > 103.4\,kPa$ 时，使用公式（2）计算采样体积
备注	本方法最低检出限_____ μg/mL 本方法最低检出浓度_____ mg/m³（以采集____L空气样品计）	

检测人：　　　　年　月　日　　　　复核人：　　　　年　月　日

表6-7 石墨炉原子光谱分析原始记录（1）

检测任务编号：　　　　　　　　　　　　　　　　　　　　　第　页/共　页

样品名称			用人单位			
送检日期			检测日期		检测项目	
检测依据				检测方法		
检测地点			室温	℃	湿度	%
仪器名称型号及编号					仪器状态	
波长		nm	狭缝	nm	灯电流　　　mA	负高压　　V
试剂名称		批号（浓度）			生产厂家	

试剂配制：

检测人：　　　年　月　日　　　　复核人：　　　年　月　日

表6-7 石墨炉原子光谱分析原始记录（2）

检测任务编号：　　　　　　　　　　　　　　　　　　　　　　　　第　页/共　页

标准液配制：								
标准曲线系列									
管号	1	2	3	4	5	6	7	
应用液加入量（mL）								
定容量（mL）								
标准系列浓度（μg/L）								
相应吸光度值（A）								
相关系数	$r=$			标准曲线方程			$A=$	C	
标准曲线绘制									
样品处理与测定									
质量控制									

样品编号	采样体积 V_0 (L)	样品溶液体积 V (mL)	稀释倍数 k	测定值 (A)	测出量 c (μg/L)	检测结果 C (mg/m³)	备注

计算公式	$C=\dfrac{(C-C_0)V}{V_0}k$ C_0：样品空白	采样体积： （1）采样体积 = 采样流量 × 采样时间 （2）$V_0 = V_T \cdot 293/(273+T) \cdot P/101.3$ 注：当 $T<5℃$ 或 $T>35℃$，$P<98.8$ kPa 或 $P>103.4$ kPa 时，使用公式（2）计算采样体积
备注	本方法最低检出限_____μg/mL 本方法最低检出浓度_____mg/m³（以采集____L空气样品计）	

检测人：　　　　年　月　日　　　　复核人：　　　　年　月　日

表6-8 原子荧光光谱分析原始记录（1）

检测任务编号：　　　　　　　　　　　　　　　　　　　　　　　　　第　页/共　页

样品名称		空气收集器		用人单位	
送检日期		检测日期		检测项目	
检测依据		检测方法			
检测地点		室温	℃	湿度	%
仪器名称型号及编号				仪器状态	
波长	nm	灯电流	mA	辅电流	mA	负高压	V
试剂名称	批号（浓度）		生产厂家		

试剂配制：

检测人：　　　年　月　日　　　复核人：　　　年　月　日

表6-8 原子荧光光谱分析原始记录（2）

检测任务编号：　　　　　　　　　　　　　　　　　　　　　　　　　第　页/共　页

标准使用液配制：							
标准曲线							
管号	1	2	3	4	5	6	7
应用液加入量（mL）							
定容量（mL）							
标准液浓度（μg/mL）							
相应荧光强度值（If）							
相关系数				标准曲线方程		$If=$　　　　C	
标准曲线绘制							
样品处理与测定							
质量控制							

样品编号	采样体积 V_0 (L)	样品溶液体积 V (mL)	稀释倍数 k	测定值 If	测出量 c （μg/L）	检测结果 C （mg/m³）	备注

计算公式	$C = \dfrac{(C-C_0)V}{V_0}k$ C_0：样品空白	采样体积： （1）采样体积＝采样流量×采样时间 （2）$V_0 = V_T \times 293/(273+T) \times P/101.3$ 注：当 $T<5℃$ 或 $T>35℃$，$P<98.8$ kPa 或 $P>103.4$ kPa 时，使用公式（2）计算采样体积
备注	本方法最低检出限_____μg/mL 本方法最低检出浓度_____mg/m³（以采集_____L空气样品计）	

检测人：　　　　　年　月　日　　　　复核人：　　　　　年　月　日

表6-9 标准溶液配制与标定原始记录

记录编号： 第 页/共 页

溶液名称		配制日期		标定日期	
执行标准		基准物质			
配制地点		温度　　℃		相对湿度　　%RH	溶液温度　　℃

溶液的配制及标定

一、溶液配制：

二、标定：

计算公式	标准溶液浓度

检测人： 　年　月　日　　复核人： 　年　月　日

表6-10 粉尘浓度测定原始记录

检测任务编号：　　　　　　　　　　　　　　　　　　　　　　　　　第　页/共　页

样品名称		空气收集器			用人单位			
送检日期		检测日期			检测项目		粉尘类型	
检测依据				检测方法		滤膜质量法		
天平型号及编号						仪器状态		
天平室初称温度		℃	湿度	%	天平室称样温度	℃	湿度	%
样品编号	采样体积（m³）	滤膜初称质量（mg）	采样后滤膜称重1（mg）		采样后滤膜称重2（mg）	滤膜增重（mg）	计算结果（mg/m³）	备注
计算公式	空气中粉尘浓度（mg/m³）$C = \dfrac{m_2 - m_1}{V}$							
备注								

检测人：　　　年　月　日　　　　复核人：　　　年　月　日

表6-11 游离二氧化硅含量测定原始记录

检测任务编号：

用人单位		检测依据	
送检日期		检测方法	
样品名称量		采样方法	
温度_℃ 湿度_% RH		检测日期	

天平型号及编号：
天平状态：

样品编号	样品质量 m (g)	坩埚恒重 温度_℃ 湿度_% RH 质量 m_1 (g)		焦磷酸处理后坩埚恒重 温度_℃ 湿度_% RH 质量 m_2 (g)		氢氟酸处理后坩埚恒重 温度_℃ 湿度_% RH 质量 m_3 (g)		检测结果 (%)	报出结果 (%)	备注
		1	2	1	2	1	2			

计算公式：$W = \dfrac{m(\quad) - m(\quad)}{m} \times 100$

备注：

样品处理：

检测人：　　　年　月　日　　　　　复核人：　　　年　月　日

检测任务编号：

表 6-12 石棉纤维浓度测定原始记录

第　页/共　页

视野	样品名称		样品编号		检测日期		用人单位		计算公式
	序号	检测根数	序号	检测根数	序号	检测根数	序号	检测根数	
1	17		33		49		65		81		97		$A = \pi r^2 = 3.14 \times$ 滤膜半径$^2 = 3.14 \times$ ___ $^2 \approx$ ___ mm^2
2	18		34		50		66		82		98		
3	19		35		51		67		83		99		$a = \pi r^2 = 3.14 \times$ 视野半径$^2 = 3.14 \times$ ___ $^2 \approx$ ___ mm^2
4	20		36		52		68		84		100		
5	21		37		53		69		85		101		$D = (a\ 物镜测微尺刻度/b\ 目镜测微尺刻度) \times 10 =$ ___
6	22		38		54		70		86		102		(___ / ___) 10 = ___ μm
7	23		39		55		71		87		103		$C = (A \times N \times 400) / (a \times n \times F \times t \times 1000) =$ ___ f/cm^3
8	24		40		56		72		88		104		
9	25		41		57		73		89		105		C—空气中石棉纤维的数量浓度数值，f/cm^3；
10	26		42		58		74		90		106		A—滤膜的采尘面积数值，mm^2；
11	27		43		59		75		91		107		N—计数测定的纤维总根数，f；
12	28		44		60		76		92		108		a—目镜测微尺刻度计数视野面积数值，mm^2；
13	29		45		61		77		93		109		n—计数测定的视野总数，个；
14	30		46		62		78		94		110		F—采样流量数值，L/min；
15	31		47		63		79		95		111		t—采样时间数值，min；
16	32		48		64		80		96		112		D—目镜测微尺刻度间距数值，μm；
												400—显微镜放大倍数

(第 1 次) 视野个数：___；石棉纤维根数：___；$C =$ ___ f/cm^3；
(第 2 次) 视野个数：___；石棉纤维根数：___；$C =$ ___ f/cm^3；
(第 3 次) 视野个数：___；石棉纤维根数：___；$C =$ ___ f/cm^3；

检测人：　　　　　　　　年　月　日　　　　　　复核人：　　　石棉纤维的数量平均浓度 $C =$ ___ f/cm^3　　　年　月　日

表6–13　粉尘分散度测定原始记录

检测任务编号：　　　　　　　　　　　　　　　　　　　　　第　页/共　页

样品名称		空气收集器		用人单位	
送检日期		检测日期		检测项目	粉尘分散度
检测依据				检测方法	滤膜溶解涂片法
检测仪器型号及编号				仪器使用状态	
检测地点		室温：　　℃	相对湿度：　　%RH		$D=a/b\times10=$

样品编号	粒径（μm）	尘粒数一次（个）	尘粒数二次（个）	尘粒数三次（个）	平均数（个）	测量结果（%）	备注
	<2						
	2~						
	5~						
	≥10						
	总计						
	<2						
	2~						
	5~						
	≥10						
	总计						

目镜测微尺刻度间距计算：$D=a/b\times10$
a：物镜测微尺刻度；10：物镜测微尺每刻度间距数值，μm；b：目镜测微尺刻度

备注

检测人：　　　　　年　月　日　　　复核人：　　　年　月　日

附件7

检测报告样式

检测任务编号:

检 测 报 告
(宋体初号居中)

用人单位(委托单位):(宋体三号)

检测类别:(宋体三号)

职业卫生技术服务机构名称(加盖公章,宋体二号)

年　　月　　日(宋体三号)

扉一：职业卫生技术服务机构资质证书影印件

扉二：声明与签字页

声　明

　　××××（技术服务机构名称）遵守国家有关法律法规和标准规范，在为××××（用人单位名称）提供职业病危害因素检测服务过程中，坚持客观、真实、公正的原则，并对出具的《检测报告》承担法律责任。

技术服务机构名称（加盖公章）
年　月　日

编写人	资质证书编号	签名
审核人	资质证书编号	签名
签发人	资质证书编号	签名

　　目录：各类标题与页码之间均用"……"连接，页码不加括号。

　　正文：按照目录内容编写，纸型规格 A4 纸，字体为国标仿宋，标准 4 号，30 行/页，30 字/行。

　　检测报告主要内容见附录 1。

　　页眉：××××职业病危害因素检测报告、报告编号，字体为国标宋体，标准 5 号。

　　页脚：职业卫生技术服务机构名称，页码（第×页共×页），字体为国标宋体，标准 5 号。

　　附件：检测结果报告单。

　　检测结果报告单样式见附录 2。

附录 1

检测报告

1. 检测依据

列出本次检测工作中现场采样、现场测量、实验室分析和结果判定所依据的法规、标准名称。

2. 用人单位情况介绍

用人单位基本情况介绍，包括单位地址、单位性质、行业类型、主要生产产品及产量等。

3. 检测类别及范围

（1）说明任务来源、检测类别、检测范围。

（2）应当对检测范围内的主要生产工艺及设备、使用原辅材料、产品及副产品、岗位（工种）设置及作业人员数量、职业病防护设施及运行情况、个人防护用品及使用情况等内容简要描述，汇总岗位（工种）作业人员接触职业病危害因素等情况（见表7-1）。

表7-1 岗位设置及接触职业病危害因素情况

岗位/（工种）	作业人数	工作地点	作业时间	接触职业病危害因素	个人防护用品及使用情况	职业病防护设施及运行情况

4. 现场采样和测量情况

对检测范围内各检测项目现场采样或测量的情况进行简要描述，包括采样方式、采样时间、采样频次、生产状况、环境条件等信息。

5. 检测结果

按照职业接触限值要求汇总检测结果（见表7-2），给出是否符合职业接触限值要求的判定结果。

表 7－2　职业病危害因素检测结果与分析

岗位/ （工种）	采样对象/采样点	检测项目	检测结果 （单位）	职业接触限值 （单位）	判定结果

6. 结论

对检测结果进行概括性的总结，列出结果超标的岗位（工种）或检测地点，分析超标的主要原因。

7. 建议

根据结论，提出整改措施建议。

附录 2

检测结果报告单

检测结果报告单（1）

检测任务编号：　　　　　　　　　　　　　　　　　第　　页/共　　页

用人单位：

样品来源：　　　　　　　　　　　　检测类别：评价/定期/……检测

检测项目：化学有害因素

采样日期：　　　　　　　　　　　　检验日期：

采样及检测依据：

采样仪器名称及型号：

检测仪器名称、型号及编号：

样品编号	采样点/采样对象	采样时段	检测结果（mg/m³）

最低检出浓度：_____mg/m³（采样__ L空气）

（以下空白）

检测结果报告单（2）

检测任务编号： 　　　　　　　　　　　　　　第　　页/共　　页

用人单位：

检测方式：现场测量　　　　　　检测类别：评价/定期/……检测

测量日期：　　　　　　　　　　测量依据：

测量项目：噪声

测量仪器名称、型号及编号：

测量编号	测量位置/对象	测量时间	测量结果 [dB（A）]		
			第1次	第2次	第3次

（以下空白）

检测结果报告单（3）

检测任务编号：　　　　　　　　　　　　　　第　　页/共　　页

用人单位：

检测方式：现场测量　　　　　　　检测类别：评价/定期/……检测

测量日期：　　　　　　　　　　　测量依据：

测量项目：高温

测量仪器名称、型号及编号：

测量编号	测量位置/对象	测量时间	测量高度	WBGT 指数（℃）	$\overline{WBGT}$ 指数（℃）

（以下空白）

检测结果报告单（4）

检测任务编号：　　　　　　　　　　　　　　　　　第　　页/共　　页

用人单位：

检测方式：现场测量　　　　　　　　　检测类别：评价/定期/……检测

测量日期：　　　　　　　　　　　　　测量依据：

测量项目：超高频

测量仪器名称、型号及编号：

测量编号	测量位置/对象	测量时间	测量结果（V/m）		
			头	胸	腹

（以下空白）

检测结果报告单（5）

检测任务编号：　　　　　　　　　　　　　　　　第　　页/共　　页

用人单位：

检测方式：现场测量　　　　　　　　　检测类别：评价/定期/……检测

测量日期：　　　　　　　　　　　　　测量依据：

测量项目：高频电磁场

测量仪器名称、型号及编号：

测量编号	测量位置/对象	测量时间	电场强度测量结果（V/m）			磁场强度测量结果（A/m）		
			第1次	第2次	第3次	第1次	第2次	第3次

（以下空白）

检测结果报告单（6）

检测任务编号：　　　　　　　　　　　　　　第　页/共　页

用人单位：

检测方式：现场测量　　　　　　　检测类别：评价/定期/……检测

测量日期：　　　　　　　　　　　测量依据：

测量项目：工频电场

测量仪器名称、型号及编号：

测量编号	测量位置/对象	测量时间	测量结果（kV/m）		
			第1次	第2次	第3次

（以下空白）

检测结果报告单（7）

检测任务编号：　　　　　　　　　　　　　　第　页/共　页

用人单位：
检测方式：现场测量　　　　　　　　检测类别：评价/定期/……检测
测量日期：　　　　　　　　　　　　测量依据：
测量项目：微波辐射
测量仪器名称、型号及编号：

测量编号	测量位置/对象	测量时间	测量结果（mW/cm^2）			
			头	胸	腹	局部

（以下空白）

检测结果报告单（8）

检测任务编号：　　　　　　　　　　　　　　　　　第　页/共　页

用人单位：

检测方式：现场测量　　　　　　　　　检测类别：评价/定期/……检测

测量日期：　　　　　　　　　　　　　测量依据：

测量项目：紫外辐射

测量仪器名称、型号及编号：

测量编号	测量点/对象	测量时间	波段	测量结果（$\mu W/cm^2$）					
				眼部		面部		肢体	
				测量值	E_{eff} *	测量值	E_{eff} *	测量值	E_{eff} *
			A365						
			B297						
			C254						

（以下空白）

检测结果报告单（9）

检测任务编号：　　　　　　　　　　　　　　　　第　页/共　页

用人单位：

检测方式：现场测量　　　　　　　　检测类别：评价/定期/……检测

测量日期：　　　　　　　　　　　　测量依据：

测量项目：手传振动

测量仪器名称、型号及编号：

测量编号	测量位置/对象	测量结果 a_{hw}（m/s²）		
		X	Y	Z

（以下空白）

国家卫生计生委办公厅关于贯彻落实《职业病防治法》做好医疗机构放射性职业病危害监督管理工作的通知

(2016年9月9日国卫办监督发〔2016〕38号)

各省、自治区、直辖市卫生计生委,新疆生产建设兵团卫生局,中国疾病预防控制中心、国家卫生计生委监督中心:

为贯彻2016年7月2日第十二届全国人民代表大会常务委员会第二十一次会议修改实施的《职业病防治法》,进一步做好医疗机构放射性职业病危害控制的监督管理工作,现就有关要求通知如下:

一、统一思想认识,准确理解《职业病防治法》的有关规定

医疗机构放射性职业病危害控制工作,不仅关系到医务人员的职业健康保护,更关系到患者以及公众的健康与安全。新修订的《职业病防治法》进一步明确了卫生计生行政部门对医疗机构放射性职业病危害控制工作的监督管理。各地卫生计生行政部门要组织和督促医疗机构、放射卫生技术服务机构、卫生计生监督执法机构和疾病预防控制机构加强对新修订《职业病防治法》的学习,准确理解法律相关规定,进一步提高认识,统一思想,认真做好《职业病防治法》相关职责任务的贯彻落实工作。

二、落实主体责任,加强医疗机构放射性职业病危害前期预防工作

新修订的《职业病防治法》进一步明确了医疗机构放射性职业病危害建设项目的预评价、危害严重的建设项目防护设施设计审查、控制效果评价和竣工验收等职业病危害前期预防措施。医疗机构要切实增强法律意识,切实

做好放射性职业病危害前期预防各项工作，落实好主体责任。医疗机构可能产生放射性职业病危害的建设项目，应当向卫生计生行政部门提交放射性职业病危害预评价报告，危害严重的建设项目防护设施设计的内容应当包含在预评价报告中。未提交预评价报告或者预评价报告未经卫生计生行政部门审核同意的，不得开工建设。在向卫生计生行政部门申请竣工验收前，应当进行放射性职业病危害控制效果评价。预评价、控制效果评价应当由具有相关资质的放射卫生技术服务机构开展。

各级卫生计生行政部门要按照《职业病防治法》和《放射诊疗建设项目卫生审查规定》的要求，切实做好医疗机构放射性职业病危害建设项目预评价报告审核和竣工验收工作。对医疗机构放射性职业病危害建设项目竣工验收时，应当将医疗机构放射诊疗许可申请时需要的现场审核内容一并纳入，通过放射性职业病危害建设项目竣工验收的，在其申请放射诊疗许可时不再进行现场审核。

三、规范服务管理，切实加强放射卫生技术服务工作

放射卫生技术服务机构要牢固树立法律意识、责任意识和服务意识，不断完善质量管理体系，加强质量控制管理，提高服务质量；要严格按照国家相关法律法规和技术标准，为医疗机构提供放射性职业病危害建设项目评价和放射性职业病危害因素检测服务；要全面加强从业人员的业务培训和职业道德教育，切实落实主体责任，严格规范技术服务行为，不得超出批准范围开展技术服务工作，作出的评价、检测报告应当客观真实，不得弄虚作假。

省级卫生计生行政部门要按照《职业病防治法》第九条、第二十六条、第八十七条，以及《关于职业卫生监管部门职责分工的通知》（中央编办发〔2010〕104号）、《放射卫生技术服务机构管理办法》和《国家卫生计生委关于放射卫生技术服务机构（甲级）审批职责下放后加强监管工作的通知》（国卫监督发〔2015〕75号）的要求，严格审批和监管放射卫生技术服务机构。

四、加强监督执法，严肃查处违法违规行为

各级卫生计生行政部门及其监督执法机构要加强放射卫生监督执法队伍建设，加大人才培养力度，切实提高监督执法水平，督促指导医疗机构和放射卫生技术服务机构全面落实主体责任。日常监督执法工作中，要重点加强对医疗机构放射性职业病危害建设项目开展预评价、控制效果评价、竣工验收等情况的监督检查。发现医疗机构放射性职业病危害建设项目未经预评价审核开工建设的应当立即责令停止；未进行控制效果评价、竣工验收开展诊疗活动的，应当要求立即停止诊疗活动，并依法依规严肃处理。同时，要切实加强对放射卫生技术服务机构的监督检查，重点检查放射卫生技术服务机构的资质、服务范围以及出具证明文件等情况。对发现的违法违规行为，要按照《职业病防治法》等法律法规坚决查处到位，切实保护医务人员、患者和公众的健康及安全。

国家卫生计生委办公厅
2016 年 9 月 9 日

国务院办公厅关于印发国家职业病防治规划（2016—2020年）的通知

（2016年12月26日国办发〔2016〕100号）

各省、自治区、直辖市人民政府，国务院各部委、各直属机构：

《国家职业病防治规划（2016—2020年）》已经国务院同意，现印发给你们，请认真贯彻执行。

国务院办公厅
2016年12月26日

国家职业病防治规划（2016—2020年）

为加强职业病防治工作，切实保障劳动者职业健康权益，依据《中华人民共和国职业病防治法》，制定本规划。

一、职业病防治现状和问题

职业病防治事关劳动者身体健康和生命安全，事关经济发展和社会稳定大局。党中央、国务院高度重视职业病防治工作。《"健康中国2030"规划纲要》明确提出，要强化行业自律和监督管理职责，推动企业落实主体责任，推进职业病危害源头治理，预防和控制职业病发生。

《中华人民共和国职业病防治法》实施以来特别是《国家职业病防治规划（2009—2015年）》（国办发〔2009〕43号）印发以来，各地区、各有关部门依法履行职业病防治职责，强化行政监管，防治体系逐步健全，监督执法不断加强，源头治理和专项整治力度持续加大，用人单位危害劳动者健康的违法行为有所减少，工作场所职业卫生条件得到改善。职业病危害检测、评价与控制，职业健康检查以及职业病诊断、鉴定、救治水平不断提升，职业病防治机构、化学中毒和核辐射医疗救治基地建设得到加强，重大急性职业病危害事故明显减少。职业病防治宣传更加普及，全社会防治意识不断提高。

但是，当前我国职业病防治还面临着诸多问题和挑战。一是职业病危害依然严重。全国每年新报告职业病病例近3万例，分布在煤炭、化工、有色金属、轻工等不同行业，涉及企业数量多。二是用人单位主体责任落实不到位。部分用人单位主要负责人法治意识不强，对改善作业环境、提供防护用品、组织职业健康检查投入不足，农民工、劳务派遣人员等的职业病防护得不到有效保障。三是职业卫生监管和职业病防治服务能力不足。部分地区基层监管力量和防治工作基础薄弱，对危害信息掌握不全，对重点职业病及职业相关危害因素监测能力不足。四是新的职业病危害问题不容忽视。随着新技术、新工艺、新设备和新材料的广泛应用，新的职业病危害因素不断出现，对职业病防治工作提出新挑战。

二、总体要求

（一）指导思想

全面贯彻党的十八大和十八届三中、四中、五中、六中全会精神，深入学习贯彻习近平总书记系列重要讲话精神，认真落实党中央、国务院决策部署，紧紧围绕统筹推进"五位一体"总体布局和协调推进"四个全面"战略布局，牢固树立和贯彻落实创新、协调、绿色、开放、共享的发展理念，坚持正确的卫生与健康工作方针，强化政府监管职责，督促用人单位落实主体责任，提升职业病防治工作水平，鼓励全社会广泛参与，有效预防和控制职业病危害，切实保障劳动者职业健康权益，促进经济社会持续健康发展，为推进健康中国建设奠定重要基础。

（二）基本原则

坚持依法防治。推进职业病防治工作法治化建设，建立健全配套法律、法规和标准，依法依规开展工作。落实法定防治职责，坚持管行业、管业务、管生产经营的同时必须管好职业病防治工作，建立用人单位诚信体系。

坚持源头治理。把握职业卫生发展规律，坚持预防为主、防治结合，以重点行业、重点职业病危害和重点人群为切入点，引导用人单位开展技术改造和转型升级，改善工作场所条件，从源头预防控制职业病危害。

坚持综合施策。统筹协调职业病防治工作涉及的方方面面，更加注重部门协调和资源共享，切实落实用人单位主体责任，提升劳动者个体防护意识，推动政府、用人单位、劳动者各负其责、协同联动，形成防治工作合力。

（三）规划目标

到2020年，建立健全用人单位负责、行政机关监管、行业自律、职工参与和社会监督的职业病防治工作格局。职业病防治法律、法规和标准体系基本完善，职业卫生监管水平明显提升，职业病防治服务能力显著增强，救治救助和工伤保险保障水平不断提高；职业病源头治理力度进一步加大，用人单位主体责任不断落实，工作场所作业环境有效改善，职业健康监护工作有序开展，劳动者的职业健康权益得到切实保障；接尘工龄不足5年的劳动者新发尘肺病报告例数占年度报告总例数的比例得到下降，重大急性职业病危害事故、慢性职业性化学中毒、急性职业性放射性疾病得到有效控制。

——用人单位主体责任不断落实。重点行业的用人单位职业病危害项目申报率达到85%以上,工作场所职业病危害因素定期检测率达到80%以上,接触职业病危害的劳动者在岗期间职业健康检查率达到90%以上,主要负责人、职业卫生管理人员职业卫生培训率均达到95%以上,医疗卫生机构放射工作人员个人剂量监测率达到90%以上。

——职业病防治体系基本健全。建立健全省、市、县三级职业病防治工作联席会议制度。设区的市至少应确定1家医疗卫生机构承担本辖区内职业病诊断工作,县级行政区域原则上至少确定1家医疗卫生机构承担本辖区职业健康检查工作。职业病防治服务网络和监管网络不断健全,职业卫生监管人员培训实现全覆盖。

——职业病监测能力不断提高。健全监测网络,开展重点职业病监测工作的县(区)覆盖率达到90%。提升职业病报告质量,职业病诊断机构报告率达到90%。初步建立职业病防治信息系统,实现部门间信息共享。

——劳动者健康权益得到保障。劳动者依法应参加工伤保险覆盖率达到80%以上,逐步实现工伤保险与基本医疗保险、大病保险、医疗救助、社会慈善、商业保险等有效衔接,切实减轻职业病病人负担。

三、主要任务

(一)强化源头治理。开展全国职业病危害调查,掌握产生职业病危害的用人单位基本情况,以及危害地区、行业、岗位、人群分布等基本信息。建立职业病危害严重的落后工艺、材料和设备淘汰、限制名录管理制度,推广有利于保护劳动者健康的新技术、新工艺、新设备和新材料。以职业性尘肺病、化学中毒为重点,在矿山、有色金属、冶金、建材等行业领域开展专项治理。严格源头控制,引导职业病危害严重的用人单位进行技术改造和转型升级。开展职业病危害治理帮扶行动,探索设立中小微型用人单位职业病防治公益性指导援助平台。加强对新发职业病危害的研究识别、评价与控制。

(二)落实用人单位主体责任。督促职业病危害严重的用人单位建立防治管理责任制,健全岗位责任体系,做到责任到位、投入到位、监管到位、防护到位、应急救援到位。推动企业依法设立职业卫生管理机构,配备专(兼)职管理人员和技术人员。通过经验推广、示范创建等方式,引导用人单位发挥主体作用,自主履行法定义务。帮助用人单位有针对性地开展职业卫生培训,提高主要负责人、管理人员和劳动者的职业病危害防护意识。督促用人单位落实建设项目职业病防护设施"三同时"(同时设计、同时施工、同时投入生产和使用)制度,加强对危害预评价、防护设施控制效果评价和竣工验收等环节的管理。改善作业环境,做好工作场所危害因素申报、日常监测、定期检测和个体防护用品管理等工作,严格执行工作场所职业病危害因素检测结果和防护措施公告制度,在产生严重危害的作业岗位设置警示标志和说明。指导用人单位建立完善职业健康监护制度,组织劳动者开展职业健康检查,配合开展职业病诊断与鉴定等工作。

(三)加大职业卫生监管执法力度。加强职业卫生监管网络建设,逐步健全监管执法队伍。大力提升基层监管水平,重点加强县、乡级职业卫生监管执法能力和装备建设。依法履行监管职责,督促用人单位加强对农民工、劳务派遣人员等职业病危害高风险人群的职业健康管理。扩大监督检查覆盖范围,加大对重点行业、重点企业、存在职业病危害的建设项目以及职业卫生技术服务机构、职业病诊断机构和职业健康检查机构的监督检查力度,开展职业卫生服务监督检查行动,严肃查处违法违规行为。对职业病危害严重、改造后仍无法达标的用人单位,严格依法责令停止产生职业病危害的作业,或者依照法定程序责令停建、关闭。建立用人单位和职业卫生技术服务机构"黑名单"制度,定期向社会公布并通报有关部门。注重发挥行业组织在职业卫生监管中的作用。

(四)提升防治服务水平。完善职业病防治服务网络,按照区域覆盖、合理配置的原则,加强基础设施建设,明确职业病防治机构的布局、规模、功能和数量。根据职责定位,充分发挥好各类疾病预防控制机构、职业病防治院所、综合性医院和专科医院职业病科在职业健康检查及职业病诊断、监测、评价、风险评估等方面的作用,健全分工协作、上下联动的工作机制。推动职业卫生工作重心下沉,逐步引导基层医疗卫生机构参与职业健康管理和健康促进工作。以农民工尘肺病为切入点,简化职业病诊断程序,优化服务流程,提高服务质量。加大投入力度,提升职业中毒和核辐射应急救治水平。充分调动社会力量的积极性,增加职业健康检查等服务供给,创新服务模式,满足劳动者和用人单位多层次、多样化的职业卫生服务需求。

(五)落实救助保障措施。规范用人单位劳动用工管理,依法签订劳动合同,督促用人单位在合同中明确劳动保护、劳动条件和职业病危害防护等内容。在重点行业中推行平等协商和签订劳动安全卫生专项集体合同制度，以非公有制企业为重点，督促劳动关系双方认真履行防治责任。督促用人单位按时足额缴纳工伤保险费，推行工伤保险费率与职业病危害程度挂钩浮动制度。做好工伤保险与基本医疗保险、大病保险、医疗救助、社会慈善、商业保险等有效衔接，及时让符合条件的职业病病人按规定享受大病保险待遇和纳入医疗救助范围，减轻病人医疗费用负担。将符合条件的尘肺病等职业病病人家庭及时纳入最低生活保障范围；对遭遇突发性、紧迫性、临时性基本生活困难的，按规定及时给予救助。

（六）推进防治信息化建设。改进职业病危害项目申报工作，建立统一、高效的职业卫生监督执法信息管理机制，推动执法工作公开透明。建立完善重点职业病与职业病危害因素监测、报告和管理网络。开展重点职业病监测和专项调查，持续、系统收集相关信息。规范职业病报告信息管理工作，提高上报信息的及时性、完整性和准确性。开展职业健康风险评估，掌握重点人群和重点行业发病特点、危害程度和发病趋势。加强部门间信息共享利用，及时交流用人单位职业病危害、劳动者职业健康和工伤保障等信息数据。将职业病防治纳入全民健康保障信息化工程，充分利用互联网、大数据、云计算等技术做好防治工作。

（七）开展宣传教育和健康促进。动员全社会参与，充分发挥主流媒体的权威性和新媒体的便捷性，广泛宣传职业病防治法律法规和相关标准，普及职业病危害防治知识。积极利用"职业病防治法宣传周"开展各种形式的宣传活动，提高宣传教育的针对性和实效性。督促用人单位重视工作场所的职业健康宣传教育工作。创新方式方法，开展健康促进试点，推动"健康企业"建设，营造有益于职业健康的环境。巩固健康教育成果，更新健康促进手段，及时应对产业转型、技术进步可能产生的职业健康新问题。

（八）加强科研及成果转化应用。鼓励和支持职业病防治基础性科研工作，推进发病机理研究，在重点人群和重点行业开展流行病学调查，开展早期职业健康损害、新发职业病危害因素和疾病负担等研究，为制定防治政策提供依据。重点攻关职业性尘肺病、化学中毒、噪声聋、放射性疾病等防治技术，以及粉尘、化学因素等快速检测技术。加快科技成果转化应用工作，推广以无毒代替有毒、低毒代替高毒等新技术、新工艺、新设备和新材料。

加强国际合作，吸收、借鉴和推广国际先进科学技术和成功经验。

四、保障措施

（一）加强组织领导。各地区要高度重视职业病防治工作，将其纳入本地区国民经济和社会发展总体规划，健全职业病防治工作联席会议制度，加强统筹协调，多措并举，进一步提升职业病防治合力。完善职业病防治工作责任制，建立防治目标和责任考核制度，制定年度工作计划和实施方案，定期研究解决职业病防治中的重大问题。建立健全政府部门、用人单位和劳动者三方代表参与的职业病防治工作长效机制。

（二）落实部门责任。各有关部门要严格贯彻《中华人民共和国职业病防治法》，履行法定职责，加强协同配合，切实做好职业病防治工作。国家卫生计生委负责对职业病报告、职业健康检查、职业病诊断与鉴定、化学品毒性鉴定等工作进行监督管理，组织开展重点职业病监测、职业健康风险评估和专项调查，开展医疗卫生机构放射性职业病危害控制的监督管理。安全监管总局负责用人单位职业卫生监督检查工作，加强源头治理，负责建设项目职业病危害评价和职业卫生技术服务机构监管，调查处置职业卫生事件和事故，拟定高危粉尘作业、高毒和放射性作业等方面的行政法规，组织指导并监督检查用人单位职业卫生培训工作。中央宣传部负责组织新闻媒体做好职业病防治宣传、舆论引导和监督工作。国家发展改革委负责会同有关行业管理部门积极调整产业政策，限制和减少职业病危害严重的落后技术、工艺、设备和材料的使用，支持职业病防治机构的基础设施建设。科技部负责将职业病防治关键技术等研究纳入国家重点研究计划。工业和信息化部发挥行业管理职能作用，在行业规划、标准规范、技术改造、推动过剩产能退出、产业转型升级等方面统筹考虑职业病防治工作，促进企业提高职业病防治水平。民政部负责将用人单位不存在或无法确定劳动关系，且符合条件的职业病病人纳入医疗救助范围，将符合条件的职业病病人及其家庭纳入最低生活保障范围。财政部负责落实职业病防治的财政补助政策，保障职业病防治工作所需经费。人力资源社会保障部负责职业病病人的工伤保险待遇有关工作。国务院国资委配合有关部门督促指导中央企业依法开展职业病防治工作。全国总工会依法对职业病防治工作进行监督，参与职业病危害事故调查处理，反映劳动者职业健康方面的诉求，提出意见和建议，维护劳动者合法权益。

（三）加大经费投入。各地区要根据职业病防治形势，加大财政投入力度，合理安排防治工作所需经费，加强对任务完成情况和财政资金使用考核，提高资金使用效率。用人单位要根据实际情况，保障生产工艺技术改造、职业病危害预防和控制、工作场所检测评价、职业健康监护和职业卫生培训等费用。各地区要探索工伤保险基金在职业病预防、诊疗和康复中的作用，建立多元化的防治资金筹措机制，鼓励和引导社会资本投入职业病防治领域。

（四）健全法律法规和标准。进一步完善职业病防治法律法规。健全高危粉尘、高毒和医用辐射防护等特殊作业管理，以及职业病危害评价、职业健康检查、职业病诊断与鉴定等法律制度。制定职业病报告、职业健康管理等工作规范。完善重点职业病、职业性放射性疾病等监测和职业健康风险评估技术方案。健全用人单位职业病危害因素工程控制、个体职业防护、职业健康监护、职业病诊断等国家职业卫生标准和指南。

（五）加强人才队伍建设。各地区要强化职业病防治和技术服务专业队伍建设，重点加强疾病预防控制机构、职业病防治院所、综合性医院和专科医院职业病科等梯队建设，提高县、乡级职业卫生服务能力。探索建立注册职业卫生工程师制度。接触职业病危害因素劳动者多、危害程度严重的用人单位，要强化专（兼）职职业卫生技术人员储备。加大培训力度，重点加强对临床和公共卫生复合型人才的培养。

五、督导与评估

安全监管总局、国家卫生计生委要适时组织开展规划实施的督查和评价工作，2020年组织规划实施的终期评估，结果报国务院。各地区要结合工作实际研究制定本地区职业病防治规划，明确阶段性目标和工作分工，加大督导检查力度，确保目标任务圆满完成。

国家安全监管总局办公厅关于推动水泥行业淘汰落后产能开展安全生产和职业健康执法专项行动的通知

(2017年4月21日安监总厅安健〔2017〕34号)

各省、自治区、直辖市及新疆生产建设兵团安全生产监督管理局：

今年2月份，工业和信息化部、国家发展改革委、国家安全监管总局等15个淘汰落后产能工作部际协调小组成员单位联合出台了《关于利用综合标准依法依规推动落后产能退出的指导意见》（工信部联产业〔2017〕30号），要求通过严格常态化执法和强制性标准实施，促使一批能耗、环保、安全、技术达不到标准和生产不合格产品或淘汰类产能，依法依规关停退出。为贯彻落实淘汰落后产能工作部署，国家安全监管总局决定自2017年5月至2019年12月，利用两年半时间在全国开展水泥企业（包括具有完整水泥生产线企业、生产水泥熟料企业及水泥粉磨站等）安全生产和职业健康执法专项行动（以下简称执法专项行动）。现将有关事项通知如下：

一、重要意义

2013年11月，国家安全监管总局组织开展了为期一年的水泥企业粉尘危害集中治理，包装和装车环节综合防尘工程治理取得了一定成效。但整体上看，水泥企业粉尘防治工作仍有较大差距，问题集中表现为部分企业在包装、装车环节除尘效果达不到标准要求，很多企业使用的水泥包装袋质量差、漏灰喷灰严重，需要进一步加大治理力度。各级安全监管部门要深刻认识到淘汰水泥落后产能与提高水泥企业粉尘防治水平是相互促进的工作，充分利淘汰落后产能有利契机，认真组织开展执法专项行动，通过严格执法关闭工艺技术落后、职业病危害严重的水泥企业，切实提高整个水泥行业的职业健康水平。

二、目标要求

认真落实党中央、国务院关于淘汰落后产能决策部署，严格落实安全生产和职业健康法规标准，强化监管执法，推动水泥行业落后产能关停退出，提高水泥行业安全生产和职业健康水平，维护广大劳动者职业安全健康权益。要突出对包装和装车环节的治理改造，选用质量高、防尘效果好的水泥包装袋。经过治理后，所有水泥企业应满足下列安全生产和职业健康要求：

（一）包装机周围必须安装围档，其底部、接包机、正包机、清包机、装车机、输送皮带转接处必须设置密闭除尘装置。

（二）包装和装车岗位水泥粉尘浓度不得超过《工作场所有害因素职业接触限值》（GBZ 2.1—2007）规定，即：时间加权平均浓度总尘限值 4 mg/m^3、呼尘限值 1.5 mg/m^3。

（三）安全生产标准化未达标企业，必须在 2018 年 6 月 30 日前整改到位；安全生产标准化三级企业，必须在 2018 年 12 月 31 日前整改到位；安全生产标准化一、二级企业，必须在 2019 年 12 月 31 日前整改到位。鼓励安全生产标准化一、二级企业提前完成整改。

三、实施步骤

（一）宣传发动阶段。2017 年 9 月底前，各级安全监管部门组织辖区内水泥企业进行动员部署，明确治理重点、治理要求和治理时限。

（二）企业自查阶段。2017 年 12 月底前，各水泥企业自行或聘请技术专家或机构对照标准开展自查，针对存在的问题研究制定切实可行的整改方案，整改方案应包括水泥包装和装车岗位存在的问题以及整改措施、整改时限和资金投入等，并经主要负责人签字确认。

（三）整改治理阶段。企业按照整改方案进行整改治理，在企业整改治理期间，安全监管部门应随机抽取部分企业进行监督检查，强化对企业整改治理工作的督促指导，对发现的问题要提出明确的整改要求。国家安全监管总局将适时组织进行抽查。

（四）组织核查阶段。2019 年 12 月底前，各级安全监管部门要完成对企业整改治理情况的核查工作。提前完成整改治理的企业，可以主动向安全监管部门申请核查。对于到期未整改的或整改后仍不具备安全生产和职业健康条件的企业，要提请地方政府依法予以关闭。

四、工作要求

（一）加强组织领导。各级安全监管部门要加强对执法专项行动的组织领导，明确牵头处室、工作责任和工作任务，结合实际制定具体的工作方案，确保执法专项行动扎实有效开展。

（二）强化监督考核。上级安全监管部门要加强对下级安全监管部门的监督、指导和帮助，及时解决专项执法工作中存在的问题。执法专项行动落实情况将纳入对各地区的安全生产责任考核范围。

（三）及时报送信息。各省级安全监管部门要按时间要求向国家安全监管总局报送信息：2017年12月31日前，报送辖区内水泥企业现状汇总表（见附件1）；从2018年1月1日起，每半年报送一次核查达标企业汇总表（见附件2）；分别于2019年2月底和2020年2月底前报送执法专项行动总结和水泥企业核查情况汇总表（见附件3）。联系人及电话：孙栋梁，010-64463004（带传真）。

（四）搞好舆论监督。要充分利用各种媒体，加强对执法专项行动的宣传报道，营造开展工作的良好氛围。对于整改治理工作有特色的企业，要进行总结推广；对于问题严重拒不整改的企业，要公开曝光，并纳入安全生产不良记录"黑名单"管理。

附件：1. 水泥企业现状汇总表
     2. 核查达标企业汇总表
     3. 水泥企业核查情况汇总表

国家安全监管总局办公厅
2017年4月21日

附件 1

水泥企业现状汇总表

填报单位：_____省（自治区、直辖市）　　　　　　　　　　　盖章：

序号	企业名称	所在地级市	水泥产能	标准化等级	包装岗位职业病防护设施是否满足要求	包装岗位粉尘浓度是否超标	装车岗位职业病防护设施是否满足要求	装车岗位粉尘浓度是否超标	备注
1									
2									
3									
……									
汇总情况	辖区内共有水泥企业_____家，其中粉磨站_____家，需要整改完成水泥企业_____家，其中粉磨站_____家								

联系电话：　　　　　　　　　　　　　　填报日期：

填报人：

填表说明：
1. "标准化等级"根据企业安全生产标准化建设情况填写"一""二""三"或"未达标"。
2. 粉尘浓度是否超标根据企业 2016 年以来的职业病危害定期检测结果填写（以最新报告填写），2016 年以来未进行检测的视为超标。若超标请在对应空格中填写"超标"，若不超标则填写"不超标"。
3. 若企业为粉磨站，请在"备注"栏中注明"粉磨站"。
4. 此表应于 2017 年 12 月 31 日前报送。

附件 2

核查达标企业汇总表

填报单位：_____ 省（自治区、直辖市）　　　　　　盖章：

序号	核查达标企业名称	所在地级市	标准化等级	核查时间	备注
1					
2					
3					
……					

填报人：　　　　　　　联系电话：　　　　　　　填报日期：

填表说明：1."标准化等级"根据企业安全生产标准化建设情况填写"一""二""三""未达标"。

2. 在"核查时间"中填写安全监管部门组织对企业进行核查的日期。

3. 若企业为粉磨站，请在"备注"栏中注明"粉磨站"。

4. 此表从 2018 年 1 月 1 日起至 2020 年 1 月 1 日，每半年报送一次；每次报送情况应包括之前所有核查达标的企业。

附件3

水泥企业核查情况汇总表

填报单位：_____省（自治区、直辖市）　　　　　　盖章：

序号	企业名称	所在地级市	标准化等级	整改治理后				核查结果	备注
				包装岗位职业病防护设施是否满足要求	包装岗位粉尘浓度是否超标	装车岗位职业病防护设施是否满足要求	装车岗位粉尘浓度是否超标		
1									
2									
3									
……									
汇总情况	经过整改治理后，共有_____家水泥企业达标，其中粉磨站_____家 拟提请关闭_____家，其中粉磨站_____家								

填报人：　　　　　联系电话：　　　　　填报日期：

填表说明：1. "标准化等级"根据企业安全生产标准化建设情况填写"一""二""三""未达标"。

2. 粉尘浓度是否超标根据企业治理后检测结果填写。若超标请在对应空格填写"超标"，若不超标则填写"不超标"。

3. "核查结果"栏中填写"达标"或"未达标"，对拟提请关闭的企业在"备注"栏中注明"拟关闭"；若企业为粉磨站，请在"备注"栏中注明"粉磨站"。

4. 此表应于2019年2月底和2020年2月底前分别报送一次，2020年报送情况应包括之前所有情况。

国家安全监管总局办公厅关于贯彻落实国务院审改办等九部门《关于取消25项中央指定地方实施行政审批中介服务等事项的通知》的通知

(2017年5月8日安监总厅安健〔2017〕44号)

各省、自治区、直辖市及新疆生产建设兵团安全生产监督管理局，各有关单位：

2017年3月15日，国务院审改办等九部门联合下发《关于取消25项中央指定地方实施行政审批中介服务等事项的通知》（审改办发〔2017〕1号，以下简称《通知》），取消了国家安全监管总局指定地方实施的"职业卫生技术服务机构专职技术人员、专职技术负责人、质量控制技术负责人的培训合格证书"的行政审批中介服务事项。为贯彻落实《通知》要求，加快推进配套改革和相关制度建设，切实加强事中事后监管，现就有关事项通知如下：

一、设区的市级以上地方人民政府安全生产监督管理部门（以下简称资质认可机关）不得再以任何形式指定有关机构承担职业卫生技术服务机构专业技术人员培训考核工作。申请职业卫生技术服务机构乙级或丙级资质的，申请单位可按要求自行组织专业技术人员培训，也可委托有条件的其他社会机构对专业技术人员进行培训。

二、自《通知》发布之日起，职业卫生技术服务机构专职技术人员、专职技术负责人、质量控制技术负责人的培训合格证书不再作为行政审批的受理条件。

三、国家安全监管总局将依程序删除《职业卫生技术服务机构监督管理

国家安全监管总局办公厅关于贯彻落实国务院审改办等九部门《关于取消 25 项中央指定地方实施行政审批中介服务等事项的通知》的通知

暂行办法》(国家安全监管总局令第 50 号)第十七条第五项中"专职技术人员、专职技术负责人、质量控制技术负责人的培训合格证书"的内容,修订现行有关职业卫生技术服务机构专业技术人员培训考核管理的规范性文件,废止《关于印发〈职业卫生技术服务机构专业技术人员培训考核管理办法〉的通知》(安健函〔2012〕76 号)。各省级安全监管部门要按照《通知》精神,清理修订本部门有关专业技术人员培训工作的文件。

四、取消"职业卫生技术服务机构专职技术人员、专职技术负责人、质量控制技术负责人的培训合格证书"的行政审批中介服务事项后,资质认可机关应当加强对专业技术人员的能力考核。申请单位向资质认可机关提交职业卫生技术服务机构资质认可申请后,资质认可机关组织对申请单位专业技术人员进行能力考核;专业技术人员能力考核合格的,方可独立从事职业卫生技术服务。《通知》实施前,已经国家安全监管总局或省级安全监管部门指定培训机构培训合格的专业技术人员,可视为能力考核合格。

自本通知印发之日起,资质认可机关暂停职业卫生技术服务机构新资质的认可工作,资质延续和资质变更仍按现行规定执行。

国家安全监管总局办公厅
2017 年 5 月 8 日

国家安全监管总局办公厅
关于在汽车制造和铅蓄电池生产行业开展尘毒危害专项治理工作的通知

（2017年5月18日安监总厅安健〔2017〕46号）

各省、自治区、直辖市及新疆生产建设兵团安全生产监督管理局：

为贯彻落实《国家职业病防治规划（2016—2020年）》要求，深入开展重点行业职业病危害治理工作，控制和消除职业病危害，保护劳动者职业健康，国家安全监管总局决定开展汽车制造（含汽车维修保养）企业和铅蓄电池生产企业（以下统称两类企业）尘毒危害专项治理工作。现就有关事项通知如下：

一、总体要求和工作目标

（一）总体要求。认真落实《职业病防治法》等法律法规要求，以保障劳动者身体健康为根本出发点，以改善工作场所作业环境为主要任务，以有效防范尘肺病和职业中毒为核心目标，突出重点，强化监管，推动企业加强工程防护设施改造，落实职业健康管理措施，努力提高职业病危害防治水平。

（二）工作目标。通过专项治理，使两类企业职业病危害防治相关指标达到以下目标：

1. 职业病危害项目申报率达到85%以上；
2. 职业病危害因素定期检测率达到80%以上；
3. 接触职业病危害的劳动者在岗期间职业健康检查率达到90%以上；
4. 企业主要负责人和职业健康管理人员培训率均达到95%以上。

二、治理时间和步骤

2017年6月开始至2019年6月结束，分四个阶段进行。

（一）动员部署阶段（2017年6—9月）。各地区要深入开展调查，摸实摸细两类企业有关情况，建立治理工作基础台账（见附件1、2）。要制定治理工作方案，组织对两类企业职业健康管理人员开展一次集中培训，明确治理重点、治理标准和治理要求等内容。请各省级安全监管部门将治理工作方案连同附件1和附件2于2017年9月30日前报送国家安全监管总局职业健康司（联系人及电话：孙栋梁，010－64463004）。

（二）治理整改阶段（2017年10月－2018年12月）。各级安全监管部门要加强对两类企业治理工作的指导帮扶和督促检查，督促两类企业对照治理要求（见附件3、4、5）认真查找问题，制定整改方案，按期整改到位。企业整改方案应包括存在的问题、整改措施、整改时限和资金投入等，经企业主要负责人签字确认后留存备查。

（三）集中执法阶段（2019年1—4月）。各级安全监管部门要在两类企业治理整改工作结束后，开展一次集中执法行动（重点事项检查表见附件6），全面检查治理成效。对治理态度积极、成效显著的企业，要鼓励其持续改进提高；对治理工作不认真、尘毒危害防治措施不落实、工作场所无防尘防毒设施或达不到防尘防毒要求、不为劳动者配备符合国家标准要求的防尘防毒用品等违法违规行为，要坚决依法从严处罚；对于治理后尘毒危害浓度仍严重超标且整改无望的企业，要提请地方政府依法予以关闭。

（四）全面总结阶段（2019年5—6月）。各地区要对两年专项治理工作进行总结分析，结合集中监督执法阶段的监督检查结果，对企业进行分类并纳入后续日常监管范围，对不同类别企业采取相应的监管措施。请各省级安全监管部门将治理总结报告连同附件7和附件8，于2019年6月30日前报送至国家安全监管总局职业健康司。

三、工作要求

（一）加强组织领导，强化责任落实。各地区要高度重视专项治理工作，将国家安全监管总局统一部署的专项治理与本地区实际结合起来，做好统筹安排，加强组织领导，明确责任分工，强化过程监督，确保治理工作取得实效。没有两类企业的地区，可自行开展其他行业领域的治理工作，治理工作参照本通知执行。

（二）强化源头控制，夯实管理基础。治理工作要以落实工程防护措施为核心，紧紧围绕重点环节、重点岗位，大力推进新技术、新工艺、新设备、新材料的应用，加大对现有设备设施改造力度，优先从工程防护上控制职业病危害。同时要依法落实各项管理措施，不断提升职业健康管理水平。

（三）突出重点，分类指导。要按照分类监管原则，对治理行业的企业实施分类指导。对职业病危害严重的中小型企业进行重点监督、重点指导，对职业病危害防治基础好的大型企业以企业自主改进提高为主。

（四）标本兼治，着力治本。在强化对现有企业进行治理的同时，要加强对新建企业职业病防护设施"三同时"监管，做好源头防范，避免不符合职业健康条件的企业投入运营生产。同时，要结合地区经济社会发展实际，着力加强地方性法规、标准和制度建设，促进职业健康工作不断迈上规范化、法制化轨道。

附件：1. 治理前两类企业基本情况登记表
   2. 治理前两类企业基本情况汇总表
   3. 两类企业尘毒危害治理主要工程技术措施
   4. 两类企业尘毒危害情况及防护设施自查表
   5. 两类企业职业健康管理措施自查表
   6. 两类企业尘毒危害治理监督检查重点事项表
   7. 治理后两类企业尘毒危害防治状况汇总表
   8. 安全监管部门监督检查情况统计表

国家安全监管总局办公厅
2017 年 5 月 18 日

国家安全监管总局办公厅关于在汽车制造和铅蓄电池生产行业开展尘毒危害专项治理工作的通知

附件1

治理前两类企业基本情况登记表

填报单位：　　　　　　　　　　　　填表人：　　　　　　　　　　　　联系电话：

一、汽车制造企业

序号	企业名称	所在地级市	企业规模[1]	注册类型[2]	从业人员总数	接触尘毒危害人数	是否接受职业健康培训		职业健康管理人员	是否进行职业病危害申报	2016年是否进行职业病危害定期检测	2016年职业病危害定期检测超标岗位数	2016年接触尘毒危害劳动者职业健康检查人数
							主要负责人	职业健康管理人员					
1													
……													

二、铅蓄电池生产企业

序号	企业名称	所在地级市	企业规模[1]	注册类型[2]	从业人员总数	接触尘毒危害人数	是否接受职业健康培训		职业健康管理人员	是否进行职业病危害申报	2016年是否进行职业病危害定期检测	2016年职业病危害定期检测超标岗位数	2016年接触尘毒危害劳动者职业健康检查人数
							主要负责人	职业健康管理人员					
1													
……													

注：1. 企业规模按照以下分类填写：大型（从业人员≥1000人，营业收入≥40000万元）、中型（300人≤从业人员＜1000人，2000万元≤营业收入＜40000万元）、小型（20人≤从业人员＜300人，300万元≤营业收入＜2000万元）、微型（从业人员＜20人或营业收入＜300万元）企业不纳入本次统计范围。

2. 注册类型按照以下分类填写：央企、地方国有、集体、私营、港澳台、外资、其他。

3. 此表应逐级报送，省级安全监管部门于2017年9月30日前报送至国家安监总局职业健康司。

附件 2

治理前两类企业基本情况汇总表

填报单位：　　　　　　　　　　　填表人：　　　　　　　　　　　联系电话：

序号	行业领域	企业数量	从业人员数量	接触尘毒危害人数	主要负责人接受职业健康培训企业数	职业健康管理人员接受培训企业数	进行职业病危害申报企业数	进行职业病危害定期检测企业数	存在超标岗位企业数	进行职业健康检查企业数
1	汽车制造									
	其中：汽车生产									
	汽车维修保养									
2	铅蓄电池生产									
	合计									

注：此表应逐级报送，省级安全监管部门于 2017 年 9 月 30 日前报送至国家安全监管总局职业健康司。

附件 3

两类企业尘毒危害治理主要工程技术措施

一、汽车制造企业

汽车制造企业存在的尘毒危害主要有矽尘、铝尘、其他粉尘、电焊烟尘、锰及其化合物、苯、甲苯、二甲苯、甲醛、苯酚、氨、一氧化碳、金属烟等。

（一）汽车生产企业。

汽车生产企业尘毒危害主要来源于焊接、涂装、总装、发动机铸造工序。各重点工序尘毒危害治理主要工程技术措施要求如下：

1. 焊接。

（1）优先使用自动化程度高的自动焊接设备。

（2）使用不含或少含锰、铅等有毒物质的焊料。

（3）焊接车间或焊接量大、焊机集中的工作地点，应实施全面机械通风。

（4）对半自动焊和自动焊，应集中布置并设置局部送排风装置。

（5）二氧化碳保护焊应集中布置在独立的焊房内，出入口宜设软帘遮挡，室内采用全面通风方式并保持负压。

（6）人工焊接作业点应设置局部排风设施，排风罩对准焊烟产生的位置，并对焊烟进行净化处理。

（7）打磨和焊接同室存在时，应采取上送下排的通风方式，室内保持负压。

2. 涂装。

（1）前处理及电泳。

①前处理线及电泳生产线车间地面、墙面应进行防腐处理，设置排水地沟，易放散粉尘和毒物的加料点、卸料点应设置密闭罩或外部排风罩。

②前处理线和电泳生产线设备应密闭、自动运行。

③各类酸、碱等前处理和电泳所需的化学物料应使用自动控制流量设备进行添加。

④输送各类物料的管道应严格密闭，杜绝跑、冒、滴、漏。

⑤使用和储存酸、碱等物料的场所应设置洗眼淋浴器。

（2）喷 PVC 胶及检查。

①喷胶房、检查间、补漆间分开设置，喷胶房和补漆间设置上送风、下回风的全面通风设施；宜采取机器人自动喷胶设备。

②打磨应采用湿式或半干式作业；半干式打磨时，应设置排风罩。

（3）喷涂和调漆。

①应遵循无毒物质代替有毒物质，低毒物质代替高毒物质的原则，使用无毒或低毒涂料。

②应选择自动化程度高的自动调漆设备和喷漆生产线。

③喷漆、油漆储存和调配应在专用的房间中，喷漆、调漆作业区应与休息区分开布置。

④输送涂料、溶剂、稀释剂等各类物料的管道应严格密闭。

⑤无气喷涂的喷枪应配置自锁安全装置，喷涂间歇时应能将喷枪自锁。

⑥喷漆间、调漆间应采取上送风、下回风的通风方式。

⑦人工调漆作业点应设置局部排风罩；喷漆间墙壁表面易清洗、不应吸收或粘附漆雾。

（4）烘干工序。

①应选用自动化运行、密闭性好的烘干系统。

②烘干炉应设置排风系统，将废气处理达标后高空排放。

3. 总装。

（1）整车装配。

①车间设通排风系统，保持车间内通风良好。

②液体介质宜自动化加注并在加注点设置局部排风设施，其中，燃油加注工位局部排风设施应为防爆型。

③风挡玻璃涂胶采用自动涂胶机，设置局部排风设施，在风挡玻璃人工清洗工位处设局部排风设施。

（2）整车检测。

①检测、调试工艺设备设置尾气收集装置并排出室外。

②检测区域设送排风系统，气流组织采用上送下排形式，如采用屋顶式送风机，地沟排风。

③四轮定位仪、车底检查地沟，以及转鼓试验台工位应设置排风系统，同时，车底检查地沟还应设置送风系统。

4. 铸造。

（1）熔炼。

①熔炼炉上部应设置排气罩及通风排气系统，炉内排烟方式的通风除尘系统应设置冷却装置。

②熔炼控制室应密闭隔离，设置通风空调系统。

③熔炼炉操作区宜采取局部送风。

④铝液转运天车、单轨车应设置空调通风装置；转水包处应设置抽风罩。

（2）砂处理系统——原料储存及砂输送。

①原料或旧砂应分类堆放。

②砂堆放应用防水油布或塑料布遮盖，设置隔离装置防止粉尘在仓库扩散。

③原料储存及砂输送应采用密闭化、管道化、机械化和自动化措施，不应采用人工装卸或抓斗。

④原料或旧砂的给料、磁选、输送等设备应设密闭罩或外部排风罩。

⑤带式输送机及头尾应设置排气除尘装置，开口端设置软帘挡尘，输送带两侧设置防护板，易放散粉尘的卸料点及物料转运点应设置密闭罩或外部排风罩，并减少物料的落差高度。

（3）砂处理系统——配砂、混砂、烘砂、造型。

①混料、加料和卸料应采用密闭系统。

②混砂机应设置密封围罩。

③控制室应密闭隔离。

④出砂口应设置机械排风除尘装置。

⑤烘砂烘干炉应密闭并设置局部通风系统。

（4）砂处理系统——砂再生。

①破碎机和振动筛应进行整体密闭。

②破碎机进料口与加料装置尽可能采用软管连接，排气罩应接近并覆盖出料口。

③振动筛进料口和出料口应设置局部通风排气设施，进料斗设置通风设施。

④冷却提升机和旧砂再生应采用袋式除尘器。

（5）制芯、施涂料和烘芯。

①采用冷芯盒制芯时应将气体发生器密闭，并设置尾气收集和净化装置。

②射芯机、冷盒制芯、热盒制芯机等应设置排风罩。

③砂芯修磨应设置通风除尘系统。

④施涂料后的存放处应设置局部通风。烘干炉应密闭、隔热，出入口应设置局部送风。

（6）浇注。

①浇注段应设置局部排风罩，屋顶应设置顶排风器或排风天窗。

②浇注车应密闭，采取隔热措施，并安装空调和送风装置。强冷设施应密闭，设置上送下抽的排风设施。

③操作岗位应设置岗位送风。

（7）落砂。

①落砂区应单独设置。固定落砂区应设置除砂间或防尘帘屏，并设排风罩；就地开箱落砂时，设喷水雾降尘；落砂地沟内设置通风除尘装置。

②落砂机应密闭，工作时不应敞开观察门。

（8）热处理及清理。

①热处理炉、抛丸机、浸渗系统等设备应密闭，并设置排风除尘装置。

②喷砂作业应密闭，采用手套式喷砂箱，设置除尘设施。

③砂轮切割机、抛光机、磨样机应设置局部通风除尘设施。

④砂轮打磨时应采用湿式作业，采用适宜的密闭罩，并设置局部通风除尘装置。

（9）通风系统。

风量和风速应满足要求，排风罩在不妨碍操作前提下应尽量靠近尘、毒源。通风系统的设置应便于管理，符合节能和安全生产的要求，不同性质、湿度、温度的含尘、毒气体，不宜合用一个通风系统。通风系统应定期维护、检修和调整，管道应定期清理、检查和维护，避免积尘与破损。

（二）汽车维修保养企业。

汽车维修保养企业尘毒危害主要来源于机修、钣金、喷漆工序。各重点工序尘毒危害治理主要工程技术措施要求如下：

1. 机修。

整车测试区应设置局部排风装置,如尾气收集装置,经吸气罩收集处理后排放。

2. 钣金。

(1) 使用不含或少含锰、铅等有毒物质的焊条。

(2) 焊接量大、焊机集中的作业场所,应实施全面机械通风。

(3) 焊接作业点应设置局部排风装置,排风罩对准焊烟产生的位置,并对焊烟进行净化处理。

(4) 打磨应采取湿式作业,减少粉尘的产生;干式打磨时,应设置局部通风除尘装置。

3. 喷漆。

(1) 应遵循无毒物质代替有毒物质,低毒物质代替高毒物质的原则,使用无毒或低毒涂料。

(2) 调漆、喷漆、烤漆等易产生毒物的工序应设有单独的隔间,将有毒作业与无毒作业进行隔离。

(3) 调漆、喷漆和烤漆间应采用上送风、下排风的通风防毒设施,室内保持负压。

二、铅蓄电池生产企业

铅蓄电池生产企业存在的尘毒危害主要有铅及其化合物(铅尘、铅烟)、硫酸、石墨粉尘、有机溶剂、二氧化锡等;主要来源于铅粉制造、板栅铸造、极板制造、组装、化成充电等工序。各重点工序尘毒危害治理主要工程技术措施要求如下:

(一) 铅粉制造。

1. 铸条、铸球应采用封闭式熔铅炉,并设置有效的除尘设施(铅烟静电除尘或布袋除尘加湿法等除尘方法)(下同);熔铅炉带自动温控措施,加料口不加料时应处于关闭状态。

2. 铅粉制造使用全自动密封式铅粉机,铅粉系统(包括储粉、输粉)应密封,设置有效的除尘设施。

3. 禁止使用开放式熔铅炉(锅)。

4. 禁止使用开口式铅粉机。

（二）板栅和零部件铸造。

1. 铸板及铅零件工序应设在封闭的车间内，熔铅、熔铅锅应保持封闭，并带有自动温控措施，加料口不加料时应处于关闭状态。

2. 熔铅锅、铸板机中产生铅烟的部位，设置铅烟静电除尘或布袋除尘加湿法（水幕或湿式旋风）除尘。

3. 禁止使用开放式熔铅锅和手工铸板、手工铸铅零件、手工铸铅焊条等落后工艺。

4. 所有重力浇铸板栅工艺，均应实现集中供铅。

（三）和膏和涂板制造。

1. 铅粉进料采取密闭自动化设备，和膏工序应在密封状态下生产，并设置二级除尘设施；生产管式极板采用自动挤膏工艺或封闭式全自动负压灌粉，灌粉机设置二级除尘设施。

2. 禁止使用人工输粉工艺。

3. 禁止使用开口式和膏机。

4. 供酸工序采用自动配酸系统、密闭式酸液输送系统和自动灌酸设备。淋酸、洗板、浸渍、灌酸、电池清洗工序应设置酸液自动收集系统和酸雾净化系统（加碱液吸收的逆流洗涤技术）。

5. 作业区设置应急冲淋装置。

6. 禁止采用手工涂板工艺。

7. 禁止采用人工配酸和灌酸工艺。

（四）分板、刷板。

1. 分板、刷板（耳）工序应设在封闭的车间内，使用整体密闭的机械化分板、刷板（耳）设备，设备配置二级除尘设施，保持作业在局部负压环境下生产。

2. 禁止采用手工分板、刷板（耳）的操作工艺。

（五）称板、叠板。

1. 叠板包板、称板应采用自动化程度高的生产设备，尽可能设置下吸或者侧吸式铅尘收集装置，保持合适的吸气压力，并与铅尘处理设施连接，确保工位在局部负压环境下。

2. 控制和减少采用手工操作工艺。

（六）组装。

1. 采用全自动机器焊机、手工焊接工序，应配备含铅烟收集装置，并根据烟、尘特点采用符合设计规范的吸气方式，保持合适的吸气压力，并与铅烟处理设施连接，确保工位在局部负压环境下。

2. 禁止采用手工焊接工艺。

（七）化成和充放电。

1. 化成、充电工序应设在封闭的车间内，配备与产能相适应的硫酸雾收集装置和处理设施（加碱液吸收的逆流洗涤技术），保持在微负压环境下生产；采用外化成工艺的，化成槽应封闭，并保持在局部负压环境下生产，禁止采用手工焊接外化成工艺。

2. 供酸工序应采用自动配酸系统、密闭式酸液输送系统和自动灌酸设备。

3. 浸渍、灌酸、电池清洗工序应配备废液自动收集系统，通过废水管线送至相应处理装置进行处理。

4. 禁止采用人工配酸和灌酸工艺。

5. 禁止采用外化成工艺。

（八）防尘防毒系统维护和二次扬尘控制设施。

1. 防尘防毒设施风量和捕捉效率应满足要求，烟尘收集装置应靠近产生铅烟、铅尘的位置，配备必要的集气罩；集气罩的设计应达到有效引导铅烟、铅尘向收集装置流动的效果，并将操作工的口、鼻与烟尘产生部位分隔；烟尘收集装置应尽可能实现封闭，减小进风口；应根据烟、尘特点采用符合设计规范的吸气方式，其中对铅烟应采用上吸或侧上吸，对铅尘应采用下吸或侧下吸，并保持较高的吸气压力，实现有效收集；应定期清理铅尘收集装置内部沉积的铅尘。

2. 不同生产岗位不宜合用一个通风除尘系统。除尘系统应定期维护、检修和调整，除尘管道应定期清理、检查和维护，避免积尘与破损。

3. 铅粉制备工序、板栅和零部件铸造、和膏和涂板、分板、刷磨板、称板、叠板间应配备水管、真空吸尘器等防止二次扬尘的清扫设施。

4. 含铅工业废弃物按照有关规定处置。

5. 禁止采用干式清扫（含吹扫）去除地面、设备表面铅尘。

（九）送新风系统。

1. 铅蓄电池企业应配备送新风系统，向工作岗位输送新鲜空气。送新风系统的设计应考虑整体性，对铸板、涂板、灌粉、包板、称板、装配焊接等固定工位，应保证每个工位均能覆盖，并保持适宜的风速，其换气量应满足稀释铅烟、铅尘的需要。

2. 送新风系统进风口应设在室外空气洁净处，不得设在车间内。

3. 禁止使用工业电风扇代替送新风系统或进行降温。

附件4

两类企业尘毒危害情况及防护设施自查表

一、汽车制造企业尘毒危害情况及防护设施自查表

场所/环节	重点职业病危害因素	职业病危害因素检测	个体防护用品配备	警示标识设置	主要职业病防护设施	存在问题
焊接	□电焊烟尘 □锰及其化合物 □其他_____	□未进行检测 □已检测： 　□无超标 　□有超标 超标因素种类及岗位： _____/_____/_____	□未配备个体防护用品 □已配备： 　□个体防护用品不满足防护要求 　□个体防护用品不满足防护要求 　□劳动者正确佩戴 　□劳动者未正确佩戴或未佩戴	□未设置警示标识（包括工作场所入口及岗位附近，下同） □已设置： 　□当心中毒 　□注意防尘 　□戴防尘口罩 　□注意通风 　□锰及其化合物危害告知卡	□使用机械化、自动化程度高的焊接设备 □使用无毒、低毒的焊接材料 □焊接车间自然通风、机械通风良好 □产生电焊烟尘较多的人工焊接工位设置局部抽风集尘设备 □二氧化碳保护焊集中布置，设置独立焊房，出入口设软帘遮挡，并保持负压 □打磨和焊接同室存在时，应采取上送下排的通风方式，室内保持负压	

二、涂装

场所/环节	重点职业病危害因素	职业病危害因素检测	个体防护用品配备	警示标识设置	主要职业病防护设施	存在问题
前处理及电泳	□磷酸 □硫酸 □盐酸 □氢氧化钾 □氢氧化钠 □其他_____	□未进行检测 □已检测： 　□无超标 　□有超标 超标因素种类及岗位： _____/_____/_____	□未配备个体防护用品 □已配备： 　□个体防护用品不满足防护要求 　□个体防护用品不满足防护要求 　□劳动者正确佩戴 　□劳动者未正确佩戴或未佩戴	□未设置警示标识 □已设置： 　□当心腐蚀 　□戴防护手套 　□戴防护镜 　□注意通风 　□磷酸、硫酸、盐酸、氢氧化钠危害告知卡	□前处理线和电泳生产线密闭、自动运行 □各种酸、碱等物料的添加为程序自动控制 □前处理线及电泳后处理，设置排水地沟，应进行防腐处理 □前处理线电泳生产线设置设备局部排风系统 □使用和储存酸、碱等物料的场所设置洗眼淋浴器	

续表

场所环节	重点职业病危害因素	职业病危害因素检测	个体防护用品配备	警示标识设置	主要职业病防护设施	存在问题
喷PVC胶及检查	□聚氯乙烯粉尘 □其他_____	□未进行检测 □已检测： □无超标 □有超标 超标因素种类/岗位： ___/___ ___/___ ___/___	□未配备个体防护用品 □已配备： □个体防护用品不满足防护要求 □个体防护用品不满足防护要求 □劳动者正确佩戴 □劳动者未正确佩戴或未佩戴	□未设置警示标识 □已设置： □注意防尘 □戴防护眼镜 □戴防护手套 □注意通风	□宜采取机器人自动喷胶设备，减少人员接触 □检查间、补漆间分开设置 □打磨采取湿式作业，减少粉尘的产生 □半干式打磨时，应设置排风罩 □喷漆房采取上送风、下回风的通风系统	
喷涂和调漆	□苯、甲苯、二甲苯 □甲醛 □其他_____	□未进行检测 □已检测： □无超标 □有超标 超标因素种类/岗位： ___/___ ___/___ ___/___	□未配备个体防护用品 □已配备： □个体防护用品不满足防护要求 □个体防护用品不满足防护要求 □劳动者正确佩戴 □劳动者未正确佩戴或未佩戴	□未设置警示标识 □已设置： □当心中毒 □当心有毒气体 □戴防毒面具 □戴防护眼镜 □戴防护手套 □注意通风 □未危害告知卡 □甲醛危害告知卡	□使用职业危害程度低的涂料 □使用密闭化、自动化程度高的调漆、喷漆生产线 □喷漆、油漆、溶剂、稀释剂等各类物料的管道应严格密闭 □无气喷涂的喷枪应配置自锁安全装置，喷枪间歇时应能将喷枪自锁 □喷漆间、调漆间应采取上送风、下回风的通风方式 □人工调漆作业点设置局部排风罩 □喷漆间墙壁表面易清洗，不应吸收或黏附漆雾	

510

国家安全监管总局办公厅关于在汽车制造和铅蓄电池生产行业开展尘毒危害专项治理工作的通知

续表

场所/环节	重点职业病危害因素	职业病危害因素检测	个体防护用品配备	警示标识设置	主要职业病防护设施	存在问题
烘干	□苯、甲苯、二甲苯_____ □甲醛 □其他_____	□未进行检测 □已检测： 　□无超标 　□有超标 超标因素种类/岗位： ／ ／ ／	□未配备个体防护用品 □已配备： 　□个体防护用品满足防护要求 　□个体防护用品不满足防护要求 　□劳动者正确佩戴 　□劳动者未正确佩戴或未佩戴	□未设置警示标识 □已设置： 　□当心中毒 　□当心有毒气体 　□戴防毒面具 　□戴防护眼镜 　□注意通风 　□甲醛危害告知卡	□烘干炉、自动化运行设备、管道应密闭良好，杜绝烘干废气泄漏 □设置废气处理装置，将废气处理达标后高空排放	
三、总装
装配	□二苯基甲烷二异氰酸酯 □苯、甲苯、二甲苯_____ □其他_____	□未进行检测 □已检测： 　□无超标 　□有超标 超标因素种类/岗位： ／ ／ ／	□未配备个体防护用品 □已配备： 　□个体防护用品满足防护要求 　□个体防护用品不满足防护要求 　□劳动者正确佩戴 　□劳动者未正确佩戴或未佩戴	□未设置警示标识 □已设置： 　□当心中毒 　□当心有毒气体 　□戴防毒面具 　□戴防护手套 　□戴防护眼镜 　□注意通风 　□苯危害告知卡	□车间设通排风系统，保持车间内通风良好 □液体介质宜自动化加注并在加注点设置局部排风设施 □油加注工位应为防爆型 □挡风玻璃涂胶采用自动涂胶机，设置局部排风设施，在挡风玻璃人工清洗工位处设局部排风设施	

续表

场所/环节	重点职业病危害因素	职业病危害因素检测	个体防护用品配备	警示标识设置	主要职业病防护设施	存在问题
检测	□一氧化碳 □二氧化碳 □一氧化氮 □二氧化氮	□未进行检测 □已检测： □无超标 □有超标 超标因素种类/岗位： ___/___ ___/___ ___/___	□未配备个体防护用品 □配备： □个体防护用品满足防护要求 □个体防护用品不满足防护要求 □劳动者正确佩戴 □劳动者未正确佩戴或未佩戴	□未设置警示标识 □已设置： □当心中毒 □当心有毒气体 □注意通风 □一氧化碳危害告知卡 □二氧化氮危害告知卡	□检测、调试工艺设备设置尾气收集装置并排出室外 □检测区域设送排风系统，气流组织采用上送下排形式，如采用屋顶式送风机，地沟排风 □四轮定位仪、车底检查等地沟以及转毂试验台工位应设置排风系统，同时，车底检查地沟应设置送风系统	

四、铸造

场所/环节	重点职业病危害因素	职业病危害因素检测	个体防护用品配备	警示标识设置	主要职业病防护设施	存在问题
熔炼	□氧化锌 □氧化铝 □一氧化碳 □其他_____	□未进行检测 □已检测： □无超标 □有超标 超标因素种类/岗位： ___/___ ___/___ ___/___	□未配备个体防护用品 □配备： □个体防护用品满足防护要求 □个体防护用品不满足防护要求 □劳动者正确佩戴 □劳动者未正确佩戴或未佩戴	□未设置警示标识 □已设置： □注意防尘 □戴防尘口罩 □穿防护服 □注意通风 □一氧化碳危害告知卡	□熔炼炉应设置排气罩及通风排气系统 □设置岗位送风 □控制室密闭隔离，设置空调系统 □铝液转运天车、单轨车应良好隔热，并采取空调通风装置，降温送风 □转水包设置抽风罩 □定期维护职业病防护设施	

续表

场所/环节	重点职业病危害因素	职业病危害因素检测	个体防护用品配备	警示标识设置	主要职业病防护设施	存在问题
砂处理系统——原料储存、输送	□砂尘	□未进行检测 □已检测： 　□无超标 　□有超标 超标因素种类/岗位： ＿＿＿／＿＿＿／＿＿＿	□未配备个体防护用品 □已配备： 　□个体防护用品满足防护要求 　□个体防护用品不满足防护要求 　□劳动者正确佩戴 　□劳动者未正确佩戴或未佩戴	□未设置警示标识 □已设置： 　□注意防尘 　□戴防尘口罩 　□注意通风 　□砂尘危害告知卡	□原料或旧砂应分类堆放 □砂堆放应用防水油布或塑料布遮盖；设置隔离装置；配置密闭排风罩的带式输送机运送，带式输送机开口端设置防护软帘挡尘，输送带两侧设置防护板 □采用密闭化、管道化、机械化和自动化措施，不应采用人工装卸或抓斗 □在输送的胶带机及头尾设置排气除尘装置，转载点设置排风除尘装置 □定期维护职业病防护设施	
砂处理系统——配砂、混砂、烘砂	□砂尘 □一氧化碳 □二氧化氮 □苯酚 □甲醛	□未进行检测 □已检测： 　□无超标 　□有超标 超标因素种类/岗位： ＿＿＿／＿＿＿／＿＿＿	□未配备个体防护用品 □已配备： 　□个体防护用品满足防护要求 　□个体防护用品不满足防护要求 　□劳动者正确佩戴 　□劳动者未正确佩戴或未佩戴	□未设置警示标识 □已设置： 　□注意防尘 　□戴防尘口罩 　□注意通风 　□砂尘危害告知卡 　□一氧化碳危害告知卡 　□二氧化氮危害告知卡 　□甲醛危害告知卡	□混砂机设置密封围罩 □出砂口设置机械排风除尘装置 □混料机、加料和卸料传输系统应尽量密闭 □烘砂烘干炉应密闭并设置局部通风系统 □定期维护职业病防护设施	

续表

场所/环节	重点职业病危害因素	职业病危害因素检测	个体防护用品配备	警示标识设置	主要职业病防护设施	存在问题
砂处理系统——造型	□矽尘	□未进行检测 □已检测： □无超标 □有超标 超标因素种类/岗位： ＿＿／＿＿ ＿＿／＿＿ ＿＿／＿＿	□未配备个体防护用品 □已配备： □个体防护用品满足防护要求 □个体防护用品不满足防护要求 □劳动者正确佩戴 □劳动者未正确佩戴或未佩戴	□未设置警示标识 □已设置： □注意防尘 □戴防尘口罩 □注意通风 □矽尘危害告知卡	□密闭原料传输系统 □置型砂回收装置 □安装局部通风设施 □控制室密闭隔离 □定期维护职业病防护设施	
砂处理系统——再生	□矽尘 □苯酚 □甲醛	□未进行检测 □已检测： □无超标 □有超标 超标因素种类/岗位： ＿＿／＿＿ ＿＿／＿＿ ＿＿／＿＿	□未配备个体防护用品 □已配备： □个体防护用品满足防护要求 □个体防护用品不满足防护要求 □劳动者正确佩戴 □劳动者未正确佩戴或未佩戴	□未设置警示标识 □已设置： □当心有毒气体 □注意防尘 □戴防尘口罩 □注意通风 □矽尘危害告知卡 □甲醛危害告知卡	□破碎机安装整体密闭罩，与加料装置尽可能采用软管连接 □振动筛整体密闭，设置局部通风排气设施 □进料口和出料口密闭 □冷却提升机应采用袋式除尘器，有防堵措施 □旧砂再生采用袋式除尘装置，并密闭 □定期维护职业病防护设施	

国家安全监管总局办公厅关于在汽车制造和铅蓄电池生产行业开展尘毒危害专项治理工作的通知

续表

场所/环节	重点职业病危害因素	职业病危害因素检测	个体防护用品配备	警示标识设置	主要职业病防护设施	存在问题
制芯	□矽尘 □一氧化碳 □甲醛 □苯酚	□未进行检测 □已检测： □无超标 □有超标 超标因素种类/岗位： ＿＿＿/＿＿＿/＿＿＿	□未配备个体防护用品 □已配备： □个体防护用品满足防护要求 □个体防护用品不满足防护要求 □劳动者正确佩戴 □劳动者未正确佩戴或戴或未佩戴	□未设置警示标识 □已设置： □注意防尘 □当心有毒气体 □戴防尘口罩 □戴防护手套 □注意通风 □矽尘危害告知卡 □一氧化碳危害告知卡 □甲醛危害告知卡	□射芯机、制芯机等均应设置排风罩 □采用冷芯盒制芯时应将气体发生器密闭，并设置尾气收集和净化装置 □清理芯盒型腔时，不得用手直接清理 □定期维护职业病防护设施	
修芯	□矽尘 □甲醛 □苯酚	□未进行检测 □已检测： □无超标 □有超标 超标因素种类/岗位： ＿＿＿/＿＿＿/＿＿＿	□未配备个体防护用品 □已配备： □个体防护用品满足防护要求 □个体防护用品不满足防护要求 □劳动者正确佩戴 □劳动者未正确佩戴或戴或未佩戴	□未设置警示标识 □已设置： □注意防尘 □当心有毒气体 □戴防尘口罩 □戴防护手套 □注意通风 □矽尘危害告知卡 □甲醛危害告知卡	□砂芯修磨应设置通风除尘系统 □定期维护职业病防护设施	

续表

场所/环节	重点职业病危害因素	职业病危害因素检测	个体防护用品配备	警示标识设置	主要职业病防护设施	存在问题
施涂料和烘芯	□其他粉尘 □一氧化碳 □甲醛 □苯酚	□未进行检测 □已检测： 　□无超标 　□有超标 超标因素种类/岗位： ___／___ ___／___ ___／___	□未配备个体防护用品 □已配备： 　□个体防护用品满足防护要求 　□个体防护用品不满足防护要求 　□劳动者正确佩戴 　□劳动者未正确佩戴或未佩戴	□未设置警示标识 □已设置： 　□注意防尘 　□当心有毒气体 　□戴防尘口罩 　□戴防护手套 　□注意通风 　□一氧化碳危害告知卡 　□甲醛危害告知卡	□施涂料设置通风排气系统，净化后排出 □施涂料后的存放应处于干燥、通风 □烘干炉密闭、隔热、出入口设置局部送风 □定期维护职业病防护设施	
浇注	□矽尘 □一氧化碳 □甲醛 □苯酚	□未进行检测 □已检测： 　□无超标 　□有超标 超标因素种类/岗位： ___／___ ___／___ ___／___	□未配备个体防护用品 □已配备： 　□个体防护用品满足防护要求 　□个体防护用品不满足防护要求 　□劳动者正确佩戴 　□劳动者未正确佩戴或未佩戴	□未设置警示标识 □已设置： 　□注意防尘 　□当心有毒气体 　□戴防尘口罩 　□戴防护手套 　□注意通风 　□一氧化碳危害告知卡 　□甲醛危害告知卡	□浇注应自动化 □浇注段设置局部排风罩，设置顶排风器或排风天窗 □设置岗位送风 □浇注车应密闭，采取隔热措施，并安装空调和送风装置 □定期维护职业病防护设施	

续表

场所/环节	重点职业病危害因素	职业病危害因素检测	个体防护用品配备	警示标识设置	主要职业病防护设施	存在问题
落砂	□砂尘	□未进行检测 □已检测： □无超标 □有超标 超标因素种类/岗位： ／ ／	□未配备个体防护用品 □已配备： □个体防护用品满足防护要求 □个体防护用品不满足防护要求 □劳动者正确佩戴 □劳动者未正确佩戴或未佩戴	□未设置警示标识 □已设置： □注意防尘 □戴防尘口罩 □注意通风 □砂尘危害告知卡	□落砂区单独设置 □固定落砂区应设置除砂间或防尘帘罩，并设排风罩 □就地开箱落砂时，可设喷水雾降尘 □落砂机密闭，落地沟设置通风除尘设施，工作时不应敞开观察门 □定期维护职业病防护设施	
热处理	□一氧化碳 □二氧化氮	□未进行检测 □已检测： □无超标 □有超标 超标因素种类/岗位： ／ ／	□未配备个体防护用品 □已配备： □个体防护用品满足防护要求 □个体防护用品不满足防护要求 □劳动者正确佩戴 □劳动者未正确佩戴或未佩戴	□未设置警示标识 □已设置： □当心有毒气体 □注意通风 □一氧化碳危害告知卡 □二氧化氮危害告知卡	□热处理炉密闭，隔热 □设置排风装置 □作业岗位安装局部送风降温装置 □定期维护职业病防护设施	

续表

场所/环节	重点职业病危害因素	职业病危害因素检测	个体防护用品配备	警示标识设置	主要职业病防护设施	存在问题
清理	□砂轮磨尘 □矽尘	□未进行检测： □已检测： □无超标 □有超标 超标因素种类/岗位： ＿＿＿／＿＿＿ ＿＿＿／＿＿＿ ＿＿＿／＿＿＿	□未配备个体防护用品 □已配备： □个体防护用品满足防护要求 □个体防护用品不满足防护要求 □劳动者正确佩戴 □劳动者未正确佩戴或未佩戴	□未设置警示标识 □已设置： □注意防尘 □戴防尘口罩 □注意通风	□采用抛丸机进行清理时，应密闭，采取通风除尘、减振降噪措施 □喷砂作业应密闭，设置除尘设施 □砂轮打磨时应考虑湿式作业，采用适应的密闭罩，并设置局部通风除尘装置 □定期维护职业病防护设施	
其他（天车）	□粉尘 □一氧化碳	□未进行检测： □已检测： □无超标 □有超标 超标因素种类/岗位： ＿＿＿／＿＿＿ ＿＿＿／＿＿＿ ＿＿＿／＿＿＿	□未配备个体防护用品 □已配备： □个体防护用品满足防护要求 □个体防护用品不满足防护要求 □劳动者正确佩戴 □劳动者未正确佩戴或未佩戴	□未设置： □已设置： □注意防尘 □戴防尘口罩 □注意通风	□天车驾驶室密闭 □配备通风空调设施 □双层门窗隔声设施	

续表

场所/环节	重点职业病危害因素	职业病危害因素检测	个体防护用品配备	警示标识设置	主要职业病防护设施	存在问题
其他（浸渗）	□丙烯酸甲酯 □铬及其化合物	□未进行检测 □已检测： □无超标 □有超标 超标因素种类/岗位： ＿＿／＿＿ ＿＿／＿＿ ＿＿／＿＿	□未配备个体防护用品 □已配备： □个体防护用品满足防护要求 □个体防护用品不满足防护要求 □劳动者正确佩戴 □劳动者未正确佩戴或未佩戴	□未设置警示标识 □已设置： □注意通风 □当心有毒气体 □戴防护手套 □铬及其化合物危害告知卡	□浸渗系统应密闭 □设置抽风净化装置	
五、机修和维修保养						
机修	□一氧化碳 □二氧化碳 □一氧化氮 □二氧化氮	□未进行检测 □已检测： □无超标 □有超标 超标因素种类/岗位： ＿＿／＿＿ ＿＿／＿＿ ＿＿／＿＿	□未配备个体防护用品 □已配备： □个体防护用品满足防护要求 □个体防护用品不满足防护要求 □劳动者正确佩戴 □劳动者未正确佩戴或未佩戴	□未设置警示标识 □已设置： □当心中毒 □注意通风 □一氧化碳危害告知卡 □二氧化氮危害告知卡	□整车测试区应设置局部排风装置，如尾气收集装置，经吸气罩收集处理后排放	

续表

场所/环节	重点职业病危害因素	职业病危害因素检测	个体防护用品配备	警示标识设置	主要职业病防护设施	存在问题
钣金、焊接	□电焊烟尘 □锰及其化合物 □其他_____	□未进行检测 □已检测： 　□无超标 　□有超标 超标因素种类/岗位： _____/_____ _____/_____ _____/_____	□未配备个体防护用品 □已配备： 　□个体防护用品满足防护要求 　□个体防护用品不满足防护要求 　□劳动者正确佩戴 　□劳动者未正确佩戴或未佩戴	□未设置警示标识 □已设置： 　□注意防尘 　□当心中毒 　□戴防毒面具 　□注意通风 　□锰及其化合物危害告知卡	□使用不含或少含锰、铅等有毒物质的焊条 □焊接量大，焊机集中的作业场所，应实施全面机械通风 □焊接作业点应设置移动式局部排风装置，排风罩对准焊烟产生位置，并对焊烟进行净化处理 □打磨应采取湿式作业，减少粉尘的产生；干式打磨时，应设置局部通风除尘装置	
喷漆	□苯、甲苯、二甲苯 □甲醛 □其他_____	□未进行检测 □已检测： 　□无超标 　□有超标 超标因素种类/岗位： _____/_____ _____/_____ _____/_____	□未配备个体防护用品 □已配备： 　□个体防护用品满足防护要求 　□个体防护用品不满足防护要求 　□劳动者正确佩戴 　□劳动者未正确佩戴或未佩戴	□未设置警示标识 □已设置： 　□当心中毒 　□穿防护服 　□戴防毒面具 　□戴防护手套 　□注意通风 　□苯危害告知卡 　□甲醛危害告知卡	□遵循无毒物质代替有毒物质、低毒物质代替高毒物质的原则，使用水性涂料、溶剂和稀释剂 □调漆、喷漆、烤漆等易产生毒物的工序应设有单独的隔间 □调漆、喷漆和烤漆的通风防毒设施应采用上送风、下排风，室内保持负压	

国家安全监管总局办公厅关于在汽车制造和铅蓄电池生产行业开展尘毒危害专项治理工作的通知 ◎

二、铅蓄电池生产企业尘毒危害情况及防护设施自查表

场所/环节	重点职业病危害因素	职业病危害因素检测	个体防护用品配备	警示标识设置	主要职业病防护设施	存在问题
铅粉制造	□铅尘 □铅烟	□未进行检测 □已检测： □无超标 □有超标 超标因素种类/岗位： ＿＿／＿＿ ＿＿／＿＿ ＿＿／＿＿	□未配备个体防护用品 □已配备： □个体防护用品不满足防护要求 □个体防护用品不满足防护要求 □劳动者正确佩戴 □劳动者未正确佩戴或未佩戴	□未设置警示标识（包括工作场所入口及岗位附近，下同） □已设置： □当心中毒 □注意防尘 □戴防尘口罩 □戴防护手套 □注意通风 □铅及其化合物危害告知卡	□自动温控的封闭式熔铅路 □密闭式铅粉机 □设置除尘设施 □定期维护职业病防护设施 □采取湿式清扫或真空吸尘措施	
板栅铸造	□铅烟	□未进行检测 □已检测： □无超标 □有超标 超标因素种类/岗位： ＿＿／＿＿ ＿＿／＿＿ ＿＿／＿＿	□未配备个体防护用品 □已配备： □个体防护用品不满足防护要求 □个体防护用品不满足防护要求 □劳动者正确佩戴 □劳动者未正确佩戴或未佩戴	□未设置警示标识 □已设置： □当心中毒 □注意防尘 □戴防尘口罩 □戴防护手套 □注意通风 □铅及其化合物危害告知卡	□工序设在封闭的车间内 □采用自动温控的封闭式熔铅路，熔铅路实现集中供铅 □设置除尘设施 □作业点送新风设施 □定期维护职业病防护设施 □采取湿式清扫或真空吸尘措施	

续表

场所/环节	重点职业病危害因素	职业病危害因素检测	个体防护用品配备	警示标识设置	主要职业病防护设施	存在问题
零部件铸造	□铅烟	□未进行检测 □已检测： □无超标 □有超标 超标因素种类/岗位： ＿＿／＿＿ ＿＿／＿＿ ＿＿／＿＿	□未配备个体防护用品 □已配备： □个体防护用品满足防护要求 □个体防护用品不满足防护要求 □劳动者正确佩戴 □劳动者未正确佩戴或未佩戴	□未设置警示标识 □已设置： □当心中毒 □注意防尘 □戴防尘口罩 □戴防护手套 □注意通风 □铅及其化合物危害告知卡	□工序设在封闭的车间内 □采用自动温控的封闭式熔铅路，熔铅路实现集中供铅 □设置除尘设施 □作业点送新风设施 □定期维护职业病防护设施 □采取湿式清扫或真空吸扫措施	
和膏	□铅尘	□未进行检测 □已检测： □无超标 □有超标 超标因素种类/岗位： ＿＿／＿＿ ＿＿／＿＿ ＿＿／＿＿	□未配备个体防护用品 □已配备： □个体防护用品满足防护要求 □个体防护用品不满足防护要求 □劳动者正确佩戴 □劳动者未正确佩戴或未佩戴	□未设置警示标识 □已设置： □当心中毒 □注意防尘 □戴防尘口罩 □戴防护手套 □注意通风 □铅及其化合物危害告知卡	□铅粉自动输送 □自动化封闭式和膏机 □设置除尘设施 □定期维护职业病防护设施 □采取湿式清扫或真空吸扫措施 □生产管式密封板全自动负压灌膏工艺或单独设置、灌膏机设置二级除尘设施 同单独设置，灌粉机设置二级除尘设施	

国家安全监管总局办公厅关于在汽车制造和铅蓄电池生产行业开展尘毒危害专项治理工作的通知

续表

场所/环节	重点职业病危害因素	职业病危害因素检测	个体防护用品配备	警示标识设置	主要职业病防护设施	存在问题
涂板淋酸	□铅尘 □硫酸	□未进行检测 □已检测： □无超标 □有超标 超标因素种类/岗位： ＿＿/＿＿ ＿＿/＿＿ ＿＿/＿＿	□未配备个体防护用品 □已配备： □个体防护用品不满足防护要求 □个体防护用品不满足劳动者防护要求 □劳动者正确佩戴 □劳动者未正确佩戴或未佩戴	□未设置警示标识 □已设置： □当心中毒 □当心腐蚀 □注意防尘 □戴防尘口罩 □穿防护服 □戴防护手套 □穿防护鞋 □戴防酸口罩 □注意通风 □铅及其化合物危害告知卡	□封闭式涂板机 □采用自动配酸系统、密闭式酸液输送系统和自动收集和酸雾净化系统（加碱液吸收的逆流洗涤技术） □定期维护职业病防护设施 □采取水冲式地面清扫措施 □配酸、淋酸作业区设置应急冲淋装置	
固化干燥	□铅尘 □硫酸	□未进行检测 □已检测： □无超标 □有超标 超标因素种类/岗位： ＿＿/＿＿ ＿＿/＿＿ ＿＿/＿＿	□未配备个体防护用品 □已配备： □个体防护用品不满足防护要求 □个体防护用品不满足劳动者防护要求 □劳动者正确佩戴 □劳动者未正确佩戴或未佩戴	□未设置警示标识 □已设置： □当心中毒 □当心腐蚀 □注意防尘 □戴防尘口罩 □穿防护服 □戴防护手套 □穿防护鞋 □戴防酸口罩 □注意通风 □铅及其化合物危害告知卡	□封闭式固化房 □采用自动送风加温系统 □采用温控和高温保护、断气缺水报警系统 □定期维护职业病防护设施 □定期对地面采水冲式清扫	

续表

场所/环节	重点职业病危害因素	职业病危害因素检测	个体防护用品配备	警示标识设置	主要职业病防护设施	存在问题
极板分板、刷板	□铅尘	□未进行检测 □已检测： □无超标 □有超标 超标因素种类/岗位： ＿＿／＿＿ ＿＿／＿＿ ＿＿／＿＿	□未配备个体防护用品 □已配备： □个体防护用品满足防护要求 □个体防护用品不满足防护要求 □劳动者正确佩戴 □劳动者未正确佩戴或未佩戴	□未设置警示标识 □已设置： □当心中毒 □注意防尘 □戴防尘口罩 □戴防护手套 □注意通风 □铅及其化合物危害告知卡	□自动封闭式分板机、刷板机 □分板、刷板设置除尘设施 □定期维护职业病防护设施 □废极板、废极耳回收容器 □采取湿式清扫或真空吸扫措施	
极板称板、叠板	□铅尘	□未进行检测 □已检测： □无超标 □有超标 超标因素种类/岗位： ＿＿／＿＿ ＿＿／＿＿ ＿＿／＿＿	□未配备个体防护用品 □已配备： □个体防护用品满足防护要求 □个体防护用品不满足防护要求 □劳动者正确佩戴 □劳动者未正确佩戴或未佩戴	□未设置警示标识 □已设置： □当心中毒 □注意防尘 □戴防尘口罩 □戴防护手套 □注意通风 □铅及其化合物危害告知卡	□自动封闭式称板机、叠板机 □称板、叠板设置除尘设施 □定期维护职业病防护设施 □采取湿式清扫或真空吸扫措施	

续表

场所/环节	重点职业病危害因素	职业病危害因素检测	个体防护用品配备	警示标识设置	主要职业病防护设施	存在问题
组装	□铅烟 □塑料裂解气	□未进行检测 □已检测： □无超标 □有超标 超标因素种类/岗位： ___/___ ___/___ ___/___	□未配备个体防护用品 □已配备： □个体防护用品不满足防护要求 □个体防护用品不满足防护要求 □劳动者正确佩戴 □劳动者未正确佩戴或未佩戴	□未设置警示标识 □已设置： □当心中毒 □注意防尘 □戴防尘口罩 □戴防护手套 □注意通风 □铅及其化合物危害告知卡	□采用自动化生产线 □铸焊机、穿壁焊机、热封机、端子焊接处设有集气罩对铅烟、塑料裂解气收集 □设置铅烟净化设施 □作业点送新风设施 □定期维护职业病防护设施 □采取湿式清扫或真空吸扫措施	
化成	□硫酸	□未进行检测 □已检测： □无超标 □有超标 超标因素种类/岗位： ___/___ ___/___ ___/___	□未配备个体防护用品 □已配备： □个体防护用品不满足防护要求 □个体防护用品不满足防护要求 □劳动者正确佩戴 □劳动者未正确佩戴或未佩戴	□未设置警示标识 □已设置： □当心中毒 □当心腐蚀 □穿防护服 □戴防护手套 □穿防护鞋 □戴防酸口罩 □注意通风	□设置封闭式化成槽，槽内保持负压 □采用自动配酸系统、密闭式灌酸设备 □输送系统和自动收集液回收和酸雾净化系统（加碱液吸收的逆流洗涤技术） □定期维护职业病防护设施 □采取水冲式地面清扫措施 □配酸、淋酸作业区设置应急冲淋装置	

附件5

两类企业职业健康管理措施自查表

序号	检查内容		结果判定		存在问题
1	职业健康机构和管理人员	设置或者指定职业健康管理机构或者组织，负责本单位的职业病防治工作	是□	否□	
		配备专职或兼职职业健康管理人员（职业病危害严重的企业应配备专职职业健康管理人员，其他存在职业病危害的生产企业，劳动者超过100人的，应当配备专职职业健康管理人员，劳动者在100人以下的，应当配备专职或者兼职的职业健康管理人员）	是□	否□	
2	规章制度及岗位规程	建立有健全的职业病危害防治相关规章制度	是□	否□	
		接触粉尘、化学毒物的岗位制定有岗位操作规程	是□	否□	
3	主要负责人培训情况	参加人员为企业主要负责人	是□	否□	
		参加的培训为专门职业健康培训，或所参加的培训包含职业健康内容	是□	否□	
		培训合格证书或其他有效证明材料	有□	无□	
		培训合格证书或其他证明材料在有效期之内	是□	否□	

续表

序号		检查内容		结果判定		存在问题
4	职业健康人员培训情况	参加人员为在职的职业健康管理人员		是□	否□	
		参加的培训为专门职业健康培训，或所参加的培训包含职业健康内容		是□	否□	
		培训合格证书或其他有效证明材料		有□	无□	
		培训合格证书或其他证明材料在有效期之内		是□	否□	
5	劳动者职业健康培训情况	培训材料	有完整的培训签到表（签到表中应包含所有接触粉尘、化学毒物等职业病危害的劳动者）	有□	无□	
			有完整的培训记录（培训记录应包括时间、地点、参加培训人数以及反映详细培训内容的材料）	有□	无□	
		培训内容	有劳动者日常接触的职业病危害因素	有□	无□	
			有接触职业病危害因素可能导致的健康影响	有□	无□	
			有与职业病危害对应的防护措施（工程防护和个体防护）、后果以及防护措施与日常接触的职业病危害因素相对应	有□	无□	
			培训的职业病危害种类、后果以及防护措施与日常接触的职业病危害因素相对应	是□	否□	

续表

序号		检查内容	结果判定	存在问题
6	个体防护用品配备	接触粉尘、铝及其化合物岗位应配备符合《呼吸防护用品——自吸过滤式防颗粒物呼吸器》（GB 2626）的防尘口罩。接触矽尘、铝及其化合物的劳动者应配备过滤效率至少为KN95级别的防尘口罩	是□ 否□	
		根据作业场所存在化学物的种类、接触方式，按照《个体防护装备选用规范》（GB/T 11651—2008）、《国家安全监管总局办公厅关于印发用人单位劳动防护用品管理规范的通知》（安监总厅安健〔2015〕124号）要求，为劳动者配备合适的防毒面具。接触硫酸岗位应配备防酸口罩、防护眼镜、防护帽、防酸工作服、防酸手套、防酸鞋	是□ 否□	
		建立个体防护用品管理制度	是□ 否□	
		有完整的个体防护用品采购发票，发放标准及领取记录台账	是□ 否□	
		对劳动者进行个体防护用品佩戴培训	是□ 否□	
		个体防护用品更换周期满足要求	是□ 否□	
7	定期检测	委托职业卫生技术服务机构每年至少开展一次职业病危害因素检测	是□ 否□	
		所委托的检测机构具有国家认可的检测资质	是□ 否□	
		有职业卫生技术服务机构出具的职业病危害因素检测报告	有□ 无□	
		检测报告包括接触职业病危害的所有岗位	是□ 否□	
		粉尘检测结果包括总尘、呼吸性粉尘浓度以及游离二氧化硅含量	是□ 否□	
		通过公告栏、书面通知或其他有效方式告知劳动者工作场所职业病危害因素检测及评价结果	是□ 否□	

续表

序号		检查内容	结果判定		存在问题
			是□	否□	
8	职业健康检查	职业健康检查报告中，包括所有接触职业病危害的劳动者	是□	否□	
		实施职业病危害检查周期满足《职业健康监护技术规范》（GBZ 188—2014）的要求	是□	否□	
		所委托体检机构为具有相应资质的职业健康检查机构	是□	否□	
		建立劳动者职业健康监护档案	是□	否□	
		将职业健康检查结果告知劳动者（需有劳动者确认签字）	是□	否□	
		需复查人员按照规定复查	是□	否□	
		有职业禁忌证的人员必须调离接害岗位	是□	否□	
		发现职业病病人或者疑似职业病病人时，应当及时向所在地卫生行政部门和安全生产监督管理部门报告	是□	否□	
		及时安排对疑似职业病病人进行诊断	是□	否□	
		按照国家有关规定妥善安置职业病病人	是□	否□	
9	职业病危害合同告知	劳动合同或其附件等，有企业签章与劳动者确认签字			
		合同内容：有劳动者工作中可能接触到的职业病危害因素			
		合同内容：有接触职业病危害因素可能产生的后果			
		合同内容：有职业病危害因素的防护措施			
		合同内容：所告知的职业病危害后果、防护措施与所告知的职业病危害因素相对应			

续表

序号		检查内容	结果判定	存在问题
10	现场告知	在醒目位置设置公告栏，公布职业病危害防治规章制度、操作规程、职业病危害事故应急救援措施		
		存在或产生职业病危害的工作场所、作业岗位、设备、设施，应当按照《工作场所职业病危害警示标识》（GBZ 158）等相关规定，在醒目位置设置设置图形、警示线、警示语句等警示标识和中文警示说明		
11	辅助卫生用室设置与管理（铅蓄电池生产）	设置专用工作服与便服分开的更衣室		
		涉铅车间出入口设置去除铅尘的风铃或风幕		
		涉铅车间出入口设置盥洗水龙头		
		生产区域设置专用淋浴房		
		设置专用洗衣房		

附件6

两类企业尘毒危害治理监督检查重点事项表

企业名称：

重点事项	具体检查内容	检查方法	违法行为	违法条款	处罚依据	存在问题
1. 职业病危害防护设施设置、运行情况	见《两类企业尘毒危害情况》（附件4）	查阅职业病危害因素定期检测报告、防护设施合账及维护保养记录等。重点对照《两类企业尘毒危害情况及防护设施重点自查表》（附件4）随机抽查重点工序是否按要求设置了职业病防护设施，以及防护设施是否满足防尘防毒要求，是否正常运行	没有与职业病危害防护相适应的防护设施；未按规定对职业病危害防护设施进行维护、检修，或职业病防护设施不能正常运行或擅自拆除或停止使用职业病危害防护设施	《职业病防治法》第二十三条第一款、第二十五条	《职业病防治法》第七十二条第二项、第三项，第七十五条第六项	
2. 职业健康培训情况	企业主要负责人、职业健康管理人员接受职业培训，并取得职业健康培训合格证明，初次培训不得少于16学时。对接触职业病危害劳动者进行上岗前和在岗期间的职业健康培训，上岗前培训时间不得少于8学时，在岗期间每年不得少于4学时	检查主要负责人、职业健康管理人员培训签到表、培训记录、培训证书、培训教材等。检查主要负责人、管理人员培训合格证书或其他证明材料，是否在有效期之内。劳动者职业健康培训内容中是否有劳动者日常接触的职业病危害因素、可能的健康影响及防护措施、职业病危害后果、操作规程、防护用品佩戴等知识和技能掌握情况	企业主要负责人、职业健康管理人员未接受职业健康培训；企业未按照规定组织劳动者进行职业健康培训	《职业病防治法》第三十四条，《工作场所职业卫生监督管理规定》第九条、第十条	《职业病防治法》第七十条第四项，《监督管理规定》第四十八条第二项	

续表

重点事项	具体检查内容	检查方法	违法行为	违法条款	处罚依据	存在问题
3. 职业病危害因素定期检测情况	（1）委托职业卫生技术服务机构至少进行一次职业病危害因素定期检测。接触粉尘危害的岗位均应按规定检测粉尘时间加权平均浓度（C_{TWA}，包括总尘和呼吸尘），性质不明的粉尘应按规定检测粉尘中游离二氧化硅含量。对粉尘和未离二氧化硅的化学物质，应按要求计算PC-STEL值。（2）按规定公布职业病危害因素检测结果	查阅职业病危害定期检测报告，重点检查：（1）粉尘作业岗位是否进行了全面检测，接触粉尘危害的岗位是否按规定进行了全部检测C_{TWA}，含二氧化硅的粉尘是否进行了游离二氧化硅含量测定；（2）存在铅及其化合物、苯、甲苯、二甲苯、甲醛、苯酚、氨、一氧化碳、二氧化氮等化学物质的岗位是否进行了全面检测。现场检查职业病危害因素检测结果公布情况	未对工作场所职业病危害因素进行定期检测；未公布职业病危害因素检测结果	《职业病防治法》第二十四条第一款、第二十六条第二、第三、第四款	《职业病防治法》第七十条第一项、第七十二条第四、第五项	
4. 劳动者职业健康监护情况	建立职业健康检查制度，按规定组织接触职业病危害的劳动者进行岗前、在岗期间和离岗前的职业健康检查，检查结果书面告知劳动者	查阅由职业健康检查机构出具的职业健康检查报告和劳动者的职业健康监护档案。重点检查体检资质、企业是否具有职业健康监护档案，是否为所有接害人员建立健康监护档案，是否按规定进行了岗前、在岗期间和离岗时的职业健康检查。对疑似职业病人、有职业禁忌的劳动者是否按规定进行了妥善处置。现场询问职业健康危害情况，并核实其职业健康监护档案	未按照规定组织上岗前、在岗期间和离岗时的职业健康检查；没有为劳动者建立职业健康监护档案；没有将检查结果书面告知劳动者	《职业病防治法》第三十五条、第三十六条	《职业病防治法》第七十一条第四项、第七十二条第七项，《用人单位职业健康监护监督管理办法》第二十六条	

续表

重点事项	具体检查内容	检查方法	违法行为	违法条款	处罚依据	存在问题
5. 个体防护用品配备情况	（1）企业应健全管理制度，加强个体防护用品配备、发放、使用等管理工作，指导劳动者正确佩戴和使用。 （2）防尘：应为接尘岗位劳动者提供符合《呼吸防护用品——自吸过滤式防颗粒物呼吸器》（GB 2626）要求的防尘口罩。接触矽尘、铅及其化合物的劳动者应配备过滤效率至少为KN95级别的防尘口罩，其他应配备过滤效率至少为KN90级别的防尘口罩。 （3）防化学毒物：根据作业场所存在化学毒物的种类、接触方式，按照《个体防护装备选用规范》（GB/T 11651—2008）、《国家安全监管总局办公厅关于印发用人单位劳动防护用品管理规范的通知》（安监总厅安健〔2015〕124号）要求，为劳动者配备相应的防毒面具、防护服、防护手套、工作帽和防护鞋等	查阅个体防护用品采购发票，发放标准和领取记录等，现场检查劳动者佩戴情况。重点检查和询问劳动者防护用品是否按周期发放，是否正确佩戴，企业是否采取措施监督劳动者佩戴	未给劳动者提供个人使用的职业病防护用品；为劳动者个人提供的职业病防护用品不符合防治职业病的要求；未对劳动者个体防护采取有效的指导、督促措施	《职业病防治法》第二十二条，第三十五条，第二十四条第二款	《职业病防治法》第七十条第一项，第七十二条第二、第三项	

续表

重点事项	具体检查内容	检查方法	违法行为	违法条款	处罚依据	存在问题
6. 职业病危害告知情况	(1) 存在或产生职业病危害的工作场所、作业岗位、设备、设施，应当按照《工作场所职业病危害警示标识》（GBZ 158—2003）等相关规定，在醒目位置设置警示图形、警示线、警示语句等警示标识和中文警示说明。(2) 用人单位与劳动者订立劳动合同时，应当将工作过程中可能产生的职业病危害及其后果、职业病防护措施和待遇如实告知劳动者，并在劳动合同中写明，不得隐瞒或者欺骗	现场检查警示标识和中文警示说明情况。查阅接触职业病危害劳动者合同，现场询问劳动者	未按照规定在产生严重职业病危害的作业岗位醒目位置设置警示标识和中文警示说明；订立或者变更劳动合同时，未告知劳动者职业病危害真实情况	《职业病防治法》第二十四条第三款、第三十三条，《工作场所职业卫生监督管理规定》第十五条第二、第三款	《职业病防治法》第七十一条第三项、第七十二条第八项	

监督检查意见

_____、_____车间（岗位）作业____年____月____日。

□ 企业自主持续改进提高。
□ 限期整改、整改期限_____。
□ 停止_____、_____万元。
□ 实施行政处罚_____万元。
□ 加大执法频次，下次检查执法时间为____年____月____日。
□ 提请当地人民政府予以关闭。
□ 其他监管措施：

检查人员：

____年____月____日

附件 7

国家安全监管总局办公厅关于在汽车制造和铅蓄电池生产行业开展尘毒危害专项治理工作的通知

治理后两类企业尘毒危害防治状况汇总表

填报单位：　　　　　　　　　　　　　　　　　　　　　　　　　　　　　填表时间：

序号	行业领域	企业数量	主要负责人接受职业健康培训企业数	职业健康管理人员接受培训企业数	进行职业病危害申报企业数	2018年进行职业病危害定期检测企业数	2018年定期检测结果中存在超标岗位企业数	2018年进行职业健康检查企业数
1	汽车制造							
	其中：汽车生产							
	汽车维修保养							
2	铅蓄电池生产							
	合计							

填表人：　　　　　　　　　　　　　　　　　　　　　　　　　　　　　　　联系电话：

注：此表应逐级报送，省级安全监管部门于 2019 年 6 月 30 日前报送至国家安全监管总局职业健康司。

附件 8

安全监管部门督查检查情况统计表

填报单位：　　　　　　　　　　　　　　　　　　　　填表时间：

序号	行业领域	企业数量（家）	实际监督检查企业数量（家）	实际监督检查次数（次）	下达执法文书（份）	立案（起）	执法检查情况				
							发现问题（项）	责令限期改正（项）	罚款（万元）	责令停止作业（家）	提请关闭（家）
1	汽车制造										
	其中：汽车生产										
	汽车维修保养										
2	铅蓄电池生产										
	合计										

填表人：　　　　　　　　　　　　　　　　　　　　　联系电话：

注：1. 执法检查情况包括企业治理整改阶段以及集中执法阶段安全监管部门对企业进行的检查。
2. 此表应逐级报送，省级安全监管部门于 2019 年 6 月 30 日前报送至国家安全监管总局职业健康司。

国家安全监管总局关于印发《职业病危害治理"十三五"规划》的通知

(2017年7月11日安监总安健〔2017〕82号)

各省、自治区、直辖市及新疆生产建设兵团安全生产监督管理局,各省级煤矿安全监察局:

《职业病危害治理"十三五"规划》已经国家安全监管总局2017年第8次局长办公会议审议通过,现印发给你们,请认真贯彻执行。

国家安全监管总局
2017年7月11日

职业病危害治理"十三五"规划

为切实做好"十三五"期间的职业病危害治理工作，保护劳动者的健康，根据《中华人民共和国安全生产法》《中华人民共和国职业病防治法》《国家职业病防治规划（2016—2020年）》《安全生产"十三五"规划》，制定本规划。

一、职业病危害治理工作现状

党中央、国务院高度重视职业病防治工作。"十二五"期间，我国职业病防治法制、体制和机制不断完善，职业病危害防治工作取得积极进展。各级安全监管监察机构依法履行职责，加强职业健康监管监察法规标准体系和技术支撑体系建设，组织开展企业职业健康基础建设和职业病危害专项治理，强化监督执法，严肃查处危害劳动者健康的违法行为，企业的职业健康条件进一步改善，全社会关注职业病危害防治工作的氛围初步形成。

但是，我国职业病危害防治形势依然严峻，职业病危害广泛分布于煤矿、非煤矿山、金属冶炼、建材、化工等30余个行业领域，"十二五"期间新发职业病特别是新发尘肺病报告数仍呈上升趋势，职业病危害治理工作面临一系列挑战。一是职业病危害治理工作基础薄弱。职业病危害底数不清，法规标准、信息监测、科学研究和技术支撑体系尚不完善，职业健康专业技术人才匮乏，监管监察力量严重不足与职业病危害量大面广的矛盾依然突出。二是全社会职业病防治意识不强。一些地方政府和企业对做好职业病防治工作的重要性和紧迫性认识不到位，职业病防治工作的投入不足。一些劳动者尤其是农民工的职业病防治知识匮乏，自我防护能力和依法维权意识差。三是企业职业病危害防治主体责任落实不到位。一些企业未依法开展建设项目职业病防护设施"三同时"工作，职业病危害项目申报、工作场所职业病危害因素定期检测、职业健康监护和职业健康培训等措施落实不力。四是随着生物、高端装备制造、新能源、新材料等新兴产业的快速发展，新的职业病危害不断涌现，职业病危害辨识和治理工作难度进一步加大。五是职业健康监管体制不顺。行业管理部门的职业健康监管责任未落实，安全生产监管部门内部也存在"两张皮"现象，监管执法"宽松软"问题突出。六是职业健康科研创新能力和技术支撑力量不足。职业健康技术服务机构发展布局不平衡，亟须提高服务能力和服务质量。

加强职业病危害治理工作是全面建成小康社会的重要任务和必然要求。各级安全监管监察机构要进一步增强大局意识和责任意识，充分认识职业病危害治理工作面临的新问题和新要求，加强源头控制，建立职业病危害分级分类管控和定期检测等预防机制，大力推进依法治理，着力构建职业病危害治理体系。

二、指导思想、基本原则和规划目标

（一）指导思想

认真贯彻落实《中共中央国务院关于推进安全生产领域改革发展的意见》精神，牢固树立红线意识和安全发展理念，强化职业病危害源头治理，进一步完善职业病危害防治法规和标准体系，强化监管监察执法，推动企业落实主体责任，提升职业病危害治理能力，有效遏制尘肺和化学中毒等职业病高发势头，切实保护广大劳动者的职业健康。

（二）基本原则

1. 明确职责，齐抓共管。坚持党政同责、社会共治，建立完善齐抓共管的工作机制，按照管行业、管业务、管生产经营必须管职业健康的原则，将职业病危害治理纳入地方各级政府民生工程和安全生产工作考核体系。

2. 突出重点，源头控制。坚持预防为主、防治结合，针对重点行业、重点职业病危害因素和重点人群，引导企业开展技术改造和转型升级，淘汰职业病危害严重的落后工艺、技术，改善工作场所条件，从源头预防控制职业病危害。

3. 严格执法，落实责任。规范执法程序，建立安全生产和职业健康一体化监管监察执法体制，提高执法实效。严格落实企业主体责任，完善企业职业健康管理责任制度，强化企业法定代表人、实际控制人第一责任人的责任，做到责任、管理、投入、培训和专项治理"五到位"。

4. 夯实基础，提升能力。加强职业健康法规标准、技术支撑、信息监测体系建设，实施职业健康科技创新和人才培养战略，全面提升政府职业健康监管和企业职业病危害治理能力。

（三）规划目标

到 2020 年，企业职业病危害治理水平和政府职业健康监管能力明显提升。县级以上安全监管部门建立专业化和一体化的监管执法队伍，健全完善职业病防治目标和责任考核体系。煤矿、非煤矿山、化工、金属冶炼、陶瓷、耐火材料、水泥等重点行业企业职业病危害防治主体责任得到全面落实，基本实现粉尘和化学毒物等重点职业病危害因素的有效遏制。具体工作目标：

——重点行业企业职业健康监督检查覆盖率达到 80% 以上。

——重点行业企业职业病危害项目申报率达到 95% 以上。

——重点行业企业工作场所职业病危害因素定期检测率达到 80% 以上。

——重点行业企业接触职业病危害的劳动者在岗期间职业健康检查率达到 90% 以上。

——重点行业企业主要负责人和职业健康管理人员职业健康培训率均达到 95% 以上。

三、主要任务

（一）完善职业健康法规标准体系。积极推动安全生产与职业健康法律法规衔接融合，建立生产经营单位职业病危害预防治理国家标准制定发布工作机制。积极推动公布实施《高危粉尘作业与高毒作业职业病危害防治条例》，落实《中华人民共和国职业病防治法》中高危粉尘、高毒作业特殊管理的要求。修订《职业卫生技术服务机构监督管理暂行办法》《职业病危害项目申报管理办法》《煤矿作业场所职业病危害防治规定》等部门规章，研究起草《放射性作业管理规定》等部门规章，进一步加强对重点行业、重点职业病危害因素和重点人群的管理。进一步完善职业健康强制性标准体系，对现有职业健康技术标准进行逐项评估和精简整合，提高标准的针对性和适用性。发挥地方立法优势，鼓励有条件的地区先行先试，推进地方性法规标准制修订工作。

（二）健全职业健康监管监察机制。坚持管安全生产必须管职业健康，明确并推动各有关部门落实职业健康监管监察职责。推动职业健康监管队伍尤其是基层监管队伍建设，进一步充实市、县等基层职业健康监管力量。积极稳妥、有序推进职业健康与安全生产一体化监管监察执法，在执法检查、风险管控、标准化建设、宣传教育培训、技术服务、巡查考核等方面实现同类事项综合执法，提高监管监察实效。探索建立基于职业病危害风险管理的分级分类监管模式，建立企业职业病危害风险类别和等级数据库，对企业实施差异化、动态化监管。进一步完善职业病防治协调工作机制，加强与卫生计生、人力资源社会保障等部门的协调配合，形成工作合力。

（三）加强职业健康监管执法能力建设。制定职业健康监管监察执法基本装备指导意见，指导各地为职业健康监管监察执法人员配备必需的执法装备、快速检测仪器设备和个人防护用品，提升职业健康监管监察执法的科学性。规范职业健康监管监察执法，强化公开、公正和公平执法，全面推行"双随机、一公开"监管监察。建立职业健康监管监察人员上岗培训与考核管理制度，"十三五"期间对职业健康监管人员进行一次系统的"轮训"，提高职业健康监管监察执法队伍的专业能力和执法水平。建立日常信息统计与定期调查相结合的职业健康信息管理机制，完善职业健康监管的信息报告与统计分析制度。依托安全生产综合信息平台，统筹推进职业健康监管信息化工作，构建职业健康信息化全国"一张网"，实现职业病危害项目申报、职业病危害因素检测与评价、职业健康检查、职业病报告、监督执法、职业病危害事件查处以及大数据分析预警等信息共建共享。

（四）推进科技创新和技术服务支撑体系建设。建设国家级职业病危害综合防治平台，开展粉尘和毒物等重点职业病危害因素防治关键技术攻关。加强职业病防治技术成果推广应用，建设一批职业病危害治理示范企业。完善国家、省、市、县四级社会化专业技术服务网络体系，每个设区的市（地、州、盟）至少设立1家职业健康技术服务机构，积极支持各类技术服务机构开展安全生产和职业健康一体化检测、评价等技术服务。改革职业健康技术服务机构资质管理和审批制度，建立职业健康技术服务机构公示制度和由第三方实施的信用评定制度，推动职业健康技术服务行业规模化、产业化发展，健全服务公开、质量和信誉评估、奖惩机制，推动职业健康技术服务诚信体系建设。

（五）强化重点行业专项治理。开展职业病危害基本情况调查，掌握企业职业病危害基本情况以及地区、行业、岗位、接触人群分布等基础信息。深入开展煤矿、非煤矿山、化工、金属冶炼、陶瓷、耐火材料、水泥等重点行业专项治理。以采掘、粉碎、打磨、焊接、喷涂、刷胶、电镀等作业环节和煤（岩）尘、石棉尘、矽尘、苯、正己烷、二氯乙烷等职业病危害因素为重点，通过示范创建、经验推广等方式，引导推动企业改进生产工艺、完善防护设施，有效遏制尘肺和化学中毒等职业病的发生。探索建立中小微企业帮扶机制，采取政府购买服务等方式，推动帮助中小微企业改善作业环境，提高职业病危害防治水平。

（六）推动企业落实主体责任。督促企业建立职业病危害防治责任制，健全岗位责任体系，层层落实职业病危害防治责任。推动企业依法设立职业健康管理机构，配备专兼职职业健康管理人员和技术人员。通过经验推广、示范创建等方式，引导企业把职业健康基础建设纳入安全生产标准化建设范畴，提高职业健康管理水平。督促企业落实职业病防护设施"三同时"制度，做好工作场所职业病危害项目申报，建立并完善职业病危害因素日常监测和定期检测制度，加强个体防护用品管理，严格执行工作场所职业病危害因素检测结果和防护措施公告制度，在产生严重危害的作业岗位设置警示标识和说明。指导企业建立健全职业健康监护及档案管理工作制度，进一步规范职业健康监护工作，积极主动配合职业病诊断与鉴定等工作的开展。

（七）加强职业健康宣传、教育和培训。通过《中华人民共和国职业病防治法》宣传周以及影视、报刊、网络、微信等方式，大力开展职业健康宣传，在全社会营造关心、关注职业健康的文化氛围，提高全社会的职业病防治意识。突出需求导向，推动高等院校加强职业卫生工程学科建设和人才培养。按照政府指导、分级管理、资源共享、社会参与的思路，加快互联网＋职业健康培训信息化建设，形成兼容、开放、共享、规范的职业健康网络培训体系。推动社会培训机构与中小微企业签订培训合作协议，开展帮扶式培训，扩大教育培训覆盖面。建立企业职业健康专业人才队伍，推动重点行业企业建立职业健康监督员制度。加强国际交流合作，学习借鉴国外职业健康先进经验。

四、重大工程

（一）职业病危害基础信息摸底调查。在全国开展工业企业职业病危害调查，建立职业病危害因素基础信息数据库，摸清工业企业存在的主要尘毒危害因素及其在不同行业、不同规模企业中的分布情况。掌握工业企业接触尘毒危害因素的职业人群及其在不同行业、不同规模企业以及不同作业岗位

（工种）等的分布情况，了解工业企业职业病危害因素检测与职业健康检查等职业病危害防治措施的落实情况。

（二）职业安全健康监管执法培训工程。按照推进安全生产与职业健康一体化监管监察执法要求，着力解决职业安全健康监管监察人员职业健康知识缺乏、执法能力不足、不会执法等突出问题。按照分级组织实施的原则，通过网络教育、集中研讨和现场实训等方式，对各级职业安全健康监管监察人员进行轮训，切实做好职业安全健康监管监察人员执法资格培训和职业健康专题业务培训。

（三）尘毒危害治理示范企业创建工程。以典型尘毒危害治理为主要内容开展示范企业创建工作，指导推动各省（区、市）结合自身实际，针对重点行业选择一批粉尘和化学因素危害严重的企业进行尘毒危害治理示范创建，帮助企业在源头防范、工程措施和管理方面达到相应标准。通过示范创建工作，在全国形成一批工艺先进、防护到位、管理规范的示范企业，为其他企业开展尘毒危害治理工作提供借鉴，推动尘毒危害治理水平提升。

（四）煤矿粉尘综合治理工程。组织研发典型职业病危害作业预防控制关键技术与装备，以采掘工作面为防治重点，大力推广粉尘浓度在线监测、高压喷雾、高效除尘器等先进适用技术装备，推动淘汰煤矿职业病危害防治落后工艺、材料和设备。

（五）劳动密集型工业企业职业病危害防护技术与装备研发项目。选择抛光打磨、服装鞋帽、木制家具加工车间等典型劳动密集型作业场所，开展职业病危害风险评估、监测预警及尘毒等危害防控技术与装备研发，提升我国职业病危害防治技术和装备水平。

（六）国家级职业病危害综合防治平台建设工程。努力推进国家级职业病危害综合防治平台建设，提高粉尘、化学毒物、噪声、放射性等典型职业病危害治理技术实验能力和装备研发水平。培养和引进优秀专业人才，建立专业结构合理的人才队伍，为国家职业健康监管监察、应急处置、科技研发等提供有力的技术支撑。

五、保障措施

（一）加强领导，落实责任。各级安全监管监察机构要把职业病危害治理工作摆上更加重要的位置，充分发挥安委会和职业病防治联席会议的作用，研究解决职业病危害治理工作中的重大问题，合理统筹、协调推进职业病防治工作。要推动各级政府进一步明确有关部门的责任，建立"党政同责、一岗双责、齐抓共管、失职追责"责任体系和"管安全生产必须管职业健康"工作机制。

（二）严格执法，失信惩戒。各级安全监管监察机构要勇于担当，敢于执法，树立职业健康监管监察的法治权威。要依据执法检查、群众举报等情况，建立企业职业病危害治理"黑名单"制度，将工作场所职业病危害因素严重超标、拒绝整改或整改不到位、对劳动者职业健康造成重大损害的企业纳入"黑名单"，定期向社会公布，并向发展改革、央行、工业和信息化、工商、税务等部门通报。

（三）多措并举，保障投入。各级安全监管监察机构要根据实际情况，合理安排职业病危害治理工作所需经费，鼓励和引导社会资本进入职业病危害治理领域。用人单位要加大投入，保障职业病防护设施"三同时"、职业病危害因素检测和评价、职业病危害治理、职业健康监护、职业健康培训等费用。

（四）适时督导，终期评估。各级安全监管监察机构要结合工作实际，研究确定"十三五"期间本地区职业病危害治理任务，明确阶段性目标和工作分工，加大督导检查力度，确保目标任务圆满完成。国家安全监管总局将适时组织开展规划实施的督导检查，2020年组织规划实施的终期评估。

国家安全监管总局办公厅
关于修改用人单位劳动防护用品
管理规范的通知

(2018年1月15日安监总厅安健〔2018〕3号)

各省、自治区、直辖市及新疆生产建设兵团安全生产监督管理局,各省级煤矿安全监察局,有关中央企业:

为落实"简政放权、放管结合、优化服务"的要求,解决使用过程中发现的问题,现就《用人单位劳动防护用品管理规范》有关内容主要修改事项通知如下:

一、删除第七条第二款"鼓励用人单位购买、使用获得安全标志的劳动防护用品。"

二、删除第十一条(一)中第二款"工作场所存在高毒物品目录中的确定人类致癌物质(见附件3),当浓度达到其1/2职业接触限值(PC-TWA或MAC)时,用人单位应为劳动者配备相应的劳动防护用品,并指导劳动者正确佩戴和使用。"

三、删除第十八条,将原第二十三条第一款修改为"劳动防护用品应当按照要求妥善保存,及时更换,保证其在有效期内。"

四、删除附件3,并将原附件4改为附件3,原附件5改为附件4。

现将修改后的《用人单位劳动防护用品管理规范》重新发布,自印发之日起施行。

国家安全监管总局办公厅
2018年1月15日

用人单位劳动防护用品管理规范

第一章 总 则

第一条 为规范用人单位劳动防护用品的使用和管理,保障劳动者安全健康及相关权益,根据《中华人民共和国安全生产法》《中华人民共和国职业病防治法》等法律、行政法规和规章,制定本规范。

第二条 本规范适用于中华人民共和国境内企业、事业单位和个体经济组织等用人单位的劳动防护用品管理工作。

第三条 本规范所称的劳动防护用品,是指由用人单位为劳动者配备的,使其在劳动过程中免遭或者减轻事故伤害及职业病危害的个体防护装备。

第四条 劳动防护用品是由用人单位提供的,保障劳动者安全与健康的辅助性、预防性措施,不得以劳动防护用品替代工程防护设施和其他技术、管理措施。

第五条 用人单位应当健全管理制度,加强劳动防护用品配备、发放、使用等管理工作。

第六条 用人单位应当安排专项经费用于配备劳动防护用品,不得以货币或者其他物品替代。该项经费计入生产成本,据实列支。

第七条 用人单位应当为劳动者提供符合国家标准或者行业标准的劳动防护用品。使用进口的劳动防护用品,其防护性能不得低于我国相关标准。

第八条 劳动者在作业过程中,应当按照规章制度和劳动防护用品使用规则,正确佩戴和使用劳动防护用品。

第九条 用人单位使用的劳务派遣工、接纳的实习学生应当纳入本单位人员统一管理,并配备相应的劳动防护用品。对处于作业地点的其他外来人员,必须按照与进行作业的劳动者相同的标准,正确佩戴和使用劳动防护用品。

第二章 劳动防护用品选择

第十条 劳动防护用品分为以下十大类:

（一）防御物理、化学和生物危险、有害因素对头部伤害的头部防护用品。

（二）防御缺氧空气和空气污染物进入呼吸道的呼吸防护用品。

（三）防御物理和化学危险、有害因素对眼面部伤害的眼面部防护用品。

（四）防噪声危害及防水、防寒等的耳部防护用品。

（五）防御物理、化学和生物危险、有害因素对手部伤害的手部防护用品。

（六）防御物理和化学危险、有害因素对足部伤害的足部防护用品。

（七）防御物理、化学和生物危险、有害因素对躯干伤害的躯干防护用品。

（八）防御物理、化学和生物危险、有害因素损伤皮肤或引起皮肤疾病的护肤用品。

（九）防止高处作业劳动者坠落或者高处落物伤害的坠落防护用品。

（十）其他防御危险、有害因素的劳动防护用品。

第十一条 用人单位应按照识别、评价、选择的程序（见附件1），结合劳动者作业方式和工作条件，并考虑其个人特点及劳动强度，选择防护功能和效果适用的劳动防护用品。

（一）接触粉尘、有毒、有害物质的劳动者应当根据不同粉尘种类、粉尘浓度及游离二氧化硅含量和毒物的种类及浓度配备相应的呼吸器（见附件2）、防护服、防护手套和防护鞋等。具体可参照《呼吸防护用品自吸过滤式防颗粒物呼吸器》（GB 2626）、《呼吸防护用品的选择、使用及维护》（GB/T 18664）、《防护服装化学防护服的选择、使用和维护》（GB/T 24536）、《手部防护防护手套的选择、使用和维护指南》（GB/T 29512）和《个体防护装备足部防护鞋（靴）的选择、使用和维护指南》（GB/T 28409）等标准。

（二）接触噪声的劳动者，当暴露于 80 dB $\leq L_{EX,8h} <$ 85 dB 的工作场所时，用人单位应当根据劳动者需求为其配备适用的护听器；当暴露于 $L_{EX,8h} \geq$ 85 dB 的工作场所时，用人单位必须为劳动者配备适用的护听器，并指导劳动者正确佩戴和使用（见附件2）。具体可参照《护听器的选择指南》（GB/T 23466）。

（三）工作场所中存在电离辐射危害的，经危害评价确认劳动者需佩戴劳动防护用品的，用人单位可参照电离辐射的相关标准及《个体防护装备配备基本要求》（GB/T 29510）为劳动者配备劳动防护用品，并指导劳动者正确佩戴和使用。

（四）从事存在物体坠落、碎屑飞溅、转动机械和锋利器具等作业的劳动者，用人单位还可参照《个体防护装备选用规范》（GB/T 11651）《头部防护安全帽选用规范》（GB/T 30041）《坠落防护装备安全使用规范》（GB/T 23468）等标准，为劳动者配备适用的劳动防护用品。

第十二条　同一工作地点存在不同种类的危险、有害因素的，应当为劳动者同时提供防御各类危害的劳动防护用品。需要同时配备的劳动防护用品，还应考虑其可兼容性。

劳动者在不同地点工作，并接触不同的危险、有害因素，或接触不同的危害程度的有害因素的，为其选配的劳动防护用品应满足不同工作地点的防护需求。

第十三条　劳动防护用品的选择还应当考虑其佩戴的合适性和基本舒适性，根据个人特点和需求选择适合号型、式样。

第十四条　用人单位应当在可能发生急性职业损伤的有毒、有害工作场所配备应急劳动防护用品，放置于现场临近位置并有醒目标识。

用人单位应当为巡检等流动性作业的劳动者配备随身携带的个人应急防护用品。

第三章　劳动防护用品采购、发放、培训及使用

第十五条　用人单位应当根据劳动者工作场所中存在的危险、有害因素种类及危害程度、劳动环境条件、劳动防护用品有效使用时间制定适合本单位的劳动防护用品配备标准（见附件3）。

第十六条　用人单位应当根据劳动防护用品配备标准制定采购计划，购买符合标准的合格产品。

第十七条　用人单位应当查验并保存劳动防护用品检验报告等质量证明文件的原件或复印件。

第十八条　用人单位应当按照本单位制定的配备标准发放劳动防护用品，并做好登记（见附件4）。

第十九条　用人单位应当对劳动者进行劳动防护用品的使用、维护等专

业知识的培训。

第二十条　用人单位应当督促劳动者在使用劳动防护用品前，对劳动防护用品进行检查，确保外观完好、部件齐全、功能正常。

第二十一条　用人单位应当定期对劳动防护用品的使用情况进行检查，确保劳动者正确使用。

第四章　劳动防护用品维护、更换及报废

第二十二条　劳动防护用品应当按照要求妥善保存，及时更换，保证其在有效期内。

公用的劳动防护用品应当由车间或班组统一保管，定期维护。

第二十三条　用人单位应当对应急劳动防护用品进行经常性的维护、检修，定期检测劳动防护用品的性能和效果，保证其完好有效。

第二十四条　用人单位应当按照劳动防护用品发放周期定期发放，对工作过程中损坏的，用人单位应及时更换。

第二十五条　安全帽、呼吸器、绝缘手套等安全性能要求高、易损耗的劳动防护用品，应当按照有效防护功能最低指标和有效使用期，到期强制报废。

第五章　附　　则

第二十六条　本规范所称的工作地点，是指劳动者从事职业活动或进行生产管理而经常或定时停留的岗位和作业地点。

第二十七条　煤矿劳动防护用品的管理，按照《煤矿职业安全卫生个体防护用品配备标准》（AQ 1051）规定执行。

附件：略

国家卫生健康委员会公告

(2018年12月26日 2018年 第16号)

根据《全国人民代表大会常务委员会关于国务院机构改革涉及法律规定的行政机关职责调整问题的决定》和《国务院关于国务院机构改革涉及行政法规规定的行政机关职责调整问题的决定》(国发〔2018〕17号)精神，现就甲级职业卫生技术服务机构、乙级职业卫生技术服务机构（煤矿）资质管理有关事项公告如下：

一、国家卫生健康委负责甲级职业卫生技术服务机构资质管理。甲级职业卫生技术服务机构（名单见附件）资质认可等事项的受理窗口，由原国家安全监管总局变更到国家卫生健康委政务大厅（办公地址：北京市西城区西直门外南路1号二号楼北裙楼，邮编：100044，咨询电话：010-68791409）。

二、乙级职业卫生技术服务机构（煤矿），暂按照原国家安全监管总局、国家煤矿安监局《关于进一步加强煤矿职业病危害项目申报和煤矿职业卫生技术服务机构管理工作的通知》（安监总煤调〔2012〕76号）精神，委托省级卫生健康行政部门进行管理。

三、原国家安全监管总局依法核发的职业卫生技术服务机构甲级资质证书、各省级煤矿安全监察机构依法核发的职业卫生技术服务机构（煤矿）乙级资质证书继续有效。上述两类机构资质证书有效期在2018年、2019年到期的，统一延续到2019年12月31日。

四、甲级职业卫生技术服务机构、乙级职业卫生技术服务机构（煤矿）变更名称、法定代表人、注册地址（含实验室地址）等事项，请按照《职业病防治法》《职业卫生技术服务机构监督管理暂行办法》（国家安全监管总局50号令）和原国家安全监管总局《关于印发职业卫生技术服务机构资质认可条件评审项目标准及认可工作程序的通知》（安监总安健〔2012〕88 号）的有关要求，向注册地所在的省级卫生健康行政部门提交资质变更申请材料，我委委托省级卫生健康行政部门对申请材料进行审查。

五、根据全国深化"放管服"改革转变政府职能电视电话会议的精神，我委正在组织制订职业卫生技术服务机构管理新的部门规章。在新的部门规章出台之前，暂停甲级职业卫生技术服务机构、乙级职业卫生技术服务机构（煤矿）新资质认可（含业务范围扩项）工作。

特此公告。

附件：甲级资质职业卫生技术服务机构名单

国家卫生健康委
2018 年 12 月 26 日

附件

甲级资质职业卫生技术服务机构名单

序号	机构名称
一、2018 年资质到期的机构（共 22 家）	
1	中国疾病预防控制中心职业卫生与中毒控制所
2	北京市疾病预防控制中心
3	中国疾病预防控制中心辐射防护与核安全医学所
4	广东省职业病防治院
5	湖南省职业病防治院
6	江苏省疾病预防控制中心
7	辽宁省疾病预防控制中心
8	山东省职业卫生与职业病防治研究院
9	济南市疾病预防控制中心
10	兵器工业卫生研究所
11	上海市预防医学研究院
12	天津市疾病预防控制中心
13	贵州省劳动保护科学技术研究院
14	山西兴新安全生产技术服务中心
15	西山煤电（集团）有限责任公司职业病防治所
16	新疆维吾尔自治区安全科学技术研究院
17	武汉市职业病防治院
18	湖南竭诚安全生产技术服务有限公司
19	内蒙古安邦安全科技有限公司
20	陕西安科安全生产技术研究所有限公司
21	陕西昊安职业卫生技术服务有限公司
22	新疆玖安职业卫生评价检测中心（有限公司）

续表

序号	机构名称
二、2019年资质到期的机构（共27家）	
1	上海欧萨评价咨询股份有限公司
2	吉林省安全生产检测检验股份有限公司
3	四川铸创安全科技有限公司
4	国家安全生产监督管理总局职业安全卫生研究中心
5	北京市劳动保护科学研究所
6	江苏省安全生产科学研究院
7	浙江多谱检测科技有限公司
8	四川众望安全环保技术咨询有限公司
9	上海市化工职业病防治院（上海市职业安全健康研究院）
10	上海建科检验有限公司
11	湖南有色冶金劳动保护研究院
12	四川省科学城环境安全职业卫生检测与评价中心
13	北京中职安康科技有限公司
14	世纪万安科技（北京）有限公司
15	河北安科检测检验有限公司
16	江苏国恒安全评价咨询服务有限公司
17	中国安全生产科学研究院
18	中国石油集团安全环保技术研究院
19	河南省职业病防治研究院
20	浙江省医学科学院
21	郑州市职业病防治院
22	海南省疾病预防控制中心
23	浙江建安检测研究院有限公司
24	湛江市南海西部石油职业卫生技术服务有限公司

续表

序号	机构名称
25	重庆惠能标普科技有限公司
26	福建中检康泰检测技术有限公司
27	河北君圣检测检验技术有限公司
三、2020年资质到期的机构（共43家）	
1	中钢武汉安环院绿世纪安全管理顾问有限公司
2	甘肃省疾病预防控制中心
3	交通运输部水运科学研究所
4	辽宁力康职业卫生与安全技术咨询服务有限公司
5	海洋石油疾病预防控制中心
6	吉林省电力科学研究院有限公司
7	四川省疾病预防控制中心
8	重庆市疾病预防控制中心
9	中国铁道科学研究院节能环保劳卫研究所
10	吉林省职业病防治院
11	北京燕山石化职业病防治所
12	云南省疾病预防控制中心
13	福建省职业病与化学中毒预防控制中心
14	广西壮族自治区职业病防治研究院
15	山西省疾病预防控制中心
16	哈尔滨绿怡工程评价与检测有限责任公司
17	中国石油集团石油职业卫生技术服务中心
18	浙江省疾病预防控制中心
19	鞍钢集团公司劳动卫生研究所
20	胜利油田疾病预防控制中心
21	中国石油化工股份有限公司青岛安全工程研究院

续表

序号	机构名称
22	山东电力研究院
23	中国辐射防护研究院
24	广州市职业病防治院
25	山东省医学科学院放射医学研究所
26	淄博市疾病预防控制中心
27	北京市化工职业病防治院（北京市职业病防治研究院）
28	重庆市职业病防治院
29	中钢集团马鞍山矿山研究院有限公司
30	北京振兴计量测试研究所
31	深圳市职业病防治院
32	江西省安全生产科学技术研究中心
33	内蒙古矿山安全与职业危害检测检验中心
34	河北利康工程技术有限公司
35	浙江中一检测研究院股份有限公司
36	山东安和安全技术研究院有限公司
37	辽宁省安全科学研究院
38	辽宁万益职业卫生技术咨询有限公司
39	广东省安全生产技术中心
40	陕西立方环保科技服务有限公司
41	浙江省安全生产科学研究院
42	湖北省职业安全健康监督检测检验中心
43	河南鑫安利职业健康科技有限公司

国家卫生健康委关于做好当前职业卫生技术服务机构资质管理工作的通知

(2018年12月26日国卫职健发〔2018〕55号)

各省、自治区、直辖市及新疆生产建设兵团卫生健康委(卫生计生委),中国疾控中心、监督中心、职业安全卫生研究中心,各有关单位:

根据《全国人民代表大会常务委员会关于国务院机构改革涉及法律规定的行政机关职责调整问题的决定》和《国务院关于国务院机构改革涉及行政法规规定的行政机关职责调整问题的决定》(国发〔2018〕17号)的精神,按照国家卫生健康委2018年第16号公告有关要求,为平稳有序做好当前职业卫生技术服务机构资质管理工作,现将有关事项通知如下:

一、在有关法律、部门规章、规范性文件修改之前,职业卫生技术服务机构资质(延续、变更)管理,仍按照《职业病防治法》《职业卫生技术服务机构监督管理暂行办法》(国家安全监管总局50号令,以下简称50号令)和原国家安全监管总局《关于印发职业卫生技术服务机构资质认可条件评审项目标准及认可工作程序的通知》(安监总安健〔2012〕88号)、原国家安全监管总局办公厅《关于印发职业卫生技术服务机构丙级资质认可条件及技术评审项目和标准的通知》(安监总厅安健〔2013〕112号)及原国家安全监管总局、国家煤矿安监局《关于进一步加强煤矿职业病危害项目申报和煤矿职业卫生技术服务机构管理工作的通知》(安监总煤调〔2012〕76号)等规范性文件的有关规定执行。

二、国家卫生健康委负责甲级资质职业卫生技术服务机构管理,委托省级卫生健康行政部门对乙级职业卫生技术服务机构(煤矿)进行管理。划入(或承担)职业安全健康监督管理职责的省级、设区的市级人民政府有关行政部门分别负责乙级、丙级资质职业卫生技术服务机构管理。原国家安全监管总局、省级安全生产监督管理部门（煤矿安全监察机构）、设区的市级安全生产监督管理部门依法核发的职业卫生技术服务机构资质证书继续有效，我委将适时组织资质证书换发工作。

三、对甲级职业卫生技术服务机构、乙级职业卫生技术服务机构（煤矿）提交的资质变更申请材料，请省级卫生健康行政部门按照50号令及有关规范性文件的要求，进行形式审查；变更事项如导致资质条件发生重大变化，还应组织现场核查。对甲级职业卫生技术服务机构申请材料审查结束后，将审查结果报送我委，由我委向社会公告变更情况。乙级职业卫生技术服务机构（煤矿）申请材料审查结束后，由省级卫生健康行政部门向社会公告变更情况、并抄报我委。

四、划入（或承担）职业安全健康监督管理职责的省级、设区的市级人民政府有关行政部门，应当按照本通知精神，并结合本地区实际情况，统筹做好乙级、丙级资质职业卫生技术服务机构有关事项公告和资质认可、延续及变更等工作。贯彻执行本通知的过程中出现的新情况、新问题，要及时报告。

国家卫生健康委
2018年12月26日

国家卫生健康委办公厅关于在矿山、冶金、化工等行业领域开展尘毒危害专项治理工作的通知

（2019年4月28日国卫办职健函〔2019〕406号）

各省、自治区、直辖市及新疆生产建设兵团卫生健康委：

为贯彻落实《国家职业病防治规划（2016—2020年）》（以下简称《规划》）要求，切实做好"十三五"期间的职业病危害治理工作，控制和消除职业病危害，保护劳动者职业健康，决定在矿山、冶金和化工等重点行业领域深入开展尘毒危害专项治理工作。现就有关事项通知如下：

一、充分认识尘毒危害专项治理工作的重要意义

减少和控制职业病的发生，关键在于预防。开展尘毒危害专项治理是推动用人单位落实职业病防治主体责任、做好职业病预防工作的重要抓手和有效措施。当前，矿山、冶金和化工领域职业病多发高发，其职业健康状况能否得到明显好转，直接关系到《规划》提出的各项目标任务能否顺利完成。各级卫生健康行政部门要充分认识在矿山、冶金和化工领域开展尘毒危害专项治理工作的重要性，集中精力认真扎实开展好此项工作。

二、总体要求和工作目标

（一）总体要求。认真落实《职业病防治法》等法律法规要求，以保障劳动者职业健康为根本出发点，以改善劳动者作业环境为主要任务，以防范遏制职业性尘肺病和化学中毒高发为核心目标，突出重点单位，加强督导检查，推动用人单位加强工程防护设施改造，落实职业健康管理措施，努力提高尘毒危害防控水平。

（二）工作目标。通过专项治理，使这3个行业领域职业健康相关指标达到以下目标要求：

1. 职业病危害项目申报率达到95%以上；

2. 职业病危害因素定期检测率达到95%以上；

3. 接触职业病危害的劳动者在岗期间职业健康检查率达到95%以上；

4. 用人单位主要负责人、职业健康管理人员和接触职业病危害因素的劳动者培训率均达到95%以上。

三、治理时间和步骤

（一）安排部署阶段（2019年4—7月）。各级卫生健康行政部门要采取适当方式摸清3个行业领域用人单位有关情况，建立治理工作基础台账（包括治理前用人单位基本情况登记表和汇总表，见附件1、2）。要制订治理工作方案，明确治理重点、治理标准和治理要求，并将其传达到辖区内纳入治理范围的用人单位。请将治理工作方案连同附件1和附件2于2019年7月30日前报送国家卫生健康委职业健康司（联系人及电话：孙栋梁，010－62030959；电子邮箱：zyjkyf@163.com）。

（二）治理整改阶段（2019年8月—2020年7月）。纳入治理范围的用人单位要自行或聘请专家（或机构）对照治理要求（见附件3、4、5）认真查找问题，制订切实可行的整改方案，整改方案应当包括当前存在的问题以及整改措施、整改时限和资金投入等，经主要负责人签字确认。各级卫生健康行政部门要采取随机抽查、专项检查等方式，加强对治理工作的督促和指导。对发现的普遍性问题要及时总结通报，提出要求；对具有尘毒危害防治措施不落实、工作场所无防尘防毒设施或达不到防尘防毒要求、不为劳动者配备符合国家标准要求的个体防护用品等违法行为且拒不整改的，要坚决依法从严处罚。

（三）组织评估阶段（2020年8—10月）。我委将结合《规划》终期评估工作，适时组织对3个行业治理工作进行抽查评估，重点评估职业病危害防治相关指标是否达到《规划》提出的目标要求。各级卫生健康行政部门也要适时组织对本地区3个行业治理工作进行评估，客观评价治理工作成效。

（四）全面总结阶段（2020年11月）。各级卫生健康行政部门在对治理工作成效进行评估的基础上做好治理工作总结，于2020年11月15日前将总结报告连同《治理后用人单位基本情况统计表》《治理后用人单位基本情况汇总表》（见附件6、7）报送国家卫生健康委。总结报告应当包括治理活动开展情况、典型经验做法、取得的成效以及下一步工作意见建议等。

四、工作要求

（一）强化组织领导。各级卫生健康行政部门要高度重视治理工作，加强组织领导，明确工作责任，细化工作任务。没有相关重点行业领域的地区，可自定其他行业领域参照本通知开展治理工作。

（二）实施分类指导。各级卫生健康行政部门要按照分类监管原则，对纳入治理范围的用人单位实施分类指导。对职业病危害严重的中小型企业进行重点监督、重点指导，对职业病危害防治基础好的大型企业以自主改进提高为主。

（三）突出源头控制。专项治理工作要以落实工程防护措施为核心，紧紧围绕重点环节、重点岗位、重点人员，加大现有设备设施改造力度，优先从工程防护上控制尘毒危害。同时要严格落实《职业病防治法》规定的各项管理措施，夯实管理基础，提升管理水平。

（四）加强舆论宣传。各级卫生健康行政部门要充分利用各种媒体，加强对治理工作的宣传报道，营造有利于治理工作开展的良好氛围。对整改治理工作有特色的用人单位，要进行总结推广；对问题严重拒不整改的用人单位，要严格执法，公开曝光。

附件：1. 治理前用人单位基本情况登记表
     2. 治理前用人单位基本情况汇总表
     3. 用人单位尘毒危害治理主要工程技术措施
     4. 用人单位尘毒危害情况及防护设施自查表
     5. 用人单位职业健康管理措施自查表
     6. 治理后用人单位基本情况统计表
     7. 治理后用人单位基本情况汇总表

国家卫生健康委办公厅
2019年4月28日

附件1

治理前用人单位基本情况登记表

填报单位：　　　　　　　　　填表人：　　　　　　　　　联系电话：

一、矿山

序号	用人单位名称	所在地级市	规模[1]	注册类型[2]	从业人员总数	接触尘毒危害人数	是否接受职业健康培训			是否进行职业病危害项目申报	2018年是否进行职业病危害定期检测	2018年接触尘毒危害劳动者职业健康检查人数
							主要负责人	职业健康管理人员	劳动者			
……												

二、冶金

序号	用人单位名称	所在地级市	规模[1]	注册类型[2]	从业人员总数	接触尘毒危害人数	是否接受职业健康培训			是否进行职业病危害项目申报	2018年是否进行职业病危害定期检测	2018年接触尘毒危害劳动者职业健康检查人数
							主要负责人	职业健康管理人员	劳动者			
……												

续表

三、化工

序号	用人单位名称	所在地级市	规模[1]	注册类型[2]	从业人员总数	接触尘毒危害人数	是否接受职业健康培训			是否进行职业病危害项目申报	2018年是否进行职业病危害定期检测	2018年接触尘毒危害劳动者职业健康检查人数
							主要负责人	职业健康管理人员	劳动者			
……												

注：1. 规模按照以下分类填写：大型（从业人员≥1 000 人，营业收入≥40 000 万元）、中型（300 人≤从业人员＜1 000 人，2 000 万元≤营业收入＜40 000 万元）、小型（20 人≤从业人员＜300 人，300 万元≤营业收入＜2 000 万元）、微型（从业人员＜20 人或营业收入＜300 万元）用人单位不纳入本次治理范围。

2. 注册类型按照以下分类填写：央企、地方国有、集体、私营、港澳台、外资、其他。

3. 此表应当逐级报送，省级卫生健康行政部门于 2019 年 7 月 30 日前报送我委职业健康司。

国家卫生健康委办公厅关于在矿山、冶金、化工等行业领域开展尘毒危害专项治理工作的通知

附件 2

治理前用人单位基本情况汇总表

填报单位：　　　　　　　　　　　　填表人：　　　　　　　　　　　　联系电话：

序号	行业领域	用人单位数量	从业人员数量	接触尘毒危害人数	主要负责人接受职业健康培训企业数	职业健康管理人员接受培训企业数	劳动者接受培训企业数	职业病危害项目申报企业数	进行职业病危害定期检测企业数	进行职业健康检查企业数
1	矿山									
	其中：井工煤矿									
	露天煤矿									
	非煤地下矿山									
	非煤露天矿山									
2	冶金									
	其中：黑色金属冶炼									
	有色金属冶炼									
3	化工									
	其中：炼油									
	化工									
	合计									

注：此表应当逐级报送，省级卫生健康行政部门于 2019 年 7 月 30 日前报送我委职业健康司。

附件3

用人单位尘毒危害治理主要工程技术措施

一、矿山开采

矿山开采过程中产生的职业病危害主要是粉尘,下面分别对井工煤矿、露天煤矿、非煤地下矿山、非煤露天矿山提出粉尘防治主要工程技术措施。

(一)井工煤矿。井工煤矿开采存在的粉尘主要有煤尘、矽尘。掘进、采煤、运输等重点环节粉尘治理主要工程技术措施如下:

1. 掘进。

(1)在煤、岩层中钻孔,应当采取湿式作业。煤(岩)与瓦斯突出煤层或者软煤层中难以采取湿式钻孔时,可以采取干式钻孔,但必须采取除尘器捕尘、除尘,除尘器的呼吸性粉尘除尘效率不得低于90%。

(2)掘进井巷和硐室时,必须采用湿式钻眼,使用水炮泥,爆破前后冲洗井壁巷帮,爆破过程中采用高压喷雾(喷雾压力不低于8 MPa)或者压气喷雾降尘、装岩(煤)洒水和净化风流等综合防尘措施。

(3)掘进机作业时,应当使用内、外喷雾装置和控尘装置、除尘器等构成的综合防尘系统。掘进机内喷雾压力不得低于2 MPa,外喷雾压力不得低于4 MPa。内喷雾装置不能正常使用时,外喷雾压力不得低于8 MPa;除尘器的呼吸性粉尘除尘效率不得低于90%。

(4)必须建立防尘洒水系统。永久性防尘水池容量不得小于2 00m^3,且储水量不得小于井下连续2 h的用水量,备用水池储水量不得小于永久性防尘水池的50%。防尘管路应当敷设到所有可能产生粉尘和沉积粉尘的地点,没有防尘供水管路的采掘工作面不得生产。静压供水管路管径应当满足矿井防尘用水量的要求,强度应当满足静压水压力的要求。

(5)掘进工作面回风侧应当设置粉尘浓度传感器,并接入安全监测监控系统。

(6)掘进工作面回风侧应当安设至少2道自动控制风流净化水幕。

2. 采煤。

(1)所有煤层必须进行煤层注水可注性测试。对可注水煤层必须进行煤层注水。煤层注水过程中应当对注水流量、注水量及压力等参数进行监测和控制，单孔注水总量应当使该钻孔预湿煤体的平均水分含量增量不低于1.5%，封孔深度应当保证注水过程中煤壁及钻孔不漏水、不跑水。在确保安全前提下，厚煤层分层开采时，应当在上一分层的采空区内灌水，对下一分层的煤体进行湿润。

（2）采煤工作面回风侧应当设置粉尘浓度传感器，并接入安全监测监控系统。

（3）采煤工作面回风巷应当安设至少2道自动控制风流净化水幕。

（4）炮采工作面应当采取湿式钻眼，使用水炮泥，爆破前后应当冲洗煤壁，爆破时应当采用高压喷雾（喷雾压力不低于8 MPa）或者压气喷雾降尘，出煤时应当洒水降尘。

（5）采煤机作业时，必须使用内、外喷雾装置。内喷雾压力不得低于2 MPa，外喷雾压力不得低于4 MPa。内喷雾装置不能正常使用时，外喷雾压力不得低于8 MPa，否则采煤机必须停机。液压支架必须安装自动喷雾降尘装置，实现降柱、移架同步喷雾。破碎机必须安装防尘罩，并加装喷雾装置或者除尘器。放顶煤采煤工作面的放煤口，必须安装高压喷雾装置（喷雾压力不低于8 MPa）或者采取压气喷雾降尘。

3. 井下运输。

（1）煤矿井下煤仓放煤口、溜煤眼放煤口以及地面带式输送机走廊必须安设喷雾装置或者除尘器，作业时进行喷雾降尘或者用除尘器除尘。煤仓放煤口、溜煤眼放煤口采用喷雾降尘时，喷雾压力不得低于8 MPa。

（2）井工煤矿转载点应当采用自动喷雾降尘（喷雾压力应当大于0.7 MPa）或者密闭尘源除尘器抽尘净化等措施。转载点落差超过0.5 m时，必须安装溜槽或者导向板。装煤点下风侧20 m内，必须设置一道自动控制风流净化水幕。运输巷道内应当设置自动控制风流净化水幕。

（3）井下胶带运输应当在转载点采取水喷淋或密闭措施。

4. 煤炭洗选。

（1）在破碎机处应当设置密封罩抽风防尘。

（2）对皮带机进行全封闭或安装水喷雾降尘设施。

（3）在皮带机的转载点设置溜槽或安装抽风除尘设施。

（4）对皮带走廊、栈桥、主厂房等粉尘危害较重的部位设置水力或气力清扫系统等。

（5）储煤场四周应当安设抑尘网，装卸煤炭应当喷雾降尘或者洒水降尘，煤炭外运时应当采取密闭措施。

（二）露天煤矿。露天煤矿开采存在的主要粉尘有矽尘、煤尘。钻孔、装载、运输等重点环节粉尘治理主要工程技术措施要求如下：

1. 钻孔（穿孔、炮采）。

（1）设置有专门稳定可靠供水水源的加水站（池），加水能力满足洒水降尘所需的最大供给量。

（2）采取湿式钻孔；不能实现湿式钻孔时，设置有效的孔口捕尘装置；优先使用带空调驾驶室的机械化、自动化程度高、低噪声的穿孔设备。

（3）缺水地区或湿式作业有困难的地点，应当采取干式捕尘或其他有效防尘措施。

2. 装载。

（1）优先使用机械化、自动化程度高、带空调驾驶室的装载设备。

（2）装载前应当利用高位水池或洒水车对爆堆进行洒水。

3. 运输。

（1）汽车运输优先使用机械化、自动化程度高、带空调驾驶室的运输设备，胶带输送应当采取封闭措施。

（2）必须使用高位水池或洒水车对采场内运输道路进行洒水抑尘。

4. 煤炭洗选。

（1）在破碎机处应当设置密封罩抽风防尘。

（2）对皮带机进行全封闭或安装水喷雾降尘设施。

（3）在皮带机的转载点设置溜槽或安装抽风除尘设施。

（4）对皮带走廊、栈桥、主厂房等粉尘危害较重的部位设置水力或气力清扫系统等。

（5）储煤场四周应当安设抑尘网，装卸煤炭应当喷雾降尘或者洒水降尘，煤炭外运时应当采取密闭措施。

（三）非煤地下矿山。地下矿山存在的主要粉尘有矽尘、铜尘、石膏粉尘、石墨粉尘、石棉粉尘、重晶石粉尘、云母粉尘、陶瓷粉尘、铝粉尘、混合性粉尘等。凿岩、装载、运输等重点环节粉尘治理主要工程技术措施要求如下：

1. 凿岩。

（1）必须采用湿式凿岩，优先使用带空调驾驶室的机械化、自动化程度高、低噪声的凿岩设备。

（2）井下采取全面通风及工作面局部通风。

2. 装载。

（1）优先使用机械化、自动化程度高的装载设备。

（2）装载前应当利用井下供水设施，对爆堆进行洒水。

（3）井下采取全面通风及工作面局部通风。

3. 运输。

（1）井下胶带运输应当在转载点采取水喷淋抑尘或密闭措施。

（2）应当利用供水设施对井下运输道路进行洒水抑尘。

（3）井下运输巷应当采取全面通风。

（4）带式输送机通廊应当设置洒水和排水装置，在工艺允许情况下，采取喷雾加湿措施。

（5）外运道路应当硬化，出入口位置配备车辆冲洗设施。车辆出门应当进行冲洗，大门口内必须设有门卫室、洗车槽、水枪、水池、沉淀池等。

4. 粗破（给料、粗破，对粗破设在井下破碎硐室的矿山）。

（1）优先采用自动化、密闭化、低噪声的设备。

（2）应当安装与破碎能力相适应的收尘装置，并设置抑尘喷淋装置。

（3）井下破碎硐室应当采取全面通风及局部通风。

（4）破碎场所设置密闭带有隔声功能的控制室和休息室。

5. 选矿。

（1）破碎机及皮带转运处应当设有除尘器及洒水管路。

（2）破碎机、返料皮带、振动筛及给料机应当密闭，粉尘逸散严重部位应当设置轴流风机。

（3）皮带机头尾部设置湿式抑尘装置。

（四）非煤露天矿山。非煤露天矿山存在的主要粉尘有矽尘、铜尘、石灰石粉尘、大理石粉尘、白云石粉尘、石膏粉尘、石墨粉尘、石棉粉尘、滑石粉尘、膨润土粉尘、珍珠岩粉尘、蛭石粉尘、重晶石粉尘、云母粉尘、陶瓷粉尘、铝粉尘、混合性粉尘等。穿孔、装载、运输等重点环节粉尘治理主要工程技术措施要求如下：

1. 穿孔。

（1）必须采用湿式凿岩，优先使用带空调驾驶室的机械化、自动化程度高、低噪声的凿岩设备。

（2）深凹露天矿应当设置机械通风设施。

（3）深凹露天矿采掘设备的司机驾驶室，应当配备空气调节装置，不应开窗作业。

（4）建筑装饰荒料开采切割，优先使用湿式切割机、带空调驾驶室的机械化、自动化程度高、低噪声的设备。

（5）干式穿孔设备必须配备捕尘装置。

2. 装载。

（1）优先使用机械化、自动化程度高、带空调驾驶室的装载设备。

（2）装载前应当利用高位水池或洒水车对爆堆进行洒水。

3. 运输。

（1）汽车运输优先使用机械化、自动化程度高、带空调驾驶室的运输设备，胶带输送应当采取封闭措施。

（2）应当使用高位水池或洒水车对采场内运输道路进行洒水抑尘。

4. 选矿。

（1）破碎机及皮带转运处应当设有除尘器及洒水管路。

（2）破碎机、返料皮带、振动筛及给料机应当密闭，粉尘逸散严重部位应当设置轴流风机。

（3）皮带机头尾部设置湿式抑尘装置。

二、金属冶炼

金属冶炼主要包括黑色金属冶炼和有色金属冶炼，黑色金属冶炼主要含烧结、焦化、炼铁、炼钢等，有色金属冶炼主要包括火法冶炼和湿法冶炼等。冶炼过程产生的主要职业病危害因素有粉尘、一氧化碳、苯及其同系物、焦炉逸散物、沥青、硫化氢、砷化氢等。下面按照黑色金属和有色金属冶炼重点工序，提出了尘毒危害防治主要工程技术措施。

(一) 黑色金属冶炼

1. 烧结。

(1) 原料贮运。

①原料的卸料机(翻车机)设置除尘设施,并确保除尘设施正常运行。

②散装粉状辅料宜采用密闭性较好的集装箱(袋)、料罐车运输或气力输送到储仓。袋装粉料的包装应当具有良好的密闭性和强度,拆包、倒包应当在有通风除尘设施的专用设备上进行。

③原辅料应当分区存放,原料场应当设移动式喷水抑尘设施,露天原料储存区宜设置防风抑尘网或者围墙,与其他生产区域隔离。

④物料输送(含输送皮带)宜密闭,减少转运点和缩短输送距离,不宜采用人工或抓斗装卸,皮带通廊内宜设置岗位小间。

⑤用于气力输送的管道应当具有良好气密性,其阀门及连接点等处应当设置防粉尘泄漏装置和检查孔装置。

⑥在原料、燃料及熔剂的卸料、破碎、筛分、带式输送机转载点等产生粉尘的场所(工序),均应当设置防尘系统,原料转运点应当安装导料槽。

⑦原料送达的终点矿槽应予密闭,并设置防尘装置;各料槽顶部皮带小车的卸料口宜采用胶带密封;转运站、皮带通廊、矿槽顶层设置洒水栓,采取喷雾加湿措施。

⑧料仓捅料作业宜采取机械疏通方式。

⑨除尘器收集的粉尘采取密闭式输送。

⑩产尘区域应当采取湿式清扫,防止二次扬尘。

(2) 配料与混合。

①配料室、配料矿槽、混合料矿槽应当设置通风除尘装置,矿槽周边区域应当采取湿式清扫,防止二次扬尘。

②防止矿尘外溢,粉料、湿料矿槽倾角不应小于65°,块矿矿槽不应小于50°。

③配料圆盘与配料皮带输送机产尘点设密闭排风罩,皮带应当全程密闭。

④产尘区域应当采取湿式清扫,防止二次扬尘。

(3) 烧结。

①烧结给料机和反射板设有机械式粉料清理和除尘装置。

②烧结机头上部应当设通风除尘系统,烧结机尾破碎机、环冷机应当设

密闭抽风除尘装置；筛分机应当设密闭抽风装置并设除尘器；破碎机、台车翻转卸料处应当设密闭抽风除尘装置。

③点火装置设置空气、煤气比例调节装置、煤气低压自动切断装置、煤气紧急事故切断阀。

④烧结作业区应当保持良好通风，并设置一氧化碳监测报警装置，烧结机头点火及相关的煤气管道等应当采取有效的密封措施。

⑤烧结设备的运行控制与通风系统的运行实行联锁控制。

⑥烧结机厂房宜设封闭的控制室，厂房外新鲜空气能送到控制室内并形成微正压。

⑦产尘区域地面应当采取湿式清扫或移动式真空除尘器，防止二次扬尘。

（4）球团。

①精矿干燥、煤粉制备、运输及喷煤、球团配料、混合、膨润土料棚、链箅机、成品球团矿堆场及成品装车矿槽等产尘点，在密闭基础上设除尘装置。

②球团煤气加热炉、精矿干燥、球团链箅机、回转窑点火器处作业区应当设置一氧化碳报警装置。

③煤气加热等工艺设备的运行控制与通风系统的运行实行联锁控制。

④产尘区域地面应当采取湿式清扫或移动式真空除尘器，防止二次扬尘。

2. 焦化。

（1）备煤。

①储煤场设有抑尘网或者围棚，设置喷水装置，备煤过程宜采用湿式作业。

②翻车机、卷扬机、调车机、卸煤机等机械设备受煤时应当有防尘措施；堆取料机设置风速计。

③原料煤的带式输送应当密闭，具有落差的皮带转运点应当安装通风除尘设备或采取湿式作业。

④配煤、粉碎机室应当密闭，并设除尘装置。

（2）炼焦。

①炼焦装置应当露天布置。

②装煤车与炉盖之间在装煤过程中应当安装通风除尘设备，采用自动化

密闭操作，采用集气管自动调压炉门口集尘罩、装煤除尘二合一地面站及炉顶导烟装置，集气管操作台上部应当设清扫孔。

③焦炉炉门与门框、看火孔、装煤孔盖与装煤孔座的接触面、上升管盖及其翻板轴头、桥管与水封承插部应当密封。

④湿法熄焦应当采取高塔排气，并在塔内设置捕集粉尘装置；干法熄焦时，应当设集尘净化系统；储存、输送、转运时应当设密封装置，转运交接处应当设计除尘设施。除尘设备应同相应的工艺设备联锁。

⑤炉端台顶部应当设带有微正压的操作工人休息室。煤塔顶层除胶带通廊外，还应当另设一个出口，煤塔顶部宜设通风窗口。

⑥地下室应当加强通风，并设自然通风孔和事故排风装置。采用高炉煤气、发生炉煤气、荒煤气加热的焦炉地下室，必须设置固定式一氧化碳检测及报警装置。

⑦交换机室或仪表室不应设在烟道上。焦炉测温换向岗位应当配备便携式有毒气体报警器和空气呼吸器。

⑧湿法熄焦粉焦沉淀池周围应当设置防护栏杆，水沟应当设置盖板；粉焦抓斗司机室宜设在旁侧或采用遥控操作方式。

⑨干熄焦装置整个系统应当严密，干熄焦排出装置区域应当通风良好，干熄焦排出装置的振动给料器及旋转密封阀周围，应当设置一氧化碳和氧气浓度的检测、声光报警装置；干熄焦排出装置的排焦溜槽及运焦带式输送机位于地下时，排焦溜槽周围及运焦通廊的地下部分，应当设置一氧化碳和氧气浓度的检测、声光报警装置，并设事故排风装置。干熄焦装置最高处，应当设置风向仪和风速计。干熄焦气体循环系统的锅炉应当安装二级除尘器。干熄焦装置应当设置循环气体成分自动分析仪，对一氧化碳、氢和氧含量进行分析记录。

⑩皮带运焦过程中具有落差的皮带交接处应当安装通风除尘设备或采取湿式作业。装煤车、拦焦车、捣固推焦车的操作室必须采取专门密封措施防尘。

（3）煤气净化。

①应当采用 DCS 控制系统进行自动化生产和操作，实现远距离控制。

②煤气净化车间鼓风机房应当设置事故排风装置及与其联锁的自动报警

装置。

③有粉尘、挥发性溶剂逸出的设备开口部位应当设排风装置。

④焦炉煤气管道应当设置自动低压报警及自动切断煤气装置。

⑤鼓风机室应当有直通室外的走梯,底层出口不应少于两个。

⑥电捕焦油器应当设置连续式自动氧含量分析仪,并与电捕焦油器电源联锁。

⑦硫酸高置槽应当设液位的高位报警、联锁及满流管,满流管满流能力应当大于进料能力;槽下方应当设置围堰。

⑧间接法硫铵生产中,满流槽、回流槽、稠化器等产生尾气设施的装置应当盖严,防止酸气外逸。

⑨浓硫酸输送应当采用泵送或自流方式,禁止使用压缩气体输送;禁止使用蒸汽吹扫浓硫酸设备及管道。用浓硫酸配硫铵母液时,应当设置控制调节流量装置。

⑩回收车间应当安装通风、排毒设施。克劳斯法硫磺(含氨分解)及湿接触法硫酸生产时,作业场所应当设置喷淋洗眼器。

(4)粗苯加工。

①应当采用DCS控制系统进行自动化生产和操作。

②粗苯中间槽设高位报警装置;粗苯储槽应当密封,并安装排气控制措施。

③苯蒸馏泵房、精苯洗涤厂房、吡啶生产厂房、室内库房和泵房应当设置事故排风装置。

④精制车间应当安装通风、排毒设施。热包装仓库应当设机械通风装置,热包装出口处应当设局部排风设施。

⑤精苯槽罐区宜设高度不低于2.2 m的围堰,围堰内场地排污口应当留设阀门;主装置区也应当设置0.5 m高的围堰及排污阀门。

⑥粗苯加氢主装置区及槽罐区,应当按GBZ/T 223的要求设有有毒有害气体自动监测报警装置。

⑦精苯生产区域,不应布置化验室、维修间和生活室等辅助建筑。

(5)焦油加工与回收。

①焦油车间应当设置通风、排毒设施。

②焦油蒸馏应当设事故放空槽,并经常保持空槽状态。焦油蒸馏装置区应当设置不低于150 mm的围堰。

③凡可能散发沥青烟气的地点,均应当设烟气捕集净化装置。不宜采用人工包装沥青。

④萘、蒽的结晶制片包装及输送宜实现机械化,切片系统应当设置尾气捕集装置,包装制品封口处宜设置除尘设施。

⑤酚、吡啶产品装桶处应当设抽风装置;生产现场应当设置喷淋设施。酚盐生产中二氧化碳分解装置中各设备的含酚排气,应当设置专用排气净化装置。

⑥酸槽应当集中布置,并设置防酸外溢和防泄漏的围堰,作业场所应当设置喷淋洗眼器。

⑦苛化装置中各粉尘物料输入装置,应当设有过滤设备。

⑧沥青高置槽应当有事故收集围堰。焦油渣、酸焦油及生化污泥等固体废弃物应当集中送往煤场配煤。

⑨作业场所应当配置应急药箱。

(6) 废水处理。

①废水处理站宜采用多层立体布置;污水物化处理和生化处理的核心设施应当符合GB 50432的规定,应当配置不少于两个独立的系列,并设置防毒设施。

②酚氰废水处理应当设置防毒设施。

③作业场所应当设置喷淋洗眼器。

3. 炼铁。

(1) 原料上料。

①原料堆场及堆取料机头应当设喷水抑尘装置;皮带输送机和皮带廊宜密闭,在皮带通廊、转运站平台、原燃料堆场地面等处应当设置负压清扫设施或水冲洗和喷、洒水抑尘、冲洗地面措施。

②矿焦槽卸料口、称量漏斗、皮带转运站、皮带落料点、矿槽振动筛、煤粉制备、给料器、炉顶上料口等产生粉尘的工作地点应当设置抽风设施,采用集中或单独除尘系统。

③煤粉制备的煤磨、煤粉喷吹作业场所保持良好通风,煤磨、煤粉仓、

煤粉喷吹、炉顶作业场所设置固定式一氧化碳检测报警仪。

（2）高炉。

①高炉密封罩应当严密，罩内气流保持负压；密封罩应当设弹性材料制作的遮尘帘，密封罩宜避免直接连接振动和往复运动的设备。密封罩应当设置必要的操作孔、检修门和观察孔，操作孔、检修门应当避开气流速度较高的地点。

②煤气管道应当设置自动低压报警及自动切断煤气装置；煤气清洗系统供水管道上应当设置低压报警装置。现场可能逸散一氧化碳的地点，设置固定式一氧化碳检测报警仪，为现场作业人员配备便携式一氧化碳报警仪。

③在热修平台上应当设置移动喷雾风扇；给热罐中的操作人员设置局部降温冷却送风系统，送风口应当对准热罐中心，并能够按需要设置转动风口，以满足局部送风要求。

④高炉区附近的公辅设施建筑物室内设置正压送风装置，室外新风应当经过滤器处理后送入室内，以保证室内有良好的洁净度。

⑤作业现场设置带空调、具有隔声功能的微正压休息室或操作室。

（3）炉前平台（出铁场）。

①高炉出铁场铁沟、铁罐等处设置密封罩和除尘吸风一次除尘装置；在铁水口处设置二次除尘系统。

②出铁口、主铁沟、铁口换气、撇渣器、摆动流嘴、渣沟等产尘处应当设置密闭式吸风罩。

③在出铁场应当设置隔热挡板，铁沟、渣沟加封盖板并及时维护。

④铁沟、渣沟及水冲渣沟，应当设活动封盖，渣沟和渣罐上面应当设排烟罩；在沟下、出铁场等处应当设置负压清扫设施或采用湿式抑尘措施。

⑤炉顶装料设备、风口、渣口、水套等均应当严格密封，防止煤气泄漏；高炉水冲渣应当设置通风排毒设施。

⑥对可能发生煤气泄漏的场所设固定式一氧化碳检测报警仪和机械通风换气设施，并在不同位置设置两个疏散口。

⑦现场设置带空调、具有隔声功能的微正压休息室或操作室。

（4）电除尘放灰平台。

①高炉煤气余压透平发电装置主机平台的隔声罩内应当设一氧化碳浓度

检测声光报警仪;轴承处应当设氮气密封装置,并设置氮气低压声光报警信号或禁止透平启动装置。

②现场可能发生煤气泄漏的工作场所,应当设置固定式一氧化碳检测报警仪。

③放出的灰尘应当采用密封车辆或专用容器运送。

④地面宜采取负压清扫设施或水冲洗和喷洒水抑尘措施。

(5)其他。

①铸铁机车间主要操作室及工作间,应当设置通风除尘设施。

②铸铁机操作室应当设置空调及通信、信号装置。

③碾泥机室应当设置通风除尘设施;使用焦油和树脂做炮泥胶黏剂时,卸料点应当设置抽风净化设施,粉状原料应当采用密封槽车或专用容器运送。

④铁水罐修理库的烘烤铁罐厂房应设自然通风,屋顶应当设天窗,并应当防止穿堂风将烟尘吹到其他作业区。

⑤氧气站应当设置必要的应急通风设施。

⑥单独机电维检间应当设自然通风,焊接点宜设置固定或移动式除尘设施。

4. 炼钢。

(1)原料上料。

①优先使用优质含尘少的炼钢熔剂,如粒度符合要求的石灰、增碳剂、萤石、造渣剂等。

②采用机械化、自动化控制上料系统,电机振打装置应当保证良好,布袋收集的熔剂粉料通过自动振打自动落入皮带运输系统;物料输送跌落点应当设集尘罩和除尘器,仓顶部外侧防尘门帘应当完好。

③破碎机、筛分机宜采用整体密闭。

④高位料仓向转炉熔池放料时,连接部位的布袋应当密封良好无破损,逸散的粉尘由通风吸尘口吸走进入转炉二次除尘系统收集。

⑤脱硫、扒渣等可能发生煤气泄漏、聚集的场所,应当设置固定式一氧化碳检测报警仪,并设置通风换气系统。

⑥通风管道应当设置清灰孔,除尘器出入口应当设闸板阀及测试孔。

⑦在转炉平台3~8层、皮带通廊、转运卸料处及地下受料仓槽等应当设

置负压清扫设施或进行湿式抑尘,1和2层应当设置清扫车或人工清扫。

(2) 铁水倒罐。

①铁水倒罐作业场所应当保持空气流通。

②铁水倒罐设置布袋除尘系统或静电除尘系统,收集罩应当按照工位配备蝶阀控制风量。

③通风管道应当设置清灰孔,除尘器出入口应当设闸板阀及测试孔。

④除尘收集的粉尘卸、输灰宜采用机械输送或气力输送,并进行综合利用防治二次扬尘。

⑤作业平台设置负压清扫设施或湿式抑尘措施。

⑥作业现场设置带空调、具有隔声功能的休息室或操作室。

(3) 铁水预处理。

①预处理作业场所保持空气流通。

②铁水脱硫工位顶部应当设置粉尘收集罩,并设置除尘系统;粉尘收集系统应当设置自动蝶阀控制系统,调节控制风量,让烟气顺利进入除尘系统。

③脱硫除尘装置卸、输灰宜采用机械输送或气力输送,除尘收集的粉尘进行综合利用并防止二次扬尘。

④作业平台应当设置湿式除尘或负压清扫设施。

⑤出入口和作业现场应当设置固定式一氧化碳检测报警仪。

⑥现场设置带空调、具有隔声功能的休息室或操作室。

(4) 炼钢转炉平台。

①厂房要充分采用自然通风,设足够面积的通风天窗。

②设置炼钢转炉一次除尘系统和转炉二次除尘系统,并保持运行良好,转炉外侧的顶部防扩散门帘应当保持完好。加废钢操作和兑铁水操作应当设置抽风除尘系统,控制烟气烟尘的无组织排放。

③炼钢电炉门应当保持密闭,提高加料、兑铁水等操作时烟气捕集效率,减少无组织排放。

④炼钢电炉四孔下方应当设置燃烧沉降室将一氧化碳充分燃烧。VOD炉装置的真空泵水封池应当采取可靠的密闭措施,并设放散管将一氧化碳引至厂房顶外。

⑤转炉一次烟气应当设置煤气净化系统,二次烟气应当设置抽风除尘

系统。

⑥煤气危险区（如转炉煤气加压机房、煤气柜活塞上部、转炉煤气回收系统风机后及风机房等）、人员作业出入口应当设固定式一氧化碳检测报警仪。

⑦作业平台设置负压清扫设施或湿式抑尘措施。

⑧现场设置带空调、具有隔声功能的休息室或操作室。

（5）钢水精炼。

①厂房要充分采用自然通风，设足够面积的通风天窗。

②钢包精炼炉（LF炉、RH炉）、钢包吹氩站设置通风除尘系统并保持良好运行。每个工位应当设置粉尘收集罩并安装自动蝶阀予以控制，保证有效吸力收集粉尘。

③吸风口应当定时清理废钢废渣，采用袋式除尘器或静电除尘器，保持通风管道畅通，提高除尘系统吸力，提高粉尘捕集效率。

④出入口和作业现场设置固定式一氧化碳检测报警仪。

⑤作业平台设置负压清扫设施或采用湿式抑尘措施。

⑥现场设置内设空调、具有隔声功能的休息室或操作室。

（6）连铸。

①连铸钢包作业、中间罐倾翻作业平台应当设除尘装置。

②连铸机的结晶器、火焰切割与火焰清理机的烟尘，应当设通风除尘装置。

③作业平台应当设置负压清扫设施或采取湿式抑尘措施。

④车间出入口和整备机、火焰切割场所，应当设置一氧化碳报警装置，并通风换气。

⑤现场设置内设空调、具有隔声功能的休息室或操作室。

5. 轧钢。

（1）热轧。

①在热轧加热炉位置设置排气罩，及时将有害气体引至脱硝系统。

②在热轧加热炉旁设置固定式一氧化碳报警仪。

③在热轧粗轧段、精轧段设置除尘器。

④在热轧板卷取处采用自动喷码技术。

⑤在热轧车间设置机械通风和自然通风相结合的通风系统。

⑥现场设置内设空调、具有隔声功能的休息室或操作室。

（2）冷轧。

①冷轧酸洗槽宜采用水封式结构进行密封，并在酸洗段设立酸雾吸收装置。

②酸轧作业区入口活套设置除尘系统。

③在可能产生油雾的五机架连轧机、连退平整机、镀锌光整机等区域和可能产生碱雾的连退清洗段、镀锌清洗段等区域分别设置排风系统。

④罩式炉、退火炉等燃烧炉设置排气系统，其燃烧烟气排出室外。

⑤在镀锌生产线的锌锅上方设置排风罩，及时排出热量和逸散的毒物。

⑥在钢卷开卷焊接处设置除尘罩，及时排出焊接产生的烟尘和毒物。

⑦酸再生站氧化铁的投料和下料口设置除尘系统。

⑧现场应当设置内设空调、具有隔声功能的休息室或操作室。

6. 公用工程。

（1）煤气站。

①煤气发生炉在煤粉投料口和煤渣下料口设置除尘器。

②煤气净化和加压站应当设置一氧化碳报警装置。

③煤气的隔断装置盲板、眼镜阀、扇形阀或敞开式插板阀等不应安装在厂房内或通风不良处。水封装置应当有能够检查水封高度和水位溢流的排水口。

（2）水处理系统。

①除盐水站、污水处理站等存在酸、碱、氨等腐蚀性物质的工作场所应当设喷淋洗眼装置和急救药箱。

②在液氨或氨水储存间设置氨报警装置。

③给水站加氯间、除盐水站酸碱间、空压机间、电气室电缆层应当设机械通风，通风换气次数不少于12次/时。

④污水处理间应当采用自然通风与机械通风相结合的方式进行通风。

（3）检维修。

①设备检修、维护中涉及地下管道、烟道、密闭地下室、槽车、罐类等密闭空间作业时，清淤泥作业时应当通风、测氧、测爆、测毒。

②焊接宜采取固定或者移动式烟气收集装置，砂轮打磨设备设置接受式吸尘罩。

③皮带粘接作业应当采用无毒或低毒黏结剂，并设置局部通风排毒罩。

④维修厂房设置机械通风和自然通风相结合的通风系统。

（二）有色金属冶炼

1. 火法冶炼。

（1）备（配）料。

①原料输送宜采用密闭化、机械化、自动化程度高的物料输送设备，凡有扬尘的转运点应当设局部通风除尘装置，并宜减少转运点和降低物料落差；采用气力输送原辅材料时，受料仓应当设仓顶袋式收尘器或相应的收尘设备；禁止采用人工或抓斗装卸。

②破碎、给料、振动等产尘设备应当密闭，并设置通风除尘装置。

③在易产生毒物或易燃易爆粉尘的相应位置设置通风除尘排毒装置和连锁报警装置。

④露天料场应当设置逸尘围挡，并设置固定或移动式喷水、喷雾装置。

⑤原料仓库采用自然通风和局部排风相结合，产尘点宜设置局部通风除尘装置，并应当防止塌料和粉尘外逸；铝冶炼企业氟化盐、氧化铝在储存与运输过程中必须有可靠的防水、防散漏措施。

⑥库房地面、墙壁应当平整光滑；清扫作业应当采取湿式或使用负压工业吸尘器等设施。

⑦作业现场应当设密闭防尘毒的控制室或员工值班室。

（2）冶炼（粗炼）。

①采用机械化、自动化控制加料，物料输送宜采取管道正压输送或密闭埋刮板输送机输送，加料口应当安装排烟罩和净化装置，加料口应当采用气封，并保持负压状态，防止烟尘外逸，避免人工直接操作。

②冶炼金属出口、出渣口等产生烟尘点应当设置固定式密闭排烟罩，活动溜槽等放散烟气的部位可设置移动排烟罩，并安装净化装置，出金属沟、渣沟应当密闭。

③可能产生二氧化硫、一氧化碳等有毒有害气体的场所应当设置固定式有毒有害气体检测报警仪或配备便携式有毒有害气体检测报警仪。

④烧结块、杂料、焦炭等的给料机和计量装置及料罐给料处，焦炭、原煤筛分转运处等应当设置排风罩，并采取净化措施；鼓风烧结机和点火炉应当设密闭装置，机尾应当采用局部排风罩，鼓风烧结机尾部的齿辊破碎机及链板输送机转运处，应当设置密闭罩，并采取通风净化措施。

⑤鼓风炉和烟化炉水淬池冲渣入口上方应当设置排风罩和净化装置；渣包倾渣点应当设置排风罩和净化装置；浮渣破碎点应当设置密闭罩和净化装置。

⑥铅锌冶炼密闭鼓风炉冷凝器铅泵池上方、溶剂槽、分离槽、储锌槽等工作门上方及冷却槽出料口等放散烟尘的位置，应当设置排风罩和净化装置。

⑦烟化炉作业场所应当设机械通风装置，烟化炉加料口宜采用侧吸罩。

⑧凡吊运熔融金属、高温渣的桥式吊车司机室，均应当安装空调与空气净化装置。

（3）精炼。

①进料应当采用自动化控制，加料口应当安装排烟罩和净化装置，加料口应当采用气封，并保持负压状态，防止烟尘外逸，避免人工直接操作。

②物料输送采取管道浓相泵正压输送或密闭埋刮板输送机输送，对主产尘区域应当采用新型脉冲滤袋除尘器，减少粉尘扩散。

③作业场所产生烟气点安装局部通风排毒设备，减少二氧化硫的外逸和积聚，其他不含硫烟气送至尾气烟囱排放；冶炼金属出口、出渣口等产生烟尘点应当设置固定式密闭排烟罩，活动溜槽等放散烟气的部位可设置移动式排烟罩，并均安装净化装置，出金属沟、渣沟均应当密闭。

④向熔炼炉加入粉料、碎料的工艺环节，应当采取抑制粉尘逸散措施。铅锡冶炼反射炉加料、放铅、放渣溜槽处应当设置通风除尘净化装置；熔铅锅和反射炉作业的桥式吊车司机室，均应当安装空调与空气净化装置。

⑤熔金属锅和浇铸机应当设置密闭排风罩或吹吸式通风除尘净化装置。熔铅作业操作应当尽量减少操作人员在锅台的操作时间。

⑥对可能产生二氧化硫、一氧化碳等有毒有害气体的场所设置固定式有毒有害气体检测报警仪或配备便携式有毒有害气体检测报警仪。

（4）铝冶炼。

①采用机械化、自动化控制氧化铝和氟化盐加料，加料、运输设备、加

料箱、料仓等产生粉尘的场所均应当安装除尘净化装置,并避免人工直接操作。

②铝冶炼作业场所保持良好通风,采用机械化、密闭化、自动化工艺与设备和全密闭预焙槽。

③电解槽应当密闭,并设置观察孔;自焙槽阳极顶部应当加防尘盖,电解槽烟气和阳极焙烧烟气应当进行净化处理。

④电解作业场所设置有毒有害气体检测报警仪。

⑤配置清除电解槽和设备上积尘的负压吸尘器,禁止采用压缩空气喷吹。

⑥清理阳极棒、阴极棒宜采用机械化的喷丸设备,喷丸设备应当设置独立密闭作业间,作业人员在室外操作。

2. 湿法冶炼。

(1) 电解车间采用自然通风和局部排风相结合,并采用机械化、自动化,避免直接人工操作,电解车间厂房应当设置全面通风换气装置。

(2) 设备和管道应当采取有效的密闭措施,可能产生或存在毒物或酸碱等强腐蚀性物质的工作场所应当设置喷淋洗眼器、应急撤离通道、必要的泄险区。

(3) 含有有害气体、蒸汽的各类管道不宜从仪表控制室和劳动者经常停留或通过的辅助用室的空中或地下通过;若需要通过时,应当严格密闭,并具有抗压、耐腐蚀等性能,以防止有害气体或蒸汽逸散至室内。

(4) 电解残渣(阳极泥、碎渣)暂时库存时应当设专门容器存放或相对封闭的场所堆放,不得露天堆放,防止流失和逸散。

(5) 制造硅氟酸及硅氟酸铅的设备应当加盖密封,生产车间应当设置排风装置,并配置酸气净化装置。

(6) 使用大量酸的铜、锌、铅等电解槽,应当采取自动配酸系统;金等电解使用酸量不大的工艺,应当设置配酸专用通风柜。

(7) 电解槽池上宜加密封盖或密封膜;贵金属银电解槽应当设置槽边排风口,金电解槽宜采取密闭罩。

(8) 工作场所墙壁、顶棚和地面等内部结构和表面应当采用耐腐蚀、不吸收、不吸附毒物的材料,必要时加设保护层;车间地面应当平整光滑,易于冲洗清扫。

（9）可能产生砷化氢、硫化氢等有毒有害气体的场所应当设置固定式有毒有害气体检测报警仪或配备便携式有毒有害气体检测报警仪。

（10）酸作业区应当设置喷淋洗眼器和急救药箱。

三、石油化工行业

（一）炼油部分。

1. 常减压装置。

（1）优先选择注氨替代工艺，联合设置轻烃回收装置进行轻组分回收，外排含烃气体可送至油气回收装置。

（2）可能存在含硫化氢物料的原油泵、初馏塔、常压塔、常顶回流罐、减压塔、减顶回流罐、减顶瓦斯罐、空冷器、换热器、低分气压缩机等使用耐腐蚀、耐高温的设备或管线。

（3）采用自动化加氨工艺，加氨间设置通风设施。

（4）含硫化氢污水、含油污水密闭处理。

（5）含硫化氢、氨等可燃及有毒介质物料采用密闭取样系统。

（6）在原油泵、电脱盐罐、初馏塔、初馏塔回流罐等可能发生含硫化氢物料泄漏区域设置固定式硫化氢报警仪。

（7）注氨区域及其他可能含氨物料泄漏区域设置固定式氨报警仪。

（8）氨罐、氨泵附近应当设置喷淋洗眼器，氨罐设置氨吸收器。

（9）应当遵循无毒物质代替有毒物质，低毒物质代替高毒物质的原则，选用无毒、低毒助剂，助剂宜选用自动密闭添加方式，助剂添加区域应当设置喷淋洗眼器。

2. 催化裂化。

（1）催化剂添加系统优先选用密闭料仓及泵输的自动添加方式。

（2）催化剂加、卸口应当设置通风除尘设施，配备可移动式地面吸尘器等防止二次扬尘的清扫设施。

（3）可能存在含硫化氢物料的原料油系统、提升管反应器、分馏系统、稳定吸收系统、气压机、脱硫脱硫醇系统等使用耐腐蚀、耐高温的设备或管线。

（4）在原料油系统、提升管反应器、分馏系统、稳定吸收系统、气压机、脱硫脱硫醇系统等可能发生含硫化氢物料泄漏区域设置固定式硫化氢报警仪，含硫化氢物料采用密闭采样系统，设置密闭循环采样器。

（5）含硫化氢污水、含油污水密闭处理。

（6）原料油缓冲罐、原料油泵、提升管反应器等采用密闭化、机械化设备。

（7）在烟机、催化剂再生器、烟气锅炉等可能发生一氧化碳泄漏区域设置固定式一氧化碳报警仪。

（8）氢氧化钠添加应当采用密闭操作，氢氧化钠储罐区、汽油脱硫区应当设置喷淋洗眼器。

（9）钝化剂储存及添加优先采用自动化的投加工艺。

（10）臭氧发生器平台或可能发生臭氧泄漏区域设置固定式臭氧报警仪。

3. 延迟焦化。

（1）应当采用水力切焦工艺；除焦池可设置密封盖板，外排气体集中处理。

（2）输送石油焦宜采用自动化、机械化、密闭化输送工艺，并设置可移动式地面吸尘设施。

（3）压缩机入口分液罐、离心压缩机、饱和吸收油冷却器、吸收塔入口分液罐、吸收塔、稳定塔等可能存在含硫化氢物料的使用耐腐蚀、耐高温的设备或管线。

（4）可能发生含硫化氢物料泄漏区域应当设置固定式硫化氢报警仪，含硫化氢物料采样系统应当设置密闭采样器，无法实现密闭采样的粉料或黏稠物料采样时采取有效个体防护。

（5）含硫化氢污水、含油污水密闭处理。

（6）可能发生含氨物料泄漏区域应当设置固定式氨报警仪，含氨物料采样系统应当设置密闭采样器，无法实现密闭采样的粉料或黏稠物料采样时应当采取有效个体防护。

4. 加氢裂化。

（1）含硫污水输送至酸性水汽提，富胺液输送至溶剂再生，外排含烃气体可送至油气回收装置。

（2）一段加氢反应器、二段加氢反应器、热高分罐、热低分罐、冷高分罐、冷低分罐；富胺罐及机泵塔顶回流罐及相应的机泵、循环氢压缩机、含硫污水罐、含硫污水泵等可能存在含硫化氢物料的使用耐腐蚀、耐高温的设备或管线。

（3）一段、二段加氢反应器、富胺罐及机泵、循环氢脱硫塔、脱硫化氢汽提塔、石脑油稳定塔、循环氢压缩机、含硫污水罐等可能发生含硫化氢物料泄漏区域应当设置固定式硫化氢报警仪，含硫化氢物料采样系统应当设置密闭采样器。

（4）采用自动加氨工艺，氨罐及机泵、循环氢脱硫塔吸收脱吸塔、石脑油稳定塔、塔顶回流罐及相应的机泵、循环氢压缩机等可能发生含氨物料泄漏区域应当设置固定式氨报警仪、喷淋洗眼器，含氨物料采样系统应当设置密闭采样器。

（5）循环氢压缩机区域应当设置通风设施。

（6）硫化区域及胺储罐区域设置喷淋洗眼器。

（7）含硫化氢污水、含油污水密闭处理。

5. 连续重整。

（1）催化剂添加系统应当优先选用密闭料仓及泵输的自动添加方式。

（2）催化剂加、卸料口应当设置通风除尘设施，配备可移动式地面吸尘器等防止二次扬尘的清扫设施。

（3）原料加氢预处理单元存在含硫化氢物料的加氢反应器、反应产物分离器、汽提塔顶回流罐、压缩机等使用耐腐蚀、耐高温的设备或管线。

（4）含硫化氢污水、含油污水密闭处理。

（5）在加氢换热区、塔顶空冷区、压缩机区、泵区等可能发生含硫化氢物料泄漏区域应当设置固定式硫化氢报警仪，含硫化氢物料采样系统应当设置密闭采样器。

（6）反应器、分离器、液化气泵、液化气采样口等可能发生液化石油气泄漏的位置设置固定式可燃气体报警仪。

（7）重整反应器、换热器、脱戊烷塔、重整产物空冷器、重整产物分离罐、重整地下污油罐、再接触罐等处生产过程密闭化、自动化；存在可能发生苯泄漏区域应当设置固定式苯报警仪，含苯物料采用密闭采样系统。

（8）在注氯罐、注氯泵、注硫泵、碱液泵、碱液冷却器、再生放空气洗涤塔、注碱罐等可能存在四氯乙烯、二甲基二硫、氢氧化钠等物质的区域设置喷淋洗眼器。

（9）氨罐、氨压缩机等处采用自动化、密闭化的生产工艺，氨罐、氨压机附近设置喷淋洗眼器，在有可能泄漏氨的位置设置固定式氨检测报警仪。

6. 汽油吸附脱硫。

（1）吸附剂添加系统应当优先选择密闭料仓及泵输的自动添加方式。

（2）吸附剂加、卸料口应当设置通风除尘设施，配备可移动式地面吸尘器等防止二次扬尘的清扫设施。

（3）含硫化氢污水、含油污水密闭处理。

（4）脱硫反应器、吸附剂再生器、再生接收器、再生烟气冷却器、再生烟气过滤器、换热器等含二氧化硫介质的生产设备应当密闭，在碱罐和装卸区设置喷淋洗眼器。

（5）存在含硫化氢物料的分液罐、回流罐、污水系统等使用耐腐蚀、耐高温的设备或管线。

（6）存在可能发生含硫化氢物料泄漏区域应当设置固定式硫化氢报警仪、喷淋洗眼器，含硫化氢物料采样系统应当设置密闭采样器。

7. 溶剂脱沥青。

（1）存在含硫化氢物料的原料泵、ROSE装置进料罐、进料泵、沥青分离塔、ROSE换热器、DAO–富剂换热器、DAO分离塔预热器、DAO分离塔、DAO闪蒸罐、DAO汽提塔、DAO汽提塔加热器等使用耐腐蚀、耐高温的设备或管线。

（2）含硫化氢污水、含油污水密闭处理。

（3）可能发生含硫化氢物料泄漏区域应当设置固定式硫化氢报警仪，含硫化氢物料采样系统应当设置密闭采样器。

（4）装置区设置喷淋洗眼器。

8. 制氢装置。

（1）在转化器、中变反应区域等存在可能发生一氧化碳泄漏区域应当设置固定式一氧化碳报警仪，含一氧化碳物料采样系统应当设置密闭采样器。

（2）存在含硫化氢物料的加氢反应器等使用耐腐蚀、耐高温的设备或管线。

（3）含硫化氢污水密闭处理。

（4）可能发生含硫化氢物料泄漏区域应当设置固定式硫化氢报警仪，含硫化氢物料采样系统应当设置密闭采样器。

9. 硫磺回收装置。

（1）液硫池密封，加装抽气设施，外排气体集中净化处理。

（2）硫磺成型包装厂房应当设置通风设施，采用自动化、密闭化程度高的包装设备，包装下料口设置负压通风除尘设施。

（3）存在含硫化氢物料的酸性气分液罐、酸性气燃烧炉、转化器、硫冷凝器、加氢反应器、急冷塔、吸收塔、再生塔、塔顶回流罐及其相连接的管线、机泵、液硫池、液硫成型包装线等使用耐腐蚀、耐高温的设备或管线。

（4）含硫化氢污水密闭处理。

（5）可能发生含硫化氢物料泄漏区域应当设置固定式硫化氢报警仪，含硫化氢物料采样系统应当设置密闭采样器。

（6）酸性气燃烧炉、转换器、硫冷凝器、加氢反应器、尾气焚烧炉、液硫池、液硫成型包装线等可能含有二氧化硫介质的生产设备应当密闭，在可能泄露的区域配备淋浴和洗眼设备。

（7）在吸收塔、再生塔、贫胺液泵、富胺液泵等可能含有 N－甲基－二乙醇胺的生产设备应当采用自动化工艺，在可能泄漏的区域应当设置喷淋洗眼器。

（8）硫磺成型包装区域应当配备喷淋洗眼器。

10. 酸性水汽提、溶剂再生。

（1）存在含硫化氢物料的酸性水泵、酸性水脱气罐、酸性水汽提塔及塔顶回流罐、富液闪蒸罐底及其管线、机泵、溶剂再生塔及其塔顶回流罐、富胺液泵等使用耐腐蚀、耐高温的设备或管线。

（2）含硫化氢污水、含油污水密闭处理。

（3）可能发生含硫化氢物料泄漏区域应当设置固定式硫化氢报警仪，含硫化氢物料采样系统应当设置密闭采样器。

（4）酸性水泵、酸性水脱气罐、酸性水汽提塔及塔顶回流罐等采用自动化、密闭化生产工艺，含氨物料采样系统应当设置密闭采样器，在可能发生含氨物料泄漏区域应当设置固定式氨报警仪与喷淋洗眼器。

11. 碱渣处理装置。

(1）碱渣处理设置室内压滤时应当设置通风设施，设置固定式硫化氢报警仪、喷淋洗眼器。

(2）滤饼运输区域设置可移动式地面吸尘设施及时清理地面。

12. 加氢装置。

(1）加氢反应器，热高、热低、冷高、冷低分离区、富胺液罐及相连接机泵、循环气脱硫塔、循环氢压缩机、含硫污水罐及输送泵等可能发生含硫化氢物料泄漏区域设置固定式硫化氢报警仪，含硫化氢物料采样系统应当设置密闭采样器。

(2）加氢反应器，热高、热低、冷高、冷低分离区、循环气脱硫塔、循环氢压缩机、含硫污水罐及输送泵等可能发生含氨物料泄漏区域设置固定式氨报警仪，含氨物料采样系统应当设置密闭采样器。

(3）循环氢压缩机区域应当设置通风设施。

(4）硫化区域及胺储罐区域应当设置喷淋洗眼器。

(5）含硫化氢污水、含油污水密闭处理。

（二）化工部分。

1. 乙烯裂解装置。

(1）气体排出后统一收集至放空处理系统进行处理，液体输送至污油系统，气体输送至火炬系统，管道及设备排放点及采样点设置回收设施。

(2）二甲基二硫及阻聚剂采用密闭自动添加系统。

(3）裂解炉、急冷器、裂解气干燥器、凝液干燥器、汽油分馏塔、急冷水塔、碱洗塔、裂解汽油输出泵等处采用密闭、自动化的生产工艺，含苯物料采用密闭采样系统，在可能泄漏苯物料的位置设置固定式苯检测报警仪。

(4）在裂解炉等可能发生一氧化碳泄漏的位置应当设置固定式一氧化碳报警仪。

(5）裂解炉、急冷器、汽油分馏塔、急冷水塔、工艺水汽提塔、碱洗塔、压缩机等可能泄漏硫化氢的位置应当设置固定式硫化氢检测报警仪，含硫化氢物料的采样系统应当设置密闭采样系统。

(6）分离区甲醇泵、甲醇罐及碱洗区碱罐、碱泵附近应当设置喷淋洗眼器。

2. 裂解汽油加氢。

（1）裂解汽油加氢应当采用密闭、自动化的生产工艺，含苯物料采用密闭采样系统，在可能泄漏苯物料的位置设置固定式苯检测报警仪。

（2）存在含硫化氢物料的加氢反应器、稳定回流罐、机泵等使用耐腐蚀、耐高温的设备或管线。

（3）含硫化氢物料的采样系统应当设置密闭采样器，在可能泄漏硫化氢的区域应当设置固定式硫化氢检测报警仪。

（4）含硫化氢的污水、含油污水应当密闭处理。

3. 丁二烯抽提。

（1）丁二烯、二甲基甲酰胺等采用密闭采样器，相关区域设置喷淋洗眼器。

（2）甲苯及对叔丁基邻苯二酚添加过程密闭化、自动化，加药场所设置喷淋洗眼器。

4. 芳烃化工装置。

（1）应当采用密闭化、自动化的生产工艺，苯产品泵采用密封性能好的屏蔽泵，含苯物料采用密闭采样系统，在可能泄漏苯物料的位置设置固定式苯检测报警装置。

（2）白土粉尘等固体物料的装卸、添加应当优先采用密闭化、自动化工艺。

（3）在固体物质的投料和下料口，应当采用密闭罩口，并设负压吸尘设施。

（4）对于固体物料，应当定期通过地面冲洗设施冲洗回收。

（5）含油污水密闭处理。

（6）辅料添加处设置喷淋洗眼器。

5. 乙二醇/环氧乙烷装置。

（1）在氨罐、氨泵等可能泄漏氨的位置设置固定式氨检测报警装置。

（2）氨罐周围设置泄险沟和围堰。

（3）在使用环氧乙烷、乙二醇、甲醛、氨、氢氧化钠等腐蚀性物质的场所设置喷淋洗眼设施。

（4）环氧乙烷反应单元二氯乙烷罐、泵以及反应器等采用自动化加料工艺。

6. 苯酚丙酮装置。

（1）含苯物料采用密闭采样系统，在可能泄漏苯物料的位置设置固定式苯检测报警装置以及喷淋洗眼器。

（2）苯酚生产采用密闭化的设备与工艺，采用自动灌装设施，以及密闭自动采样系统，灌装厂房应当设通风设施。

（3）丙酮生产采用密闭化的设备与工艺，丙酮产品灌装或装车采用密闭化的设备，灌装厂房应当设置通风设施。

（4）酸碱罐、酸碱泵、苯酚罐、苯酚泵等区域设置喷淋洗眼器。

（5）酸碱罐、苯酚罐周围设置泄险沟和围堰。

7. 乙苯－苯乙烯装置。

（1）采用密闭化、自动化生产工艺，含苯物料采用密闭采样系统，在可能泄漏苯物料的位置设置固定式苯检测报警装置及喷淋洗眼器。

（2）阻聚剂采用自动添加工艺，在加剂处设置喷淋洗眼器，阻聚剂厂房设置通风设施。

（3）在氨压机等可能泄漏含氨物料的位置设置固定式氨检测报警装置和喷淋洗眼器。

（4）含苯物料采用密闭采样系统，在可能泄漏苯物料的位置设置固定式苯报警仪。

8. 聚乙烯装置。

（1）包装机处设置局部通风除尘设施，应当优先采用自动化包装工艺。

（2）添加料斗处设置局部通风除尘设施，助剂厂房设置全面通风设施，配备可移动式地面吸尘器等防止二次扬尘的清扫设施。

（3）一氧化碳钢瓶管线密闭化，并设置一氧化碳检测报警仪。

9. 聚丙烯装置。

（1）包装机处设置局部通风除尘设施，应当优先采用自动化包装工艺。

（2）添加料斗处设置局部通风除尘设施，助剂厂房设置全面通风设施，配备可移动式地面吸尘器等防止二次扬尘的清扫设施。

（3）催化剂配制间应当设置局部通风橱，催化剂加料应当采用负压吸入方式。

（4）一氧化碳钢瓶管线密闭化，并设置一氧化碳检测报警仪。

10. 聚苯乙烯装置。

（1）苯乙烯罐、进料泵、橡胶切碎加料口，聚合反应操作等采用密闭化生产工艺，并在可能接触到苯乙烯的区域设置喷淋洗眼器。

（2）引发剂添加过程应当密闭化、自动化。引发剂罐、投加泵等区域设置喷淋洗眼器。

（3）添加料斗处设置局部通风除尘设施，助剂厂房设置全面通风设施，配备可移动式地面吸尘器等防止二次扬尘的清扫设施。

11. 聚氯乙烯装置。

（1）在氯乙烯罐、气柜、浆料缓冲罐、汽提塔、排放阀门等可能泄漏氯乙烯的位置设置固定式氯乙烯检测报警仪。

（2）甲醇罐附近设置喷淋洗眼器。

（三）储运部分。

1. 化学品库房设置日常通风及事故通风等通风防毒设施，事故通风换气次数不得小于12次/小时。

2. 苯、甲苯、二甲苯、汽油、柴油、液化石油气、原油、甲醇、氨、酸、碱等高度危害和极度危害的物料应当采用密闭方式装卸，并设置循环回收净化系统。

3. 需要设置操作室或观察室的，室内应当设置新风系统，使操作室或观察室为微正压状态。

4. 宜采用自动密闭脱水，设置自动检尺。

5. 高毒物料或易致急性中毒物料作业场所、装卸区域设置固定式有毒气体报警仪。

6. 储存液态有毒物质的储罐区应当设置围堰，围堰的容积应当不小于最大单罐地上部分储量。从围堰引出的排液通过废水管汇集到污水池。

7. 储存液态有毒物质储罐、储槽作业区、酸碱装卸车栈台附近应当分别设置应急冲淋洗眼装置。

8. 储存气态、液态毒性物质储罐、储槽作业区设置风向标。

（四）公辅部分。

1. 化验部分。

（1）分析化验室内应当设置通风柜、吸风罩及轴流风机等通风设施，样品处理应当在通风柜内进行。

（2）样品间、试剂间、清洗间应当设有通风设施及通风样品柜、通风试剂柜。

（3）可能发生化学灼伤的实验室应当设置喷淋洗眼器。

（4）分析化验室的应当设置废气、废液及其他废物集中收集装置。

（5）分析化验室应当实现微负压，防止有害物质逸散至室外。

2. 污水处理。

（1）选用密闭性好的污水处理设施，密闭导出的有害气体应当进行净化处理。

（2）在可能产生硫化氢的区域设置固定式硫化氢检测报警仪。

（3）污水处理酸碱间设置通风设施及喷淋洗眼器。

（4）添加剂间设置局部通风除尘设施，配备可移动式地面吸尘器等防止二次扬尘的清扫设施。

附件 4

用人单位尘毒危害情况及防护设施自查表

一、矿山领域用人单位粉尘危害情况及防护设施自查表

（一）井工煤矿

岗位/环节	重点职业病危害因素	职业病危害因素检测	个体防护用品配备	警示标识设置	主要职业病防护设施	存在问题
掘进	□矽尘 □煤尘 □其他粉尘	□未进行检测 □已检测： 　□无超标 　□有超标 超标因素种类/岗位 ＿＿／＿＿ ＿＿／＿＿ ＿＿／＿＿	□未配备个体防护用品 □配备： 　□个体防护用品满足防护要求 　□个体防护用品不满足防护要求 　□劳动者正确佩戴 　□劳动者未正确佩戴或未佩戴	□未设置警示标识 □已设置： 　□注意防尘 　□戴防尘口罩 　□注意通风	□凿岩必须采用湿式作业 □安设风流净化水幕 □掘进机作业时应当使用内、外喷雾装置 □必须建立防尘洒水系统，采用洒水降尘 □掘进工作面回风侧设置粉尘浓度传感器，并接入安全监测监控系统	
采煤	□矽尘 □煤尘 □其他粉尘	□未进行检测 □已检测： 　□无超标 　□有超标 超标因素种类/岗位 ＿＿／＿＿ ＿＿／＿＿ ＿＿／＿＿	□未配备个体防护用品 □配备： 　□个体防护用品满足防护要求 　□个体防护用品不满足防护要求 　□劳动者正确佩戴 　□劳动者未正确佩戴或未佩戴	□未设置警示标识 □已设置： 　□注意防尘 　□戴防尘口罩 　□注意通风	□所有煤层必须进行煤层注水可注性测试，可注水煤层进行煤层注水 □采煤机作业时必须采用内、外喷雾装置 □放顶煤采煤工作面放煤口，必须安装喷雾降尘装置或者采取湿式钻眼、高压喷雾降尘 □炮采工作面爆破时应当采用高压喷雾或者压气喷雾降尘，出煤时应洒水降尘 □采煤工作面回风巷应当安设至少2道自动控制风流净化水幕	

续表

岗位/环节	重点职业病危害因素	职业病危害因素检测	个体防护用品配备	警示标识设置	主要职业病防护设施	存在问题
运输	□矽尘 □煤尘 □其他粉尘	□未进行检测 □已检测： □无超标 □有超标 超标因素种类/岗位 ____ ____	□未配备个体防护用品 □已配备： □个体防护用品满足防护要求 □个体防护用品不满足防护要求 □劳动者正确佩戴 □劳动者未正确佩戴或未佩戴	□未设置警示标识 □已设置： □注意防尘 □戴防尘口罩 □注意通风	□煤矿井下煤仓放煤口、溜煤眼放煤口以及地面带式输送机走廊必须安装喷雾装置或者除尘器 □转载点应当采用自动喷雾降尘、密闭尘源或者除尘器抽尘净化等措施 □装煤点下风侧20 m内，必须设置一道自动控制风流净化水幕 □转载点落差超过0.5 m，必须安装溜槽或者导向板 □运输巷道内应当设置自控制风流净化水幕	
煤炭洗选	□矽尘 □煤尘 □其他粉尘	□未进行检测 □已检测： □无超标 □有超标 超标因素种类/岗位 ____ ____	□未配备个体防护用品 □已配备： □个体防护用品满足防护要求 □个体防护用品不满足防护要求 □劳动者正确佩戴 □劳动者未正确佩戴或未佩戴	□未设置警示标识 □已设置： □注意防尘 □戴防尘口罩 □注意通风	□破碎机处采用密封罩抽风防尘 □对皮带机进行全封闭或各条带式输送机上安装水喷雾降尘设施 □在皮带机的转载点处增加溜槽或者带式密闭抽尘除尘设施 □皮带走廊、栈桥、主厂房各层粉尘危害较重的部位设置水力清扫冲洗系统 □储煤场四周喷雾降尘或安设洒水装置，装卸煤车应当喷雾降尘，煤炭外运时应当采取密闭措施	

(二) 露天煤矿

岗位/环节	重点职业病危害因素	职业病危害因素检测	个体防护用品配备	警示标识设置	主要职业病防护设施	存在问题
钻孔（穿孔、炮采）	□矽尘 □煤尘 □其他粉尘	□未进行检测： □已检测： □无超标 □有超标 超标因素种类/岗位 ___/___ ___/___ ___/___	□未配备个体防护用品 □已配备： □个体防护用品满足防护要求 □个体防护用品不满足防护要求 □劳动者正确佩戴 □劳动者未正确佩戴或未佩戴	□未设置警示标识 □已设置： □注意防尘 □戴防尘口罩 □注意通风	□设置有专门稳定可靠供水水源的加水站（池） □使用湿式凿岩 □使用湿地或凿岩设备 □缺水地或作业有困难的地点，应采取干式捕尘或其他有效防尘措施	
装载	□矽尘 □煤尘 □其他粉尘	□未进行检测： □已检测： □无超标 □有超标 超标因素种类/岗位 ___/___ ___/___ ___/___	□未配备个体防护用品 □已配备： □个体防护用品满足防护要求 □个体防护用品不满足防护要求 □劳动者正确佩戴 □劳动者未正确佩戴或未佩戴	□未设置警示标识 □已设置： □注意防尘 □戴防尘口罩 □注意通风	□使用密闭、带空调驾驶室挖掘设备 □装载前应当利用高位水池或洒水车对爆堆进行洒水	
运输	□矽尘 □煤尘 □其他粉尘	□未进行检测： □已检测： □无超标 □有超标 超标因素种类/岗位 ___/___ ___/___ ___/___	□未配备个体防护用品 □已配备： □个体防护用品满足防护要求 □个体防护用品不满足防护要求 □劳动者正确佩戴 □劳动者未正确佩戴或未佩戴	□未设置警示标识 □已设置： □注意防尘 □戴防尘口罩 □注意通风	□胶带输送应采取封闭措施 □使用密闭、带空调驾驶室运输设备 □必须使用高位水池或洒水车对采场内运输道路进行洒水抑尘	

续表

岗位/环节	重点职业病危害因素	职业病危害因素检测	个体防护用品配备	警示标识设置	主要职业病防护设施	存在问题
煤炭洗选	□砂尘 □煤尘 □其他粉尘	□未进行检测 □已检测： □无超标 □有超标 超标因素种类/岗位 ___、___、___	□未配备个体防护用品 □已配备： □个体防护用品满足防护要求 □个体防护用品不满足防护要求 □劳动者正确佩戴 □劳动者未正确佩戴或未佩戴	□未设置警示标识 □已设置： □注意防尘 □戴防尘口罩 □注意通风	□破碎机处采用密封罩抽风防尘 □对皮带机进行全封闭或各条带式输送机上安装水喷雾降尘设施 □在皮带机的转载点增加溜槽或安装抽风除尘设施 □皮带走廊、栈桥、主厂房各层等粉尘危害较重的部位设置水力清扫粉尘网，装卸煤炭危害场所应当安装洒水降尘或密闭系统 □储煤场四周喷雾降尘，煤炭外运时应当采取密闭措施	

(三) 非煤地下矿山

岗位/环节	重点职业病危害因素	职业病危害因素检测	个体防护用品配备	警示标识设置	主要职业病防护设施	存在问题
凿岩	□砂尘 □石棉尘 □石灰石粉尘 □石膏粉尘 □其他粉尘	□未进行检测 □已检测： □无超标 □有超标 超标因素种类/岗位 ___、___、___	□未配备个体防护用品 □已配备： □个体防护用品满足防护要求 □个体防护用品不满足防护要求 □劳动者正确佩戴 □劳动者未正确佩戴或未佩戴	□未设置警示标识 □已设置： □注意防尘 □戴防尘口罩 □注意通风	□凿岩设备驾驶室可调节气温及密闭 □必须采用湿式凿岩 □缺水地区或捕导式作业有困难的地点，应当采取下式捕尘或其他有效防尘措施 □井下应采取全面通风及工作面局部通风	

续表

岗位/环节	重点职业病危害因素	职业病危害因素检测	个体防护用品配备	警示标识设置	主要职业病防护设施	存在问题
装载	□矽尘 □石棉石粉尘 □石灰石粉尘 □石膏粉尘 □其他粉尘	□未进行检测 □已检测： □无超标 □有超标 超标因素种类/岗位 _____	□未配备个体防护用品 □已配备： □个体防护用品满足防护要求 □个体防护用品不满足防护要求 □劳动者正确佩戴 □劳动者未正确佩戴或未佩戴	□未设置警示标识 □已设置： □注意防尘 □戴防尘口罩 □注意通风	□使用机械化、自动化程度高的装载设备 □井下采取全面通风及工作面局部通风 □装载前应当利用井下供水设施，对爆堆进行洒水	
破碎	□矽尘 □石棉石粉尘 □石灰石粉尘 □石膏粉尘 □其他粉尘	□未进行检测 □已检测： □无超标 □有超标 超标因素种类/岗位 _____	□未配备个体防护用品 □已配备： □个体防护用品满足防护要求 □个体防护用品不满足防护要求 □劳动者正确佩戴 □劳动者未正确佩戴或未佩戴	□未设置警示标识 □已设置： □注意防尘 □戴防尘口罩 □注意通风	□安装与破碎能力相适应的收尘装置，并设置抑尘喷淋装置 □破碎场所设置带有隔声功能的控制室和休息室 □井下破碎室采取全面通风及局部通风措施	
运输	□矽尘 □石棉石粉尘 □石灰石粉尘 □石膏粉尘 □其他粉尘	□未进行检测 □已检测： □无超标 □有超标 超标因素种类/岗位 _____	□未配备个体防护用品 □已配备： □个体防护用品满足防护要求 □个体防护用品不满足防护要求 □劳动者正确佩戴 □劳动者未正确佩戴或未佩戴	□未设置警示标识 □已设置： □注意防尘 □戴防尘口罩 □注意通风	□驾驶室运输设备可调节气温及密闭 □采用喷淋装置或雾化装置对堆载场部位进行抑尘 □带式输送机通廊应当设置洒水利排水装置 □外运道路硬化 □出入口位置配备车辆冲洗设施 □车辆出门必须配有门卫室 □大门口内必须设有门卫室、洗车槽、水枪、水池、沉淀池等	

续表

岗位/环节	重点职业病危害因素	职业病危害因素检测	个体防护用品配备	警示标识设置	主要职业病防护设施	存在问题
选矿	□矽尘 □石棉石粉尘 □石灰石粉尘 □石膏粉尘 □其他粉尘	□未进行检测 □已检测： □无超标 □有超标 超标因素种类/岗位 ＿＿＿／＿＿＿ ＿＿＿／＿＿＿	□未配备个体防护用品 □已配备： □个体防护用品满足防护要求 □个体防护用品不满足防护要求 □劳动者正确佩戴 □劳动者未正确佩戴或未佩戴	□未设置警示标识 □已设置： □注意防尘 □戴防尘口罩 □注意通风	□破碎机及皮带转运处设有除尘器及洒水管路 □破碎机、返料皮带、振动筛及给料机采取密闭化处理 □粉尘逸散严重部位设置轴流风机 □皮带机头尾部位设置湿式抑尘装置	

(四) 非煤露天矿山

岗位/环节	重点职业病危害因素	职业病危害因素检测	个体防护用品配备	警示标识设置	主要职业病防护设施	存在问题
穿孔	□矽尘 □石棉石粉尘 □石灰石粉尘 □石膏粉尘 □其他粉尘	□未进行检测 □已检测： □无超标 □有超标 超标因素种类/岗位 ＿＿＿／＿＿＿ ＿＿＿／＿＿＿	□未配备个体防护用品 □已配备： □个体防护用品满足防护要求 □个体防护用品不满足防护要求 □劳动者正确佩戴 □劳动者未正确佩戴或未佩戴	□未设置警示标识 □已设置： □注意防尘 □戴防尘口罩 □注意通风	□优先使用机械化、自动化程度高的穿孔设备 □干式穿孔设备配备机械捕尘装置 □深凹露天矿设置机械通风措施 □建筑装饰荒料开采切割，优先使用湿式切割机	

续表

岗位/环节	重点职业病危害因素	职业病危害因素检测	个体防护用品配备	警示标识设置	主要职业病防护设施	存在问题
装载	□矽尘 □石棉尘 □石灰石粉尘 □石膏粉尘 □其他粉尘	□未进行检测 □已检测： □无超标 □有超标 超标因素种类/岗位 ____／____	□未配备个体防护用品 □配备： □个体防护用品满足防护要求 □个体防护用品不满足防护要求 □劳动者正确佩戴 □劳动者未正确佩戴或未佩戴	□未设置警示标识 □已设置： □注意防尘 □戴防尘口罩 □注意通风	□优先使用机械化、自动化程度高的设备 □使用密闭、可调节气温的挖掘设备 □高位水池或洒水车对爆堆进行洒水抑尘	
运输	□矽尘 □石棉尘 □石灰石粉尘 □石膏粉尘 □其他粉尘	□未进行检测 □已检测： □无超标 □有超标 超标因素种类/岗位 ____／____	□未配备个体防护用品 □配备： □个体防护用品满足防护要求 □个体防护用品不满足防护要求 □劳动者正确佩戴 □劳动者未正确佩戴或未佩戴	□未设置警示标识 □已设置： □注意防尘 □戴防尘口罩 □注意通风	□汽车运输优先使用机械化、自动化程度高的运输设备 □胶带输送采取封闭措施 □使用高位水池或洒水车对采场内运输道路进行洒水抑尘	
选矿	□矽尘 □石棉尘 □石灰石粉尘 □石膏粉尘 □其他粉尘	□未进行检测 □已检测： □无超标 □有超标 超标因素种类/岗位 ____／____	□未配备个体防护用品 □配备： □个体防护用品满足防护要求 □个体防护用品不满足防护要求 □劳动者正确佩戴 □劳动者未正确佩戴或未佩戴	□未设置警示标识 □已设置： □注意防尘 □戴防尘口罩 □注意通风	□破碎机及皮带运转处设有除尘器洒水管路 □破碎机、返料皮带、振动筛及给料机采取密闭化处理 □粉尘逸散严重部位设置湿式轴流抑尘装置 □皮带机头尾部设置轴流抑尘装置	

二、冶金领域用人单位尘毒危害情况及防护设施自查表

(一) 黑色金属冶炼

一、烧结

场所/环节	重点职业病危害因素	职业病危害因素检测	个体防护用品配备	警示标识设置	主要职业病防护设施	存在问题
原料储存与运输	□煤尘 □矽尘 □石灰石粉尘 □其他粉尘	□未进行检测 □已检测： □无超标 □有超标 超标因素种类/岗位 ____ ____ ____	□未配备个体防护用品 □已配备： □个体防护用品满足防护要求 □个体防护用品不满足防护要求 □劳动者正确佩戴 □劳动者未正确佩戴或未佩戴	□未设置警示标识 □已设置： □注意防尘 □戴防尘口罩 □注意通风	□原料的卸料机（翻车机）设置除尘设施 □使用防尘网或喷水抑尘 □散装料仓宜采用密闭性较好的集中袋装粉状辅料和气力输送到储仓 □皮带廊封闭 □任原料、燃料及辅料的卸料、破碎、筛分、（工序），均应设置防尘系统，原料转运点应安装导料槽 □原料送达的终点产生粉尘的场所（工序），均应设置防尘系统，原料转运点应安装导料槽防尘装置 □产尘区域应当采取湿式清扫	
配料与混合	□煤尘 □矽尘 □石灰石粉尘 □其他粉尘	□未进行检测 □已检测： □无超标 □有超标 超标因素种类/岗位 ____ ____ ____	□未配备个体防护用品 □已配备： □个体防护用品满足防护要求 □个体防护用品不满足防护要求 □劳动者正确佩戴 □劳动者未正确佩戴或未佩戴	□未设置警示标识 □已设置： □注意防尘 □戴防尘口罩 □注意通风	□配料室、配料矿槽、混合料矿槽、矿槽周边区域带机产尘点设设置通风除尘装置当取湿式清扫 □配料圆盘与配料皮带机产尘点设置密闭罩通风罩，皮带倾角不应小于65°，块粉料、湿料矿槽倾角不小于50° □产尘区域应当采取湿式清扫	

续表

场所/环节	重点职业病危害因素	职业病危害因素检测	个体防护用品配备	警示标识设置	主要职业病防护设施	存在问题
烧结	□煤尘 □矽尘 □石灰石粉尘 □其他粉尘 □一氧化碳 □二氧化硫 □氮氧化物	□未进行检测 □已检测： □无超标 □有超标 超标因素种类/岗位 ____/____ ____/____	□未配备个体防护用品 □已配备： □个体防护用品满足防护要求 □个体防护用品不满足防护要求 □劳动者未正确佩戴或未佩戴	□未设置警示标识 □已设置： □当心中毒 □注意防尘 □戴防尘口罩 □戴防毒口罩 □戴护目镜 □注意通风 □高毒物质告知卡	使用机械化、自动化设备，煤气设置事故障、泄漏截断联锁，破碎机、环冷机、筛分机、烧结机头、台车翻转卸料处应当设置应急通风除尘装置，设置一氧化碳报警装置，产尘区域地面应采取湿式清扫或移动式真空除尘器	
球团	□煤尘 □矽尘 □石灰石粉尘 □其他粉尘 □一氧化碳 □二氧化硫 □氮氧化物	□未进行检测 □已检测： □无超标 □有超标 超标因素种类/岗位 ____/____ ____/____	□未配备个体防护用品 □已配备： □个体防护用品满足防护要求 □个体防护用品不满足防护要求 □劳动者未正确佩戴或未佩戴	□未设置警示标识 □已设置： □当心中毒 □注意防尘 □戴防尘口罩 □戴防毒口罩 □戴护目镜 □注意通风 □高毒物质告知卡	使用机械化、自动化设备，煤气设置事故障、泄漏截断联锁，煤粉制备、运输上料棚、混合、精矿干燥、膨润土配料、球团成品矿堆场及膨润土设置除尘设施，成品矿装车槽等产尘点，在密闭基础上设置除尘设施，设置一氧化碳报警装置，产尘区域地面应采取湿式清扫或移动式真空除尘器	

国家卫生健康委办公厅关于在矿山、冶金、化工等行业领域开展尘毒危害专项治理工作的通知

续表

场所/环节	重点职业病危害因素	职业病危害因素检测	个体防护用品配备	警示标识设置	主要职业病防护设施	存在问题
二、焦化						
备煤	□煤尘 □其他粉尘	□未进行检测 □已检测： □无超标 □有超标 超标因素种类/岗位 __/__	□未配备个体防护用品 □已配备： □个体防护用品满足防护要求 □个体防护用品不满足防护要求 □劳动者正确佩戴 □劳动者未正确佩戴或未佩戴	□未设置警示标识 □已设置： □注意防尘 □戴防尘口罩 □注意通风	□储煤场设有抑尘网或者围棚、翻车机、备煤过程宜采用湿式作业装置，调车过程应当设置喷水装置、卸煤机等装置、受煤落差应当采取减湿除尘措施 □具有扬尘点应当安装通风除尘设备 □配备落差或粉碎机室的皮带转运点应采取密闭，并应当设置抑尘装置	
炼焦	□煤尘 □其他粉尘 □焦炉逸散物 □一氧化碳 □氮氧化物 □苯 □酚 □二氧化硫 □硫化氢 □苯系物	□未进行检测 □已检测： □无超标 □有超标 超标因素种类/岗位 __/__	□未配备个体防护用品 □已配备： □个体防护用品满足防护要求 □个体防护用品不满足防护要求 □劳动者正确佩戴 □劳动者未正确佩戴或未佩戴	□未设置警示标识 □已设置： □当心中毒 □注意防尘 □戴防尘口罩 □戴防毒口罩 □注意通风 □高毒物质告知卡	□使用机械化、自动化炼焦设备、产生有害气体设备，使用通风排毒装置 □设置有毒气体泄漏通风报警设施 □使用通风排除尘设施 □皮带运送过程中具有转运点或落差处应当安装通风除尘装置、捣固推焦车取焦车门密封措施加焦作业操作室 □装煤、栏焦、专门设置封闭的操作室	
煤气净化	□一氧化碳 □苯、甲苯、二甲苯 □硫化氢 □二氧化硫 □氨氧化物 □煤焦油沥青挥发物 □萘 □吡啶 □硫酸 □硫酸氨	□未进行检测 □已检测： □无超标 □有超标 超标因素种类/岗位 __/__	□未配备个体防护用品 □已配备： □个体防护用品满足防护要求 □个体防护用品不满足防护要求 □劳动者正确佩戴 □劳动者未正确佩戴或未佩戴	□未设置警示标识 □已设置： □当心中毒 □注意防尘 □戴防尘口罩 □戴防毒手套 □注意通风 □高毒物质告知卡	□使用机械化、自动化装置设备，产生有害气体，使用通风排毒装置 □设置有毒气体泄漏通风报警装置 □设置应急通风排毒装置 □必须采取冲淋设施	

续表

场所/环节	重点职业病危害因素	职业病危害因素检测	个体防护用品配备	警示标识设置	主要职业病防护设施	存在问题
粗苯加工	□苯、甲苯 □二甲苯 □萘 □蒽 □酚 □吡啶 □煤焦油沥青 □挥发物	□未进行检测 □已检测： □无超标 □有超标 超标因素种类/岗位 ＿＿＿／＿＿＿ ＿＿＿／＿＿＿	□未配备个体防护用品 □已配备： □个体防护用品满足防护要求 □个体防护用品不满足防护要求 □劳动者正确佩戴 □劳动者未正确佩戴或未佩戴	□未设置警示标识 □已设置： □当心中毒 □戴防尘口罩 □戴防毒口罩 □戴防护手套 □注意通风 □高毒物质告知卡	□使用机械化、自动化设备，产生有害气体设备设置通风排毒装置 □使用设备泄漏通风联锁 □使用通风排毒应急通风装置 □设置有毒气体报警设施	
焦油加工与回收	□苯、甲苯 □二甲苯 □萘 □蒽 □酚 □吡啶 □煤焦油沥青 □挥发物 □氢氧化钠	□未进行检测 □已检测： □无超标 □有超标 超标因素种类/岗位 ＿＿＿／＿＿＿ ＿＿＿／＿＿＿	□未配备个体防护用品 □已配备： □个体防护用品满足防护要求 □个体防护用品不满足防护要求 □劳动者正确佩戴 □劳动者未正确佩戴或未佩戴	□未设置警示标识 □已设置： □当心中毒 □戴防尘口罩 □戴防毒口罩 □戴防护手套 □注意通风 □高毒物质告知卡	□使用机械化、自动化设备，产生有害气体设备设置通风排毒装置 □使用设备泄漏通风联锁 □使用通风排毒应急通风装置	
废水处理	□酚 □氰化物 □氢氧化钠 □盐酸 □其他粉尘	□未进行检测 □已检测： □无超标 □有超标 超标因素种类/岗位 ＿＿＿／＿＿＿ ＿＿＿／＿＿＿	□未配备个体防护用品 □已配备： □个体防护用品满足防护要求 □个体防护用品不满足防护要求 □劳动者正确佩戴 □劳动者未正确佩戴或未佩戴	□未设置警示标识 □已设置： □当心中毒 □戴防尘口罩 □戴防毒口罩 □戴防护手套 □注意通风 □高毒物质告知卡	□使用机械化、自动化污水处理设备，产生有害气体设备设置通风排毒装置 □使用设备泄漏通风联锁 □使用通风排毒应急通风装置 □设置应急冲淋设施	

续表

场所/环节	重点职业病危害因素	职业病危害因素检测	个体防护用品配备	警示标识设置	主要职业病防护设施	存在问题
三、炼铁						
原料准备与上料	□煤尘 □矽尘 □其他粉尘 □一氧化碳	□未进行检测 □已检测： 　□无超标 　□有超标 超标因素种类/岗位 ＿＿／＿＿	□未配备个体防护用品 □已配备： 　□个体防护用品满足防护要求 　□个体防护用品不满足防护要求 　□劳动者未正确佩戴或未佩戴	□未设置警示标识 □已设置： 　□当心中毒 　□注意防尘 　□戴防尘口罩 　□戴防护手套 　□注意通风 　□高毒物质告知卡	●使用机械化、自动化程度高的输送设备 ●使用防尘网或喷水抑尘装置 ●使用通风除尘装置 ●皮带输送机和皮带廊直密闭 ●地面设置负压清扫设施或水冲洗和喷洒水抑尘措施 ●煤粉仓设置一氧化碳报警设施	
高炉	□煤尘 □矽尘 □其他粉尘 □一氧化碳	□未进行检测 □已检测： 　□无超标 　□有超标 超标因素种类/岗位 ＿＿／＿＿	□未配备个体防护用品 □已配备： 　□个体防护用品满足防护要求 　□个体防护用品不满足防护要求 　□劳动者未正确佩戴或未佩戴	□未设置警示标识 □已设置： 　□当心中毒 　□注意防尘 　□戴防尘口罩 　□戴防护手套 　□注意通风 　□高毒物质告知卡	●产尘点设置除尘装置 ●设置固定式一氧化碳检测报警仪 ●热修平台上应当设有移动喷雾风扇 ●高炉作业区附近的公辅设施室内建筑物设施正压送风 ●现场设置空调、具有隔声功能的休息室或操作室	
高炉炉前平台	□煤尘 □矽尘 □其他粉尘 □二氧化硫 □一氧化碳 □氮氧化物 □铅烟（烊生） □多环芳烃	□未进行检测 □已检测： 　□无超标 　□有超标 超标因素种类/岗位 ＿＿／＿＿	□未配备个体防护用品 □已配备： 　□个体防护用品满足防护要求 　□个体防护用品不满足防护要求 　□劳动者未正确佩戴或未佩戴	□未设置警示标识 □已设置： 　□当心中毒 　□注意防尘 　□戴防尘口罩 　□戴防护手套 　□注意通风 　□高毒物质告知卡	●高炉出铁场场沟、铁罐等处设置密封罩和除尘二次除尘系统 ●出铁口、铁水口换气、撒渣器、摆动流嘴、渣沟等产尘处应当设置密闭式吸风罩 ●设置固定式一氧化碳检测报警仪 ●现场设置空调、具有隔声功能的休息室或操作室	

续表

场所/环节	重点职业病危害因素	职业病危害因素检测	个体防护用品配备	警示标识设置	主要职业病防护设施	存在问题
电除尘放灰平台	□煤尘 □矽尘 □其他粉尘 □一氧化碳	□未进行检测 □已检测： □无超标 □有超标 超标因素种类/岗位 ___/___	□未配备个体防护用品 □已配备： □个体防护用品满足防护要求 □个体防护用品不满足防护要求 □劳动者正确佩戴 □劳动者未正确佩戴或未佩戴	□未设置警示标识 □已设置： □当心中毒 □注意防尘 □戴防尘口罩 □注意通风 □高毒物质告知卡	□设置固定式一氧化碳检测报警仪 □放出的灰尘应当采用密封车辆或专用容器运送 □地面负压清扫设施或水冲洗和喷洒水抑尘措施	
铁水罐库	□煤尘 □矽尘 □铁及其化合物粉尘 □其他粉尘	□未进行检测 □已检测： □无超标 □有超标 超标因素种类/岗位 ___/___	□未配备个体防护用品 □已配备： □个体防护用品满足防护要求 □个体防护用品不满足防护要求 □劳动者正确佩戴 □劳动者未正确佩戴或未佩戴	□未设置警示标识 □已设置： □注意防尘 □戴防尘口罩 □注意通风	□设置通风除尘设施，确保除尘系统正常运行 □厂房应当设有自然通风，屋顶应当设天窗	
铸铁机	□煤尘 □铸造粉尘 □其他粉尘	□未进行检测 □已检测： □无超标 □有超标 超标因素种类/岗位 ___/___	□未配备个体防护用品 □已配备： □个体防护用品满足防护要求 □个体防护用品不满足防护要求 □劳动者正确佩戴 □劳动者未正确佩戴或未佩戴	□未设置警示标识 □已设置： □注意防尘 □戴防尘口罩 □戴防护手套 □注意通风 □高毒物质告知卡	□铸铁机车间主要操作室及工作间，应当设置通风除尘设施 □铸铁机操作室应当设置空调及通信、信号装置	

续表

场所/环节	重点职业病危害因素	职业病危害因素检测	个体防护用品配备	警示标识设置	主要职业病防护设施	存在问题
机电检维修	□电焊烟尘 □有机溶剂(黏合剂)	□未进行检测 □已检测 □无超标 □有超标 超标因素种类/岗位 ___/___ ___/___ ___/___	□未配备个体防护用品 □已配备: □个体防护用品满足防护要求 □个体防护用品不满足防护要求 □劳动者正确佩戴 □劳动者未正确佩戴或未佩戴	□未设置警示标识 □已设置: □当心中毒 □注意防尘 □戴防尘口罩 □戴防护手套 □注意通风 □高毒物质告知卡	单独机电维检间应设自然通风 焊接点应设置固定或移动式烟气除尘设施	

四、炼钢

场所/环节	重点职业病危害因素	职业病危害因素检测	个体防护用品配备	警示标识设置	主要职业病防护设施	存在问题
原料上料	□煤尘 □砂尘 □其他粉尘 □一氧化碳 □二氧化硫	□未进行检测 □已检测 □无超标 □有超标 超标因素种类/岗位 ___/___ ___/___ ___/___	□未配备个体防护用品 □已配备: □个体防护用品满足防护要求 □个体防护用品不满足防护要求 □劳动者正确佩戴 □劳动者未正确佩戴或未佩戴	□未设置警示标识 □已设置: □当心中毒 □注意防尘 □戴防尘口罩 □戴防护手套 □注意通风 □高毒物质告知卡	使用机械化、自动化程度高的上料系统 物料输送跌落点应当设集尘罩和除尘器 破碎机、筛分机宜采用整体密闭 脱硫、扒渣等可能发生煤气泄漏的场所设置固定式一氧化碳检测报警仪 地面清扫应进行湿式或负压清扫	
混铁炉	□煤尘 □砂尘 □其他粉尘 □二氧化碳 □二氧化硫 □氟化物	□未进行检测 □已检测 □无超标 □有超标 超标因素种类/岗位 ___/___ ___/___ ___/___	□未配备个体防护用品 □已配备: □个体防护用品满足防护要求 □个体防护用品不满足防护要求 □劳动者正确佩戴 □劳动者未正确佩戴或未佩戴	□未设置警示标识 □已设置: □当心中毒 □注意防尘 □戴防尘口罩 □戴防护手套 □注意通风 □高毒物质告知卡	采用机械化、自动化、管道化、密闭化生产设备,作业场所保持空气流通 使用通风设备 产尘、烟气点应当设置固定式一氧化碳检测报警装置 通风管道应当设调节阀板反测试孔 入口应设置空调操作室 各除尘器出入口应当设置湿式除尘或负压清扫设施 作业平台应合设置湿式除尘或负压清扫设施	

续表

场所/环节	重点职业病危害因素	职业病危害因素检测	个体防护用品配备	警示标识设置	主要职业病防护设施	存在问题
炼钢（转炉平台）	□煤尘 □矽尘 □其他粉尘 □锰及其化合物 □一氧化碳	□未进行检测 □已检测 □无超标 □有超标 超标因素种类/岗位___	□未配备个体防护用品 □已配备： □个体防护用品不满足防护要求 □劳动者未正确佩戴或未佩戴	□未设置警示标识 □已设置： □当心中毒 □注意防尘 □戴防尘口罩 □戴防护手套 □注意通风 □高毒物质告知卡	□设置炼钢转炉一次除尘系统和转炉二次除尘系统 □加强钢操作和兑铁水操作应当设置抽风系统，除尘系统 □转炉一次烟气应当设置煤气净化系统，二次烟气除尘应当设置抽风除尘固定式 □煤气危险区人员作业应当设置一氧化碳检测报警仪 □作业平台应当设置负压清扫设施或湿式抑尘措施 □设置空调操作室	
精炼（LF炉/RH炉/VD炉测温取样）	□煤尘 □矽尘 □其他粉尘 □锰及其化合物 □一氧化碳	□未进行检测 □已检测 □无超标 □有超标 超标因素种类/岗位___	□未配备个体防护用品 □已配备： □个体防护用品不满足防护要求 □劳动者未正确佩戴或未佩戴	□未设置警示标识 □已设置： □当心中毒 □注意防尘 □戴防尘口罩 □戴防护手套 □注意通风 □高毒物质告知卡	□钢包精炼炉（LF炉、RH炉）、钢包吹氩站设置除尘系统并保持良好运行，每个工位应设置粉尘收集罩 □出入口和作业现场设置固定式一氧化碳检测报警仪 □作业平台设置负压清扫设施或湿式抑尘措施，具有隔声功能的休息室 □设置空调操作室	
连铸	□煤尘 □矽尘 □其他粉尘 □锰及其化合物 □一氧化碳	□未进行检测 □已检测 □无超标 □有超标 超标因素种类/岗位___	□未配备个体防护用品 □已配备： □个体防护用品不满足防护要求 □劳动者未正确佩戴或未佩戴	□未设置警示标识 □已设置： □当心中毒 □注意防尘 □戴防尘口罩 □戴防护手套 □注意通风 □高毒物质告知卡	□连铸钢包作业、中间罐倾翻作业平台应当连铸机的结晶器、火焰切割与火焰清理机，作业平台应当设置通风除尘装置 □抑尘措施 □车间出入口和整备车机，火焰切割场所应当设置一氧化碳报警器 □现场设置负压清扫设施或湿式抑尘措施，具有隔声功能的休息室 □设置空调操作室	

续表

场所/环节	重点职业病危害因素	职业病危害因素检测	个体防护用品配备	警示标识设置	主要职业病防护设施	存在问题
五、轧钢						
热轧	□氧化铁粉尘 □一氧化碳 □氮氧化物 □丙烯酸 □苯系物	□未进行检测 □已检测： □无超标 □有超标 超标因素种类/岗位 ___／___ ___／___	□未配备个体防护用品 □已配备： □个体防护用品满足防护要求 □个体防护用品不满足防护要求 □劳动者未正确佩戴或未佩戴	□未设置警示标识 □已设置： □当心中毒 □注意防尘 □戴防护手套 □戴防护眼镜 □戴防尘口罩	□在热轧加热炉位置设置排气罩,及时将有害气体引至脱硝系统 □在热轧加热段设置一氧化碳报警仪 □在热轧粗轧段、精轧段设置布袋除尘器 □在热轧板板卷取处采用自动喷码技术 □在热轧车间设置机械通风与自然通风相结合的通风设置 □现场设置内设空调、具有隔声隔热功能的休息室或操作室	
冷轧	□氧化铁粉尘 □一氧化碳 □酸雾 □臭氧 □铬酸盐 □氮氧化物 □苯系物 □铅及其化合物 □偏钒酸铵化合物 □丙烯酸 □乙酸丁酯 □氟化氢 □丙烯酸	□未进行检测 □已检测： □无超标 □有超标 超标因素种类/岗位 ___／___ ___／___	□未配备个体防护用品 □已配备： □个体防护用品满足防护要求 □个体防护用品不满足防护要求 □劳动者未正确佩戴或未佩戴	□未设置警示标识 □已设置： □当心中毒 □注意防尘 □戴防护手套 □戴防护眼镜 □戴防尘口罩	□冷轧酸洗槽采用水封闭式结构进行密封,并在酸洗段区入口处设立酸雾吸收装置 □在可能产生油雾区域的五活套连轧机、镀锌作业段可能产生退火区域的连退、连轧清洗段、镀锌精洗段等分别设置排风系统 □罩式炉产生烟气的整火退出炉上方,其燃烧炉及镀锌生产线镀锌出炉上方、及可能排出卷焊接的烟气和逸散的毒物均设置排风系统 □在钢卷出料和卷焊接处设置除尘罩、及时排除出焊出氧化铁的投料和下料口设置除尘系统 □现场再生站设置内设空调、具有隔声隔热功能的休息室或操作室	

续表

场所/环节	重点职业病危害因素	职业病危害因素检测	个体防护用品配备	警示标识设置	主要职业病防护设施	存在问题
六、公用工程						
煤气站	□煤尘 □矽尘 □一氧化碳 □氮氧化物 □二氧化硫	□未进行检测 □已检测： □无超标 □有超标 超标因素种类/岗位 _____/_____	□未配备个体防护用品 □已配备： □个体防护用品不满足防护要求 □劳动者未正确佩戴或佩戴	□未设置 □已设置： □当心中毒 □注意防尘 □戴防尘口罩 □注意通风	□煤气发生炉在煤粉投料口和煤渣下料口设置除尘器 □煤气炉、一氧化碳化检测装置音报警仪 □煤气的隔断装置、眼镜阀、扇形阀或敞开式捕断装置不应安装在厂房内或通风不良处，水封装置应有能够检查水封高度和水位溢流的排水口	
水处理系统	□其他粉尘 □酸 □碱 □氯 □硫化氢 □联氨	□未进行检测 □已检测： □无超标 □有超标 超标因素种类/岗位 _____/_____	□未配备个体防护用品 □已配备： □个体防护用品不满足防护要求 □劳动者未正确佩戴或佩戴	□未设置 □已设置： □当心中毒 □当心腐蚀 □戴防尘口罩 □戴防护手套 □注意通风	□除盐水站、污水处理等场所存在在酸碱、氨等腐蚀性物质的工作场所应当设喷淋洗眼装置和急救药箱 □在液氨或氨水储存间、除盐水站酸碱间、给水加氨间、电气电缆层应设机械通风，空压机间通风换气次数不少于12次/时 □污水处理间应当采用自然通风与机械通风相结合的通风系统	
检维修系统	□电焊烟尘 □其他粉尘 □锰及其化合物 □臭氧 □氮氧化物 □一氧化碳及苯系物	□未进行检测 □已检测： □无超标 □有超标 超标因素种类/岗位 _____/_____	□未配备个体防护用品 □已配备： □个体防护用品不满足防护要求 □劳动者未正确佩戴或佩戴	□未设置 □已设置： □注意防尘 □当心中毒 □戴防尘口罩 □戴防护眼镜 □戴防护手套 □注意通风 □高毒物质告知卡	□设备检修、维护中涉及地下管道、密闭地下室、罐类等密闭空间作业时，清淤作业时应当采取测氧、测曝、测毒 □焊接官采取固定或者移动式烟气收集装置 □皮轮接作业应当采用无毒或低毒素结剂，并设置局部通风机械通风排毒单 □维修厂房设置机械通风和自然通风相结合的通风系统	

(二) 有色金属冶炼

一、火法冶炼

场所/环节	重点职业病危害因素	职业病危害因素检测	个体防护用品配备	警示标识设置	主要职业病防护设施	存在问题
备料	煤尘 矽尘 氧化铝粉尘 萤石粉尘 铅尘 其他粉尘	□未进行检测 □已检测： □无超标 □有超标 超标因素种类/岗位___	□未配备个体防护用品 □已配备： □个体防护用品满足防护要求 □个体防护用品不满足防护要求 □劳动者正确佩戴 □劳动者未正确佩戴或未佩戴	□未设置警示标识 □已设置： □注意防尘 □当心中毒 □戴防尘口罩 □注意通风 □高毒物质告知卡	□原料输送宜采用密闭化、机械化、自动化程度高的输送设备，凡有扬尘点应当采用人工或局部通风除尘装置 □禁止采用破碎、给料、振动抓斗等产生粉尘的设备通道应当设逸尘装置，并应当设喷雾装置 □露天料场或储存应当设置围挡、喷淋装置 □氟化铝企业应当设氟化盐、氧化铝在储存中必须有防水、防氟散漏措施 □铝冶炼过程中必须采用有司车辆浮置破碎点破碎设备清扫粉尘；破碎点应采取湿式或使用负压工业吸尘器等设施	
粗炼	煤尘 矽尘 萤石粉尘 铅尘 其他粉尘 铅烟 二氧化碳 氮氧化物 氟化氢、氟化物 氧化锌 铜烟 氧化锡 二氧化锡	□未进行检测 □已检测： □无超标 □有超标 超标因素种类/岗位___	□未配备个体防护用品 □已配备： □个体防护用品满足防护要求 □个体防护用品不满足防护要求 □劳动者正确佩戴 □劳动者未正确佩戴或未佩戴	□未设置警示标识 □已设置： □注意防尘 □当心中毒 □戴防尘口罩 □注意通风 □高毒物质告知卡	□物料输送宜采取管道正压输送或密闭固埋刮板配输送，出渣口等活动溜管产生粉尘点应设密闭加料固定式密闭罩等有毒有害气体检测入口上方的金属出渣口等设置密闭罩并净化排放、鼓风炉局部排烟罩及链板密闭罩和净化报警仪 □点火炉、烟尾部应当设置破碎密闭罩并净化装置 □烧结点应当采取密闭鼓风凝聚闭式烧结机、机尾部应当设置破碎机及链板密闭罩和净化装置 □铅冶炼宜采用密闭鼓风炉冷凝器铅泵池上方反应冷却设置分离槽和储锌槽等放散烟气净化装置 □铅结冶炼宜采用密闭鼓风炉冷凝器铅泵池上方反应冷却设置分离槽和储锌槽等放散烟囱门处，高温熔融金属吊运应当安装铸造车吊机司机室空调与净化空气净化装置	

续表

场所/环节	重点职业病危害因素	职业病危害因素检测	个体防护用品配备	警示标识设置	主要职业病防护设施	存在问题
精炼	□煤尘 □矽尘 □氧化铝粉尘 □铅尘、铅烟 □其他粉尘 □一氧化碳 □二氧化硫 □氧化锌 □二氧化锡 □氟、氟化氢 □氟化物 □铜烟	□未进行检测 □已检测 　□无超标 　□有超标 超标因素种类/岗位 _____ _____	□未配备个体防护用品 □已配备： 　□个体防护用品满足防护要求 　□个体防护用品不满足防护要求 　□劳动者未正确佩戴或未佩戴	□未设置警示标识 □已设置： 　□当心中毒 　□注意防尘 　□戴防尘口罩 　□注意通风 　□高毒物质告知卡	□进料应当采用自动化控制，加料口应当安装排烟罩和净化装置，加料口应当采用气封，并保持负压状态，防止烟尘外逸，避免人工直接操作 □物料输送采取输送管道浓相泵正压输送或密闭理刮板输送机输送，对主产尘区域应当采用新型脉冲除尘装置减少粉尘扩散 □作业场所产生烟气点安装局部通风排毒设备；冶炼应当设置密闭式排烟罩、活动渣溜等设置放散排气固定的部位应移动式排烟罩 □向熔炼炉加入粉料、碎料生逸散措施。铅锡冶炼应当采取抑制粉尘散发装置，铅铅冶炼反射炉加料、放铅、放渣槽、熔铅钢和反射炉应当采取净化通风车司机室，均应当安装安装风除尘净化装置 □熔金属锅和浇铸机除尘净化装置密闭排风罩或吹吸式通风除尘净化装置 □对可能产生二氧化硫、一氧化碳等有毒有害气体的场所设置固定式有毒有害气体检测报警仪	

续表

场所/环节	重点职业病危害因素	职业病危害因素检测	个体防护用品配备	警示标识设置	主要职业病防护设施	存在问题
铝冶炼（铝电解）	氧化铝粉尘 萤石粉尘 其他粉尘 沥青烟气 二氧化碳 一氧化碳 氮化物 氟化氢 氟化物	□未进行检测 □已检测： □无超标 □有超标 超标因素种类/岗位___	□未配备个体防护用品 □已配备： □个体防护用品满足防护要求 □个体防护用品不满足防护要求 □劳动者正确佩戴 □劳动者未正确佩戴或未佩戴	□未设置警示标识 □已设置： □当心中毒 □注意防尘 □戴防尘口罩 □注意通风 □高毒物质告知卡	□采用机械化、自动化控制氧化铝和氟化盐加料，加料、运输设备的地点应加装、加料场所安装除尘净化装置，并避免人工直接操作 □铝冶炼作业场所保持良好通风，采用机械化、密闭化，自动化工艺与设备和全自动焙烧预焙槽 □电解烟气应当密闭、净化处理，密闭罩应当设置观察孔；自焙槽阳极糊烟气设备上的积气应当负压吸排 □电解槽和电解槽上的积气应当负压吸排 □配置清扫、阳极棒、喷丸机械的喷吹除尘器具，禁止采用压缩空气喷吹；清扫作业时，阳极棒、喷丸等设备应当独立密闭作业间，作业人员应在室外操作	
二、湿法冶炼						
湿法电解	硫酸 硝酸 盐酸 氢氟酸 氢氧化钠 氟化氢 硫化氢	□未进行检测 □已检测： □无超标 □有超标 超标因素种类/岗位___	□未配备个体防护用品 □已配备： □个体防护用品满足防护要求 □个体防护用品不满足防护要求 □劳动者正确佩戴 □劳动者未正确佩戴或未佩戴	□未设置警示标识 □已设置： □小心腐蚀 □当心中毒 □注意通风 □戴防酸碱面罩 □戴防护手套 □高毒物质告知卡	□设备和管道应当采取有效的密闭措施，产生或可能存在有强酸强碱等强腐蚀性物质的工作场所应当设置喷淋洗眼器，必要时设置应急撤离通道 □密闭的电解槽（阳极门封闭膜）上宜加设封盖；电解槽残液应设专用车辆运输，不得露天堆放，防止残液流失和逸散 □制造佳和酸铝的设备及相关设施采取密闭排风装置 □贵金属银电解释放设备应采取密闭措施所，金属泥、铅渣、锌、铅等设备应排风配置有效净化设施 □使用大量酸、氟化铜等生产车间应采用自动化的工艺；酸槽采取固定式或便携式有毒有害气体检测报警仪 □对可能产生砷化氢等有毒有害气体的场所应当配备固定式或便携式有毒有害气体检测报警仪	

三、石油化工领域用人单位职业病危害情况及防护设施自查表

（一）炼油部分

装置/环节	重点职业病危害因素	职业病危害因素检测	个体防护用品配备	警示标识设置	主要职业病防护设施	存在问题
常减压装置	□硫化氢 □氨 □汽油 □柴油 □液化石油气 □其他化学因素	□未进行检测 □已检测： 　□无超标 　□有超标 超标因素种类/岗位 ＿＿＿／＿＿＿ ＿＿＿／＿＿＿ ＿＿＿／＿＿＿	□未配备个体防护用品 □已配备： 　□个体防护用品满足防护要求 　□个体防护用品不满足防护要求 　□劳动者正确佩戴 　□劳动者未正确佩戴或未佩戴	□未设置警示标识 □已设置： 　□当心中毒 　□戴防毒面具 　□戴防毒口罩 　□戴防护手套 　□穿防护服 　□注意通风 　□高毒物告知卡	□优先选择注氨替代工艺，联合设置轻烃回收装置进行轻组分回收，外排含烃气体可送至油气回收装置 □可能存在含硫化氢物料的使用耐腐蚀、耐高温的设备或管线 □采用自动化加氢工艺，加氨同设置通风设施 □含硫化氢污水、含油污水密闭处理 □含硫化氢、氨等可燃及有毒介质物料采用密闭取样方式 □可能发生含硫化氢物料泄漏区域设置固定式硫化氢报警仪 □注氨区域及其他可能含氨物料泄漏区域设置固定式氨报警仪 □氨罐、氨泵附近应当设置喷淋洗眼器 □选用无毒、低毒助剂，助剂添加方式，助剂添加区域应当设置密闭喷淋洗眼器	

· 612 ·

续表

装置/环节	重点职业病危害因素	职业病危害因素检测	个体防护用品配备	警示标识设置	主要职业病防护设施	存在问题
催化裂化	□硫化氢 □氢氧化钠 □一氧化碳 □汽油 □柴油 □二氧化硫 □N-甲基二乙醇胺 □其他化学因素	□未进行检测 □已检测： □无超标　□有超标 超标因素种类/岗位 ＿＿＿／＿＿＿ ＿＿＿／＿＿＿ ＿＿＿／＿＿＿	□未配备个体防护用品 □已配备： □个体防护用品满足防护要求 □个体防护用品不满足防护要求 □劳动者正确佩戴 □劳动者未正确佩戴或未佩戴	□未设置警示标识 □已设置： □当心中毒 □当心防尘 □当心腐蚀 □有防毒面具 □戴防尘口罩 □戴防毒口罩 □戴防护手套 □穿防护服 □注意通风 □高毒物质告知卡	□催化剂添加系统优先选用密闭料仓及泵输的自动添加方式 □催化剂加、卸口应当设置通风除尘设施，配备可移动式地面吸尘器等防止二次扬尘的清扫设施 □可能存在含硫化氢物料的使用或产生的设备及管线 耐高温的设备或管线 □可能发生含硫化氢物料泄漏区域设置固定式含硫化氢报警仪，含硫化氢物料采用密闭采样系统，设置密闭采样器 □含硫化氢污水、含污油污水、原料油缓冲罐、提升管处理器等采用密闭操作，机械化设备 □可能发生一氧化碳泄漏区域设置固定式一氧化碳检测报警仪 □氢氧化钠添加区、汽油脱硫碱区应当采用密闭操作，氢氧化钠储罐区、汽油脱硫碱区应当设置喷淋洗眼器 □纯化剂储存及添加优先采用自动化的投加工艺 □臭氧发生器平台或可能发生臭氧泄漏区域设置固定式臭氧检测报警仪	

续表

装置/环节	重点职业病危害因素	职业病危害因素检测	个体防护用品配备	警示标识设置	主要职业病防护设施	存在问题
延迟焦化	□硫化氢 □汽油 □柴油 □液化石油气 □其他化学因素 □其他粉尘	□未进行检测 □已检测： □无超标 □有超标 超标因素种类/岗位 ___/___ ___/___ ___/___	□未配备个体防护用品 □已配备： □个体防护用品满足防护要求 □个体防护用品不满足防护要求 □劳动者正确佩戴 □劳动者未正确佩戴或未佩戴	□未设置警示标识 □已设置： □当心中毒 □注意防尘 □戴防毒面具 □戴防毒口罩 □戴防尘口罩 □戴防护手套 □穿防护服 □注意通风 □高毒物质告知卡	□应当采用水力切焦工艺；除焦池可设置密封盖板，外排气体宜采用自动化、机械化、密闭化输送焦工艺，并设置可移动式地面吸尘设施 □高温可能存在含硫化氢设备或管线耐高温的使用设备或管线的使用设备耐腐蚀、耐高温的使用 □可能发生含硫化氢物料泄漏区域应当设置固定式硫化氢报警仪，含硫化氢物料采样系统应当设置密闭采样器 □含硫化氢污水，含油污水密闭处理 □可能发生含氨物料泄漏区域应当设置固定式氨报警仪，含氨物料采样系统应当设置密闭采样器	
加氢裂化	□硫化氢 □氨 □液化石油气 □汽油 □柴油 □石脑油 □二甲基二硫 □N-甲基二乙醇胺 □其他化学因素	□未进行检测 □已检测： □无超标 □有超标 超标因素种类/岗位 ___/___ ___/___ ___/___	□未配备个体防护用品 □已配备： □个体防护用品满足防护要求 □个体防护用品不满足防护要求 □劳动者正确佩戴 □劳动者未正确佩戴或未佩戴	□未设置警示标识 □已设置： □当心中毒 □注意防尘 □戴防毒面具 □戴防毒口罩 □戴防护手套 □穿防护服 □注意通风 □高毒物质告知卡	□含硫污水输送至酸性水汽提、富胺液输送至溶剂再生，外排气经气体管线回收装置 □可能存在含硫化氢物料泄漏区域应当设耐高温的使用设备或管线耐腐蚀、耐高温的使用 □可能发生含硫化氢物料泄漏区域应当设置固定式硫化氢报警仪，喷淋洗眼器，含硫化氢物料采样系统应当设置密闭采样器 □采用自动加氨工艺，可能发生含氨物料泄漏区域应当设置固定式氨报警仪，喷淋洗眼器，含氨物料储罐区域应当设置通风设施 □硫化氢压缩机区域及胺液罐区应当设置喷淋洗眼器 □循环氢压缩机区域及胺液罐区应当设置喷淋洗眼器 □硫化氢污水，含油污水密闭处理	

续表

装置/环节	重点职业病危害因素	职业病危害因素检测	个体防护用品配备	警示标识设置	主要职业病防护设施	存在问题
连续重整装置	□硫化氢 □氨 □四氯乙烯 □氢氧化钠 □液化石油气 □石脑油 □汽油 □苯、甲苯、二甲苯 □二甲基二硫 □其他粉尘	□未进行检测 □已检测： 　□无超标 　□有超标 超标因素种类/岗位 _____ _____ _____	□未配备个体防护用品 □已配备： 　□个体防护用品满足防护要求 　□个体防护用品不满足防护要求 　□劳动者正确佩戴 　□劳动者未正确佩戴或未佩戴	□未设置警示标识 □已设置： 　□当心中毒 　□注意防尘 　□注意防腐蚀 　□戴防毒面具 　□戴防毒口罩 　□戴防尘口罩 　□戴防护手套 　□穿防护服 　□注意通风 　□高毒物质告知卡	□催化剂添加系统优先选用密闭料仓及泵输的自动添加方式 □催化剂加、卸料口应当设置通风除尘设施，配备可移动式地面吸尘器防止二次扬尘的清扫设施 □可能存在含硫化氢物料的使用而腐蚀、耐高温的设备污水管线 □含硫化氢污水、含油污水密闭处理 □可能发生含硫化氢物料泄漏区域应当设置固定式采样装置采样仪、含硫化氢报警器 □采样系统应当采用密闭采样器 □可能发生液化石油气泄漏的位置设置固定式可燃气体报警仪 □存在可能发生含苯物料泄漏区域应当设置固定式苯报警仪，含苯物料采用密闭采样系统 □可能存在四氯乙烯、二甲基二硫、氢氧化钠等物质的区域设置喷淋洗眼器 □氨罐、氨压缩机等处采用自动化，密闭化的生产工艺，氨压缩机附近采用氨喷淋洗眼器，在所有可能泄漏氨的位置设置固定式氨检测报警仪	

续表

装置/环节	重点职业病危害因素	职业病危害因素检测	个体防护用品配备	警示标识设置	主要职业病防护设施	存在问题
汽油吸附脱硫	□汽油 □二甲基二硫 □硫化氢 □二氧化碳 □其他粉尘	□未进行检测 □已检测： □无超标 □有超标 超标因素种类/岗位 ___/___	□未配备个体防护用品 □已配备： □个体防护用品满足防护要求 □个体防护用品不满足防护要求 □劳动者未正确佩戴或未佩戴	□未设置警示标识 □已设置： □当心中毒 □注意防尘 □戴防毒面具 □戴防毒口罩 □戴防尘口罩 □戴防护手套 □穿防护服 □注意通风 □高毒物质告知卡	□吸附剂添加系统应当优先选择密闭料仓及泵输送的自动添加方式 □吸附剂添加、卸料口应当设置通风除尘设施，配备可移动式地面吸尘器等防止二次扬尘的清扫设施 □含硫化氢污水、含油污水密闭处理 □脱硫反应器、吸附剂冷却器、过滤器、再生烟气卸气硫化氢装置、换热器等含二氧化硫介质的生产设备应当密闭 □在碱罐和装卸硫化氢物料的设备应当使用耐腐蚀、耐高温的设备或管线 □可能存在含硫化氢泄漏区域应设置固定式硫化氢报警器，喷淋洗眼器，含硫化氢物料采样系统应当设置密闭采样器	
溶剂脱沥青	□硫化氢 □渣油 □石油沥青 □丙烷/异丁烷 □其他化学因素	□未进行检测 □已检测： □无超标 □有超标 超标因素种类/岗位 ___/___	□未配备个体防护用品 □已配备： □个体防护用品满足防护要求 □个体防护用品不满足防护要求 □劳动者未正确佩戴或未佩戴	□未设置警示标识 □已设置： □当心中毒 □戴防毒面具 □戴防毒口罩 □戴防护手套 □穿防护服 □注意通风 □高毒物质告知卡	□可能存在含硫化氢物料的使用耐腐蚀、耐高温的设备或管线 □含硫化氢污水、含硫化氢废气应当密闭处理 □含硫化氢发生固定式硫化氢检测报警仪，含硫化氢物料泄漏区域应设置喷淋洗眼器 □装置固定采样区应当设置密闭采样器	

续表

装置/环节	重点职业病危害因素	职业病危害因素检测	个体防护用品配备	警示标识设置	主要职业病防护设施	存在问题
制氢装置	□硫化氢 □一氧化碳 □甲烷	□未进行检测 □已检测： 　□无超标 　□有超标 超标因素种类/岗位___／___	□未配备个体防护用品 □已配备： 　□个体防护用品不满足防护要求 　□劳动者未正确佩戴或未佩戴	□未设置警示标识 □已设置： 　□当心中毒 　□戴防毒面具 　□戴防毒口罩 　□戴防护手套 　□穿防护服 　□注意通风 　□高毒物质告知卡	▶存在可能发生一氧化碳泄漏区域应当设置固定式一氧化碳检测报警仪，含一氧化碳物料采样系统应当设置密闭采样器 ▶可能存在含硫化氢耐高温的设备应使用耐腐蚀、耐高温的设备或管线 ▶含硫化氢设备污水密闭处理 ▶可能发生含硫化氢物料泄漏区域应当设置固定式硫化氢检测报警仪，含硫化氢物料采样系统应当设置密闭采样器	
硫黄回收装置	□硫化氢 □氨 □N-甲基二乙醇胺 □二氧化硫 □其他粉尘	□未进行检测 □已检测： 　□无超标 　□有超标 超标因素种类/岗位___／___	□未配备个体防护用品 □已配备： 　□个体防护用品不满足防护要求 　□劳动者未正确佩戴或未佩戴	□未设置警示标识 □已设置： 　□当心中毒 　□戴防毒面具 　□戴防尘口罩 　□戴防护手套 　□穿防护服 　□注意通风 　□高毒物质告知卡	▶液硫池密封、加装抽气设施、集中净化处理 ▶硫黄自动化、成型包装，厂房应设置通风设施，外排气体采用自动化、包装下料口设有含硫化氢除尘设施，密闭化程度高应通风除尘设施 ▶可能存在含硫化氢物料泄漏区域应当设置固定式硫化氢报警仪，含硫化氢物料采样系统应当设置密闭采样器 ▶可能发生含二氧化硫介质的生产设备应当密闭 ▶可能含有N-甲基二乙醇胺的生产化工工艺，在可能泄漏的区域应当设置喷淋洗眼器 ▶硫黄成型包装区域应当设喷淋洗眼器	

续表

装置/环节	重点职业病危害因素	职业病危害因素检测	个体防护用品配备	警示标识设置	主要职业病防护设施	存在问题
酸性水汽提、溶剂再生	□硫化氢 □氨 □N-甲基二乙醇胺 □其他化学因素 ____	□未进行检测 □已检测： □无超标 □有超标 超标因素种类/岗位 ____/____	□未配备个体防护用品 □已配备： □个体防护用品满足防护要求 □个体防护用品不满足防护要求 □劳动者正确佩戴 □劳动者未正确佩戴或未佩戴	□未设置警示标识 □已设置： □当心中毒 □当心腐蚀 □戴防毒面具 □戴防毒口罩 □戴防护手套 □穿防护服 □注意通风 □高毒物质告知卡	□可能存在含硫化氢物料的使用耐腐蚀、耐高温材质的设备或管线 □可能发生含硫化氢物料泄漏区域应当设置固定式含硫化氢检测报警仪，含油污水物料采样系统应当设置密闭采样器 □酸性水泵、含硫物料脱气罐、酸性水汽提塔及塔顶回流罐等采用密闭化生产工艺，含氨物料采样发生含氨检测报警仪与喷淋洗眼器	存在问题
碱渣处理装置	□硫化氢 □氢氧化钠 □其他化学因素 □其他化学粉尘	□未进行检测 □已检测： □无超标 □有超标 超标因素种类/岗位 ____/____	□未配备个体防护用品 □已配备： □个体防护用品满足防护要求 □个体防护用品不满足防护要求 □劳动者正确佩戴 □劳动者未正确佩戴或未佩戴	□未设置警示标识 □已设置： □当心中毒 □当心腐蚀 □戴防毒面具 □戴防毒口罩 □戴防护手套 □穿防护服 □注意通风 □高毒物质告知卡	□碱渣处理设置室内正压时应当设置通风设施、固定式硫化氢检测报警仪，喷淋洗眼器 □滤带运输可移动式地面吸尘设施及时清理地面	
加氢装置	□氨 □硫化氢 □汽油 □柴油 □其他化学因素	□未进行检测 □已检测： □无超标 □有超标 超标因素种类/岗位 ____/____	□未配备个体防护用品 □已配备： □个体防护用品满足防护要求 □个体防护用品不满足防护要求 □劳动者正确佩戴 □劳动者未正确佩戴或未佩戴	□未设置警示标识 □已设置： □当心中毒 □当心腐蚀 □戴防毒面具 □戴防毒口罩 □戴防护手套 □穿防护服 □注意通风 □高毒物质告知卡	□可能发生含硫化氢物料泄漏区域设置固定式硫化氢检测报警仪，含硫物料采样系统应当设置密闭采样器 □可能含氨物料采样发生应当设置固定式氨检测报警仪，含氨区域应当设置通风设施 □循环氢压缩机及储罐喷淋洗眼器 □硫化氢区域及含油污水，含油污水密闭处理	

(二)化工部分

场所/环节	重点职业病危害因素	职业病危害因素检测	个体防护用品配备	警示标识设置	主要职业病防护设施	存在问题
乙烯裂解装置	□硫化氢 □苯、甲苯、二甲苯 □汽油 □甲醇 □一氧化碳 □二甲基二硫 □氢氧化钠 □丁二烯 □阻聚剂	□未进行检测 □已检测： □无超标 □有超标 超标因素种类/岗位____；____；____	□未配备个体防护用品 □已配备： □个体防护用品满足防护要求 □个体防护用品不满足防护要求 □劳动者正确佩戴 □劳动者未正确佩戴或未佩戴	□未设置警示标识 □已设置： □当心中毒 □当心腐蚀 □戴防毒面具 □戴防毒口罩 □穿防护手套 □穿防护服 □注意通风 □高毒物质告知卡	气体排出后统一收集至放空处理系统进行火炬处理，液体、凝液送至污油系统，气体输送至污水处理系统，管道及设备排放点及采样点设置回收设施；裂解炉、急冷器、裂解气干燥器、凝液干燥塔、急冷油分馏塔、急冷水塔、碱液塔、裂解汽油汽提塔等处采用密闭、自动化的生产工艺，在可能泄漏的位置采用固定式采样系统，含苯物料采样采用密闭采样装置；裂解炉等设置固定式一氧化碳报警仪；可能泄漏检测报警仪；硫化氢检测报警仪装置附近应设置密闭式硫化氢检测采样系统、甲醇罐及碱洗区碱罐、分离区甲醇泵、甲醇装置附近应设置喷淋洗眼器	
裂解汽油加氢	□硫化氢 □苯、甲苯、二甲苯 □汽油	□未进行检测 □已检测： □无超标 □有超标 超标因素种类/岗位____；____；____	□未配备个体防护用品 □已配备： □个体防护用品满足防护要求 □个体防护用品不满足防护要求 □劳动者正确佩戴 □劳动者未正确佩戴或未佩戴	□未设置警示标识 □已设置： □当心中毒 □当心腐蚀 □戴防毒面具 □戴防毒口罩 □穿防护手套 □穿防护服 □注意通风 □高毒物质告知卡	裂解汽油加氢应当采用密闭、自动化的生产工艺，在可能泄漏的位置采用密闭式采样系统，含苯物料的使用应当耐高温的设备或管线；含硫化氢物料的采样应当密闭采样器，在可能泄漏的位置采用固定式硫化氢检测报警仪装置；含硫化氢设备应当设置密闭的区域应当相应处理，含油污水、含硫化氢污水应当密闭处理	

续表

场所/环节	重点职业病危害因素	职业病危害因素检测	个体防护用品配备	警示标识设置	主要职业病防护设施	存在问题
丁二烯抽提装置	□1,3-丁二烯 □丁烯 □乙腈 □二甲基甲酰胺 □糠醛 □甲苯 □对叔丁基苯 □二酚 □亚硝酸钠	□未进行检测； □已检测： □无超标 □有超标 超标因素种类/岗位 _____ _____	□未配备个体防护用品 □已配备： □个体防护用品满足防护要求 □个体防护用品不满足防护要求 □劳动者正确佩戴 □劳动者未正确佩戴或未佩戴	□未设置警示标识 □已设置： □当心中毒 □戴防毒口罩 □戴防护手套 □穿防护服 □注意通风	□丁二烯、二甲基甲酰胺等采用密闭采样器，相关区域设置喷淋洗眼器 □甲苯及对叔丁基苯二酚加药场所添加过程密闭化、自动化，加药场所设置喷淋洗眼器	
芳烃化工装置	□苯、甲苯、二甲苯 □白土粉尘 □环氧丙烷	□未进行检测； □已检测： □无超标 □有超标 超标因素种类/岗位 _____ _____	□未配备个体防护用品 □已配备： □个体防护用品满足防护要求 □个体防护用品不满足防护要求 □劳动者正确佩戴 □劳动者未正确佩戴或未佩戴	□未设置警示标识 □已设置： □当心中毒 □注意防尘 □戴防毒面具 □戴防尘口罩 □戴防护手套 □穿防护服 □注意通风 □高毒物质告知卡	□应当采用密闭化、自动化的生产工艺，苯产品苯采用密封性能好的屏蔽泵，自动化的生产工艺，含苯物料采用密闭采样系统，在可能泄漏相关的位置设置固定式采样装置 □在固体物的投料和下料口，并设负压吸尘设施 □固体物料应当定期通过地面冲洗设施冲洗回收 □含油污水密闭处理 □铺料场加处设置喷淋洗眼器	
乙二醇/环氧乙烷装置	□环氧乙烷 □乙二醇 □甲醛 □乙醛 □氨 □二氯乙烷 □氢氧化钠	□未进行检测； □已检测： □无超标 □有超标 超标因素种类/岗位 _____ _____	□未配备个体防护用品 □已配备： □个体防护用品满足防护要求 □个体防护用品不满足防护要求 □劳动者正确佩戴 □劳动者未正确佩戴或未佩戴	□未设置警示标识 □已设置： □当心中毒 □当心腐蚀 □戴防毒面具 □戴防毒口罩 □戴防护手套 □穿防护服 □注意通风 □高毒物质告知卡	□在氨罐、氨泵等可能泄漏氨的位置设置固定式氨检测氨泄漏报警装置 □氨罐周围设置氨气泄漏监测和围堰 □氢气用乙醇、乙二醇、氢氧化钠等腐蚀性物质的场所设置喷淋洗眼设施 □环氧乙烷反应单元三氯乙烷罐、泵以及反应器等采用自动化加料工艺	

续表

场所/环节	重点职业病危害因素	职业病危害因素检测	个体防护用品配备	警示标识设置	主要职业病防护设施	存在问题
苯酚丙酮装置	□苯 □苯酚 □丙酮 □异丙苯 □硫酸 □氢氧化钠	□未进行检测 □已检测： □无超标 □有超标 超标因素种类/岗位 ____/____ ____/____	□未配备个体防护用品 □已配备： □个体防护用品满足防护要求 □个体防护用品不满足防护要求 □劳动者正确佩戴 □劳动者未正确佩戴或未佩戴	□未设置警示标识 □已设置： □当心中毒 □当心腐蚀 □戴防毒口罩 □戴防毒手套 □穿防护服 □注意通风 □高毒物质告知卡	□含苯物料采用密闭采样系统，在可能泄漏装置以及喷淋洗眼器 □苯酚生产采用密闭装设施，以及通风设施 □丙酮生产采用密闭灌装车采用密闭化的设备，灌装产品应当设置通风设施 □酸碱罐、苯酚罐等泄险沟和围堰 □酸碱罐、苯酚罐周围设置喷淋洗眼器	
乙苯-苯乙烯装置	□苯 □甲苯 □乙苯 □苯乙烯 □氨 □阻聚剂	□未进行检测 □已检测： □无超标 □有超标 超标因素种类/岗位 ____/____ ____/____	□未配备个体防护用品 □已配备： □个体防护用品满足防护要求 □个体防护用品不满足防护要求 □劳动者正确佩戴 □劳动者未正确佩戴或未佩戴	□未设置警示标识 □已设置： □当心中毒 □戴防毒口罩 □戴防毒手套 □穿防护服 □注意通风 □高毒物质告知卡	□采用密闭化、自动化生产工艺，含苯物料采用密闭采样系统，在可能泄漏苯物料的装置设置固定式苯检测报警装置以及喷淋洗眼器 □阻聚剂采用自动添加工艺，在加料处设置喷淋洗眼器设施 □在氨压缩机等可能泄漏处设置氨检测报警仪 □置固定式氨检测报警装置	
聚乙烯装置	□乙烯 □丁烯 □正己烷 □聚乙烯粉尘 □助剂粉尘 □一氧化碳	□未进行检测 □已检测： □无超标 □有超标 超标因素种类/岗位 ____/____ ____/____	□未配备个体防护用品 □已配备： □个体防护用品满足防护要求 □个体防护用品不满足防护要求 □劳动者正确佩戴 □劳动者未正确佩戴或未佩戴	□未设置警示标识 □已设置： □当心中毒 □注意防尘 □戴防毒面具 □戴防尘口罩 □戴防毒手套 □穿防护服 □注意通风 □高毒物质告知卡	□包装机处设置局部通风除尘设施，宜采用自动化包装设施 □添加料斗处设置局部通风除尘设施，配备可移动厂房设置房全面通风设施 □动式地面吸尘器等防止二次扬尘的清扫设施 □一氧化碳化钢瓶管线密闭化，并设置一氧化碳检测报警仪	

续表

场所/环节	重点职业病危害因素	职业病危害因素检测	个体防护用品配备	警示标识设置	主要职业病防护设施	存在问题
聚丙烯装置	□丙烯 □一氧化碳 □聚丙烯粉尘 □助剂粉尘 □催化剂	□未进行检测 □已检测： □无超标 □有超标 超标因素种类/岗位 ____/____ ____/____	□未配备个体防护用品 □已配备： □个体防护用品满足防护要求 □个体防护用品不满足防护要求 □劳动者正确佩戴 □劳动者未正确佩戴或未佩戴	□未设置警示标识 □已设置： □当心中毒 □注意防尘 □戴防毒面具 □戴防尘口罩 □穿防护服 □注意通风 □高毒物质告知卡	□包装机处设置局部通风除尘设施，宜采用自动化包装工艺 □添加料斗处设置局部通风设施 □厂房内设置全面吸尘器等防止二次扬尘的清扫设施 □催化剂配制间应当设置负压密闭式 □一氧化碳钢瓶管线密闭化，并设置一氧化碳检测报警仪	
聚苯乙烯装置	□苯乙烯 □联苯-联甲醚 □聚苯乙烯粉尘 □添加剂粉尘 □引发剂	□未进行检测 □已检测： □无超标 □有超标 超标因素种类/岗位 ____/____ ____/____	□未配备个体防护用品 □已配备： □个体防护用品满足防护要求 □个体防护用品不满足防护要求 □劳动者正确佩戴 □劳动者未正确佩戴或未佩戴	□未设置警示标识 □已设置： □当心中毒 □注意防尘 □戴防毒面具 □戴防尘口罩 □穿防护服 □注意通风	□苯乙烯罐、进料泵、操作间等任何可能接触到苯乙烯的区域应当采用密闭化，自动化，并在产生工艺、橡胶切碎加料口、投加剂添加过程设置局部通风除尘设施，配备可移动式地面吸尘器等防止二次扬尘的清扫设施 □引发剂添加过程应当设置密闭式，投加剂添加过程附近设置喷淋洗眼器	
聚氯乙烯装置	□氯乙烯 □聚氯乙烯粉尘 □甲醇	□未进行检测 □已检测： □无超标 □有超标 超标因素种类/岗位 ____/____ ____/____	□未配备个体防护用品 □已配备： □个体防护用品满足防护要求 □个体防护用品不满足防护要求 □劳动者正确佩戴 □劳动者未正确佩戴或未佩戴	□未设置警示标识 □已设置： □当心中毒 □注意防尘 □戴防毒面具 □戴防尘口罩 □穿防护服 □注意通风	□在氯乙烯罐、气柜、浆料缓冲罐、汽提塔、排放阀门等可能泄漏氯乙烯的位置设置固定式氯乙烯检测报警仪 □甲醇储罐附近设置喷淋洗眼器	

国家卫生健康委办公厅关于在矿山、冶金、化工等行业领域开展尘毒危害专项治理工作的通知

（三）储运部分

装置/环节	重点职业病危害因素	职业病危害因素检测	个体防护用品配备	警示标识设置	主要职业病防护设施	存在问题
储存场所	根据实际储存的物料及物料中含有毒物质，对照《职业病危害因素分类和目录》进行识别	□未进行检测 □已检测： □无超标 □有超标 超标因素种类岗位___	□未配备个体防护用品 □已配备： □个体防护用品满足防护要求 □个体防护用品不满足防护要求 □劳动者正确佩戴 □劳动者未正确佩戴或未佩戴	□未设置警示标识 □已设置： □当心中毒 □当心腐蚀 □戴防毒口罩 □戴防毒护手套 □穿防护服 □注意通风	□化学品库房设置日常通风及事故通风，事故通风换气次数不得小于12次/小时 □苯、甲苯、二甲苯、汽油、原油、氨、柴油、酸、碱等高度危害危害物质的装卸，并设置循环净化系统，宜采用密闭方式装卸，室内应当设置新风系统，使操作室或观察室为微正压状态 □罐顶检尺、罐底脱水等操作时，在上风向操作；宜采用密闭脱水、自动检尺替代人工检尺 □高毒物料或易致急性中毒有毒作业场所，装卸区域设置固定式有毒气体检测报警仪 □储存有毒液态的储罐、储槽作业区应设置围堰，围堰容积应当不小于最大单罐地上部分储存量 □储存液态有毒物质的储罐、储槽附近应分别设置应急酸碱液装卸有毒物质储罐、储槽作冲淋洗眼装置 □储存气态、液态毒性物质储罐区设置风向标	
洗罐站	□苯 □甲苯 □二甲苯 □汽油 □柴油 □航煤	□未进行检测 □已检测： □无超标 □有超标 超标因素种类岗位___	□未配备个体防护用品 □已配备： □个体防护用品满足防护要求 □个体防护用品不满足防护要求 □劳动者正确佩戴 □劳动者未正确佩戴或未佩戴	□未设置警示标识 □已设置： □当心中毒 □戴防毒口罩 □戴防毒护手套 □穿防护服 □注意通风 □高毒物质告知卡	□人员进入罐前做好充分的蒸、置换，进行有害气体、可燃气体、氧气检测，合格后方可进入	

（四）公辅部分

装置/环节	重点职业病危害因素	职业病危害因素检测	个体防护用品配备	警示标识设置	主要职业病防护设施	存在问题
化验部分	□硫酸 □盐酸 □氯仿 □氢氧化钠 □苯系物 □甲醇 □正己烷 □二硫化碳 □汽油	□未进行检测 □已检测： □无超标 □有超标 超标因素种类/岗位 ＿＿＿／＿＿＿ ＿＿＿／＿＿＿	□未配备个体防护用品 □已配备： □个体防护用品满足防护要求 □个体防护用品不满足防护要求 □劳动者正确佩戴 □劳动者未正确佩戴或未佩戴	□未设置警示标识 □已设置： □当心中毒 □当心腐蚀 □戴防尘口罩 □戴防毒口罩 □穿防护服 □戴防护手套 □注意通风 □高毒物质告知卡	□分析化验室内应当设置通风柜、吸风罩及轴流风机等通风 □在通风柜内进行样品间、试剂间、清洗间应当设置有通风设施及通风柜、通风样品柜 □可能发生化学灼伤的实验室应当设置有急喷淋洗眼设施 □分析化验室应当设置废气、废液及其他废物集中收集装置	
污水处理	□硫化氢 □苯 □汽油 □酚类 □盐酸 □氢氧化钠 □其他粉尘	□未进行检测 □已检测： □无超标 □有超标 超标因素种类/岗位 ＿＿＿／＿＿＿ ＿＿＿／＿＿＿	□未配备个体防护用品 □已配备： □个体防护用品满足防护要求 □个体防护用品不满足防护要求 □劳动者正确佩戴 □劳动者未正确佩戴或未佩戴	□未设置警示标识 □已设置： □当心中毒 □当心腐蚀 □注意防尘 □戴防尘口罩 □戴防毒口罩 □穿防护服 □戴防护手套 □注意通风 □高毒物质告知卡	□选用密闭性好的污水处理设施，密闭导出有害气体应当进行净化处理 □在可能产生硫化氢的区域设置固定式硫化氢检测报警仪 □污水处理酸碱间设置通风除尘设施以及喷淋洗眼器 □添加剂间设置局部通风吸尘器等防止二次扬尘 □可移动式地面吸尘设施，配备清扫设施	

附件5

用人单位职业健康管理措施自查表

序号	检查内容		结果判定	存在问题
1	职业健康管理机构和管理人员	设置或者指定职业健康管理机构或者组织,负责本单位的职业病防治工作	是□ 否□	
		配备专职或兼职职业健康管理人员(职业病危害严重的企业,其他存在职业病危害的生产企业,劳动者超过100人的,应当配备专职职业健康管理人员,应当配备专职职业健康管理人员,劳动者在100人以下的,应当配备专职或者兼职的职业健康管理人员)	是□ 否□	
2	规章制度及岗位规程	建立有健全的职业病危害防治相关规章制度	是□ 否□	
		接触粉尘、化学毒物的岗位制定有岗位操作规程	是□ 否□	
3	主要负责人培训情况	参加人员为企业主要负责人	是□ 否□	
		参加的培训为专门职业健康培训,或所参加的培训包含职业健康内容	是□ 否□	
		培训合格证书或其他有效证明材料	有□ 无□	
		培训合格证书或其他有效证明材料在有效期之内	是□ 否□	
4	职业健康管理人员培训情况	参加人员为在职的专门职业健康管理人员	是□ 否□	
		参加的培训为专门职业健康培训,或所参加的培训包含职业健康内容	是□ 否□	
		培训合格证书或其他有效证明材料	有□ 无□	
		培训合格证书或其他有效证明材料在有效期之内	是□ 否□	

续表

序号	检查内容			结果判定	存在问题
5	劳动者职业健康培训情况	培训材料	有完整的培训签到表（签到表中应当包含所有接触粉尘、化学毒物等职业病危害的劳动者）	有□ 无□	
			有完整的培训记录（培训记录应当包括时间、地点、参加培训人数以及反映详细培训内容的材料）	有□ 无□	
		培训内容	有劳动者日常接触的职业病危害因素	有□ 无□	
			有接触职业病危害因素可能导致的健康影响（应当说明可能导致的职业病）	有□ 无□	
			有与职业病危害对应的防护措施（工程防护和个体防护）	有□ 无□	
			培训的职业病危害种类、后果以及防护措施与日常接触的职业病危害因素相对应	是□ 否□	
6	个体防护用品配备		接触粉尘岗位应当配备符合《呼吸防护用品 自吸过滤式防颗粒物呼吸器》（GB 2626）要求的防尘口罩。接触矽尘的劳动者应当配备过滤效率至少为KN95级别的防尘口罩	是□ 否□	
			根据作业场所存在化学物的种类、接触方式，按照《个体防护装备选用规范》（GB/T 11651）要求，为劳动者配备合适的防毒面具	是□ 否□	
			建立个体防护用品管理制度	是□ 否□	
			有完整的个体防护用品采购发票、发放标准及领取记录等台账	是□ 否□	
			对劳动者进行个体防护用品佩戴培训	是□ 否□	
			个体防护用品更换周期满足要求	是□ 否□	

续表

序号		检查内容	结果判定		存在问题
7	定期检测	委托职业卫生技术服务机构每年至少开展一次职业病危害因素检测	是□	否□	
		所委托的检测机构应当具有国家认可的资质	是□	否□	
		有职业卫生技术服务机构出具的职业病危害因素检测报告	有□	无□	
		检测报告包括接触职业病危害的所有岗位	是□	否□	
		粉尘检测结果包括总尘、呼吸性粉尘浓度以及游离二氧化硅含量	是□	否□	
		通过公告栏、书面通知或其他有效方式告知劳动者工作场所职业病危害因素检测及评价结果	是□	否□	
8	职业健康检查	职业健康检查报告中,包括所有接触职业病危害的劳动者	是□	否□	
		实施职业病危害检查周期满足《职业健康监护技术规范》(GBZ 188)的要求	是□	否□	
		建立劳动者职业健康监护档案	是□	否□	
		将职业健康检查结果告知劳动者(需有劳动者确认签字)	是□	否□	
		需复查者按照规定复查	是□	否□	
		有职业禁忌证的人员必须调离接害岗位	是□	否□	
		发现职业病病人或者疑似职业病病人时,应当及时向所在地卫生行政部门报告	是□	否□	
		及时安排对疑似职业病病人进行诊断	是□	否□	
		按照国家有关规定妥善安置职业病病人	是□	否□	

续表

序号	检查内容			结果判定		存在问题
9	职业病危害告知	劳动合同告知	劳动合同或其附件等，有企业签章与劳动者确认的签字	是□	否□	
		合同内容	有劳动者工作中可能接触到的职业病危害因素	有□	无□	
			有接触职业病危害因素可能产生的后果	有□	无□	
			有职业病危害因素的防护措施	有□	无□	
			所告知的职业病危害后果、防护措施与告知所的职业病危害因素相对应	是□	否□	
10	现场告知		在醒目位置设置公告栏，公布职业病危害防治规章制度、操作规程、职业病危害事故应急救援措施	是□	否□	
			存在或产生职业病危害的工作场所、作业岗位、设备、设施，应当按照《工作场所职业病危害警示标识》（GBZ 158）等相关规定，在醒目位置设置图形、警示线、警示语句等警示标识和中文警示说明	是□	否□	

附件6

治理后用人单位基本情况统计表

填报单位：　　　　　　　　　　　　填表人：　　　　　　　　　　　　联系电话：

一、矿山

序号	用人单位名称	所在地级市	规模[1]	注册类型[2]	从业人员总数	接触尘毒危害人数	是否接受职业健康培训			是否进行职业病危害项目申报	2019年是否进行职业病危害定期检测	2019年接触尘毒危害劳动者职业健康检查人数
							主要负责人	职业健康管理人员	劳动者			
……												

二、冶金

序号	用人单位名称	所在地级市	规模[1]	注册类型[2]	从业人员总数	接触尘毒危害人数	是否接受职业健康培训			是否进行职业病危害项目申报	2019年是否进行职业病危害定期检测	2019年接触尘毒危害劳动者职业健康检查人数
							主要负责人	职业健康管理人员	劳动者			
……												

续表

三、化工

序号	用人单位名称	所在地级市	规模[1]	注册类型[2]	从业人员总数	接触尘毒危害人数	是否接受职业健康培训			是否进行职业病危害项目申报	2019年是否进行职业病危害定期检测	2019年接触尘毒危害劳动者职业健康检查人数
							主要负责人	职业健康管理人员	劳动者			
……												

注：1. 规模按照以下分类填写：大型（从业人员≥1 000 人，营业收入≥40 000 万元），中型（300 人≤从业人员<1 000 人，2 000 万元≤营业收入<40 000 万元），小型（20 人≤从业人员<300 人，300 万元≤营业收入<2 000 万元），微型（从业人员<20 人或营业收入<300 万元）。用人单位不纳入本次统计范围。
2. 注册类型按照以下分类填写：央企、地方国有、集体、私营、港澳台、外资、其他。
3. 此表应当逐级报送，省级卫生健康行政部门于 2020 年 11 月 15 日前报送至国家卫生健康委员会职业健康司。

附件7

治理后用人单位基本情况汇总表

填报单位：　　　　　　　　　　　　　　　　　　　　　　　填表时间：

序号	行业领域	用人单位数量	主要负责人接受职业健康培训用人单位数	职业健康管理人员接受培训用人单位数	劳动者接受培训用人单位数	职业病危害项目申报用人单位数	2019年进行职业病危害定期检测用人单位数	2019年进行职业健康检查用人单位数
1	矿山							
	其中：井工煤矿							
	露天煤矿							
	非煤地下矿山							
	非煤露天矿山							
2	冶金							
	其中：黑色金属冶炼							
	有色金属冶炼							
3	化工							
	其中：炼油							
	化工							
	合计							

填表人：　　　　　　　　　　　　　　　　　　　　　　　联系电话：

注：此表应当逐级报送，省级卫生健康行政部门于2020年11月15日前报送至国家卫生健康委员会职业健康司。

国家卫生健康委办公厅
关于贯彻落实职业健康检查
管理办法的通知

(2019年5月23日国卫办职健函〔2019〕494号)

各省、自治区、直辖市及新疆生产建设兵团卫生健康委,中国疾控中心、职业卫生中心:

新修订的《职业健康检查管理办法》(国家卫生健康委令第2号,以下简称《办法》)已公布施行。现就贯彻落实《办法》,进一步做好职业健康检查工作通知如下:

一、提高思想认识,认真组织实施

《办法》根据新修改的《职业病防治法》有关要求,对落实职业健康检查主体责任、优化机构管理方式、强化事中事后监管等作出了明确规定,有利于规范职业健康检查行为,保证工作质量,切实维护劳动者的职业健康权益。各地要充分认识修订《办法》的重要意义,高度重视职业健康检查工作,做到职业健康检查工作与职业健康其他重点工作同部署、同推进、同考核;要制订完善事中事后监管措施,采取"双随机、一公开"监管、重点监管、"互联网+监管"、信用监管等方式加强对职业健康检查工作的监管,确保职业健康检查工作放得开、接得住、管得好。

二、加强机构建设,持续提升能力

各省级卫生健康行政部门要尽快制订医疗卫生机构从事职业健康检查工作备案的具体办法,做好取消行政许可事项的落实和衔接工作;及时清理与《职业病防治法》和《办法》不一致的规章制度和工作措施,不得以任何形式和理由设置行政审批和变相审批;严格规范备案管理工作流程,加强协调配合,确保备案工作衔接有序,并及时向社会公布备案的职业健康检查机构名单、地址、检查类别和项目等相关信息(职业健康检查机构备案表见附件1,职业健康检查机构备案变更表见附件2)。请各省级卫生健康行政部门于每年12月10日前将本行政区域职业健康检查机构汇总情况报我委职业健康司(职业健康检查机构汇总表见附件3)。

各地要结合本地区职业病危害防治需求情况,充分利用现有资源,对职业健康检查机构建设统一规划、合理布局;统筹运用行政、市场等手段,加强政策引导和业务指导,确保实现《国家职业病防治规划(2016—2020年)》提出的"到2020年,每个县级行政区域原则上至少确定一家医疗卫生机构承担本辖区职业健康检查工作"的规划目标;要根据《办法》的有关规定,加强职业健康检查机构能力建设,对职业健康检查能力薄弱的地区,采取有效的扶持政策措施,切实提高职业健康检查质量和服务水平。

三、抓好质量控制,有效规范管理

各省级卫生健康行政部门要按照《办法》的相关规定,指定机构负责本辖区职业健康检查机构的质量控制管理工作,明确其职责和工作要求,保障其必要的工作经费,建立专家库并制订相关工作制度;严格按照中国疾控中心制定的《职业健康检查质量控制规范》,客观、公正地组织开展实验室间比对和质量考核工作,并将结果及时向社会公布。职业健康检查机构要牢固树立法律意识、责任意识和服务意识,规范检查行为,建立健全管理制度,优化工作流程,不断提高职业健康检查质量和服务水平。

四、加强信息报告,及时统计分析

各地要按照《办法》对职业健康检查机构信息报告的要求,做好信息报告的培训和指导工作。职业健康检查机构向用人单位出具职业健康检查报告后15日内,应当填写并通过"职业病和职业卫生信息监测系统"上报职业健康检查信息(含外出职业健康检查信息)报告卡(附件4),同年度4月、7月、10月和下一年度1月10日之前完成上一个季度数据的审核、汇总统计与报告,并尽快实现职业健康检查信息的网络直报。各地应当及时汇总、统计分析机构报送的数据,对发现的问题认真研究对策,及时采取措施。

五、依法履行职责，加大检查力度

各地要按照《办法》中对职业健康检查机构监督检查内容和频次的要求，进一步加大对职业健康检查机构的备案、规章制度、质量控制、信息报告等落实情况的监督检查力度，严肃查处无《医疗机构执业许可证》或未按规定备案开展职业健康检查、违规开展职业健康检查、未履行职业健康信息报告义务、未按规定告知和报告疑似职业病、出具虚假证明文件、未按照规定参加实验室间比对或者职业健康检查质量考核，以及参加质量考核不合格且未按照要求整改仍开展职业健康检查工作等违法违规行为，并将监督检查结果及时向社会公布。

各地要按照《办法》和有关法律法规的规定，进一步加强对用人单位履行职业健康检查及职业健康监护等情况的监督检查，严厉查处违规违法行为。

六、广泛宣传教育，强化业务培训

各地要将《办法》宣贯作为今年职业健康宣传工作的重要内容，充分利用广播、电视、网络、新媒体等载体与平台广泛开展宣传教育工作，进一步提高全社会对职业健康检查工作重要性的认识，提升用人单位的法治意识。要加强对职业健康检查监管人员的业务培训，正确领会和把握《办法》的主要内容和基本要求，切实履行好监管职责。要通过会议、培训、继续教育等多种方式，尽快让职业健康检查机构及其专业技术人员了解掌握《办法》的各项要求，依法依规开展职业健康检查工作。

附件：1. 职业健康检查机构备案表
   2. 职业健康检查机构备案变更表
   3. 职业健康检查机构汇总表
   4. 职业健康检查信息报告卡

国家卫生健康委办公厅
2019 年 5 月 23 日

附件1

职业健康检查机构备案表

备案单位名称（公章）：_____

填表日期：_____年_____月_____日

中华人民共和国国家卫生健康委员会制

职业健康检查机构备案表

备案单位名称					
备案单位地址		电话		传真	
邮政编码		电子邮件			
法定代表人			职务/职称		
案查目别 备检项类	1. 接触粉尘类　　　（　）　　2. 接触化学因素类　　　（　） 3. 接触物理因素类　（　）　　4. 接触生物因素类　　　（　） 5. 接触放射因素类　（　）　　6. 其他类（特殊作业等）（　）				
所附资料清单	1.《医疗机构执业许可证》（涉及放射检查项目的，还应当提交《放射诊疗许可证》）及副本（复印件）；　　　　　　　　　　（　） 2. 具有相应的职业健康检查场所、候检场所和检验室，建筑总面积不少于400平方米，每个独立的检查室使用面积不少于6平方米的有关资料；　　　　　　　　　　　　　　　　　　（　） 3. 与备案开展的职业健康检查类别和项目相适应的执业医师、护士等医疗卫生技术人员的有关资料；　　　　　　　　　　（　） 4. 至少具有1名取得职业病诊断资格的执业医师的有关资料； 　　　　　　　　　　　　　　　　　　　　　　　　　　（　） 5. 与备案开展的职业健康检查类别和项目相适应的仪器、设备，与开展外出职业健康检查相适应的职业健康检查仪器、设备、专用车辆等条件的有关资料；　　　　　　　　　　　　　　（　） 6. 职业健康检查质量管理制度有关资料；　　　　　　　（　） 7. 备案的职业健康检查项目详细说明；　　　　　　　　（　） 8. 省级卫生健康行政部门规定提交的其他资料（详细列出）				

本单位保证上述资料属实

备案单位法定代表人：_____　　　　　　　备案单位：_____

　　　　（签章）　　　　　　　　　　　　　　　　（公章）

　　　　　　　　　　　　　　　　　　　　　　　　　年　月　日

职业健康检查执业医师等相关医疗卫生技术人员情况表

姓　名	性别	出生年月	学历	职务/职称	所在科室	从事专业	工作年限	取得职业病诊断等相关资格日期

职业健康检查仪器和设备清单

序号	仪器、设备名称	型号	数量	用途	工作状态	购置日期	备注

附件2

职业健康检查机构备案变更表

机构名称（公章）：

填表日期：_____年_____月_____日

中华人民共和国国家卫生健康委员会制

职业健康检查机构备案变更表

机构名称					
机构地址			联系人		联系电话	
邮政编码		通讯地址			
法定代表人		职务/职称			
执业情况	是否继续开展职业健康检查工作			是（ ）	否（ ）
变更日期			年　月　日		

变更事项	项目	变更前	变更后
	机构名称		
	机构地址		
	检查类别	1. 接触粉尘类　　　（ ） 2. 接触化学因素类　（ ） 3. 接触物理因素类　（ ） 4. 接触生物因素类　（ ） 5. 接触放射因素类　（ ） 6. 其他类　　　　　（ ）	1. 接触粉尘类　　　（ ） 2. 接触化学因素类　（ ） 3. 接触物理因素类　（ ） 4. 接触生物因素类　（ ） 5. 接触放射因素类　（ ） 6. 其他类　　　　　（ ）
	检查项目	详细说明	
	其他事项	省级卫生健康行政部门提出的有关要求（请注明）	
所附资料	机构名称、机构地址变更的，请提供《医疗机构执业许可证》及副本复印件；增加职业健康检查类别和检查项目的，请详细说明具备开展职业健康检查工作所需的工作场所、专业技术人员和仪器设备等条件		

本单位保证上述资料属实

备案单位法定代表人：_____　　　　备案单位：_____

（签章）　　　　　　　　　　　　　　　（公章）

年　月　日

附件3

职业健康检查机构汇总表

序号	机构名称	机构地址	检查类别	联系电话
备注	请注明没有职业健康检查机构的县（区）数量和名单			

填表单位：_____省（区、市）卫生健康委　　联系人：　　联系电话：

填表日期：　　年　月　日

附件 4

职业健康检查信息报告卡

卡片序号　　　省（区、市）　　地（市）　　县　　乡镇
□□□□□□□□□□□□□□□□□

一、用人单位信息

1. 单位名称：　　　　　　2. 组织机构代码□□□□□□□□□
3. 通信地址：　　　　　　4. 邮编：
5. 联系人：　　　　　　　6. 电话：
7. 经济类型：＿＿＿＿＿＿＿＿＿＿＿＿＿＿＿＿
8. 行业：＿＿＿＿＿＿＿＿＿＿＿＿＿＿＿＿＿＿＿
9. 企业规模：　大型□　中型□　小型□　微型□　不详□
10. 职工总人数＿＿＿＿＿　其中，女工数＿＿＿＿＿
    生产工人数＿＿＿＿＿　其中，女生产工人数＿＿＿＿＿
    接触有毒有害作业人数＿＿＿＿＿　其中，接触有毒有害作业女工人数＿＿＿

二、职业健康检查情况

职业性有害因素	体检类型*	接触人(次)数	应检人(次)数	实检人(次)数	疑似职业病人数	禁忌证人数	调离人数	体检日期

三、职业性有害因素检测情况

职业性有害因素	工作场所	岗位/工种	浓度类型	浓度（强度）范围	检测时间

填表单位（签章）：_____ 单位负责人：_____ 填表人：_____

填表人联系电话：_____ 填表日期：___年___月___日

填报说明：1. 由依法承担职业健康检查的医疗卫生机构填卡。

2. 本表统计范围为所有可能产生职业性有害因素的生产和工作的用人单位。

3. 依法承担职业健康检查的医疗卫生机构在给用人单位出具职业健康检查报告后15日内上报该卡，并应于每个季度结束前完成本季度数据的审核、确认上报。

4. *体检类型包括岗前、在岗、离岗。岗前职业健康检查填写实检人（次）数、禁忌证人数、疑似病人数（若有）；离岗职业健康检查填写实检人（次）数和疑似职业病人数。

5. "二、职业健康检查情况"和"三、职业性有害因素检测情况"所填职业性有害因素应对应。

6. 同年度4月、7月、10月和下一年度1月10日之前完成上一个季度数据的汇总统计。

国家卫生健康委办公厅关于开展尘毒危害专项执法工作的通知

(2019年6月10日国卫办监督函〔2019〕544号)

各省、自治区、直辖市及新疆生产建设兵团卫生健康委,中国疾病预防控制中心,国家卫生健康委监督中心、职业卫生中心:

为贯彻落实《国家职业病防治规划(2016—2020年)》,确保《国家卫生健康委办公厅关于在矿山、冶金和化工等重点行业领域开展尘毒危害治理工作的通知》(国卫办职健函〔2019〕406号,以下简称406号文件)取得实效,决定在矿山、冶金、建材、化工等重点行业领域开展尘毒危害专项执法工作。现就有关事项通知如下。

一、重点内容

各地要针对尘毒危害严重的地区、行业和企业,抓住关键环节,着力查处以下违法行为:

(一)新建、扩建、改建建设项目和技术改造、技术引进项目,未按照规定进行职业病危害预评价、职业病防护设施设计、职业病危害控制效果评价和职业病防护设施竣工验收的;

(二)未按照规定及时、如实申报职业病危害项目的;

(三)未按照规定对工作场所进行职业病危害因素检测、评价的,以及工作场所职业病危害因素检测不合格未采取有效工程或个体防护措施的;

(四)未按照规定组织劳动者职业健康检查、建立职业健康监护档案的;

(五)用人单位主要负责人、职业健康管理人员和劳动者未按照规定接受职业健康培训的。

二、实施步骤

（一）动员部署阶段（2019年6月至7月）。

各地要结合实际，制订实施方案，做好人员调配和业务培训，确保监督执法人员数量与工作任务相匹配、监督执法能力水平达到工作要求、监督执法行为严格规范公正文明。

（二）集中整治阶段（2019年8月至2020年7月）。

1. 各地要根据406号文件要求明确治理重点和纳入治理范围的用人单位底数，依据《尘毒危害专项执法工作监督检查表》（见附件1）开展专项执法工作，严厉查处违法行为。纳入406号文件治理范围的矿山、冶金企业监督检查覆盖率要达到95%以上；纳入原安监部门职业危害申报系统的建材企业监督检查覆盖率要达到95%以上。集中整治阶段实行《尘毒危害专项执法工作情况汇总表》（见附件2）月报制度，各地于每月最后一天在卫生监督信息平台填报汇总表，国家卫生健康委监督中心负责建立网络信息报送渠道及信息汇总统计分析工作。

2. 各地要加强对重点执法对象的监督检查，严肃查处各类案件，严厉打击违法行为。对于未依法开展职业病危害项目申报和职业健康检查的违法行为，在责令限期改正的同时视情节轻重并处相应罚款。对于未依法开展职业病防护设施"三同时"、职业病危害因素定期检测等违法行为，要责令限期改正。对于没有按照要求限期完成整改的用人单位，该处罚的要处罚，该停产的要停产，该纳入"黑名单"（注：如绿色信贷等）的要纳入"黑名单"管理。对于工艺落后、危害严重、整改无望的用人单位，要坚决提请地方人民政府依法予以关闭。

3. 各省级卫生健康行政部门要加强督促和指导，对专项执法工作不认真、不落实、搞形式、走过场的，要进行通报批评。国家卫生健康委将分别于2019年下半年和2020年上半年对部分地区工作开展情况进行抽查和评估。

（三）总结评估阶段（2020年8月至11月）。

各省级卫生健康行政部门对本地区专项执法工作情况进行总结和评估，对未达到任务指标要求的地区及时督促完成，并于2020年11月15日前将本省份专项执法工作总结报送我委。

三、工作要求

（一）强化组织领导。各地要充分认识尘毒危害专项执法工作对保护劳动者健康权益的重要意义，加强组织领导，建立卫生健康行政部门、技术支撑机构和监督执法机构的协作机制，形成工作合力，确保工作取得实效。

（二）依法严格监督。各地要组织精干力量，采取有力措施，对发现的违法行为要依法依规坚决打击，建立案件台账，做到有案必查、违法必究，曝光一批典型违法案件。

（三）加强执法保障。各地要以专项执法工作为契机，按照工作任务与执法力量相匹配的原则，加强职业卫生监督执法队伍建设，重点充实地市、县两级职业卫生监督执法人员，配备相应的执法装备和设备，提高监督执法能力。充分发挥好乡镇政府（街道办）中承担职业卫生监督执法任务的安全生产执法人员（专职安全员）作用，巩固基层职业卫生执法和巡查力量。

（四）营造良好氛围。各地要充分发挥媒体作用，采取多种形式广泛宣传职业病防治工作，提高全社会对劳动者健康的重视程度，为专项执法工作营造良好氛围。

联系人：监督局　李红军、李晋

联系电话：010 - 68792835，68792041

附件：1. 尘毒危害专项执法工作监督检查表
　　　2. 尘毒危害专项执法工作情况汇总表

国家卫生健康委办公厅
2019 年 6 月 10 日

附件1

尘毒危害专项执法工作监督检查表

用人单位名称：

重点事项	具体检查内容	检查方法	违法行为	违法条款	处罚依据	存在问题
1. 新建、扩建、改建建设项目和技术改造、技术引进项目，职业病危害预评价、职业病防护设施设计、职业病防护设施控制效果评价和职业病防护设施竣工验收情况	建设项目职业病危害评价及职业病防护设施"三同时"措施落实情况	查阅建设项目职业病危害预评价报告、职业病防护设施设计、职业病危害控制效果评价报告及相应的评审意见，职业病防护设施验收意见，以及职业病危害严重的建设项目向管辖该建设项目的人民政府卫生健康行政部门提交的职业病防护设施控制效果评价与职业病防护设施验收的书面报告，检查相关信息公布情况	新建、扩建、改建建设项目和技术改造、技术引进项目，未按照规定进行职业病危害预评价、职业病防护设施设计和职业病危害控制效果评价	《职业病防治法》第十七条第一款、第十八条第一款、第三款	《职业病防治法》第六十九条第一、第三、第四、第五、第六项	
2. 按照规定及时、如实申报职业病危害项目情况	工作场所职业病危害项目申报情况	查阅《职业病危害项目申报表》《职业病危害项目回执》检查申报职业病危害项目、变更职业病危害项目内容情况	未按照规定及时、如实申报产生职业病危害项目	《职业病防治法》第十六条第一款、第二款	《职业病防治法》第七十一条第一项	

续表

重点事项	具体检查内容	检查方法	违法行为	违法条款	处罚依据	存在问题
3. 职业病危害因素定期检测、评价以及工作场所职业病危害因素检测不合格项目的处理情况	委托职业卫生技术服务机构一年至少进行一次职业病危害定期检测，接触粉尘危害的岗位均应按规定检测粉尘浓度（CTWA，包括总尘和呼尘），性质不明的粉尘应按规定检测粉尘中游离二氧化硅含量。对于粉尘危害岗位应按要求计算制定 PC-STEL 的化学物质，应按要求测定限倍数值。同时，对于工作场所职业病危害因素检测不合格应采取相应的治理措施	查阅职业病危害定期检测报告，重点是否进行了全面检测：（1）粉尘作业岗位是否进行了全面检测，接触粉尘危害的岗位均应按规定检测 CTWA，含二氧化硅的粉尘是否进行了游离二氧化硅含量测定。（2）存在苯、甲苯、二甲苯、甲醛、苯酚、氢、一氧化碳、硫化氢等化学物质的岗位是否进行了全面检测。（3）是否存在工作场所职业病危害因素检测不合格情况。对于工作场所职业病危害因素检测不合格应采取相应工程治理措施或为劳动者配备有效的个体防护用品	未对工作场所职业病危害因素进行定期检测；工作场所职业病危害因素检测不合格，未采取相应治理措施的	《职业病防治法》第二十六条第二款、第三款、第四款	《职业病防治法》第七十二条第四、第五项	
4. 劳动者职业健康监护情况	建立职业健康检查制度，按规定组织接触职业病危害的劳动者进行岗前、在岗期间和离岗时的职业健康检查	查阅由职业健康检查机构出具的职业健康检查报告和劳动者健康监护档案。重点检查企业是否为所有接害人员建立档案，是否按规定进行了岗前、在岗和离岗时的职业健康检查	未按照规定组织上岗前、在岗期间和离岗时的职业健康检查，没有为劳动者建立职业健康监护档案的	《职业病防治法》第三十五条，第三十六条	《职业病防治法》第七十一条第七项，《用人单位职业健康监护监督管理办法》第二十六条	

· 648 ·

续表

重点事项	具体检查内容	检查方法	违法行为	违法条款	处罚依据	存在问题
5. 职业健康培训情况	企业主要负责人、职业健康管理人员接受职业健康培训，并取得职业健康培训合格证明，初次培训不得少于16学时，继续教育不得少于8学时。对接触职业病危害劳动者进行上岗前和在岗期间的职业健康培训，上岗前培训时间不得少于8学时，在岗期间每年不得少于4学时	检查主要负责人、职业健康管理人员培训签到表、培训记录、培训教材等。重点检查主要负责人、管理人员是否有培训合格证书或者其他证明材料，是否在有效期之内。继续教育培训内容中是否有接触职业病危害日常接触的职业危害因素、可能的健康影响及防护措施等内容。询问劳动者对接触职业病危害后果、操作规程、防护用品佩戴等知识和技能掌握情况	企业主要负责人、职业健康管理人员未接受职业健康培训；企业未按照规定组织劳动者进行职业健康培训	《职业病防治法》第三十四条，《工作场所职业卫生监督管理规定》第九、第十条	《职业病防治法》第七十条第四项，《工作场所职业卫生监督管理规定》第四十八条第二项	

监督执法意见

☐ 警告
☐ 责令限期改正
☐ 罚款
☐ 责令停止作业
☐ 提请当地人民政府予以关闭

检查人员：

年　　月　　日

附件2

尘毒危害专项执法工作情况汇总表

填报单位：　　　　　　　　　　　　　　　　　　　　　　　　　　　　　　　　　填表时间：

序号	行业领域		用人单位数量（家）	实际监督检查用人单位数量（家）	实际监督检查次数（次）	下达执法文书（份）	立案（起）	执法工作情况					
								警告（项）	责令限期改正（项）	罚款（万元）	责令停止作业（家）	提请关闭（家）	
1	矿山												
	其中：	井工煤矿											
		露天煤矿											
		非煤地下矿山											
		非煤露天矿山											
2	冶金												
	其中：	黑色金属冶炼											
		有色金属冶炼											
3	化工												
	其中：	炼油											
		化工											
4	建材												
	其中：	石材加工											
		水泥生产											
		陶瓷制造											
		耐火材料制造											
	合计												

填表人：　　　　　　　　　　　　　　　　联系电话：

注：此表为月报报表，2019年8月—2020年11月，各级卫生监督机构于每月最后一天在卫生监督信息平台填报。

国家卫生健康委办公厅关于印发职业卫生监督协管服务技术规范的通知

（2019年6月17日国卫办监督函〔2019〕567号）

各省、自治区、直辖市及新疆生产建设兵团卫生健康委，国家卫生健康委监督中心：

为深入贯彻落实《中共中央关于深化党和国家机构改革的决定》《深化党和国家机构改革方案》《国家职业病防治规划（2016—2020年)》要求，筑牢基层职业卫生监督执法网底，做好基层职业卫生监督执法工作，决定将职业卫生监督协管工作纳入国家基本公共卫生服务监督协管项目。现将《职业卫生监督协管服务技术规范》印发你们，请遵照执行。

各地乡镇政府（街道办）中承担职业卫生监督执法任务的安全生产执法人员（专职安全员）的具体工作内容、工作方式可按当地政策执行。

国家卫生健康委办公厅
2019年6月17日

（信息公开形式：主动公开）

职业卫生监督协管服务技术规范

一、职责任务

职业卫生监督协管员主要职责任务是巡查辖区内煤矿、非煤矿山、冶金、建材等行业领域的用人单位职业卫生情况，及时报告发现的问题隐患，协助卫生监督执法人员开展职业卫生监督检查和查处违法行为。

二、工作内容和方式

（一）巡查。按照《中华人民共和国职业病防治法》要求，开展辖区内煤矿、非煤矿山、冶金、建材等行业领域的用人单位职业卫生巡查，辖区内没有上述行业领域的可根据辖区情况自定行业领域开展巡查。巡查主要内容如下：

1. 职业病危害项目申报情况；

2. 建设项目的职业病危害预评价报告、职业病防护设施设计、职业病危害控制效果评价报告完成情况；

3. 工作场所职业病危害因素检测与评价情况；

4. 劳动者职业健康监护档案情况；

5. 工作场所异常情况（粉尘、噪声等）；

6. 群众投诉举报情况。

上述第1～4项巡查方式为检查资料有无（非建设项目第2项可为合理缺项），第5～6项为发现线索。

（二）协查。协助卫生监督执法人员对辖区内职业病危害严重行业的用人单位职业病防治情况进行监督检查；协助卫生监督执法机构对违法行为进行查处。

（三）信息报告。协管员定期进行巡查，按照技术规范的要求填写相关工作表（见附表），发现问题隐患及时报告。

（四）完成卫生监督执法机构布置的其他工作。

三、主要工作指标

（一）职业病危害信息报告率 = 报告的事件或线索次数/发现的事件或线

索次数×100%。

报告的事件或线索包括以下内容：辖区内用人单位的违法相关信息、工作场所异常情况等。

（二）开展巡查次数：每半年至少开展一次巡查工作，有条件的地区可根据实际情况增加巡查次数。

（三）记录及报告：开展巡查工作应当填写相关工作表，做到及时、真实、准确；需要报告的信息要及时上报。

四、工作要求

各地县（区）级卫生健康行政部门要加强职业卫生监督协管队伍建设，协管员配备数量与辖区内职责任务相匹配，有条件的地方可以采取乡聘村用的方式，将计生专干、村医等人员纳入协管队伍，实行网格化管理，同时加强指导、培训和考核评估，确保完成职业卫生监督协管工作任务。

承担职业卫生监督协管工作的人员，要按照法律法规和服务技术规范等要求，认真做好职业卫生监督协管相关工作表的填写及信息报送，重要情况立即报告。

附表：1. 职业卫生监督协管巡查个案信息表
　　　2. 职业卫生监督协管巡查工作登记表

附表1

职业卫生监督协管巡查个案信息表

用人单位名称		地　　址		
法定代表人		联系电话		
序号	巡查内容			有/无
1	职业病危害项目申报情况			
2	建设项目的职业病危害预评价报告、职业病防护设施设计、职业病危害控制效果评价报告完成情况			
3	工作场所职业病危害因素检测与评价情况			
4	劳动者职业健康监护档案情况			
5	工作场所异常情况			
6	群众投诉举报情况			

用人单位陪同人员签字：　　　　　　　　协管员签字：

巡查时间：

附表2

职业卫生监督协管巡查工作登记表

_____年度

序号	巡查地点与内容	发现的主要问题	巡查日期	巡查人	备注

注：此表为协管巡查工作登记表，根据个案信息表汇总形成。备注栏填写发现问题后的处置方式（如报告卫生监督执法机构或协助查处违法行为等内容）。

国家卫生健康委员会公告

(2019年7月3日 2019年 第3号)

根据《职业病防治法》和《职业卫生技术服务机构监督管理暂行办法》(国家安全监管总局令第50号)等规定,按照《关于做好当前职业卫生技术服务机构资质管理工作的通知》(国卫职健发〔2018〕55号)和国家卫生健康委2018年第16号公告的要求,经审核合格,同意国家卫生健康委职业安全卫生研究中心等22家职业卫生技术服务甲级机构资质变更(信息详见附件)。

特此公告。

附件:22家职业卫生技术服务甲级机构资质变更信息汇总表

国家卫生健康委
2019年7月3日

22 家职业卫生技术服务甲级机构资质变更信息汇总表

序号	机构名称	变更前内容	变更后内容	变更事项
1	国家卫生健康委职业安全卫生研究中心	国家安全生产监督管理总局职业安全卫生研究中心	国家卫生健康委职业安全卫生研究中心	单位名称变更
2	中国石油集团安全环保技术研究院有限公司	中国石油集团安全环保技术研究院	中国石油集团安全环保技术研究院有限公司	单位名称变更
3	中国铁道科学研究院集团有限公司节能环保劳卫研究所	中国铁道科学研究院节能环保劳卫研究所	中国铁道科学研究院集团有限公司节能环保劳卫研究所	单位名称变更
4	河南省职业病防治研究院（河南省职业病医院）	河南省职业病防治研究院	河南省职业病防治研究院（河南省职业病医院）	单位名称变更
5	山西兴新安全生产技术服务有限公司	山西兴新安全生产技术服务中心	山西兴新安全生产技术服务有限公司	单位名称变更
6	中国疾病预防控制中心职业卫生与中毒控制所	李涛	孙新	法人代表变更
7	北京燕山石化职业病防治所	李万林	徐传海	法人代表变更
8	交通运输部水运科学研究所	李扬	费维军	法人代表变更
9	中国石油集团石油职业卫生技术服务中心	王伟刚	马德库	法人代表变更
10	河北利康工程技术有限公司	李树青	陈冬玲	法人代表变更

续表

序号	机构名称	变更前内容	变更后内容	变更事项
11	山西省疾病预防控制中心	陈利民	张睿孚	法人代表变更
12	深圳市职业病防治院	杨径	张乃兴	法人代表变更
13	湛江市南海西部石油职业卫生技术服务有限公司	刘海	元少平	法人代表变更
14	淄博市疾病预防控制中心	翟慎永	王辉	法人代表变更
15	新疆维吾尔自治区安全科学技术研究院	顾安江	华宁	法人代表变更
16	广东省安全生产技术中心有限公司	广东省安全生产技术中心（单位名称）李勇辉（法人代表）	广东省安全生产技术中心有限公司（单位名称）范银华（法人代表）	单位名称、法人代表变更
17	辽宁省检验检测认证中心	辽宁省安全科学研究院（单位名称）赵小兵（法人代表）沈阳市和平区文萃路4-2号（注册地址）	辽宁省检验检测认证中心（单位名称）王天宇（法人代表）沈阳市皇姑区崇山东路61号（注册地址）	单位名称、法人代表和注册地址变更
18	鞍山钢铁集团有限公司劳动卫生研究所	鞍钢集团公司劳动卫生研究所（单位名称）李琳（法人代表）辽宁省鞍山市铁东区千山中路42号（注册地址、实验室地址）	鞍山钢铁集团有限公司劳动卫生研究所（单位名称）于会明（法人代表）辽宁省鞍山市立山区双山路14号（注册地址、实验室地址）	单位名称、法人代表、注册地址和实验室地址变更

续表

序号	机构名称	变更前内容	变更后内容	变更事项
19	河北安科检测检验有限公司	石家庄新华区国泰街18号办公楼一层	河北省石家庄市鹿泉区上庄镇小宋楼村北河北省安全生产应急救援指挥中心	注册地址、实验室地址变更
20	浙江建安检测研究院有限公司	浙江省杭州市明石路黎明花苑三区综合楼	浙江省杭州市江干区水墩新路8号	注册地址、实验室地址变更
21	浙江中一检测研究院股份有限公司	宁波高新区院士路66号创业大厦1-02室	浙江省宁波市高新区清逸路69号C幢	注册地址、实验室地址变更
22	江苏国恒安全评价咨询服务有限公司	南京化学工业园区宁六路606号C109室（注册地址）南京市建邺区恒山路5号-1至-4（实验室地址）	南京江北新区长芦街道宁六路606号C109室（注册地址）南京市建邺区新城科技园西城路300号E3栋1-3层（实验室地址）	注册地址、实验室地址变更

健康中国行动（2019—2030 年）
（摘录）

（2019 年 7 月 9 日健康中国行动推进委员会）

（九）职业健康保护行动。

我国是世界上劳动人口最多的国家，2017 年我国就业人口 7.76 亿人，占总人口的 55.8%，多数劳动者职业生涯超过其生命周期的二分之一。工作场所接触各类危害因素引发的职业健康问题依然严重，职业病防治形势严峻、复杂，新的职业健康危害因素不断出现，疾病和工作压力导致的生理、心理等问题已成为亟待应对的职业健康新挑战。实施职业健康保护行动，强化政府监管职责，督促用人单位落实主体责任，提升职业健康工作水平，有效预防和控制职业病危害，切实保障劳动者职业健康权益，对维护全体劳动者身体健康、促进经济社会持续健康发展至关重要。

1. 行动目标

到 2022 年和 2030 年，劳动工时制度得到全面落实；工伤保险参保人数稳步提升，并于 2030 年实现工伤保险法定人群参保全覆盖；接尘工龄不足 5 年的劳动者新发尘肺病报告例数占年度报告总例数的比例实现明显下降并持续下降；辖区职业健康检查和职业病诊断服务覆盖率分别达到 80% 及以上和 90% 及以上；重点行业的用人单位职业病危害项目申报率达到 90% 及以上；工作场所职业病危害因素检测率达到 85% 及以上，接触职业病危害的劳动者在岗期间职业健康检查率达到 90% 及以上；职业病诊断机构报告率达到 95% 及以上。

提倡重点行业劳动者对本岗位主要危害及防护知识知晓率达到 90% 及以上并持续保持；鼓励各用人单位做好员工健康管理、评选"健康达人"，其中国家机关、学校、医疗卫生机构、国有企业等用人单位应支持员工率先树立健康形象，并给予奖励；对从事长时间、高强度重复用力、快速移动等作业方式以及视屏作业的人员，采取推广先进工艺技术、调整作息时间等措施，预防和控制过度疲劳和工作相关肌肉骨骼系统疾病的发生；采取综合措施降低或消除工作压力。

2. 劳动者个人

（1）倡导健康工作方式。积极传播职业健康先进理念和文化。国家机关、学校、医疗卫生机构、国有企业等单位的员工率先树立健康形象，争做"健康达人"。

（2）树立健康意识。积极参加职业健康培训，学习和掌握与职业健康相关的各项制度、标准，了解工作场所存在的危害因素，掌握职业病危害防护知识、岗位操作规程、个人防护用品的正确佩戴和使用方法。

（3）强化法律意识，知法、懂法。遵守职业病防治法律、法规、规章。接触职业病危害的劳动者，定期参加职业健康检查；罹患职业病的劳动者，建议及时诊断、治疗，保护自己的合法权益。

（4）加强劳动过程防护。劳动者在生产环境中长期接触粉尘、化学危害因素、放射性危害因素、物理危害因素、生物危害因素等可能引起相关职业病。建议接触职业病危害因素的劳动者注意各类危害的防护，严格按照操作规程进行作业，并自觉、正确地佩戴个人职业病防护用品。

（5）提升应急处置能力。学习掌握现场急救知识和急性危害的应急处置方法，能够做到正确的自救、互救。

（6）加强防暑降温措施。建议高温作业、高温天气作业等劳动者注意预防中暑。可佩戴隔热面罩和穿着隔热、通风性能良好的防热服，注意使用空调等防暑降温设施进行降温。建议适量补充水、含食盐和水溶性维生素等防暑降温饮料。

（7）长时间伏案低头工作或长期前倾坐姿职业人群的健康保护。应注意通过伸展活动等方式缓解肌肉紧张，避免颈椎病、肩周炎和腰背痛的发生。在伏案工作时，需注意保持正确坐姿，上身挺直；调整椅子的高低，使双脚刚好合适地平踩在地面上。长时间使用电脑的，工作时电脑的仰角应与使用者的视线相对，不宜过分低头或抬头，建议每隔 1~2 小时休息一段时间，向远处眺望，活动腰部和颈部，做眼保健操和工间操。

（8）教师、交通警察、医生、护士等以站姿作业为主的职业人群的健康保护。站立时，建议两腿重心交替使用，防止静脉曲张，建议通过适当走动等方式保持腰部、膝盖放松，促进血液循环；长时间用嗓的，注意补充水分，常备润喉片，预防咽喉炎。

（9）驾驶员等长时间固定体位作业职业人群的健康保护。建议合理安排作业时间，做到规律饮食，定时定量；保持正确的作业姿势，将座位调整至适当的位置，确保腰椎受力适度，并注意减少振动，避免颈椎病、肩周炎、骨质增生、坐骨神经痛等疾病的发生；作业期间注意间歇性休息，减少憋尿，严禁疲劳作业。

3. 用人单位

（1）鼓励用人单位为劳动者提供整洁卫生、绿色环保、舒适优美和人性化的工作环境，采取综合预防措施，尽可能减少各类危害因素对劳动者健康的影响，切实保护劳动者的健康权益。倡导用人单位评选"健康达人"，并给予奖励。

（2）鼓励用人单位在适宜场所设置健康小贴士，为单位职工提供免费测量血压、体重、腰围等健康指标的场所和设施，一般情况下，开会时间超过2小时安排休息10～15分钟。鼓励建立保护劳动者健康的相关制度，如工间操制度、健身制度、无烟单位制度等。根据用人单位的职工人数和职业健康风险程度，依据有关标准设置医务室、紧急救援站、有毒气体防护站，配备急救箱等装备。

（3）新建、扩建、改建建设项目和技术改造、技术引进项目可能产生职业病危害的，建设单位应当依法依规履行建设项目职业病防护措施"三同时"（建设项目的职业病防护设施与主体工程同时设计、同时施工、同时投入生产和使用）制度。鼓励用人单位优先采用有利于防治职业病和保护员工健康的新技术、新工艺、新设备、新材料，不得生产、经营、进口和使用国家明令禁止使用的可能产生职业病危害的设备或材料。对长时间、高强度、重复用力、快速移动等作业方式，采取先进工艺技术、调整作息时间等措施，预防和控制过度疲劳和相关疾病发生。采取综合措施降低或消除工作压力，预防和控制其可能产生的不良健康影响。

（4）产生职业病危害的用人单位应加强职业病危害项目申报、日常监测、定期检测与评价，在醒目位置设置公告栏，公布工作场所职业病危害因素检测结果和职业病危害事故应急救援措施等内容，对产生严重职业病危害的作业岗位，应当在其醒目位置，设置警示标识和中文警示说明。

（5）产生职业病危害的用人单位应建立职业病防治管理责任制，健全岗位责任体系，做到责任到位、投入到位、监管到位、防护到位、应急救援到位。用人单位应当根据存在的危害因素，设置或者指定职业卫生管理机构，配备专兼职的职业卫生管理人员，开展职业病防治、职业健康指导和管理工作。

（6）用人单位应建立完善的职业健康监护制度，依法组织劳动者进行职业健康检查，配合开展职业病诊断与鉴定等工作。对女职工定期进行妇科疾病及乳腺疾病的查治。

（7）用人单位应规范劳动用工管理，依法与劳动者签订劳动合同，合同中应明确劳动保护、劳动条件和职业病危害防护、女职工劳动保护及女职工禁忌劳动岗位等内容。用人单位应当保证劳动者休息时间，依法安排劳动者休假，落实女职工产假、产前检查及哺乳时间，杜绝违法加班；要依法按时足额缴纳工伤保险费。鼓励用人单位组建健康指导人员队伍，开展职工健康指导和管理工作。

4. 政府

（1）研究修订《中华人民共和国职业病防治法》等法律法规，制定、修订职业病防治部门规章。梳理、分析、评估现有职业健康标准，以防尘、防毒、防噪声、防辐射为重点，以强制性标准为核心，研究制定、修订出台更严格、有效的国家职业健康标准和措施，完善职业病防治法规标准体系。加强对新型职业危害的研究识别、评价与控制，组织开展相关调查，研究制定规范标准，提出防范措施，适时纳入法定管理，以应对产业转型、技术进步可能产生的职业健康新问题。（国家卫生健康委牵头，科技部、司法部、市场监管总局按职责分工负责）

（2）研发、推广有利于保护劳动者健康的新技术、新工艺、新设备和新材料。以职业性尘肺病、噪声聋、化学中毒为重点，在矿山、建材、金属冶炼、化工等行业领域开展专项治理。严格源头控制，引导职业病危害严重的用人单位进行技术改造和转型升级。推动各行业协会制订并实施职业健康守

则。(国家卫生健康委牵头,国家发展和改革委员会、科技部、工业和信息化部、国务院国资委按职责分工负责)

(3) 完善职业病防治技术支撑体系,按照区域覆盖、合理配置的原则,加强职业病防治机构建设,做到布局合理、功能健全。设区的市至少有1家医疗卫生机构承担本辖区内职业病诊断工作,县级行政区域原则上至少有1家医疗卫生机构承担本辖区职业健康检查工作。充分发挥各类职业病防治机构在职业健康检查、职业病诊断和治疗康复、职业病危害监测评价、职业健康风险评估等方面的作用,健全分工协作、上下联动的工作机制。加强专业人才队伍建设,鼓励高等院校扩大职业卫生及相关专业招生规模。推动企业职业健康管理队伍建设,提升企业职业健康管理能力。(国家卫生健康委牵头,国家发展和改革委员会、教育部、财政部、人力资源社会保障部按职责分工负责)

(4) 加强职业健康监管体系建设,健全职业健康监管执法队伍,重点加强县(区)、乡镇(街道)等基层执法力量,加强执法装备建设。加大用人单位监管力度,督促用人单位切实落实职业病防治主体责任。(国家卫生健康委牵头,国家发展和改革委员会、财政部按职责分工负责)

(5) 以农民工尘肺病为切入点,进一步加强对劳务派遣用工单位职业病防治工作的监督检查,优化职业病诊断程序和服务流程,提高服务质量。对加入工伤保险的尘肺病患者,加大保障力度;对未参加工伤保险的,按规定通过医疗保险、医疗救助等保障其医疗保障合法权益。加强部门间信息共享利用,及时交流用人单位职业病危害、劳动者职业健康和工伤保险等信息数据。(国家卫生健康委牵头,国家发展和改革委员会、民政部、人力资源社会保障部、国家医疗保障局按职责分工负责)

(6) 改进职业病危害项目申报工作,建立统一、高效的监督执法信息管理机制。建立完善工作场所职业病危害因素检测、监测和职业病报告网络。适时开展工作场所职业病危害因素监测和职业病专项调查,系统收集相关信息。开展"互联网+职业健康"信息化建设,建立职业卫生和放射卫生大数据平台,利用信息化提高监管效率。(国家卫生健康委牵头,国家发展和改革委员会、财政部按职责分工负责)

(7) 将"健康企业"建设作为健康城市建设的重要内容,逐步拓宽丰富职业健康范围,积极研究将工作压力、肌肉骨骼疾病等新职业病危害纳入保护范围。推进企业依法履行职业病防治等相关法定责任和义务,营造企业健康文化,履行企业社会责任,有效保障劳动者的健康和福祉。(国家卫生健康委牵头,人力资源社会保障部、国务院国资委、全国总工会、全国妇联按职责分工负责)

国家卫生健康委等 10 部门关于印发尘肺病防治攻坚行动方案的通知

(2019 年 7 月 11 日国卫职健发〔2019〕46 号)

各省、自治区、直辖市人民政府,国务院各部委、各直属机构:

为加强尘肺病预防控制和尘肺病患者救治救助工作,切实保障劳动者职业健康权益,国家卫生健康委等 10 部门联合制定了《尘肺病防治攻坚行动方案》。经国务院同意,现印发给你们,请认真贯彻执行。

国家卫生健康委　　国家发展改革委
民政部　　　　　　财政部
人力资源社会保障部　生态环境部
应急部　　　　　　国务院扶贫办
国家医保局　　　　全国总工会
2019 年 7 月 11 日

尘肺病防治攻坚行动方案

为贯彻落实党中央、国务院领导同志重要批示精神和《国家职业病防治规划（2016—2020年）》有关要求，解决当前尘肺病防治工作中存在的重点和难点问题，坚决遏制尘肺病高发势头，保障劳动者职业健康权益，特制定本行动方案。

一、总体要求

（一）指导思想。以习近平新时代中国特色社会主义思想为指导，认真贯彻落实党的十九大和十九届二中、三中全会精神，以及习近平总书记在全国卫生与健康大会上的重要讲话精神，坚持以人民健康为中心，贯彻预防为主、防治结合的方针，按照"摸清底数，加强预防，控制增量，保障存量"的思路，动员各方力量，实施分类管理、分级负责、综合治理，有效加强尘肺病预防控制，大力开展尘肺病患者救治救助工作，切实保障劳动者职业健康权益。

（二）基本原则。

——政府领导，部门协作。地方各级人民政府要将尘肺病等职业病防治工作纳入本地区国民经济和社会发展规划，加强领导，保障投入。各有关部门要加强协调，密切合作，立足本部门职责，积极落实防治措施。

——预防为主，防治结合。用人单位要依法落实尘肺病防治主体责任，采取有效措施改善作业环境，预防和控制粉尘危害。地方人民政府要加强对尘肺病诊断和治疗工作的管理，采取多种措施救助尘肺病患者，防止"因病致贫、因病返贫"。

——分类指导，落实责任。根据不同行业的粉尘危害特点，采取科学、有效的综合防治措施。落实地方政府领导责任，细化防治任务，并具体落实到县级人民政府及相关部门。

——综合施策，强化考核。将尘肺病防治与健康扶贫工作紧密结合，中央、地方和用人单位共同投入防治资金，坚持标本兼治，完善尘肺病防治体系，将尘肺病防治工作纳入政府目标考核内容。

（三）行动目标。到2020年底，摸清用人单位粉尘危害基本情况和报告职业性尘肺病患者健康状况。煤矿、非煤矿山、冶金、建材等尘肺病易发高发行业的粉尘危害专项治理工作取得明显成效，纳入治理范围的用人单位粉尘危害申报率达到95%以上，粉尘浓度定期检测率达到95%以上，接尘劳动者在岗期间职业健康检查率达到95%以上，主要负责人、职业健康管理人员和劳动者培训率达到95%以上。尘肺病患者救治救助水平明显提高；稳步提高被归因诊断为职业性尘肺病患者的保障水平。煤矿、非煤矿山、冶金、建材等重点行业用人单位劳动者工伤保险覆盖率达到80%以上。职业健康监督执法能力有较大提高，基本建成职业健康监督执法网络，地市、县有职业健康监督执法力量，乡镇和街道有专兼职执法人员或协管员。煤矿、非煤矿山、冶金、建材等重点行业新增建设项目职业病防护设施"三同时"实施率达到95%以上，用人单位监督检查覆盖率达到95%以上，职业健康违法违规行为明显减少。职业病防治技术支撑能力有较大提升，初步建成国家、省、地市、县四级职业病防治技术支撑网络。尘肺病防治目标与脱贫攻坚任务同步完成。

二、重点任务

（一）粉尘危害专项治理行动。按照"摸清底数、突出重点、淘汰落后、综合治理"的路径，深入开展尘肺病易发高发行业领域的专项治理工作，督促用人单位落实粉尘防控主体责任，确保实现治理目标。

1. 开展粉尘危害专项调查。按照属地管理原则，组织开展专项调查，全面掌握用人单位粉尘危害基本信息及其地区、行业、岗位、人群分布情况，建立粉尘危害基础数据库，2020年底前完成调查工作。（国家卫生健康委负责，地方人民政府落实）

2. 集中开展煤矿、非煤矿山、冶金等重点行业粉尘危害专项治理工作。组织印发治理工作指南和技术指南，明确治理目标、任务、步骤和要求，以及不同行业领域重点环节、重点岗位的防尘工程措施、检查要点，加强对治理工作的具体指导，推动用人单位从生产工艺、防护设施和个体防护等方面入手进行整治，控制和消除粉尘危害。（国家卫生健康委负责，地方人民政府落实）

3. 对2017年部署开展的水泥行业安全生产和职业健康执法专项行动，继续按照要求推进实施，突出对包装和装车环节的治理改造，确保所有水泥

生产企业在 2019 年底前实现既定治理目标。（国家卫生健康委、应急部按职责分工负责，地方人民政府落实）

4. 对已经开展过粉尘危害专项治理的陶瓷生产、耐火材料制造、石棉开采、石材加工、石英砂加工、玉石加工、宝石加工等行业领域，通过组织"回头看"，巩固提高治理成效。（国家卫生健康委负责，地方人民政府落实）

5. 对不具备安全生产条件或不满足环保要求的矿山、水泥、冶金、陶瓷、石材加工等用人单位，坚决依法责令停产整顿，对整治无望的提请地方政府依法予以关闭。（应急部、国家煤矿安监局、生态环境部按职责分工负责，地方人民政府落实）

（二）尘肺病患者救治救助行动。

1. 加强尘肺病监测、筛查和随访。在现有重点职业病监测方案基础上，增加目标疾病病种，将《职业病分类和目录》中的 13 种尘肺病全部纳入重点职业病监测内容；加强尘肺病主动监测，开展呼吸类疾病就诊患者尘肺病筛查试点；对所有诊断为尘肺病的患者建立档案，实现一人一档。对已报告尘肺病患者进行随访和回顾性调查，掌握其健康状况。通过职业病信息管理系统逐级上报相关信息，汇总至中国疾病预防控制中心，同时各级卫生健康行政部门统计汇总后报送本级人民政府。（国家卫生健康委负责，财政部配合，地方人民政府落实）

2. 对诊断为尘肺病的患者实施分类救治救助。

对已经诊断为职业性尘肺病且已参加工伤保险的患者，严格按照现有政策规定落实各项保障措施；对已经诊断为职业性尘肺病、未参加工伤保险，但相关用人单位仍存在的患者，由用人单位按照国家有关规定承担其医疗和生活保障费用。依法开展法律援助，为诊断为职业性尘肺病的患者提供优质便捷的法律服务。（人力资源社会保障部、国家卫生健康委、司法部、国资委按职责分工负责，地方人民政府落实）

对已经诊断为职业性尘肺病，但没有参加工伤保险且相关用人单位已不存在等特殊情况，以及因缺少职业病诊断所需资料、仅诊断为尘肺病的患者，将符合条件的纳入救助范围，统筹基本医保、大病保险、医疗救助三项制度，做好资助参保工作，实施综合医疗保障，梯次减轻患者负担；对基本生活有困难的，全面落实生活帮扶措施。医疗保障部门、人力资源社会保障部门要按照程序将符合条件的尘肺病治疗药品和治疗技术纳入基本医疗保险和工伤保险的支付范围。（国家卫生健康委、人力资源社会保障部、民政部、国家医保局按职责分工负责，地方人民政府落实）

3. 实施尘肺病重点行业工伤保险扩面专项行动。定期了解粉尘危害基础数据库信息更新情况，及时将相关用人单位劳动者纳入工伤保险统筹范围。（人力资源社会保障部负责，国家卫生健康委配合，地方人民政府落实）

（三）职业健康监管执法行动。

1. 按照监管任务与监管力量相匹配的原则，加强职业健康监管队伍建设，重点充实地市、县两级职业健康监管执法人员。2019 年完善职业健康监管执法装备配备标准，重点加强地市、县两级执法装备投入，保障监管执法需要。强化对职业健康监管执法人员法律法规、行政执法、专业知识等方面的培训，到 2019 年底前，职业健康监管执法人员培训率达到 100%。（国家卫生健康委负责，国家发展改革委配合，地方人民政府落实）

2. 加强对煤矿、非煤矿山、冶金、建材等重点行业领域新建、改建、扩建项目职业病防护设施"三同时"的监督检查，对违反规定拒不整改的，严厉处罚、公开曝光，并依法将其纳入"黑名单"管理，强化震慑作用，确保这些重点行业领域新增建设项目"三同时"实施率达到 95% 以上。（国家卫生健康委负责，地方人民政府落实）

3. 按照分类分级监管原则，强化对粉尘危害风险高的用人单位的监督检查。对作业场所粉尘浓度严重超标但未采取有效工程或个体防护措施的，要进行重点监督，加大执法频次，依法从严处罚。对于粉尘浓度严重超标且整改无望的企业，要依法予以关闭。到 2020 年底前，煤矿、非煤矿山、冶金、建材等重点行业监督检查覆盖率达到 95% 以上，职业健康违法违规行为明显减少。（国家卫生健康委负责，地方人民政府落实）

（四）用人单位主体责任落实行动。

1. 用人单位要设置或者指定职业健康管理机构（或组织）。煤矿、非煤矿山、冶金、建材等粉尘危害严重的用人单位，必须配备专职管理人员，负责粉尘防治日常管理工作。

2. 用人单位必须依法及时、如实申报粉尘危害项目，按照要求开展粉尘日常监测和定期检测工作，加强防尘设施设备的维护管理，为劳动者配发合格有效的防尘口罩或防护面具。

3. 用人单位必须依法与劳动者签订劳动合同,告知劳动者粉尘危害及防护知识,为劳动者缴纳工伤保险;依法组织劳动者进行上岗前、在岗期间和离岗时的职业健康检查,为劳动者建立个人职业健康监护档案,对在岗期间职业健康检查发现有职业健康禁忌的,及时调离相关工作岗位。

4. 以健康企业建设为载体,推动企业提升粉尘危害防治水平。在重点行业推行平等协商和签订劳动安全卫生专项集体合同制度,督促用人单位认真履行职业病防治责任和义务。到 2020 年底前,重点行业用人单位劳动者工伤保险覆盖率达到 80% 以上,重点行业企业普遍依法与劳动者签订劳动合同。(以上由国家卫生健康委、人力资源社会保障部、税务总局、全国总工会按职责分工负责,地方人民政府落实)

(五)防治技术能力提升行动。

1. 建立完善国家、省、地市、县四级支撑网络。在充分调研论证的基础上,制定出台以防治尘肺病为重点的职业病防治技术支撑体系建设指导意见,进一步整合各级职业病防治院所、疾控中心和医疗卫生机构的资源和力量,明确国家级、省级、地市级、县级支撑机构的职责、功能和建设目标、任务,到 2020 年底前,试点建设或命名一批支撑机构。(国家卫生健康委负责,国家发展改革委配合,地方人民政府落实)

2. 按照"地市能诊断,县区能体检,镇街有康复站,村居有康复点"的目标,加强基层尘肺病诊治康复能力建设。到 2020 年底前,每个地市至少确定 1 家医疗卫生机构承担职业病诊断;粉尘危害企业或者接触粉尘危害劳动者较多的县区至少确定 1 家医疗卫生机构承担职业健康检查,配备高千伏 X 光摄影仪或数字化直接成像(DR)系统等仪器设备,并根据工作需要装备移动式体检车。在重点地区开展尘肺病康复站(点)试点工作,常住尘肺病患者达到 100 人的乡镇,依托乡镇卫生院或社区卫生服务中心建立尘肺病康复站,设置氧疗室、治疗室、教育室、抢救室等用房,配备心电图机、吸氧装置、呼吸机等医疗设备,备齐治疗尘肺病常用药物;常住尘肺病患者达到 10 人的村居,依托村卫生室建立尘肺病康复点,配备制氧机等设备和医疗床位,备有常用药物。(国家卫生健康委负责,国家发展改革委配合,地方人民政府落实)

三、保障措施

（一）加强组织领导。国务院防治重大疾病工作部际联席会议相关成员单位要按照职责分工，主动研究尘肺病防治工作中的重大问题，认真组织落实本方案确定的任务措施，建立工作台账，互通信息，密切配合，切实抓好落实。国务院委托国家卫生健康委与各省级人民政府签订目标责任书，开展专项督导检查，保障如期完成攻坚行动目标。

落实地方政府责任，将尘肺病防治纳入政府议事日程，成立主要领导负责的防治工作领导小组，将尘肺病防治作为脱贫攻坚的重要内容，明确目标与责任，建立工作台账，研究落实各项防治措施，及时协调解决防治工作中的重大问题。省级、地市级、县级人民政府逐级签订目标责任书，层层压实责任，督促落实各项防治工作。地方各级人民政府、各有关部门要根据本方案的要求，结合实际制订本地区、本部门的实施计划和方案。（以上由国务院防治重大疾病工作部际联席会议相关成员单位、各省级人民政府落实）

（二）完善法规标准。研究完善《职业病防治法》《尘肺病防治条例》等相关法律法规，健全高危粉尘等特殊作业管理以及职业健康检查、职业病诊断与鉴定、职业卫生技术服务等制度。完善职业病报告、职业健康管理、尘肺病等重点职业病监测和职业健康风险评估等技术规范。修改完善粉尘危害工程控制、个体防护、健康监护以及职业病诊断等国家职业卫生标准。（国家卫生健康委、人力资源社会保障部、司法部按职责分工负责）

（三）强化人才保障。加强疾病预防控制机构、职业病防治院所、综合性医院和专科医院职业病科等队伍建设，着力提高地市、县、乡三级职业健康服务能力。严格从事职业病诊断的医师管理，强化专业培训和继续教育，发展壮大诊断医师队伍。按照逐级分类培训原则，组织对职业卫生技术人员开展防治知识和基本操作技能培训，提高业务水平。引导普通高校、职业院校加强职业健康相关学科专业建设，重点加强对临床医学、预防医学等与职业健康相关专业人才的培养。（国家卫生健康委、教育部、人力资源社会保障部按职责分工负责，地方人民政府落实）

（四）营造良好氛围。动员组织全社会力量共同参与尘肺病防治工作，充分运用广播、电视、报纸等传统媒体以及微博、微信等新媒体，采用劳动者喜闻乐见的语言和方式，广泛开展尘肺病防治法治宣传教育、健康教育和科普宣传，普及粉尘危害防治知识和相关法律法规。加强舆论引导，积极宣传报道各地区、各部门的先进经验和典型做法，营造有利于攻坚行动开展的浓厚氛围。（国家卫生健康委负责，司法部、人力资源社会保障部、广电总局、全国总工会配合，地方人民政府落实）

各级卫生健康行政部门会同有关部门制订监督检查方案，开展定期和不定期监督检查，对工作内容和实施效果进行综合评估，并予以通报。国家卫生健康委将会同有关部门制订考核评估办法，分别于2019年和2020年适时组织评估，抽查各地各行业落实情况和实施效果，评估结果向国务院报告。

国家卫生健康委员会公告

(2019 年 12 月 17 日 2019 年 第 7 号)

为平稳有序做好《职业卫生技术服务机构监督管理暂行办法》(国家安全生产监督管理总局令第 50 号)修订过程中的职业卫生技术服务机构资质管理工作,现将 2019 年、2020 年资质到期的甲级职业卫生技术服务机构和乙级职业卫生技术服务机构(煤矿)的资质有效期统一延期到 2020 年 12 月 31 日。

省级及设区的市级人民政府卫生健康主管部门可按照本公告的精神,并结合本地区实际情况,统筹做好乙级、丙级职业卫生技术服务机构资质延期工作。

特此公告。

国家卫生健康委
2019 年 12 月 17 日

国家卫生健康委关于印发全国职业病危害现状统计调查制度的函

（2020年1月25日国卫职健函〔2020〕21号）

各省、自治区、直辖市及新疆生产建设兵团卫生健康委，中国疾病预防控制中心：

为贯彻落实《"健康中国2030"规划纲要》《国家职业病防治规划（2016—2020年）》和《关于印发尘肺病防治攻坚行动方案的通知》（国卫职健发〔2019〕46号）要求，切实做好职业病危害现状调查，经国家统计局批准，决定开展全国职业病危害现状调查。现将《全国职业病危害现状统计调查制度》印发给你们，请精心组织实施，认真抓好落实，确保圆满完成调查工作任务。

附件：全国职业病危害现状统计调查制度

国家卫生健康委
2020年1月25日

附件

全国职业病危害现状统计调查制度

本制度根据《中华人民共和国统计法》的有关规定制定。

《中华人民共和国统计法》第七条规定：国家机关、企业事业单位和其他组织及个体工商户和个人等统计调查对象，必须依照本法和国家有关规定，真实、准确、完整、及时地提供统计调查所需的资料，不得提供不真实或者不完整的统计资料，不得迟报、拒报统计资料。

《中华人民共和国统计法》第九条规定：统计机构和统计人员对在统计工作中知悉的国家秘密、商业秘密和个人信息，应当予以保密。

《中华人民共和国统计法》第二十五条规定：统计调查中获得的能够识别或者推断单个统计调查对象身份的资料，任何单位和个人不得对外提供、泄露，不得用于统计以外的目的。

中华人民共和国国家卫生健康委员会制定
国家统计局批准
2020 年 1 月

一、总说明

（一）调查目的

通过调查，全面了解我国存在职业病危害的用人单位数量及不同行业、地区、经济类型、规模等用人单位分布情况；掌握我国存在的职业病危害因素种类及接触粉尘、化学毒物、噪声和电离辐射的劳动者数量、岗位分布等情况；了解我国职业病危害项目申报、职业健康培训、工作场所职业病危害因素定期检测与职业健康检查等职业病防治工作开展情况；建立完善我国职业病危害现状数据库，为进一步加强职业病防治工作提供基础依据。

（二）调查对象和统计范围

本调查的调查范围为全国 32 个省级单位、347 个市级单位、3 027 个县级单位；调查的行业为采矿业，制造业，电力、燃气及水的生产和供应业等。统计对象为调查期间正常运行的，从业人员 10 人及以上的企业法人单位、产业活动单位和其他非法人单位。

（三）调查内容

本调查制度内容为企业基本情况、职业病危害情况和职业健康管理情况。

（四）调查频率和时间

调查时间为 2020 年 11 月 30 日前。

（五）调查方法

本调查制度采用抽样调查和重点调查方法。

（六）组织实施

本调查制度由国家卫生健康委组织，分级实施，由各级卫生健康行政部门负责数据的审核和上报。

（七）报送要求

由调查员完成现场调查后，当天将调查情况录入系统并上报。由县级审核人员对调查数据进行初审，地市级卫生健康行政部门组织对县（市、区）上报数据进行复核，合格后上报省级卫生健康行政部门；省级卫生健康行政部门再次对数据进行审核，审核合格后，将数据报送至国家职业病危害调查技术指导组办公室。

（八）质量控制

为确保调查效果和质量，保证数据的统一性、完整性和规范化，本调查制度针对以下方面加强调查工作的质量控制。

1. 本次调查全国统一调查工作手册和相关培训教材，统一调查方法、统一填报标准。

2. 国家技术指导组负责对省级调查技术骨干和师资进行统一培训，省级技术指导组按照本方案和调查工作手册的规定对辖区内的调查人员和技术指导人员进行培训，确保培训质量。

3. 国家技术指导组负责对全国调查工作进行现场指导，掌握调查工作进展，对调查过程中出现的问题及时进行纠正和解决。

4. 及时对调查数据进行审核，最迟于现场调查结束第二天，由县级审核人员对所有调查数据完成审核工作，发现问题及时告知调查人员进行调查核实。

5. 对于调查员不能确认职业病危害因素的用人单位，由技术指导组成员根据生产工艺和使用的原辅材料进行识别确认，必要时重新赴用人单位现场进行调查确认。

6. 市级、省级技术人员分别抽取5%和1%的数据进行审核，重点对职业病危害因素的种类及接触人员数量等内容进行审核。

（九）统计资料公布的时间、渠道

本次调查结果于2021年1月在部门内公布。

（十）统计信息共享的内容、方式、时限、渠道、责任单位和责任人

主要调查结果可与其他部门及本系统内共享使用，根据工作需要，经协商后统计汇总数据可向人力资源社会保障部等相关部门提供。

责任单位为国家卫生健康委职业健康司，责任人为国家卫生健康委职业健康司负责人。

（十一）使用名录库情况

本调查使用国家或部门基本单位名录库。

二、报表目录

表 号	表 名	报告期别	填报单位/统计范围	报送单位	报送日期及方式	页码
卫健统ZYWHD表	职业病危害现状调查表	一次性	职业病危害现状调查机构/全国32个省级单位、347个市级单位、3027个县级单位中采矿业、制造业、电力、燃气及水的生产和供应等三个行业内调查期间正常运行的企业，包括从业人员10人及以上的企业法人单位、产业活动单位和其他非法人单位	各级卫生健康行政部门	2020年8月31日前，网络填报	4~5
卫健统ZYWHT1表	全国职业病危害现状情况（按地区）	一次性	县级以上卫生健康行政部门/32个省级单位、347个市级单位、3027个县级单位	县级以上卫生健康行政部门	2020年9月30日前，纸质报送	6
卫健统ZYWHT2表	全国职业病危害现状情况（按行业）	一次性	县级以上卫生健康行政部门/32个省级单位、347个市级单位、3027个县级单位	县级以上卫生健康行政部门	2020年9月30日前，纸质报送	7
卫健统ZYWHT3表	全国职业病危害现状情况（按规模）	一次性	县级以上卫生健康行政部门/32个省级单位、347个市级单位、3027个县级单位	县级以上卫生健康行政部门	2020年9月30日前，纸质报送	8
卫健统ZYWHT4表	全国职业病危害现状情况（按登记注册类型）	一次性	县级以上卫生健康行政部门/32个省级单位、347个市级单位、3027个县级单位	县级以上卫生健康行政部门	2020年9月30日前，纸质报送	9

三、调查表式

职业病危害现状调查表

表　号：卫健统 ZYWHD 表
制定机关：国家卫生健康委
批准机关：国家统计局
批准文号：国统制〔2020〕8号
有效期至：2020年12月

101	调查表编号	□□□□□□□□□□	102	调查员	
103	调查日期	_____年_____月_____日	104	审核人	

用人单位基本信息	201	用人单位名称	
	202	统一社会信用代码	□□□□□□□□□□□□□□□□□□
	203	工作场所地址	_____省（自治区、直辖市）_____市（地、州）_____县（市、区）_____乡（镇、街道）_____号
	204	单位注册地址	
	205	行业代码	□□□□　　206 法人代表姓名 _____
	207	联系人	_____　　208 联系电话 _____
	209	在岗职工人数	总人数：_____人；其中：1 女职工人数_____人；2 劳务派遣人员_____人
	210	登记注册类型	□ 1 国有企业　2 集体企业　3 股份合作企业　4 联营企业　5 有限责任公司　6 股份有限公司　7 私营企业　8 港、澳、台商投资企业　9 外商投资企业　10 其他企业

续表

用人单位基本信息	211	用人单位规模　□　1 大型企业　2 中型企业　3 小型企业　4 微型企业
	212	生产产品　1 名称：＿＿＿＿＿　2 年产量：＿＿＿＿＿
	213	主要原辅材料　1 名称：＿＿＿＿＿　2 年使用量：＿＿＿＿＿
职业病危害因素种类及接触情况	301	接触职业病危害因素总人数：＿＿＿人
	302	粉尘种类及接触人数：＿＿＿人，其中： 1 煤尘　　　　　　　　　人；　2 矽尘　　　　　　　　　　人； 3 石棉粉尘　　　　　　　人；　4 水泥粉尘　　　　　　　　人； 5 电焊烟尘　　　　　　　人；　6 铸造粉尘　　　　　　　　人； 7 棉尘　　　　　　　　　人；　8 大理石粉尘　　　　　　　人； 9 石灰石粉尘　　　　　　人；　10 铁及其化合物粉尘　　　　人； 11 其他粉尘　　　　　　　人
	303	化学毒物种类及接触人数：＿＿＿人，其中： 1 苯　　　　　　　　　　　人；　2 甲苯　　　　　　　　　　人； 3 二甲苯　　　　　　　　　人；　4 三氯乙烯　　　　　　　　人； 5 二氯乙烷　　　　　　　　人；　6 正己烷　　　　　　　　　人； 7 乙酸丁酯　　　　　　　　人；　8 乙酸乙酯　　　　　　　　人； 9 二甲基甲酰胺　　　　　　人；　10 汽油　　　　　　　　　　人； 11 二苯基甲烷二异氰酸酯　　人； 12 有机磷　　　　　　　　　人；　13 拟除虫菊酯　　　　　　　人； 14 铅及其化合物　　　　　　人；　15 镉及其化合物　　　　　　人； 16 汞及其化合物　　　　　　人；　17 锰及其化合物　　　　　　人； 18 铬及其化合物　　　　　　人；　19 氯及其化合物盐酸　　　　人； 20 一氧化碳　　　　　　　　人；　21 硫酸及三氧化硫　　　　　人； 22 硫化氢　　　　　　　　　人；　23 氯气　　　　　　　　　　人； 24 甲醛　　　　　　　　　　人；　25 氨　　　　　　　　　　　人； 26 其他毒物　　　　　　　　人

续表

职业病危害因素种类及接触情况	304	物理因素种类及接触人数	1 噪声 _____人，其中：_____人； 2 电离辐射 _____人； 3 其他有害物理因素 _____人
	305	生物因素接触人数：	_____人
	306	其他因素接触人数：	_____人
职业病危害项目申报情况	401	是否申报：□ 1 是 2 否	
职业健康培训情况	501	用人单位负责人是否参加了培训：□ 1 是 2 否	
	502	职业健康管理人员是否参加了培训：□ 1 是 2 否	
	503	接触职业病危害劳动者是否参加培训：_____人 1 全部培训 2 部分培训 3 未培训	
近3年职业病危害因素定期检测情况	601	开展职业病危害因素检测情况：□ 1 均未检测 2 2017年 3 2018年 4 2019年	
	602	最近一次检测（评价）报告编号：	
	603	对应的检测评价机构名称：	
	604	已开展检测情况：□ 1 全面检测 2 部分检测	
	605	粉尘检测：1 场所检测点_____个，2 超标点_____个； 3 检测岗位/工种数_____个，4 超标岗位_____个；	
	606	化学毒物检测：1 场所检测点_____个，2 超标点_____个； 3 检测岗位/工种数_____个，4 超标岗位_____个；	
	607	噪声检测：1 场所检测点_____个，2 大于85dB（A）_____个； 3 检测岗位/工种数_____个，4 超标岗位_____个；	
	608	电离辐射：1 场所检测点_____个，2 超标点_____个； 3 检测岗位/工种数_____个，4 超标岗位_____个；	

续表

近3年在岗期间职业健康检查情况	701	开展职业健康检查情况：□ 1 均未体检　2 2017年　3 2018年　4 2019年
	702	最近一次在岗期间职业健康体检报告编号：_____
	703	对应的体检机构名称：_____
	704	职业健康检查总人数：_____人；其中： 1 接触粉尘检查人数：_____人；2 粉尘检查异常人数：_____人； 3 接触化学毒物检查人数：_____人；4 化学毒物检查异常人数：_____人； 5 接触噪声检查人数：_____人；6 噪声检查异常人数：_____人； 7 接触电离辐射检查人数：_____人；8 电离辐射检查异常人数：_____人。

填报说明：本表由职业病危害现状调查机构向属地县级卫生健康部门上报，逐级上报。

四、统计表式

全国职业病危害现状情况（按地区）

表　号：卫健统 ZYWHT1 表
制定机关：国家卫生健康委
批准机关：国家统计局
批准文号：国统制〔2020〕8 号
有效期至：2020 年 12 月

综合机关名称：

地区	代码	企业数量（个）	从业人员总人数（人）	女职工（人）	劳务派遣（人）	存在职业病危害因素企业数量（个）	接触职业病危害因素人数（人）	粉尘（人）	矽尘（人）	煤尘（人）	水泥尘（人）	石棉尘（人）	其他类型粉尘（人）
甲	乙	801	802	803	804	805	806	807	808	809	810	811	812
总计	8001												
地区 1	8002												
地区 2	8003												
……	……												

续表

化学毒物（人）	苯（人）	铅及其化合物（人）	其他化学毒物（人）	物理因素（人）	噪声（人）	电离辐射（人）	其他物理因素（人）	生物因素（人）	其他因素（人）	职业病危害项目申报企业数（个）	主要负责人已接受职业健康培训企业数（个）	职业健康管理人员已接受职业健康培训企业数（个）	接触职业危害人员职业健康培训人数（人）
813	814	815	816	817	818	819	820	821	822	823	824	825	826

过去3年开展职业病危害因素检测企业数（个）	全面开展（个）	部分开展（个）	过去3年开展职业健康监护企业数（个）	全面开展（个）	部分开展（个）	粉尘检测点数（个）	场所检测（个）	超标（个）	岗位（个）	超标（个）	化学毒物检测点数（个）	场所检测（个）	超标（个）	岗位（个）	超标（个）
827	828	829	830	831	832	833	834	835	836	837	838	839	840	841	842

续表

噪声检测点数（个）	场所检测（个）	超标（个）	岗位（个）	超标（个）	电离辐射检测点数（个）	场所检测（个）	超标（个）	岗位（个）	超标（个）	最近一次体检人数（人）	接触粉尘（人）	异常（人）	接触毒物（人）	异常（人）	接触噪声（人）	异常（人）	接触电离辐射（人）	异常（人）
843	844	845	846	847	848	849	850	851	852	853	854	855	856	857	858	859	860	861

单位负责人：　　　　　　填表人：　　　　　　报出日期：20　　年　　月　　日

注：1. 本表由县级以上卫生健康行政部门统计，逐级上报。
　　2. 省级卫生健康委于9月30日前报本表。

全国职业病危害现状情况（按行业）

表　　号：卫健统 ZYWHT2 表
制定机关：国家卫生健康委
批准机关：国家统计局
批准文号：国统制〔2020〕8 号
有效期至：2020 年 12 月

综合机关名称：

地区	代码	企业数量（个）	从业人员总人数（人）	女职工（人）	劳务派遣（人）	存在职业病危害因素企业数量（个）	接触职业病危害因素人数（人）	粉尘（人）	矽尘（人）	煤尘（人）	水泥尘（人）	石棉尘（人）	其他类型粉尘（人）
甲	乙	901	902	903	904	905	906	907	908	909	910	911	912
总计													
煤炭开采和洗选业	9001												
黑色金属矿采选业	9002												
……	9003												
……													

续表

化学毒物(人)	苯(人)	铅及其化合物(人)	其他化学毒物(人)	物理因素(人)	噪声(人)	电离辐射(人)	其他物理因素(人)	生物因素(人)	其他因素(人)	职业病危害项目申报企业数(个)	主要负责人已接受职业健康培训企业数(个)	职业健康管理人员已接受职业健康培训企业数(个)	接触职业危害人员职业健康培训人数(人)
913	914	915	916	917	918	919	920	921	922	923	924	925	926

过去3年开展职业病危害因素检测企业数(个)			过去3年开展职业健康监护企业数(个)			粉尘检测点数(个)				化学毒物检测点数(个)				
	全面开展(个)	部分开展(个)		全面开展(个)	部分开展(个)		场所检测(个)		岗位(个)		场所检测(个)		岗位(个)	
								超标(个)		超标(个)		超标(个)		超标(个)
927	928	929	930	931	932	933	934	935	936	937	938	939	940	941	942

续表

噪声检测点数（个）	场所检测（个）	超标（个）	岗位（个）	超标（个）	电离辐射检测点数（个）	场所检测（个）	超标（个）	岗位（个）	超标（个）	最近一次体检人数（人）	接触粉尘（人）	异常（人）	接触毒物（人）	异常（人）	接触噪声（人）	异常（人）	接触电离辐射（人）	异常（人）
943	944	945	946	947	948	949	950	951	952	953	954	955	956	957	958	959	960	961

单位负责人：　　　　　　　　填表人：　　　　　　　　报出日期：20　　年　　月　　日

注：1. 本表由县级以上卫生健康行政部门统计，逐级上报。
　　2. 省级卫生健康委于9月30日前报本表。

全国职业病危害现状情况（按规模）

综合机关名称：

表　号：	卫健统 ZYWHT3 表
制定机关：	国家卫生健康委
批准机关：	国家统计局
批准文号：	国统制〔2020〕8 号
有效期至：	2020 年 12 月

地　区	代码	企业数量（个）	从业人员总人数（人）	女职工（人）	劳务派遣（人）	存在职业病危害因素企业数量（个）	接触职业病危害因素人数（人）	粉尘（人）	矽尘（人）	煤尘（人）	水泥尘（人）	石棉尘（人）	其他类型粉尘（人）
		1 001	1 002	1 003	1 004	1 005	1 006	1 007	1 008	1 009	1 010	1 011	1 012
甲	乙												
总计	10001												
大型	10002												
中型	10003												
小型	10004												
微型	10005												

续表

化学毒物（人）	苯（人）	铅及其化合物（人）	其他化学毒物（人）	物理因素（人）	噪声（人）	电离辐射（人）	其他物理因素（人）	生物因素（人）	其他因素（人）	职业病危害项目申报企业数（个）	主要负责人已接受职业健康培训企业数（个）	职业健康管理人员已接受职业健康培训企业数（个）	接触职业危害人员职业健康培训人数（人）
1013	1014	1015	1016	1017	1018	1019	1020	1021	1022	1023	1024	1025	1026

过去3年开展职业病危害因素检测企业数（个）	全面开展（个）	部分开展（个）	过去3年开展职业健康监护企业数（个）	全面开展（个）	部分开展（个）	粉尘检测点数（个）	场所检测（个）	超标（个）	岗位（个）	超标（个）	化学毒物检测点数（个）	场所检测（个）	超标（个）	岗位（个）	超标（个）
1027	1028	1029	1030	1031	1032	1033	1034	1035	1036	1037	1038	1039	1040	1041	1042

续表

噪声检测点数（个）	场所检测（个）	岗位（个）	超标（个）	电离辐射检测点数（个）	场所检测（个）	超标（个）	岗位（个）	超标（个）	最近一次体检人数（人）	接触粉尘（人）	异常（人）	接触毒物（人）	异常（人）	接触噪声（人）	异常（人）	接触电离辐射（人）	异常（人）
1 043	1 044	1 045	1 046	1 047	1 048	1 049	1 050	1 051	1 052	1 053	1 054	1 055	1 056	1 057	1 058	1 059	1 060	1 061

单位负责人：　　　　　　　　填表人：　　　　　　　　报出日期：20　年　月　日

注：1. 本表由县级以上卫生健康行政部门统计，逐级上报。
　　2. 省级卫生健康委于9月30日前报本表。

国家卫生健康委关于印发全国职业病危害现状统计调查制度的函

全国职业病危害现状情况（按登记注册类型）

综合机关名称：

表　　号：卫健统 ZYWHT4 表
制定机关：国家卫生健康委
批准机关：国家统计局
批准文号：国统制〔2020〕8 号
有效期至：2020 年 12 月

地 区	代码	企业数量（个）	从业人员总人数（人）	女职工（人）	劳务派遣（人）	存在职业病危害因素企业数量（个）	接触职业病危害因素人数（人）	粉尘（人）	矽尘（人）	煤尘（人）	水泥尘（人）	石棉尘（人）	其他类型粉尘（人）
甲	乙	1101	1102	1103	1104	1105	1106	1107	1108	1109	1110	1111	1112
总计	11001												
国有企业	11002												
集体企业	11003												
……	……												

续表

化学毒物(人)			物理因素(人)			生物因素(人)	其他因素(人)	职业病危害项目申报企业数(个)	主要负责人已接受职业健康培训企业数(个)	职业健康管理人员已接受职业健康培训企业数(个)	接触职业危害人员职业健康培训人数(人)
苯(人)	铅及其化合物(人)	其他化学毒物(人)	噪声(人)	电离辐射(人)	其他物理因素(人)						
1113											
1114	1115	1116	1117	1118	1119	1120	1121	1122	1123	1124	1125	1126

过去3年开展职业病危害因素检测企业数(个)			过去3年开展职业健康监护企业数(个)			粉尘检测点数(个)					化学毒物检测点数(个)				
	全面开展(个)	部分开展(个)		全面开展(个)	部分开展(个)		场所检测(个)	超标(个)	岗位(个)	超标(个)		场所检测(个)	超标(个)	岗位(个)	超标(个)
1127	1128	1129	1130	1131	1132	1133	1134	1135	1136	1137	1138	1139	1140	1141	1142

续表

噪声检测点数(个)	场所检测(个)	超标(个)	岗位(个)	超标(个)	电离辐射检测点数(个)	场所检测(个)	超标(个)	岗位(个)	超标(个)	最近一次体检人数(人)	接触粉尘(人)	异常(人)	接触毒物(人)	异常(人)	接触噪声(人)	异常(人)	接触电离辐射(人)	异常(人)
1143	1144	1145	1146	1147	1148	1149	1150	1151	1152	1153	1154	1155	1156	1157	1158	1159	1160	1161

单位负责人：　　　　　　　　　　　填表人：　　　　　　　　　　　报出日期：20　　年　　月　　日

注：1. 本表由县级以上卫生健康行政部门统计，逐级上报。
　　2. 省级卫生健康委于 9 月 30 日前报本表。

五、主要指标解释

1. 调查表编号：□□□□□□□□□□□□，共12位。

前6位为县区行政代码：以2017年国家统计局发布的行政代码为准。

第7~8为乡镇（街道）编码，按01、02、03依次进行编码。

第9~12为企业编码，按0001、0002、0003依次进行编码。

2. 调查员：参加调查人员的姓名。

3. 调查日期：调查当天日期。

4. 审核人：审核人员姓名。

5. 用人单位名称：根据用人单位提供的统一社会信用代码证上的登记注册名称填写。

对于非法人单位，又称企业非法人，指经工商行政管理机关登记注册，从事营利性生产经营活动，但不具有法人资格的经济组织。企业非法人主要包括个人独资企业、合伙企业、企业的分支机构（分公司、办事处、代表处）等。

6. 统一社会信用代码：指按照《国务院关于批转发展改革委等部门法人和其他组织统一社会信用代码制度建设总体方案的通知》（国发〔2015〕33号）规定，由赋码主管部门给每一个法人单位和其他组织颁发的在全国范围内唯一的、终身不变的法定身份识别码。

7. 工作场所地址：指用人单位从事生产经营活动的地点，调查当时实际地址。

8. 单位注册地址：根据用人单位提供的统一社会信用代码证填写，如地址已发生变化，以调查当时的地址为准。

9. 行业代码：指用人单位所从事的职业活动类型，详见附录（一）。

10. 法人代表姓名：用人单位法定代表人姓名，非法人单位不需要填写。

11. 联系人：用人单位职业健康管理工作人员姓名。

12. 联系电话：用人单位职业健康管理工作人员电话，包括座机和手机号。

13. 在岗职工人数：指用人单位所有在岗职工人数，包括与用人单位直接签订劳动合同、由用人单位直接支付工资的人员和劳务派遣工（劳务派遣工与劳务派遣机构签订劳动合同，其劳动报酬由劳务派遣机构支付）。

调查统计时间节点：调查时间在 1 月 1 日至 3 月 31 日之间，以上一年度 12 月 31 日的人数为准；其他调查时间，以调查当时为准。

14. 登记注册类型：指按国家统计局、国家工商行政管理总局印发的《关于划分企业登记注册类型的规定调整的通知》（国统字〔2011〕86 号），将企业划分成国有企业、集体企业、联营企业、私营企业等类型，分类及代码见表 5 - 1。

表 5 - 1　企业注册类型代码表

代码	企业注册类型	代码	企业注册类型
110	国有企业	160	股份有限公司
120	集体企业	170	私营企业
130	股份合作企业	190	其他企业
140	联营企业	200	港、澳、台商投资企业
150	有限责任公司	300	外商投资企业

15. 用人单位规模：按照《国家统计局关于印发统计上大中小微型企业划分办法的通知》（国统字〔2011〕75 号），企业规模划分为"大型""中型""小型"和"微型"四种规模，划分标准见表 5 - 2。

表 5 - 2　统计上相关行业大中小微型企业划分标准

指标名称	单位	大型	中型	小型	微型
从业人员（X）	人	$X \geq 1\,000$	$300 \leq X < 1\,000$	$20 \leq X < 300$	$X < 20$
营业收入（Y）	万元	$Y \geq 40\,000$	$2000 \leq Y < 40\,000$	$300 \leq Y < 2\,000$	$Y < 300$

注：（1）营业收入：设置主营业务收入指标的行业，采用主营业务收入指标；其他未设置主营业务收入指标的行业，采用营业收入指标；

（2）大型、中型和小型企业须同时满足所列指标的下限，否则下划一档；微型企业只需满足所列指标中的一项即可。

16. 生产产品：用人单位实际生产的产品名称及年产量。

17. 主要原辅材料：用人单位生产过程中使用的原辅材料名称及年使用量。

18. 职业病危害因素分为粉尘、化学毒物、物理因素、生物因素、其他因素五类。

（1）粉尘：用人单位工作场所存在的粉尘种类。若之前未开展过检测，且无法判定粉尘类型，则选择其他粉尘。

（2）化学毒物：用人单位工作场所存在的化学毒物种类。

（3）物理因素：用人单位工作场所存在的噪声、电离辐射等物理性职业病危害因素种类。

（4）生物因素：用人单位工作场所存在的生物因素种类。

（5）其他因素：除粉尘、化学毒物、物理因素、生物因素等职业病危害因素外的其他危害因素种类。

19. 职业病危害因素接触情况：

（1）接触职业病危害因素总人数：指用人单位接触各种职业病危害的总人数。由于一个人可能接触多种职业病危害因素，总人数不能由接触粉尘、化学毒物、物理因素的人数简单相加，同时接触多种职业病危害因素的劳动者按实际人数算，不能重复统计。例如，某工作场所内既接触粉尘又接触噪声的 1 个劳动者，按接触职业病危害因素 1 人统计。接触职业病危害因素总人数，可采用工作场所内在岗职工人数减去不接触职业病危害人数的简单计算方式获得。

调查统计时间节点：调查时间在 1 月 1 日至 3 月 31 日之间，以上一年度 12 月 31 日的人数为准；其他调查时间，以调查当时为准。

（2）接触粉尘/化学毒物/物理因素/生物因素/其他因素人数：按接触人次统计，可重复统计。例如 1 个电焊岗位人员，既接触电焊粉尘，又接触化学毒物和物理因素，则分别按照接触 1 人次粉尘、1 人次化学毒物和 1 人次物理因素统计。职业病危害因素的归类依据《职业病危害因素分类目录》。

20. 职业病危害项目申报情况：指是否在职业病危害项目申报系统如实进行了申报，并取得了申报回执。申报时间应在最近一次新改扩建工程完成之后，申报回执日期需在通知调查日期之前。

21. 2017—2019 年职业病危害因素检测情况：应由取得国家认可资质的职业卫生技术服务机构完成。2017—2019 年之间开展职业病危害检测情况，3 年均未开展则为未开展，若在此期间开展过，则选择相应的年份。

22. 2017—2019 年在岗期间职业健康检查情况：指 2017—2019 年之间组织在岗期间职业健康检查情况，3 年均未开展则为未开展，若在此期间开展过，则选择相应的年份。

（1）职业健康检查总人数：当年参加职业健康检查的总人数，总人数不能由接触粉尘、化学毒物和物理因素的体检人数简单相加，同时接触多种职业病危害因素的参加体检的劳动者按实际人数算，不能重复统计。

（2）接触粉尘/化学毒物/物理因素的体检人数：指分别针对粉尘、化学毒物、物理因素等职业病危害因素种类进行职业健康检查的人数。按体检人次统计，可重复统计。

（3）异常人数：是指出现禁忌证或疑似职业病的人数，包括出现异常且体检报告要求复查但没有按要求进行复查的人数。

23. 职业健康培训情况：指用人单位负责人、职业健康管理人员、接触职业病危害劳动者参加职业健康培训的情况。用人单位负责人是指企业的法定代表人，如果是二级公司，则指调查企业第一责任人。职业健康管理人员是指在企业内负责职业健康管理工作的人员。

六、附　　录

（一）行业分类和代码表
——来源于《国民经济行业分类和代码》
（GB/T 4754—2017）

代码		类别名称	具体类别
门类	分类		
A		采矿业	
	01	煤炭开采和洗选业	烟煤和无烟煤开采洗选，褐煤开采洗选，其他煤炭采选
	02	石油和天然气开采业	石油开采，天然气开采
	03	黑色金属矿采选业	铁矿采选，锰矿、铬矿采选，其他黑色金属矿采选
	04	有色金属矿采选业	铜矿、铅锌矿、镍钴矿、锡矿、锑矿、铝矿、镁矿及其他常用有色金属矿采选，金矿、银矿采选及其他贵金属矿采选，钨钼矿、稀土金属矿、放射性金属矿及其他稀有稀土金属矿采选
	05	非金属矿采选业	土砂石开采，化学矿开采，采盐，石棉及其他非金属矿采选
	06	开展专业及辅助性活动	煤炭开采和洗选、石油和天然气开采以及其他开采专业及辅助性活动
	07	其他采矿业	对地热资源、矿泉水资源以及其他未列明的自然资源的开采
B		制造业	
	08	农副食品加工业	谷物磨制，饲料加工，植物油加工，制糖业，屠宰及肉类加工，水产品加工，蔬菜、菌类、水果和坚果加工以及其他农副食品加工
	09	食品制造业	焙烤食品制造，糖果、巧克力及蜜饯制造，方便食品制造，乳制品制造，罐头食品制造，调味品、发酵制品制造以及其他食品制造
	10	酒、饮料和精制茶制造业	酒精、白酒、啤酒、黄酒、葡萄酒及其他酒的制造，碳酸饮料、瓶（罐）装饮用水、果菜汁及饮料、含乳饮料和植物蛋白、固体饮料、茶饮料及其他饮料制造，精制茶加工

续表

代码 门类	代码 分类	类别名称	具体类别
	11	烟草制品业	烟叶复烤、卷烟制造、其他烟草制品制造
	12	纺织业	棉纺织及印染精加工，毛纺织及染整精加工，麻纺织及染整精加工，丝绢纺织及印染精加工，化纤织造及印染精加工，针织或钩针编织物及其制品制造，家用纺织制成品制造，产业用纺织制成品制造
	13	纺织服装、服饰业	机织服装制造，针织或钩针编织服装制造，服饰制造
	14	皮革、皮毛、羽毛及其制品和制鞋业	皮革鞣制加工，皮革制品制造，毛皮鞣制及制品加工，羽毛（绒）加工及制品制造以及制鞋业
	15	木材加工和木、竹、藤、棕、草制品业	木材加工、人造板制造，木质制品制造，竹、藤、棕、草等制品制造
	16	家具制造业	木质家具制造、竹、藤家具制造，金属家具制造，塑料家具制造，其他家具制造
	17	造纸和纸制品业	纸浆制造，造纸，纸制品制造
	18	印刷和记录媒介复制业	印刷，装订及印刷相关服务，记录媒介复制
	19	文教、工美、体育和娱乐用品制造业	文教办公用品制造，乐器制造，工艺美术品及礼仪用品制造，体育用品制造，玩具制造，游艺器材及娱乐用品制造
	20	石油、煤炭及其他燃料加工业	精炼石油产品制造，煤炭加工，核燃料加工，生物质燃料加工
	21	化学原料和化学制品制造业	基础化学原料制造，肥料制造，农药制造，涂料、油墨、颜料及类似产品制造，合成材料制造，专用化学产品制造，炸药、火工及焰火产品制造，日用化学品制造
	22	医药制造业	化学药品原料药制造，化学药品制剂制造，中药饮片加工，中成药生产，兽用药品制造，生物药品制品制造，卫生材料及医药用品制造，药用辅料及包装材料
	23	化学纤维制造业	纤维素纤维原料及纤维制造，合成纤维制造，生物基材料制造
	24	橡胶和塑料制品业	橡胶制品业，塑料制品业

续表

代码		类别名称	具体类别
门类	分类		
	25	非金属矿物制品业	水泥、石灰和石膏制造，石膏、水泥制品及类似制品制造，砖瓦、石材等建筑材料制造，玻璃制造、玻璃制品制造，玻璃纤维和玻璃纤维增强塑料制品制造，陶瓷制品制造，耐火材料制品制造，石墨及其他非金属矿物制品制造
	26	黑色金属冶炼和压延加工业	炼铁、炼钢、钢压延加工、铁合金冶炼
	27	有色金属冶炼和压延加工业	铜、铅锌、镍钴、锡、锑、铝、镁、硅及其他常用有色金属冶炼，金、银及其他贵金属冶炼，钨钼、稀土金属及其他稀有金属冶炼，有色金属合金制造，有色金属压延加工
	28	金属制品业	结构性金属制品制造，金属工具制造，集装箱及金属包装容器制造，金属丝绳及其制品制造，建筑、安全用金属制品制造，金属表面处理及热处理加工，搪瓷制品制造，金属制日用品制造，铸造及其他金属制品制造
	29	通用设备制造业	锅炉及原动设备制造，金属加工机械制造，物料搬运设备制造，泵、阀门、压缩机及类似机械制造，轴承、齿轮和传动部件制造，烘炉、风机、包装等设备制造，文化、办公用机械制造，通用零部件制造，其他通用设备制造业
	30	专用设备制造业	采矿、冶金、建筑专用设备制造，化工、木材、非金属加工专用设备制造，食品、饮料、烟草及饲料生产专用设备制造，印刷、制药、日化及日用品生产专用设备制造，纺织、服装和皮革加工专用设备制造，电子和电工机械专用设备制造，农、林、牧、渔专用机械制造，医疗仪器设备及器械制造，环保、邮政、社会公共服务及其他专用设备制造
	31	汽车制造业	汽车整车制造，汽车用发动机制造，改装汽车制造，低速汽车制造，电车制造，汽车车身、挂车制造，汽车零部件及配件制造
	32	铁路、船舶、航空航天和其他运输设备制造业	铁路运输设备制造，城市轨道交通设备制造，船舶及相关装置制造，航空、航天器及设备制造，摩托车制造，自行车及残疾人座车制造，助动车制造，非公路休闲车及零配件制造，潜水救捞及其他未列明运输设备制造

续表

代码		类别名称	具体类别
门类	分类		
	33	电气机械和器材制造业	电机制造，输配电及控制设备制造，电线、电缆、光缆及电工器材制造，电池制造，家用电力器具制造，非电力家用器具制造，照明器具制造以及其他电气机械及器材制造
	34	计算机、通信和其他电子设备制造业	计算机制造，通信设备制造，广播电视设备制造，雷达及配套设备制造，非专业视听设备制造，智能消费设备制造，电子器件制造，电子元件及电子专用材料制造，其他电子设备制造
	35	仪器仪表制造业	通用仪器仪表制造，专用仪器仪表制造，钟表与计时仪器制造
	36	其他制造业	日用杂品制造，核辐射加工，其他未列明制造业
	37	废弃资源综合利用业	金属废料和碎屑加工处理，非金属废料和碎屑加工处理
	38	金属制品、机械和设备修理业	金属制品修理，通用设备修理，专用设备修理，铁路、船舶、航空航天等运输设备修理，电气设备修理，仪器仪表修理，其他机械和设备修理业
C	电力、热力、燃气及水生产和供应业		
	39	电力、热力生产和供应业	电力生产，电力供应，热力生产和供应
	40	燃气生产和供应业	燃气生产和供应业，生物质燃气生产和供应业
	41	水的生产和供应业	自来水生产和供应，污水处理及其再生利用，海水淡化处理，其他水的处理、利用与分配
其他	42	其他	

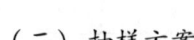

（二）抽样方案

一、样本量及抽样要求

本次调查范围包括全国3 027个县（市、区、团），每个县（市、区、团）随机抽取20%的乡镇（街道），抽取的乡镇（街道）数为非整数的，均采用补齐整数进行处理，即小于5（含）个乡镇（街道）的县（市、区），抽取1个乡镇或街道，乡镇（街道）数量在6～10（含）个的县（市、区）抽取2个乡镇或街道，乡镇（街道）数量在11～15（含）个的县（市、区）抽取3个乡镇或街道，依此类推。对每个样本乡镇（街道）内的采矿业、制造业和电力、燃气及水的生产和供应业等三个行业的所有企业逐个进行调查。调查的乡镇（街道）由国家职业病危害调查技术指导组统一抽取。

二、样本乡镇（街道）的抽取方法

1. 编制县（市、区、团）级辖区内的乡镇（街道）清单。

摸底确定各县（市、区、团）辖区内所有乡镇（街道）的清单，将全部乡镇（街道）按顺序进行编号。

2. 利用随机数表法抽样确定样本乡镇（街道）。

从随机数表中任一数字开始，按一定的顺序（上下左右均可）或间隔读数，按抽取顺序依次选取编号范围内的数字，超出范围的数字去掉，重复的数字不再选，直至达到抽取20%的乡镇（街道）的样本容量为止。

三、抽样实例

假设某县（市、区、团）辖区内共有乡镇（街道）28个，从中抽取20%的乡镇（街道），即6个样本乡镇（街道）。

第一步将该县（市、区、团）内28个乡镇（街道）依次编号01～28号。

第二步利用随机数表法依次抽取01～28号范围内的数字，例如：从随机数表中任一行列的数字3开始，向右依次每两位数字取一个读数，去除范围外和重复的读数，抽取04、19、15、18、11、08共6个数字。选取数字对应编号的乡镇（街道）即作为本次调查选取的样本乡镇（街道）。

第三步编码选定的样本乡镇（街道）。重新编码上述随机数表法抽取的6个样本乡镇（街道），编码方式：地区编码+编号。

第四步登记选定样本乡镇（街道）内三个行业的所有企业名单，作为本次调查的企业目录。

调查样本乡镇（街道）抽样操作表

_____省（直辖市或自治区）_____县（市、区、团）

该县（市或市区）总乡镇（街道）数：_____个；实际参加抽样的乡镇（街道）数：_____个；未参加抽样的乡镇（街道）数：_____个；未参加抽样的原因：_____。

请将乡镇（街道）名列出，并编号

样本乡镇（街道）抽样记录

序号	乡镇（街道）名称	样本乡镇（街道）编码	序号	乡镇（街道）名称	样本乡镇（街道）编码
1		地区编码+序号			
2					
3					

被抽中乡镇（街道）序号

_____；_____；_____；_____；_____；_____；_____；
_____；_____；_____；_____；_____；_____；_____；
_____；_____；_____；_____；_____；_____；_____。

抽样操作者_____

抽样负责人_____

抽样日期_____

注：由于突发性严重的自然灾害，使交通隔绝，调查无法实施者，可不参加抽样。

（三）向国家统计局提供的具体统计资料清单

根据工作需要，经双方协商可提供有关数据。

（四）向统计信息共享数据库提供的统计资料清单

根据工作需要，经双方协商可提供有关数据。

国家卫生健康委关于加强职业病防治技术支撑体系建设的指导意见

(2020年4月6日国卫职健发〔2020〕5号)

各省、自治区、直辖市及新疆生产建设兵团卫生健康委,中央企业,中国国家铁路集团有限公司办公厅,有关单位:

职业病防治技术支撑体系是公共卫生体系的重要组成部分,是政府履行职业病防治职责、用人单位落实职业病防治主体责任和维护劳动者职业健康的重要保障。为贯彻落实《职业病防治法》和《"健康中国2030"规划纲要》,加快推进职业健康治理体系和治理能力现代化,按照国家卫生健康委等10部门《关于印发尘肺病防治攻坚行动方案的通知》(国卫职健发〔2019〕46号)的要求,现就加强职业病防治技术支撑体系建设提出如下指导意见。

一、总体要求

贯彻落实党中央、国务院关于职业病防治工作的决策部署,坚持以人民为中心的发展思想,加快健全完善职业病防治技术支撑体系,提升服务经济社会高质量发展和保障劳动者职业健康的能力。

(一)基本原则。

坚持预防为主,服务保障民生。坚持"预防为主、防治结合"的方针,健全职业病防治技术支撑体系,服务和保障劳动者职业健康。

坚持行政主导,明确功能定位。发挥各级卫生健康行政部门的组织领导、规划布局和协调推动作用,加强资源整合融合,明确各级各类技术支撑机构功能定位和重点任务。

坚持目标导向,强化能力建设。围绕职业病防治中心工作、重点任务,加强基础设施、技术装备、人才队伍和信息化建设，提升职业病防治技术支撑能力。

坚持创新发展，完善体制机制。强化改革创新，完善体制机制，落实政策保障措施，强化运行管理和评估，促进职业病防治职责全面落实。

（二）总体目标。到2025年，健全完善国家、省、市、县四级并向乡镇延伸的职业病防治技术支撑体系，基础设施、人才队伍和学科建设进一步加强，监测评估、工程防护、诊断救治等技术支撑能力进一步提升，满足新时期职业病防治工作的需要。

二、完善职业病防治技术支撑体系的布局

职业病防治技术支撑体系由职业病监测评估、职业病危害工程防护、职业病诊断救治三类技术支撑机构及相关专业机构组成。

（一）完善职业病监测评估技术支撑机构。以疾病预防控制机构、职业病防治院（所、中心）为主干，完善"国家、省、市、县"四级职业病监测评估技术支撑网络。国家级技术支撑机构主要是指国家卫生健康委职业安全卫生研究中心、中国疾病预防控制中心职业卫生与中毒控制所、中国疾病预防控制中心辐射防护与核安全医学所等单位，承担全国重点职业病和职业病危害因素监测、专项调查、职业健康风险评估、职业健康检查、职业病报告、应急处置、职业健康宣传教育与健康促进等方面法规政策标准研究、技术研发和技术指导。省、市、县三级技术支撑机构主要是指同级卫生健康行政部门有关直属单位或其他法定机构，承担行政辖区内的重点职业病和职业病危害因素监测、职业健康风险评估、职业病防治情况统计和调查分析、职业健康检查、职业病报告、应急处置、职业健康宣传教育与健康促进等技术支撑任务。

（二）建立职业病危害工程防护技术支撑机构。充分利用卫生健康系统内外技术资源，构建"国家—行业（领域）—省"的职业病危害工程防护技术支撑网络。国家层面，国家卫生健康委有关直属单位与高等院校、企业、科研院所以共建"联合体"等形式，设立防尘、防毒、防噪、防电离辐射等工程防护技术中心，承担全国职业病危害防护工程设计、工程控制技术和装备、工程治理、个体防护等相关法规政策标准研究、技术研发、技术评估和技术指导。行业（领域）层面，依托条件较好的企事业单位，在矿山、化工、冶金、有色、建材、核技术应用、建筑、交通运输、军工等重点行业领域设立工程防护技术分中心，承担本行业领域职业病危害防护工程设计、工程控制技术和装备、工程治理、个体防护等标准研究和技术研发、筛选、推广、应用。省级层面，省级卫生健康委有关直属单位或其他具备条件的机构以自主建设或共建"联合体"等形式，设立工程防护技术指导中心，承担职业病危害工程防护及个体防护等标准研究和技术研发、筛选、推广、应用。

（三）健全职业病诊断救治技术支撑机构。充分发挥职业病专科医院、综合医院的作用，构建"国家—省—市"并向重点县区、乡镇延伸的职业病诊断救治技术支撑网络。国家级技术支撑机构，依托国家卫生健康委有关直属单位及具备职业病诊断救治条件的综合医院，承担全国职业病诊断救治相关法规政策标准研究、技术研发和技术指导。省、市级技术支撑机构，依托同级职业病防治院所（职业病专科医院）、具备职业病诊断救治条件的综合医院和负有职业病诊断职责的疾病预防控制机构，承担本地区职业病诊断救治技术支撑。鼓励有条件的省、市，设置职业病防治院、所。鼓励职业病救治任务重的县区，依托同级综合医院、职业病防治所或其他医疗卫生机构，开展职业病救治。鼓励尘肺病等职业病人数量多的乡镇，依托乡镇卫生院、社区卫生服务中心，进一步提升能力，开展职业病患者康复工作。

（四）支持相关专业机构参与技术支撑工作。支持职业卫生及放射卫生技术服务机构、职业健康检查机构、职业病诊断机构、化学品毒性鉴定机构及有关康复机构，发挥技术优势，积极参与技术支撑。支持条件较好的企业依托现有技术力量设立职业病防治技术支撑机构，支持高等院校、科研院所、企事业单位、行业学会协会、基金会等社会团体发挥专业优势，提供有特色、多样化的技术支撑，进一步增强技术支撑力量。

三、加快推进职业病防治技术支撑体系建设

各级卫生健康行政部门要研究确定技术支撑的依托单位及其具体任务，指导技术支撑机构根据承担的职能并参照推荐标准（详见附件1、2、3），加快推进组织机构、人才队伍、基础设施和能力建设。

（一）加强组织机构和人才队伍建设。各技术支撑机构要明确承担职业卫生及放射卫生工作职能的部门，配备职业卫生、放射卫生、检测检验、工程技术、临床医学等专业技术人员。建立专业技术人员培训培养制度，加强首席专家、领军人才、学科带头人等技术骨干的培养，提高专业人才综合素质和能力。鼓励和支持相关高等院校加强职业健康学科建设，开设职业卫生工程等专业，在工科院校的相关专业以及医学院校公共卫生与预防医学专业增设职业卫生工程课程，探索培养"职业卫生＋工程"的复合型人才。

（二）加强基础设施建设。各技术支撑机构要统筹考虑当前和长远工作需要，加强实验用房、业务用房、保障用房的建设和改造，配备必需的仪器设备，配置必要的业务用车、应急用车和特种专业技术用车，尽快补齐基础设施等方面的"短板"。国家、省级及行业（领域）技术支撑机构要加快推进设备设施"提档升级"，抓紧建成功能先进的实验室、测试平台或研发基地。

（三）加强职业病危害工程防护和治理能力建设。突出粉尘、毒物、噪声和电离辐射等重点职业病危害，加强工程防护、个体防护技术创新和突破，研发新技术、新工艺、新设备、新材料。加强国内外先进、适宜技术筛选评估。依托国家技术中心、行业分中心和省级技术指导中心，引导培育一批关键技术研发、防护装备生产制造的骨干企业。完善技术创新成果转化机制，加强成果转移转化综合示范。

（四）提升职业病危害因素检测检验能力。国家级技术支撑机构要提升新发职业病危害因素检测能力，具备职业病危害因素"全覆盖"检测能力和化学品毒性分析鉴定能力，增强对全国职业病危害因素检测检验和化学品毒性分析实验室的质量控制能力。省级技术支撑机构要具备区域内职业病危害因素检测、化学品毒性分析鉴定能力，通过盲样考核等方式增强对区域内检测检验实验室的质量控制能力。市、县级技术支撑机构要进一步提升现场采样及检测、实验室分析的规范性科学性，具备区域内主要职业病危害因素检测能力。

（五）提升职业健康检查和职业病诊断、救治的技术支撑能力。国家、省级技术支撑机构要着力提升职业健康检查和职业病诊断、救治等综合能力，增强质量控制、远程会诊、技术指导等能力。市及有关县级技术支撑机构要完善条件并加强相关能力建设，能够承担职业健康检查和职业病诊断、救治等任务。尘肺病、化学中毒等医疗救治任务重的地区，省级、有条件的市级技术支撑机构应当单独设立或与有关医院共建相关救治专科、基地或中心。

（六）提升政策研究和科研能力。国家、省级技术支撑机构要围绕职业病防治工作的重点和难点，有针对性地开展政策研究，增强政策研判和评估能力。推动将职业病危害工程防护、职业病诊断及救治等关键技术、重大项目纳入重大卫生科技专项、国家和地方科技计划。通过与高等院校、科研院所、企业共建研发机构等方式，深化产学研融合，尽快突破急需急用技术的"瓶颈"。

（七）提升信息化和大数据管理水平。国家卫生健康委及地方各级卫生健康行政部门依托全民健康信息平台，统筹推进职业病防治技术支撑信息化建设，实现职业病危害项目申报、重点职业病和职业病危害因素监测、工程防护、职业病报告、职业健康检查、职业病诊断鉴定、职业卫生及放射卫生检测评价等信息"一网通"。各技术支撑机构要加强信息化建设，健全完善相关软硬件设施，增强信息数据汇总、分析、评估能力。

（八）加强国际交流与合作。国家、省级技术支撑机构要加强与工业化国家、"一带一路"相关国家职业病防治专业机构和有关国际组织的交流与合作，借鉴和分享先进技术和经验。

四、保障措施

（一）加强组织领导。各级卫生健康行政部门要高度重视职业病防治技术支撑体系建设，在地方党委和政府的统一领导下，推动将其纳入医药卫生体制改革总体部署，与疾病预防控制体系改革、公共卫生应急管理体系建设同步推进，强化和落实领导责任，明确建设目标、任务和措施。

（二）加强政策支持。国家卫生健康委推动将职业病防治技术支撑体系纳入卫生健康服务体系同步规划。地方各级卫生健康行政部门要加强与发展改革、教育、科技、财政等部门协调配合，积极争取基本建设、财政投入、科技创新、学科建设、人才培养等方面的支持政策。

（三）加强管理与评估。各级卫生健康行政部门要按照"谁主管、谁负责"的原则，加强对技术支撑体系建设工作的督促和评估，建立技术支撑机构管理和评估制度。

（四）加强宣传引导。各级卫生健康行政部门要采取多种形式，宣传职业病防治技术支撑体系建设的重大意义、目标任务和重大举措。及时总结经验，加强宣传推广，发挥示范引领作用。

各省级卫生健康行政部门、有关单位要根据本意见要求，结合本地区、本单位实际情况，制定具体实施办法。

附件：1. 职业病监测评估技术支撑机构建设推荐标准
2. 职业病危害工程防护技术支撑机构建设推荐标准
3. 职业病诊断救治技术支撑机构建设推荐标准

国家卫生健康委
2020 年 4 月 6 日

附件 1

职业病监测评估技术支撑机构建设推荐标准

一、专业人才队伍建设标准

项目	建设标准（国家级技术支撑机构建设标准按功能需求与人员编制另行确定）		
	省级	市级	县级
1. 人员配置	按照技术支撑工作需要，配置职业卫生、放射卫生、检测检验、工程技术、临床医学等相关专业技术人员		
2. 专业技术人员比例	占所（科、室）人员编制总额的比例不低于85%，其中工程技术人员占专业技术人员的比例不低于10%（其中，县级技术支撑机构逐步提高工程技术人员比例）		
3. 高、中、初级技术职称人员比例	高级技术职称人员比例不低于45%；中级和初级技术职称人员按需配置	高级技术职称人员比例不低于35%；中级和初级技术职称人员按需配置	高级技术职称人员比例不低于20%；中级和初级技术职称人员按需配置
4. 学历构成	本科及以上学历人员比例不低于65%	本科及以上学历人员比例不低于50%	本科及以上学历人员比例不低于35%
5. 承担教学和科研任务的机构人员配置标准	按照实际承担教学和科研任务的需要配置人员		
6. 职业健康检查中心人员配置标准	按照职业健康检查任务的需要，配置执业医师、护士、医疗卫生技术人员和至少具有1名取得职业病诊断资格的执业医师		

注：1. 职业卫生专业技术人员是指所学专业为公共卫生与预防医学类、职业卫生、劳动卫生等专业的技术人员；
2. 放射卫生专业技术人员是指所学专业为核工程类、核物理、放射医学、放射化学、辐射防护等专业或从事放射卫生相关工作 2 年以上的技术人员；
3. 检测检验专业技术人员是指所学专业为分析化学、仪器分析、卫生检验和临床检验等专业的技术人员；
4. 工程技术人员是指所学专业为职业卫生工程、安全工程、化学工程、劳动保护、暖通空调、核工程类、矿业类、化工与制药类、材料类、机械类、仪器类、建筑类、能源动力类、电气类、电子信息类、自动化类、土木类、水利类、地质类、纺织类、轻工类、交通运输类、海洋工程类、航空航天类、兵器类、农业工程类、林业工程类、环境科学与工程类、食品科学与工程类等相关专业的技术人员。

二、场所建设标准

项目	建设标准（国家级另行确定）		
	省级	市级	县级
1. 建筑面积（按编制人数核定）	70 m²/人	65 m²/人	60 m²/人
2. 实验建筑面积（按总面积计算）	41%~50%	40%~48%	35%~42%
3. 承担教学和科研任务的机构场所建设标准	按照实际承担教学和科研任务的需要，增加场所设置和建筑面积		
4. 职业健康检查中心场所建设标准	建筑面积、各类特殊用房面积等，满足《职业健康检查管理办法》等规定的要求		

三、仪器设备配置标准

序号	仪器设备名称	配置要求（国家级另行确定）		
		省级	市级	县级
一、采样与检测				
（一）化学因素				
1	低流量大气采样器（包括防爆和个体，流量范围覆盖0.01~0.2 L/min）	★	★	★
2	中流量大气采样器（包括防爆和个体，流量范围覆盖0.1~1.5 L/min）	★	★	★
3	高流量大气采样器（包括防爆和个体，流量范围覆盖1~5 L/min）	★	★	★
4	大流量采样器（包括防爆，流量范围覆盖5~25 L/min）	★	★	★
5	超大流量采样器（流量一般大于100 L/min）	★	☆	☆
6	微生物采样器（六级筛孔撞击式）	★	☆	☆
7	低流量校准计（1级精度，校准流量范围一般为0.005~0.5 L/min）	★	★	★
8	中流量校准计（1级精度，校准流量范围一般为0.05~5.0 L/min）	★	★	★
9	高流量校准计（1级精度，校准流量范围一般为5.0~30.0 L/min）	★	★	★
10	冲击式呼尘采样头	★	★	★
11	旋风式呼尘采样头	★	★	★

续表

序号	仪器设备名称	配置要求（国家级另行确定）		
		省级	市级	县级
12	保温样本保存箱	★	★	★
13	车载低温样品保存箱（-5~10℃）	★	★	★
14	气压计	★	★	★
15	便携式气相色谱-质谱联用仪	★	☆	☆
16	便携式非分光红外一氧化碳（CO）/二氧化碳（CO_2）测定仪	★	★	★
17	便携式电化学探头复合气体检测仪（主要可检测一氧化碳、二氧化碳、氮氧化物、二氧化硫、硫化氢、氰化氢、氯气、氨、磷化氢、砷化氢、氟化氢等，可根据需要选配）	★	★	★
18	有毒气体快速检测管（主要可检测一氧化碳、硫化氢、氯气、二氧化碳、氨、二氧化硫、二氧化氮、磷化氢、氟化氢等，可根据需要选配）	★	★	★
19	气体检测仪校准装置	★	★	☆
（二）物理因素				
20	风速测定仪	★	★	★
21	WBGT测定仪	★	★	★
22	温湿度计	★	★	★
23	噪声测定仪（包括防爆）	★	★	★
24	噪声频谱分析仪	★	★	☆
25	脉冲积分声级计	★	★	★
26	个体噪声剂量计（包括防爆）	★	★	★
27	声级计校准器	★	★	★
28	电磁场测定仪（包含高频、超高频、低频电磁场及微波等频段）	★	★	★
29	紫外辐射测定仪（含UVA、UVB、UVC三个探头）	★	★	★
30	手传振动测定仪	★	★	★
31	全身振动测定仪	★	☆	☆
32	照度计	★	★	★
33	激光测定仪	★	☆	☆

续表

序号	仪器设备名称	配置要求（国家级另行确定）		
		省级	市级	县级
34	四通道噪声与振动分析仪	☆	☆	☆
35	双通道噪声剂量计	☆	☆	☆
36	握力压力分布量测系统	☆	☆	☆
37	无线表面肌电仪	☆	☆	☆
38	手指触觉测量系统	☆	☆	☆
39	人机工效分析系统	☆	☆	☆
40	工况模拟仿真测试系统	☆	☆	☆
（三）放射性因素				
41	CT 性能检测设备（套）	★	★	☆
42	医用诊断 X 线机性能检测设备（套）	★	★	☆
43	乳腺 X 射线摄影性能检测设备（套）	★	★	☆
44	放射治疗剂量测量系统	★	☆	☆
45	立体定向放射外科治疗系统性能检测设备（套）	★	☆	☆
46	调强放疗测量系统	★	☆	☆
47	核医学性能检测设备（套）	★	☆	☆
48	X、γ 个人剂量热释光测量系统（套）	★	★	☆
49	剂量计元件照射系统	★	☆	☆
50	中子个人剂量测量系统（套）	★	☆	☆
51	低本底 HPGeγ 谱仪及相关配套设备（套）	★	★☆	☆
52	α、β 放射性测量装置及相关配套设备（套）	★	★☆	☆
53	多道 α 谱仪	★☆	☆	☆
54	液体闪烁测量仪	★☆	☆	☆
55	大流量空气采样装置	★	★☆	☆
56	氡气/钍射气测量仪	★	★	☆
57	氡子体水平测量仪	★	★	☆
58	炭化灰化装置（含通风柜等）	★	★☆	☆
59	大体积干燥箱	★	★☆	☆

续表

序号	仪器设备名称	配置要求（国家级另行确定）		
		省级	市级	县级
60	生物样品冰箱（柜）	★	★	☆
61	便携式器官计数仪	★	☆	☆
62	便携式食品和水计数器	★	☆	☆
63	大型真空冷冻干燥箱	★	☆	☆
64	X射线辐照仪	☆	☆	☆
65	双色红外激光成像系统	☆	☆	☆
66	样品制备系统	★	☆	
67	γ射线成像谱仪	★	★☆	☆
68	α、β在线监测仪	★☆	☆	☆
69	手足污染检测仪	★	☆	☆
70	小物件污染检测仪	★	☆	☆
71	个人剂量监测照射器	★	☆	☆
72	α、β表面污染测量仪	★	★	★
73	便携式γ谱仪（碘化钠晶体）	★	★☆	☆
74	多用途辐射巡测仪	★	★☆	☆
75	电离室型巡测仪	★	☆	☆
76	防护级χ、γ辐射剂量（率）仪	★	★	★
77	环境级χ、γ辐射剂量（率）仪	★	★	★
78	中子周围剂量当量测量仪	★	★	☆
79	放射防护器材防护性能检测设备（套）	☆	☆	☆
80	X射线标准装置	☆	☆	☆
81	模拟人体体模	★	☆	☆
82	个人剂量报警仪	★	★	★
83	个人辐射防护背囊	★	★☆	☆
84	无人机辐射监测系统	☆	☆	☆
85	重型辐射防护服	★	☆	☆
86	全身计数器	★☆	☆	☆

续表

序号	仪器设备名称	配置要求（国家级另行确定）		
		省级	市级	县级
二、理化检验				
1	气相色谱仪（配 FID、ECD 检测器；配 NPD 或 FPD 检测器）	★	★	★
2	气相色谱-质谱联用仪	★	★	☆
3	气相色谱-质谱-质谱联用仪	★	☆	☆
4	气相色谱-高分辨质谱联用仪	☆	☆	☆
5	液相色谱仪	★	★	☆
6	液相色谱-质谱-质谱联用仪	☆	☆	☆
7	液相色谱-高分辨质谱联用仪	☆	☆	☆
8	液相色谱-原子荧光光谱仪	☆	☆	☆
9	液相色谱-电感耦合等离子体质谱联用仪	☆	☆	☆
10	电感耦合等离子体光谱仪	★	☆	☆
11	电感耦合等离子体-质谱联用仪	★	☆	☆
12	原子吸收光谱仪（带石墨炉）	★	★	★
13	原子荧光光谱仪	★	★	★
14	荧光分光光度计	☆	☆	☆
15	红外分光光度计	★	☆	☆
16	离子色谱仪	★	☆	☆
17	直接测汞仪	★	☆	☆
18	紫外/可见分光光度计	★	★	★
19	分析天平（1/1 000）	★	★	★
20	分析天平（1/10 000）	★	★	★
21	分析天平（1/100 000）	★	★	★
22	分析天平（1/1 000 000）	☆	☆	☆
23	热解吸仪	★	★	★
24	恒温水浴箱	★	★	★
25	顶空进样装置	★	☆	☆

续表

序号	仪器设备名称	配置要求（国家级另行确定）		
		省级	市级	县级
26	大气预浓缩仪	★	★	☆
27	固相微萃取系统	★	★	☆
28	样品浓缩氮吹装置	★	★	☆
29	超纯水机	★	★	☆
30	动态配气装置	★	☆	☆
31	离子计（pH、氟离子、电导率）	★	★	★
32	微波消解仪	★	★	☆
33	振荡器	★	★	★
34	磁力搅拌器	★	★	★
35	超声波清洗器	★	★	☆
36	离心机	★	★	★
37	低温高速离心机	☆	☆	☆
38	超速离心机	★	☆	☆
39	小容量超高速冷冻离心机	☆	☆	☆
40	普通冰箱	★	★	★
41	防爆冰箱	★	★	☆
42	低温冰箱（-40℃）	★	★	★
43	低温冰箱（-80℃）	★	★	☆
44	相差显微镜	★	★	☆
45	马弗炉	★	★	★
46	干燥箱	★	★	★
47	除湿机	★	★	★
48	真空冷冻干燥机	★	☆	☆
49	铂金坩埚	★	★	★
50	石墨消解仪	★	☆	☆
51	通风柜	☆	☆	☆
三、职业健康检查				

续表

序号	仪器设备名称	配置要求（国家级另行确定）		
		省级	市级	县级
（一）职业医学检查				
1	心电图仪（十二导联）	★	★	★
2	动态脑电图分析系统	★	☆	☆
3	便携式B超（彩色）配浅表，腹部探头	★	★	★
4	大型彩色B超（配浅表，腹部，心脏探头）	★	★	☆
5	经颅彩色多普勒检查仪	★	☆	☆
6	便携式肺功能仪	★	★	★
7	大型肺功能仪（配残气、弥散功能）	★	☆	☆
8	神经肌电图仪	★	☆	☆
9	电子纤维支气管镜	☆	☆	☆
10	痛觉、触觉、振动觉测定仪	★	★	☆
11	微循环显微镜（参考）	★	☆	☆
12	皮温计	★	★	★
13	眼科、五官科常规检查综合工作台	★	★	★
14	隔音室	★	★	★
15	声阻抗仪	★	★	☆
16	听觉诱发电位仪	★	★	☆
17	电测听（纯音）	★	★	★
18	耳声发射仪	★	☆	☆
19	视野计（中心/周边）	★	★	★
20	眼底镜（直接/间接）	★	★	★
21	检影设备	★	☆	☆
22	裂隙灯及照相分析系统	★	★	★
23	骨密度仪	★	☆	☆
24	核磁共振	★	☆	☆
25	CT	★	★	☆
26	高仟伏X线机	☆	☆	☆

续表

序号	仪器设备名称	配置要求（国家级另行确定）		
		省级	市级	县级
27	DR	★	★	★
28	X 线体检车	★	★	★
29	听力检测车（配隔声室）	★	★	★
30	外出体检信息化系统	★	★	☆
31	职业健康检查数据管理系统	★	★	★
（二）职业医学检验				
32	全自动生化分析仪	★	★	★
33	全自动血液分析仪	★	★	★
34	化学发光仪	★	☆	☆
35	流式细胞仪	★	☆	☆
36	定量 PCR 测定仪	★	☆	☆
37	血气分析仪	★	☆	☆
38	锌原卟啉测定仪	★	☆	☆
39	全自动尿液分析仪	★	★	★
40	尿沉渣分析仪	★	★	☆
41	全自动染色体收获系统	★	☆	☆
42	染色体自动扫描分析仪	★	☆	☆
43	染色体滴片仪	★	☆	☆
44	细胞遗传学图像处理系统	☆	☆	☆
45	细胞图像分析系统	☆	☆	☆
46	荧光免疫分析仪	☆	☆	☆
47	酶标分析仪	★	☆	☆
48	全自动血流变仪	★	☆	☆
49	糖化血红蛋白测定仪	★	☆	☆
50	全自动凝血分析仪	★	★	☆
51	特定蛋白分析仪	☆	☆	☆
52	血液推片染片阅片系统	☆	☆	☆

续表

序号	仪器设备名称	配置要求（国家级另行确定）		
		省级	市级	县级
53	全自动细菌鉴定药敏分析系统	★	☆	☆
54	核酸成像系统	★	☆	☆
55	电泳及印迹系统	★	☆	☆
56	恒温培养箱（四档温度）	★	★	☆
57	恒温摇床培养箱	★	☆	☆
58	生化培养箱	★	★	☆
59	血液培养仪	★	★	
60	37℃培养箱	★	★	☆
61	CO_2培养箱	★	★	☆
62	恒温水浴箱	★	★	★
63	高精度恒温仪	★	☆	
64	通风柜	☆	☆	☆
65	生物安全柜	★	★	☆
66	纯水系统	★	★	★
67	离心机	★	★	★
68	大容量高速冷冻离心机	★	☆	☆
69	低温高速离心机	★	☆	☆
70	超速离心机	★	☆	
71	小容量超高速冷冻离心机	★	☆	☆
72	医用冷藏箱	★	★	★
73	冰箱冷链监测系统	★	☆	☆
74	低温冰箱（-40℃）	★	★	☆
75	低温冰箱（-80℃）	★	☆	☆
76	液氮罐	★	☆	☆
77	荧光显微镜	★	☆	☆
78	生物显微镜	★	★	★
79	生物解剖镜	★	★	☆

续表

序号	仪器设备名称	配置要求（国家级另行确定）		
		省级	市级	县级
80	相差显微镜	★	☆	☆
81	医用高压消毒锅	★	★	★
82	干燥箱	★	★	★
83	烤箱/干燥箱	★	★	★
84	去湿机	★	★	★
85	真空冷冻干燥机	★	☆	☆
86	洗板机	★	★	★
四、化学品毒理学评价				
（一）实验动物试验设施与设备				
1	实验动物试验设施屏障环境	★	☆	☆
2	实验动物试验设施普通环境	★	☆	☆
3	实验用斑马鱼养殖繁育系统	☆	☆	☆
4	试验环境温湿度监控系统	★	☆	☆
5	冰箱温度监控系统	★	☆	☆
6	高能氙光传递窗	★	☆	☆
7	紫外线传递窗	★	☆	☆
8	脉动真空灭菌器	★	☆	☆
9	小动物麻醉机	☆	☆	☆
10	氨气检测仪	★	☆	☆
11	压差计	★	☆	☆
12	实验动物窒息器	★	☆	☆
（二）通用仪器				
13	超纯水机	★	☆	☆
14	超声波清洗器	★	☆	☆
15	电热恒温水槽	★	☆	☆
16	三用恒温水箱	★	☆	☆
17	恒温水浴摇床	★	☆	☆

续表

序号	仪器设备名称	配置要求（国家级另行确定）		
		省级	市级	县级
18	脱色摇床	★	☆	☆
19	空气浴摇床	★	☆	☆
20	移液器	☆	☆	☆
21	电子天平	☆	☆	☆
22	通风柜	☆	☆	☆
23	电热恒温干燥箱	★	☆	☆
24	迷你离心机	★	☆	☆
25	普通离心机	★	☆	☆
26	平板离心机	★	☆	☆
27	高速冷冻离心机	★	☆	☆
28	平板离心机	★	☆	☆
29	高通量透析仪	★	☆	☆
30	乳化分散匀浆器	★	☆	☆
31	加热磁力搅拌器	★	☆	☆
32	涡旋振荡器	★	☆	☆
33	酸度计	★	☆	☆
34	酶标仪	★	☆	☆
35	标签打印机	★	☆	☆
（三）动物毒性试验仪器				
36	动式吸入染毒装置	★	☆	☆
37	气溶胶实时粒径谱测量仪	★	☆	☆
38	检眼镜	★	☆	☆
39	手持裂隙灯	★	☆	☆
40	解剖显微镜	★	☆	☆
41	大小鼠精子分析系统	★	☆	☆
42	空气采样器	★	☆	☆
43	样品球磨仪	★	☆	☆

续表

序号	仪器设备名称	配置要求（国家级另行确定）		
		省级	市级	县级
44	动物震惊条件反射实验分析系统	★	☆	☆
45	动物自发活动实验分析系统	★	☆	☆
46	动物 Morris 水迷宫实验系统	★	☆	☆
47	动物跳台避暗整合分析系统	★	☆	☆
48	大小鼠抓力测定仪	★	☆	☆
49	大小鼠脑立体定位仪	★	☆	☆
50	动物电子标识系统	★	☆	☆
51	动物活体 CT 成像系统	★	☆	☆
52	动物超声成像系统	★	☆	☆
（四）	血液、尿液检查仪器			
53	半自动血凝分析仪	☆	☆	☆
54	全自动凝血仪	★	☆	☆
55	血细胞分类计数仪	★	☆	☆
56	血液混匀器	★	☆	☆
57	动物全自动生化分析仪	★	☆	☆
58	动物全自动血细胞分析仪	★	☆	☆
59	尿常规分析仪	★	☆	☆
60	全自动尿沉渣流水线	★	☆	☆
61	Na/K/Cl 分析仪	★	☆	☆
（五）	动物病理检测仪器			
62	病理组织处理机	★	☆	☆
63	病理石蜡包埋机	★	☆	☆
64	全自动切片机	★	☆	☆
65	全自动染色机	★	☆	☆
66	病理烤片机	★	☆	☆
67	病理包埋盒打号机	★	☆	☆
68	病理玻片打号机	★	☆	☆

续表

序号	仪器设备名称	配置要求（国家级另行确定）		
		省级	市级	县级
69	病理封片机	★	☆	☆
70	摊片机	★	☆	☆
71	生物显微镜	★	☆	☆
72	荧光生物显微镜	★	☆	☆
73	数字切片扫描仪	★	☆	☆
74	数字切片远程会诊系统	☆	☆	☆
75	病理图像分析系统	☆	☆	☆
76	大体照相设备	★	★	★
77	空气净化通风设备	★	★	★
78	房间紫外线消毒设备	★	★	★
（六）	遗传毒性试验仪器			
79	细菌菌落计数仪	★	☆	☆
80	细胞计数仪	★	☆	☆
81	霉菌培养箱	☆	☆	☆
82	细菌培养箱	★	☆	☆
83	二氧化碳培养箱	★	☆	☆
84	二氧化碳振荡培养箱	★	☆	☆
85	全自动染色体畸变分析系统	★	☆	☆
86	全自动智能微核分析系统	★	☆	☆
87	倒置显微镜	★	☆	☆
88	蒸汽灭菌器	★	☆	☆
89	生物安全柜	☆	☆	☆
（七）	保存设施			
90	试剂保险柜	★	☆	☆
91	普通冰箱	★	☆	☆
92	防爆冰箱	★	☆	☆
93	低温冰箱（-40 ℃）	★	☆	☆

续表

序号	仪器设备名称	配置要求（国家级另行确定）		
		省级	市级	县级
94	低温冰箱（-80℃）	★	☆	☆
95	防爆试剂柜	★	☆	☆
96	液氮罐	★	☆	☆
97	蜡块柜	☆	☆	☆
98	玻片柜	☆	☆	☆
99	档案柜	☆	☆	☆
100	化学试剂柜	☆	☆	☆
五、职业健康教育与健康促进				
1	摄像机	★	★	★
2	照像机	★	★	★
3	多媒体投影仪	★	★	★
4	实物投影仪	★	★	★
5	打印机	★	★	★
6	视频及图片编辑制作系统	★	★	★
7	扫描仪	★	★	★
8	便携式笔记本电脑	★	★	★
9	职业健康体验馆	★	★	☆
六、职业病危害工程防护技术研究与应用				
1	风速传感器、遥测风速计、风速表	☆	☆	☆
2	多功能风速仪	☆	☆	☆
3	倾斜式微压计	☆	☆	☆
4	皮托管	☆	☆	☆
5	风量罩（侧吸、上吸、下吸）	☆	☆	☆
6	手提式粉尘仪	☆	☆	☆
7	烟尘浓度测试仪	☆	☆	☆
8	通风柜	☆	☆	☆
9	万向排气罩	☆	☆	☆

续表

序号	仪器设备名称	配置要求（国家级另行确定）		
		省级	市级	县级
10	中央实验台	☆	☆	☆
11	水平流通风测试台	☆	☆	☆
12	侧吸通风测试台	☆	☆	☆
13	垂直流通风测试台	☆	☆	☆
14	恒温恒湿环境舱	☆	☆	☆
15	玻璃钢离心风机	☆	☆	☆
16	活性炭吸附箱	☆	☆	☆
17	消音器	☆	☆	☆
18	全新风空调机组	☆	☆	☆
19	风速测量系统	☆	☆	☆
20	污染源模拟设备	☆	☆	☆
21	干扰气流发生装置	☆	☆	☆
22	气流组织测试系统	☆	☆	☆
23	示踪气体发生装置	☆	☆	☆
24	变风量控制系统	☆	☆	☆
25	舒适度测试系统	☆	☆	☆
26	风管	☆	☆	☆
27	除尘器	☆	☆	☆
28	通风仿真实验系统	☆	☆	☆
29	呼吸防护用品测试系统	★	★	★
30	听力防护用品测试系统	★	★	★
31	隔声室	☆	☆	☆
32	混响室	☆	☆	☆
33	半消声室	☆	☆	☆
34	消声器试验室	☆	☆	☆

续表

序号	仪器设备名称	配置要求（国家级另行确定）		
		省级	市级	县级
35	模拟发声装置	☆	☆	☆
七、卫生应急				
（一）应急救援	按照《卫生部办公厅关于印发〈卫生应急队伍装备参考目录（试行）〉的通知》（卫办应急发〔2008〕207号）的规定配置			
（二）个体防护装置				
（三）应急保障				
1	应急通信指挥车	★	☆	☆
2	应急后勤保障车	★	☆	☆
3	物资管理系统	★	☆	☆
4	远程会诊系统和远程会议系统	★	☆	☆
5	人体核化污染洗消设备	★	☆	☆
八、基础保障				
（一）信息管理				
1	计算机	★	★	★
2	扫码枪	★	☆	☆
3	职业病防治相关信息系统	★	★	☆
4	打印机	★	★	★
5	服务器	★	★	★
6	路由器	★	★	☆
7	互联网网络系统	★	★	★
8	交换机	★	★	★
9	VPN设备	★	☆	☆
10	防火墙	★	★	★

续表

序号	仪器设备名称	配置要求（国家级另行确定）		
		省级	市级	县级
11	UPS 不间断电源	★	★	★
（二）现场车辆				
12	现场工作车	★	★	★
13	职业病危害应急监测车	★	★	☆
14	核辐射应急监测车（移动实验室）	★	★☆	☆

注：1. 标注"★"的，为优先推荐配置的仪器设备；标注"☆"的，为自主选择配置的仪器设备；标注"★☆"的，为核电站所在地优先推荐配置的仪器设备。
2. 仪器设备具体配置数量，由地方卫生健康行政部门根据职业病防治技术支撑任务需要决定。
3. 长期毒性试验和代谢试验所涉及的理化检测分析仪器在"理化检验"板块设备中提出，在"化学品毒理学评价"板块的设备中不再提出。

四、支撑能力建设标准

序号	支撑能力	能力要求（国家级另行确定）		
		省级	市级	县级
一、工作场所职业病危害因素检测				
（一）化学因素				
粉尘类				
1	总粉尘	★	★	★
2	呼吸性粉尘	★	★	★
3	粉尘中游离二氧化硅含量	★	★	★
4	粉尘分散度	★	★	☆
5	石棉纤维	★	★	☆
金属类				
6	锑及其化合物（金属锑、氧化锑）	★	☆	☆
7	钡及其化合物（金属钡、氧化钡、氢氧化钡）	★	★	☆
8	铍及其化合物（金属铍、氧化铍）	★	★	☆
9	铋及其化合物（碲化铋）	★	☆	☆
10	镉及其化合物（金属镉、氧化镉）	★	★	☆
11	钙及其化合物（氧化钙、氰氨化钙）	★	★	★

续表

序号	支撑能力	能力要求（国家级另行确定）		
		省级	市级	县级
12	铬及其化合物（铬酸盐、重铬酸盐、三氧化铬）	★	★	★
13	钴及其化合物（金属钴、氧化钴）	★	☆	☆
14	铜及其化合物（金属铜、氧化铜）	★	★	★
15	铅及其化合物（金属铅、氧化铅、硫化铅）	★	★	★
16	锂及其化合物（金属锂、氢化锂）	★	☆	☆
17	镁及其化合物（金属镁、氧化镁）	★	★	★
18	锰及其化合物（金属锰、二氧化锰）	★	★	★
19	汞及其化合物（金属汞、氯化汞）	★	★	☆
20	钼及其化合物（金属钼、氧化钼）	★	☆	☆
21	镍及其化合物（金属镍、氧化镍、硝酸镍）	★	★	☆
22	钾及其化合物（氢氧化钾、氯化钾）	★	★	★
23	钠及其化合物（氢氧化钠、碳酸钠）	★	★	★
24	锶及其化合物（氧化锶、氯化锶）	★	☆	☆
25	钽及其化合物（五氧化二钽）	★	☆	☆
26	铊及其化合物（金属铊、氧化铊）	★	★	☆
27	锡及其化合物（金属锡、二氧化锡、二月桂酸二丁基锡）	★	★	☆
28	钨及其化合物（金属钨、碳化钨）	★	☆	☆
29	钒及其化合物（钒铁合金、五氧化二钒）	★	☆	☆
30	锌及其化合物（金属锌、氧化锌、氯化锌）	★	★	★
31	锆及其化合物（金属锆、氧化锆）	★	☆	☆
非金属类				
32	硼及其化合物（三氟化硼）	★	★	☆
33	碳化物（一氧化碳、二氧化碳）	★	★	☆
34	氮化物（一氧化氮、二氧化氮、氨、氰化氢、氢氰酸、氰化物、叠氮酸、叠氮化钠等）	★	★	☆
35	磷化物（五氧化二磷、五硫化二磷、磷化氢、三氯化磷、三氯硫磷、三氯氧磷等）	★	★	☆

续表

序号	支撑能力	能力要求（国家级另行确定）		
		省级	市级	县级
36	砷及其化合物（三氧化二砷、五氧化二砷、砷化氢）	★	★	☆
37	氧化物（臭氧、过氧化氢）	★	★	★
38	硫化物（二氧化硫、三氧化硫、硫酸、硫化氢、二硫化碳、硫酰氟、六氟化硫）	★	★	★
39	硒及其化合物（硒、二氧化硒）	★	☆	☆
40	碲及其化合物（碲、氧化碲、碲化铋）	★	☆	☆
41	氟及其化合物（氟化氢、氟化物）	★	★	☆
42	氯及其化合物（氯气、氯化氢、盐酸、二氧化氯）	★	★	☆
有机类				
43	烷烃类化合物（戊烷、己烷、庚烷、辛烷、壬烷）	★	★	☆
44	烯烃类化合物（丁烯、丁二烯、二聚环戊二烯）	★	☆	☆
45	混合烃类化合物（液化石油气、溶剂汽油、抽余油、非甲烷总烃、石蜡烟）	★	☆	☆
46	脂环烃类化合物（环己烷、甲基环己烷、松节油）	★	★	☆
47	芳香烃类化合物（苯、甲苯、乙苯、苯乙烯）	★	★	★
48	多苯类化合物（联苯）	★	☆	☆
49	多环芳香烃类化合物（萘、萘烷、四氢化萘、蒽、菲、苯并芘）	★	☆	☆
50	卤代烷烃类化合物（氯甲烷、二氯甲烷、三氯甲烷、四氯化碳、二氯乙烷、三氯丙烷、溴甲烷、碘甲烷、二氯丙烷）	★	★	☆
51	卤代烯烃类化合物（氯乙烯、二氯乙烯、三氯乙烯）	★	★	☆
52	卤代芳香烃类化合物（氯苯、二氯苯、三氯苯、溴苯）	★	☆	☆
53	醇类（甲醇、异丙醇、丁醇、异戊醇、糠醇、丙烯醇、乙二醇、氯乙醇）	★	★	☆
54	硫醇类（甲硫醇、乙硫醇）	★	☆	☆
55	烷氧基乙醇类化合物（2-甲氧基乙醇、2-乙氧基乙醇、2-丁氧基乙醇）	★	☆	☆
56	酚类（苯酚、甲酚、间苯二酚、三硝基苯酚、五氯酚及其钠盐	★	☆	☆

续表

序号	支撑能力	能力要求（国家级另行确定）		
		省级	市级	县级
57	脂肪族醚类化合物（乙醚、异丙醚、正丁基缩水甘油醚）	★	☆	☆
58	苯基醚类化合物（氨基茴香醚、茴香胺、苯基醚）	★	★	☆
59	脂肪族醛类化合物（甲醛、乙醛、丙烯醛、异丁醛、糠醛、三氯乙醛）	★	★	☆
60	脂肪族酮类化合物（丙酮、丁酮、甲基异丁基甲酮、二异丁基甲酮、二乙基甲酮）	★	★	☆
61	脂环酮和芳香族酮类化合物（环己酮）	★	☆	☆
62	环氧化合物（环氧乙烷、环氧丙烷、环氧氯丙烷）	★	★	☆
63	羧酸类化合物（甲酸、乙酸、丙烯酸、氯乙酸、草酸）	★	★	☆
64	酸酐类化合物（乙酐、马来酸酐、邻苯二甲酸酐）	★	★	☆
65	酰基卤类化合物（光气）	★	★	☆
66	酰胺类化合物（二甲基甲酰胺、二甲基乙酰胺、丙烯酰胺）	★	★	☆
67	饱和脂肪族酯类化合物（甲酸脂类、甲酸乙酯、乙酸甲脂、乙酸乙脂）	★	★	☆
68	不饱和脂肪族酯类化合物（丙烯酸甲酯、丙烯酸乙酯、丙烯酸丁酯、丙烯酸戊酯）	★	☆	☆
69	卤代脂肪族酯类化合物（氯乙酸甲酯、氯乙酸乙酯）	★	☆	☆
70	芳香族酯类化合物（邻苯二甲酸二丁酯、邻苯二甲酸二辛酯、三甲苯磷酸酯）	★	☆	☆
71	异氰酸酯类化合物（甲苯二异氰酸酯、二异氰酸甲苯酯、异氟尔酮二异氰酸酯）	★	☆	☆
72	腈类化合物（乙腈、丙烯腈、丙酮氰醇、甲基丙烯腈）	★	☆	☆
73	脂肪族胺类化合物（三甲胺、乙胺、二乙胺、三乙胺、乙二胺）	★	☆	☆
74	乙醇胺类化合物（乙醇胺）	★	☆	☆
75	肼类化合物（肼、甲基肼、偏二甲基肼）	★	☆	☆
76	芳香族胺类化合物（苯胺、N-甲基苯胺、对硝基苯胺、三氯苯胺）	★	☆	☆
77	硝基烷烃类化合物（三硝基甲烷）	★	☆	☆

续表

序号	支撑能力	能力要求（国家级另行确定）		
		省级	市级	县级
78	芳香族硝基化合物（硝基苯、二硝基苯、二硝基甲苯、三硝基甲苯、一硝基氯苯、二硝基氯苯）	★	☆	☆
79	杂环化合物（吡啶、呋喃、四氢呋喃）	★	☆	☆
农药类				
80	有机磷农药（久效磷、甲拌磷、对硫磷、甲基对硫磷、内吸磷、甲基内吸磷、马拉硫磷、乙酰甲胺磷、乐果、倍硫磷、敌百虫、敌敌畏、百草枯等）	★	★	☆
81	有机氯农药（六六六、滴滴涕）	☆	☆	☆
82	拟除虫菊酯类农药（溴氰菊酯、氰戊菊酯）	★	☆	☆
其他化合物				
83	药物类化合物（可的松、炔诺孕酮）	★	☆	☆
84	炸药类化合物（黑索今、硝化甘油、奥克托今、硝基胍）	☆	☆	☆
（二）物理因素				
85	高温	★	★	★
86	高气压	★	★	☆
87	低气压	★	★	☆
88	手传振动	★	★	☆
89	全身振动	★	☆	☆
90	噪声	★	★	★
91	照度	★	★	★
92	紫外辐射	★	★	☆
93	微波辐射	★	★	★
94	高频辐射	★	★	☆
95	超高频辐射	★	★	☆
96	低频电磁场（100 kHz以下）	★	★	★
97	激光辐射	★	★	☆
98	微小气候（气温、气湿、风速）	★	★	☆
99	工效学分析评价	★	☆	☆

续表

序号	支撑能力	能力要求（国家级另行确定）		
		省级	市级	县级
（三）放射性因素				
100	氡及其子体浓度水平监测	★	★	☆
101	χ、γ外照射监测	★	★	☆
102	α、β表面污染监测	★	★	☆
103	中子外照射监测	★	★	☆
104	场所设备放射防护检测	★	★	★
105	χ、γ个人剂量监测	★	★	☆
106	β个人剂量监测	★	☆	☆
107	中子个人剂量监测	★	☆	☆
108	内照射个人监测	★	☆	☆
109	生物剂量估算	★	☆	☆
110	放射诊断设备性能检测	★	★	☆
111	放射治疗设备性能检测	★	☆	☆
112	核医学设备性能检测	★	☆	☆
113	放射防护器材防护性能检测	★	☆	☆
114	含放射性产品监测	★	☆	☆
115	食品中放射性含量监测	★	★☆	☆
116	水中放射性含量监测	★	★☆	☆
二、职业健康风险评估				
1	职业病危害因素辨识	★	★	★
2	职业病危害风险评估	★	★	★
3	劳动强度分级	★	★	★
4	粉尘作业分级	★	★	★
5	毒物作业分级	★	★	☆

续表

序号	支撑能力	能力要求（国家级另行确定）		
		省级	市级	县级
6	噪声作业分级	★	★	★
7	高温作业分级	★	★	★
三、职业健康检查				
（一）接触有害化学因素作业人员职业健康检查				
1	铅及其无机化合物	★	★	☆
2	四乙基铅	★	★	☆
3	汞及其无机化合物	★	★	☆
4	锰及其无机化合物	★	★	☆
5	铍及其无机化合物	★	☆	☆
6	镉及其无机化合物	★	★	☆
7	铬及其无机化合物	★	★	☆
8	氧化锌	★	★	★
9	砷	★	★	☆
10	胂/砷化氢（砷化三氢）	★	★	☆
11	磷及其无机化合物	★	★	☆
12	磷化氢	★	★	☆
13	钡化合物（氯化钡、硝酸钡、醋酸钡）	★	★	★
14	钒及其无机化合物	★	★	☆
15	有机锡化合物	★	☆	☆
16	铊及其无机化合物	★	☆	☆
17	羰基镍	★	★	★
18	氟及其无机化合物	★	★	☆
19	苯（接触工业甲苯、二甲苯参照执行）	★	★	★
20	二硫化碳	★	★	☆
21	四氯化碳	★	★	★
22	甲醇	★	★	☆
23	汽油	★	★	☆

续表

序号	支撑能力	能力要求（国家级另行确定）		
		省级	市级	县级
24	溴甲烷	★	★	☆
25	二氧化硫	★	★	★
26	1,2-二氯乙烷	★	★	☆
27	正己烷	★	★	☆
28	苯的氨基与硝基化合物	★	★	☆
29	三硝基甲苯	★	★	☆
30	联苯胺	★	☆	☆
31	氯气	★	★	★
32	二氧化硫	★	★	★
33	氮氧化物	★	★	★
34	氨	★	★	★
35	光气	★	★	★
36	甲醛	★	★	★
37	一甲胺	★	★	★
38	一氧化碳	★	★	★
39	硫化氢	★	★	★
40	氯乙烯	★	★	☆
41	三氯乙烯	★	★	☆
42	氯丙烯	★	★	☆
43	氯丁二烯	★	☆	☆
44	有机氟	★	★	☆
45	二异氰酸甲苯酯	★	★	☆
46	二甲基甲酰胺	★	★	★
47	氰及腈类化合物	★	★	☆
48	酚（酚类化合物如甲酚、邻苯二酚、间苯二酚、对苯二酚等参照执行）	★	☆	☆
49	五氯酚	★	☆	☆

续表

序号	支撑能力	能力要求（国家级另行确定）		
		省级	市级	县级
50	氯甲醚［双（氯甲基）醚参照执行］	★	☆	☆
51	丙烯酰胺	★	★	☆
52	偏二甲基肼	★	☆	☆
53	硫酸二甲酯	★	★	★
54	有机磷杀虫剂	★	★	★
55	氨基甲酸酯类杀虫剂	★	★	★
56	拟除虫菊酯类	★	★	★
57	酸雾或酸酐	★	★	★
58	致喘物	★	★	☆
（二）粉尘作业人员职业健康检查				
59	粉尘	★	★	★
（三）接触有害物理因素作业人员职业健康检查				
60	噪声	★	★	★
61	高温	★	★	★
62	手传振动	★	★	★
63	高气压	★	★	☆
64	紫外辐射（紫外线）	★	★	★
65	微波	★	★	★
（四）接触有害生物因素作业人员职业健康检查				
66	布鲁菌属	★	★	☆
67	炭疽芽孢杆菌	★	☆	☆
（五）特殊作业人员职业健康检查				
68	电工作业	★	★	★
69	高处作业	★	★	★
70	压力容器作业	★	★	★
71	结核病防治工作	★	★	★
72	肝炎病防治工作	★	★	★

续表

序号	支撑能力	能力要求（国家级另行确定）		
		省级	市级	县级
73	职业机动车驾驶作业	★	★	★
74	视屏作业	★	★	★
75	高原作业	★	★	☆
76	航空作业	★	★	☆
（六）放射工作人员职业健康检查				
77	放射性危害	★	★	☆
四、化学品毒理学评价				
1	急性经口毒性试验	★	☆	☆
2	急性经皮毒性试验	★	☆	☆
3	急性吸入毒性试验	★	☆	☆
4	急性皮肤刺激性/腐蚀性试验	★	☆	☆
5	急性眼刺激性/腐蚀性试验	★	☆	☆
6	急性神经毒性试验	★	☆	☆
7	啮齿类动物重复染毒28天经口毒性试验	★	☆	☆
8	啮齿类动物亚慢性（90天）经口毒性试验	★	☆	☆
9	反复经皮毒性：21天或28天试验	★	☆	☆
10	亚慢性经皮毒性：90天试验	★	☆	☆
11	亚急性吸入毒性：28天试验	★	☆	☆
12	亚慢性吸入毒性：90天试验	★	☆	☆
13	致畸试验	★	☆	☆
14	一代繁殖毒性试验	★	☆	☆
15	两代繁殖毒性试验	★	☆	☆
16	毒物动力学试验	★	☆	☆
17	致癌性试验	★	☆	☆
18	慢性毒性试验	★	☆	☆
19	慢性毒性与致癌联合试验	★	☆	☆
20	细菌回复突变试验	★	☆	☆

续表

序号	支撑能力	能力要求（国家级另行确定）		
		省级	市级	县级
21	体外哺乳动物染色体畸变试验	★	☆	☆
22	哺乳动物红细胞微核试验	★	☆	☆
23	体外哺乳动物细胞基因突变试验	★	☆	☆
24	哺乳动物精原细胞染色体畸变试验	★	☆	☆
25	体外哺乳动物细胞微核试验	★	☆	☆
五、职业健康教育和健康促进				
1	职业健康知识宣传	★	★	★
2	职业健康宣传信息报送	★	★	★
3	职业健康科普作品	★	★	★
4	职业健康促进	★	★	★
5	健康企业建设技术指导与支持	★	★	★
六、职业病危害工程防护技术研究与应用				
1	风速、风量测量	☆	☆	☆
2	气流组织、舒适度测试	☆	☆	☆
3	防护设施及个体防护用品防护效果评估	☆	☆	☆
4	粉尘危害防护技术研究与应用	☆	☆	☆
5	毒物危害防护技术研究与应用	☆	☆	☆
6	噪声危害防护技术研究与应用	☆	☆	☆
7	电离辐射危害防护技术研究与应用	☆	☆	☆
8	生物危害防护技术研究与应用	☆	☆	☆
七、卫生应急能力				
1	编制修订本级预案指南	★	★	★
2	卫生应急指挥协调	★	★	☆
3	卫生应急风险评估	★	★	☆
4	卫生应急信息报告	★	★	★
5	卫生应急监测预警	★	★	★

续表

序号	支撑能力	能力要求（国家级另行确定）		
		省级	市级	县级
6	卫生应急人员培训演练	★	★	☆
7	卫生应急物资储备	★	★	★
8	卫生应急现场处置	★	★	★
9	卫生应急处置队伍建设	★	★	★
10	卫生应急救治或检测基地建设	★	★	☆
11	基层技术指导	★	★	☆
八、科技攻关能力				
1	省部级技术研究中心	★	☆	☆
2	职业健康人才培训基地	★	☆	☆
3	职业健康技术转化基地	★	☆	☆
4	职业暴露人群生物标本库平台	★	☆	☆
5	基层科研技术指导	★	☆	☆
6	高校科研实践基地	★	☆	☆

注：1. 标注"★"的，为优先推荐具备的支撑能力；标注"☆"的，为自主选择具备的支撑能力；标注"★☆"的，为核电站所在地优先推荐具备的支撑能力。

2. 工作场所化学因素检测各项目后括号中小项的支撑能力均应具备，如"锑及其化合物（金属锑、氧化锑）"，金属锑、氧化锑两个支撑能力均应具备。

附件 2

职业病危害工程防护技术支撑机构建设推荐标准

一、专业人才队伍建设标准

项目			标准
1. 国家级技术中心			
1.1 专业技术人员配置要求		防尘技术中心	按照技术支撑工作需求，配置矿业类、材料类、公共卫生与预防医学类、环境科学与工程类、安全科学与工程类和通风等专业技术人员
		防毒技术中心	按照技术支撑工作需求，配置化学类、化工与制药类、材料类、公共卫生与预防医学类、环境科学与工程类、安全科学与工程类和通风等专业技术人员
		防噪技术中心	按照技术支撑工作需求，配置物理学类、材料类、机械类、公共卫生与预防医学类、环境科学与工程类、安全科学与工程类等专业技术人员
		防电离辐射技术中心	按照技术支撑工作需求，配置核工程类、核物理、放射医学、放射化学、安全科学与工程类和公共卫生与预防医学类等相关专业技术人员
1.2 学历构成			本科及以上学历人员≥90%
2. 行业分中心			
2.1 专业技术人员配置要求		矿山行业分中心	按照技术支撑工作需求，配置矿业类、材料类、核工程类、环境科学与工程类、安全科学与工程类、公共卫生与预防医学类和通风等专业技术人员
		化工行业分中心	按照技术支撑工作需求，配置化学类、化工与制药类、材料类、公共卫生与预防医学类、环境科学与工程类、安全科学与工程类和通风等专业技术人员
		冶金行业分中心	按照技术支撑工作需求，配置材料类、冶金类、公共卫生与预防医学类、环境科学与工程类、工程类和通风等专业技术人员
		有色行业分中心	按照技术支撑工作需求，配置矿业类、材料类、冶金类、环境科学与工程类、安全科学与工程类、公共卫生与预防医学类和通风等专业技术人员
		建材行业分中心	按照技术支撑工作需求，配置材料类、公共卫生与预防医学类、环境科学与工程类、安全科学与工程类和通风等专业技术人员

续表

项目		标准
2.1 专业技术人员配置要求	核技术应用领域分中心	按照技术支撑工作需求，配置核工程类、核物理、放射医学、放射化学、安全科学与工程类和公共卫生与预防医学类等相关专业技术人员
	建筑行业分中心	按照技术支撑工作需求，配置建筑类、材料类、公共卫生与预防医学类、环境科学与工程类、安全科学与工程类和通风等专业技术人员
	交通运输行业分中心	按照技术支撑工作需求，配置交通运输类、建筑类、公共卫生与预防医学类、环境科学与工程类、安全科学与工程类和通风等专业技术人员
	军工行业分中心	按照技术支撑工作需求，配置兵器类、材料类、化工类、机械类、核工程类、放射医学、公共卫生与预防医学类、环境科学与工程类、安全科学与工程类和通风等专业技术人员
2.2 学历构成		本科及以上学历人员≥80%
3. 省级技术指导中心		
3.1 专业技术人员配置要求		按照技术支撑工作需求，配置矿业类、材料类、化工类、建筑类、交通运输类、核工程类、环境科学与工程类、安全科学与工程类、公共卫生与预防医学类和通风等专业技术人员
3.2 学历构成		本科及以上学历人员≥75%

注：各类人员的专业要求参照教育部《普通高等学校本科专业目录（2012年）》和教育部历年普通高等学校本科专业备案和审批结果。

二、场所建设标准

项目		标准
1. 国家级技术中心		
1.1 专业场所建设要求	防尘技术中心	按照技术支撑工作需求，设置减尘、降尘、抑尘、除尘和个体防护研究等粉尘危害工程防护技术研究场所
	防毒技术中心	按照技术支撑工作需求，设置通风排毒、有毒气体净化和个体防护研究等毒物危害工程防护技术研究场所
	防噪技术中心	按照技术支撑工作需求，设置隔声、消声、减振、振动和声学性能测试、个体防护等噪声危害工程防护技术研究场所

续表

项目		标准
1.1 专业场所建设要求	防电离辐射技术中心	按照技术支撑工作需求,设置放射防护设施、放射性水平测试、放射防护材料屏蔽性能检测和个人剂量监测等电离辐射危害工程防护技术研究场所
1.2 工作场所面积		场所面积满足技术支撑工作需求
2. 行业分中心		
2.1 专业场所设置要求	矿山行业分中心	按照技术支撑工作需求,设置矿山行业粉尘、噪声和电离辐射危害工程防护技术研究场所
	化工行业分中心	按照技术支撑工作需求,设置化工行业毒物危害工程防护技术研究场所
	冶金行业分中心	按照技术支撑工作需求,设置冶金行业粉尘、毒物、噪声危害工程防护技术研究场所
	有色行业分中心	按照技术支撑工作需求,设置有色行业粉尘、毒物、噪声危害工程防护技术研究场所
	建材行业分中心	按照技术支撑工作需求,设置建材行业粉尘、噪声危害工程防护技术研究场所
	核技术应用领域分中心	按照技术支撑工作需求,设置核技术应用电离辐射危害工程防护技术研究场所
	建筑行业分中心	按照技术支撑工作需求,设置建筑行业粉尘、噪声危害工程防护技术研究场所
	交通运输行业分中心	按照技术支撑工作需求,设置交通运输行业粉尘、噪声危害工程防护技术研究场所
	军工行业分中心	按照技术支撑工作需求,设置军工行业粉尘、毒物、噪声和电离辐射危害工程防护技术研究场所
2.2 工作场所面积		场所面积满足技术支撑工作需求
3. 省级技术指导中心		
3.1 省级技术指导中心专业场所设置要求		按照技术支撑工作需求,设置粉尘、毒物、噪声和电离辐射危害工程防护技术研究场所
3.2 工作场所面积		场所面积满足技术支撑工作需求

三、仪器设备配置标准

序号	仪器设备名称	国家级技术中心				行业分中心									省级技术指导中心
		防尘	防毒	防噪	防电离辐射	矿山	化工	冶金	有色	建材	建筑	交通运输	军工	核技术应用	
(一)	粉尘危害工程防护研究设备														
1	全室通风实验装置	★				☆	☆	★	★	★	★	★	★	☆	★
2	局部通风除尘实验装置	★				★	☆	★	★	★	★	★	★	☆	★
3	工业通风管道系统	★				★	★	★	★	★	★	★	★	★	★
4	粉尘检测仪器设备	★				★	★	★	★	★	★	★	★	☆	★
5	尘源特性测试平台	★				☆	☆	☆	☆	☆	☆	☆	☆	☆	☆
6	个体防护用品质量测试检测系统	★				☆	☆	☆	☆	☆	☆	☆	☆	☆	★
(二)	毒物危害工程防护研究设备														
7	全室通风实验装置		★			☆	★	★	★	☆	☆	☆	★	☆	★
8	局部通风实验装置		★			☆	★	★	★	☆	☆	☆	★	☆	★
9	工业通风管道系统		★			☆	★	★	★	☆	☆	☆	★	☆	★
10	化学毒物检测仪器设备		★			☆	★	★	★	☆	☆	☆	★	☆	★
11	个体防护用品质量测试检测系统		★			☆	☆	☆	☆	☆	☆	☆	☆	☆	★
(三)	噪声危害工程防护研究设备														
12	声学和减振材料性能测试系统			★		☆	☆	☆	☆	★	★	★	★	☆	★
13	实验室和现场噪声测试系统			★		☆	☆	☆	☆	★	★	★	★	☆	★
14	人体和机械振动测试系统			★		☆	☆	☆	☆	★	★	★	★	☆	★
15	护听器防护性能和验证测试系统			★		☆	☆	☆	☆	☆	☆	☆	☆	☆	☆
(四)	电离辐射危害工程防护研究设备														
16	工作场所放射防护测量设备				★	★	☆	☆	☆	☆	☆	★	★	★	★

续表

序号	仪器设备名称	配置要求											省级技术指导中心
		国家级技术中心			行业分中心							
		防尘	防毒	防电离辐射	矿山	化工	冶金	有色	建材	建筑	交通运输	军工	核技术应用	
17	放射性核素检测分析设备			★	☆	☆	☆	☆	☆	☆	☆	★	★	★
18	放射毒理及生物效应研究设备			★	☆	☆	☆	☆	☆	☆	☆	☆	☆	☆
19	个人剂量测量装置			★	☆	☆	☆	☆	☆	☆	☆	★	★	★
20	氡及氡子体测量装置			★	☆	☆	☆	☆	☆	☆	☆	☆	★	★
21	放射防护器材防护性能测试设备			★	☆	☆	☆	☆	☆	☆	☆	★	★	☆
22	个体防护技术研究设备			★	☆	☆	☆	☆	☆	☆	☆	★	☆	☆

注:标注"★"的,为优先推荐配备的仪器设备;标注"☆"的,为自主选择配置的仪器设备;具体配置数量根据技术支撑任务需要决定。

四、支撑能力建设标准

序号	能力建设内容	配置要求											省级技术指导中心
		国家级技术中心			行业分中心							
		防尘	防毒	防电离辐射	矿山	化工	冶金	有色	建材	建筑	交通运输	军工	核技术应用	
(一)	粉尘危害工程防护研究													
1	减尘技术研究	★			★	☆	★	★	★	★	★	★	☆	★
2	降尘技术研究	★			★	☆	★	★	★	★	★	★	☆	★
3	抑尘技术研究	★			★	☆	★	★	★	★	★	★	☆	★
4	除尘技术研究	★			★	☆	★	★	★	★	★	★	☆	★
5	粉尘监测技术研究	★			★	☆	★	★	★	★	★	★	☆	★
6	个体防护技术研究	★			★	☆	★	★	★	★	★	★	☆	★
(二)	毒物危害工程防护研究													
7	有毒物质净化技术研究		★		☆	★	☆	☆	☆	☆	☆	☆	☆	☆

续表

序号	能力建设内容	国家级技术中心				行业分中心									省级技术指导中心
		防尘	防毒	防噪	防电离辐射	矿山	化工	冶金	有色	建材	建筑	交通运输	军工	核技术应用	
8	有毒作业模拟仿真研究		★			☆	★	☆	☆	☆	☆	☆	☆	☆	☆
9	毒物危害监测技术研究		★			☆	★	★	★	☆	☆	☆	★	☆	★
10	毒物危害工程防护技术研究		★			☆	★	★	★	☆	☆	☆	★	☆	★
11	个体防护技术研究		★			☆	☆	☆	☆	☆	☆	☆	☆	☆	☆
(三)	噪声危害工程防护研究														
12	吸声材料性能研究			★		☆	☆	☆	☆	☆	☆	☆	☆	☆	☆
13	隔声材料性能研究			★		☆	☆	☆	☆	☆	☆	☆	☆	☆	☆
14	减振材料性能研究			★		☆	☆	☆	☆	☆	☆	☆	☆	☆	☆
15	隔声技术研究			★		☆	☆	☆	☆	☆	★	★	★	☆	★
16	消声技术研究			★		☆	☆	☆	☆	☆	★	★	★	☆	★
17	减振技术研究			★		☆	☆	☆	☆	☆	★	★	★	☆	★
18	个体防护技术研究			★		☆	☆	☆	☆	☆	☆	☆	☆	☆	☆
(四)	电离辐射危害工程防护研究														
19	辐射防护技术研究				★	★	☆	☆	☆	☆	☆	☆	★	★	★
20	放射性测量技术研究				★	★	☆	☆	☆	☆	☆	☆	★	★	★
21	个人剂量监测技术研究				★	★	☆	☆	☆	☆	☆	☆	★	★	★
22	放射毒理及生物效应研究				★	☆	☆	☆	☆	☆	☆	☆	☆	★	☆
23	放射防护器材防护性能研究				★	☆	☆	☆	☆	☆	☆	☆	☆	★	☆
24	个体防护技术研究				★	☆	☆	☆	☆	☆	☆	☆	☆	★	☆

注：1. 标注"★"的，为优先推荐具备的支撑能力；标注"☆"的，为自主选择具备的支撑能力。

2. 矿山行业分中心开展"防电离辐射"相关支撑工作，主要是开展矿山氡及其子体的浓度水平监测、个人剂量监测和工程防护等方面技术支撑。

附件3

职业病诊断救治技术支撑机构建设推荐标准

一、专业人才队伍建设标准

类型	建设标准（国家级技术支撑机构建设标准按功能需求与人员编制另行确定）		
	省级	市级	县级
1. 职业病防治院所（职业病专科医院）	参照三级综合医院标准配置专业技术人员	参照三级综合医院标准配置专业技术人员	需要设置的，参照二级综合医院标准配置专业技术人员
2. 综合医院	参照三级综合医院标准配置专业技术人员	参照三级综合医院标准配置专业技术人员	需要设置的，参照二级综合医院标准配置专业技术人员
3. 负有职业病诊断职责的疾病预防控制机构	按照《职业病诊断与鉴定管理办法》等规定，配置专业技术人员		—

二、场所建设标准

项目	建设标准（国家级另行确定）		
	省级	市级	县级
1. 职业病防治院所（职业病专科医院）	床位配置、建筑面积、各类特殊用房面积等参照三级综合医院标准	床位配置、建筑面积、各类特殊用房面积等参照三级综合医院标准	需要设置的，床位配置、建筑面积、各类特殊用房面积等参照二级综合医院标准
2. 综合医院	床位配置、建筑面积、各类特殊用房面积等参照三级综合医院标准	床位配置、建筑面积、各类特殊用房面积等参照三级综合医院标准	需要设置的，床位配置、建筑面积、各类特殊用房面积等参照二级综合医院标准
3. 负有职业病诊断职责的疾病预防控制机构	床位配置、建筑面积、各类特殊用房面积等，满足《职业病诊断与鉴定管理办法》等规定的要求		—

三、仪器设备配置标准

序号	仪器设备名称	配置要求（国家级另行确定）		
		省级	市级	县级
一、职业病诊断				
（一）职业医学检查				
1	高仟伏 X 线机	☆	☆	☆
2	DR	★	★	☆
3	CT	★	★	☆
4	核磁共振	★	★	☆
5	心电图仪（十二导联）	★	★	☆
6	动态脑电图分析系统	★	★	☆
7	便携式 B 超（彩色）配浅表，腹部探头	★	★	☆
8	大型彩色 B 超（配浅表，腹部，心脏探头）	★	★	☆
9	经颅彩色多普勒检查仪	★	★	☆
10	便携式肺功能仪	★	★	☆
11	大型肺功能仪（配残气、弥散功能）	★	★	☆
12	神经肌电图仪	★	★	☆
13	电子纤维支气管镜	★	★	☆
14	痛觉、触觉、振动觉测定仪	★	★	☆
15	微循环显微镜（参考）	★	☆	☆
16	皮温计	★	★	☆
17	眼科、五官科常规检查综合工作台	★	★	☆
18	隔音室	★	★	☆
19	声阻抗仪	★	★	☆
20	听觉诱发电位仪	★	★	☆
21	电测听（纯音）	★	★	☆
22	耳声发射仪	★	★	☆
23	视野计（中心/周边）	★	★	☆
24	眼底镜（直接/间接）	★	★	☆

续表

序号	仪器设备名称	配置要求（国家级另行确定）		
		省级	市级	县级
25	检影设备	★	☆	☆
26	裂隙灯及照相分析系统	★	★	☆
27	骨密度仪	★	★	☆
（二）	职业医学检验			
28	全自动生化分析仪	★	★	☆
29	全自动血液分析仪	★	★	☆
30	化学发光仪	★	☆	☆
31	流式细胞仪	★	★	☆
32	定量 PCR 测定仪	★	★	☆
33	血气分析仪	★	★	☆
34	全自动微生物分析系统	★	☆	☆
35	锌原卟啉测定仪	★	★	☆
36	全自动尿液分析仪	★	★	☆
37	尿沉渣分析仪	★	★	☆
38	全自动染色体收获系统	★	☆	☆
39	染色体自动扫描分析仪	★	☆	☆
40	染色体滴片仪	★	☆	☆
41	共聚焦显微镜	☆	☆	☆
42	细胞遗传学图像处理系统	★	☆	☆
43	细胞图像分析系统	★	☆	☆
44	荧光免疫分析仪	★	★	☆
45	酶标分析仪	★	★	☆
46	全自动血流变仪	★	☆	☆
47	糖化血红蛋白测定仪	★	★	☆
48	全自动凝血分析仪	★	★	☆
49	特定蛋白分析仪	★	★	☆
50	血液推片染片阅片系统	★	☆	☆

续表

序号	仪器设备名称	配置要求（国家级另行确定）		
		省级	市级	县级
51	全自动细菌鉴定药敏分析系统	★	★	☆
52	微生物鉴定质谱仪	☆	☆	☆
53	基因测序仪	☆	☆	☆
54	核酸成像系统	★	☆	☆
55	双光子活体荧光显微镜	☆	☆	☆
56	基因分析仪	☆	☆	☆
57	超薄冷冻切片机	☆	☆	☆
58	多光谱组织成像系统	☆	☆	☆
59	高内涵成像系统	☆	☆	☆
60	电泳及印迹系统	★	☆	☆
61	质谱流式细胞仪系统	☆	☆	☆
62	轨道阱三合一高分辨质谱	☆	☆	☆
63	恒温培养箱（四档温度）	★	★	☆
64	恒温摇床培养箱	★	☆	☆
65	生化培养箱	★	★	☆
66	血液培养仪	★	★	☆
67	37℃培养箱	★	★	☆
68	CO_2培养箱	★	★	☆
69	厌氧培养箱	☆	☆	☆
70	恒温水浴箱	★	★	☆
71	高精度恒温仪	★	☆	☆
72	通风柜	☆	☆	☆
73	生物安全柜	★	★	☆
74	纯水系统	★	★	☆
75	离心机	★	★	☆
76	大容量高速冷冻离心机	★	☆	☆
77	低温高速离心机	★	☆	☆

续表

序号	仪器设备名称	配置要求（国家级另行确定）		
		省级	市级	县级
78	超速离心机	★	☆	☆
79	小容量超高速冷冻离心机	★	☆	☆
80	医用冷藏箱	★	★	☆
81	冰箱冷链监测系统	★	☆	☆
82	低温冰箱（-40℃）	★	★	☆
83	低温冰箱（-80℃）	★	☆	☆
84	液氮罐	★	☆	☆
85	荧光显微镜	★	☆	☆
86	生物显微镜	★	★	☆
87	生物解剖镜	★	★	☆
88	相差显微镜	★	☆	☆
89	灭菌设备	★	★	☆
90	干燥箱	★	★	☆
91	烤箱/干燥箱	★	★	☆
92	去湿机	★	★	☆
93	真空冷冻干燥机	★	☆	☆
94	洗板机	★	★	☆
95	电感耦合等离子体发射光谱-质谱联用仪	★	☆	☆
96	原子吸收光谱仪（带石墨炉）	★	★	☆
97	原子荧光光谱仪	★	☆	☆
98	直接测汞仪	★	☆	☆
99	紫外/可见分光光度计	★	★	☆
100	离子色谱仪	★	☆	☆
101	液相色谱仪	★	★	☆

续表

序号	仪器设备名称	配置要求（国家级另行确定）		
		省级	市级	县级
102	分析天平（1/10 000）	★	★	☆
103	超纯水机	★	★	☆
二、医疗救治				
1	全自动洗胃机	★	★	☆
2	双相除颤起搏仪	★	★	☆
3	多参数中央及床旁监测仪	★	★	☆
4	全自动呼吸机（无创）	★	★	☆
5	全自动呼吸机（有创）	★	★	☆
6	全自动心肺复苏机	★	★	☆
7	振动式排痰机	★	★	☆
8	移动式床旁 X 线机	★	☆	☆
9	局部伤口洗消器	★	★	☆
10	电动吸引器	★	★	☆
11	便携式床旁 B 超机	★	★	☆
12	床旁血液透析灌流仪	★	★	☆
13	血液透析机	★	★	☆
14	持续性肾脏替代治疗机（CRRT 机）	★	☆	☆
15	高压氧舱（8~10 人/舱）	★	☆	☆
16	心电图机	★	★	☆
17	纤支镜（电子/普通）	★	★	☆
18	内镜清洗消毒一体化装备	★	★	☆
19	内镜储存柜	★	★	☆
20	负压吸引器	★	★	☆
21	手术床	★	☆	☆
22	水处理系统	★	★	☆
23	呼吸湿化治疗仪	★	★	☆

续表

序号	仪器设备名称	配置要求（国家级另行确定）		
		省级	市级	县级
24	血气分析仪	★	★	☆
25	输液泵	★	★	☆
26	微量泵	★	★	☆
27	营养泵	★	★	☆
三、康复锻炼				
(一)物理因子治疗设备				
1	直流电设备	★	★	☆
2	低频电设备	★	★	☆
3	中频电设备	★	★	☆
4	高频电设备	★	★	☆
5	光疗设备	★	☆	☆
6	超声波治疗设备	★	★	☆
7	磁治疗设备	★	★	☆
8	热敷装置	★	★	☆
9	半导体激光	★	★	☆
10	牵引治疗设备	★	★	☆
11	气压循环治疗设备	★	☆	☆
12	便携式膈肌起搏器	★	☆	☆
13	深度呼吸训练器	★	★	☆
(二)中医治疗康复设备				
14	中药熏蒸设备	★	★	☆
15	电针治疗仪	★	★	☆
16	易罐	★	★	☆
17	环保烟雾净化器	★	★	☆
18	雷火神针（配灸盒）	★	★	☆
(三)康复评定设备				
19	运动心肺功能评定系统	★	☆	☆

续表

序号	仪器设备名称	配置要求(国家级另行确定)		
		省级	市级	县级
20	经络检测仪	★	☆	☆
21	平衡功能检查训练系统	★	★	☆
22	红外成像仪	★	☆	☆
23	肌力和关节活动度评定设备	★	☆	☆
24	智能肺功能仪	★	★	☆
25	六分钟步行试验包	★	★	☆
26	人体成分分析仪	★	☆	☆
27	临床神经电生理学检查设备	★	☆	☆
(四) 抢救设备				
28	抢救车	★	★	☆
29	简易呼吸器	★	★	☆
30	供氧设备	★	★	☆
(五) 特色呼吸康复设备				
31	咳痰机	★	★	☆
32	振动排痰仪(背心)	★	★	☆
33	振动排痰仪(叩拍)	★	☆	☆
34	振动正压通气治疗系统	★	☆	☆
35	容量型呼吸训练器	★	★	☆
36	三色球呼吸训练器	★	★	☆
37	呼气末正压通气训练与流量测压表	★	☆	☆
(六) 运动治疗设备				
38	训练用垫	★	★	☆
39	姿势矫正镜	★	★	☆
40	平行杠	★	★	☆
41	轮椅	★	★	☆
42	训练用棍	★	★	☆
43	沙袋	★	★	☆

续表

序号	仪器设备名称	配置要求（国家级另行确定）		
		省级	市级	县级
44	哑铃	★	★	☆
45	墙拉力器	★	★	☆
46	划船器	★	★	☆
47	手指训练器	★	★	☆
48	肌力训练设备	★	★	☆
49	滑轮吊环	★	★	☆
50	电动起立床	★	★	☆
51	治疗床及悬吊装置	★	★	☆
52	功率车	★	★	☆
53	踏步器	★	★	☆
54	助行器	★	★	☆
55	连续性关节被动训练器	★	★	☆
56	训练用阶梯	★	★	☆
57	训练用球	★	★	☆
58	平衡训练设备	★	★	☆
59	功能性电刺激设备	★	★	☆
60	生物反馈训练设备	★	★	☆
61	减重步行训练架	★	★	☆
62	肋木	★	★	☆
63	床旁运动与监护系统	★	★	☆
64	反负重、训练系统	★	★	☆
65	有氧运动康复设备及系统（斜躺式功率车）	★	★	☆
66	有氧运动康复设备及系统（上下肢交叉训练器）	★	★	☆

续表

序号	仪器设备名称	配置要求（国家级另行确定）		
		省级	市级	县级
67	智能气阻式运动康复系统（腰背屈伸训练）	★	★	☆
68	智能气阻式运动康复系统（腿部内收/外展训练器）	★	★	☆
69	智能气阻式运动康复系统（夹胸/扩胸训练器）	★	★	☆
（七）心理和音乐治疗				
70	多功能失眠治疗仪	★	☆	☆
四、基础保障				
（一）信息管理				
1	计算机	★	★	☆
2	扫码枪	★	☆	☆
3	职业病诊断救治相关信息系统	★	★	☆
4	打印机	★	★	☆
5	服务器	★	★	☆
6	路由器	★	★	☆
7	互联网网络系统	★	★	☆
8	交换机	★	★	☆
9	VPN 设备	★	☆	☆
10	防火墙	★	★	☆
11	UPS 不间断电源	★	★	☆
（二）现场车辆				
12	救护车	★	★	☆

注：1. 标注"★"的，为优先推荐配置的仪器设备；标注"☆"的，为自主选择配置的仪器设备。

2. 仪器设备具体配置数量，由地方卫生健康主管部门根据职业病防治技术支撑任务需要决定。

四、支撑能力建设标准

序号	支撑能力	能力要求（国家级另行确定）		
		省级	市级	县级
一、人体生物样本检测				
1	常规检查（血、尿、大便常规、隐血检查）	★	★	☆
2	肝功能（9项）	★	★	☆
3	肾功能（3项）	★	★	☆
4	血清生化（血糖、血脂等）	★	★	☆
5	免疫检查（7项）	★	★	☆
6	培养细胞的微核率检测	★	☆	☆
7	培养细胞的染色体畸变分析	★	☆	☆
8	姐妹染色单体互换	★	☆	☆
9	胞质分裂阻滞微核试验	★	☆	☆
10	单细胞凝胶电泳	★	☆	☆
11	8-羟基脱氧鸟苷	★	☆	☆
12	血细胞形态学	★	☆	☆
13	骨髓形态学	★	☆	☆
14	甲状腺激素	★	★	☆
15	凝血常规	★	★	☆
16	血锌原卟啉	★	☆	☆
17	糖类抗原	★	☆	☆
18	心肌损伤检查	★	★	☆
19	类风湿因子	★	★	☆
20	糖化血红蛋白	★	★	☆
21	细菌培养与鉴定	★	★	☆
二、职业病诊断、治疗与康复				
（一）职业病诊断				
1	职业性尘肺病及其他呼吸系统疾病	★	★	☆
2	职业性皮肤病	★	★	☆
3	职业性眼病	★	★	☆
4	职业性耳鼻喉口腔疾病	★	★	☆

续表

序号	支撑能力	能力要求（国家级另行确定）		
		省级	市级	县级
5	职业性化学中毒	★	★	☆
6	物理因素所致职业病	★	★	☆
7	职业性放射性疾病	★	★	☆
8	职业性传染病	★	★	☆
9	职业性肿瘤	★	★	☆
10	其他职业病	★	★	☆
（二）职业病治疗与康复				
11	辖区内粉尘类、重金属类、有机溶剂、放射性疾病等常见职业病治疗	★	★	☆
12	其他各类职业病治疗	★	☆	☆
13	尘肺病呼吸康复	★	★	☆
14	职业性哮喘等呼吸肺康复	★	☆	☆
15	有机溶剂所致血液系统疾病康复	★	☆	☆
16	正己烷等有机溶剂所致周围神经损伤的康复	★	★	☆
17	职业性手臂振动病的神经血管损伤康复	★	☆	☆
18	有机溶剂所致各类皮肤疾病的康复	★	★	☆
19	中毒性脑病的急慢性康复	★	★	☆
20	职业性噪声聋的康复	★	★	☆
21	常见职业病的日常生活能力的评价和训练	★	★	☆
22	常见职业病营养状况的评价和调理	★	★	☆
23	常见职业病社会心理的评价和调整	★	★	☆
三、科技攻关能力				
1	职业病诊断救治人才培训基地	★	☆	☆
2	职业病诊断救治技术研究中心	★	☆	☆
3	基层技术指导	★	☆	☆
4	高校科研实践基地	★	☆	☆

注：标注"★"的，为优先推荐具备的支撑能力；标注"☆"的，为自主选择具备的支撑能力。

国家卫生健康委办公厅关于公布建设项目职业病危害风险分类管理目录的通知

（2021年3月12日国卫办职健发〔2021〕5号）

各省、自治区、直辖市及新疆生产建设兵团卫生健康委，中国国家铁路集团有限公司，各中央企业：

根据《职业病防治法》及《工作场所职业卫生管理规定》（国家卫生健康委员会令第5号）有关规定，国家卫生健康委组织修订了《建设项目职业病危害风险分类管理目录》（以下简称《目录》），现予公布，并就有关事项通知如下：

一、《目录》适用于建设项目职业病防护设施"三同时"分类监督管理和用人单位工作场所职业病危害因素定期检测频次确定。

二、各级卫生健康行政部门应当按照建设项目职业病防护设施"三同时"、工作场所职业卫生管理相关规定和本《目录》，对建设项目职业病防护设施"三同时"、用人单位工作场所职业病危害因素定期检测实施监督管理。

三、建设单位和用人单位应当按照建设项目职业病防护设施"三同时"、工作场所职业卫生管理相关规定和本《目录》，开展建设项目职业病防护设施管理和工作场所职业病危害因素定期检测工作。

四、《目录》是在《职业病危害因素分类目录》（国卫疾控发〔2015〕92号）基础上，按照《国民经济行业分类》（GB/T4754—2017）对建设项目和用人单位可能存在职业病危害的风险程度进行的行业分类。

在实际运用中，如果一般风险行业的建设项目（或用人单位工作场所）采用的原材料、生产工艺和产品等可能产生的职业病危害的风险程度，与其在本《目录》中所列行业职业病危害的风险程度有明显区别的，建设单位（或用人单位）可以根据职业病危害评价结果，确定该建设项目（或工作场所）职业病危害的风险类别。如果同一个项目（或用人单位）不同子项目内容（或工作场所）分别属于不同行业的，应当根据风险级别高者确定风险类别。

五、建设单位（或用人单位）所属行业存在职业病危害但未纳入本《目录》风险分类的，可根据职业病危害评价结果确定风险类别。

六、各省级卫生健康行政部门可根据本地区实际情况对《目录》进行补充。

七、《目录》实施过程中发现的问题，请各省级卫生健康行政部门、中央企业及时报告国家卫生健康委。

八、《目录》自公布之日起施行，原国家安全生产监督管理总局2012年5月31日公布的《建设项目职业病危害风险分类管理目录（2012年版）》（安监总安健〔2012〕73号）同时废止。

附件：建设项目职业病危害风险分类管理目录

国家卫生健康委办公厅
2021年3月12日

附件

建设项目职业病危害风险分类管理目录

序号	行业编码	类别名称	严重	一般
一	A	农、林、牧、渔业		
(一)	A01	农业		
1	A011	谷物种植		√
2	A012	豆类、油料和薯类种植		√
3	A013	棉、麻、糖、烟草种植		√
4	A014	蔬菜、食用菌及园艺作物种植		√
5	A015	水果种植		√
6	A016	坚果、含油果、香料和饮料作物种植		√
7	A017	中药材种植		√
8	A018	草种植及割草		√
9	A019	其他农业		√
(二)	A02	林业		
1	A021	林木育种和育苗		√
2	A022	造林和更新		√
3	A023	森林经营、管护和改培		√
4	A024	木材和竹材采运		√
5	A025	林产品采集		√
(三)	A03	畜牧业		
1	A031	牲畜饲养		
1.1	—	牲畜饲养(牛、羊)	√	
1.2	—	牲畜饲养(其他)		√
2	A032	家禽饲养		√
3	A033	狩猎和捕捉动物		
4	A039	其他畜牧业		√
(四)	A04	渔业		
1	A041	水产养殖		√
2	A042	水产捕捞		√

续表

序号	行业编码	类别名称	严重	一般
（五）	A05	农、林、牧、渔专业及辅助性活动		
1	A051	农业专业及辅助性活动		√
2	A052	林业专业及辅助性活动		√
3	A053	畜牧专业及辅助性活动		
3.1	—	畜牧专业及辅助性活动（牛、羊）	√	
3.2	—	畜牧专业及辅助性活动（其他）		√
4	A054	渔业专业及辅助性活动		√
二	B	采矿业		
（一）	B06	煤炭开采和洗选业		
1	B061	烟煤和无烟煤开采洗选	√	
2	B062	褐煤开采洗选	√	
3	B069	其他煤炭采选	√	
（二）	B07	石油和天然气开采业		
1	B071	石油开采	√	
2	B072	天然气开采		
2.1	—	含硫天然气开采	√	
2.2	—	其他天然气开采		√
（三）	B08	黑色金属矿采选业		
1	B081	铁矿采选	√	
2	B082	锰矿、铬矿采选	√	
3	B089	其他黑色金属矿采选	√	
（四）	B09	有色金属矿采选业		
1	B091	常用有色金属矿采选	√	
2	B092	贵金属矿采选	√	
3	B093	稀有稀土金属矿采选	√	
（五）	B10	非金属矿采选业		
1	B101	土砂石开采	√	
2	B102	化学矿开采	√	
3	B103	采盐		√

续表

序号	行业编码	类别名称	严重	一般
4	B109	石棉、石英砂及其他非金属矿采选	√	
(六)	B11	开采专业及辅助性活动		
1	B111	煤炭开采和洗选专业及辅助性活动	√	
2	B112	石油和天然气开采专业及辅助性活动	√	
3	B119	其他开采专业及辅助性活动	√	
(七)	B12	其他采矿业		
1	B120	其他采矿业	√	
三	C	制造业		
(一)	C13	农副食品加工业		
1	C131	谷物磨制		√
2	C132	饲料加工		√
3	C133	植物油加工		√
4	C134	制糖业		√
5	C135	屠宰及肉类加工		√
6	C136	水产品加工		√
7	C137	蔬菜、菌类、水果和坚果加工		√
8	C139	其他农副食品加工		√
(二)	C14	食品制造业		
1	C141	焙烤食品制造		√
2	C142	糖果、巧克力及蜜饯制造		√
3	C143	方便食品制造		√
4	C144	乳制品制造		√
5	C145	罐头食品制造		√
6	C146	调味品、发酵制品制造		√
7	C149	其他食品制造		√
(三)	C15	酒、饮料和精制茶制造业		
1	C151	酒的制造		√
2	C152	饮料制造		√
3	C153	精制茶加工		√

续表

序号	行业编码	类别名称	严重	一般
（四）	C16	烟草制品业		
1	C161	烟叶复烤		√
2	C162	卷烟制造		√
3	C169	其他烟草制品制造		√
（五）	C17	纺织业		
1	C171	棉纺织及印染精加工	√	
2	C172	毛纺织及染整精加工	√	
3	C173	麻纺织及染整精加工	√	
4	C174	丝绢纺织及印染精加工	√	
5	C175	化纤织造及印染精加工	√	
6	C176	针织或钩针编织物及其制品制造		√
7	C177	家用纺织制成品制造		√
8	C178	产业用纺织制成品制造		√
（六）	C18	纺织服装、服饰业		
1	C181	机织服装制造		√
2	C182	针织或钩针编织服装制造		√
3	C183	服饰制造		√
（七）	C19	皮革、毛皮、羽毛及其制品和制鞋业		
1	C191	皮革鞣制加工	√	
2	C192	皮革制品制造	√	
3	C193	毛皮鞣制及制品加工	√	
4	C194	羽毛（绒）加工及制品制造		√
5	C195	制鞋业 *	√	
（八）	C20	木材加工和木、竹、藤、棕、草制品业		
1	C201	木材加工		√
2	C202	人造板制造	√	
3	C203	木质制品制造 *	√	
4	C204	竹、藤、棕、草等制品制造		√
（九）	C21	家具制造业		

续表

序号	行业编码	类别名称	严重	一般
1	C211	木质家具制造*	√	
2	C212	竹、藤家具制造		√
3	C213	金属家具制造*	√	
4	C214	塑料家具制造		√
5	C219	其他家具制造		√
(十)	C22	造纸和纸制品业		
1	C221	纸浆制造	√	
2	C222	造纸	√	
3	C223	纸制品制造		√
(十一)	C23	印刷和记录媒介复制业		
1	C231	印刷*	√	
2	C232	装订及印刷相关服务		√
(十二)	C24	文教、工美、体育和娱乐用品制造业		
1	C241	文教办公用品制造		√
2	C242	乐器制造		√
3	C243	工艺美术及礼仪用品制造		
3.1	—	工艺美术及礼仪用品制造（雕塑、金属、漆器、珠宝）	√	
3.2	—	工艺美术及礼仪用品制造（其他）		√
4	C244	体育用品制造		
4.1	—	体育用品制造（高尔夫球制品）	√	
4.2	—	体育用品制造（其他）		√
5	C245	玩具制造		√
6	C246	游艺器材及娱乐用品制造		√
(十三)	C25	石油、煤炭及其他燃料加工业		
1	C251	精炼石油产品制造	√	
2	C252	煤炭加工	√	
3	C253	核燃料加工	√	
4	C254	生物质燃料加工	√	
(十四)	C26	化学原料和化学制品制造业		
1	C261	基础化学原料制造	√	

续表

序号	行业编码	类别名称	严重	一般
2	C262	肥料制造	√	
3	C263	农药制造	√	
4	C264	涂料、油墨、颜料及类似产品制造	√	
5	C265	合成材料制造	√	
6	C266	专用化学产品制造	√	
7	C267	炸药、火工及焰火产品制造	√	
8	C268	日用化学产品制造		√
（十五）	C27	医药制造业		
1	C271	化学药品原料药制造	√	
2	C272	化学药品制剂制造		√
3	C273	中药饮片加工		√
4	C274	中成药生产		√
5	C275	兽用药品制造		√
6	C276	生物药品制品制造		√
7	C277	卫生材料及医药用品制造		√
8	C278	药用辅料及包装材料制造		√
（十六）	C28	化学纤维制造业		
1	C281	纤维素纤维原料及纤维制造	√	
2	C282	合成纤维制造	√	
3	C283	生物基材料制造		√
（十七）	C29	橡胶和塑料制品业		
1	C291	橡胶制品业	√	
2	C292	塑料制品业	√	
（十八）	C30	非金属矿物制品业		
1	C301	水泥、石灰和石膏制造	√	
2	C302	石膏、水泥制品及类似制品制造	√	
3	C303	砖瓦、石材等建筑材料制造	√	
4	C304	玻璃制造	√	
5	C305	玻璃制品制造	√	

续表

序号	行业编码	类别名称	严重	一般
6	C306	玻璃纤维和玻璃纤维增强塑料制品制造	√	
7	C307	陶瓷制品制造	√	
8	C308	耐火材料制品制造	√	
9	C309	石墨及其他非金属矿物制品制造	√	
(十九)	C31	黑色金属冶炼和压延加工业		
1	C311	炼铁	√	
2	C312	炼钢	√	
3	C313	钢压延加工	√	
4	C314	铁合金冶炼	√	
(二十)	C32	有色金属冶炼和压延加工业		
1	C321	常用有色金属冶炼	√	
2	C322	贵金属冶炼	√	
3	C323	稀有稀土金属冶炼	√	
4	C324	有色金属合金制造	√	
5	C325	有色金属压延加工	√	
(二十一)	C33	金属制品业		
1	C331	结构性金属制品制造	√	
2	C332	金属工具制造	√	
3	C333	集装箱及金属包装容器制造	√	
4	C334	金属丝绳及其制品制造	√	
5	C335	建筑、安全用金属制品制造	√	
6	C336	金属表面处理及热处理加工	√	
7	C337	搪瓷制品制造	√	
8	C338	金属制日用品制造	√	
9	C339	铸造及其他金属制品制造	√	
(二十二)	C34	通用设备制造业		
1	C341	锅炉及原动设备制造	√	
2	C342	金属加工机械制造	√	
3	C343	物料搬运设备制造	√	

续表

序号	行业编码	类别名称	严重	一般
4	C344	泵、阀门、压缩机及类似机械制造	√	
5	C345	轴承、齿轮和传动部件制造	√	
6	C346	烘炉、风机、包装等设备制造	√	
7	C347	文化、办公用机械制造	√	
8	C348	通用零部件制造	√	
9	C349	其他通用设备制造业	√	
(二十三)	C35	专用设备制造业		
1	C351	采矿、冶金、建筑专用设备制造	√	
2	C352	化工、木材、非金属加工专用设备制造	√	
3	C353	食品、饮料、烟草及饲料生产专用设备制造	√	
4	C354	印刷、制药、日化及日用品生产专用设备制造	√	
5	C355	纺织、服装和皮革加工专用设备制造	√	
6	C356	电子和电工机械专用设备制造	√	
7	C357	农、林、牧、渔专用机械制造	√	
8	C358	医疗仪器设备及器械制造	√	
9	C359	环保、邮政、社会公共服务及其他专用设备制造	√	
(二十四)	C36	汽车制造业		
1	C361	汽车整车制造	√	
2	C362	汽车用发动机制造	√	
3	C363	改装汽车制造	√	
4	C364	低速汽车制造	√	
5	C365	电车制造	√	
6	C366	汽车车身、挂车制造	√	
7	C367	汽车零部件及配件制造	√	
(二十五)	C37	铁路、船舶、航空航天和其他运输设备制造业		
1	C371	铁路运输设备制造	√	
2	C372	城市轨道交通设备制造	√	
3	C373	船舶及相关装置制造	√	
4	C374	航空、航天器及设备制造	√	

续表

序号	行业编码	类别名称	严重	一般
5	C375	摩托车制造	√	
6	C376	自行车和残疾人座车制造	√	
7	C377	助动车制造	√	
8	C378	非公路休闲车及零配件制造	√	
9	C379	潜水救捞及其他未列明运输设备制造	√	
(二十六)	C38	电气机械和器材制造业		
1	C381	电机制造	√	
2	C382	输配电及控制设备制造	√	
3	C383	电线、电缆、光缆及电工器材制造	√	
4	C384	电池制造	√	
5	C385	家用电力器具制造	√	
6	C386	非电力家用器具制造		√
7	C387	照明器具制造		√
8	C389	其他电气机械及器材制造		√
(二十七)	C39	计算机、通信和其他电子设备制造业		
1	C391	计算机制造		√
2	C392	通信设备制造		√
3	C393	广播电视设备制造		√
4	C394	雷达及配套设备制造		√
5	C395	非专业视听设备制造		√
6	C396	智能消费设备制造		√
7	C397	电子器件制造	√	
8	C398	电子元件及电子专用材料制造	√	
9	C399	其他电子设备制造		√
(二十八)	C40	仪器仪表制造业		
1	C401	通用仪器仪表制造		√
2	C402	专用仪器仪表制造		√
3	C403	钟表与计时仪器制造		√
4	C404	光学仪器制造		√

续表

序号	行业编码	类别名称	严重	一般
5	C405	衡器制造		√
6	C409	其他仪器仪表制造业		√
(二十九)	C41	其他制造业		
1	C411	日用杂品制造		√
2	C412	核辐射加工	√	
3	C419	其他未列明制造业		√
(三十)	C42	废弃资源综合利用业		
1	C421	金属废料和碎屑加工处理	√	
2	C422	非金属废料和碎屑加工处理	√	
(三十一)	C43	金属制品、机械和设备修理业		
1	C431	金属制品修理		√
2	C432	通用设备修理		√
3	C433	专用设备修理		√
4	C434	铁路、船舶、航空航天等运输设备修理	√	
5	C435	电气设备修理		√
6	C436	仪器仪表修理		√
7	C439	其他机械和设备修理业		√
四	D	电力、热力、燃气及水生产和供应业		
(一)	D44	电力、热力生产和供应业		
1	D441	电力生产		
1.1	—	电力生产(火力发电、热电联产、核力发电、生物质能发电)	√	
1.2	—	电力生产（其他）		√
2	D442	电力供应		√
3	D443	热力生产和供应		
3.1	—	热力生产和供应（燃煤、核能）	√	
3.2	—	热力生产和供应（其他）		√
(二)	D45	燃气生产和供应业		
1	D451	燃气生产和供应业		
1.1	—	燃气生产	√	

续表

序号	行业编码	类别名称	严重	一般
1.2	—	燃气供应		√
2	D452	生物质燃气生产和供应业		√
(三)	D46	水的生产和供应业		
1	D461	自来水生产和供应		√
2	D462	污水处理及其再生利用		√
3	D463	海水淡化处理		√
4	D469	其他水的处理、利用和分配		√
五	E	建筑业		
(一)	E47	房屋建筑业		
1	E471	住宅房屋建筑	√	
2	E472	体育场馆建筑	√	
3	E479	其他房屋建筑业	√	
(二)	E48	土木工程建筑业		
1	E481	铁路、道路、隧道和桥梁工程建筑	√	
2	E482	水利和水运工程建筑	√	
3	E483	海洋工程建筑	√	
4	E484	工矿工程建筑	√	
5	E485	架线和管道工程建筑	√	
6	E486	节能环保工程施工	√	
7	E487	电力工程施工	√	
8	E489	其他土木工程建筑	√	
(三)	E49	建筑安装业		
1	E491	电气安装		√
2	E492	管道和设备安装		√
3	E499	其他建筑安装业		√
(四)	E50	建筑装饰、装修和其他建筑业		
1	E501	建筑装饰和装修业	√	
2	E502	建筑物拆除和场地准备	√	
3	E503	提供施工设备服务	√	

续表

序号	行业编码	类别名称	严重	一般
4	E509	其他未列明建筑业	√	
六	F	批发和零售业		
(一)	F51	批发业		
1	F516	矿产品、建材及化工产品批发		√
(二)	F52	零售业		
1	F526	汽车、摩托车、零配件和燃料及其他动力销售		
1.1	F5265	机动车燃油零售		√
1.2	F5266	机动车燃气零售		√
七	G	交通运输、仓储和邮政业		
(一)	G53	铁路运输业		
1	G533	铁路运输辅助活动		√
(二)	G54	道路运输业		
1	G541	城市公共交通运输（城市轨道交通）		√
2	G544	道路运输辅助活动		√
(三)	G55	水上运输业		
1	G551	水上旅客运输		√
2	G552	水上货物运输		√
3	G553	水上运输辅助活动		√
(四)	G56	航空运输业		
1	G561	航空客货运输		√
2	G562	通用航空服务		√
3	G563	航空运输辅助活动		√
(五)	G57	管道运输业		
1	G571	海底管道运输		√
2	G572	陆地管道运输		√
(六)	G59	装卸搬运和仓储业		
1	G591	装卸搬运		√
2	G593	低温仓储		√

序号	行业编码	类别名称	严重	一般
3	G594	危险品仓储		√
4	G595	谷物、棉花等农产品仓储		√
5	G596	中药材仓储		√
6	G599	其他仓储业		√
八	H	住宿和餐饮业		
(一)	H62	餐饮业		
1	H621	正餐服务		√
2	H622	快餐服务		√
九	M	科学研究和技术服务业		
(一)	M73	研究和试验发展		
1	M731	自然科学研究和试验发展		√
2	M732	工程和技术研究和试验发展		√
3	M733	农业科学和试验发展		√
4	M734	医学研究和试验发展		√
(二)	M74	专业技术服务业		
1	M746	环境与生态监测检测服务		√
十	N	水利、环境和公共设施管理业		
(一)	N77	生态保护和环境治理业		
1	N772	环境治理业		
1.1	—	环境治理业（危险废物治理、放射性废物治理）	√	
1.2	—	环境治理业（其他）		√
(二)	N78	公共设施管理业		
1	N782	环境卫生管理		√
十一	O	居民服务、修理和其他服务业		
(一)	O80	居民服务业		
1	O803	洗染服务		√
2	O808	殡葬服务		√
(二)	O81	机动车、电子产品和日用产品修理业		

续表

序号	行业编码	类别名称	严重	一般
1	O811	汽车、摩托车修理与维护*	√	
(三)	O82	其他服务业		
1	O822	宠物服务		√
十二	Q	卫生和社会工作		
(一)	Q84	卫生		
1	Q841	医院		√

注：*不使用含苯、正己烷、1,2-二氯乙烷、三氯甲烷等物质的胶黏剂、清洗剂、油墨、油漆时，按职业病危害一般进行管理。